야! 이거만 공부하면 합격할 수 있어

동영상 강의 제공
최신 기출 3회분(30강)

한국산업인력관리공단 국가공인전문자격

한국어
교육능력
검정시험

TOPIK KOREA 한국어평가연구소 저

www.topikkorea.co.kr
www.edukhrd.co.kr

1 문항분석을 통한 영역별 총평 및 학습방법 제시
2 최근 3개년 기출문제를 총 망라, 문제풀이 및 유사 문제 적용을 위한 개념해설
3 최근 3개년 교수안 작성 기출문제(113번) 예시답안 및 작성Tip 제시

한국어교원 3급 자격증 가이드

🔍 한국어교원3급 자격증 취득 절차 흐름도

```
양성과정 이수자
      ↓
120시간 양성과정 이수
      ↓
한국어교육능력검정시험 합격
      ↓
http://kteacher.korean.go.kr
한국어교원 자격 심사 신청(온라인 접수)
      ↓
   제출 서류 발송
① 심사신청서(직접출력)
② 이수증명서(별지 제2호 서식)
③ 한국어교육능력검정 시험 합격확인서
   (필기, 면접)
      ↓
한국어교원 자격 심사
      ↓
합격자 발표(http://kteacher.korean.go.kr/)
      ↓
한국어교원 자격증 발송(합격자 발표 후 2~3주 소요)
```

🔍 한국어교원3급 양성과정 영역별 필수 이수시간

영 역	시험과목
1. 한국어학	30시간
2. 일반 언어학 및 응용 언어학	12시간
3. 외국어로서의 한국어교육론	46시간
4. 한국문화	12시간
5. 한국어 교육 실습	20시간
합 계	120시간

🔍 한국어교육능력검정시험(한국어교원3급 자격시험)

개요	한국어교육능력검정시험은 국어기본법 제19조에 근거하여 재외동포나 외국인을 대상으로 한국어를 가르치고자 하는 자에게 자격을 부여하기 위하여 문화체육관광부장관이 실시함
소관 부처명	문화체육관광부(국어민족문화과), 국립국어원(한국어교육진흥과)
취득 방법	재외동포나 외국인을 대상으로 한국어를 가르치고자 하는 자에게 한국어교원 연수과정을 먼저 이수하고, 동 시험에 합격하면 소정의 심사과정을 거쳐 한국어교원자격 3급을 부여함
응시 자격	응시자격은 제한이 없음(단, 한국어교원3급 자격을 취득하고자 하는 자는 **필기시험 응시일 이전에 양성과정을 이수**하고 한국어교육능력검정시험에 합격해야 함)
시험 시기	연 1회 - 1차 필기 8월 말 ~ 9월 초, 2차 면접 11월 초 ~ 중순

🔍 시험영역(국어기본법 시행령 제14조 2항) 및 시험시간

구 분	교시	교 시	입실완료	시험시간	시험방법
1차 시험	1	① 한국어학 ② 일반언어학 및 응용언어학	09:00	09:30~11:10 (100분)	4지택일형
	휴식시간 11:10 ~ 12:00 (50분)				
	2	③ 한국문화 ④ 외국어로서의 한국어교육론	12:00	12:30~15:00 (150분)	4지택일형, 4지택일형 주관식(1문항)
2차 시험		① 면접시험	-	1인당 10분 내외	

※ 면접시험 평가영역 : ① 전문지식의 응용능력, ② 한국어능력, ③ 교사의 적성 및 교직관·인성 및 소양 등

🔍 문항 수 및 배점

교 시	영 역	문항수		배 점
		객관식	주관식	
1교시	한국어학	60문항	-	90점
	일반언어학 및 응용언어학	20문항	-	30점
2교시	한국문화	20문항	-	30점
	외국어로서의 한국어교육론	92문항	1문항	150점 (주관식 12점)
	계	193문항		300점

※ 위는 변경될 수 있으며 자세한 사항은 한국산업인력공단 한국어교육능력검정시험 누리집 (http://www.q-net.or.kr/site/koreanedu, 1644-8000) 참조

한국어교원 3급 자격증 가이드

🔍 한국어교원3급 자격증 취득 후 승급 절차

2급 ➡ 1급

2급 자격 취득 ➡ 5년 이상 + 2,000시간 이상 강의 경력 ➡ 자격 심사 ➡ **1급 자격 취득**

3급 ➡ 2급

양성과정, 인증시험으로 3급 자격 취득 ➡ 5년 이상 + 2,000시간 이상 강의 경력 ➡ 자격 심사 ➡ **2급 자격 취득**

기준 적용 해설

- 여러 기관에서 한국어를 가르친 경우, 각 기관의 강의 시간을 합산하여 심사함.
- 강의 기간 1년의 기준 : 한 해 100시간 이상 강의 또는 15주 이상 강의

[승급 불합격의 예]

▶ 2급 자격 취득일 이후 **4년의 강의 경력** + 2,800시간
   → 자격 취득 후 강의 기간 1년 부족으로 불합격

▶ 양성과정으로 3급 자격 취득 후 5년의 강의 경력 + **1,800시간**
   → 강의 시수 200시간 부족으로 불합격

🔍 한국어교육경력 인정 기관의 범위

- 외국어로서의 한국어 강의가 개설된 국내 대학 및 대학 부설기관, 국내 대학에 준하는 외국의 대학 및 대학 부설기관
- 외국어로서의 한국어 수업이 개설된 국내외 초·중·고등학교
- 외국어로서의 한국어를 가르치는 국가, 지방자치단체 또는 외국 정부기관
- 「재한외국인 처우 기본법 제21조에 따라 외국인정책에 관한 사업을 위탁받은 비영리법인 또는 비영리단체
- 외교부와 그 소속기관 직제 제55조에 따른 문화원 및 재외국민의 교육지원 등에 관한 법률 제28조에 따른 한국교육원
- 그 밖에 문화체육관광부장관이 한국어교원 자격 심의위원회 심의를 거쳐 한국어교육경력이 인정되는 기관 등으로 정하여 고시하는 기관 등

※ 경력인정기관 목록은 매년 국립국어원 한국어교원 홈페이지(http://kteacher.korean.go.kr)에 업데이트 됨

이 책의 **활용법**

> **개념 정리**
>
> 음소는 말의 의미를 분화시켜 뜻을 구별하게 하는 소리의 단위이다. 광의에서의 음소를 때로는 음운(音韻)과 동일시하기도 하지만 엄밀한 의미에서 음소는 운소와 함께 음운에 속한다.
> 한 언어의 음소를 어떻게 설정할 것인가 하는 것은 대개 최소대립쌍, 상보적 분포 및 음성적 유사성 등에 의지하여 이루어진다. 최소대립쌍이란 영어의 'light'와 'right', 한국어의 '불, 풀'에서와 같이 다른 나머지는 같은데 어떤 한 가지 음의 차이로 의미가 달라진 어형의 짝이다. 따라서 한 언어의 음소를 설전하는 가장 손쉽고 확실한 방법은 우선 최소대립쌍을 찾아내는 것이다. 그러나 음에 따라서는 최소대립쌍을 찾기 어렵거나 아주 없는 경우도 있다. 따라서 이를 보완하는 방법으로 흔히 상보적 분포에 의지한다. 상보적 분포란 두 음성이 동일한 환경에서 실현되지 않을 때를 이르는 말인데, 예를 들어 한국어의 두 음성 [l]과 [r]은 각기 다른 환경에서만 실현되고, 결코 동일한 환경에서 실현되는 일이 없으므로 이들은 상보적 분포를 가진다.

005 음소에 관한 설명으로 옳은 것은? 〔영역(과목)〕 음운론
① 한 음성을 두 음소의 연쇄로 분석해야 하는 경우는 없다.
② 한 음소의 변이음들의 분포가 서로 겹치는 경우는 없다.
③ '비'의 'ㅂ'과 '우비'의 'ㅂ'은 음가가 서로 다르지만 같은 음소에 속한다.
④ [h]와 [ŋ]은 음성적 유사성은 없지만 상보적 분포를 보이므로 하나의 음소로 처리한다.

개념 정리

이 책은 기출문제의 유형과 관련 개념을 습득하여 유사 문제에 적용하는 능력을 배양하는 것에 목적이 있다. 따라서 개념을 정리한 후 아래 문제에 적용하여 풀 수 있는지 확인한다.

> **개념 정리**
>
> 교수요목 〈12회 29번 참고〉

030 결과 지향적 교수요목에 관한 설명으로 옳은 것은? 〔영역(과목)〕 외국어로서의 한국어 교육과정론

참고

동일된 개념의 문제가 출제된 문항은 이미 정리한 개념을 참고하도록 표시하였다.

정답 ①
정·오답풀이 ① 한글 자모의 이름은 남북한이 다르다.

	ㄱ	ㄴ	ㄷ	ㄹ	ㅁ	ㅂ	ㅅ	ㅇ	ㅈ	ㅊ	ㅋ	ㅌ	ㅍ	ㅎ
남	기역	니은	디귿	리을	미음	비읍	시옷	이응	지읒	치읓	키읔	티읕	피읖	히읗
북	기윽	니은	디읃	리을	미음	비읍	시읏	이응	지읒	치읓	키읔	티읕	피읖	히읗

② 한글 표기법은 중세에 소리를 충실하게 표기하는 음소적 원리를 따랐으나 근대로 오면서 소리대로 적되 형태를 밝히는 형태 음소적 원리를 따르는 방향으로 바뀌었다. 단어의 원래 형태를 적기 때문에 의미를 분명하게 나타내게 된다.
③ 음소문자는 글자 하나가 음소 즉, 자음과 모음을 나타내는 글자로 영어의 알파벳이나 한글이 대표적이다. 음절문자는 한 글자가 하나의 소리를 대표하는 문자로 일본의 가나가 대표적이다. 한글은 기본적으로 음소문자에 속하지만 초, 중, 종성을 합하여 한 글자를 구성하며, 이것이 하나의 소리가 되므로 음절문자의 특성도 가지고 있다.
④ 현행 한글 맞춤법은 소리 나는 대로 적되 어법에 맞도록 한다고 되어 있다. 즉 소리와 다르게 원래의 형태를 그대로 적는 형태 음소적 원리를 따른다.

정·오답 풀이

가장 위에 있는 보기가 정답에 대한 해설이며, 이후 순서대로 오답 보기를 해설하였다.

Contents

- 한국어교원 3급 자격증 가이드 / 2
- 이 책의 활용법 / 5

첫째 마당 한국어교육능력검정시험 영역별 총평 및 학습중점   009

둘째 마당 2017년 12회 기출문제 및 해설   019
   1교시 한국어학 · 일반언어학 및 응용언어학   021
   2교시 한국문화 · 외국어로서의 한국어교육론   072

셋째 마당 2016년 11회 기출문제 및 해설   141
   1교시 한국어학 · 일반언어학 및 응용언어학   143
   2교시 한국문화 · 외국어로서의 한국어교육론   186

이 책의 목차

한국어교육능력검정시험

넷째 마당 | **2015년 10회 기출문제 및 해설** … 251
- 1교시 한국어학·일반언어학 및 응용언어학 … 253
- 2교시 한국문화·외국어로서의 한국어교육론 … 298

다섯째 마당 | **특별부록** … 361
- 하나 12회 ~ 10회 113번 교수안 기출문제 예시답안 … 363
- 둘   4영역 "한국문화" 이것만은 꼭! … 372

여섯째 마당 | **참고문헌** … 381

첫째마당

한국어교육능력 검정시험

영역별 총평 및 학습중점

1영역 　한국어학

2영역 　일반언어학 및 응용언어학

3영역 　외국어로서의 한국어교육론

4영역 　한국문화

한국어교원3급 자격증은 **TOPIK** KOREA

한국어 일번지
TOPIK KOREA
원격평생교육원
www.topikkorea.co.kr
일반(자비부담) 한국어 교원
양성과정, 한국어교육실습

국비지원교육
TOPIK KOREA
인재개발교육원
www.edukhrd.co.kr
국비지원 한국어교원양성과정,
한국어교육검정시험 해설 강의

1영역 한국어학

1교시

(1) 전체평

최근 3개년 시험에서 한국어학 문제는 난이도나 유형에 있어서 큰 변화가 없는 영역이다. 단순히 문법적 지식을 묻기 보다는 개념을 정확히 이해하고 있는지, 예문을 통해 적용할 수 있는지를 측정하는 문제들이 집중적으로 출제되었다. 특히 12회의 경우는 기존의 11회나 10회의 문제들과 달리 타 영역의 개념에 대한 적용을 묻는 문제들이 대거 출제되었기에 수험생들의 체감 난이도는 높았을 것으로 판단된다. 전체적으로 개념을 중심으로 학습하면서도, 기출문제를 통해 개념을 적용하는 연습을 반복하는 것이 적절하다.

(2) 과목별 학습중점

1 한국어학 개론

한국어학개론은 1영역인 한국어학의 모든 범위를 살펴보는 기본적인 개념에 대한 내용을 다루고 있다. 따라서 한국어학은 기본적인 개념과 용어를 이해하는 정도만 살펴보고 구체적인 내용에 대한 것은 세부 과목을 통해 이해하는 것이 적절하다.

2 한국어 음운론

한국어 음운론은 1영역에서 10%~15% 정도의 비중을 차지한다. 기본적으로 단모음 체계와 자음 체계에 대해 반드시 알고 있어야 하며, 음운의 변동 현상을 잘 이해하고 정확한 발음을 찾을 수 있어야 한다. 음운의 변동에 따른 정확한 발음을 찾는 것은 어문규범에서 표준 발음법과 연관되어 앞으로 더 많은 비중을 차지할 것으로 예상되는 바 어문규범과 통합적으로 학습해야 한다.

3 한국어 문법론

한국어 문법론은 실제 형태론과 통사론의 두 과목으로 1영역에서 가장 큰 비중을 차지하는 과목이다. 형태소와 단어에 대한 이해가 필요하며, 품사와 문장 성분을 구별하고 접속문을 구성하는 연결 어미와 내포문을 구성하는 전성어미 등 어미의 여러 종류를 구별할 수 있어야 한다. 또한 피동문과 사동문을 이해하고 구분할 수 있어야 한다. 자세한 설명이 되어 있는 문법서를 정독하고 기출문제를 풀어보며 여러 번 반복해야 한다.

4 한국어 어휘론

한국어 어휘론은 형태론 즉 문법론과 의미론에서 중복되는 영역을 제외하면 한국어 어휘의 종류와 관용표현을 주로 다루게 된다. 고유어와 한자어, 외래어, 혼종어를 구별하고, 특히 한자어로 잘못알고 있는 고유어를 익혀두면 도움이 된다. 기출문제에서 자주 제시되는 한자어로 오인되는 고유어와 고유어로 오인되는 한자어를 확실히 정리해 두어야 한다.

5 한국어 의미론

한국어 의미론은 의미관계와 의미 변화의 원인에 초점을 두고 살펴보는 것이 효과적이어서 동음이의어와 다의어를 구별할 수 있어야 하고 반의어의 유형 세 가지를 구별할 수 있어야 한다. 문장의 의미에서는 중의적 문장의 유형을 구별할 수 있도록 해야 한다.

6 한국어 화용론

한국어 화용론은 1영역에서 비중은 높지 않으나 문제의 난이도가 낮은 편이어서 쉽게 접근할 수 있다. 화용론의 내용을 전체적으로 살펴보면서 문장에서 사용된 표현이 직시 표현인가 아닌가, 직접 화행인가 간접 화행인가를 구별할 수 있어야 한다. 또한 함축에서는 대화 격률 네 가지를 반드시 알고 차이를 구별할 수 있어야 한다.

7 한국어사

실제 1영역 시험에서의 5% 비중밖에 차지하지 않지만, 한국어사는 고대, 중세, 근대 한국어의 여러 특징을 종합적으로 살펴봐야하기 때문에 학습량이 상대적으로 많이 필요하다. 후기 중세 시대에 초점을 두고 훈민정음 창제와 그 특성 및 조선 초기의 문법에 집중하는 것이 효과적이다.

8 한국어 어문규범

한국어 어문규범은 음운론과 연관되는 표준 발음법을 살펴보고, 외래어 표기법과 로마자 표기법의 원칙을 알아야 한다. 자주 출제되는 잘못된 외래어 표기와 로마자 표기를 살펴보면 도움이 된다. 또한 매년 국립국어원에서 새로 추가하거나 수정한 어휘는 반드시 찾아서 정리하는 것이 적절하다.

2영역 일반언어학 및 응용언어학

1교시

(1) 전체평

최근 3개년 시험에서 일반언어학은 '음운론, 형태론, 통사론'에 대한 기초 지식을 확인하는 문항들이 다수 출제되었다. 응용언어학은 언어를 적용하는 하위 범주가 다양하여 다루는 주제의 폭도 넓은 편이며 '대조언어학, 심리언어학, 사회언어학'에서 매회 골고루 문항이 출제되었다. 최근 '코퍼스 언어학(말뭉치 언어학)'이 새로운 주제로 자주 등장하고 있으며 기존보다 다양한 언어권에 대한 이론을 묻고 있으므로 빈출 주제에 집중하여 반복적인 학습으로 대비하는 것이 적절하다.

(2) 과목별 학습중점

1 외국어 습득론

학습자가 외국어를 습득하는 과정에 대한 여러 가설 및 이론에 대해 묻는 분야이다. 크라셴의 5가지 가설의 내용과 장점 및 단점, 입력 처리 가설, 상호작용가설, 출력 강화 등의 주요 주제에 대한 개괄적인 지식이 요구된다. 최근 형태 초점 교수법과 관련한 문항이 다수 출제되고 있으므로 이에 주목해야 하며 외국어를 습득하는 주체인 학습자의 변인에 대한 개념을 함께 정리해 두면 도움이 된다.

2 사회언어학

사회·문화적인 맥락 속에서 이루어지는 화자들의 구체적인 언어 사용을 조사·분석함으로써 언어 변이와 사회적 요인과의 관계를 체계적으로 살피는 것을 목적으로 하는 분야에 대해 묻는 분야이다. 촘스키의 변형생성문법, 라보브의 사회언어학실험, 피진과 크레올어에 대한 내용이 매회 반복적으로 출제되고 있으며 특정 학자에 대한 연구들의 기본 배경을 이해하지 못하면 선지의 내용을 이해하기 어려운 내용이 많으므로 학자를 중심으로 학습하는 것이 적절하다.

3 심리언어학

언어에 반영된 인간의 정신작용에 대해서 과학적인 방법론을 사용하여 연구하는 분야이다. 촘스키의 언어 습득 기제, 결정적 시기 가설, 언어의 상향처리와 하향처리에 대한 문항이 자주 출제되고 있으며, 브로카 실어증과 브로니케 실어증, 좌뇌와 우뇌의 기능 등 신경 언어학의 하위 범주에 대해 묻는 문항도 고정적으로 출제되고 있다. 각 가설의 장점과 단점, 방향성이 반대인 신경 언어학의 내용을 대조하여 학습해 두는 것이 좋다.

4 대조언어학

　비교언어학과의 차이점에 대해 묻는 기초적인 수준의 문항부터, 여러 언어권의 언어와 대조적으로 분석한 '음운적, 어휘적, 통사적, 의미론적' 차이를 구체적으로 파악한 지식을 확인하는 문항이 대다수를 차지하고 있다. 특히 오류를 분석하는 절차(단계)와 음운의 대조 내용이 3영역과 연계되어 출제되는 빈도도 높다는 것에 유의할 필요가 있다. 기존에는 한국어, 영어, 일본어, 중국어 정도의 언어를 대조한 문항이 출제되었으나, 최근 들어서는 프랑스어, 베트남어, 스페인어 등 다양한 언어권의 언어의 특성이나 이에 적합한 교육 방안을 묻는 문항들이 출제되는 경향성을 나타내고 있다.

3영역 외국어로서의 한국어교육론

2교시

(1) 전체평

최근 3개년 시험에서 외국어로서의 한국어교육론 문제는 특정 영역에 치우치지 않고 모든 영역에 골고루 출제되고 있다. 이러한 까닭에 수험자들을 모든 영역을 고르게 학습해야 하는 부담을 안게 되었고, 새로운 연구 이론들의 문제들도 매 회 출제되고 있으므로 학위논문 또는 학술지논문들도 살펴볼 필요성이 생겼다. 그러나 매 회 꾸준히 출제되는 문제들이 있기 때문에 관련 개념을 정확히 숙지하여 문제에 적용하는 능력을 배양해야 한다.

(2) 과목별 학습중점

1 외국어로서의 한국어 교육학개론

외국어로서의 한국어 교육학개론은 한국어교육의 기본적인 개념과 각 영역들을 총론적으로 살펴보는 영역으로서 한국어교육에 대한 내용들이 폭넓게 다루어진다. 상대적으로 교육론 문제의 비율이 소금 높고 교육과정론, 교육공학, 세종학당, 재외동포재단, 국립국제교육원과 같은 한국어교육관련 기관과 연관된 문제, 한국어 시험(TOPIK, EPS-TOPIK 등), 사회통합프로그램(KIIP), 다문화 교육, 한국어 교원 자격과 교사의 자질, 한국어 정책과 교육현황 문제 비율이 높아지고 있다. 매회 출제 문항 수는 줄고 있으나, 최근 3개년 동안 20문제 이상 출제된 영역이므로 소홀히 할 수는 없다. 기본 개념들을 바탕으로 학습하면서 아래의 세부 영역들을 정리해 나가는 것이 필요하다.

2 외국어로서의 한국어 교육과정론

외국어로서의 한국어 교육과정론은 문항 출제 비율은 아직 낮지만 점점 출제수가 늘고 있다. 교육과정론에서 출제되는 문제들은 대부분 한국어교육과정과 연관된 문제들과 교수요목에 대한 문제들이 출제되고 있다. 한국어 교육 기관들과 한국어 과정, 다양한 교수요목들을 살펴보고 세부내용을 숙지하고 있어야 한다.

3 외국어로서의 한국어 교수이론

교수이론에 대한 출제빈도는 일정하지 않다. 한 회에 한 두 문제가 출제된 적도 있으나 한 회에 6~7문제가 출제되기도 한다. 그러므로 꾸준히 각 외국어 교수이론들을 숙지하고 그 이론들을 각 영역의 교육론에 어떻게 적용되는지도 살펴봐야 한다. 각 교수법의 대략적인 내용을 묻기도 하지만 특정 학자의 이론을 묻기도 하므로 대표적인 교수법과 학자들의 이론을 세부적인 내용까지 알아야 한다.

4 외국어로서의 한국어 말하기 교육론

외국어로서의 말하기, 듣기, 쓰기, 읽기 교육론은 매회 꾸준히 각 영역 당 7~10개의 문제들이 출제되고 있으므로 반드시 잡아야 할 영역이다. 말하기 교육론은 의사소통 능력, 말하기 지도 방법, 말하기 수업 순서, 말하기 오류 수정, 말하기 유형, 말하기 활동, 말하기 전략에 대한 문제들이 꾸준히 출제되고 있다. 난이도가 높지 않으므로 개념을 학습한 후에 기출문제들을 바탕으로 내용을 이해해가면 어렵지 않게 문제를 풀 수 있다.

5 외국어로서의 한국어 듣기 교육론

외국어로서의 한국어 듣기 교육론은 듣기의 분류 기준과 유형, 듣기 자료, 듣기 교육 방법, 듣기 교육의 목표, 듣기 모형(상향식, 하향식), 특정 학자의 이론, 듣기 전략, 듣기 활동(전, 중, 후), 듣기 자료의 제시 후 설명하는 문제 등이 출제되고 있다. 문제의 유형이 매우 다양하여 폭넓게 학습해야 하는 부담이 있다. 기본 개념을 숙지하고 있어도 풀기 어려운 문제들이 다소 있어서 많은 학습량을 필요로 한다.

6 외국어로서의 한국어 쓰기 교육론

외국어로서의 한국어 쓰기 교육론은 꾸준히 출제비율이 증가하고 있는 영역으로, 쓰기 시험의 종류, 쓰기 평가와 채점, 쓰기 지도, 쓰기 활동 유형, 교사의 역할, 쓰기 피드백과 오류수정 같이 정해진 유형의 문제들이 출제되고 있다. 딕토글로스(dictogloss)와 같은 생소한 용어들이 출제되기도 하지만 기본적인 개념들과 반복해서 출제되고 있는 유형들을 확실하게 정리해둘 필요가 있다.

7 외국어로서의 한국어 읽기 교육론

외국어로서의 한국어 읽기 교육론은 매회 많은 비율의 문제가 출제되고 있지만 쓰기 교육론과 마찬가지로 꾸준히 고정적으로 출제되고 있는 유형들이 있어서 기본적인 이론을 이해하면 된다. 읽기 자료, 스키마, 읽기 방법, 읽기 모형, 읽기 전략, 읽기 활동, 읽기 과제 등이 출제되며, 읽기 자료와 읽기 방법에 대한 문제가 꾸준히 출제되고 있다.

8 외국어로서의 한국어 발음 교육론

외국어로서의 한국어 발음 교육론의 출제 비율은 점차 줄어들고 있지만 최근 3개년 동안 20문제 가까이 출제되었으므로 소홀히 할 수는 없다. 주로 출제되는 유형은 언어권별 한국어 학습자의 발음 특성과 지도 방법, 모음, 자음, 억양 지도 방법, 발음 오류 수정 방법 등이므로 이에 대한 내용들을 이해하고 기본적인 발음체계에 대해서도 숙지하고 있어야 한다.

9 외국어로서의 한국어 문법 교육론

외국어로서의 한국어 문법 교육론에서는 문법 지도, 문법 모형, 오류수정에 대한 문제가 꾸준히 출제되고 있으며, 스캐폴딩(scaffolding)과 같이 다소 생소한 용어들도 등장하고 있다. 최근에는 교실 활동·문법 항목 제시 후 이 활동의 유형과 절차가 무엇인지 설명하는 유형의 문제들이 다수 출제되고 있는데, 외국인 학습자에게 한국어 문법교육을 해본 적이 없는 수험자들은 이론만으로는 문제를 풀기 어려울 수 있다. 따라서 시중에 있는 한국어 문법지도 교재들을 찾아보면 많은 도움이 된다.

10 외국어로서의 한국어 어휘 교육론

외국어로서의 한국어 어휘 교육론에서는 어휘 목록, 지도 원칙, 어휘 전략, 한자 어휘 지도에 대한 문제가 출제되고 있으며, 그 중 어휘 지도에 대한 문제는 합성어, 색채어, 부사어 등 다양한 어휘의 지도 방법에 대해 묻고 있다. 어휘 목록과 지도의 원칙을 기본적으로 숙지하고, 그 후에 어휘의 의미 관계나 품사 등에 따라 상이한 지도 방법들을 살펴보고 전략을 학습해야 한다. 한자 어휘에 대한 문제는 매회 2문제씩 출제되고 있으므로 놓치지 않도록 유의해야 한다.

11 외국어로서의 한국 문화 교육론

외국어로서의 한국 문화 교육론은 전체적인 출제 비율이 다소 낮지만 최근 3년 동안 15문제 정도가 출제되었다. 문화 수업 원리, 상호문화 이해능력, 문화지도 방법, 문화 영역, 문화 모형, 문화감지도구, 문화문식성 등의 주요 이론과 용어들을 학습하고 기출문제를 통해 이론을 적용해 보면 좋다.

12 외국어로서의 한국어 평가론

외국어로서의 한국어 평가론에서는 평가 유형, 타당도, 평가 도구, 특정 평가의 절차, 출제 문항 유형, 시기별 언어 평가 등이 출제되고 있다. 평가의 절차와 문항 유형에 대한 문제는 평가의 종류마다 다를 수 있어 내용을 숙지하는 데에 어려움을 느낄 수 있다. 그러므로 기본적인 평가의 개념과 함께 꾸준히 출제되고 있는 평가 유형, 타당도, 평가 도구에 대한 내용을 숙지하고 단계적으로 학습해 나가야 한다.

13 외국어로서의 한국어 교재론

외국어로서의 한국어 교재론에서는 교재 개발 절차, 영역별·목적별 교재, 번역, 교사용 지침서, 교재 개작, 교재 종류에 대해 출제가 되며, 범위는 넓은 편이지만 난도가 높지 않으므로 기본적인 출제 유형별로 내용을 정리하고 학습하면 된다.

4영역 한국문화

2교시

(1) 전체평

한국문화는 학습 범위가 굉장히 넓어 과락자가 많이 나오는 영역으로 지금까지 같은 내용을 묻는 문제가 거의 출제되지 않았다. 따라서 고등학교까지 우리가 학습한 학교지식을 바탕으로 최근 사회적, 문화적으로 이슈가 된 내용이나 올해 큰 관심을 받았던 정치, 경제, 사회, 문화계 사건들을 반드시 정리해 두어야 한다.

(2) 과목별 학습중점

1 한국문학

한국문학은 10~15% 정도의 비중을 차지하는 영역으로 고대부터 현대까지 문학사적 흐름을 알고 있어야 한다. 또한 각 시대별 중요 작품을 알고 그 갈래를 구분하는 문제들이 출제되는 경우가 많으므로 꼭 알아두어야 한다. 중·고등학교 국어 또는 문학 교과서에서 다뤘던 작품들이 중심이 되어 출제가 되므로 중·고등학생들이 읽어야 하는 필독도서를 읽어두면 도움이 된다.

2 한국의 전통문화 / 한국 민속학

한국의 전통문화는 세시풍속이나 절기와 관련된 특징이나 행사에 관련된 문제가 많이 출제되었다. 24절기의 시기와 그 절기의 행사를 함께 알아두어야 하며, 세시풍속도 마찬가지이다. 또한 민속학과 관련해서는 민간신앙부분에 대해 묻는 문제도 가끔 출제되있다. 집안의 여러 신들의 종류와 역할 등도 함께 알고 있으면 도움이 된다.

3 한국의 근·현대문화

한국의 근·현대문화 영역은 출제 범위의 폭이 매우 넓으므로 출제되고 있는 문항들의 유형이 일정하지 않다. 그러나 역사적인 사건들이나 최근에 사회적으로 이슈가 되는 일들이 출제되는 경향이 있으므로 사회면에 관심을 가지고 살펴보면 문제를 푸는 데에 도움이 될 수 있다. 기본적으로 유네스코에 등재된 세계유산, 해외에서 수상한 작품, 남북문제에 관한 사항, 다문화와 한류 현상, 현대 미술 화가 등에 대한 내용을 정리하여 숙지하고, 국내의 정치, 경제, 사회, 문화계 이슈가 되는 사건들을 정리하는 것이 좋다.

둘째마당

제12회

한국어교육능력 검정시험
기출문제 및 해설

1교시 한국어학 · 일반언어학 및 응용언어학

2교시 한국문화 · 외국어로서의 한국어교육론

한국어교원3급 자격증은 **TOPIK** KOREA

한국어 일번지
TOPIK KOREA
원격평생교육원
www.topikkorea.co.kr
일반(자비부담) 한국어 교원
양성과정, 한국어교육실습

국비지원교육
TOPIK KOREA
인재개발교육원
www.edukhrd.co.kr
국비지원 한국어교원양성과정,
한국어교육검정시험 해설 강의

제12회 한국어학·일반언어학 및 응용언어학
1교시

개념 정리

훈민정음은 1443년 창제되었으며, 1446년 9월에 반포되었다. 훈민정음 창제의 이론적 기초는 한 음절을 초성, 중성, 종성으로 삼분하고 초성과 종성의 동일성을 확인한 데 있다. 이는 한 음절을 성모와 운모로 이분하는 중국 음운학의 전통적 방법을 근본적으로 변혁한 것이다.

- 초성 : 기본자는 그것이 나타내는 음소를 조음하는 데 관여하는 발음기관의 모양을 본떴다. 가획자는 기본자에 획을 더함으로써 만들었으며, 이체자는 약간의 변형을 통해 만들었다.

기본자	가획자	이체자
ㄱ	ㅋ	ㆁ
ㄴ	ㄷ ㅌ	ㄹ
ㅁ	ㅂ ㅍ	
ㅅ	ㅈ ㅊ	ㅿ
ㅇ	ㆆ ㅎ	

- 중성 : 중성은 중국 음운학에 없는 것이어서 독자적으로 만들어졌다. 중성의 기본자는 천, 지, 인을 본떴으며 이 기본자들의 합성을 통해 다른 중성자를 만들었다.

기본자	· ㅡ ㅣ
1차 합성	ㅏ ㅓ ㅗ ㅜ
2차 합성	ㅑ ㅕ ㅛ ㅠ

- 종성 : 종성은 종성부용초성이라고 하였으나 사실상 8자 체계로 규정하였다. 'ㄱ, ㆁ, ㄷ, ㄴ, ㅂ, ㅁ, ㅅ, ㄹ' 이외의 초성은 종성으로 쓸 필요가 없음을 지적하였다.

---

001 훈민정음 창제의 원리에 관한 설명으로 옳지 않은 것은?   **영역(과목)** 한국어학개론 / 한국어사

① 창제 당시에는 실제로 사용하지 않는 소리도 표기할 수 있도록 하였다.
② 중국 성운학을 이론적 바탕으로 삼았으므로 음절 분석 방식이 성운학과 같다.
③ 가획은 기본 글자에 획을 더해 새 글자를 만드는 원리이다.
④ 'ㄱ, ㄴ, ㅁ, ㅅ, ㅇ'을 자음의 기본 글자로 삼았다.

정답 ②

정·오답풀이 ② 중국 성운학을 이론적 바탕으로 하였으나 성모와 운모로 이분되지 않고, 초성, 중성, 종성으로 삼분되는 음절 구성을 택했다는 점이 훈민정음의 특징이다.

002 한글에 관한 설명으로 옳지 않은 것은?

영역(과목) 한국어학개론

① 한글 자모의 명칭은 남북한이 동일하다.
② 한글 표기법은 중세에서 근대로 오면서 표의주의가 강화되었다.
③ 한글은 음소문자이지만 음절문자의 특징도 일부 보인다.
④ 현행 한글 맞춤법은 소리 나는 대로 적지 않는 것도 허용한다.

정답 ①

정·오답풀이 ① 한글 자모의 이름은 남북한이 다르다.

	ㄱ	ㄴ	ㄷ	ㄹ	ㅁ	ㅂ	ㅅ	ㅇ	ㅈ	ㅊ	ㅋ	ㅌ	ㅍ	ㅎ
남	기역	니은	디귿	리을	미음	비읍	시옷	이응	지읒	치읓	키읔	티읕	피읖	히읗
북	기윽	니은	디읃	리을	미음	비읍	시읏	이응	지읒	치읓	키읔	티읕	피읖	히읗

② 한글 표기법은 중세에 소리를 충실하게 표기하는 음소적 원리를 따랐으나 근대로 오면서 소리대로 적되 형태를 밝히는 형태 음소적 원리를 따르는 방향으로 바뀌었다. 단어의 원래 형태를 적기 때문에 의미를 분명하게 나타내게 된다.
③ 음소문자는 글자 하나가 음소 즉, 자음과 모음을 나타내는 글자로 영어의 알파벳이나 한글이 대표적이다. 음절문자는 한 글자가 하나의 소리를 대표하는 문자로 일본의 가나가 대표적이다. 한글은 기본적으로 음소문자에 속하지만 초, 중, 종성을 합하여 한 글자를 구성하며, 이것이 하나의 소리가 되므로 음절문자의 특성도 가지고 있다.
④ 현행 한글 맞춤법은 소리 나는 대로 적되 어법에 맞도록 한다고 되어 있다. 즉 소리와 다르게 원래의 형태를 그대로 적는 형태 음소적 원리를 따른다.

개념 정리

언어정책이란 국민의 효율적인 의사소통을 위하여 국가가 어문 규범을 제정하여 보급하고, 국민이 사용하는 문자를 지정하며, 언어를 순화하고, 국어과 교육과정을 제정하며 국어 교과서를 개발하는 정책이다. 또한 국제적으로 자국어를 외국에 전파하고 그 교육을 지원하거나 소수 민족의 언어 교육에 대해서 펼치는 정책이다.
현재 언어정책은 국어 어문 규범의 제정과 보급, 국어 순화, 사용 문자 지정, 국어사전 편찬, 국어과 교육 과정의 제정, 국어 교육 환경 개선, 국어 정보화, 한국어 세계화 정책 등이다. 국어 어문 규범에는 표준어 규정, 한글 맞춤법, 외래어 표기법, 국어의 로마자 표기법, 표준 문법, 표준 화법 등이 포함된다.

003 한국의 언어 정책과 한국어 연구에 관한 설명으로 옳지 않은 것은?

영역(과목) 한국어학개론

① 한국어 문법서는 한국인보다 서양인이 먼저 출간했다.
② 최초의 언어 규범은 조선어학회가 제정한 〈한글 맞춤법 통일안〉이다.
③ 학교문법의 통일이 이루어진 것은 1985년에 출판된 〈고등학교 문법〉에 이르러서였다.
④ 해방 이후 한국어 연구에 큰 영향을 준 언어학 이론은 구조언어학과 변형생성이론이었다.

정답 ②

정·오답풀이 ② 여러 어문 규범 중에서 역사가 가장 오래된 것은 '맞춤법'으로 「훈민정음 해례본」(1446) 이후 1909년 「국문연구의정안」: 대한제국 국문연구소, 1912년 「보통학교용 언문철자법」: 조선총독부, 1921년 「보통학교용 언문철자법대요」: 조선총독부, 1930년 「언문철자법」: 조선총독부, 1933년 「한글 맞춤법 통일안」: 조선어학회, 1988년 「한글 맞춤법」: 대한민국 국립국어연구소(현 국립국어원) 이르기까지 변천해왔다.
① 최초의 한국어 문법서는 한어문전(Grammaire Coreenne)으로 1881년 파리 외방전교회 소속 한국 선교사 리델(Ridel, 제7대 조선교구장 주교) 등이 발행하였다.
③ 대학의 입학시험이 치열해지던 1957년경부터 학교문법이 일치하지 않는 것이 크게 문제되어 1961년에 구체화되기 시작하였고 1963년 7월에 불완전하나마 확정되고, 중학교는 1966년에, 고등학교는 1968년에 각각 교과서가 개정되었다. 1981년에 교육과정이 다시 개정되고, 그에 따라 개편된 교과서는 종전의 검정을 국정(國定)으로 전환하였다. 1985년에 실현된이 단일교과서로 명실상부하게 통일이 되었다.
④ 광복 후 서구 언어이론이 들어오기 시작하였는데, 구조주의와 기술 언어학이 많은 영향을 미쳤으며, 60년대 후반부터는 미국의 촘스키가 제시한 변형생성문법이론이 도입되어 새로운 국면을 맞이하게 되었다.

개념 정리

언어의 보편적 특질을 제외한 한국어만의 특질
① 파열음에 평음, 경음, 격음의 세 계열이 있다. ② 어두나 음절말 위치에서 오직 하나의 자음만 발음될 수 있다. ③ 교착어이다. ④ SOV형 언어이다. ⑤ 어순이 비교적 자유롭다. ⑥ 의문문에서 어순이 바뀌지 않는다. ⑦ 근간 성분이 잘 생략되는 언어이다. ⑧ 경어법이 발달되어 있다. ⑨ 색채어가 발달되어 있다. ⑩ 친족 명칭이 친족이 아닌 다른 사람에게도 흔히 쓰인다.

004 한국어의 특질을 보여주는 예로 옳지 않은 것은?

영역(과목) 한국어학개론

① 모음조화 : 흐지부지
② 음절 제약 : 스트라이크(strike)
③ 첨가어 : 아이가 마구 울어댔겠더라.
④ 어순 : 남은 돈을 철수한테 네가 줬다고?

정답 ①

정·오답풀이 ① 양성모음은 양성모음끼리만 이어지고, 음성모음은 음성모음끼리만 이어지는 현상이 모음조화이다. '흐지부지'에서 'ㅡ'와 'ㅜ'모음은 모두 음성모음이며 뒤에 결합된 'ㅣ'모음은 중성모음이므로 적절한 예로 볼 수 없다.
② 한국어의 음절 제약은 어두나 음절말 위치에서 하나의 자음만 발음될 수 있다는 것이다. 따라서 'strike'는 어두에서 세 개의 자음이 연이어 나타나므로 'ㅡ'모음을 삽입하여 발음하게 되므로 음절 제약을 나타내는 예로 적절하다.
③ 교착어는 첨가어라고도 하며 어근과 접사의 결합에 의하여 단어가 문장 속에서 가지는 여러 가지 관계를 나타내는 언어로 어근 안의 변화는 거의 없다. '울+어+대+었+겠+더+라'의 형태로 여러 어미가 결합하여 문법적 의미를 추가하고 있으므로 적절한 예이다.
④ 한국어는 SOV형 언어이며, 어순이 비교적 자유롭다. '네가 남은 돈을 철수한테 줬다고?'의 어순에서 서술어만 그대로 위치하며 다른 성분들은 위치가 변했으나 격조사가 있기 때문에 의미의 변화는 없으므로 한국어 어순의 특징을 나타내는 적절한 예이다.

개념 정리Q

음소는 말의 의미를 분화시켜 뜻을 구별하게 하는 소리의 단위이다. 광의에서의 음소를 때로는 음운(音韻)과 동일시하기도 하지만, 엄밀한 의미에서 음소는 운소와 함께 음운에 속한다.

한 언어의 음소를 어떻게 설정할 것인가 하는 것은 대개 최소대립쌍, 상보적 분포 및 음성적 유사성 등에 의지하여 이루어진다. 최소대립쌍이란 영어의 'light'와 'right'. 한국어의 '불, 풀'에서와 같이 다른 나머지는 같은데 어떤 한 가지 음의 차이로 의미가 달라진 어형의 짝이다. 따라서 한 언어의 음소를 설전하는 가장 손쉽고 확실한 방법은 우선 최소대립쌍을 찾아내는 것이다. 그러나 음에 따라서는 최소대립쌍을 찾기 어렵거나 아주 없는 경우도 있다. 따라서 이를 보완하는 방법으로 흔히 상보적 분포에 의지한다. 상보적 분포란 두 음성이 동일한 환경에서 실현되지 않을 때를 이르는 말인데, 예를 들어 한국어의 두 음성 [l]과 [r]은 각기 다른 환경에서만 실현되고, 결코 동일한 환경에서 실현되는 일이 없으므로 이들은 상보적 분포를 가진다.

005 음소에 관한 설명으로 옳은 것은?   영역(과목) 음운론

① 한 음성을 두 음소의 연쇄로 분석해야 하는 경우는 없다.
② 한 음소의 변이음들의 분포가 서로 겹치는 경우는 없다.
③ '비'의 'ㅂ'과 '우비'의 'ㅂ'은 음가가 서로 다르지만 같은 음소에 속한다.
④ [h]와 [ŋ]은 음성적 유사성은 없지만 상보적 분포를 보이므로 하나의 음소로 처리한다.

정답 ③

정·오답풀이 ③ '비'의 'ㅂ'은 무성음이고, '우비'의 'ㅂ'은 유성음으로 서로 다르지만 같은 음소에 속한다.
① 한 음성은 모음으로만 구성될 수 있으나 자음+모음, 모음+자음 등으로 구성될 수도 있다.
② 변이음에는 [b] [p]. 등과 같이 환경에 제약을 받는 것 외에도, 그러한 제약을 받지 않는 것이 있으며, 표현가치(表現價値)를 위해 특이하게 발음되는 문체적(文體的)인 변이음도 있다.
④ [h]와 [ŋ]은 음성적 유사성이 없고 상보적 분포를 보이지 않는다. 즉, 초성에서 'ㅎ'이 종성에서 'ㅇ'으로 바뀌지 않는다.

006 최소대립쌍의 예로 옳지 않은 것은?   영역(과목) 음운론

① 소똥 : 소통(疏通)   ② 도막 : 독학(獨學)
③ 정열(情熱) : 정렬(貞烈)   ④ 음력(陰曆) : 입력(入力)

정답 ③

정·오답풀이 ③ [정녈] : [정녈] 'ㄴ'첨가와 치조비음화로 같은 발음이 되어 최소대립쌍이 될 수 없다
① [소똥] : [소통] 'ㄸ'과 'ㅌ'이 달라진 최소대립쌍
② [도막] : [도칵] 'ㅁ'과 'ㅋ'이 달라진 최소대립쌍
④ [음녁] : [임녁] 'ㅡ'와 'ㅣ'가 달라진 최소대립쌍

개념 정리

이중모음은 발음할 때 혀나 입술이 움직여서 모음으로서의 음색이 변하는 모음이다. 이중모음은 모음과 반모음의 결합으로 해석되고 있다. 이중모음은 반모음이 앞서는 '상승이중모음'과 반대로 반모음이 뒤에 오는 '하강이중모음'으로 나누어진다. 반모음은 [ㅣ] ([j]) 와 [ㅗ/ㅜ] ([w])이다.

① ㅣ([j])계 상승이중모음
ㅑ(j+ㅏ) / ㅕ(j+ㅓ) / ㅛ(j+ㅗ) / ㅠ(j+ㅜ) / ㅒ(j+ㅐ) / ㅖ(j+ㅔ)

② ㅗ/ㅜ([w])계 상승이중모음
ㅘ(w+ㅏ) / ㅝ(w+ㅓ) / ㅙ(w+ㅐ) / ㅞ(w+ㅔ)

③ 하강이중모음
ㅢ(ㅡ+j)

007 이중모음에 관한 설명으로 옳은 것은?

영역(과목) **음운론**

① 이중모음은 말 그대로 모음 두 개가 이어진 단위이다.
② 글자 'ㅢ'는 음성적 환경과 관계없이 이중모음으로 발음된다.
③ 이중모음 두 개를 이어서 발음할 수 없다.
④ /j/로 시작하는 이중모음이 /w/로 시작하는 이중모음보다 수가 많다.

정답 ④

정·오답풀이
④ /j/로 시작하는 이중모음은 6개, /w/로 시작하는 이중모음은 4개이다.
① 이중모음은 반모음 하나와 단모음 하나가 이어진 단위이다.
② 글자 'ㅢ'는 음성적 환경에 따라 단어의 첫 글자로 사용될 때 [의], 둘째 이하 글자로 사용될 때 [의/이], 조사로 사용될 때 [의/에]로 발음된다. [민주주의의 의의] [민주주이에 의이]
③ '와요' '왜요' 등 이중모음 두 개를 이어서 발음할 수 있다.

개념 정리

			조음위치				
				양순음	치조음	경구개음	연구개음	후음
조음방법	장애음	파열음	평음	ㅂ	ㄷ		ㄱ	
			경음	ㅃ	ㄸ		ㄲ	
			격음	ㅍ	ㅌ		ㅋ	
		파찰음	평음			ㅈ		
			경음			ㅉ		
			격음			ㅊ		
		마찰음	평음		ㅅ			ㅎ
			경음		ㅆ			
	공명음	비음		ㅁ	ㄴ		ㅇ	
		유음			ㄹ			

008 파찰음에 관한 설명으로 옳은 것을 모두 고른 것은?

영역(과목) 음운론

> ㄱ. 파찰음 음소의 수는 3개이다.
> ㄴ. 파찰음 변이음의 수는 4개이다.
> ㄷ. 조음방법상 모두 무성음에 속한다.
> ㄹ. 조음위치상 모두 경구개음에 속한다.
> ㅁ. 일부는 장애음에 속하고 일부는 공명음에 속한다.
> ㅂ. 뒤따르는 이중모음의 발음에 영향을 주지 않는다.

① ㄱ, ㄴ, ㄹ   ② ㄴ, ㄷ, ㅂ   ③ ㄱ, ㄴ, ㅁ, ㅂ   ④ ㄱ, ㄷ, ㄹ, ㅁ

정답 ①

정·오답풀이
ㄱ. 파찰음 음소는 'ㅈ, ㅉ, ㅊ'으로 3개이다.
ㄴ. 파찰음 변이음은 무성음 'ㅈ[tʃ]'(자), 유성음 'ㅈ[dʒ]'(바지), 'ㅉ', 'ㅊ'으로 4개이다.
ㄷ. 조음방법상 'ㅈ[dʒ]'는 유성음에 속한다.
ㄹ. 조음위치상 모두 경구개음에 속한다.
ㅁ. 파찰음은 모두 장애음에 속한다.
ㅂ. 뒤따르는 j계열 이중모음에 영향을 주어 단모음으로 발음된다. 져[저], 쪄[쩌], 쳐[처]

개념 정리

체언은 명사·대명사·수사에 있어 어미활용을 하지 않고 조사를 취하여 문법적 관계를 나타내는 술어이다. 격조사와 함께 주어·목적어·보어·서술어와 같은 문장의 주성분이 될 수 있을 뿐만 아니라 부사어·관형어와 같은 부속성분이 되기도 하며, 호격조사와 결합하여 독립성분이 되기도 한다.
용언은 동사와 형용사를 포괄하여 일반적으로 부르는 용어로, 형태론적으로는 활용을 하고, 통사론적으로는 주로 서술어의 구실을 수행한다.

009 체언과 용언의 발음에 관한 설명으로 옳지 <u>않은</u> 것은?

영역(과목) 음운론

① 체언의 말음으로 'ㅎ'은 쓰이지 않는다.
② 용언 어간의 말음으로 'ㅇ'은 쓰이지 않는다.
③ 체언말의 'ㄼ'이 'ㅂ'으로 발음되는 경우가 있다.
④ 용언 어간말의 'ㄺ'이 'ㅇ'으로 발음되는 경우가 있다.

정답 ③

정·오답풀이
③ 겹받침 'ㄼ'이 'ㅂ'으로 발음되는 경우는 '밟다'가 있으나 이는 용언이며 체언에서는 'ㄹ'로만 발음된다.
① 체언에서 종성에 'ㅎ'이 들어가는 예는 '히읗'이 있으나 실제 발음에서는 나타나지 않는다.
② 용언 어간의 받침에서 'ㅇ'이 나타나는 경우가 없으므로 실제 발음도 나타나지 않는다.
④ 용언 어간말의 'ㄺ'이 뒤에 연결되는 자음이 비음인 'ㄴ, ㅁ'이라면 'ㅇ'으로 발음된다.
  예) 읽는다[잉는다], 늙는다[능는다]

개념 정리

동화

한 단어 안에 있는 한 음이 다른 음에 영향을 주어 완전히 같거나 비슷한 음으로 변화되는 현상으로 다음과 같이 분류할 수 있다.
① 동화의 방향에 따라 : 앞 음이 뒤 음에 영향을 주어 변하게 하는 순행동화, 뒤 음이 앞 음에 영향을 주어 변하게 하는 역행동화, 서로 영향을 주어 양쪽이 변하게 되는 상호동화가 있다.
② 동화의 결과에 따라 : 완전히 동일한 음으로 나타나는 완전동화, 비슷한 음들이 되게 하는 데 그치는 부분동화(불완전동화)가 있다.

---

010 다음과 같이 동화의 유형을 분류할 때, 같은 유형의 동화가 일어나는 것끼리 짝지어진 것은?

영역(과목) 음운론

순행동화/역행동화, 완전동화/부분동화

① 밭이, 접는   ② 국물, 연락   ③ 칼날, 늙네   ④ 광한루, 휘발유

정답 ①

정·오답풀이
① 밭이[바치] : 'ㅣ'모음이 앞 자음 'ㅌ'에 영향을 주는 역행동화, 부분동화
　접는[점는] : 'ㄴ'이 앞 자음 'ㅂ'에 영향을 주는 역행동화, 부분동화
② 국물[궁물] : 'ㅁ'이 앞 자음 'ㅂ'에 영향을 주는 역행동화, 부분동화
　연락[열락] : 'ㄹ'이 앞 자음 'ㄴ'에 영향을 주는 역행동화, 완전동화
③ 칼날[칼랄] : 'ㄹ'이 뒤 자음 'ㄴ'에 영향을 주는 순행동화, 완전동화
　늙네[능네] : 'ㄴ'이 앞 자음 'ㄱ'에 영향을 주는 역행동화, 부분동화
④ 광한루[광할루] : 'ㄹ'이 앞 자음 'ㄴ'에 영향을 주는 역행동화, 완전동화
　휘발유[휘발류] : 'ㄹ'이 뒤 자음 'ㄴ'에 영향을 주는 순행동화, 완전동화(휘발뉴 → 휘발류)

개념 정리

음운의 변동

- 대치
① 평폐쇄음화 : 평폐쇄음화는 종성에서 파찰음과 마찰음이 폐쇄음으로, 경음과 격음이 평음으로 바뀌는 현상으로, 이에 따라 한국어 종성에서 발음될 수 있는 장애음은 'ㅂ, ㄷ, ㄱ'이다.
② 비음화 : 앞 음절의 종성인 장애음이 뒤 음절의 초성에서 비음인 'ㅁ, ㄴ'을 만나면 그 앞 음절의 종성도 비음인 'ㅁ, ㄴ, ㅇ'으로 발음된다.
③ 치조비음화 : 'ㄹ'은 그 앞이나 뒤에 'ㄹ'이 없다면 발음될 수 없기 때문에 'ㄹ'이 아닌 다른 자음이 앞뒤에 온다면 'ㄴ'으로 바뀌어 발음된다.
④ 유음화 : 'ㄹ'의 앞이나 뒤에 오는 자음이 'ㄴ'이면 'ㄹ+ㄹ'로 바뀌어 발음된다.
⑤ 경음화 : 특정한 환경에서 평장애음인 'ㅂ, ㄷ, ㅅ, ㅈ, ㄱ'이 각각 'ㅃ, ㄸ, ㅆ, ㅉ, ㄲ'으로 발음되는 현상으로, ① 앞 음절의 받침이 'ㅂ, ㄷ, ㄱ'일 때, ② 용언 어간의 받침이 'ㄴ, ㅁ'일 때, ③ 용언의 관형사형 어미 '-(으)ㄹ' 뒤에서, ④ 한자어 받침 'ㄹ' 뒤에 오는 'ㅂ, ㄷ, ㅅ'은 경음으로 발음된다.
⑥ 구개음화 : 'ㄷ, ㅌ' 뒤에 모음 'ㅣ'가 결합하면 각각 'ㅈ, ㅊ'으로 발음된다.

- 탈락
  ① 자음군 단순화 : 한 음절의 종성에서 겹받침이 사용된 경우 하나의 자음만 발음된다.
  ② 'ㅎ'탈락 : 종성에서 사용된 'ㅎ'은 뒤에 모음으로 시작하는 어미가 결합하면 탈락하여 발음되지 않는다.
  ③ '아/어'탈락 : 'ㅓ/ㅏ' 또는 'ㅔ/ㅐ'로 끝나는 용언 어간 뒤에 결합하는 'ㅏ/ㅓ'는 탈락한다.
  ④ '으'탈락 : '모음+모음'인 환경에서 어느 한 쪽의 모음이 'ㅡ'가 오는 경우 'ㅡ'가 탈락한다.
- 첨가
  ① 'ㄴ'첨가 : 앞 음절이 자음으로 끝나고 뒤 음절이 모음 'ㅣ, ㅑ, ㅕ, ㅛ, ㅠ'로 시작하는 환경에서 'ㄴ'이 첨가된다.
- 축약
  ① 'ㅎ'축약 : 'ㅂ, ㄷ, ㅈ, ㄱ'의 앞이나 뒤에 'ㅎ'이 오면 두 자음이 축약되어 각각 'ㅍ, ㅌ, ㅊ, ㅋ'로 발음된다.

011 음운현상에 관한 설명으로 옳지 않은 것은? 영역(과목) 음운론

① 용언 어간말의 'ㅎ'은 모음 앞에서 반드시 탈락한다.
② '핥는', '뚫는'에서는 자음군 단순화, 유음화가 일어난다.
③ '서울역'과 '부산역'에는 동일하게 일어나는 음운현상이 있다.
④ '밖에 나가서'와 '길을 건너서'는 모음이 탈락하는 현상과 관계가 없다.

정답 ④

정·오답풀이 ④ '나가서' : '나가- + -아서', '건너서' : '건너- + 어서'의 결합으로 각각 '아'모음과 '어'모음이 탈락했다.
① 좋은[조은], 놓아[노아] 등의 경우로 'ㅎ'탈락이 일어난다.
② '핥는'[할는 → 할른], '뚫는'[뚤는 → 뚤른]이 되어 하나의 자음만 발음되는 자음군 단순화가 일어나고 다시 종성 'ㄴ'이 뒤 음절의 'ㄹ'과 만나 'ㄹ+ㄹ'로 변화하는 유음화가 일어난다.
③ '서울역'[서울력] : 'ㄴ'첨가, 유음화 현상, '부산역'[부산녁] : 'ㄴ'첨가 현상이 일어난다.

개념 정리

음소배열제약은 음소들이 연결될 때 함께 올 수 없는 음소가 있다는 제약으로, 이러한 제약으로 인해 음운의 변동 현상이 나타난다.

012 다음 설명과 관련된 음운현상이 일어나는 예가 아닌 것은? 영역(과목) 음운론

> 어떤 음소들은 서로 인접할 수 없다. 그러한 음소들끼리 인접할 때 둘 중 하나만 다른 음소로 바뀌는 일이 자주 일어난다.

① 먹고 있어요   ② 놓지 마세요   ③ 재미있는 일   ④ 어여쁜 달님

정답 ②

정·오답풀이 ② 놓지 마세요[노치 마세요] : 'ㅎ'축약으로 앞 음절의 'ㅎ'과 뒤 음절의 'ㅈ'이 축약되어 두 음소가 모두 바뀌었다.
① 먹고 있어요[먹꼬 이써요] : 경음화가 일어나 뒤 음절의 음소만 바뀌었다.
③ 재미있는 일[재미인는 닐] : 평폐쇄음화로 'ㄷ'으로 바뀐 후에 뒤 음절의 비음인 'ㄴ'을 만나 다시 'ㄴ'으로 바뀌었으나, 앞 음절의 음소만 바뀌었다.
④ 어여쁜 달님[어여쁜 달림] : 'ㄹ'과 'ㄴ'이 만나 뒤 음절만 'ㄹ'로 바뀌었다.

개념 정리

경음화는 특정한 환경에서 평장애음인 'ㅂ, ㄷ, ㅅ, ㅈ, ㄱ'이 각각 'ㅃ, ㄸ, ㅆ, ㅉ, ㄲ'으로 발음되는 현상을 말한다. ① 앞 음절의 받침이 'ㅂ, ㄷ, ㄱ'일 때, ② 용언 어간의 받침이 'ㄴ, ㅁ'일 때, ③ 용언의 관형사형 어미 '-(으)ㄹ' 뒤에서, ④ 한자어 받침 'ㄹ' 뒤에 오는 'ㅂ, ㄷ, ㅅ'은 경음으로 발음된다.

013 경음화에 관한 설명으로 옳지 않은 것은?

영역(과목) 음운론

① 평폐쇄음 뒤의 경음화는 예외가 없는 음운현상이다.
② 종성이 'ㄹ'인 한자 뒤에 초성이 'ㄷ, ㅅ, ㅈ'인 한자가 결합할 때 경음화가 항상 일어난다.
③ '안고', '앉을 자리'에서의 경음화는 비음운론적 제약이 관련된 음운현상이다.
④ '가을바람', '물병'에서는 구성요소 간의 의미 관계에 따라 경음화가 일어난다.

정답 ②

정·오답풀이
② 종성이 'ㄹ'인 한자 뒤에 초성이 'ㄷ, ㅅ, ㅈ'인 한자가 결합할 때 경음화가 일어나지만 3음절 이상의 한자어 또는 같은 한자어가 반복되어 구성된 단어에서는 일어나지 않는다.
① 평폐쇄음 뒤의 경음화는 순수한 음운론적 현상으로 항상 일어나는 음운현상이다.
③ '안고[안꼬]'는 용언 어간 받침이 'ㅁ, ㄴ'일 때 일어나며, '앉을 자리[안즐 짜리]'는 용언의 관형사형 '-(으)ㄹ' 뒤에서 일어나는 비음운론적 경음화이다.
④ '가을바람[가을빠람]'은 '가을에 부는 바람', '물병[물뼝]'은 '물을 넣는 병'으로 의미상 사이시옷이 들어가야 하는 환경이 되므로 경음화가 일어난다.

개념 정리

인용절은 자신이나 남의 말, 글 또는 생각이나 판단 등을 직접 또는 간접으로 인용하여 다른 문장 안에 절의 형태로 안겨 있는 문장이다. 직접인용절은 자신이나 남의 말, 글, 생각 등을 표현된 그대로 인용하는 것으로, 큰따옴표를 사용하며 인용격조사인 '라고'를 사용하며 의성어인 경우에는 '하고'를 사용한다.
예) 철수가 고양이를 보고 "너무 귀여워"라고 말했다.
간접인용절은 자신이나 남의 말, 글, 생각이나 판단을 자신의 관점에서 인용하는 것으로, 인용격조사인 '고'를 사용하며 '명사+이다'인 경우에는 '라고'를 사용한다.
예) 철수가 밥을 먹는다고 말했다.

014 인용절에 관한 설명으로 옳지 않은 것은?

영역(과목) 문법론

① 인용절 표지 '(이)라고', '고' 등은 어미가 아니라 조사이다.
② 직접 인용절과 간접 인용절에는 형식적 차이가 있다.
③ 간접 인용절에서는 상대 높임법이 실현되지 않는다.
④ 직접 인용절은 부사절이고 간접 인용절은 명사절이다.

정답 ④

정·오답풀이 ④ 직접 인용절과 간접 인용절 모두 수식의 관점에서 부사절의 일종으로 볼 수 있다.

① 인용절 표지 '(이)라고', '고' 등은 인용격조사이다.
② 직접 인용절과 간접 인용절에는 큰따옴표 사용 유무, 인용격조사 '라고', '고'의 사용에 따른 형식적 차이가 있다.
③ 간접 인용절에서는 상대 높임법이 실현되지 않아서, '어머니께서 부르신다고 말했다.'와 같이 주체 높임은 표현되지만 상대높임인 '-ㅂ니다'는 나타나지 않는다.

개념 정리 Q

남의 힘에 의해 어떤 동작이 행해지는 것을 피동이라고 하며, 이것을 드러내는 표현을 문법적으로 나타낸 것을 피동문이라고 한다. '고양이가 쥐를 잡았다. → 쥐가 고양이에게 잡혔다.'에서와 같이 능동문의 주어가 피동문의 부사어로 나타난다. 피동을 나타내는 표현은 피동사로 표현하는 어휘적 피동 또는 단형 피동과 '-어 지다'와 같이 문법적 표현을 사용한 통사적 피동 또는 장형 피동이 있다.

어휘적 피동은 피동사를 사용하는데, 능동사인 타동사에 '-이-, -히-, -리-, -기-' 등이 붙어서 이루어지고 각 용언에 결합하는 접미사는 일정하지 않아서 규칙화하기 어렵다. '철수가 칭찬을 들었다.', '손에 못이 박혔다.'와 같이 주어진 능동문에 대응하는 피동문이 없거나, 주어진 피동문에 대응하는 능동문이 없는 경우도 있다.

통사적 피동은 능동사 어간에 '-어지다'를 붙여 피동을 나타내며, 어휘적 피동이 타동사에만 결합할 수 있는 반면에 통사적 피동은 거의 모든 동사에 쓰일 수 있다.

015 피동법에 관한 설명으로 옳은 것은?

영역(과목) 문법론

① 피동의 실현 수단은 접사 연결이 유일하다.
② 피동사에는 '깎이다'처럼 사동사와 형식이 같은 것도 있고 '잡히다'처럼 피동사로만 쓰이는 것도 있다.
③ 능동문의 주어는 피동문에서 항상 '에게' 부사어나 '에' 부사어로 실현된다.
④ 어떤 피동문은 능동문에서 피동변형에 의해 생성되는 것으로 설명할 수 없다.

정답 ④

정·오답풀이
④ '손에 못이 박혔다.', '날씨가 풀렸다.', '영수가 감기에 걸렸다.'와 같이 대응되는 능동문이 없는 경우가 있다.
① 피동의 실현 수단은 접사를 이용한 어휘적 피동과 '-어지다'를 이용한 통사적 피동이 있다.
② '깎이다'나 '잡히다', '보이다' 등은 는 피동과 사동의 형태가 같은 것으로, 피동접사와 사동접사의 형태가 동일한 '이, 히, 리, 기'로 인한 것이다.
③ 능동문의 주어는 피동문에서 '에게' 부사어나 '에' 부사어로 실현되는 것이 보통이나, '영수가 문을 닫았다. → 문이 영수에 의해 닫혔다'와 같이 '에 의해'로 실현되는 경우도 있다.

개념 정리 Q

문장의 연결 또는 확대는 두 개 이상의 단문이 합쳐져 있는 것으로 복문이라고 한다. 하나의 문장은 주어와 서술어가 각각 하나씩 있으므로 확대된 문장은 두 개 이상의 주어와 서술어가 있다. 복문을 만드는 방법은 ① 연결어미를 이용하여 한 문장을 다른 문장과 나란히 연결하는 접속과 ② 전성어미를 이용하여 한 문장을 다른 문장 속에 들어가게 하는 내포의 방법이 있다.

016 문장의 확장 방식이 다른 것은?

① 좋은 원두가 쓰이니까 그 집이 커피가 맛있다.
② 그는 갔지만 그의 아름다운 예술은 영원하다.
③ 예부터 토양이 좋은 이 고장은 사과가 많이 난다.
④ 경기가 흥미로워서 관중들이 우레와 같은 박수를 보냈다.

정답 ③

정·오답풀이
③ 관형사형 전성어미 '-은'을 이용한 내포문이다.
① 이유관계 연결어미 '-니까'를 이용한 접속문이다.
② 대조관계 연결어미 '-지만'을 이용한 접속문이다.
④ 이유관계 연결어미 '-어서'를 이용한 접속문이다.

개념 정리

복문을 만드는 방법 중 전성어미를 이용한 방법을 내포문이라고 한다. 내포문을 만드는 방법으로 ① 명사형 전성어미 '-(으)ㅁ, -기'를 이용하여 명사절로 만드는 방법, ② 관형사형 전성어미 '-(으)ㄴ, -는, -던, -(으)ㄹ'을 이용하여 관형절로 만드는 방법, ③ 부사형 전성어미 '-이, -게, -도록'을 이용하여 부사절로 만드는 방법, ④ 인용격 조사 '-고, -라고'를 이용하여 인용절로 만드는 방법이 있다.

017 안은문장(포유문)에 관한 설명으로 옳지 않은 것은?

① 서술절을 안은 문장에는 안긴문장의 표지가 드러나 있지 않다.
② '예쁜 소녀'에서 '예쁜'은 안긴문장이다.
③ '저는 선생님을 만난 기억이 없습니다.'에서 밑줄 친 부분은 '동격 관형사절'로 분류된다.
④ '어떻게 사느냐가 문제다.'에서 '어떻게 사느냐'는 인용절이다.

정답 ④

정·오답풀이
④ '어떻게 사느냐가 문제다.'에서 '어떻게 사느냐'는 특수하게 사용되는 경우이지만 주격조사 '-가'와 결합하여 주어의 역할을 하는 명사절이다.
① 명사절, 관형절, 부사절, 인용절 이외에 서술절로 복문을 만드는 경우가 있으나 '코끼리는 코가 길다'와 같이 안긴문장의 표지가 드러나지 않는다.
② '예쁜 소녀'에서 '예쁜'은 관형사형 전성어미 '-(으)ㄴ'을 이용하여 관형절로 안긴문장이다.
③ '저는 선생님을 만났습니다.' + '(그) 기억이 없습니다.'로 구성되어 두 문장에서 공통된 요소가 없으므로 동격 관형절이 된다.

개념 정리

부정을 나타내는 문장이 쓰여 내용 전체 또는 일부를 부정하는 문장을 만드는 방법을 부정법이라고 한다. 부정어의 종류에 따라 '안'부정법, '못'부정법, '말다'부정법이 있다.
- '안'부정법 : 단순부정법이라고도 하며, 서술어가 용언일 때 서술어 앞에 '안'을 넣거나 용언의 어간에 '-지 않다'를 써서 만든다.
- '못'부정법 : 능력부정법이라고도 하며, 서술어가 동사일 때 서술어 앞에 '못'을 넣거나 용언의 어간에 '-지 못하다'를 써서 만든다. 서술어가 형용사일 때 '-지 못하다'만 가능하다.
- '말다'부정법 : 명령문과 청유문에서만 가능하며 서술어가 동사일 때 용언의 어간에 '-지 말다'를 써서 만든다.

018 부정문에 관한 설명으로 옳은 것을 모두 고른 것은?   영역(과목) 문법론

> ㄱ. 일반적으로 '안' 부정은 능력 부정을 나타내고 '못' 부정은 의지 부정을 나타낸다.
> ㄴ. 부정 부사가 서술어 바로 앞에 오는 단형 부정과, 부정 보조용언이 쓰이는 장형 부정이 있다.
> ㄷ. '없다', '모르다' 등이 서술어로 쓰인 문장을 부정문으로 분류하기도 한다.
> ㄹ. 서술어로 쓰인 용언이 복합어이면서 그 어간의 음절 수가 많을수록 장형 부정문을 구성하기 힘들다.

① ㄱ, ㄷ ② ㄱ, ㄹ ③ ㄴ, ㄷ ④ ㄴ, ㄹ

정답 ③

정·오답풀이
ㄱ. 일반적으로 '안' 부정은 단순 부정 또는 의지 부정을 나타내고 '못' 부정은 능력 부정 또는 상황 부정을 나타낸다.
ㄴ. 부정 부사가 서술어 바로 앞에 오는 단형 부정 '안 / 못'과, 부정 보조용언이 쓰이는 장형 부정'-지 않다 / -지 못하다'이 있다.
ㄷ. '없다', '모르다' 등 어휘는 부정의 의미를 가지고 있으므로 부정문으로 분류하기도 한다.
ㄹ. 서술어로 쓰인 용언이 복합어인 경우나 음절이 긴 경우에 짧은 형태의 단형 부정문을 만들지 않고 장형 부정문으로 나타낸다.

개념 정리

대명사는 명사를 대신해서 가리키는 말로, 그 대상은 문맥과 상황을 통해 파악해야 한다. 대명사는 인칭대명사와 지시대명사로 구분할 수 있다.
- 인칭대명사 : 1인칭(나, 우리, 저, 저희), 2인칭(너, 자네, 당신, 그대), 3인칭(그, 그녀, 이분, 그분, 누구, 아무, 자기, 당신)
- 지시대명사 : 사물(이것, 저것, 그것, 무엇), 장소(여기, 저기, 거기, 어디), 시간(이때, 접때, 그때, 언제)

019 대명사에 관한 설명으로 옳지 않은 것은?   영역(과목) 문법론

① 합성어 형식의 대명사가 존재한다.
② 재귀 대명사 '자기'는 1·2·3인칭에 두루 쓰인다.
③ 1인칭 복수 대명사 중 겸양형은 청자를 포함하지 않는다.
④ 상대 높임법에 일치하는 적절한 2인칭 대명사가 없는 경우 명사(구)가 2인칭 대명사를 대신한다.

정답 ②

정·오답풀이 ② 재귀 대명사 '자기'는 3인칭대명사이다.
① 3인칭 대명사 '이분, 그분' 등은 합성어 형식이다.
③ 1인칭 복수 대명사 '우리'는 청자를 포함하는 경우와 포함하지 않는 경우가 모두 가능하나 겸양형인 '저희'는 항상 청자를 포함하지 않는다.
④ 높임의 2인칭 대명사로 '당신, 그대'가 있으나 실제 대화에서 사용되지 않고, '선생님, 고객님' 등 명사(구)로 2인칭 대명사를 대신한다.

개념 정리

파생어에는 접두사에 의한 파생어와 접미사에 의한 파생어가 있는데, 접미사에 의한 파생이 훨씬 수도 많고 종류도 다양하다.
- 접두사에 의한 파생 : 명사 앞에 쓰이는 접두사와 동사·형용사 앞에만 쓰이는 접두사, 둘 모두와 결합하는 접두사가 있다. 접두사는 의미를 제한하는 역할을 하며 품사를 바꾸지 못한다.
- 접미사에 의한 파생어 : 접미사는 앞에 오는 단어의 품사를 바꾸는 경우가 있는데, 그 종류로는 파생 명사, 파생 동사, 파생 형용사, 파생 부사 등이 있다.

---

020 단어 형성의 결과로 품사가 바뀌지 않은 것은? [영역(과목) 문법론]

① 들끓다 ② 맛나다 ③ 메마르다 ④ 힘들다

정답 ①

정·오답풀이 ① 들- + 끓다 : '들-'은 '마구, 몹시'의 뜻을 가진 접두사로 품사를 바꾸지 못한다.
② 맛 + -나다 : '-나다'는 '그런 성질이 있음'을 뜻하는 접미사로 앞 말이 형용사로 바뀌었다.
③ 메- + 마르다 : '메-'는 '찰기가 없이'의 의미를 가진 접두사로 동사 '마르다'와 결합하여 형용사로 바뀌었다.
④ 힘 + 들다 : 명사 '힘'과 동사 '들다'가 결합하여 형용사로 품사가 바뀌었다.

개념 정리

한자어는 하나 이상의 한자로 결합되어 한국어로서 사용되는 한국식 발음의 단어로 ① 중국에서 쓰이는 것이 그대로 쓰이되 발음이 한국식인 것, ② 한국어에서 만들어져 쓰이고 중국어에서는 쓰이지 않는 것, ③ 일본에서 만들어진 것으로 구분할 수 있다.
한국 한자어는 대체로 2음절어가 일반적이다. 그 다음으로 단음절어, 3음절어가 많이 쓰인다. 4음절 이상의 다음절어는 그리 많지 않다. 한자는 원래 중국에서 한 글자가 곧 한 단어이지만 한국에서 사용되는 단음절어는 극히 제한되어 있다. '산(山) · 강(江) · 책(冊) · 검(劍) · 운(運) · 선(善) · 악(惡)' 등은 실제로 쓰이고 있지만 '수(水) · 목(木) · 수(手)' 등은 단음절 한자어로 쓰이지는 않는다. 이러한 글자들은 한국에서 단어의 기능을 잃고 형태소로서 기능하고 있는 것이다.

---

021 한자어에 관한 설명으로 옳지 않은 것은? [영역(과목) 어휘론]

① 일부 한자어는 중국에서 온 차용어가 아니다.
② 용언의 어간으로 쓰이는 한자어가 존재한다.
③ 단음절 한자어가 다음절 한자어보다 수가 적다.
④ 중국에서 온 차용어 중에는 한자어로 취급되지 않는 단어들이 존재한다.

> **정답** ②
> **정·오답풀이** ② 한자어는 단어로 사용되며, 용언으로 사용되는 경우에도 어간으로 쓰이지 않는다.
> ① '돌(乭), 갈(㖦), 답(畓)' 등의 일부 한자어는 한국에서 만들어진 한자어이다.
> ③ 한자는 한국에서 형태소의 역할을 하는 경우가 많으므로 단음절 한자어는 그 수가 적다.
> ④ '감자, 배추, 김치' 등은 중국에서 온 차용어이나 한자어로 취급되지 않는 귀화어이다.

022 ㄱ~ㄹ은 문법적 오류가 있는 문장이다. 그 오류에 관한 설명으로 옳지 <u>않은</u> 것은?   영역(과목) 문법론

> ㄱ. 그 작가는 도서관에서 순희는 읽은 책을 별장에서 저술했다.
> ㄴ. 선생님은 순희가 1등을 아마도 했다고 발표하실 것이다.
> ㄷ. 비는 오면서 천둥은 친다.
> ㄹ. 아기가 자서 조용히 하렴.

① ㄱ : 관형사절의 주어에는 조사 '은/는'이 연결되기 어렵다.
② ㄴ : 상위문의 부사어가 하위문에 올 수 없다.
③ ㄷ : '-(으)면서' 종속 접속절의 주어는 주절의 주어와 같아야 한다.
④ ㄹ : '-아서/어서' 종속 접속절은 주절이 명령, 청유, 허락 등을 나타낼 때는 쓰이기 어렵다.

> **정답** ③
> **정·오답풀이** ③ ㄷ : 시간 관계 연결어미 '-(으)면서'는 동시의 의미를 가지며, 사람이나 동물일 때 주어가 일치해야 하나 사물이 주어일 때는 일치하지 않아도 된다.
> ① ㄱ : '그 작가는 책을 별장에서 저술했다. + 도서관에서 순희는 책을 읽었다.' 관형사절의 주어에는 조사 '이/가'가 사용된다.
> ② ㄴ : '선생님은 아마도 발표하실 것이다. + 순희가 1등을 했다.' '아미도'는 문장 부시로 대체로 문장 안에서 위치가 자유로우나 하위문에는 올 수 없다.
> ④ ㄹ : 이유 관계 연결어미 '-아서/어서'는 과거일 때 시제 선어말어미 '았/었'을 쓸 수 없으며, 일반적으로 명령문, 청유문과는 어울리지 않는다.

개념 정리

명사형 전성어미는 동사와 형용사에 결합하여 명사와 같은 기능을 하도록 바꿔주는 어미로 문장 안에서 주어, 목적어, 보어 등으로 사용되며 '-(으)ㅁ, -기'가 있다. 명사형 전성어미의 특징으로 ① '-(으)ㅁ'은 문어체에서 자주 사용되나 구어체에서는 잘 사용되지 않는다. ② '-(으)ㅁ'은 의미상 이미 이루어졌거나 결정되어 있는 일에, '-기'는 의미상 아직 결정되지 않은 일이나 동작의 과정이나 방법을 나타내는 일에 많이 사용한다. ③ 높임의 선어말어미인 '-시-'와 모두 결합할 수 있으나 과거시제 선어말 어미는 '-기'와 결합할 수 없다.

023 명사형 어미에 관한 설명으로 옳지 않은 것은?

영역(과목) 문법론

① '-(으)ㅁ'과 '-기'는 명사형 어미로도 쓰이고 파생 접미사로도 쓰인다.
② '-(으)ㅁ' 명사절과 '-기' 명사절은 상위문의 서술어가 선택한다.
③ '-(으)ㅁ'은 특수한 상황에서 종결어미처럼 쓰인다.
④ '-(으)ㅁ'과 '-기'의 차이는 유정성의 의미 특성과 관련된다.

정답 ④

정·오답풀이
④ 의미상 '이미 이루어진 일인가, 아직 결정되지 않은 일인가'와 관련된다.
① '웃음, 울음, 크기, 길이' 등과 같이 명사를 만드는 파생 접미사로도 쓰인다.
② '-(으)ㅁ'은 의미상 이미 이루어졌거나 결정되어 있는 일, '-기'는 의미상 아직 결정되지 않은 일에 사용되므로 서술어의 의미에 의해 결정된다고 볼 수 있다.
③ '-(으)ㅁ'은 '철수가 집에 감.'에서와 같이 종결어미처럼 쓰일 수 있다.

개념 정리

남에게 어떤 동작을 하게 하는 것을 사동이라고 하며, 이것을 드러내는 표현을 문법적으로 나타낸 것을 사동문이라고 한다. 사동을 나타내는 표현은 사동 접사 '-이, -히, -리, -기, -우, -구, -추'를 사용하여 사동사로 표현하는 접미사 사동(단형 사동)과 '- 게 하다'를 사용한 통사적 사동(장형 사동)이 있다.
- 얼음이 녹았다. → 우리가 얼음을 녹였다.
- 길이 넓다. → 구청에서 길을 넓혔다.
- 아이가 옷을 입었다. → 엄마가 아이에게 옷을 입혔다.
- 아이들이 그림을 그렸다. → 선생님이 아이들에게 그림을 그리게 했다.

접미사 사동의 특징은 ① 접미사를 규칙화하기 힘들며, 접미사 사동이 불가능한 동사가 있다. ② 다의어인 경우 사동에서 기본 의미만 대응된다. ③ '-이다'는 접미사 사동과 통사적 사동이 모두 불가능하다.

통사적 사동의 특징은 ① 사동문이 될 때 주동문의 주어는 보통 '-에게/한테'가 사용되는 것이 자연스럽다. ② 시제 선어말어미 '-었-/-겠-'은 '-하다'에만 결합한다. ③ 높임 선어말어미 '-시-'는 누구를 높이는 가에 따라 다르게 나타난다. ④ 접미사 사동 뒤에 '-게 하다'를 붙여 사동문을 만드는 경우도 있다.

024 ㄱ ~ ㄹ에 관한 설명으로 옳지 않은 것은?

영역(과목) 문법론

ㄱ. 준희가 동생에게 밥을 먹였다.
ㄴ. 선생님이 돌이에게 책을 읽혔다.
ㄷ. 할아버지가 손자들에게 유언을 남기셨다.
ㄹ. 어머니가 딸을 머리를 빗겼다.

① 사동주의 행위가 피사동주에 직접적인 영향을 줄 수 있는 것은 ㄱ, ㄹ이다.
② 사동주의 행위가 피사동주에 간접적인 영향을 줄 수 있는 것은 ㄱ, ㄴ이다.

③ 대응하는 장형 사동문을 상정할 수 있는 것은 ㄱ, ㄴ, ㄹ이다.
④ 피사동주가 부사어로 나타난 것은 ㄱ, ㄴ, ㄷ이다.

정답 ④

정·오답풀이 ④ 피사동주가 부사어로 나타난 것은 'ㄱ : 동생에게 ㄴ : 돌이에게' 이다. 'ㄷ : 손자들에게'는 형태상 부사어로 보이지만, 다른 사람이 시켜서 어떤 행위를 하는 피사동주가 아니다.
① ㄱ은 준희가 직접 움직이는 직접 사동, 준희가 시켜서 동생이 스스로 움직이는 간접 사동의 의미를 모두 가지며, ㄹ은 어머니가 직접 움직여 행위를 하는 직접 사동의 의미를 갖는다.
② ㄱ은 준희가 시켜서 동생이 스스로 움직이는 간접 사동의 의미도 가지고 있으며, ㄴ의 '읽히다'는 항상 간접 사동의 의미만 가지게 된다.
③ ㄱ : 준희가 동생에게 밥을 먹게 했다. ㄴ : 선생님이 돌이에게 책을 읽게 했다. ㄷ : 할아버지가 손자들에게 유언을 남기게 했다.(의미가 달라짐) ㄹ : 어머니가 딸을 머리를 빗게 했다.

개념 정리

한국어에서 언어활동에 관련된 사람들의 나이의 많고 적음, 지위나 신분의 높고 낮음, 대화 참여자 사이의 친분 정도, 말을 주고받는 상황의 공식성 등에 따라 높임의 표현을 사용한다.
- 주체높임 : 문장의 주체가 되는 주어를 높이는 방법으로, 말하는 사람이 주체에 대해 존경이나 공경의 뜻을 나타낸다. 어간 뒤에 높임의 '-(으)시-'를 붙여서 나타내며, 주격 조사로 '-께서'가 사용된다. 이외에도 높임의 어휘를 사용하여 높이는 방법으로 '계시다, 주무시다, 잡수시다, 편찮으시다' 등이 있다.
- 객체높임 : 문장의 목적어나 부사어로 나타나는 대상을 높이는 것으로, 문법적 활용으로 나타나지 않고 개별 어휘로 나타나는 한국어에서 가장 미발달된 높임법이다. '드리다, 모시다, 뵈다, 여쭈다' 등
- 상대높임 : 듣는 사람을 높이거나 높이지 않는 방법으로 서술어의 어간 뒤에 여러 등급의 종결어미를 붙여 나타낸다. 격식체인 '합쇼체, 하오체, 하게체, 해라체'와 비격식체인 '해요체, 해체'가 있다.

025

높임법에 관한 설명으로 옳은 것은?

영역(과목) 문법론

① 높여야 할 사람의 신체 일부나 그의 소유물을 나타내는 말이 주어로 쓰일 때는 서술어에 '-(으)시-'를 붙여서는 안 된다.
② 주어가 서술어를 여러 개 가지고 있는 경우에 그 주체를 높이기 위해 각각의 서술어에 '-(으)시-'를 붙여야 한다.
③ '묻다(問)'가 서술어로 쓰인 문장에서 객체를 높일 때는 '여쭈다'로 바꾼다.
④ '대답하라'는 청자의 나이나 지위가 화자보다 낮거나 비슷할 때 쓴다.

정답 ③

정·오답풀이 ③ 객체높임은 어휘적 방법으로 나타나서 '주다 - 드리다', '데리다 - 모시다', '만나다 - 뵈다/ 뵙다', '묻다 - 여쭈다/ 여쭙다'의 방식으로 객체에 대한 높임을 나타낸다.
① '선생님의 손이 크시다.'와 같이 높여야 할 사람의 신체 일부나 그의 소유물을 나타내는 말이 주어로 쓰일 때 서술어에 '-(으)시-'를 사용할 수 있다.

② 주어가 서술어를 여러 개 가지고 있는 경우에는 '아버지는 자상해서 주말에 우리와 함께 음식을 만들거나 여행을 가신다.'와 같이 제일 마지막 서술어에 '-(으)시-'를 붙인다.
④ '하라체'는 인쇄물이나 구호에서 주로 쓰이는 표현으로 상대를 낮추는 의미가 없으며 불특정 다수를 대상으로 삼아 말할 때 사용된다.

개념 정리

문장성분
- 주성분 : 문장의 골격을 이루는 필수적인 성분으로 주어, 서술어, 목적어, 보어와 같은 성분을 말한다.
- 부속성분 : 주성분의 내용을 꾸며주는 역할을 하는 것으로 문장 형성에 꼭 필요한 성분이 아닌 관형어와 부사어를 말한다.
- 독립성분 : 문장에서 따로 떨어진 성분으로 독립어를 말한다.

026 주성분의 수가 같은 문장끼리 묶인 것은?   영역(과목) 문법론

ㄱ. 영희는 철수에게 책을 빌려주었다.
ㄴ. 그는 국가대표로 올림픽에 출전했다.
ㄷ. 그분은 며느리를 딸처럼 여긴다.
ㄹ. 지구는 하루에 한 바퀴씩 돈다.

① ㄱ, ㄷ   ② ㄱ, ㄹ   ③ ㄴ, ㄷ   ④ ㄴ, ㄹ

정답 ①, ④(복수 정답)

정·오답풀이
ㄱ. 영희는(주어) 철수에게(부사어) 책을(목적어) 빌려주었다(서술어). : 주성분 3개
ㄴ. 그는(주어) 국가대표로(부사어) 올림픽에(부사어) 출전했다(서술어). : 주성분 2개
ㄷ. 그분은(주어) 며느리를(목적어) 딸처럼(부사어) 여긴다(서술어). : 주성분 3개
ㄹ. 지구는(주어) 하루에(부사어) 한(관형어) 바퀴씩(부사어) 돈다(서술어). : 주성분 2개

개념 정리

시제는 어떤 사건이나 행위가 어떤 시점에 있었는지, 같은 문장 속에 하나 이상의 사건이나 행위가 나타나 있을 때 그들 사이의 시간상의 앞뒤 관계가 어떠한지를 문법 형태로 나타낸 것을 말한다. 현재 시제, 과거 시제, 미래 시제로 구분할 수 있다. 그러나 '나는 다음 주에 제주도에 간다.', '넌 이제 철수에게 죽었다.'와 같이 시제가 다른 경우도 사용할 수 있다.
상은 진행, 완료와 같이 동작이 이루어지는 모습이 일정한 형태로 표시되는 문법범주이다. '-고 있다', '-어 가다', '-면서'가 붙어 앞 절의 사건이 진행되고 있음을 뜻하는 진행상, '-어 있다', '-어 버리다', '-어 내다', '-고 말다', '고서' 등이 사용되어 사건 또는 행위가 완료되었음을 뜻하는 완료상, '-게 되다', '-려고 하다'가 사용되어 사건이나 행위가 예정되어 있음을 뜻하는 예정상이 있다.

027 밑줄 친 부분이 나타내는 시간 개념에 관한 설명으로 옳지 않은 것은?

영역(과목) 문법론

> ㄱ. 더운데 왜 외투를 그대로 <u>입고 있어</u>?
> ㄴ. 누나는 사흘 전부터 방에 <u>누워 있다</u>.
> ㄷ. 어제 <u>마시던</u> 우유가 어디에 갔지?
> ㄹ. 내가 책을 <u>읽는</u> 사이에 비가 내렸다.

① ㄱ : 행동이 계속 진행되고 있는 것으로 해석된다.
② ㄴ : 과거의 행동이 완료된 결과가 남아 있는 것으로 해석된다.
③ ㄷ : 과거의 행동이 완료되지 않은 것으로 해석된다.
④ ㄹ : 행동이 과거에 일어난 것으로 해석된다.

정답 ①

정·오답풀이 ㄱ. -고 있다 : 1. 단순한 동작의 진행을 의미(청소를 하고 있다.). 2. 지속적인 행위(학교에 다니고 있다.). 3. 동작의 결과 상태가 지속(영희가 예쁜 옷을 입고 있다.) - ㄱ에서는 3의 의미로 외투를 입은 상태가 현재까지 지속되고 있음을 뜻한다.
ㄴ. -어 있다 : 동작이 완료된 상태가 지속됨(사람들이 모여 있다.) - ㄴ은 누운 동작이 끝나고 현재까지 계속 이어짐을 뜻한다.
ㄷ. -던 : 과거 동작의 진행이나 습관적 행위를 화자가 보거나 느끼거나 경험한 것을 회상하여 보고 함 - ㄷ은 과거 동작의 진행을 회상하는 것을 의미한다.
ㄹ. -는 : 동사와 결합하는 경우 동작을 진행하고 있음을 나타낸다. - ㄹ은 현재형으로 표현되었으나 상위문의 서술어가 과거형으로 표현된 것으로 보아 '-는'도 과거에 진행된 행위임을 나타낸다.

028 '-(으)ㄹ걸'이 나타내는 의미를 모두 고른 것은?

영역(과목) 문법론

> ㄱ. 어떤 일이 일어날 가능성이 없다고 화자가 강하게 의심하거나 믿기 어려움을 나타낸다.
> ㄴ. 잘 모르는 일에 대해 화자가 추측하면서 상대의 말을 가볍게 반박하거나 감탄함을 나타낸다.
> ㄷ. 화자 자신이 하지 않은 일이나 하지 못한 일에 대한 후회나 아쉬움을 나타낸다.
> ㄹ. 화자가 혹 어떤 일이 일어날까 봐 걱정함을 나타낸다.

① ㄱ, ㄷ　　② ㄱ, ㄹ　　③ ㄴ, ㄷ　　④ ㄴ, ㄹ

정답 ③

정·오답풀이 -(으)ㄹ걸 : 1. 〈친밀한 사이 또는 아랫사람에게 사용되어〉아직 일어나지 않은 일이나 잘 모르는 일에 대한 말하는 사람의 추측을 나타낸다. 주로 상대방이 알고 있는 바나 기대와는 다르다며 가볍게 반박하거나 말하는 사람이 감탄함을 나타낸다.
2. 〈혼잣말로 사용되어〉말하는 사람 자신이 하지 않은 일이나 하지 못한 일에 대한 후회나 아쉬움을 나타낸다.

제12회

개념 정리

품사는 단어를 문법적 성질의 공통성에 따라 분류한 것으로 한국어에서는 '형태, 기능, 의미'를 품사 분류의 기준으로 들고 있다.

형태에 따라	기능에 따라	의미에 따라
불변어	체언	명사 : 사람이나 사물의 이름을 나타냄
		대명사 : 사람이나 사물의 이름을 대신 나타냄
		수사 : 사람이나 사물의 수량이나 순서를 나타냄
	수식언	관형사 : 체언 앞에 놓여 그 체언의 내용을 '어떠한'의 방식으로 제한
		부사 : 용언이나 다른 말 앞에 놓여 그 뜻을 '어떻게'의 방식으로 제한
	독립언	감탄사 : 화자의 감정을 나타내거나, 응답을 나타냄
	관계언	조사 : 명사 뒤에 붙어 격을 나타내거나, 의미를 더해주는 등의 기능
가변어	용언	동사 : 사람이나 사물의 동작이나 작용을 나타냄
		형용사 : 사람이나 사물의 성질이나 상태를 나타냄

029 다음 문장에 나타나는 품사의 개수로 옳지 않은 것은?

영역(과목) 문법론

> 지금 동생은 좌절의 고통밖에 없겠지만 실낱같은 빛을 어렴풋하게나마 느끼는 듯하다.

① 동사 : 1개
② 형용사 : 3개
③ 조사 : 5개
④ 명사 : 4개

정답 ②

정·오답풀이 동사 : 느끼다 – 1개
형용사 : 없다, 실낱같다, 어렴풋하다, 듯하다(보조 형용사) – 4개
조사 : 은(격조사), 의(격조사), 밖에(보조사), 을(격조사), 나마(보조사) – 5개
명사 : 동생, 좌절, 고통, 빛

개념 정리

한자어는 하나 이상의 한자로 결합되어 한국어로서 사용되는 한국식 발음의 단어로 ① 중국에서 쓰이는 것이 그대로 쓰이되 발음이 한국식인 것, ② 한국어에서 만들어져 쓰이고 중국어에서는 쓰이지 않는 것, ③ 일본에서 만들어진 것으로 구분할 수 있다. 한자는 본래 중국의 문자이기 때문에 처음 도입되었을 때는 중국의 발음 그대로 발음되었을 것이나 오랜 시간이 지나는 동안 발음상의 변화가 있었을 것으로 보인다. 한국에서 사용되는 한자는 한 시대에 한 지역으로부터 동시에 유입되었다고 보기 어려우며, 오랜 시간에 걸쳐서 여러 지역으로부터 지속적으로 들어왔다고 보는 것이 옳은 것 같다.

030 다음 중 한자어를 모두 고른 것은?

영역(과목) 어휘론

ㄱ. 도무지 ㄴ. 심지어 ㄷ. 도대체 ㄹ. 별안간 ㅁ. 어차피 ㅂ. 하물며

① ㄱ, ㄴ, ㄹ ② ㄱ, ㄴ, ㄹ, ㅂ ③ ㄴ, ㄷ, ㄹ, ㅁ ④ ㄴ, ㄷ, ㄹ, ㅁ, ㅂ

정답 ③

정·오답풀이
ㄱ. 도무지 : 아무리 해도 / 이러니저러니 할 것 없이 아주 – 어원미상
ㄴ. 심지어 : 더욱 심하다 못하여 나중에는 – 한자어 甚至於
ㄷ. 도대체 : 다른 말은 그만두고 요점만 말하자면 / 유감스럽게도 전혀 – 한자어 都大體
ㄹ. 별안간 : 갑작스럽고 아주 짧은 동안 – 한자어 瞥眼間
ㅁ. 어차피 : 이렇게 하든지 저렇게 하든지 / 이렇게 되든지 저렇게 되든지 – 한자어 於此彼
ㅂ. 하물며 : 그도 그러한데 더욱이 – 고유어

개념 정리

조어론은 형태소들이 결합하여 단어를 형성하는 방법을 다루는 분야이다. 단어를 조어법에 따라 분류하면 먼저 어간이 형태소 하나로 구성되어 있는 단일어와 어간이 형태소 둘, 또는 그 이상으로 이루어진 복합어로 나뉘며, 복합어는 다시 구성요소인 형태소들 모두가 어근인 합성어와 구성요소의 한 쪽이 접사인 파생어로 나뉜다.
합성어는 실질형태소가 결합하여 이루어진 단어로 그것을 이루는 요소들의 결합방식이 그 언어의 일반적인 통사적 구성의 방식과 일치하는 것인가 그렇지 않은 것인가에 따라 통사적 합성어와 비통사적 합성어로 나뉜다. '돌부처·집안·큰집·마소·걸어가다·재미있다' 등은 '명사+명사, 관형사+명사, 용언의 부사형+용언, 주어–서술어'와 같은 구성으로 한국어의 일반적 구성과 같은 형태가 되어 통사적 합성어라고 한다. '꺾쇠·접칼·누비옷·굶주리다·날뛰다·오르내리다·검푸르다·높푸르다·척척박사·부슬비'와 같이 용언의 어간에 명사가 연결되거나 용언의 어간에 다시 어간이 연결되거나 부사 뒤에 명사가 오는 구성은 한국어의 일반적인 구성에서는 볼 수 없거나 잘 쓰이지 않는 것이므로, 비통사적 합성어라고 한다.

031 조어 방식이 같은 것끼리 묶인 것은?

영역(과목) 문법론

① 논밭 – 곧잘 – 검붉다
② 싫증 – 산들바람 – 여닫다
③ 접칼 – 이승 – 첫아들
④ 작은형 – 꺾쇠 – 손쉽다

정답 ②

정·오답풀이
② 싫증(형용사 + 명사 : 비통사적 합성어) – 산들바람(부사 + 명사 : 비통사적 합성어) – 여닫다(어간 + 어간 : 비통사적 합성어)
① 논밭(명사 + 명사 : 통사적 합성어) – 곧잘(부사 + 부사 : 통사적 합성어) – 검붉다(어간 + 어간 : 비통사적 합성어)
③ 접칼(동사 + 명사 : 비통사적 합성어) – 이승(관형사 + 명사 : 통사적 합성어) – 첫아들 (관형사 + 명사 : 통사적 합성어)
④ 작은형(어간 + 어미 + 명사 : 통사적 합성어) – 꺾쇠(동사 + 명사 : 비통사적 합성어) – 손쉽다(명사 + 형용사 : 통사적 합성어)

개념 정리

　동의중복은 같은 의미를 지닌 말이 결합하여 사용되는 것을 말한다. 같은 어종보다는 이종 어휘들 사이의 중복이 보편적이며 한자어와 고유어, 외래어와 고유어 사이의 중복이 더 많이 발견된다. 이 현상은 유사한 의미를 지닌 단어들이 의미 분화를 일으키면서 공존하게 되는 어휘체계의 일면을 보여준다. 대표적인 예로, '처갓집 : 처가댁', '대갓집 : 대가댁' 등이 있다.

032 의미 중복 표현이 없는 것은?   영역(과목) 어휘론

① 실내 체육관에 모였다.　　　　② 예금 거래 약관집을 보았다.
③ 우천 관계로 인하여 연기되었다.　④ 비행기가 푸른 창공을 날고 있다.

정답 ②

정·오답풀이 ① 체육관 : 실내에서 여러 가지 운동 경기를 할 수 있도록 시설을 갖춰 놓은 건물 – 실내 의미 중복
③ 관계 : 까닭, 때문의 뜻을 나타낸다. – 인하여 : 어떤 사실로 말미암아 의미 중복
④ 창공 : 맑고 푸른 하늘 – 푸른 의미 중복

033 같은 의미를 지닌 속담으로 묶인 것은?   영역(과목) 어휘론

① 흉년에 윤달 - 엎친 데 덮치다　② 고양이 세수하듯 - 무른 땅에 말뚝 박기
③ 눈 위에 서리 - 끈 떨어진 뒤웅박　④ 끝 부러진 송곳 - 매 앞에 뜬 꿩

정답 ①

정·오답풀이 ① 흉년에 윤달 : 빨리 지나가야 할 흉년에 윤달이 들어 어려움이 그만큼 계속된다는 뜻으로, 불행한 일을 당하고 있는 중에 또 좋지 못한 일이 겹쳐 일어난 경우를 비유적으로 이르는 말.
엎친 데 덮치다 : 어렵거나 나쁜 일이 겹치어 일어난다.
② 고양이 세수하듯 : 세수를 하되 콧등에 물만 묻히는 정도로 하나 마나 하게 함을 이르는 말.
무른 땅에 말뚝 박기 : 1. 몹시 하기 쉬운 일을 비유적으로 이르는 말. 2. 세도 있는 사람이 힘없고 연약한 사람을 업신여기고 학대함을 비유적으로 이르는 말.
③ 눈 위에 서리 : 눈 위에 또 서리가 내린다는 뜻으로, 어려운 일이 겹침을 이르는 말. 끈 떨어진 뒤웅박 : 쓸모없게 된 물건을 비유적으로 이르는 말.
④ 끝 부러진 송곳 : 있기는 있으되 쓸모없게 된 것을 비유적으로 이르는 말.(=구부러진 송곳) 매 앞에 뜬 꿩 : 막다른 위기에 처하여 있는 신세를 비유적으로 이르는 말.

034 단어의 의미가 다른 것은?   영역(과목) 어휘론

① 새참　　　② 참밥　　　③ 곁두리　　　④ 주전부리

정답 ④

정·오답풀이 ④ 주전부리 : 1. 때를 가리지 아니하고 군음식을 자꾸 먹음. 또는 그런 입버릇
2. 맛이나 재미, 심심풀이로 먹는 음식.
① 새참 : 일을 하다가 잠깐 쉬면서 먹는 음식
② 참밥 : 일을 하다가 잠시 쉬는 동안에 먹는 밥
③ 곁두리 : 농사꾼이나 일꾼들이 끼니 외에 참참이 먹는 음식

개념 정리

형태는 다르지만 의미가 같거나 매우 비슷한 단어 사이의 관계로 동의 관계에 있는 단어들을 동의어라고 한다.
- 절대 동의 관계 : 개념적 의미와 연상적 의미가 같은 경우로 모든 맥락에서 상호 교체가 가능한 경우로 '얼굴'과 '낯'이 여기에 해당한다.
- 상대 동의 관계 : 절대 동의 관계 조건을 모두 충족하지 못하거나 하나만 충족하는 경우에 해당한다.

035 '아버지'와 '부친'에 관한 설명으로 옳은 것은? 영역(과목) 의미론

① '아버지'와 '부친'은 모두 호칭으로 쓰인다.
② '아버지'와 '부친'은 절대적 동의관계가 아니다.
③ '아버지'와 '부친'은 비격식적인 상황에서 항상 교체하여 쓸 수 있다.
④ '아버지'와 '부친'은 완곡어법에 따라 발생한 동의어이다.

정답 ②

정·오답풀이
② '아버지'와 '부친'은 절대적 동의관계의 조건 중 모든 맥락에서 상호 교체가 불가능하므로 상대 동의 관계에 해당한다.
① '아버지'는 호칭으로 쓰나 '부친'은 호칭으로 쓰이지 않는다.
③ '아버지'는 비격식적 상황에서 사용하나 '부친'은 격식적인 상황에서 사용한다.
④ 완곡어법은 금기어에 의해 발생하므로 해당하지 않는다. '아버지'와 '부친'은 문체의 차이에 의한 동의어이다.

개념 정리

관용 표현은 한 언어의 일반적인 표현에 비해 특별히 다른 구조나 의미를 지니는 단어나 구절을 말하며, 관용구·관용어법·숙어·성어 등으로 부르기도 한다.
관용 표현과 일상어와의 차이점은 ① 관용 표현은 문법적·구조적인 면에서 대체로 비속한 느낌이 강하다. ② 수사법상 직설적이거나 사실적이기보다는 은유적·과장적 성격이 강하다.
관용 표현의 종류는 각 단어들이 지닌 기본의미를 합쳐도 그 전체의미가 실제 관용 표현의 의미와 일치되지 않는 의미론적 관용어(비행기를 태우다, 한 손 놓다)와 그 의미는 일상어와 다름없이 이해되어도 그 단어들끼리만 꼭 어울려야 하는 통사론적 관용어(갈피를 못 잡다, 별로~아니다) 등으로 나뉜다. 또한, 어원적으로는 고유어형(손을 벌리다, 입이 무겁다)과 외래어형(빙산의 일각, 鳥足之血), 그리고 혼성어형(큐핏의 화살을 맞다, 타월을 던지다) 등으로 구분되며, 구조상으로는 문장형(그 놈이 그 놈이다, 눈이 짓무르다), 구절형(가슴에 못을 박다, 물 위에 기름), 단어형(구들장군, 파리목숨) 등으로, 조어법상으로는 복합어형(남사고 허행, 닭고집), 파생어형(객소리, 문자투성이), 활용어형(누운 소 타기, 주머니 지킴) 등으로, 성분상으로는 체언형(개밥에 도토리, 남산골 샌님), 용언형(근처도 못 가다, 눈에 들다), 수식언형(나남 할 것 없이, 제발 덕분에), 독립언형(부르느니 말하지, 아니나 다를까) 등으로 나뉜다.

036 관용 표현의 형성 과정이 다른 것은? 영역(과목) 어휘론

① 학을 떼다
② 재를 뿌리다
③ 발등 찍히다
④ 새우등 터지다

정답 ①

정·오답풀이 ① 학을 떼다 : 단어의 기본의미와 관용 표현의 의미가 일치하지 않는 의미론적 관용어
② 재를 뿌리다 : 단어의 기본의미와 관용 표현의 의미가 일치하는 통사론적 관용어
③ 발등 찍히다 : 단어의 기본의미와 관용 표현의 의미가 일치하는 통사론적 관용어
④ 새우등 터지다 : 단어의 기본의미와 관용 표현의 의미가 일치하는 통사론적 관용어

개념 정리Q

유사한 의미를 가진 두 단어의 일부씩 결합하여 새 단어를 만들어내는 현상을 혼성이라고 하며, 이러한 방법으로 만들어진 단어를 혼성어 또는 포트만토라고 한다. 방언에서 '찹다'라는 단어가 쓰이는데, 이는 '차다'와 '춥다' 사이에서 이루어진 혼성어의 전형적인 예로 볼 수 있다. 혼성어는 실수에 의하여 만들어지는 경우와, 제3의 단어가 필요하여 의도적으로 만드는 경우가 있다. 'brunch'는 새 단어가 필요하여 의도적으로 만든 것이 된다.

의도적으로 만드는 혼성어는 두 단어의 의미를 복합한 제3의 의미를 가지게 되는데, 실수에 의하여 만들어지는 혼성어는 처음 두 단어와 결과적으로 거의 같은 의미를 가지는 특징을 보인다.

037 다음 단어에 관한 설명으로 옳지 않은 것은?   영역(과목) 어휘론

> 휴게텔, 식파라치, 줌마렐라

① 복합어에 속한다.
② 절단의 위치가 동일하다.
③ 결합되는 단어의 형태가 축소되어 나타난다.
④ 원래 단어의 형태를 추측하기 어려우므로 의미적 투명성이 낮다.

정답 ②

정·오답풀이 ② '휴게(소) + (호)텔, (음)식 + (파)파라치, (아)줌마 + (신데)렐라'로 절단의 위치가 다르다.

개념 정리Q

단어의 형태는 같으나 의미가 다른 언어적 현상을 동음성이라고 하고 이러한 특성을 가진 단어를 동음어 또는 동음이의어라고 한다.

038 동음어의 특성을 모두 고른 것은?   영역(과목) 어휘론

> ㄱ. 철자와 소리가 모두 같다.
> ㄴ. 지시적 의미는 같으나 내포적 의미가 다르다.
> ㄷ. 소리는 같으나 의미가 다른 언어적 현상이다.
> ㄹ. 다의어에서 발생하기도 한다.

① ㄱ, ㄴ   ② ㄴ, ㄷ   ③ ㄷ, ㄹ   ④ ㄱ, ㄷ, ㄹ

정답 ③

정·오답풀이
ㄱ. 철자는 다르나 소리가 같은 이철자 동음어도 있다. '같이 – 가치', '거름 – 걸음' 등
ㄴ. 의미에 관련성이 없으므로 지시적 의미와 내포적 의미가 모두 다르다.
ㄷ. 동음이의어는 소리는 같으나 의미가 다르다.
ㄹ. 의미가 관련 있는 다의어에서 의미 사이의 연관성이 사라지면서 발생하기도 한다.
(서다1 : 곧은 자세로 있다, 서다2 : 역할을 맡아서 하다)

개념 정리

동음이의어와 다의어

단어의 형태는 같으나 의미가 다른 언어적 현상을 동음성이라고 하고 이러한 특성을 가진 단어를 동음어라고 한다. 다의어는 하나의 단어가 둘 이상의 의미를 가진 것을 말한다. 하나의 형태에 둘 이상의 의미가 결합된다는 점은 같으나, 그 의미들이 서로 관련성을 가지고 있으면 다의어이고 단어들 사이의 의미가 관련이 없다면 동음어가 된다. 다의어와 동음어는 사전에 등재되는 방식에 있어서 차이가 있다. 다의어는 '손1, 2, 3, …'으로 표기되어 한 단어의 여러 의미임을 나타낸다면, 동음어는 '배1, 배2, 배3, …'으로 표기되어 각각 다른 단어임을 나타낸다.

039 표제어가 같은 것끼리 묶인 것은?

영역(과목) 의미론

ㄱ. 머리에 복면을 쓴 강도가 나타났다.
ㄴ. 마음의 병에는 쓸 약도 없다.
ㄷ. 그는 회사를 살리려고 안간힘을 썼다.
ㄹ. 빵을 굽느라 온몸에 밀가루를 썼다.
ㅁ. 무슨 까닭으로 이런 죄명을 쓰게 되었는지 모르겠다.

① ㄱ, ㄴ, ㄷ   ② ㄱ, ㄹ, ㅁ   ③ ㄴ, ㄷ, ㅁ   ④ ㄷ, ㄹ, ㅁ

정답 ②

정·오답풀이
쓰다2 : 1) 모자 따위를 머리에 얹어 덮다.
2) 얼굴에 어떤 물건을 걸거나 덮어쓰다.
3) 먼지나 가루 따위를 몸이나 물체 따위에 덮은 상태가 되다.
4) 우산이나 양산 따위를 머리 위에 펴 들다.
5) 사람이 죄나 누명 따위를 가지거나 입게 되다.
쓰다3 : 1) 어떤 일을 하는 데에 재료나 도구, 수단을 이용하다.
2) 사람에게 일정한 돈을 주고 어떤 일을 하도록 부리다.
3) 다른 사람에게 베풀거나 내다.
4) 어떤 일에 마음이나 관심을 기울이다.
5) 합당치 못한 일을 강하게 요구하다.
6) 어떤 일을 하는 데 시간이나 돈을 들이다.
7) 힘이나 노력 따위를 들이다.

8) 몸의 일부분을 제대로 놀리거나 움직이다.
9) 어떤 건물이나 장소를 일정 기간 사용하거나 임시로 다른 일을 하는 곳으로 이용하다.
10) 어떤 말이나 언어를 사용하다.
11) 도리에 맞는 바른 상태가 되다.

ㄱ. 머리에 복면을 쓴 강도가 나타났다. - 쓰다2 2)번 의미
ㄴ. 마음의 병에는 쓸 약도 없다. - 쓰다3 1)번 의미
ㄷ. 그는 회사를 살리려고 안간힘을 썼다. - 쓰다3 7)번 의미
ㄹ. 빵을 굽느라 온몸에 밀가루를 썼다. - 쓰다2 3)번 의미
ㅁ. 무슨 까닭으로 이런 죄명을 썼는지 모르겠다. - 쓰다2 5)번 의미

개념 정리

부사는 용언이나 다른 부사를 수식하는 품사로 경우에 따라서는 문장·체언·관형사 등을 수식하기도 한다. 부사는 그 기능으로 분류할 때 수식언에 속하며, 문장 내에서 항상 부사어로만 쓰인다.

명사 - 부사 통용어 : 품사통용은 품사 사이의 범주적 인접성이 있는 경우로, 명사와 부사의 특성을 모두 가지고 있을 때 품사통용이 일어난다. 명사와 부사 통용어로는 '각각, 결국, 계속, 모두, 보통, 본래, 서로, 전부, 절대, 혼자, 대략, 일체, 필연, 항시, 모두, 만약, 만일' 등이 있다.

040 부사로 사용되지 않은 것은?

영역(과목) 문법론

① 보통 같으면 두 달이 걸려야 해낼 일이다.
② 이 일에 대하여 절대 입을 다물어야 한다.
③ 평생 모은 돈을 모두 고아원에 기부했다.
④ 걱정 근심일랑 일체 털어 버리자.

정답 ①

정·오답풀이
① 보통 : 명사 - 특별하지 아니하고 흔히 볼 수 있음
   부사 - 일반적으로. 또는 흔히
② 절대 : 명사 - 아무런 조건이나 제약이 붙지 아니함 / 비교되거나 맞설 만한 것이 없음
   부사 - 절대로
③ 모두 : 명사 - 일정한 수효나 양을 기준으로 하여 빠짐이나 넘침이 없는 전체
   부사 - 일정한 수효나 양을 빠짐없이 다
④ 일체 : 명사 - 모든 것 / '전부' 또는 '완전히'의 뜻을 나타내는 말
   부사 - 모든 것을 다

개념 정리

의미관계에는 계열적 관계와 통합적 관계의 두 가지가 있는데, 통합적 관계는 문장의 구성과 관계되는 것이고, 계열적 관계는 한 문장 안에서 서로 대치될 수 있는 어휘들의 관계이며 동의, 반의, 상하, 부분 관계로 나누어 볼 수 있다.

- 동의 관계 : 형태는 다르지만 의미가 같거나 매우 비슷한 단어 사이의 관계로 동의 관계에 있는 단어들을 동의어라고 한다. (걱정/근심, 아주/매우, 화장실/해우소 등)
- 반의 관계 : 서로 반대되거나 대립되는 의미를 가진 단어 사이의 의미 관계로, 두 단어가 의미상 여러 공통점을 가지며 단 하나의 비교 기준이 다른 경우에 성립한다. (살다 - 죽다, 길다 - 짧다, 위 - 아래 등)

- 상하 관계 : 한 단어의 의미가 다른 단어의 의미를 포함하는 관계로 계층 구조에서 위에 있는 단어를 상의어, 아래에 있는 단어를 하의어라고 한다. (새 – 제비, 사람 – 여자, 나무 – 소나무 등)
- 부분 관계 : 한 단어가 다른 단어의 일부가 되는 관계로 전체를 가리키는 단어를 전체어, 부분을 가리키는 단어를 부분어라고 한다. (몸–팔, 손–손톱, 얼굴–뺨 등)

041 전체와 부분의 관계로 연결되지 않은 것은? 　　　　　영역(과목) 의미론

① 눈 – 동공　　　　　② 자동차 – 바퀴
③ 인간 – 인종　　　　④ 손가락 – 손톱

정답 ③

정·오답풀이
③ 인간의 부분어는 머리, 다리, 팔 등이 된다.
① 동공은 눈의 일부가 되므로 부분관계
② 바퀴는 자동차의 일부가 되므로 부분관계
④ 손톱은 손가락의 일부가 되므로 부분관계

개념 정리

반의 관계

서로 반대되거나 대립되는 의미를 가진 단어 사이의 의미 관계로, 두 단어가 의미상 여러 공통점을 가지고 있으면서 단 하나의 비교 기준이 다른 경우에 성립한다.
- 상보 반의어 / 단순 반의어 : 두 단어가 상호 배타적인 영역을 갖는 것으로, 한 단어를 긍정하면 다른 단어가 부정된다. 두 단어를 동시에 긍정하거나 부정하면 모순이 된다. 정도부사의 수식을 받을 수 없으며, 비교 표현에도 쓰일 수 없다.
- 등급 반의어 / 정도 반의어 : 두 단어 사이에 중간 단계가 있을 수 있는 것으로, 한 단어를 부정해도 다른 단어가 나오지는 않는다. 두 단어를 동시에 부정할 수 있으며, 정도부사의 수식을 받을 수 있고 비교 표현에도 쓰일 수 있다. 상대적 개념으로 사용되며, 기본이 되는 단어가 있다는 특징을 가진다.
- 관계 반의어 / 방향 반의어 : 두 단어가 상대적 관계에 있으면서 의미상 대칭을 이룬다.

042 반의어로 짝을 이룬 것 가운데 그 유형이 다른 것은? 　　　　　영역(과목) 의미론

① 남편 – 아내　　　　② 남자 – 여자
③ 부모 – 자식　　　　④ 스승 – 제자

정답 ②

정·오답풀이
② 남자 – 여자 : 상보/단순 반의어(한 단어를 부정하면 다른 단어를 의미)
① 남편 – 아내 : 관계/방향 반의어(의미상 대칭)
③ 부모 – 자식 : 관계/방향 반의어(의미상 대칭)
④ 스승 – 제자 : 관계/방향 반의어(의미상 대칭)

> **개념 정리**

하나의 언어 표현이 둘 이상의 해석을 가능하게 하는 언어적 속성을 중의성이라고 한다.
- 어휘적 중의성 : 문장 속에 사용된 어휘의 특성에 의해 나타나는 중의성으로, 동음이의어와 다의어가 사용된 문장에서 나타난다. (영희가 차를 준비했다. / 철수가 파란 바지를 입고 있다.)
- 구조적 중의성 : 문장을 이루는 성분들 사이의 통사적 관계에 의해 나타나는 중의성으로, 수식 관계에 의해서 일어나거나 서술어와 호응하는 범위에 의한 중의성이 있다. (내가 좋아하는 순희의 여동생을 만났다. / 철수와 영희가 싸웠다.)
- 영역의 중의성 : 단어의 의미가 미치는 범위가 다름으로 인해 생기는 중의성으로, 문장 안에 사용된 수량사나 부정사에 의해 나타난다. (모든 소년들이 한 소녀를 사랑한다. / 아이가 집에 가지 않았다.)

043 구조적 중의성이 없는 문장은?   영역(과목) 의미론

① 내가 좋아하는 순이의 여동생을 학교에서 만났다.
② 철수는 웃으면서 떠나는 순자를 보았다.
③ 어머니는 아버지보다 딸을 더 사랑한다.
④ 시내에서 멀지 않은 곳에 우리 집이 있다.

정답 ④

정·오답풀이 ④ 도시 중심가? 시냇물? : '시내'라는 동음이의어에 의해 발생한 어휘적 중의성
① 내가 좋아하는 사람은 순이인가? 여동생인가? : 구조적 중의성
② 웃고 있는 사람은 철수인가? 순자인가? : 구조적 중의성
③ 어머니는 〈아버지, 딸〉 중에 딸을 더 사랑한다. / 〈어머니와 아버지〉가 모두 딸을 사랑하지만 어머니가 더 사랑한다. : 구조적 중의성

> **개념 정리**

언어는 어떠한 상황에서 어떻게 쓰이는가에 따라 여러 가지 의미로 해석이 가능하다. 따라서 발화 장면과의 관계 속에서 발화 사용의 원리와 의미를 같이 연구하는 분야를 화용론이라고 한다. 화용론의 연구 영역은 다음의 네 가지를 들 수 있다.
- 화자가 전달하려고 하는 특별한 의미, 화자 의미에 대해 연구한다.
- 맥락이 발화에 영향을 미치게 되므로 언어 표현이 특정한 맥락에서 의미하는, 맥락 의미에 대해 연구한다.
- 직접 말하지는 않았으나 말하지 않은 것이 의사소통의 한 부분으로 암시되는, 말해진 것보다 더 많은 것을 의사소통하는 방법을 연구한다.
- 자신의 표현하고자 하는 대상에 대해 물리적, 심리적 원근을 표현하는, 상대적 거리의 표현에 대해 연구한다.

044 화용론의 연구 영역이 아닌 것은?   영역(과목) 화용론

① 화자가 전달하고자 하는 의미
② 의사소통에 사용된 발화의 의미
③ 언어 기호와 그 대상과의 관계에 대한 논의
④ 맥락이 발화에 영향을 미치는 방법

정답 ③

정·오답풀이 ③ 기호학의 연구영역으로, 사람들이 사용하는 기호를 지배하는 법칙과 기호 사이의 관계를 연구하는 학문 분야이다.

개념 정리

하나의 문장이 의미적 정당성을 갖기 위해 이미 참임이 보장된 다른 문장을 전제라고 한다. 따라서 하나의 문장을 부정으로 바꾸어도 다른 문장은 항상 참으로 나타난다. 전제는 특정 단어나 문장 구조에 의해 생성되는 경우가 많은데, 이렇게 전제를 생성하는 단어나 문장 구조를 전제 유발 표현이라고 한다.
- 고유명사 : 문장이나 발화에서 언급된 고유명사는 그것이 지시하는 특정한 사람이나 사물이 존재함을 전제한다.
- 한정적 표현 : 관형어의 수식을 받는 한정적 표현에 의해 전제가 나타날 수 있다.
- 사실 동사 : 모문에서 사실 동사 '후회하다, 놀라다, 이상하다, 알다, 자랑하다' 등이 서술어로 사용된다면 내포절의 내용이 참임을 전제한다.
- 상태 변화 동사 : '시작하다, 출발하다, 멈추다, 끊다' 등의 상태 변화 동사는 어떤 시점의 상태와 다른 이전의 상태가 있음을 전제한다.
- 반복 표현 : '또, 다시, 더' 등의 부사는 행위의 반복 또는 첨가의 의미를 가지고 있기 때문에 이전에 동일한 행위가 있었음을 전제한다.
- 수량사 : 수량사와 결합된 지시 대상은 그 지시물이 존재한다는 것을 전제한다.
- 분열문 : '~ㄴ 것은 ~이다' 구성과 같은 분열문은 전제를 생성한다.
- 시간 부사절 : 시간의 선후 관계를 갖는 부사절은 전제를 생성한다.
- 의문문 : 의문사가 있는 의문문 구조는 그 다음에 이어지는 내용이 참임을 전제한다.

045 다음 중 전제가 올바른 것을 모두 고른 것은?

영역(과목) 의미론

> ㄱ. 동생은 지난주에 산 옷을 입었다. → (전제) 동생이 지난주에 옷을 샀다.
> ㄴ. 나는 삼국유사를 다시 읽었다. → (전제) 나는 삼국유사를 읽은 적이 없다.
> ㄷ. 한수는 유리창을 깼다. → (전제) 유리창이 깨졌다.
> ㄹ. 한수는 삼수가 건 전화를 받았다. → (전제) 삼수가 전화를 걸었다.

① ㄱ, ㄷ   ② ㄱ, ㄹ   ③ ㄴ, ㄷ   ④ ㄷ, ㄹ

정답 ②

정·오답풀이
ㄱ. 동생은 지난주에 산 옷을 입지 않았다. → 동생이 지난주에 옷을 샀다. : 참 - 전제
ㄴ. 나는 삼국유사를 다시 읽지 않았다. → 나는 삼국유사를 읽은 적이 없다. : 거짓 - 모순
ㄷ. 한수는 유리창을 깨지 않았다. → 유리창이 깨졌다. : 참/거짓 - 함의
ㄹ. 한수는 삼수가 건 전화를 받지 않았다. → 삼수가 전화를 걸었다. : 참 - 전제

개념 정리

발화행위의 종류
- 언표행위 : 의미를 가진 문장을 발화하는 행위
- 언표내적행위 : 언표행위와 함께 수행되는 행위
- 언표효과행위 : 언표행위의 결과로 일어나는 행위

아침에 아이가 집을 나가면서 엄마에게 '비가 와요.'라고 말을 했다면 언표행위를 한 것이다. 그러나 이 말은 '우산을 주세요.'라는 의미가 포함되어 있는데, 이 포함된 의미가 언표내적행위이다. 그리고 이 말을 들은 엄마에게 우산을 달라는 요청을 접하는 행위가 일어나는데 이것이 언표효과행위이다.

오스틴은 언표내적행위를 다음의 다섯 가지로 분류하였다.
- 판정발화 : 배심원, 중재자, 심판이 판정을 할 때 나타나는 것으로 확신하기 어려운 어떤 것에 대한 사실을 인정하는 것
- 행사발화 : 권리, 영향력을 행사하는 것으로 임명, 투표, 명령, 충고, 경고 등에 해당한다.
- 언약발화 : 약속하기에 해당하며 화자를 일정한 행동의 과정에 책임을 지우는 것이다.
- 행태발화 : 태도나 사회적 행동과 관련된 것으로 사과, 축하, 칭찬, 위로 등에 해당한다.
- 평서발화 : 견해를 설명하고, 논의를 전개하고, 지시를 명확히 하는 것을 포함하는 행위에 해당된다.

046 언표내적 행위와 그 예가 잘못 연결된 것은?

영역(과목) 화용론

① 선언행위 : 커피가 다 식었군요.
② 약속행위 : 앞으로 지각을 안 할게요.
③ 진술행위 : 창수는 참 부지런해.
④ 명령행위 : 쉬고 있어라.

정답 ①

정·오답풀이 ① 선언행위는 판정발화에 해당하는 것이며, '커피가 다 식었군요.'는 평서발화인 진술에 해당한다.

개념 정리

동의어를 판별하기 위한 검증법으로 대치검증, 대립검증, 배열검증, 연어제약검증의 네 가지를 들 수 있다.
- 대치검증 : 문맥 속에서 한 어휘를 다른 어휘로 바꾸어보는 방법으로 모든 문맥에서 의미 차이 없이 교체되는 어휘는 동의어가 된다.
- 대립검증 : 동의어의 의미 차이를 찾기 위해 대립어를 사용하는 방법으로, '다르다 - 같다', '틀리다 - 맞다'를 통해 '다르다'와 '틀리다'는 동의어가 아님을 확인하는 방법이다.
- 배열검증 : 동의성의 정도가 모호한 어휘들을 하나의 연속체로 배열하여 의미 차이를 구분하는 방법이다. '아름답다'와 '예쁘다'는 '꽃'과 결합하여 '아름다운 꽃', '예쁜 꽃'으로 의미에 차이가 생긴다.
- 연어제약검증 : 연어는 관습적으로 사용하는 말로 긴밀성을 지니고 있다. 따라서 동의어들에게 허용 가능한 연어들을 열거해 봄으로써 의미의 차이를 확인할 수 있다.

047 배열검증법으로 동의어 여부를 검증할 수 있는 것은?

영역(과목) 의미론

① 접시 - 사발
② 맑다 - 깨끗하다
③ 얼굴 - 낯
④ 작다 - 적다

정답 ①

정·오답풀이 ① '반찬 접시 - 반찬 사발'와 같이 배열 검증을 통해 동의어가 아님을 확인할 수 있다.
② '방이 맑다 - 방이 깨끗하다'과 같이 대치 검증을 통해 동의어가 아님을 확인할 수 있다.
③ '제 얼굴을 봐서 선처해 주십시오 - 제 낯을 봐서 선처해 주십시오(?)', '얼굴을 가리다(?) - 낯을 가리다'와 같이 연어제약검증을 사용하여 동의어가 아님을 확인할 수 있다.
④ '작다 - 크다', '적다 - 많다'와 같이 대립검증을 통해 동의어가 아님을 확인할 수 있다.

개념 정리

언어 표현 가운데 그것이 사용되는 장면에 따라 지시하는 바가 달라지는 것을 직시라고 한다. 즉 직시는 화자가 말로 직접 가리키는 문법적 기능이다. 직시 표현의 용법으로는 제스처와 함께 나타나는 제스처 용법과 제스처 없이 맥락 속에서 지시 대상을 파악할 수 있는 상징적 용법이 있다. 또한, 직시의 유형은 다섯 가지로 구분할 수 있다.
- 인칭 직시 : 대화 참여자들의 역할을 기호화하여 화자가 그 사람을 직접 지시하는 것으로 '나, 너, 우리, 저희, 당신, 이사람, 그 사람, 저 사람' 등
- 시간 직시 : 화자가 사건이 일어난 시간을 기호화하여 그 시간을 직접 지시하는 것으로 '지금, 방금, 아까, 이때, 그때, -는-, -었-, -겠-' 등
- 장소 직시 : 발화와 관련된 사람, 사물의 공간적 위치를 기호화하여 직접 지시하는 것으로 '여기, 거기, 저기, 앞, 뒤, 오다, 가다' 등
- 담화 직시 : 발화 속에 포함되어 있는 담화상의 어떤 부분을 기호화하여 그것을 직접 지시하는 것
- 사회 직시 : 화자가 대화 참여자들의 사회적 신분이나 관계를 기호화하여 지시하는 것으로 높임법과 직접적인 관계에 있다.

048 직시(deixis)에 관한 설명으로 옳지 않은 것은?   영역(과목) 화용론

① '이, 그, 저'는 직시 표현 체계에서 생산적으로 사용된다.
② '가리키는 것' 혹은 '지시하는 것'을 의미한다.
③ 직시는 '타자 중심적 방법'으로 조직화된다.
④ 직시적 표현의 용법에는 몸짓을 수반하는 몸짓 직시와 기본적인 맥락 정보만 주어지는 상징적 직시가 있다.

정답 ③
정·오답풀이 ③ 직시는 기본적으로 '화자 중심적 방법'이며, '청자'에게 옮겨 나타나는 경우도 있다.

개념 정리

하나의 단어가 의미를 확장하는 언어적 현상을 다의성이라고 하고, 그 결과 한 단어가 둘 이상의 의미를 가진 단어를 다의어라고 한다. 다의어가 성립하기 위해서는 의미의 관련성이 인정되어야 한다. 다의어 생성의 원인 다섯 가지를 살펴보면 다음과 같다.
- 적용의 전이 : 기존의 단어가 적용범위를 점차 넓히면서 새로운 사물을 지시하게 되는 경우. (넓다 : ① 마당 ② 마음 ③ 지식 / 가깝다 : ① 거리 ② 시간 ③ 사이 등)
- 사회 환경의 특수화 : 일반사회에서 사용하는 단어를 특정사회에서 특수한 의미로 사용하는 경우. (집 : ① 가옥 → ② 바둑에서 돌로 둘러싸인 공간 / 표리 : ① 겉과 속 → ② 궁중에서 옷의 안감 등)
- 비유적 언어 : 한 단어가 비유를 통하여 새로운 사물을 지시하게 되는 경우. (여우 : 교활한 사람 / 개 : 앞잡이 등)
- 동음어의 재해석 : 별개의 단어이던 것이 음성이나 철자의 변화로 동음어가 되고 다시 의미의 관련성이 인정되어 다의어가 된 경우. (녀름(夏) : 여름(實) → 여름 : 여름 등)
- 외국어의 영향 : 기존의 단어가 외국어의 의미를 차용하면서 의미에 변화가 생기는 경우. (춘추(봄가을) + 중국 한자어 '나이' / 인간(사람들이 사는 세상) + 일본 한자어 '인간' 등)

049
다의어에 관한 설명으로 옳지 않은 것은?

영역(과목) 의미론

① '자라목, 손목, 병목, 길목, 물목'에서의 '목'은 형태의 유사성에 따른 다의어이다.
② '추위에 떨다, 시험에 떨어질까 봐 떨다'에서의 '떨다'는 시간의 인접에 따른 다의어이다.
③ '손발, 손이 달리다'에서의 '손'은 기능의 유사성에 따른 다의어이다.
④ '혈압이 높다, 인기가 높다'에서의 '높다'는 속성의 유사성에 따른 다의어이다.

정답 ②
정·오답풀이 ② '추위에 떨다, 시험에 떨어질까 봐 떨다'에서의 '떨다'는 인과 관계의 인접에 따른 다의어이다.

개념 정리

발화행위를 문장의 형태에 바탕을 두고 직접발화행위와 간접발화행위로 구분할 수 있다. 문장의 형태와 언표내적 행위가 일치하면 직접발화행위이며, 문장의 형태와 언표내적 행위가 일치하지 않은 경우를 간접발화행위라고 한다. '화장실이 어디인지 아세요?'라는 질문이 화장실의 위치를 아는가 모르는가에 대한 질문으로 발화했다면 직접발화가 되며, 화장실의 위치를 알려달라는 의도로 발화했다면 간접화행이 된다.

050
다음 대화에 관한 설명으로 옳지 않은 것은?

영역(과목) 화용론

> 갑 : 화장실이 어디에 있는지 아십니까?
> 을 : 예, 압니다.

① 갑의 질문은 직접화행과 간접화행의 두 가지 의미로 다 해석할 수 있다.
② 을은 갑의 발화가 질문의 적정조건을 지키지 않은 것으로 이해하고 답변하였다.
③ 간접화행이라면 갑의 물음에는 을이 화장실의 위치를 알려주기를 바라는 뜻이 있다.
④ 갑이 을의 대답을 더 들으려 하는데도 을이 더 이상의 대답을 하지 않으면 이 대화는 원만하게 이루어진 대화가 아니다.

정답 ②
정·오답풀이 ② 을은 갑의 발화를 직접발화행위로 이해하고 답변하였다.

개념 정리

의미변화는 어떤 말의 중심 의미가 새로 생겨난 다른 의미와 함께 사용되다가 마침내 다른 의미로 바뀌는 현상이다. 의미 변화의 원인은 다음과 같이 구분하여 살펴볼 수 있다.
- 언어적 원인 : 음운이나 단어의 형태 또는 문장의 구조와 같은 언어의 내적 요소가 원인이 되는 것
  ① 전염 : 어떤 단어가 특정 단어와 결합이 습관적으로 일어나서 한 단어에 다른 단어의 의미가 전이되는 경우. (전혀, 결코, 별로)
  ② 생략 : 병행하는 단어들 중 한 단어를 생략해도 남은 단어에 의미가 전이되는 경우. (코가 나왔다, 아침을 먹었다. 머리를 잘랐다.)
  ③ 민간어원 : 어떤 단어가 명칭이 유사한 다른 단어와 결부되어 의미가 변하는 경우. (까치설)

- 역사적 원인 : 시간의 흐름에 따라 지시물이 변하지만 명칭은 변하지 않고 그대로 사용될 수 있는데, 실제 지시물이 변했기 때문에 의미변화가 일어난 것
  ① 지시물의 변화 : 명칭은 그대로이나 지시물이 실제로 바뀐 경우. (역, 기차, 바가지)
  ② 지시물에 대한 지식의 변화 : 지시물의 실체는 그대로 있으나 우리의 지식이 바뀐 경우. (일출, 일몰)
  ③ 지시물에 대한 태도의 변화 : 지시물에 대한 우리의 감정적 태도가 바뀐 경우. (탈북자, 운전사, 파출부)
- 사회적 원인 : 사회를 구성하는 계층이나 집단에 따라 의미변화가 일어나는 것
  ① 의미의 일반화 : 특수 집단의 언어가 일반 집단에서 사용되면서 새로운 의미를 갖는 경우. (박사, 훈련, 왕초)
  ② 의미의 특수화 : 일반 집단의 언어가 특수 집단에서 사용되면서 새로운 의미를 갖는 경우. (큰손, 개미, 영감)
- 심리적 원인 : 화자의 심리적 특성이나 경향에 의해 일어나는 의미변화.
  ① 감정적 요인 : 어떤 사건에 관심을 갖게 되어 관계없는 것을 이야기할 때도 관련지어 표현하거나 유사한 것을 끌어다 표현하는 경우. (쓰나미, 바가지)
  ② 금기 : 해서는 알 될 일이나 피해야 할 것을 언급하지 않고 다르게 말하는 경우. (마마, 돌아가시다)
- 외국어의 영향 : 어떤 단어가 없던 의미를 외국어 단어에서 차용하는 경우. (별-별+장군+인기인)
- 새로운 명칭의 필요성 : 새로운 사물이나 사고, 행위가 나타나는 경우. (노래방, 뽑다)

051 의미 변화의 원인에 관한 설명으로 옳지 않은 것은?

영역(과목) 의미론

① '손을 타다'가 '도난당하다'의 의미로 사용되는 것은 심리적 원인에 의한 것이다.
② '아침'이 '아침밥'의 의미로 사용되는 것은 시간적 인접성으로 인한 의미 확대이며 언어적 원인에 의한 것이다.
③ '머리(頭)'가 '머리털(頭髮)'의 의미로 사용되는 것은 공간적 인접성으로 인한 의미 확대이며 언어적 원인에 의한 것이다.
④ '마마, 손님'이 '천연두'의 의미로 사용되는 것은 역사적 원인에 의한 것이다.

정답 ④
정 : 오답풀이 ④ '마마, 손님'이 '천연두'의 의미로 사용되는 것은 불길한 것을 피하려고 하는 완곡어 표현으로 심리적 원인에 의한 것이다.

개념 정리

중세어의 어미는 화자의 태도를 나타내는데, 설명법, 명령법, 의문법, 감탄법의 네 가지 서법이 있었다.
- 설명법 : 설명법의 어미는 '-다'였지만, 선어말 어미 '-오-, -과-, -더-, -리-, -니-' 뒤에서는 '-라'로 교체되었다.
- 명령법 : 명령법의 어미는 '-쇼셔, -아쎠, -라'가 있었고 이들은 공손법의 등급을 나타내었다.
- 의문법 : 가부의 판정을 요구하는 판정의문은 '-가, -녀', 설명을 필요로 하는 설명의문은 '-고, -뇨'로 나타났다.
- 감탄법 : 감탄법의 어미는 15세기에는 '-도다', 16세기에는 '-고나'로 나타났다.

052 다음 중세 국어 예문 가운데 문장 종결법이 다른 것은?

영역(과목) 한국어사

① 녯 쁘들 고티라
② ᄒᆞ오사 내 尊호라
③ 내 보아져 ᄒᆞᄂᆞ다 술바쎠
④ 世尊씌 내 쁘들 펴아 술ᄫᅩ쇼셔

정답 ②

정·오답풀이 ② 어호라 : 설명법 종결어미 '-라'
① 고티라 : 명령법 종결어미 '-라'
③ 술바쎠 : 명령법 종결어미 '-아쎠'
④ 술 부쇼셔 : 명령법 종결어미 '-쇼셔'

개념 정리

근대국어는 중세국어와 현대국어의 교량적인 언어로 현대국어의 기초가 되는 17세기부터 19세기까지로 이 시기는 우리나라에 근대의식이 싹트기 시작한 시기라고 할 수 있다.
- 표기법 : ① 방점 표기 사라짐. ② ㆁ자 사라짐. ③ ㅿ자도 특수한 경우를 제외하고는 표기상 사라짐.
- 음운 : ① 자음군이 된소리로 변함. ② 구개음화가 일어남. ③ 어두에서 경음화, 격음화가 일어남. ④ ㆍ의 소리가 사라짐. ⑤ ㅐ, ㅔ가 단모음으로 변함. ⑥ 원순모음화가 일어남. ⑦ ㅅㆍㅈㆍㅊ 아래에서 'ㅡ'가 'ㅣ'로 되는 전설모음화가 일어남.
- 문법 : ① 동명사 어미로 '-(으)ㅁ'이 많이 사용됨. ② 후기에 ㅎ곡용체언의 ㅎ탈락됨. ③ 과거를 나타내는 '-앗/엇-'이 확고해짐. ④ 주격조사 '가'의 사용.
- 어휘 : ① 국어 어휘들이 없어지기 시작하였으며 한자어로 대체되기도 함. ② 어휘의 의미 변화가 일어남.

근대국어는 많은 혼란과 혼동을 겪으면서도 체계의 변화, 형태와 기능의 단일화 내지는 간소화를 이루어 현대국어에 연계되는 기초적 요건을 마련하였다.

053 근대 국어 시기에 일어난 변화와 관계가 없는 것은? 영역(과목) 한국어사

① 주격조사 '가'의 사용이 확대되었다.
② 이중모음의 단모음화가 진행되었다.
③ 시상 어미 '-앗/엇-'이 나타나기 시작하였다.
④ 종성 표기가 8종성에서 7종성 표기로 변화되었다.

정답 ③

정·오답풀이 ③ 중세어의 부동사 어미 '-아/어'와 존재의 동사 어간 '잇-'의 결합으로 시상 어미 '-앗/엇-'이 확립되었다.

개념 정리

중세의 경어법 선어말 어미는 세 종류가 있었는데, 겸양법, 존경법, 공손법이다.
- 겸양법 : '-ᄉᆞᆸ-', 존자에 관련된 비자의 동작이나 상태를 표시하는 것이다.
- 존경법 : '-시-', 존자의 동작이나 상태에 대한 존경을 표시하는 것이다.
- 공손법 : '-ㅇㅣ-', 존자에 대한 화자의 공손한 진술을 표시하는 것이다.

054 다음 예문에 나타난 높임법과 관련된 설명으로 옳지 않은 것은? 영역(과목) 한국어사

우리 父母ㅣ 太子끠 드리ᅀᆞᄫᆞ시니

① '끠'는 부사격 조사로서 '太子'를 높인다.
② '-ᅀᆞᆸ-'가 실현되어 '우리 父母'를 높인다.
③ '드리다'는 '주다(授)'에 대한 높임말로서 '太子'를 높인다.
④ '우리 父母ㅣ'는 주체 높임의 격조사가 사용되지 않았다.

정답 ②

정·오답풀이 ② '-ᅀᆞᆸ-'는 겸양법 어미인 '-ᄉᆞᆸ-'이 어간 말음이 'ㄴ, ㅁ'일 때, 어간 말음이 'ㄷ, ㅈ, ㅊ'일 때 'ᄌᆞᆸ'이 사용된다. 따라서 '우리 父母'를 낮춰 표현한 것이다.

개념 정리

제4장 제2절 어간과 어미
제15항 용언의 어간과 어미는 구별하여 적는다.
제16항 어간의 끝음절 모음이 'ㅏ, ㅗ'일 때에는 어미를 '-아'로 적고, 그 밖의 모음일 때에는 '-어'로 적는다.
제17항 어미 뒤에 덧붙는 조사 '요'는 '요'로 적는다.
제18항 다음과 같은 용언들은 어미가 바뀔 경우, 그 어간이나 어미가 원칙에 벗어나면 벗어나는 대로 적는다.

제4장 제5절 준말
제34항 모음 'ㅏ, ㅓ'로 끝난 어간에 '-아/-어, -았-/-었-'이 어울릴 적에는 준 대로 적는다.
제35항 모음 'ㅗ, ㅜ'로 끝난 어간에 '-아/-어, -았-/-었-'이 어울려 'ㅘ/ㅝ, ㅙ, ㅞ'으로 될 적에는 준 대로 적는다.
제36항 'ㅣ' 뒤에 '-어'가 와서 'ㅕ'로 줄 적에는 준 대로 적는다.
제37항 'ㅏ, ㅕ, ㅗ, ㅜ, ㅡ'로 끝난 어간에 '-이-'가 와서 각각 'ㅐ, ㅖ, ㅚ, ㅟ, ㅢ'로 줄 적에는 준 대로 적는다.
제38항 'ㅏ, ㅗ, ㅜ, ㅡ' 뒤에 '-이어'가 어울려 줄어질 적에는 준 대로 적는다.
제39항 어미 '-지' 뒤에 '않-'이 어울려 '-잖-'이 될 적과 '-하지' 뒤에 '않-'이 어울려 '-찮-'이 될 적에는 준 대로 적는다.
제40항 어간의 끝음절 '하'의 'ㅏ'가 줄고 'ㅎ'이 다음 음절의 첫소리와 어울려 거센소리로 될 적에는 거센소리로 적는다.

055 용언의 활용형이 옳은 것끼리 묶인 것은?

영역(과목) 어문규범

① 이제 밥이 다 됐다. - 네가 잘 되기를 바라.
② 비가 오는 것 같애. - 이것 좀 잡어 봐.
③ 김치를 아주 맛있게 담궜네! - 가을 하늘은 더욱더 빛나고 푸르렀다.
④ 에이, 더럽고 아니꼬워서 안 먹어. - 형은 내 숙제를 도와주었다.

정답 ④(용언의 활용형이 옳은 것을 고르면 ①도 맞는 답이 되어 논란의 여지가 있다.)

정·오답풀이 ④ 먹다 – 먹어 : 돕다 – 도와주었다
① 되다 – 되었다(됐다) : 바라다 – 바라
② 제16항에 따라 같다 – 같아 : 잡다 – 잡아
③ 제18항에 따라 담그다 – 담갔네

개념 정리

한글맞춤법 제5장 띄어쓰기
　　　　제41항 조사는 그 앞말에 붙여 쓴다.
　　　　제42항 의존 명사는 띄어 쓴다.
　　　　제43항 단위를 나타내는 명사는 띄어 쓴다.
　　　　제44항 수를 적을 적에는 '만(萬)' 단위로 띄어 쓴다.
　　　　제45항 두 말을 이어 주거나 열거할 적에 쓰이는 다음의 말들은 띄어 쓴다.
　　　　제46항 단음절로 된 단어가 연이어 나타날 적에는 붙여 쓸 수 있다.
　　　　제47항 보조 용언은 띄어 씀을 원칙으로 하되, 경우에 따라 붙여 씀도 허용한다.
　　　　제48항 성과 이름, 성과 호 등은 붙여 쓰고, 이에 덧붙는 호칭어, 관직명 등은 띄어 쓴다.
　　　　제49항 성명 이외의 고유 명사는 단어별로 띄어 씀을 원칙으로 하되, 단위별로 띄어 쓸 수 있다.
　　　　제50항 전문 용어는 단어별로 띄어 씀을 원칙으로 하되, 붙여 쓸 수 있다.

056 다음 중 띄어쓰기가 옳은 것을 모두 고른 것은? 　영역(과목) 어문규범

> ㄱ. 그 책은 내 거다.
> ㄴ. 나 역시 마찬가지다.
> ㄷ. 집채 만한 파도가 몰려온다.
> ㄹ. 이것은 머리 아픈데 먹는 약이야
> ㅁ. 한번은 삼거리에서 큰 사고를 낼 뻔했다.

① ㄱ, ㄴ, ㄷ　　② ㄱ, ㄴ, ㅁ　　③ ㄴ, ㄷ, ㄹ　　④ ㄷ, ㄹ, ㅁ

정답 ②

정·오답풀이
ㄱ. 그 책은 내 거다.　　　　　　　　ㄴ. 나 역시 마찬가지다.
ㄷ. 집채만 한 파도가 몰려온다.　　　ㄹ. 이것은 머리 아픈 데 먹는 약이야.
ㅁ. 한번은 삼거리에서 큰 사고를 낼 뻔했다.

개념 정리

표준어규정 제7항 수컷을 이르는 접두사는 '수-'로 통일한다.
한글맞춤법 제40항 어간의 끝음절 '하'의 'ㅏ'가 줄고 'ㅎ'이 다음 음절의 첫소리와 어울려 거센소리로 될 적에는 거센소리로 적는다.
[붙임 1] 'ㅎ'이 어간의 끝소리로 굳어진 것은 받침으로 적는다.
　　　 않다, 그렇다, 아무렇다, 어떻다, 이렇다, 저렇다
[붙임 2] 어간의 끝음절 '하'가 아주 줄 적에는 준 대로 적는다.
　　　 거북지, 생각건대, 생각다 못해, 깨끗지 않다, 넉넉지 않다, 못지않다
[붙임 3] 다음과 같은 부사는 소리대로 적는다.
　　　 결단코, 결코, 기필코, 무심코, 아무튼, 요컨대, 정녕코, 필연코, 하마터면, 하여튼, 한사코

057 다음 괄호 안에 들어갈 말로 옳은 것끼리 묶인 것은?

영역(과목) 어문규범

(1) 데려온 강아지가 암놈이야 (　　　)이야?
(2) 대답이 왜 그렇게 (　　　)하니?
(3) (　　　) 못해 그는 아버지에게 진실을 털어놓았다.

① 수놈 - 흐리멍덩 - 생각다
② 숫놈 - 흐리멍덩 - 생각타
③ 수놈 - 흐리멍텅 - 생각다
④ 숫놈 - 흐리멍텅 - 생각다

정답 ①

개념 정리

국어의 로마자 표기법

제1장 표기의 기본 원칙
　제1항 국어의 로마자 표기는 국어의 표준 발음법에 따라 적는 것을 원칙으로 한다.
　제2항 로마자 이외의 부호는 되도록 사용하지 않는다.

제2장 표기 일람
　제1항 단모음은 다음 각호와 같이 적는다.
　　1. 단모음 : ㅏ : a ㅓ : eo ㅗ : o ㅜ : u ㅡ : eu ㅣ : i ㅐ : ae ㅔ : e ㅚ : oe ㅟ : wi
　　2. 이중 모음 : ㅑ : ya ㅕ : yeo ㅛ : yo ㅠ : yu ㅒ : yae ㅖ : ye ㅘ : wa ㅙ : wae ㅝ : wo ㅞ : we ㅢ : ui
　　　[붙임 1] 'ㅢ'는 'ㅣ'로 소리 나더라도 'ui'로 적는다. 광희문 Gwanghuimun
　　　[붙임 2] 장모음의 표기는 따로 하지 않는다.
　제2항 자음은 다음 각호와 같이 적는다.
　　1. 파열음 : ㄱ : g, k ㄲ : kk ㅋ : k ㄷ : d, t ㄸ : tt ㅌ : t ㅂ : b, p ㅃ : pp ㅍ : p
　　2. 파찰음 : ㅈ : j ㅉ : jj ㅊ : ch
　　3. 마찰음 : ㅅ : s ㅆ : ss ㅎ : h
　　4. 비음 : ㄴ : n ㅁ : m ㅇ : ng
　　5. 유음 : ㄹ : r, l
　　　[붙임 1] 'ㄱ, ㄷ, ㅂ'은 모음 앞에서는 'g, d, b'로, 자음 앞이나 어말에서는 'k, t, p'로 적는다.
　　　　구미Gumi　영동Yeongdong　백암Baegam　옥천Okcheon　합덕Hapdeok　호법Hobeop
　　　[붙임 2] 'ㄹ'은 모음 앞에서는 'r'로, 자음 앞이나 어말에서는 'l'로 적는다. 단, 'ㄹㄹ'은 'll'로 적는다.
　　　　구리Guri　설악Seorak　칠곡Chilgok　임실Imsil　울릉Ulleung
　　　　대관령Daegwallyeong

제3장 표기상의 유의점
　제1항 음운 변화가 일어날 때에는 변화의 결과에 따라 다음 각호와 같이 적는다.
　　1. 자음 사이에서 동화 작용이 일어나는 경우
　　　백마[뱅마]Baengma　신문로[신문노]Sinmunno　종로[종노]Jongno
　　2. 학여울[항녀울]Hangnyeoul　　알약[알략]allyak

3. 구개음화가 되는 경우
　　해돋이[해도지]haedoji　　　같이[가치]gachi　　　　　굳히다[구치다]guchida
4. 'ㄱ, ㄷ, ㅂ, ㅈ'이 'ㅎ'과 합하여 거센소리로 소리 나는 경우
　　좋고[조코]joko　　　놓다[노타]nota　　　잡혀[자펴]japyeo　　　낳지[나치]nachi
다만, 체언에서 'ㄱ, ㄷ, ㅂ' 뒤에 'ㅎ'이 따를 때에는 'ㅎ'을 밝혀 적는다.
　　묵호(Mukho)　　　집현전(Jiphyeonjeon)
[붙임] 된소리되기는 표기에 반영하지 않는다.
　　압구정Apgujeong　　낙동강Nakdonggang　　죽변Jukbyeon　　낙성대Nakseongdae

제2항 발음상 혼동의 우려가 있을 때에는 음절 사이에 붙임표(-)를 쓸 수 있다.
　　중앙Jung-ang　　반구대Ban-gudae　　세운Se-un　　해운대Hae-undae

제3항 고유 명사는 첫 글자를 대문자로 적는다.
　　부산Busan　　　세종Sejong

제4항 인명은 성과 이름의 순서로 띄어 쓴다. 이름은 붙여 쓰는 것을 원칙으로 하되 음절 사이에 붙임표(-)를 쓰는 것을 허용한다.
(( ) 안의 표기를 허용함.)
　　민용하 Min Yongha (Min Yong-ha)　　송나리 Song Nari (Song Na-ri)
1. 이름에서 일어나는 음운 변화는 표기에 반영하지 않는다.
　　한복남Han Boknam(Han Bok-nam)　　홍빛나Hong Bitna(Hong Bit-na)
2. 성의 표기는 따로 정한다.

제5항 'ㄷ, 시, 군, 구, 읍, 면, 리, 동'의 행정 구역 단위와 '가'는 각각 'do, si, gun, gu, eup, myeon, ri, dong, ga'로 적고, 그 앞에는 붙임표(-)를 넣는다. 붙임표(-) 앞뒤에서 일어나는 음운 변화는 표기에 반영하지 않는다.
　　충청북도Chungcheongbuk-do　　제주도Jeju-do　　의정부시Uijeongbu-si
[붙임] '시, 군, 읍'의 행정 구역 단위는 생략할 수 있다.
　　청주시Cheongju　　함평군Hampyeong　　순창읍Sunchang

제6항 자연 지물명, 문화재명, 인공 축조물명은 붙임표(-) 없이 붙여 쓴다.
　　남산Namsan　　속리산Songnisan　　금강Geumgang　　독도Dokdo　　경복궁Gyeongbokgung

제7항 인명, 회사명, 단체명 등은 그동안 써 온 표기를 쓸 수 있다.

제8항 학술 연구 논문 등 특수 분야에서 한글 복원을 전제로 표기할 경우에는 한글 표기를 대상으로 적는다. 이때 글자 대응은 제2장을 따르되 'ㄱ, ㄷ, ㅂ, ㄹ'은 'g, d, b, l'로만 적는다. 음가 없는 'ㅇ'은 붙임표(-)로 표기하되 어두에서는 생략하는 것을 원칙으로 한다. 기타 분절의 필요가 있을 때에도 붙임표(-)를 쓴다.
　　집jib　　짚jip　　밖bakk　　값gabs　　붓꽃buskkoch　　먹는meogneun　　독립doglib　　문리munli

058 로마자 표기가 옳지 않은 것은?

영역(과목) 어문규범

① 해운대(Hae-undae)　　② 태권도(taegwondo)
③ 경복궁(Gyeongbokgung)　　④ 인사동(Insadong)

정답 ④

정·오답풀이 ④ 로마자 표기법 제3장 표기상의 유의점 제 5항의 규정에 따라 'Insa-dong'으로 표기해야 한다.

개념 정리

표준발음법

제5항 'ㅑ ㅒ ㅕ ㅖ ㅘ ㅙ ㅛ ㅝ ㅞ ㅠ ㅢ'는 이중 모음으로 발음한다.

　　다만 1. 용언의 활용형에 나타나는 '져, 쪄, 쳐'는 [저, 쩌, 처]로 발음한다.
　　다만 2. '예, 례' 이외의 'ㅖ'는 [ㅔ]로도 발음한다.
　　다만 3. 자음을 첫소리로 가지고 있는 음절의 'ㅢ'는 [ㅣ]로 발음한다.
　　다만 4. 단어의 첫음절 이외의 '의'는 [ㅣ]로, 조사 '의'는 [ㅔ]로 발음함도 허용한다.

제10항 겹받침 'ㄳ', 'ㄵ', 'ㄼ, ㄽ, ㄾ', 'ㅄ'은 어말 또는 자음 앞에서 각각 [ㄱ, ㄴ, ㄹ, ㅂ]으로 발음한다.

　　다만, '밟-'은 자음 앞에서 [밥]으로 발음하고, '넓-'은 다음과 같은 경우에 [넙]으로 발음한다.

제11항 겹받침 'ㄺ, ㄻ, ㄿ'은 어말 또는 자음 앞에서 각각 [ㄱ, ㅁ, ㅂ]으로 발음한다.

　　다만, 용언의 어간 말음 'ㄺ'은 'ㄱ' 앞에서 [ㄹ]로 발음한다.

제29항 합성어 및 파생어에서, 앞 단어나 접두사의 끝이 자음이고 뒤 단어나 접미사의 첫음절이 '이, 야, 여, 요, 유'인 경우에는, 'ㄴ' 음을 첨가하여 [니, 냐, 녀, 뇨, 뉴]로 발음한다.

　　다만, 다음과 같은 말들은 'ㄴ' 음을 첨가하여 발음하되, 표기대로 발음할 수 있다.
　　　　이죽-이죽[이중니죽/이주기죽], 야금-야금[야금냐금/야그먀금], 검열[검ː녈/거ː열]
　　　　욜랑-욜랑[욜랑뇰랑/욜랑욜랑], 금융[금늉/그뮹]

[붙임 1] 'ㄹ' 받침 뒤에 첨가되는 'ㄴ' 음은 [ㄹ]로 발음한다.
　　　　들-일[들ː릴], 솔-잎[솔립], 설-익다[설릭따], 물-약[물략], 불-여우[불려우]
　　　　서울-역[서울력], 물-엿[물렫], 휘발-유[휘발류], 유들-유들[유들류들]

[붙임 2] 두 단어를 이어서 한 마디로 발음하는 경우에도 이에 준한다.
　　　　한 일[한닐], 옷 입다[온닙따], 서른여섯[서른녀섣], 3 연대[삼년대], 먹은 엿[머근녇]
　　　　할 일[할릴], 잘 입다[잘립따], 스물여섯[스물려섣], 1 연대[일련대], 먹을 엿[머글렫]

　　다만, 다음과 같은 단어에서는 'ㄴ(ㄹ)' 음을 첨가하여 발음하지 않는다.
　　　　6·25[유기오], 3·1절[사밀쩔], 송별-연[송ː벼련], 등-용문[등용문]

---

059 표준 발음으로 묶이지 않은 것은?   영역(과목) 어문규범

① 밟다[발따], 읊다[읍따]　　② 맑지[막찌], 묽고[물꼬]
③ 우리의[우리에], 협의[혀비]　　④ 홑이불[혼니불], 금융[그뮹]

정 답 ①

정·오답풀이
① 표준발음법 제10항에 의해 : 밟다[밥따], 읊다[읍따]
② 표준발음법 제11항에 의해 : 맑지[막찌], 묽고[물꼬]
③ 표준발음법 제5항에 의해 : 우리의[우리에], 협의[혀비]
④ 표준발음법 제29항에 의해 : 홑이불[혼니불], 금융[그뮹]

개념 정리

외래어 표기법 제1장 표기의 원칙

제1항 외래어는 국어의 현용 24 자모만으로 적는다.
제2항 외래어의 1 음운은 원칙적으로 1 기호로 적는다.
제3항 받침에는 'ㄱ, ㄴ, ㄹ, ㅁ, ㅂ, ㅅ, ㅇ'만을 쓴다.
제4항 파열음 표기에는 된소리를 쓰지 않는 것을 원칙으로 한다.
제5항 이미 굳어진 외래어는 관용을 존중하되, 그 범위와 용례는 따로 정한다.

---

060 외래어 표기가 옳은 것은?

① 케찹
② 쇼윈도
③ 초코렛
④ 리더쉽

영역(과목) 어문규범

정답 ②

정·오답풀이 ② 쇼윈도(show window)
① 케첩(ketchup)   ③ 초콜릿(chocolate)   ④ 리더십(leadership)

---

061 언어의 일반적인 특성에 대한 설명으로 옳지 <u>않은</u> 것은?

① 이원성 : 인간의 언어는 소리의 체계와 의미의 체계가 분리·독립되어 있다.
② 자의성 : 언어에서 소리와 그 소리가 상징하는 개념 사이의 관계는 내재적이고 일관적이다.
③ 창조성 : 인간은 이전에 들어본 적이 없는 새로운 문장을 생성할 수 있다.
④ 문화적 전승: 언어는 유전적으로가 아니라 문화적으로 전승된다.

영역(과목) 언어의 특성

정답 ②

정·오답풀이 ② 자의성은 언어 형식과 의미의 관계. 언어의 자의성이란 언어의 형식과 의미가 가지는 관계가 필연적이지 않다는 것을 말한다. 예를 들어 "母(모)"를 뜻하는 우리말은 '어머니'이고, 영어로는 'mother', 독일어에서는 'mutter'와 같이 서로 다르게 나타나는 것처럼 언어의 내면적 의미와 외연적 형식의 관계는 절대적이지 않다는 것이 자의성이다.

---

062 다음 비정상적인 문장들의 원인이 <u>다른</u> 하나는?

① 철수가 사과에 먹었다.
② 철수가 바윗돌을 마셨다.
③ 철수는 노란 거짓말을 했다.
④ 철수는 많은 걱정을 그렸다.

영역(과목) 통사론

정답 ①

정·오답풀이 ① 조사의 사용에 오류가 있어 '철수가 사과를 먹었다.'로 수정되어야 옳은 문장이 된다.
②, ③, ④의 문장은 '바윗돌을 마셨다', '노란 거짓말', '걱정을 그렸다'는 단어 간 결합이 일반적이지 않아 문법적으로는 문제가 없으나, 의미적으로 문제가 있다.

개념 정리

Corder가 제시한 오류 분석 단계

1. 오류의 식별 : 개인 특유 방언을 인식하는 단계이다. 학습자의 언어가 담화, 문장, 형태, 음운적으로 부적절한가를 판정하고 가변적인 학습자 언어 체계 속에 내재된 규칙이 무엇인지 추론한다. 이때 학습자의 오류를 비문법적인 명백한 오류와, 문장 내에서 문법적으로는 옳지만 의사소통의 문맥상 해석이 안 되는 부분이 있는 숨은 오류로 오류의 유형을 구분한다.
2. 오류의 기술 : 2개 국어를 비교하여 오류를 기술하며, 2개 국어는 같은 형식적 모형인 범주 안에서 기술된다.
3. 오류의 (원인) 설명 : 오류 분석의 궁극적인 목적이 된다. '오류의 기술'은 언어학적 측면이지만, 오류의 원인을 설명하는 이 단계는 심리언어학적 측면에 해당하는 부분이라고 볼 수 있다.
4. 오류의 평가 : 오류 분석의 결과를 적용하기 위한 과정으로서 교수되어야 하는 심각한 오류가 무엇인지를 결정하는 것이다.

오류 분석 이론에는 한계점도 존재한다. 우선 오류의 판단에 개인적인 차이가 생길 수 있어 복합적인 성질을 띤 오류는 분석자에 따라 그 범주가 달라질 수 있다는 것이다. 또한 오류 분석이 특정한 시점의 단면도 분석에 치우쳐 있고 특정 언어 자료에 대해 학습자들이 회피하는 전략을 사용할 때 이를 분석하기 어렵다는 것도 한계점 중 하나이다.

이때 학습자가 범하는 오류의 대부분이 모국어와 목표어 간의 차이에서 비롯되므로 두 언어를 과학적, 구조적으로 대조 분석하는 '대조분석'이 활용되는 것이 일반적이다. 대조 분석은 구 언어의 차이점과 유사점을 밝혀 학습상의 난점과 오류를 미리 예측하는 것이 목표이고, 오류 분석은 학습자가 범하는 오류를 수입하여 원인을 규명하고 학습자의 언어 습득 정도와 언어 능력을 진단해서 차후 효율적인 외국어 학습이 이루어지도록 하는 것에 그 목적을 두고 있어 상보적 관계를 이루고 있다.

---

063 오류 분석의 각 단계에 대한 설명으로 옳지 않은 것은?

영역(과목) **대조언어학**

① 오류의 평가는 오류 분석의 결과를 적용하기 위한 과정으로서 교수되어야 하는 심각한 오류가 무엇인지를 결정하는 것이다.
② 오류의 기술은 오류가 있는 원래의 발화와 재구성한 교정 발화를 비교한 후 그 차이점을 확인하는 과정을 포함한다.
③ 오류의 설명은 오류가 발생하는 원인을 밝히는 것이다.
④ 오류의 식별은 학습자 자료를 체계적이고 일관성 있게 전사하는 작업으로 완성된다.

정답 ④
정·오답풀이 ④ 오류의 식별은 학습자의 개인적 오류가 어떠한 형태로 나타나는지 규칙을 추론하는 방법으로 진행된다.

064 다음 자음 쌍 중에서 조음위치의 간격이 가장 먼 것은?

영역(과목) **음운론**

① [p] - [n]
② [ʃ] - [k]
③ [m] - [g]
④ [θ] - [dʒ]

정답 ③
정·오답풀이 ③ [m]은 양순음, [g]은 연구개음으로 조음위치의 간격이 가장 멀다.
① [p]양순음 - [n]치조음 ② [ʃ]치조음 - [k]연구개음 ④ [θ]치조음 - [dʒ]경구개음

개념 정리

파생접사, 굴절접사

단어를 형성할 때, 어근에 붙어 그 뜻을 제한하는 주변 부분을 가리킨다. 예컨대 '치솟다'에서 '솟'은 단어의 실질적인 의미를 나타내는 부분이고, '치'와 '다'는 어근에 붙어 그 의미를 드러내는 주변 부분에 해당한다. 따라서 '치'와 '다'는 접사에 해당한다. 여기서 '치'처럼 단어 파생에 기여하는 접사를 파생접사라고 하고, '다'처럼 문법적 기능을 하는 어미를 굴절접사라고 한다.

065 파생접사와 굴절접사의 차이를 설명한 것으로 옳지 않은 것은? 영역(과목) 형태론

① 파생접사는 품사를 바꿀 수 있으나 굴절접사는 그렇지 않다.
② 파생접사는 굴절접사에 비해 생산성이 낮다.
③ 파생접사는 굴절접사보다 어근에 가까이 위치하는 경향이 있다.
④ 파생접사의 의미는 규칙적이지만 굴절접사의 의미는 예측하기 어렵다.

정답 ④

정·오답풀이 ④ 굴절접사(어미)는 그 의미가 일정하지만 파생접사 중 접미사들은 결합되는 어미에 따라 그 의미가 일정하지 않은 경우도 많다. 예를 들어 '높게, 깊게'의 '-게'는 그 의미가 동일하나, '삼발이, 구두닦이, 꺾꽂이'의 접사 '-이'는 그 의미가 동일하지 않다.

개념 정리

브로카 실어증

1865년 브로카는 레보른(M. Leborgne)이라는 환자의 사례를 보고했다. 레보른은 약 20년간 간질을 앓으면서 뇌 손상을 입고, 오른쪽 신체를 사용하지 못하며, 말하기에 어려움을 겪었다. 레보른은 "TAN, TAN, TAN, TAN……"이라는 말만 반복해서 이름 대신 'TAN'이라고도 불렸다. 그는 TAN밖에 말하지 못했지만 이 단어를 여러 의미로 사용했다. 그의 언어 이해 능력은 정상 수준이었다. 후에 브로카는 레보른을 비롯해 언어구사에 문제가 있었던 여러 환자의 뇌를 부검하여 '브로카 영역'을 발견했다. 브로카는 실어증이 뇌의 특정 부분의 손상에 기인한다는 것을 처음 제안한 사람이었다.

브로카 실어증에 걸리게 되면 말이 매우 느리고, 힘들고, 말소리가 정확하지 않거나 혀 짧은 소리를 내는 등 조음장애가 온다. 브로카 실어증 환자의 경우 문법적 의미를 가진 단어인 조사와 접속사 등의 기능어(function word)를 말하기 어려워하고, 명사와 동사, 형용사, 부사 같은 내용어(content word)는 간신히 구사한다. 사물이나 대상의 이름을 대지 못하는 명칭 실어증을 보이기 때문에 문장을 이야기할 때 부적절한 단어를 사용하거나 아예 말을 빼먹기도 한다. 브로카 실어증 환자는 말하는 것에 비해 훨씬 더 말을 잘 이해한다. 글을 쓰는 능력도 손상되는 경우가 있으나 언어를 들어서 이해하는 능력은 비교적 좋은 편이다.

066 브로카 실어증에 대한 설명으로 옳은 것은? 영역(과목) 신경언어학

① 주로 오른쪽 뇌의 후두엽 부분을 다친 환자들에게서 관찰된다.
② 자신의 말을 산출하는 데는 문제가 없으나 다른 사람의 말을 이해하는 데에 어려움이 있다.
③ 명사 같은 내용어는 단편적으로 사용하지만 기능어나 활용어미는 잘 사용하지 못한다.
④ 언어를 구사하는 데는 문제가 없지만 글을 읽는 데 장애를 보인다.

정답 ③

정·오답풀이 ③ 전치사, 접미사 및 다른 문법적 장치를 이해하지 못하는 언어 장애 증상을 보인다.
① 뇌의 좌반구 전두엽 부분을 다친 환자들에게서 관찰된다.
② 다른 사람의 말을 이해하는 데 문제가 있고, 자신의 말을 산출하는 것을 어려워한다.
④ 글을 읽거나 언어를 들어서 이해하는 능력은 비교적 좋은 편이며, 언어 구사에는 여러 면으로 문제점이 드러난다.

개념 정리

계사(연결동사)

동사 중에서 단지 문법적으로 주어와 술어(predicative; 서술보어 predicative complement)를 연결하는 기능만을 하는 동사를 연결동사(link verb) 또는 계사(copula)라고 한다. 영어에서 가장 많이 쓰이고 있는 연결동사가 be동사이며, 그 외에 become, seem, keep, appear, grow, come, run, feel, smell, taste, sound 등이 사용되고 있다.

067 한국어와 영어의 유형론적 특성에 대한 설명으로 옳은 것을 모두 고른 것은?   영역(과목) 언어유형론

> ㄱ. 한국어의 형용사는 홀로 서술적으로 사용될 수 있으나 영어의 형용사는 서술적 용법에서 계사(copula)의 도움을 받아야 한다.
> ㄴ. 한국어는 교착어의 성격이 강하지만 영어는 굴절어의 성격이 약해졌다.
> ㄷ. 영어는 SVO 언어이자 핵-후행 언어이고 한국어는 SOV 언어이자 핵-선행 언어이다.
> ㄹ. 영어의 관계절은 명사 뒤에 오지만 한국어의 관계절은 명사 앞과 뒤에 모두 올 수 있다.
> ㅁ. 역사적으로 영어는 격어미가 쇠퇴함에 따라 전치사가 발달한 반면에 한국어는 풍부한 격조사 체계를 유지하고 있다.

① ㄱ, ㄷ   ② ㄱ, ㄴ, ㅁ   ③ ㄴ, ㄷ, ㄹ   ④ ㄴ, ㄷ, ㄹ, ㅁ

정답 ②

정·오답풀이 ㄷ. 영어가 핵선행 언어, 한국어가 핵후행 언어이다.
ㄹ. 영어의 관계절은 명사 뒤에 오지만 한국어의 관계절(관형절)은 명사 앞에만 올 수 있다.

068 중간언어 가설에 대한 설명으로 옳은 것은?   영역(과목) 대조언어학

① 외국어 학습자에게 모어와도 다르고 목표어와도 다른 제3의 언어가 있음을 인정한 것이다.
② 잘못된 문장의 발화는 어쩔 수 없이 겪는 오류가 아니라 실수라고 본다.
③ 학습자의 오류를 불완전한 학습으로 나타나는 결과로 보고 이러한 오류를 제거해야 할 대상으로 본다.
④ 중간언어란 서로 다른 언어를 사용하는 사람들 사이에서 의사소통을 위해 공동으로 사용되는 언어를 지칭한다.

> **정답** ①
>
> **정·오답풀이** ① '중간언어'란 제2언어 학습자의 언어체계가 모국어와 목표어, 둘 다와 다르며 구조적으로 이 두 언어의 중간에 위치한 독립적 체계가 있다는 것을 의미한다.
> ② 잘못된 문장의 발화의 반복, 잘못에 대한 학습자의 인지 정도에 따라 오류와 실수로 나누어 볼 수 있다.
> ③ 학습자의 오류는 목표언어라는 지점에 도달하기 위해 늘 존재할 수 있는 대상으로 본다.
> ④ 한 사람이 모국어에서 목표어 습득을 향해 가는 도중에 사용하는 언어를 지칭한다.

개념 정리

법언어학(forensic linguistics)
1960년대 말에 성립되어 1990년대에 와서 급속히 발전한 학문 분야이다. 이 분야는 현대 언어학과 법 사이에 성립하는 학제적 언어학이라 할 수 있으며, 법언어와 사법 과정(주로 재판)의 언어에 대한 언어학적 연구를 한다.

---

069 법언어학(forensic linguistics)의 연구 대상에 속하지 않는 것은? [영역(과목)] 응용언어학

① 문서 작성자에 대한 추정
② 재판과 관련한 어린이와의 인터뷰
③ 법정 담화의 유형 분석
④ 법률 개정과 여론의 관계

> **정답** ④
>
> **정·오답풀이** ④ 법률과 여론의 관계 등 사회적인 문제는 법을 표현하는 언어를 연구하는 범주에 포함되지 않으며 '법정책학, 법사회학'의 연구 대상에 속한다.

070 언어별 음절 구조에 대한 설명으로 옳은 것은? [영역(과목)] 음운론

① 한국어의 '흙'은 'C + V + C +C'의 음절 구조를 갖는다.
② 일본어의 어두 초성에는 자음군이 올 수 있다.
③ 영어의 자음은 초성에서 최대 3개까지 나타날 수 있다.
④ 중국어의 성모와 운모는 자음으로 반드시 채워야 한다.

> **정답** ③
>
> **정·오답풀이** ③ 'strike'등의 단어가 대표적인 예가 된다.
> ① 겹자음은 하나의 발음으로 실현되므로, 'C + V + C'의 구조를 갖는다.
> ② 일본어의 어두 초성에는 자음군이 올 수 없다. 이미 자음과 모음이 결합된 형태로 제시가 되기 때문이다.
> ④ 중국어의 성모는 자음, 운모는 다음으로 채워진다.

개념 정리

귀환(순환) 규칙(recursive rule)
긴 문장을 만들 수 있는 순환성(recursion)을 가진 규칙을 이야기하며, 아래와 같은 사례가 있다.
- 접속(coordination)을 이용한 같은 범주의 표현의 반복 : (예) 걷고 또 걷고 또 걷고
- 관계절에 의한 내포문의 반복 : (예) 내가 만난 여자가 때린 남자가 좋아하는 꽃
- 명사를 확장하는 전치사구(영어) 또는 후치사구(한국어)의 순환성 : (예) 산속의 호수가의 집

---

071 귀환규칙(recursive rule)이 적용되지 <u>않은</u> 것은?   영역(과목) 통사론

① The letter was written in English by me.
② John said that Bill believed that Mary was pretty.
③ the flower which the man who the woman met likes
④ a hotel near the lake in the mountain near the city

정답 ①

정·오답풀이 ① 해당 문장에서는 긴 문장을 만들 수 있는 순환성의 표현이 포함되어 있지 않다. 즉, 접속사나 관계절이나 전치사수, 후치사구가 사용되지 않다.
② 'that'의 사용, ③ 'which the, who the'의 사용 ④ 'the'의 사용

---

072 밑줄 친 한국어 학습자의 발화에 나타난 의미 협상(negotiation for meaning)의 유형은?   영역(과목) 언어습득론

> 한국어 모어 화자 : 점쟁이를 만나 본 적이 있나요?
> 한국어 학습자 : 점쟁이?
> 한국어 모어 화자 : 점쟁이.
> 한국어 학습자 : <u>점쟁이 뭐예요?</u>
> 한국어 모어 화자 : 점쟁이는 미래에 대해 말해 주는 사람이에요.

① 음운 수정(phonological modification)
② 이해 점검(comprehension check)
③ 설명 요구(clarification request)
④ 확인 점검(confirmation check)

정답 ③

정·오답풀이 ③ '점쟁이'의 의미가 무엇인지 재질문하여 의미에 접근하고 있다.

073 언어와 성(gender)의 관계에 대한 설명으로 옳은 것을 모두 고른 것은?

영역(과목) 사회언어학

ㄱ. 남성이 사용하는 표현과 여성이 사용하는 표현이 구분되는 언어가 있다.
ㄴ. 남녀 언어의 차이는 사회의 성차별적인 현상을 반영한다고 할 수 없다.
ㄷ. 일상어에서 성차별을 없애기 위해 남성 중심적인 표현을 중립적인 표현으로 바꾸려는 시도들이 있다.
ㄹ. 여러 언어의 속담에서 남성에 비해 여성에 대한 차별적인 표현들이 상대적으로 많이 관찰된다.
ㅁ. 남성과 여성의 언어 차이는 어휘적으로나 음운론적으로 표현될 수 있지만 문법적으로는 표현되지 않는다.

① ㄱ, ㄷ, ㄹ
② ㄱ, ㄷ, ㅁ
③ ㄴ, ㄷ, ㄹ
④ ㄴ, ㄹ, ㅁ

정답 ①

정·오답풀이 ㄱ. 많은 언어에서는 남성이 선호하는 표현, 여성이 선호하는 표현이 범주화되어 있는 일이 많다. 전통 사회의 문화가 반영된 속담의 경우 여성에 대한 차별적 표현들이 많은 편이다.
(예 : 암탉이 울면 집안이 망한다, 여자 팔자 두룸박 팔자 등) 이러한 경우 성차별을 없애기 위해 중립적인 표현으로 바꾸려고 하는 경우가 있다.
ㄴ. 남녀 언어의 차이는 사회의 성차별적인 현상을 반영한다고 볼 수 있다.
ㅁ. 한국어, 일본어 등에서 남성과 여성이 사용하기를 선호하는 특정 어미 등이 존재한다.

개념 정리

문장 성분

문장의 성분에는 주성분과 부속성분, 그리고 독립성분이 있다. 주성분은 문장의 골격을 이루는 성분으로 주어, 서술어, 목적어, 보어가 있다. 부속성분은 주로 주성분의 내용을 수식하는 성분으로, 관형어와 부사어가 있다. 독립성분은 주성분이나 부속성분과 직접적인 관계가 없이 문장에서 따로 독립해 있는 성분으로, 독립어가 해당된다.

074 밑줄 친 단위들이 하나의 성분(constituent)을 구성할 수 없는 것은?

영역(과목) 통사론

① 오늘 영희가 고향에 간다.
② 철수는 도서관에서 책을 읽었다.
③ 철수의 운명은 너에게 달렸다.
④ 영희는 빨간 사과를 좋아한다.

정답 ①

정·오답풀이 ① '오늘 영희가'는 '명사 주어'의 구조로, 하나의 문장 성분으로 결합할 수 있는 능력이 없다.
② '책을 읽었다'가 서술어의 역할을 한다.
③ '너에게 달렸다'가 서술어의 역할을 한다.
④ '빨간 사과를'이 목적어의 역할을 한다.

개념 정리

문법화

'문법화'는 실질적인 뜻을 가진 단어가 보조적인 뜻을 가진 단어로 변화하거나 문법적인 기능을 하는 형태소로 변화하는 과정을 거치는 것을 뜻한다. 동사 '보다'가 '-나 보다'의 형태로 추측의 의미를 드러내는 것 등이 일례가 된다.

---

075 밑줄 친 것 중 문법화를 겪은 단어가 아닌 것은? 영역(과목) 통사론

① 철수가 나<u>보고</u> 어서 오라고 손짓했다.
② 방 안에는 철수<u>밖에</u> 없었다.
③ 철수는 빵을 많이 먹는 <u>바람에</u> 살이 쪘다.
④ 가방 <u>안으로</u> 책이 쏙 들어갔다.

정답 ④

정·오답풀이 ④ '안으로'는 '명사+조사'의 조합으로, 형태소가 변화하는 과정이 없으므로 문법화를 겪지 않은 것이 된다.

개념 정리

1. 피진

대개 식민지 지역 또는 무역이나 노동이 관련된 상황에서 외부인들과 현지인들 사이의 의사소통 문제를 해결하기 위해 생성되는데, 하나의 공통된 언어가 사용되지 않고 있는 다중언어사용 상황에서 둘 또는 그 이상의 집단 구성원들에 의해 사용되는 언어를 말한다. 지리상의 발견 이래 세계 각국에서 생겨났으며 현재도 멜라네시아제도와 중국 연안등지에서 사용된다. 원래 영어의 business(상업)가 중국식으로 발음되어 피진(pidgin)이 되었다고 한다. 일반적으로 위에서 설명한 바와 같은 특징을 가지고 있으나 해당지역의 자연언어가 되지 않은 언어를 피진이라고 한다.

피진은 두 언어 중 한 언어를 난순화하고 다른 언어의 요소를 섞어 만드는데 음운, 문법, 어휘 모든 면에서 언어 구조가 단순한 점이 특징이다. 음절 구조는 대부분 자음-모음(CV)이고 단어의 대부분은 1음절어(CV)이거나 2음절어(CVCV)이다. 곡용, 활용과 같이 단어의 형태가 변화하여 문법적 기능을 표시하는 현상이 거의 없다. 또 문법적 기능만을 나타내는 허사(기능어)가 거의 없고 실사(내용어)를 이용해 문법적 기능을 간접적으로 표현한다. 어순은 고정되어 있으며 절과 절을 연결할 때 내포보다는 접속을 이용한다. 단어의 수는 많아야 수백 개에 불과하며 그것도 특정한 분야에 국한된다. 그 대부분은 복합어나 파생어가 아닌 단순어이다.

2. 크리올

피진은 어느 누구의 모어도 아니다. 다른 언어 사용자와의 일시적인 의사소통을 위한 제2언어일 뿐이다. 그런데 피진이 사용되는 지역의 어린이들이 부모의 모어 대신 피진을 모어로 배우는 일이 자주 일어난다. 이때 모어로 습득된 피진을 크리올이라 한다.

영어, 프랑스어, 스페인어, 포르투갈어 등의 유럽어가 노예로 잡혀 온 아프리카인들이나 태평양 섬 주민 등이 사용하는 토속어(local languages)와의 접촉을 통해 형성된 현지 모국어를 지칭한다. 크레올어는 피진어보다 체계가 더 안정되고, 어휘가 확장되어 있으며, 언어구조 또한 더 정교하다.

3. 링구아 프랑카

링구아 프랑카(lingua franca)는 서로 다른 모어를 사용하는 화자들이 의사소통을 하기 위해 공통어(共通語)로 사용하는 제3의 언어(때로는 한 집단의 모어)를 말하며 국가나 단체에서 공식적으로 정한 언어를 뜻하는 공용어(公用語)와는 다른 개념이다. 정의를 통해 알 수 있듯, 링구아 프랑카는 특정 언어를 지칭하는 표현이 아니라, 언어 가교의 기능을 수행하는 언어들을 통칭하는 표현이다. 여기에서 의미가

파생되어 학술, 상업 등의 특정 분야에서 널리 사용되는 언어라는 뜻으로 사용되기도 한다. 국제회의, 국제기구에서 널리 쓰이는 영어가 대표적인 링구아 프랑카의 예가 된다.

> **링구아 프랑카와 피진**
> 피진은 그 정의상 교류 집단의 언어들 중 의사소통자에게 필요한 표현(예 : 무역에서 상품명과 수량 명사)만을 간소화하여 문법적 구성 없이 엮은 것으로, 의사소통의 가교 역할이라는 점에서 링구아 프랑카의 구실을 한다고 볼 수 있으나, 애초에 언어라고 보기 어렵다. 또한 이 때문에, 일반적인 링구아 프랑카들과 다르게, 피진을 모어로 사용하는 개인이 없다고 봐도 무방하다.
>
> **링구아 프랑카와 크리올**
> 문화 상충의 1차 산물이 피진이라면, 그것이 한 단계 발전하여 체계화된 언어로 자리잡은 것이 크레올인 것이다. 따라서, 크레올은 언어로서, 링구아 프랑카로서의 요건을 모두 만족시킨다. 즉, 링구아 프랑카의 하위 항목 정도로 생각할 수 있다.

출처 : 문학비평용어사전,2006,화행이론 [話行理論, Speech act theory], 국학자료원
Basic 고교생을 위한 사회 용어사전, 2006, 신원문화사

076 피진어(pidgin)에 대한 설명으로 옳지 않은 것은?

영역(과목) | 인류언어학

① 모어가 다른 사람들이 서로 교역을 할 때 링구아 프랑카(lingua franca)로 사용하는 언어이다.
② 피진어가 모어로 습득되면 크레올어로 발전된다.
③ 언어들의 접촉 과정에서 어휘나 문법 규칙 등의 언어 체계가 간소화되는 사회언어학적 변화 과정의 산물이다.
④ 피진어의 예로 미국 조지아주의 굴라어(Gullah)와 루이지애나주의 케이준어(Cajun)를 들 수 있다.

정 답 ④

정·오답풀이 ④ 미국 조지아주의 굴라어(Gullah)와 루이지애나주의 케이준어(Cajun)는 아프리카 이주민과 원주민의 언어가 섞인 형태의 크리올어에 속한다.

개념 정리

응용언어학

언어의 사용으로 발생되는 문제를 다루는 언어학의 한 분야. 비교적 최근에 독립한 학문으로, 그 분야가 아직도 확정되지 않은 채 언어가 쓰여 생기는 모든 문제로 영역이 확장되고 있는 실정이다. 응용언어학이 연구의 대상으로 삼는 주제들은 문체론·방언학·인종학·언어정책·전산언어사·언어습득·언어교육·교육과정개발·음운론·통사론·의미론·어휘론·이중언어·대조분석·오류분석·개별언어·연설 등 끝이 없고, 관련된 인접학문으로는 교육·문예비평·사회학·심리학·병리학·번역·정신건강·정치학·인공두뇌·인류학·고고학·통계학 등이다. 지금까지 언어학의 이론이 가장 뚜렷하게, 그리고 집중적으로 적용된 분야는 외국어로서의 영어교육이다. 따라서, 응용언어학이라면 곧바로 영어교수법을 연상하게 되었다. 외국어교육에서는 교육효과의 극대화를 위하여 제1언어습득의 연구결과를 제2언어학습에 적용한다.

077 응용언어학의 연구 분야가 아닌 것은?

영역(과목) 응용언어학

① 음성 인식 기술을 이용하여 자동통역기를 개발한다.
② 절멸 위기에 처한 언어의 문서화를 통해 언어 생태계 보존 방법을 모색한다.
③ 언어 장애를 진단하고 치료방법을 찾는다.
④ 문자 체계의 발달과정을 통시적으로 연구한다.

정 답 ④
정·오답풀이 ④ 문자론에 관한 연구이다. 응용언어학은 언어의 획득이나 습득, 언어 교육을 대상으로 하는 학문으로, 문자론은 응용언어학의 하위 범주에 속하지 않는다.

개념 정리

- 분절음 : 음절을 더 쪼개어 나오는, 음절보다 한 단계 작은 언어학적 단위. 자음과 모음을 이르는데, 예를 들면 음절 '말'은 'ㅁ', 'ㅏ', 'ㄹ'로 나눌 수 있다.
- 초분절음 : 비분절 음운, 또는 운소라고 하며 소리의 길이나 높이 세기 등을 가리킴.

078 언어습득에 관한 설명 중 옳지 않은 것은?

영역(과목) 외국어 습득론

① 아이들의 발화는 외침소리, 울음소리, 새근거림 같은 소리로부터 시작된다.
② 외국어 습득에서 성인들은 분절음보다 초분절음에 더 쉽게 접근한다.
③ 일어문 단계에서 아이들의 어휘는 주로 하나의 자음과 모음으로 구성된 단음절 어휘가 많다.
④ 모어 습득에서 파열음이 마찰음보다 먼저 습득된다.

정 답 ②
정·오답풀이 ② 성인들은 체계화된 지식으로 분절음의 구조를 익히는 것에 더 쉽게 접근하며, 초분절음(강세, 억양 등)을 더 어려워하는 경향을 보인다. 이미 하나의 언어를 모국어로 사용한 기간이 길어 초분절음을 자연스럽게 인식하고 활용하는 것이 어색하기 때문이다.

개념 정리

- 코퍼스 언어학(말뭉치 언어학) : '실제 언어' 혹은 실제 언어의 샘플을 이용하여 언어를 공부하는 응용언어학의 한 분야이다. 코퍼스(말뭉치)란, 언어를 연구하는 각 분야에서 필요로 하는 연구 재료로서 언어의 본질적인 모습을 총체적으로 드러내 보여줄 수 있는 자료의 집합을 뜻한다. 조건만 만족할 수 있으면 작게는 시집 한 권이나 소설 한 편으로부터 1억 어절 이상의 말 또는 글로 표현된 각종의 자료에 이르기까지, 다양한 크기의 자료 모음이 모두 말뭉치라는 이름으로 묶일 수 있으며, 그 내용도 연구의 목적에 따라 다양하게 구성될 수 있다. 그러므로 말뭉치라는 용어는 연구의 목적이나 성격에 따라 다양한 대상을 지시할 수 있는 포괄적인 개념이 있다. 최근의 언어 연구에서는 말뭉치의 개념을 더 좁게 보아, "일정 규모 이상의 크기를 갖추고 내용적으로 다양성과 균형성이 확보된 자료의 집합체"를 가리키는 개념으로 사용하는 것이 일반적이다. 초기에는 수작업으로 이루어졌으나 컴퓨터의 발달로 지금은 많이 자동화되었으며, 전산언어학의 도움을 많이 받고 있다.

- 말뭉치의 요건 : 문서를 대량으로 모은다고 해서 모두 말뭉치가 되는 것은 아니며 말뭉치는 몇 가지 요건을 갖추어야 한다.
  ① 텍스트 수집이나 입력 과정에서 원래의 내용이나 형태의 누락이 있어서는 안 된다. 즉 원형을 유지하고 있다는 보장이 필요하다.
  ② 언어의 다양한 변이를 담아내야 한다. 즉 언어의 특성을 잘 반영할 수 있는 구성으로 조합되어야 한다.
  ③ 해당 언어의 통계적 대표성을 지녀야 한다. 즉 유의미한 규모로 확보되어야 한다.

말뭉치가 지녀야 하는 두 가지 특성은 '대표성'과 '균형성'이다. 표본이 모집단을 통계적으로 대표할 수 있는가가 보장되지 못하면 그 표본으로 하는 연구는 하나마나한 것이 된다. 말뭉치의 대표성은 이 통계적 대표성을 의미한다. 그렇다고 해서 대표성을 너무 단순하게 크기의 문제로 환원해도 곤란하다. 영어의 경우 고빈도어 3,000어 정도면 일상회화의 95%가 해결될 정도로 어휘가 심하게 편중되어 있다. 하지만 적게 사용된다고 해서 그것이 덜 중요한 단어라고 할 수는 없다. 말뭉치의 균형성은 언어의 미묘한 면을 담고 있는 5%에 대한 배려를 말한다. 즉 다수가 가지는 대표성 못지않게 소수를 배려하는 균형성이 필요한 것이다. 이를 위해서는 범주와 유형에 따른 세심한 구분이 필요하다. 픽션/논픽션, 구어/문어, 방송, 논문, 운문/산문, 공식/비공식, 작가의 연령/성별/국적/계급 등 매우 다양한 기준을 적용할 수 있다.

079 코퍼스 언어학에 대한 설명으로 옳지 않은 것은?

영역(과목) 응용언어학

① 실제로 사용된 언어 자료를 이용하여 언어를 연구하는 학문이다.
② 예외적이고 특수한 구문의 연구에 집중하는 경향이 있다.
③ 언어학 이론에 자료를 제공함으로써 이론언어학을 뒷받침해 주는 역할을 수행하고 있다.
④ 언어 능력보다 언어 수행에 초점을 둔다.

정답 ②

정·오답풀이 ② 예외적이고 특수한 구문의 연구가 아닌, 다양성과 균형성이 확보된 넓은 자료를 수집하고 연구하는 경향이 있다.

개념 정리

- 로망스어파 : 라틴어를 모어(母語)로 하고, 이로부터 분기(分岐) 발전된 여러 언어의 총칭. 로망어(le roman)라고도 한다. 로마제국(帝國)에서 일반대중이 사용하던 라틴어(俗라틴어)가 언어 그 자체에 내재하는 원인과 언어 외의 여러 가지 조건이나 영향 등에 의해서 오랫동안 서서히 변형되다가, 라틴어로서의 통일성을 잃은 채 분화(分化)되어 서로 이해할 수 없는 상태가 되어버린 몇 개의 방언(方言)을 통틀어 일컫는 말이다. 로망스어 중에서 가장 중요한 것은 근대국가의 성립과 동시에 국어가 된 프랑스어(語)·이탈리아어·에스파냐어·포르투갈어·루마니아어 등이다. 그 밖에 남(南) 프랑스 지방의 프로방스어, 에스파냐 북동부의 카탈루냐어, 스위스·오스트리아·북이탈리아 알프스 지방의 방언으로 일괄해 레토로망스어로 불리고 있는 언어들, 고립된 섬에서 가장 오래된 형태를 지니고 있는 사르디니아어, 지리상으로나 언어상으로나 이탈리아와 루마니아의 중간에 있는 달마티아어 등이 있다.
- 게르만어파 : Germanic 어파의 하나. 북부유럽의 여러 지역에서 사용된다. 인도 유럽어족의 하나이다. 동·북·서의 3대 방언으로 대별(大別)된다. 동부 방언에는 지금은 사멸된 고트어(Gothic, 16세기까지 잔존. 게르만어의 가장 오래 된 문헌을 가짐)가, 북부 방언에는 고대 노르드(Nord)어(死滅)·스웨덴어(Swedish)·덴마크어(Danish)·노르웨이어(Norweigian)·아이슬란드어(Icelandic)가, 서부 방언에는 독일어(German)·네덜란드어(Dutch)·영어(English) 등이 있다. 현재 세계 각처에서는 약 3억 이상의 인구가 이를 사용한다.
- 슬라브어파 : 슬라브어파(-語派)는 슬라브인들이 사용하는 일련의 언어들의 무리를 지칭하며 이 언어들은 더 크게는 인도유럽어족에

속한다. 동유럽, 중앙유럽, 발칸 반도에 위치한 대부분의 국가들에서 사용되며 북아시아 지역에서도 사용된다. 발트어파와는 특히 가까운 관계에 있기 때문에 인도이란어파의 경우처럼 두 어파를 합하여 발트슬라브 어파라 부르기도 한다.

080 계통과 관련하여 바르게 연결된 것은?

영역(과목) 비교언어학

① 로망스어 : 이탈리아어, 포르투갈어, 바스크어, 프랑스어
② 게르만어 : 덴마크어, 독일어, 스웨덴어, 핀란드어
③ 인도아리아어 : 힌디어, 벵갈어, 우르두어, 펀자브어
④ 슬라브어 : 폴란드어, 체코어, 루마니아어, 불가리아어

정답 ③

정·오답풀이 ③ 인도아리아어군은 인도이란어파의 한 어군으로, '인도-유럽어족'의 부류에 속한다. 오늘날 인도 중북부 지역에서 사용되는 대부분의 언어가 여기에 속하며 9억 명 이상의 인구가 모국어로 사용한다. 대표적인 언어로는 힌두스탄어(5억 4,000만 명), 벵골어(2억 명), 펀자브어(1억 명), 마라티어(7,000만 명), 구자라트어(4,500만 명), 오리야어(3,000만 명)이 있다.

제12회 한국문화·외국어로서의 한국어교육론
2교시

> **개념 정리**
>
> 　서울특별시 종로구 훈정동에 있는 조선시대 역대 왕과 왕비, 그리고 추존왕과 왕비의 신주(神主)를 봉안한 사당으로 사적 제125호. 종묘는 원래 정전(正殿)을 말하며 태조의 묘(廟)가 있기 때문에 태묘(太廟)라고도 한다.
> 　종묘 즉 정전에는 현재 19실(室)에 19위의 왕과 30위의 왕후의 신주를 모셔놓고 있다. 정전 서쪽에 있는 영녕전에는 정전에서 조천된 15위의 왕과 17위의 왕후, 그리고 의민황태자(懿愍皇太子)의 신주를 16실에 모셔 놓고 있다.
> 　유교 사회에서는 왕이 나라를 세우고 궁실(宮室)을 영위하기 위해 반드시 종묘와 사직(社稷)을 세워 조상의 은덕에 보답하며 천지신명에게 백성들의 생업인 농사가 잘되게 해 달라고 제사를 올렸다. 따라서, 왕이 도읍을 정하면 궁전 왼편에 종묘를 세우고 오른편에 사직을 세웠는데, 조선을 창건한 태조는 송경(松京 : 松都)에서 한양으로 천도한 뒤 현재의 종묘와 사직을 세웠다.
> 　임진왜란으로 불에 타자, 선조 41년 터를 닦고 기둥을 세우는 등 공사를 개시한 후 광해군이 즉위하던 해인 1608년 5월 중건되었다. 그 뒤 몇 차례의 개수와 증건을 거쳐 오늘에 이르렀다. 정전은 국보 제227호, 영녕전은 보물 제821호로 지정되었다.

001 종묘(宗廟)에 관한 내용으로 옳지 않은 것은?

영역(과목) 한국의 전통문화

① 조선시대 역대 왕과 왕비의 신위를 봉안한 사당이다.
② 처음에 태묘(太廟)라고 했으며, 태묘의 서쪽에 별묘인 정전(正殿)을 지었다.
③ 임진왜란 때 소실된 것을 17세기 초에 다시 지었다.
④ 1995년에 유네스코 세계유산으로 등재되었다.

> **정답** ②
>
> **정·오답풀이** 종묘는 원래 정전(正殿)을 말하며, 태묘(太廟)라고도 한다. 종묘의 서쪽에는 영녕전(永寧殿)이 있는데, 이는 7대왕 이상의 신주를 조천(祧遷)한 곳이나.

> **개념 정리**
>
> 　절기는 태양년(太陽年)을 태양의 황경(黃經)에 따라 24등분한 기후의 표준점으로 시령(時令)·절후(節候)라고도 한다.
> 　24절기는 계절을 세분한 것으로, 대략 15일 간격으로 나타낸 달력이라 할 수 있다. 계절은 태양의 하늘의 위치, 즉 황도 위의 위치를 나타내는 황경에 따라 변동하기 때문에 24절기의 날짜는 해마다 양력으로는 거의 같게 되지만 음력으로는 조금씩 달라진다.

음력월	절기	양력일자	황경	음력월	절기	양력일자	황경
1월	입춘(立春)	2월 4일경	315°	7월	입추(立秋)	8월 8일경	135°
	우수(雨水)	2월 19일경	330°		처서(處暑)	8월 23일경	150°
2월	경칩(驚蟄)	3월 6일경	345°	8월	백로(白露)	9월 8일경	165°
	춘분(春分)	3월 21일경	0°		추분(秋分)	9월 23일경	180°
3월	청명(淸明)	4월 5일경	15°	9월	한로(寒露)	10월 8일경	195°
	곡우(穀雨)	4월 20일경	30°		상강(霜降)	10월 23일경	210°
4월	입하(立夏)	5월 6일경	45°	10월	입동(立冬)	11월 7일경	225°
	소만(小滿)	5월 21일경	60°		소설(小雪)	11월 22일경	240°

음력월	절기	양력일자	황경	음력월	절기	양력일자	황경
5월	망종(芒種)	6월 6일경	75°	11월	대설(大雪)	12월 7일경	255°
	하지(夏至)	6월 21일경	90°		동지(冬至)	12월 22일경	270°
6월	소서(小暑)	7월 7일경	105°	12월	소한(小寒)	1월 6일경	285°
	대서(大暑)	7월 23일경	120°		대한(大寒)	1월 21일경	300°

002 절기의 순서를 바르게 나열한 것은?

영역(과목) 한국의 전통문화

① 우수 - 경칩 - 백로 - 처서
② 입춘 - 청명 - 망종 - 곡우
③ 백로 - 추분 - 한로 - 상강
④ 청명 - 우수 - 소한 - 동지

정답 ③

정·오답풀이
③ 백로(9월 8일경) - 추분(9월 23일경) - 한로(10월 8일경) - 상강(10월 23일경)
① 우수(2월 19일경) - 경칩(3월 6일경) - 백로(9월 8일경) - 처서(8월 23일경)
② 입춘(2월 4일경) - 청명(4월 5일경) - 망종(6월 6일경) - 곡우(4월 20일경)
④ 청명(4월 5일경) - 우수(2월 19일경) - 소한(1월 6일경) - 동지(12월 22일경)

개념 정리

혼례 절차

- 의혼 : 양가가 중매인을 통한 상호의사를 조절할 때부터 대례를 거행하기 이전까지의 절차.
  ① 납채 : 신랑측 혼주(婚主)가 예서에 있는 서식에 따라 신부집에 편지를 보내는 것을 말한다. 관행은 중매인을 통하여 사주를 보내는 것이다.
  ② 연길 : 사주를 받은 신부집에서는 신랑집에 택일단자(擇日單子)를 보낸다.
  ③ 송복 : 송복(送服)이란 신랑집에서 신부집에 예물을 보내는 것을 말한다. 일부 지방에서 행한다.
  ④ 납폐 : 납폐서(納幣書)와 폐백(幣帛)을 신부집에 보내는 의식을 말한다. 송복 절차가 없는 지방에서는 많은 예물을 함에 넣기도 한다.
- 대례 : 실제의 관행에서 의혼의 절차를 거쳐 신랑이 신부집으로 가서 행하는 모든 의례.
  ① 초행 : 신랑과 그 일행이 신부집에 가는 것으로서 초행걸음이라고도 한다.
  ② 전안지례 : 신랑이 신부의 혼주에게 기러기를 전하는 의례를 말한다.
  ③ 교배지례 : 신랑과 신부가 마주보고 교배하는 의례이다.
  ④ 합근지례 : 신랑과 신부가 서로 술잔을 나누는 의식을 말한다.
  ⑤ 신방 : 저녁때가 되면 신방을 꾸민다.
  ⑥ 동상례 : 점심 때를 전후하여 신부집의 젊은이들이 모여앉아 '신랑다루기'를 한다.
- 후례 : 대례가 끝나면 신부가 신랑집으로 오는 의식과, 신랑집에 와서 행하는 의례.
  ① 우귀 : 신부가 시집으로 오는 것을 우귀(于歸) 또는 신행(新行), 우례(于禮)라고 한다.
  ② 현구례 : 신부가 시부모와 시가의 사람들에게 절을 하는 것으로, 폐백이라고도 한다.
  ③ 근친 : 신부가 시집에 와서 생활하다가 처음으로 친정에 가는 것을 말한다.

003 전통혼례에 관한 설명으로 옳지 않은 것은?

영역(과목) 한국의 전통문화

① 연길 : 신랑의 집에서 신부의 집으로 택일단자(擇日單子)를 보내는 것
② 초행 : 신랑이 혼인하기 위하여 신부의 집에 가는 것
③ 동상례 : 혼례식이 끝나고 신부의 친척 등이 신랑을 짓궂게 다루는 것
④ 신행 : 혼례 후 신부가 신랑을 따라 시댁으로 가는 것

정답 ①

정·오답풀이 ① 연길은 사주를 받은 신부집에서 신랑집으로 택일단자(擇日單子)를 보내는 것을 말한다.

개념 정리

서원은 조선 중기 이후 학문연구와 선현제향(先賢祭享)을 위하여 사림에 의해 설립된 사설 교육기관인 동시에 향촌 자치운영기구이다. 주세붕이 1541년(중종 36) 풍기군수로 부임하여 이곳 출신의 유학자인 안향을 모시는 문성공묘(文成公廟)를 세워 배향해 오다가 1543년에 유생교육을 겸비한 백운동서원을 최초로 건립하였다.

서원을 구성하고 있는 건축물은 크게 선현의 제사를 지내는 사당과, 선현의 뜻을 받들어 교육을 실시하는 강당과, 원생·진사 등이 숙식하는 동재(東齋)와 서재(西齋)의 세 가지로 이루어진다. 이 외에 문집이나 서적을 펴내는 장판고(藏版庫), 책을 보관하는 서고, 제사에 필요한 제기고(祭器庫), 서원의 관리와 식사준비 등을 담당하는 고사(庫舍), 시문을 짓고 대담을 하는 누각 등이 있다.

건물의 배치방법은 남북의 축을 따라 동·서에 대칭으로 건물을 배치하고 있으며, 남쪽에서부터 정문과 강당·사당 등을 이 축선에 맞추어 세우고 사당은 별도로 담장을 두른 다음 그 앞에 삼문(三門)을 두어 출입을 제한하였다. 이 부근에 제사를 위한 제기고가 놓이고, 강당의 앞쪽 좌우에 동·서재를 두었으며 강당 근처에는 서고와 장판각 등을 배치하였다. 고사는 강학구역 밖에 한옆으로 배치한 것이 일반적이다.

004 조선시대 서원(書院)을 구성하는 건축물이 아닌 것은?

영역(과목) 한국의 전통문화

① 사당(祠堂) ② 강당(講堂)
③ 동재(東齋), 서재(西齋) ④ 규방(閨房)

정답 ④

정·오답풀이 ④ 규방은 전통 가옥에서 여성들의 생활공간이 되는 안채의 방 또는 여성들의 거주 공간 자체를 가리킨다.

개념 정리

가곡은 관현반주(管絃伴奏)가 따르는 전통 성악곡으로 가사는 주로 단형시(短形詩)를 쓴다.

가곡은 서로 연결되는 일종의 노래 모음으로, 사설로 연결되는 것이 아니라 선율적으로 연결되며 모두 27곡으로 짜여진다. 조(調)는 우조(羽調)와 계면조(界面調)로 구별되고, 남창(男唱)과 여창(女唱)의 구별이 있으면 시조 및 가사와 함께 정가(正歌)에 속한다. 거문고, 가야고, 대금, 단소, 세피리, 장구, 해금 등의 관현 반주가 따르는 발전된 형태의 예술 가곡이다.

곡수(曲數)는 남창이 26곡, 여창이 15곡이지만, 이 가운데 여창은 남창 가곡과 거의 동일한 것이기 때문에 전 바탕은 27곡이 된다. 이상의 27곡은 그 각각의 곡명으로 불리고, 각각 특징적인 선율을 갖는다.

가곡에 관한 문헌에는 악보(樂譜)와 사설집 [歌集] 이 있다. 현전하는 가집으로 가장 오래된 것은 1728년에 김천택(金天澤)이 엮은 『청구영언』이다. 그 밖에도 『해동가요』, 『동가선(東歌選)』, 『대동풍아(大東風雅)』, 『객악보(客樂譜)』, 『병와가곡집(瓶窩歌曲集)』, 『가곡원류』, 『고금가곡(古今歌曲)』, 『남훈태평가(南薰太平歌)』, 『여창가요집(女唱歌謠集)』 등이 전한다.

005 전통음악 가곡(歌曲)에 관한 설명으로 옳지 않은 것은?

영역(과목) 한국의 전통문화

① 시조시(時調詩)를 노래하는 성악곡이다.
② 시조 및 가사와 함께 정가(正歌)에 속한다.
③ 가집으로는 〈청구영언〉, 〈해동가요〉, 〈가곡원류〉 등이 있다.
④ 관현반주가 따르지 않고, 남창과 여창의 구분이 없다.

정답 ④
정·오답풀이 ④ 가곡은 관현 반주가 따르는 정통 성악곡으로, 남창 26곡, 여창 15곡이 있다.

개념 정리

민속놀이는 그 존재양상이 다채롭고 현재까지 파악한 놀이만 해도 200여 개에 이를 정도로 다양한데, 전승 집단의 규모에 따라 대동놀이와 소집단놀이, 개인놀이로 나눌 수 있다.
대동놀이는 지신밟기와 재핀놀이, 그리고 깅깅술래를 비롯한 여성들의 가무놀이 등을 제외하면 대부분의 대동놀이는 경쟁적인 놀이, 즉 편을 갈라서 승부를 겨루는 '편싸움[便戰]'들이다.
소집단놀이는 생업과 가사 노동을 책임진 어른들의 경우 여럿이 함께 놀이할 시간을 확보하기가 어려웠기 때문에 소집단놀이의 전승이 활발하지 않았다. 남성들의 경우 농한기에 화투, 투전, 골패, 마작 등의 놀이를 벌였고, 여성들의 경우 경쟁적인 놀이로는 게줄당기기가 있다. 한편 남녀가 함께 즐길 수 있는 놀이로 윷놀이가 있다. 어린이들의 경우 남아들이 하는 자치기, 장치기, 군사놀이, 비석치기, 말타기, 진놀이, 깡통차기가 있고, 여아들은 고무줄놀이, 공기놀이, 망차기와 같은 놀이가 있다.
개인놀이는 남성 어른들의 경우 장기, 바둑과 같이 내기가 가능한 전략수행형의 경쟁적 놀이가 대부분이다. 여성 어른들의 경우 길쌈놀이가 있지만, 이 놀이는 가사 노동의 연장선에서 이루어지는 것이기 때문에 양식화한 놀이 활동으로 보기 어렵다. 어린이들의 놀이는 소집단놀이와 마찬가지로 다채롭다. 남아의 경우 딱지치기, 돈치기, 못치기, 엿치기, 팽이치기, 제기차기, 씨름, 팔씨름, 깨금발싸움 등이 있고, 여아들은 풀싸움, 널뛰기, 실뜨기, 꽈리불기, 굴렁쇠굴리기, 꽈리불기 등이 있었다.

006 다음에서 설명하는 내용과 모두 관련되는 민속놀이는?

영역(과목) 한국의 전통문화 / 한국민속학

○ 공민왕의 소야천 나루 건너기와 관련된 전설이 있다.
○ 여성들의 놀이이다.

① 놋다리밟기 ② 쇠머리대기 ③ 강강술래 ④ 용마놀이

정답 ①
정·오답풀이 ① 놋다리밟기 : 경상북도 안동지방에서 행하여지며 동교(銅橋)·기와밟기·인다리[人橋] 등으로 불리기도 한다. 고려말 공민왕이 홍건적(紅巾賊)의 난을 피하여 왕후와 공주를 데리고 안동으로 길을 떠났다. 개성을 떠나 문경 새재[鳥嶺]를 넘어 예천의 풍산을 거쳐 소야천(所夜川)의 나루에 이르렀다. 이 나루를 건너야 안동에 들어오게

되는데 물이 불어 신발을 벗고 건너야 했다. 때는 겨울이어서 물이 몹시 찼다. 이때 마을 부녀자들이 나와 개울에 들어가 허리를 굽히고 다리를 놓아 건너가게 하였다. 이러한 일이 있은 뒤로 안동에서는 새해를 맞이하여 상원(上元)날 저녁이면 마을 부녀자들이 모여 놋다리 놀이를 하게 되었다고 한다.

② 쇠머리대기 : 경상남도 창녕군 영산면에 전해 내려오는 정월 대보름놀이로 '나무쇠싸움' '쇠머리댄다' '목우(木牛)붙이기' '목우전(木牛戰)'이라고도 한다. 1969년 중요무형문화재 25호로 지정되면서, '영산쇠머리대기'로 부른다. 이 놀이는 유래는 첫째, 현재의 시장 터에 있었던 동헌(東軒)의 좌향(坐向)이 소자리라서 지살(地煞)이 끼어 있기 때문에, 이 지살을 풀어주기 위해 벌였다고 한다. 둘째, 영산읍 북쪽에 위치한 영취산과 함박산의 산세가 두 마리 소가 서로 마주서서 겨루는 형상을 취하고 있어, 이 산살(山煞)을 풀어주기 위하여 이 놀이가 시작되었다는 설이 있다.

③ 강강술래 : 전라남도 서남해안지방에 전승되는 민속놀이로 중요무형문화재 제8호. 주로 전라남도 해안일대에서 성행되어 왔다. 기원에 대하여는 여러 설이 전하고 있는데, 그 가운데 대표적인 것은 이순신(李舜臣)과 관련되어 있다. 임진왜란 때 이순신이 해남 우수영에 진을 치고 있을 때, 적군에 비하여 아군의 수가 매우 적었다. 그래서 이순신은 마을 부녀자들을 모아 남자차림을 하게 하고, 옥매산(玉埋山) 허리를 빙빙 돌도록 했다. 바다에서 옥매산의 진영을 바라본 왜병은 이순신의 군사가 많은 것으로 알고, 미리 겁을 먹고 달아났다고 한다.

④ 용마놀이 : 전라북도 남원지방에 전승되는 민속놀이로 '용마희(龍馬戱)' 또는 '용말놀음'이라고도 한다. 이 놀이에 대한 기록이 옛 남원읍지인 ≪용성지 龍城誌≫에 전한다. "고을 풍속에 옛적부터 악귀를 제어하고 재앙을 쫓는 외에 또 그해의 풍년과 흉년을 점치기 위하여 용마놀음을 하였다. 고을이름이 용성(龍城)인 데서 용마놀음이라 한 듯하다. 매년 섣달그믐이나 정월대보름에 그 사는 곳을 남과 북 두 편으로 나누어 각각 큰 용마를 만들어 모두 오체(五體)에 용의 무늬를 그린 뒤 외바퀴수레에 실어 거리로 나오면서 백가지 놀음으로 대진하여 승부를 겨룬다. 남쪽이 이기면 풍년이 들고, 북쪽이 이기면 흉년이 든다고 한다."

개념 정리

음양오행(陰陽五行)

동아시아 문화권에서 상호작용하는 가운데 온갖 현상을 만들고 우주 만물을 생성·변화하게 하는 근원으로 여겨지는, 우주 만물의 서로 대응하는 두 가지(음양), 그리고 서로 연관되는 다섯 가지(목화토금수) 바탕 기氣.

구분	목(木)	화(火)	토(土)	금(金)	수(水)
재질	나무	불	흙	쇠	물
계절	봄	여름	환절기	가을	겨울
방위	동	남	중앙	서	북
색	청(靑)	적(赤)	황(黃)	백(白)	흑(黑)
맛	신맛	쓴맛	단맛	매운맛	짠맛
순환	출생	성장	조화	수확	저장
성품	인(仁)	예(禮)	신(信)	의(義)	지(智)
천간	갑을(甲乙)	병정(丙丁)	무기(戊己)	경신(庚辛)	임계(壬癸)
지지	인묘(寅卯)	사오(巳午)	진술축미(辰戌丑未)	신유(申酉)	해자(亥子)

007 음양오행의 오행-오방-오색을 바르게 연결한 것은?

영역(과목) 한국의 전통문화

① 화(火) - 남(南) - 백(白)
② 수(水) - 북(北) - 흑(黑)
③ 목(木) - 서(西) - 청(靑)
④ 금(金) - 동(東) - 황(黃)

정답 ②

개념 정리

유네스코 인류무형문화유산

	등재 유산	전승 지역·정보	등재 연도
인류무형문화유산	종묘제례 및 종묘제례악	대한민국 서울시 종로구 종묘 : 종묘제례악보존회	2001년
	판소리	대한민국 : 중요무형문화재로 지정되어 보호	2003년
	강릉단오제	대한민국 강릉시, 인근 지역	2005년
	강강술래	대한민국 전라남도 해남군, 진도군	2009년
	처용무	대한민국 서울(궁중무용)	2009년
	남사당놀이	대한민국 서울(현재) : 내용면에서는 주로 경기도 안성 부근에서 전파되었고, 넓게 보면 한국 전역에서 연행	2009년
	제주 칠머리당 영등굿	대한민국 제주특별자치도 제주시 건입동 전역	2009년
	영산재	대한민국 서울특별시 서대문구 봉원동 1번지에 위치한 봉원사(태고종)가 중심이 되어 한국의 모든 사찰에서 거행	2009년
	대목장, 한국의 전통 목조 건축	대한민국 전역	2010년
	가곡, 국악 관현반주로 부르는 서정적 노래	대한민국 전역	2010년
	매사냥, 살아있는 인류 유산	대한민국, 아랍에미리트, 오스트리아, 벨기에, 체코 공화국, 프랑스, 헝가리, 몽골, 카타르, 모로코, 사우디아라비아, 스페인, 시리아	2010년
	택견, 한국의 전통 무술	대한민국 한국택견협회	2011년
	줄타기	대한민국 : 줄타기보존회가 있는 경기도에서 가장 활발하게 전수	2011년
	한산 모시짜기	대한민국 충청남도 서천군 한산면 : 한산모시짜기 전수교육관	2011년
	아리랑, 한국의 서정민요	대한민국 지역 민간단체 : 정선아리랑 보존회, 진도아리랑 보존회, 밀양아리랑 보존회 등	2012년
	김장, 김치를 담그고 나누는 문화	대한민국 전역	2013년
	농악	대한민국 : 경기/충청도, 영동(강원도), 영남(경상남북도), 전라도를 호남 좌도와 우도로 나눈 5개 문화권으로 분류	2014년
	줄다리기	캄보디아, 필리핀, 대한민국(당진, 남해, 밀양, 의령, 창녕, 삼척), 베트남	2015년
	제주해녀문화	대한민국 : 제주 해녀 공동체, 해녀박물관	2016년

008 유네스코 인류무형문화유산이 아닌 것은? 〈영역(과목) 한국의 근·현대 문화〉

① 직지심체요절
② 종묘제례 및 제례악
③ 줄다리기
④ 농악

정답 ①

정·오답풀이 ① 『불조직지심체요절』 하권은 2001년 세계기록유산에 등재되어 있으며, 현재 프랑스 국립도서관에서 소장하고 있다.

개념 정리Q

대한민국의 FTA 체결국가

대한민국의 FTA 체결	발효	
		• 한-칠레 : 2004년 4월 : 한칠레 FTA • 한-싱가포르 : 2006년 3월 • 한-EFTA(스위스, 노르웨이, 아이슬란드, 리히텐슈타인) : 2006년 9월 • 한-ASEAN(미얀마, 라오스, 태국, 캄보디아, 베트남, 필리핀, 말레이시아, 브루나이, 싱가포르, 인도네시아)(상품 : 2007년 6월, 서비스/투자 : 2009년 5월) • 한-인도 : FTA와 비슷한 형태인 CEPA형태 : 2010년 1월 : 한인도 CEPA • 한-유럽연합 : 2011년 7월 1일(잠정) / 2015년 12월 13일(확정) : 한 EU FTA • 한-페루 : 2011년 8월 1일 • 한-미국 : 2012년 3월 15일 • 한-터키 : (상품) 2013년 5월 1일 • 한-오스트레일리아 : 2014년 12월 12일 • 한-캐나다 : 2015년 1월 1일 • 한-중국 : 2015년 12월 20일 • 한-뉴질랜드 : 2015년 12월 20일 • 한-베트남 : 2015년 12월 20일 • 한-콜롬비아 : 2016년 7월 15일

009 우리나라와 자유무역협정(FTA)을 체결한 국가가 아닌 것은? 〈영역(과목) 한국의 근·현대 문화〉

① 콜롬비아 ② 오스트레일리아 ③ 싱가포르 ④ 이스라엘

정답 ④

정·오답풀이 ④ 2006년에는 싱가포르와, 2014년에는 오스트레일리아와, 2016년에는 콜롬비아와 자유 FTA를 체결하였다.

010 우리나라에서 있었던 일을 발생한 순서대로 나열한 것은? 〈영역(과목) 한국의 근·현대 문화〉

ㄱ. 금융실명제 실시
ㄴ. '개성공업지구건설운영에 관한 합의서' 체결
ㄷ. G20 정상회담 개최
ㄹ. IMF에 구제금융 요청

① ㄱ-ㄷ-ㄹ-ㄴ ② ㄱ-ㄹ-ㄴ-ㄷ
③ ㄷ-ㄱ-ㄴ-ㄹ ④ ㄹ-ㄱ-ㄷ-ㄴ

정답 ②

정·오답풀이
ㄱ. 1993년 8월 12일 : 금융실명제 실시
ㄹ. 1997년 11월 21일 : IMF에 구제금융 요청
ㄴ. 2000년 8월 9일 : '개성공업지구건설운영에 관한 합의서' 체결
ㄷ. 2010년 11월 2일 ~ 12일 : G20 정상회담 개최

011 평창 동계올림픽 대회에 관한 설명으로 옳지 않은 것은?
영역(과목) 한국의 근·현대 문화

① 평창, 강릉, 정선에서 경기가 개최될 예정이다.
② 남아프리카공화국 더반에서 열린 IOC총회에서 2018년 개최지로 결정되었다.
③ 동계올림픽과 동계패럴림픽의 마스코트는 각각 '수호랑'과 '바라메'이다.
④ 동계올림픽 대회 역사상 가장 많은 세부종목의 경기가 진행될 예정이다.

정답 ③

정·오답풀이 ③ 평창 동계올림픽의 마스코트는 백호인 '수호랑'이며 평창 동계패럴림픽의 마스코트는 반달가슴곰인 '반다비'이다.

012 문화재에 관한 설명으로 옳지 않은 것은?
영역(과목) 한국의 근·현대 문화

① 무형문화재는 여러 세대에 걸쳐 전승되어온 무형의 문화적 유산이다.
② 국가지정문화재는 문화재청장이 지정한다.
③ 우리나라의 보물 1호는 숭례문이다.
④ 불국사의 다보탑은 국보로 지정되어 있다.

정답 ③

정·오답풀이 ③ 숭례문(남대문)은 조선시대 한양 도성의 정문(남쪽문)으로서 우리나라의 국보 제1호이다.

013 미술관과 소재지의 연결이 옳지 않은 것은?
영역(과목) 한국의 근·현대 문화

① 이중섭미술관 - 제주특별자치도 서귀포시
② 의재미술관 - 광주광역시
③ 박수근미술관 - 경기도 여주시
④ 이응노미술관 - 대전광역시

정답 ③

정·오답풀이 ③ 박수근미술관은 박수근의 고향인 강원 양구군 양구읍 생가 터에 위치하고 있다.

014

영화와 그 배경이 되는 시대의 연결이 옳지 않은 것은?

영역(과목) 한국의 근·현대 문화

① 〈쌍화점〉 - 신라 선덕여왕
② 〈최종병기 활〉 - 조선 인조
③ 〈왕의 남자〉 - 조선 연산군
④ 〈그림자 살인〉 - 대한제국 고종황제

정답 ①

정·오답풀이 ① 영화 '쌍화점'은 고려 말기(14세기 중엽) 공민왕의 이야기이다.

015

다음의 가사를 포함하고 있는 가곡은?

영역(과목) 한국의 근·현대 문화

> 새파란 하늘 저 멀리 구름은 두둥실 떠나고
> 비바람 모진 된서리 지나간 자욱마다 맘 아파도
> 알알이 맺힌 고운 진주알 아롱아롱 더욱 빛나네

① 〈비목〉
② 〈옛날은 가고 없어도〉
③ 〈꽃구름 속에〉
④ 〈내 맘의 강물〉

정답 ④

정·오답풀이
④ 〈내 맘의 강물〉 수 많은 날은 떠나갔어도 / 내맘의 강물 끝없이 흐르네 그 날 그 땐 지금은 없어도 / 내 맘의 강물 끝없이 흐르네 //
새 파란 하늘 저 멀리 / 구름은 두둥실 떠나고 비 바람 모진 된 서리 / 지나간 자욱마다 맘 아파도 //
알알이 맺힌 고운 진주알 / 아롱아롱 더욱 빛나네 그 날 그땐 지금은 없어도 / 내 맘의 강물 끝없이 흐르네 //
새 파란 하늘 저 멀리 / 구름은 두둥실 떠나고 비 바람 모진 된 서리 / 지나간 자욱마다 맘 아파도 //
알알이 맺힌 고운 진주알 / 아롱아롱 더욱 빛나네 그 날 그땐 지금은 없어도 / 내 맘의 강물 끝없이 흐르네 끝없이 흐르네

① 〈비목〉 초연이 쓸고 간 깊은 계곡 깊은 계곡 양지 녘에 / 비바람 긴 세월로 이름 모를, 이름 모를 비목이여 / 먼 고향 초동 친구 두고 온 하늘가 / 그리워 마디마디 이끼 되어 맺혔네
한명희 작사·장일남 작곡의 예술가곡으로 전쟁의 여운과 산골의 아름다운 자연이 모태가 되었다. 1995년 화천군 동촌리 평화의 댐에 비목공원이 조성되었으며, 1996년부터 6월 6일 현충일을 전후하여 비목공원에서 비목문화제를 개최하여 한국전쟁으로 희생된 젊은 영혼들의 넋을 추모하고 다시는 이 땅에 전쟁이 일어나지 않기를 염원하는 위령제를 가진다.

② 〈옛날은 가고 없어도〉 더듬어 지나온 길 / 피고 지던 발자국들 / 헤이는 아픔 대신 / 즐거움도 섞였구나 / 옛날은 가고 없어도 / 그때 어른거려라 / 옛날은 가고 없어도 / 그때 어른거려라

③ 〈꽃구름 속에〉 꽃바람 꽃바람 / 마을마다 훈훈히 / 불어오라 / 복사꽃 살구꽃 / 환한 속에 / 구름처럼 꽃구름 / 꽃구름 환한 속에 / 꽃가루 흩뿌리어 / 마을마다 진한 / 꽃향기 풍기어라

016

다음의 영화를 개봉된 순서대로 나열한 것은?

영역(과목) 한국의 근·현대 문화

| ㄱ. 임권택 – 〈씨받이〉 | ㄴ. 곽재용 – 〈엽기적인 그녀〉 |
| ㄷ. 이장호 – 〈별들의 고향〉 | ㄹ. 이창동 – 〈밀양〉 |

① ㄱ - ㄷ - ㄴ - ㄹ				② ㄱ - ㄷ - ㄹ - ㄴ
③ ㄷ - ㄱ - ㄴ - ㄹ				④ ㄷ - ㄱ - ㄹ - ㄴ

정답 ③

정·오답풀이
ㄷ. 1974년 : 이장호 '별들의 고향' – 이장호 감독의 데뷔작
ㄱ. 1986년 : 임권택 '씨받이' – 베니스 국제영화제(1987)에서 최우수여우주연상 수상
ㄴ. 2001년 : 곽재용 '엽기적인 그녀'
ㄹ. 2007년 : 이창동 '밀양' – 칸 영화제(2007)에서 여우주연상 수상

개념 정리

「거울」은 '꽃'이나 '산' 등 자연을 대상으로 한 서정시와는 달리, 자의식의 상관물인 '거울'을 대상으로 자의식세계를 그린 것이다. '거울 밖의 나'와 '거울 속의 나'를 대응시키고 있지만, 그 둘이 끝내 합쳐질 수 없는 자아분열의 심각한 양상을 보이고 있다. 자아를 상실하고 고뇌하는 현대의식의 비극성을 나타낸 것이다.

017 다음의 시를 발표한 작가의 작품은?

영역(과목) **한국문학**

> 거울속에도내게귀가있소
> 내말을못알아듣는딱한귀가두개나있소
>
> 거울속의나는왼손잡이오
> 내악수를받을줄모르는–악수를모르는왼손잡이오
>
> (하략)
> 거울속에는소리가없소
> 저렇게까지조용한세상은참없을것이오

① 〈빈처〉　　② 〈날개〉　　③ 〈무정〉　　④ 〈고향〉

정답 ②

정·오답풀이
② 〈날개〉 : 이상 – 본명은 김해경. 1930년 첫 장편소설 「12월 12일」을 연재(2월-12월) 하였으며, 1931년 시 「이상한 가역반응」, 「3차각설계도」를 발표했다. 1932년 소설 「지도의 암실」, 「휴업과 사정」을 발표하였으며, 『조선과 건축』 7월호에 '이상'이라는 이름으로 일본어 연작시 「건축무한육면체」를 발표했다. 1934년 조선중앙일보에 연작시 「오감도」를 발표하였다.
① 〈빈처〉 : 현진건 – 『백조』 동인으로 참가하여 활동하였다. 대표작으로는 단편 「빈처」(1921), 「술 권하는 사회」(1921), 「타락자」(1922), 「할머니의 죽음」(1923), 「운수좋은 날」(1924), 「불」(1925), 「B사감과 러브레타」(1925), 「사립정신병원장」(1926), 「고향」(1926)과 장편 「적도」(1933~1934), 「무영탑」(1938~1939) 등을 꼽을 수 있다. 『타락자』(1922), 『지새는 안개』(1925), 『조선의 얼골』(1926), 『현진건 단편선』(1941) 등의 단편집과 『적도』(1939), 『무영탑』 등 장편소설을 출간했다.
③ 〈무정〉 : 이광수 – 최남선과 더불어 신문학 초기를 화려하게 장식했던 대표적인 문인으로, 장편이자 대표작인 「무정」(1917)을 비롯하여, 장편 「개척자」(1918), 단편 「무정」(1910), 「어린 벗에게」(1917), 「윤광호」(1918), 시 「옥중호걸」(1910), 장편소설 「재생」(1925), 「마의태자」(1927), 「단종애사」(1928), 「흙」(1933), 장편

「이차돈의 사」(1935), 「사랑」(1938), 「원효대사」(1942), 단편 「난제오」(1939), 「무명」(1939) 등이 있다.
④ 〈고향〉: 이기영 - 1924년 7월 「오빠의 비밀편지」로 등단했다. 1925년에는 카프에 가담하였고, 이후 가난한 소작농의 삶을 다루는 농민소설을 주로 창작하였다. 「가난한 사람들」(1925), 「민촌」(1926), 「농부 정도룡」(1926), 「아사」(1927), 「홍수」(1930), 「서화」(1933), 「고향」(1934) 등이 있다. 1935년 카프가 해체되면서 변모하여 장편 「인간수업」(1936), 「설」(1938), 장편 「봄」(1940), 장편 「대지의 아들」(1940), 「광산촌」(1943) 등에서 그 양상을 확인할 수 있다. 이후 「개벽」(1946), 「땅」(1949), 「두만강」(1954~1961) 등의 작품을 남겼다.

개념 정리

1960년대 중반과 1970년대 이후의 우리 현대소설은 그 지지적인 인식에 있어서 도시와 도시화 현상 및 거기에서 야기되는 제반 문제에 대해서 적지 않은 관심을 나타내고 있다. 이런 도시에서 비전은 근대화·도시화로 대리되는 우리 사회의 성장 및 급격한 변동과 깊은 맥락관계에 있는 현상이다. 그러나 이 시대의 작가들은 경제성장과는 달리 급속한 도시화 내지 산업사회화가 몰고 오는 삶의 도시성의 그늘과 부작용을 제시하게 된다. 그래서 촌락적 삶과 도시적 생활양식의 단절, 인구의 도시집중화에 수반하는 기대와 좌절의 행동곡선을 위시해서 도시의 구조·생태·심리·주거·교통의 문제들에 내재되는 심각성을 제시하는가 하면, '아스팔트 정글·덫·사망·담' 등의 이미지들을 통해서 도시의 초상들을 제시한다.

018 1970년대에 발표된 소설이 아닌 것은? [영역(과목) 한국문학]

① 최인호 - 〈타인의 방〉
② 황석영 - 〈삼포 가는 길〉
③ 조세희 - 〈난장이가 쏘아 올린 작은 공〉
④ 김승옥 - 〈무진기행〉

정답 ④

정·오답풀이
④ 김승옥 - 〈무진기행〉: 1964년 10월 『사상계』에 발표되었다.
① 최인호 - 〈타인의 방〉: 1971년 『문학과 지성』 봄호에 발표되었다.
② 황석영 - 〈삼포 가는 길〉: 1973년 9월 『신동아』에 발표되었다.
③ 조세희 - 〈난장이가 쏘아 올린 작은 공〉: 1978년 간행된 조세희의 연작소설집이다.

개념 정리

판소리계 소설은 판소리 사설의 영향을 받아 소설로 정착된 작품으로 판소리와의 밀접한 연관 속에서 형성되었다. 따라서 이야기의 전개 방식과 지향하는 의식에 있어 판소리 사설과 상당한 정도의 유사성을 가질 수밖에 없다. 판소리계소설이 우리 소설사에서 중요한 의미를 갖는 것은 그 형식이 율문으로 되어 있다는 점도 있지만, 평등을 향한 서민의 욕구가 잘 드러나고 있다는 점에서 찾을 수 있다. 이러한 지향은 근대성과 관련되고 있어 우리 소설의 근대화에 기여했다고 할 수 있다.

019 판소리계 소설이 아닌 것은? [영역(과목) 한국문학]

① 〈심청전〉
② 〈콩쥐팥쥐전〉
③ 〈배비장전〉
④ 〈옹고집전〉

정답 ②

정·오답풀이 ② 〈콩쥐팥쥐전〉: 조선 후기 작자 미상의 고전소설. 이 작품은 세계적으로 널리 퍼져 있는 신데렐라형 설화를 소재로 하여 소설화하였다는 점에서 주목된다. 이 작품이 설화를 소재로 하였으면서도 설화와 구별되는 것은 신데렐라계 설화의 대부분이 남녀주인공의 혼인으로 끝나는 데 비하여, 소설에서는 혼인 이후의 사건을 더 흥미 있고 다채롭게 묘사하고 있는 점이다. 이렇게 함으로써 악한 인간에 대한 철저한 응징을 형상화하여 권선징악의 효과를 높이고 있다. 단순한 설화에 윤리적인 주제를 부여하고 소설적으로 재창조하였다는 점에 이 작품의 가치가 있다.

개념 정리

동동은 고려시대에 지어진 작자 미상의 가요로 고려시대에 구전되어 내려오다가 조선시대에 문자로 정착되었다. 가사는 한글로 ≪악학궤범≫에, 작품해설은 ≪고려사≫ 악지 속악조에 각각 실려 있다. 내용에 남녀 간의 애정을 그린 것이 많다 하여 고려시대의 속요로 보는 견해가 다수이다.

고려시대부터 이 노래는 전편 13장으로 된 연장체로, 첫머리의 서장을 제외하고는 달거리로 되어 있다. 민요의 달거리는 달마다 세시풍속을 배경으로, 보통 1월은 답교, 2월은 연등, 5월은 단오가 그 배경이다. 그러나 <동동>은 어떤 달은 확실히 드러나 있고 어떤 달은 무엇을 노래하는지 불확실한 것도 있다. 2월 연등, 5월 단오, 6월 유두, 7월 백중, 8월 추석, 9월 중양을 각각 배경으로 하고 있으나 1월은 답교, 3월 산화, 12월 나례와 관련이 있을 것이라고 추측만 할 뿐이다.

020 다음은 고려가요 〈동동〉의 일부분이다. (   )에 알맞은 말은?

영역(과목) 한국문학 / 한국민속학

> 오월 오일
> 아아 (   ) 아침 약은
> 천 년을 사시게 할
> 약이기에 바치옵니다
> 아으 동동다리

① 수릿날 ② 청명날 ③ 유둣날 ④ 한가윗날

정 답 ①

정·오답풀이 ① 수릿날 : 음력 5월 5일
② 청명날 : 음력 3월 ③ 유둣날 : 음력 6월 15일 ④ 한가윗날 : 음력 8월 15일

개념 정리

한국어 교육의 목표
- 한국인과의 의사소통과 한국 생활에 필요한 한국어 의사소통 능력을 기른다.
- 한국어로 된 다양한 정보를 이해하고, 이를 활용할 수 있는 능력을 기르도록 한다.
- 한국어를 이용해 자신의 전문 분야에서 필요한 기능을 수행할 수 있도록 한다.
- 한국 사회와 한국 문화를 이해하여, 한국에 대해 우호적인 태도를 갖도록 한다.
- 서로 다른 언어를 사용하는 사람들이 한국어를 사용하여 친교를 나누고 필요한 정보를 교환할 수 있도록 한다.

021 한국어 교육의 목표로 옳지 <u>않은</u> 것은?

영역(과목) 외국어로서의 한국어 교육학개론

① 한국인과의 의사소통에 필요한 한국어 능력을 기른다.
② 한국어로 된 다양한 정보를 이해하고 이를 활용할 수 있는 능력을 기른다.
③ 한국어를 이용해 자신의 전문 분야에서 요구되는 기능을 수행할 수 있도록 한다.
④ 한국의 우수한 문화를 계승하여 한국 문화 발전에 기여하도록 한다.

정답 ④

정·오답풀이 ④ 한국어 교육의 목표는 한국어와 한국의 문화를 다른 나라 사람들과 소통하고 누리는 데에 있다. 한국의 문화가 우수하다는 자민족 중심주의나 문화우열주의는 가장 피해야 할 교육 목표이다.

개념 정리

한국어 교육 관련 기관

- **국립국제교육원** : 대한민국의 인재개발과 인재육성을 목표로 하는 교육부 소속 책임운영기관으로서 교육 국제화를 위해 일하는 기관이다. 기관의 주요 전략 목표 및 전략 과제는 다음과 같다.

핵심 글로벌 인재의 발굴과 육성	• 유학생 유치, 지원 기반 강화 • 우수 유학생 선발, 관리 성과 극대화
한국 교육의 국제적 확산 및 교류 활성화	• 한국어능력시험 확산 및 발전 • 교육 개발 협력, 교류 추진체계 내실화
글로벌 교육 서비스 질 제고	• 외국어 공교육 지원 역할 강화 • 재외동포 교육 지원 개선
지속 가능한 성장 기반 구축	• 조직, 사업 운영 체계 재정비 • 내부 역량 증진 및 홍보 전략화

- **국립국어원** : 합리적인 국어 정책 추진에 필요한 체계적 조사, 연구와 언어 규범 보완 및 정비를 수행하고 국가 언어 자원을 수집하여 통합 정보 서비스를 강화함으로써 국민 언어 생활의 편익을 증진하며 국민의 원활한 의사소통 증대를 위하여 국어 사용 환경을 개선하고 한국어 교육의 질적 향상을 위한 기반을 조성하기 위하여 설립되었다. 중점 과제는 아래와 같다.

합리적인 국어 정책 추진에 필요한 체계적 조사, 연구	• 언어 실태 및 통계 조사 수행 • 국내외 언어 정책 분석 및 사례 조사 연구 • 언어 규범 보완 및 정비
국가 언어 자원의 수집 및 통합 정보 서비스 강화	• 국가적 규모의 언어 자원 수집, 정리 및 관리 • 국가 언어 자원 통합 정보 서비스 강화
원활한 의사소통을 위한 국어 사용 환경 개선	• 공공언어 개선 • 국어문화학교 운영 및 국어생활종합상담실 운영
한국어 교육의 질적 향상을 위한 기반 조성	• 한국어 표준 모형 등 기초 자료 구축 • 한국어 교원 자질 향상, 지원 강화 • 한국어 교육 자료 개발, 보급

- 한국산업인력공단 : 근로자 평생학습의 지원, 직업능력개발훈련의 실시, 자격검정, 숙련기술장려사업 및 고용촉진 등에 관한 사업을 수행하게 함으로써 산업인력의 양성 및 수급의 효율화를 도모하고 국민경제의 건전한 발전과 국민복지 증진에 이바지하기 위해 설립되었다.

외국인 고용 지원	• 고용허가제 한국어능력시험(EPS-TOPIK)시행 • 송출국가 현지주재원 운영 • 외국인구직자 명부 인증·관리 • 근로계약체결 및 사증발급인정서 발급 지원 • 외국인근로자 입국지원 • 외국인근로자 취업교육 및 대행업무 접수 • 외국인근로자 고용·체류지원 • 외국인고용허가제 관련 보험 업무 • 송출국가 공공기관과의 협력체제 구축 • 외국인근로자 관련 민간지원단체와의 협력 • 고용특례(외국국적동포) 외국인 취업교육 실시
해외 취업 지원 및 국제 교류 협력	• 국가 간·국제기구와의 교류협력 • 자격의 국가 간 상호인정 사업 • 개발도상국 직업훈련 사업 지원 • 개성공단 직업훈련센터 운영 • 해외취업 알선과 연수 과정 운영

022 한국어 교육 관련 기관에 관한 설명으로 옳은 것은?

영역(과목) 외국어로서의 한국어 교육학개론

① 고용허가제 한국어능력시험(EPS-TOPIK)은 국립국제교육원에서 주관한다.
② 한국어교원 자격의 심사와 자격증의 발급은 교육부에서 담당한다.
③ 다문화가족지원센터는 여성가족부에서 지원한다.
④ GKS 장학 사업(정부초청외국인장학생선발)은 국립국어원에서 주관한다.

정답 ③

정·오답풀이 ③ 여성가족부의 주요 업무는 '여성정책의 기획·종합 및 여성의 권익증진, 청소년의 육성·복지 및 보호, 가족과 다문화 가족정책의 수립·조정·지원, 여성·아동·청소년에 대한 폭력 피해 예방 및 보호'이다. 다문화가족의 구성 성립 이유가 이주 여성인 경우의 수가 더 많은 편이며, 그 자녀들의 교육 등도 여성가족부의 주요 업무 하위 분야에 속해 있으므로 이곳에서 다문화가족지원센터를 지원하고 있다. 여성가족부에서 담당하고 있는 주요 업무의 구체적 내용은 아래와 같다.

• 여성정책의 기획·종합 및 여성의 사회참여 확대 • 정책의 성별영향 분석·평가 • 여성인력의 개발·활용 • 청소년정책의 협의·조정 • 청소년 활동 진흥 및 역량개발 • 유해환경으로부터의 청소년 보호 • 위기청소년 등의 보호·지원	• 가족 및 다문화가족 정책의 기획·종합 • 양육·부양 등 가족기능의 지원 • 다문화가족의 사회통합 지원 • 성폭력·가정폭력 예방 및 피해자 보호 • 성매매 예방 및 피해자 보호 • 아동·청소년 등의 성보호 • 이주여성·여성장애인 등의 권익보호

① 고용허가제 한국어능력시험(EPS-TOPIK)은 한국산업인력공단에서 주관한다.

② 한국어교원 자격의 심사와 자격증의 발급은 국립국어원에서 주관한다.
④ GKS 장학 사업(정부초청외국인장학생선발)은 국립국제교육원에서 주관한다.

개념 정리

국어기본법령

제6조(국어 발전 기본계획의 수립)
① 문화체육관광부장관은 국어의 발전과 보전을 위하여 5년마다 국어 발전 기본계획(이하 "기본계획"이라 한다)을 수립·시행하여야 한다.
② 문화체육관광부장관은 기본계획을 수립하려는 경우에는 제13조에 따른 국어심의회의 심의를 거쳐야 한다.
③ 기본계획에는 다음 각 호의 사항이 포함되어야 한다.
  1. 국어 정책의 기본 방향과 추진 목표에 관한 사항
  2. 어문규범의 제정과 개정 방향에 관한 사항
  3. 국민의 국어능력 증진과 국어 사용 환경의 개선에 관한 사항
  4. 국어 정책과 국어 교육의 연계에 관한 사항
  5. 국어의 가치를 널리 알리고 국어문화유산을 보전하는 일에 관한 사항
  6. 국어의 국외 보급에 관한 사항
  7. 국어의 정보화에 관한 사항
  8. 남북한 언어 통일 방안에 관한 사항
  9. 정신상·신체상의 장애로 언어 사용에 어려움을 겪고 있는 국민과 국내 거주 외국인의 국어 사용상의 불편 해소에 관한 사항
  10. 국어 발전을 위한 민간 부문의 활동 촉진에 관한 사항
  11. 그 밖에 국어의 사용과 발전 및 보전에 관한 사항

제19조(국어의 보급 등)
① 국가는 국어를 배우려는 외국인과 「재외동포의 출입국과 법적 지위에 관한 법률」에 따른 재외동포(이하 "재외동포"라 한다)를 위하여 교육과정과 교재를 개발하고 전문가를 양성하는 등 국어의 보급에 필요한 사업을 시행하여야 한다.
② 문화체육관광부장관은 재외동포나 외국인을 대상으로 국어를 가르치려는 사람에게 자격을 부여할 수 있다.
③ 제2항에 따른 자격 요건 및 자격 부여의 방법 등에 관하여 필요한 사항은 대통령령으로 정한다.

023 국어기본법령상에서 정한 국어의 국외 보급에 관한 내용으로 옳은 것은?

영역(과목) 외국어로서의 한국어 교육학개론

① 국어의 국외 보급 실태 조사를 3년마다 시행하고 공표해야 한다.
② 국어의 국외 보급에 관한 사항을 포함한 국어 발전 기본계획을 정기적으로 수립해야 한다.
③ 재외동포 교육을 위한 정책협의회를 구성하고 운영해야 한다.
④ 국어보급위원회를 두어 국어의 국외 보급에 관한 중요 사항을 심의해야 한다.

정답 ②
정·오답풀이 ① '제8조(보고) 정부는 2년마다 국어의 발전과 보전에 관한 시책 및 그 시행 결과에 관한 보고서를 해당 연도 정기국회가 열리기 전까지 국회에 제출하여야 한다.'로 규정하고 있다.
③ 재외동표 교육을 위한 내용은 명시되어 있지 않다.

④ '국어심의회'의 심의를 거쳐 국어 발전 기본계획을 수립한다.

개념 정리

세종학당

세종학당재단은 국외 한국어 교육과 한국문화 보급 사업을 총괄하기 위해 설립된 문화체육관광부 산하 공공기관이며, 주요추진 전략은 다음과 같다.
- 세종학당 확대를 통한 한국어 학습자 및 교육 기회 증대
- 세종학당 교육과정 표준화 및 다양화를 통한 교육 품질 강화
- 온라인 한국어, 한국문화 콘텐츠 개발 및 운영
- 지속가능한 경영체계 확립

024 세종학당에 관한 설명으로 옳지 않은 것은?

영역(과목) 외국어로서의 한국어 교육학개론

① 해외에서 한국어를 배우고자 하는 사람을 대상으로 한국어를 교육하는 기관이다.
② 세종학당에서는 국립국어원에서 개발한 표준 교재인 「세종한국어」를 사용한다.
③ 세종학당 기본 과정은 국제통용 한국어 교육 표준 모형의 1급에서부터 6급에 해당한다.
④ 누리-세종학당을 통해 수업에 활용할 수 있는 다양한 교육 보조 자료를 제공하고 있다.

정답 ③

정·오답풀이 ③ 국제 통용 한국어 교육 표준 모형 등급 1급~7급으로 구성되어 있다. 표준 교육과정의 등급을 이렇게 단계화한 목적은 현재 한국어 교육의 준거라고 할 수 있는 '한국어능력시험(TOPIK)'의 6등급 체제를 유지하면서 한국어 학습의 목적(한국 사회로의 정착, 학문 목적, 직업 목적, 취미 등), 한국어 학습 수요층의 변화(결혼이민자, 외국인근로자 등) 등의 요인을 고려하고자 함이다. 이 같은 최상급의 설정은 두 가지 측면에서 유효하다고 할 수 있다. 첫째는 현재 한국어 학습자의 비중으로 볼 때 초급 수준의 학습자에 비해 중, 고급 수준의 학습자의 비중이 커지고 있고 동시에 아카데믹 토픽(Academic Topik)에 대한 요구가 증가하고 있다는 점이다. 또한 기존의 6등급 체제가 유학 등의 학술적 성격이 강하여 전체적으로 등급 수준이 높았다면 최상급을 설정함으로써 등급의 수준이 전반적으로 하향 조정될 수 있고 등급의 하향 조정은 국내 학습자와 국외 학습자, 정규 과정 학습자와 비정규 과정 학습자 등의 다양한 변인의 요구를 충족시킬 수 있을 것이다.

개념 정리

한국어능력시험(TOPIK)

- 정의와 목적
    ① 한국어능력시험(TOPIK)이란 국립국제교육원 시행하는 한국어 시험으로, '토픽(TOPIK, Test of Proficiency in Korean)'이라고도 한다.
    ② 한국어능력시험(TOPIK)은 한국어를 모국어로 하지 않는 외국인과 재외동포의 한국어 학습 방향 제시 및 한국어 보급 확대를 목적으로 한다.
- 자격과 특징
    ① 한국어능력시험(TOPIK)은 한국어를 모국어로 하지 않는 재외동포·외국인을 대상으로 하는 시험이므로 한국어를 모국어를 하는

사람들을 대상으로 하는 국어능력 인증시험(TOKL)은 KBS 한국어능력시험과 구별된다.
② 한국어능력시험은 한국학술진흥재단, 한국교육과정평가원을 거쳐 2011년부터는 국립국제교육원에서 주관하고 있다. 한국에서는 36개 대학, 국외에서는 70여 개국 200여 개 지역에서 실시되고 있다.
③ 한국어능력시험은 한국으로 유학을 오려고 하는 학생들의 한국어 능력을 평가하는 시험으로, 영어의 TOEFL과 같은 성격을 가진다. 대학 정규 학위과정의 유학을 희망하는 경우 일반적으로 3급 이상의 한국어능력시험 성적증명서를 입학서류와 함께 대학에 제출해야 하며, 졸업 전까지 4급 이상을 취득하여야 졸업이 가능(전문대학 제외)하다.

구분	2014년도 이전	2014년도 이후	
시험 등급	한국어능력시험 초급(1~2급)	한국어능력시험 I (1~2급)	
	한국어능력시험 중급(3~4급)	한국어능력시험 II (3~6급)	
	한국어능력시험 고급(5~6급)		
평가 영역	한국어능력시험(초, 중, 고급)	한국어능력시험 I	한국어능력시험 II
	- 어휘 및 문법(30문항) - 쓰기(서답형 4~6문항/선택형 10문항) - 듣기(30문항) - 읽기(30문항)	- 읽기(40문항) - 듣기(30문항)	- 읽기(50문항) - 듣기(50문항) - 쓰기(4문항)
합격 기준	• 사전 공지된 등급분할점수로 등급판정 • 영역별 최저득점 요구 과락제도	• 획득한 총 점수에 따른 인정 등급 판정 • 영역별 최저득점 요구하는 과락점수 폐지	

025 한국어능력시험(TOPIK)에 관한 설명으로 옳은 것은?

영역(과목) 외국어로서의 한국어 교육학개론

① 2011년부터 주관 기관이 한국교육과정평가원으로 변경되었다.
② 한국어 숙달도 평가이며 응시 자격은 외국인으로 제한된다.
③ TOPIK I 은 1급~3급 수준을 평가하고 TOPIK II는 4급~6급 수준을 평가한다.
④ 시험 결과에 대한 유효기간은 성적 발표일로부터 2년이다.

정답 ④

정·오답풀이 ① 2011년에 변경되었다.
② 응시 자격은 '한국어를 모국어로 하지 않는 재외동포 및 외국인' 이다.
③ TOPIK I 은 1급~2급 수준을 평가하고 TOPIK II는 3급~6급 수준을 평가한다.

개념 정리

국제 통용 한국어 표준 교육과정

한국어교육을 전문적이고 체계적으로 운영하고 관리할 수 있도록 개발된 표준 교육과정이다. 한국어교육의 내용과 체계를 국내외에서 통용 가능하도록 표준화한 것이다.
- 초급
① 1급 : 인사하기, 소개하기 등 일상적인 화제로 의사소통 할 수 있으며, 요일, 시간, 장소 등의 기본적인 화제로 구성된 과제를 해결할 수 있다. 일상생활에 관한 간단한 대화를 듣고 이해할 수 있으며, 구, 절 단위 혹은 짧은 문장 단위의 매우 간단한 문장들을 이해하고 쓸 수 있다. 자신의 생활이 중심이 되는 주변 사물과 장소 등과 관련된 어휘를 이해하고 사용할 수 있으며, 자모의 음가, 한국어의 음절 구조, 한국어 기본 문장의 억양을 원어민 화자가 알아들을 수 있을 정도로 발음할 수 있다. 더 나아가 가장 기본적인 한국의 일상생활 문화를 이해할 수 있다.

② 2급 : 슈퍼, 식당 등 일상적인 공공장소에서 자주 접하는 화제로 의사소통할 수 있으며, 우체국, 은행 등의 공공장소에서 일어날 수 있는 일반적인 상황들로 구성된 과제를 해결 할 수 있다. 공공장소에서 이루어지는 대화뿐만 아니라 친교, 문제 해결 등의 특정 상황에 대한 대화를 듣고 이해할 수 있으며, 일상적인 주제와 관련된 짧고 간단한 글을 읽고 쓸 수 있다. 슈퍼, 식당, 은행, 우체국 등의 공공장소에서 사용되는 어휘를 이해하고 사용할 수 있으며, 복잡한 음운 변화를 이해하여 천천히 발화하면 비교적 정확하게 발음할 수 있다. 더 나아가 한국 사회에 대한 기본적인 이해를 바탕으로 개인 생활을 유지할 수 있다.

- 중급
③ 3급 : 일상생활에서 접하는 대부분의 상황에서 별 어려움 없이 의사소통에 임할 수 있으며, 직업, 사랑, 결혼 등의 비교적 친숙한 사회적 소재와 자신의 관심 분야에 대해 최소한의 의사소통을 할 수 있다. 일상적이고 친숙한 소재에 대한 대화를 듣고 이해할 수 있으며, 개인적이고 친숙한 내용의 글을 읽고, 간단하게 설명하는 글을 쓸 수 있다. 일상생활에서 사용되는 대부분의 어휘를 이해하고 사용할 수 있으며, 빈도수가 높은 관용어를 이해할 수 있다. 복잡한 음운 변화를 이해할 수 있으며, 단어 경계를 넘어선 단위에서 음운 변동 규칙을 스스로 적용하여 개별 음운을 정확하게 발음할 수 있다. 더 나아가 한국인의 일상생활에 반영된 전통문화를 이해하고, 나이, 성, 지위 등 특수한 상황에서 나타나는 문화적 특징 등을 이해할 수 있다.

④ 4급 : 공적인 맥락과 상황에서 의사소통을 할 수 있으며, 직장 생활 등 기본적인 사회적 관계에 필요한 과제를 해결할 수 있다. 업무나 공적인 관계에서 이루어지는 대화를 듣고 이해할 수 있으며, 직업, 사랑, 결혼 등의 친숙한 사회적 소재에 대한 글을 읽고 쓸 수 있다. 일상생활에서 사용되는 친숙하지 않은 어휘를 사용할 수 있으며, 빈도수가 높은 관용어, 사자성어, 속담 등을 이해하고 사용할 수 있다. 문어와 구어의 기본적인 특성을 이해하고 사용할 수 있으며, 음운 변동을 능숙하게 적용하여 원어민도 쉽게 알아들을 수 있을 정도로 발음과 억양을 구사할 수 있다. 공적이고 격식적인 한국문화를 이해할 수 있으며, 대중문화를 이해하고 즐길 수 있다.

- 고급
⑤ 5급 : 정치, 경제, 사회 등 사회적 소재를 중심으로 의사소통을 할 수 있으며, 자신의 전문분야에서의 연구나 업무 수행에 필요한 언어 기능을 어느 정도 수행할 수 있다. 사자성어, 속담, 시사용어, 자신의 전문 분야에서 자주 쓰이는 어휘를 이해하고 사용할 수 있으며, 문법의 미묘한 의미 차이를 이해하고 비교적 유창하게 사용할 수 있다. 억양에 나타난 의미 차이를 파악하여 발화 상황에 맞게 어조를 바꾸어 말할 수 있다. 한국 문화 속에 반영된 한국인의 가치관과 사고방식을 이해할 수 있으며 한국 문화와 자국의 문화를 비교하여 문화의 다양성과 특수성을 이해할 수 있다.

⑥ 6급 : 사회적, 추상적 주제를 다루는 의사소통에 참여하여 자신의 의사를 표현할 수 있으며, 자신의 전문 분야나 친숙하지 않은 사회적 소재들로 이루어진 글이나 발표, 토론, 대담 등을 이해할 수 있다. 예시, 비유 등 다양한 기법을 활용하여 폭넓고 다양한 주제에 대한 글을 쓸 수 있으며, 어려운 사자성어, 속담, 사회적 주제와 관련된 대부분의 어휘를 이해하고 사용할 수 있다. 한국의 대표적인 방언을 듣고 이해할 수 있으며, 대부분의 문법을 맥락과 상황에 따라 적절히 구분하여 사용할 수 있다. 성취문화, 제도문화, 생활문화에 대한 이해를 바탕으로 사회·문화적인 내용을 이해하고 사용할 수 있다.

- 최상급
⑦ 7급 : 정치, 경제, 사회, 문화의 폭넓은 주제에 대해 분명하고 상세하게 의사표현을 할 수 있으며, 의견 조율, 협상 등의 다소 복잡한 과제를 해결할 수 있다. 발표, 토론, 업무 보고서, 사업 계획서 등 자신의 전문 분야와 관련된 학술 활동과 업무 활동을 수행할 수 있다. 거의 오류 없이 대부분의 문법을 사용할 수 있으며, 별 어려움 없이 어감 차이를 고려하여 맥락에 맞는 적절한 어휘를 선택하여 사용할 수 있다. 매우 제한적인 경우를 제외하고는 원어민에 가까운 발음과 억양을 구사할 수 있다.

026 국제 통용 한국어 표준 교육과정(구 국제 통용 한국어 교육 표준 모형)에 관한 설명으로 옳지 않은 것은?

영역(과목) 외국어로서의 한국어 교육학개론

① 전 세계의 한국어 교육 기관에서 참조 기준으로 활용할 수 있는 모형을 제시하고 있다.
② 등급별 주제 목록과 기능 목록을 제시하고 있다.

③ 한 등급에 필요한 교육 시간을 2시간 이상으로 정하고 있다.
④ 언어지식 영역의 등급별 내용을 어휘, 문법, 발음, 텍스트로 나누어 기술하고 있다.

정답 ③

정·오답풀이 ③ 표준 교육과정은 2시간을 기준으로 최대 2시간에서 최소 72시간까지 탄력적 설계가 가능하며, 모형은 2시간, 144시간, 1시간, 72시간 등으로 교육 기관의 운영 여건에 따라 맞춤형 교육과정 설계로 다양화할 수 있다. 또한 동일한 2시간, 144시간 모형이라 하더라도 학습 대상 즉, 학습 목적이 단순 취미에 의한 것인가, 한국 사회 적응에 필요한 학습인가, 진학을 목적으로 한 학습인가 등에 따라 2시간에서도 변이형 설정이 가능하다.

027 한국어 교육과정(교육부 고시 제2015-74호)에 관한 설명으로 옳은 것은?

영역(과목) 외국어로서의 한국어 교육과정론

① 초등학교의 경우 학습자의 학년에 따라 6단계로 등급을 구분한다.
② 교육 내용은 언어 기능, 언어 재료, 문화 의식과 태도로 구성된다.
③ 내용 체계는 가정생활 한국어, 학교생활 한국어, 학습 한국어로 되어 있다.
④ 학습자의 학업 능력에 따라 등급별 성취 기준을 기초와 적용으로 나누어 서술하고 있다.

정답 ②

정·오답풀이 ② 교육 내용은 언어 기능, 언어 재료, 문화 의식과 태도로 구성되어 있으며 새로운 고시에서는 '문화 영역'에 대한 교육내용 및 방법 등 세부 내용을 신규로 추가하였다. (언어문화, 전통문화, 학교생활 및 또래문화, 놀이문화 등 학령에 적합한 문화 항목)
① 초등학교, 중학교, 고등학교 모두 한국어 숙달도에 따라 초급 1, 2 / 중급 3, 4 / 고급 5, 6의 단계로 등급을 구분하였다.
③ 내용체계는 '생활 한국어, 학습도구 한국어, 교과적응 한국어, 문화'로 최근 개정되었다.(2017.9.29 개정안 확정 고시)
④ 등급별 성취 기준은 기초와 적용으로 나누어져 있지 않으며, '총괄 수준'으로 서술하고 있다.

> 초급 1단계 총괄 수준 : 기초 어휘로 이루어진 구, 절, 짧은 문장 단위의 일상적 표현들을 이해하고 사용할 수 있다. 대화 상대자가 천천히 분명하게 말하고 도와줄 준비가 되어 있으면, 기초적인 의사소통을 할 수 있다. 인사하기, 자기소개하기 등의 기초적인 언어 기능을 수행할 수 있으며, 그림, 실물, 동작 등 시각적인 단서와 함께 주어지는 간단한 지시에 반응할 수 있다. 주변 사람과 사물, 장소 등과 관련된 기본적인 어휘를 이해하고 사용할 수 있다. 구체적인 문화 산물을 접함으로써 문화를 인식할 수 있다.

위 고시 이후, 「개정 한국어 교육과정」을 확정·고시(교육부 고시 제2017-131·132호, '17.9.29) 하였다.

개념 정리

사회통합프로그램(KIIP)

- 도입 취지
  ① 이민자가 우리말과 우리문화를 빨리 익히도록 함에 따라 국민과의 원활한 의사소통으로 지역사회에 쉽게 융화 될 수 있도록 지원
  ② 재한외국인에 대한 각종 지원정책을 KIIP로 표준화하고 이를 이수한 이민자에게는 국적취득 필기시험을 면제 등 다양한 인센티브를 제공하여 자발적이고 적극적인 참여 기회 부여

③ 이민자에게 꼭 필요하고 적절한 지원정책 개발과 세부지원 항목 발굴을 위하여 이민자의 사회적응지수를 측정, 이민자 지원정책 등에 반영
- 이수 혜택
  ① 귀화 신청 시 혜택 (대상 : 한국이민귀화적격시험 이수완료자), '17. 8. 29. 개정된 국적법 시행령 및 동법 시행규칙에 따라 '18. 03.1.부터
    1. 귀화필기시험이 사회통합프로그램 귀화용 종합평가로 대체되어 실시되며,
    2. 사회통합프로그램 한국이민귀화적격과정 이수완료자 중 귀화용 종합평가 합격자만 귀화면접심사가 면제되는 것으로 변경

	한국이민귀화적격과정 이수완료 혜택 구분	'18. 03. 01. 이후	
		평가 합격	3회 수료
1	귀화신청자 대상 귀화용 종합평가 합격 인정	인정	인정
2	귀화면접심사 면제	인정	X
3	국적심사 대기기간 단축	인정	인정

  ② 영주자격 신청 시 혜택 : 한국어 능력 입증 면제, 실태조사 면제
  ③ 그 외 체류자격 신청 시 혜택 : 가점 등 점수 부여, 한국어능력 입증 면제
  ④ 사증(VISA) 신청 시 혜택 : 한국어능력 등 입증 면제
- 과정 및 이수시간

	한국어와 한국문화					한국사회이해	
단계	0단계	1단계	2단계	3단계	4단계	5단계	
과정	기초	초급1	초급2	중급1	중급2	기본	심화
총 교육시간	15시간	100시간	100시간	100시간	100시간	50시간	20시간
평가	없음	1단계 평가	2단계 평가	3단계 평가	중간 평가	영주용 종합평가	귀화용 종합평가
참고	• 5단계 심화과정은 기본과정 수료(수료인정 출석시간 수강) 후 참여 ※ 영주용 종합평가 합격자는 기본과정을 거치지 않고 심화과정에 참여						

028 법무부 사회통합프로그램(KIIP)에 관한 설명으로 옳은 것을 모두 고른 것은?

영역(과목) 외국어로서의 한국어 교육학개론

ㄱ. 이민자가 한국어와 산업 기술을 익혀 산업 현장에 취업할 수 있도록 지원하는 프로그램이다.
ㄴ. 전 과정 이수자에게는 영주 및 체류 자격 신청 시 한국어 능력 입증을 면제해 준다.
ㄷ. 한국어와 한국문화 과정 이수자는 종합평가에 합격한 후 한국사회이해과정을 신청할 수 있다.
ㄹ. 한국사회이해 과정은 기본 과정과 심화 과정으로 구분된다.

① ㄱ, ㄴ
② ㄱ, ㄷ
③ ㄴ, ㄹ
④ ㄷ, ㄹ

정답 ③

정·오답풀이 ㄱ. 이민자가 우리말과 우리문화를 빨리 익히도록 함에 따라 국민과의 원활한 의사소통으로 지역사회에 쉽게 융화될 수 있도록 지원하는 것이 주요 목적인 프로그램이다.
ㄷ. 한국어와 한국문화 과정 이수자는 중간 평가에 응시한 이후 총100점 만점에 60점을 이수하여야 5단계의 과정을 이수한 후 종합 평가에 응시할 자격을 얻게 된다.

개념 정리

	교수요목	기본 개념
결과 지향적 교수 요목	구조(문법) 교수요목	• 음운, 문법과 같은 언어 구조를 중심으로 작성한 교수요목 • 배열 기준은 난이도가 낮은 것부터 높은 것으로, 빈도수가 많은 것으로부터 적은 것으로, 의미 기능이 간단한 것으로부터 복잡한 것으로 배열한다.
	상황 교수요목	• 언어활동이 이루어지는 장소나 상황을 중심으로 작성한 교수요목 • 식당에서, 길에서, 지하철역에서, 시장에서와 같이 발화 장면을 중시한다.
	기능 교수요목	• 소개하기, 설명하기, 요청하기, 제안하기 등 언어활동의 기능적 측면을 중심으로 작성한 교수요목 • 주로 주제 교수요목과 연계되어 사용된다.
	개념 교수요목	• 물건, 시간, 거리, 관계, 감정, 용모 등과 같이 실생활 관련 주요 개념을 중심으로 작성한 교수요목 • 유용성이나 친숙도에 따라 배열한다.
	기능기반 교수요목	• 대의 파악, 주제 파악, 화자 의도 파악하기, 추론하기 등과 같이 언어 기능 중 특정 기능을 중심으로 배열한 교수요목
과정 지향적 교수 요목	과정중심 교수 요목	• 언어 학습보다는 과업의 완성에 초점을 두는 교수요목. 요사와 학습자가 함께 목표와 절차와 내용을 정하는 교수요목. 목표 도달을 위한 절차와 이에 적합한 활동을 함께 결정함. • 교사와 학습자의 선분성을 요구하며, 교사의 권위에 노선하는 방법으로 교과서 외의 많은 자료를 준비해야 한다.
	내용 중심 교수 요목	• 학습자가 학습하게 될 언어와 내용을 통합하여 교수하는 교수요목. • 학습자와 관련된 내용 영역(지리, 수학, 과학 등)을 학습하면서 동시에 언어에 자연스럽게 노출되어 언어를 부수적으로 학습하게 된다. • 학습자는 학문적, 직업적 필요성을 반영한 내용에 집중함으로써 내적 동기와 흥미가 유발되어 언어를 성공적으로 학습하게 된다.
	주제(화제) 중심 교수 요목	• 중심 주제(화제)를 결정하고 하위 주제를 설정하여 언어 목표와 활동을 결정하는 교수요목. • 의미와 목적이 잇는 실제적이고 동기가 높은 언어를 사용하는 것이 가능하나, 주제(화제)와 개념이 혼동될 수 있다.
	과제 중심(기반) 교수요목	• 학습자가 목표어를 사용하는 환경에서 자주 일어날 수 있는 사용하여 수업의 활동 과제로 활용하는 교수요목 • 지시에 따르기, 편지쓰기, 면접하기, 신청서 작성하기 등을 수행하며 동료들과 함께 협력저 의사소통을 하는 것을 추구한다.
	혼합 교수요목	• 둘 이상의 교수요목을 함께 활용하여 작성한 교수요목 • 엄밀한 의미에서 최근의 대부분의 교수요목이 이에 속한다고 볼 수 있다.

029 교수요목 설계 시 중심이 되는 항목이 잘못 연결된 것은?

영역(과목) 외국어로서의 한국어 교육과정론

① 구조 중심 교수요목 - 생활문, 안내문, 설명문 등
② 주제 중심 교수요목 - 건강, 교육, 과학기술 등
③ 개념 중심 교수요목 - 위치, 시간, 거리 등
④ 상황 중심 교수요목 - 슈퍼마켓에서, 음식점에서, 은행에서 등

정답 ①

정·오답풀이 ① 생활문, 안내문, 설명문 등은 장르를 구분한 것이므로, '장르 중심 교수요목'으로 칭해야 한다. 구조 중심 교수요목은 문장과 단락을 구성하는 어휘와 문법을 위주로 교육을 설계하는 것이다.

개념 정리

교수요목 〈12회 29번 참고〉

030 결과 지향적 교수요목에 관한 설명으로 옳은 것은?

영역(과목) 외국어로서의 한국어 교육과정론

① 내용 중심 교수요목은 결과 지향적 교수요목의 대표적인 유형 중 하나이다.
② 정해진 교수요목이 없으며 수업이 진행됨에 따라 교수요목이 구성된다.
③ 언어를 덩어리째로 제시하고 학습자가 귀납적으로 원리를 알아 가도록 유도한다.
④ 교육의 초점을 학습자가 습득하게 될 지식과 기능에 둔다.

정답 ④

정·오답풀이 ④ 결과 지향적 교수요목은 학습자가 습득한 후 산출되는 결과물을 중시한다.
① 내용 중심 교수요목은 과정 중심 교수요목의 하위 범주에 속한다.
② 정해진 교수 요목이 분명하고, 이에 따라 수업이 진행된다.
③ 결과 지향적 교수 요목의 하위 범주에 속하는 교수요목에 따라 언어의 부분이나 기능을 강조하여 해당 내용을 교수한다.

031 여성 결혼이민자 대상 한국어 교육과정 설계 시 고려해야 하는 것으로 옳지 않은 것은?

영역(과목) 외국어로서의 한국어 교육과정론

① 한국어를 제2언어로서 학습하는 상황에 있다는 점을 고려해야 한다.
② 고급 과정에서는 가족 간의 원활한 의사소통을 주된 목적으로 해야 한다.
③ 가정이나 지역 사회 등 학습자가 자주 접하는 장소, 주제, 상황을 고려한 내용을 다루어야 한다.
④ 한국어를 단기간에 집중적으로 학습할 수 있는 교육 시간을 확보하기 어렵다는 점을 고려해야 한다.

정답 ②

정·오답풀이 ② 여성 결혼이민자는 초급 과정에서부터 가족 간의 의사소통을 위한 교육을 주요한 목적으로 두어야 한다. 낯선 곳에서 언어가 미숙한 상태에서 한 가정의 일원으로 살아가야 하기 때문이다.

개념 정리

크라센의 5가지 가설
- 습득과 학습 가설 : 습득과 학습은 다르다고 보는 가설이다. 언어는 암시적 언어의 지식을 축적하면서 자연스럽게 습득되는 것이며, 훈련과 학습에 의해 터득되는 것이 아니라고 주장하였다.
- 모니터 가설 : 의식적인 학습에 의해 얻어지는 지식은 그 발화가 이루어지는 전후에 자신의 발화를 점검하거나 고치는 조정자, 편집자의 역할을 할 뿐 진정한 발화로 이어지기는 어렵다는 가설이다.
- 자연적 순서 가설 : 모국어 습득시 먼저 습득되는 언어 구조와 형태가 있듯이 외국어 습득 과정도 유사한 습득의 순서를 거치게 된다는 가설이다.
- 입력 가설 : 사람들은 자신의 현재 능력 상태보다 약간 더 어려운 수준의 언어 자료를 충분히 접할 때 언어 습득을 하게 된다는 가설이다. 학습자의 현재 숙달도를 'i', 약간 더 어려운 수준을 '1'로 설정하여 'i+1'으로 간략히 표시한다.
- 감정 여과 가설 : 학습자 개인의 정서적 상태나 태도에 따라 입력되는 언어가 자연스럽게 통과하기도 하고 방해를 하기도 하는 기능을 한다. 이때 이 여과 장치(감정)의 수준이 낮을수록 습득이 잘 된다고 보는 것이다.

032 자연적 접근법에 관한 설명으로 옳지 않은 것은?
영역(과목) 외국어로서의 한국어 교수이론 / 외국어 교수법

① 명시적인 지식은 암시적인 지식으로 바뀔 수 있다는 입장이다.
② 의식적으로 학습된 지식은 습득된 언어 체계의 발화를 점검·교정하는 감시자로서의 역할을 수행한다.
③ 문법 구조의 습득은 예상할 수 있는 순서대로 진행된다.
④ 학습자는 자신의 현재 능력 수준(i 단계)보다 조금 높은 수준(i+1 단계)의 입력을 이해함으로써 언어를 습득하게 된다.

정답 ①

정·오답풀이 ① 자연적 접근법은 크라센의 여러 가설 중 하나로 말하기보다 듣고 이해하는 것을 중시하며, 학습이 아닌 습득된 언어 체계만이 자연스럽고 유창한 발화를 일으키며 학습된 언어 지식은 자신의 상황을 모니터 하는 작용까지만 수행할 수 있다고 주장하였다. 이 입장을 적용한다면, 무의식적으로 익힌 언어가 유창할 발화를 일으키는 것이며 명시적인 지식은 암시적인 지식으로 바뀔 수 있는 것이 아니다.

033 상호작용 강화(interaction enhancement)에 관한 설명으로 옳은 것은?
영역(과목) 외국어로서의 한국어 교수이론 / 외국어 교수법

① 학습자에게 목표어의 언어 특질을 담고 있는 입력을 풍부하게 제공한다.
② 입력에서 학습자들이 특정 언어 자질에 주의를 기울이도록 그 자질을 보다 명시적으로 나타낸다.

③ 상호작용 중 발생한 오류를 다시 고쳐 말해 주는 피드백으로 수정이 암시적으로 이루어져 학습자의 발화를 방해하지 않는다.
④ 문제 해결 과제 수행 중 오류가 발생한 경우에는 그 발화를 수정하도록 요청하고 학습자가 스스로 고치지 못할 경우에는 교사가 오류를 고쳐 준다.

정답 ④

정·오답풀이 ④ 상호 작용 강화는 문제 해결 과제를 사용하여 실제 대화에서 목표 언어를 사용하도록 유도하는 것이다. 상호 작용 강화를 통해서 교사는 제2 언어 학습자가 목표어를 산출하도록 하면서 그들에게 중간 언어 문법과 목표어 문법 간의 불일치를 알아채도록 하고 전략적인 상호 협력의 틀 안에서 산출을 수정하도록 한다.
① 학습자에게 입력을 풍부하게 제공하는 것은 입력 홍수, 혹은 입력 쇄도로 부르는 기법이며 형태 초점 교수 중에 가장 비간섭적이고 비명시적인 것으로 분류된다. 학습자들에게 언어 형태에 대한 명시적인 지침을 주지 않고 입력을 많이 주는 것 외에는 다른 조작을 가하지 않음으로써 학습자들의 의사소통 활동에 간섭하지 않는 기법이다.
② 상호작용 중 발생한 오류를 다시 고쳐 말해 주는 피드백으로 수정이 암시적으로 이루어져 학습자의 발화를 방해하지 않는다.
③ Long은 과제 기반 수업을 실시할 때 나타나는 학습자들의 형태적 오류에 대한 후행적 문법 교수 방법으로서 학습자의 오류 발화를 다시 수정해서 말해 주는 '명시적' 고쳐 말하기가 언어 학습을 촉진한다고 보았다.

034 총체적 언어 접근법(whole language approach)에 관한 설명으로 옳지 않은 것은?

영역(과목) 외국어로서의 한국어 교수이론 / 외국어 교수법

① 언어는 각 부분들의 합 이상이며, 언어의 각 단위들은 전체 발화 내에서만 의미가 있다고 본다.
② 유아와 아동 대상의 외국어 또는 제2언어로서의 언어 교육에서 널리 활용된다.
③ 교과 내용이나 문학 작품을 활용한 통합 교육을 지향한다.
④ 의미 중심의 문자 지도 방법에 대해 비판적인 입장을 갖고 있다.

정답 ④

정·오답풀이 ④ 이 접근법에서 반대하는 것은 실제 생활과 관련 없이 교실에서만 사용되는 언어교육이다. 따라서 낱낱의 글자보다는 의미가 있는 단어와 문장의 지도를 강조하는 의미중심방법과 지향점이 동일하다.

개념 정리

처리 교수(processing instruction)

처리 교수는 입력처리 원칙3)(Van Patten, 1996)에 기반한 명시적 문법 교수법의 한 유형이다. 이 교수 유형은 학습자가 언어를 입력할 때 처리 과정을 거치는데 이 과정에서 학습자는 심리언어학적 전략을 사용한다. 따라서 언어 교수 활동은 학습자의 입력 처리 원칙에 준해서 설계되어야 하는데 그 목적은 형태와 의미 사이에 관계가 형성되도록 하는 데 있다. 처리교수 수업은 다음과 같은 원칙을 따라야 한다.
첫째, 목표 구조에 대한 설명이 제시되어야 한다.
둘째, 학습자가 실수를 범하는 경향, 즉 모국어로 인하여 발생하는 오류에 대해서 설명한다.
셋째, 구조화된 입력에서 참조적 활동을 수행한다. 참조적 활동은 진위형으로 출제한다.
　학습자는 반드시 의미를 이해하기 위하여 표의 문법적 형태를 접하도록 설계한다.

넷째, 구조화된 입력에서 정의적 활동을 수행한다.
　　　학습자는 의견, 신념, 기타 정의적인 반응을 표현할 수 있다.
　　　학습자는 실제 세계에 대한 정보를 처리한다.

035 처리 교수(processing instruction)에 관한 설명으로 옳지 않은 것은?

영역(과목) 외국어로서의 한국어 교수이론 / 외국어 교수법

① 입력 처리 이론이 교수법의 근간이 되었다.
② 입력 중심이 아닌 출력 중심 교수법이다.
③ 문법을 가르치는 교수법의 일종이다.
④ 구조화된 입력의 사용을 통해 제2언어 학습자가 최적의 처리 전략을 사용하도록 한다.

정답 ②

정·오답풀이 ② 이 이론은 학습자가 외부의 입력을 처리하는 방법을 바꾸면 문법 구조의 형태와 기능을 더 효과적으로 파악할 수 있다고 주장하는 것이며, 학습자에게 목표어에 대한 명시적 정보를 제공하는데 그 목적은 학습자가 일련의 구조화된 입력 활동을 수행하면서 목표 구조를 적절하게 처리하도록 돕는 데 있다.

개념 정리

- 고의적 오류 유도(garden path) : '가든 패스'로 지칭하기도 한다. 학습자에게 특정한 규칙을 모두 미리 가르치지 않고 주요 특징만 설명한 후, 학생들이 예외적인 규칙을 과잉 일반화하는 오류를 범하도록 유도한다. 그 이후에 교사는 수정을 해주고, 학생들이 교정을 받는 경험을 통해 목표 언어 형태를 더 잘 기억해 낼 수 있도록 한다.
- 의식 상향 과제(consciousness-raising task) : '인식 고양 과제, 의식 고양 과제, 의식 높이기 과제'로 지칭하기도 함. 의식 향상 과제는 학습자가 학습 과정에서 제공받는 자료를 활용하여 스스로 규칙을 찾아내도록 하는 방법이다. 학습자들은 언어 형태에 초점을 두고 있지만 실질적인 의사소통을 수행하며, 의사소통 중에 언어 형식에 대한 지식을 갖게 된다.
즉, 학습자가 유의미한 협상 과정과 예를 통해 언어에 대한 규칙을 스스로 형성할 수 있도록 하는 방법이다. 학습자들은 이러한 발견 학습을 통하여 인지적 능력을 향상시킬 수 있고 자신감도 가질 수 있으며, 학습자 스스로 규칙을 찾아내도록 하는 귀납적 학습 방법의 중요성을 강조하는 기법이다.
- 출력 강화(output enhancement) : Swain(1985)은 단지 입력만으로 언어 습득을 성공시킬 수 없다고 출력의 역할을 강조하였다. 즉, 학습자에게 충분한 입력을 주는 것뿐만 아니라 충분한 출력 기회를 주어야 의미 협상이 이루어지고 학습자의 언어와 상대방 언어의 차이를 인지하게 할 수 있다고 하였다. 학습자는 출력을 통해 중간언어와 목표언어의 차이를 스스로 인지하게 되고 발화를 수정하는 과정을 거치면서 언어 학습을 성공시킬 수 있다고 주장했다. Swain은 이 가설을 출력강화 가설이라고 하였다. 출력강화 가설에서 출력의 기능은 언어적 자원을 의미 있게 사용할 기회를 제공한다는 것이다. 학습자들이 의사소통 중에 문법적으로 벗어난 형태나 사회언어학적으로 부적절한 언어로 인해 의사소통에 장애가 발생하면 자신의 메시지를 이해시키기 위해 다른 화자와의 교섭(negotiating)을 시도한다는 것이 출력강화의 주요 기제이다.

036 의사소통의 흐름에 가장 방해가 되는 형태 초점 과제나 기법은?

영역(과목) 외국어로서의 한국어 교수이론

① 고의적 오류 유도(garden path)
② 과제 수행에 필수적인 언어(task-essential language)
③ 의식 상향 과제(consciousness-raising task)
④ 출력 강화(output enhancement)

정답 ①

정·오답풀이 ① 이 학습 방법은 규칙을 정확하게 암기하고 있는 학습자에게 더 큰 오류를 범하도록 유도할 수 있다. ㄷ불규칙, ㅂ불규칙 등을 교육하는 과정에서 교수자들이 자주 활용하는 기법 중 하나이다.

개념 정리

피네만(Pienemann)의 교수 가능성(teachability) : 피네만(Pienemann)은 학습자가 어떤 단계까지의 언어처리가 되지 않으면, 다음 단계의 언어처리가 불가능하다고 보았다. 즉 어떤 단계까지 언어처리가 되고 나서야 학습자가 다음 단계를 습득할 준비가 되어 있는 것이며 그 이후의 언어발달은 교실지도에 의해 가속이 붙는다는 가성을 주장하였다. 이것을 교수 가능성(teachability)이라고 한다.

교실지도에 의해 발달 순서를 바꾸는 것은 어려운 일이나, 학습자의 발달단계에 따라 지도할 적절한 때를 고려하는 것이 제2언어의 습득에 효과적인 것이라고 여겼다.

037 피네만(Pienemann)의 교수 가능성(teachability)에 관한 설명으로 옳지 않은 것은?

영역(과목) 외국어로서의 한국어 교수이론 / 외국어 교수법

① 학습 가능성(learnability)과 관련이 있다.
② 제2언어 학습자에게 특정 언어 구조를 교수할 때 학습자의 발달 단계를 고려해야 한다.
③ 이주 노동자들이 수업을 통해 독일어 어순을 습득한 사례를 연구한 결과에 기반을 둔다.
④ 학습자들의 현재 제2언어 발달 단계(n 단계)보다 훨씬 높은 단계(n+3 단계)의 언어 구조는 수업을 통해 가르치더라도 습득할 수 없다.

정답 ③

정·오답풀이 ③ 만프레드 피네만(Manfred Pienemann)의 연구는 독일의 김나지움(독일의 인문계 중등교육기관)과 초등학교의 학습자들이 영어를 습득하는 과정을 연구하였다.

개념 정리

- 과제 중심 언어 교수법 : 의사소통 중심 이론의 원칙과 학습 책략, 제 2언어 습득 연구에 근거하여 개발된 방법으로 과제를 언어 교수의 핵심 단위로 사용한다. 과제중심 언어 교수법은 학습 결과보다는 학습 과정을 중시하는 교수법으로 학습자가 분명한 목적이 있는 활동과 과업을 수행하면서 실제 의사소통과 의미에 비중을 두는 것이 효과적이라고 본다. 그러므로 언어 습득을 위해서는 과제가 언어 입력과 동시에 언어 출력을 제공하고, 과업 수행과 성취가 동기 부여에 공헌하며, 학습의 난이도는 특정한 교육 목적에

따라 조절할 수 있다고 본다.
- 규준 참조 평가(상대 평가) : 한 개인이 속해 있거나 혹은 속해 있지 않더라도 비교가 되는 집단 속에서 다른 사람보다 얼마나 더 성취했느냐 하는 상대적인 비교를 통해서 성적을 결정하는 평가체제이다. 한 학생의 성취가 얼마나 바람직한가의 정도는 주어진 집단의 점수분포인 규준(norm)에 의해서 결정된다. 즉, 학생 개개인의 학업성적은 그가 '무엇을 얼마만큼 성취했는가'에 의해서가 아니라 '다른 학생에 비해 얼마나 잘했는가'에 의해 평가된다.
- 수행 평가 : 교사가 학생이 학습과제를 수행하는 과정이나 그 결과를 보고, 그 학생의 지식이나 기능이나 태도 등에 대해 전문적으로 판단하는 평가방식, 즉 학생 스스로가 자신의 지식이나 기능을 나타낼 수 있도록 산출물을 만들거나, 행동으로 나타내거나, 답을 작성(서술 혹은 구성)하도록 요구하는 평가이다. 여기서 말하는 '행동'이란 단순히 신체를 움직이는 것만을 의미하는 것이 아니라 자신의 지식이나 기능, 태도 등을 드러내기 위해 말하거나, 듣거나, 읽거나, 쓰거나, 그리거나, 만들거나, 더 나아가서 그것을 계획하고 준비하는 과정까지도 포함하는 인간의 모든 활동을 의미한다. 따라서 수행평가란 단순히 하나의 평가방법이 아니라, 정보화·세계화 시대를 맞이하여 종래의 교육평가체제를 재구조화하기 위해서 교육평가가 나아갈 방향을 제시하는 하나의 새로운 관점이라 할 수 있다. 선택형 시험과 같은 전통적인 평가체제가 '외부의 세계나 지식은 개별 인간과는 독립적으로 존재하는 것이라 생각하는 절대주의적인 진리관'에 근거하고 있었다면, 수행평가와 같은 새로운 평가체제는 '외부의 세계나 지식이 개인과는 별개로 존재하는 것이 아니라 개개인에 의해 창조되고, 구성되고, 재조직되는 것이라 생각하는 상대주의적인 진리관'에 근거하고 있다고 할 수 있다.

아울러, 전통적인 평가체제를 선택형 시험을 주로 사용하여 학생을 서열화하여 선발하거나 분류하기 위한 '선발형 평가(혹은 양적 평가)'라고 할 수 있다면, 수행평가와 같은 새로운 평가체제는 친한 친구에게 충고하듯 학생의 성장·발전을 위해 지도·조언하는 '충고형 평가(혹은 질적 평가)'라고 할 수 있다.

038 과제 중심 언어 교수법에 관한 설명으로 옳지 않은 것은?

영역(과목) 외국어로서의 한국어 교수이론

① 과제 중심 요구 분석의 실시가 필수적이다.
② 목표 과제를 상위 개념인 목표 과제 유형으로 분류하는 작업이 수반된다.
③ 수업에서 사용할 과제는 언어적 난이도가 아니라 과제 복잡성에 따라 배열한다.
④ 과제 중심, 규준 참조, 수행 평가를 사용한다.

정답 ④

정·오답풀이 ④ 과제 중심 교수법은 과정과 결과, 규준 참조는 절대적인 기준의 평가와 상대적인 평가, 수행평가는 양적 평가와 질적 평가에 관련한 것으로 각 항목이 관련되어 있는 기준점이 모두 상이하다고 볼 수 있다. 과제 중심 언어 교수법은 과제를 중심으로 교수하는 것이며, 이후에 평가시 규준 평가나 수행 평가가 적용될 수도 있는 것이지 필연성을 가진 묶음은 아닌 것이다.

개념 정리

몰입교육은 자연스러운 습득과정을 통해 목표 언어를 모국어와 같은 방법으로 학습한다는 원칙을 고수함과 동시에 교과목의 내용을 목표 언어로 배움으로써 목표 언어에 노출되는 시간을 늘리고 목표언어와 문화를 자연스럽게 학습할 수 있는 언어교육 프로그램으로 통한다. 여기서 주목해야 할 점은 교과목인데, 언어의 규칙만을 고수하는 것이 아니라 내용(contents)을 통해 목표언어를 가르쳐야 한다는 점이다. 따라서 몰입교육은 내용 중심교육을 그 기반으로 삼고 있다. 따라서 보다 집중적인 교육을 통해 학습자의 언어능력을 신장시켜 목표 언어 학습을 긍정적으로 이끌 뿐만 아니라 타 교과의 지식 교육과 의사 소통 능력을 통합시켜 학업성취도에도 긍정적인 영향을 미쳐 왔다.

039 몰입 교수법에 관한 설명으로 옳지 않은 것은?

영역(과목) 외국어로서의 한국어 교수이론

① 현대적인 의미의 몰입 교수법은 1960년대 캐나다의 프랑스어 몰입 프로그램이 시초이다.
② 몰입 교육이 시작되는 학습 연령에 따라서 초기, 중기, 후기 및 성인 몰입으로 나뉜다.
③ 일차적인 교수의 대상이 제2언어이며, 제2언어의 숙달도를 제1언어 수준으로 배양하려는 이중 언어 교육 방법이다.
④ 제2언어 능력과 교과목의 학습 성취도를 높일 뿐만 아니라 인지 발달과 문화 이해면에서도 효과적인 것으로 평가된다.

정답 ③

정·오답풀이 ③ 언어 몰입 교육(Language immersion)은 제2언어를 가르치는 방법 가운데 하나로, 가르칠 언어를 이용하여 다른 일반 교과목 수업을 하는 것을 말한다.

개념 정리

언어권별 한국어 모음의 교육 방안

- 영어권
  ① /ㅡ/는 영어에 유사한 모음이 없기 때문에 배우기 어려운 소리이다. 영어의 /uː/를 발음하면서 혀의 위치를 고정한 채 입술을 양옆으로 펴면서 발음한다.
  ② /ㅓ/를 /ㅗ/로 듣고 발음하는 일이 많은 것은 한국어의 /ㅓ/가 다른 언어들에 비해 원순성이 강하기 때문. 영어에도 [ʌ]로 표기되는 발음은 /ㅏ/와 /ㅓ/의 중간 발음으로 /ㅏ/에 좀 더 가깝게 발음된다.
  ③ 이중모음 /ㅢ/를 발음 못하기 어려워한다. 의사 → *[위사]
  ④ /ㅡ/와 /ㅣ/를 연이어 발음하되 /ㅡ/는 매우 짧게 발음한다.
  ⑤ /ㅔ/와 /ㅐ/는 영어의 [e, ɛ]로 실현됨. 한국어에서는 현실적으로 이미 중화되었지만, 소리를 구별하여 적는데다가 아직은 두 소리를 구별하여 발음하는 것이 표준 발음으로 여겨진다.
- 일본어권
  ① /ㅓ/ : /ㅏ/와 /ㅗ/의 중간 음의 느낌으로 발음하도록 유도한다. 즉 입을 /ㅏ/처럼 크게 열고 동그랗지 않게 'お'로 발음하도록 유도한다.
  ② /ㅡ/와 /ㅜ/ : 둘다 일본어의 'う'와 비슷하지만 /ㅜ/는 그보다 더 입을 둥글게 앞으로 내미는 느낌으 발음하게 하고, /ㅡ/는 오히려 입술을 옆으로 늘여 발음하는
  ③ 느낌으로 발음하게 한다.
  ④ /ㅕ/와 /ㅛ/ : /ㅋ/에 대응되어 구별하기 어려운 음. /ㅕ/는 /ㅓ/ 교육 방법과 마찬가지로 일본어의 'ヤ'와 'ヨ'의 중간음으로 발음하게 한다.
  ⑤ /ㅠ/ : 'ュ'보다 원순성을 강하게 발음한다.
  ⑥ 이중모음 /ㅢ/: 영어권화자와 동일하게 교육한다.
- 중국어권
  ① 중국어의 음절은 성모(聲母)와 운모(韻母)의 결합으로 이해되어 모음을 독자적으로 다루지 않는 경향이 있다.
  ② /ㅣ/와 /ㅜ/ : 중국어의 'i'와 'u'에 그대로 대응
  ③ /ㅏ/ : 중국어의 'a'와 거의 일치하지만, 한국어의 /ㅏ/보다 미세하게 더 후설적이고 개구도도 더 큰 편이므로 입을 좀 적게 벌리게 하여 발음시킨다.

④ /ㅡ/ : 중국어에 존재하지 않아 'ㅓ'와 비슷하게 하는 것이 보통.
⑤ /ㅣ/를 발음시킨 후 입을 양쪽으로 좀 더 넓히면서 혀를 뒤쪽으로 천천히 끌어발음하도록 유도한다. 혹은 哥哥를 발음하면 '끄어거'와 비슷하게 되는데, 이때 앞 음절 '끄어'를 천천히 하게 하여 처음에 나는 소리가 한국어의 'ㅡ'와 비슷한 것임을 인식시킨다.
⑥ /ㅗ/와 /ㅓ/ : 중국어의 'o'는 한국어의 /ㅗ/와 비슷하지만 혀의 높이가 약간 낮고 원순성 자질이 덜 들어 있어 중국어권 학생들이 발음하는 한국어의 'ㅗ'는 'ㅓ'와 비슷하다. 따라서 /ㅗ/를 원순성을 강조하여 발음시킨다.
⑦ 혹은 我們(wŏmen)에서 'men'을 '머~ㄴ'처럼 앞 음절을 길게 발음하도록 훈련시킨 뒤 'ㅓ'만을 독립시켜 발음하도록 유도한다.

040 언어권별 한국어 학습자의 발음 특성 및 지도 방법에 관한 설명으로 옳지 않은 것은?

영역(과목) 외국어로서의 한국어 발음교육론

① 영어권 학습자가 /ㅓ/ 발음을 어려워할 때에는 /ㅜ/를 발음한 상태에서 입술 모양을 평평하게 하도록 지도한다.
② 중국어권 학습자들은 한국어의 /ㅓ/와 /ㅗ/를 혼동하는 경우가 많으므로 원순성의 차이를 느끼도록 지도한다.
③ 영어의 자음에는 평음, 경음, 격음의 대립이 없어서 영어권 학습자들은 이들 세 가지 소리를 구별하는 데 어려움을 느낀다.
④ 중국어와 한국어는 음절의 구조적 특성이 다르기 때문에 중국어권 학습자들은 음절 말 /ㄹ/를 발음하기 어려워한다.

정답 ①
정·오답풀이 ① 영어권 학습자가 /ㅓ/ 발음을 어려워 할 때에는 /ㅓ/가 평순 후설 중모음이므로 조음 위치를 잡아주고 후설 쪽에서 발음하도록 지도하는 것이 적절하다.

041 억양 교육에 관한 설명으로 옳지 않은 것은?

영역(과목) 외국어로서의 한국어 발음교육론

① 억양을 교육할 때에는 말하기에 앞서 듣기 연습을 충분히 시킨다.
② 억양은 초급에서 분절음을 모두 교육한 후에 중급에서 가르친다.
③ 화자의 의도에 따라 같은 문장도 다른 억양으로 실현될 수 있음을 가르친다.
④ 강세구 억양을 교육할 경우 초기에는 억양에 집중하도록 무의미한 음절의 연속체로 연습시킨다.

정답 ②
정·오답풀이 ② 한국어 학습자는 자신의 의향을 나타내는 표현을 초급에서부터 배운다. 따라서 명령을 하거나, 질문을 하거나, 보통의 상태를 전달할 때 억양이 다른 점에 대해 초급에서부터 교육해야 한다.

개념 정리

모음의 조음 위치

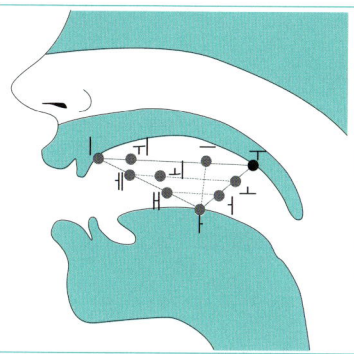

혀의 위치	전설 모음		후설 모음	
혀의 높이/입술의 모양	평순	원순	평순	원순
고모음	ㅣ	ㅟ	ㅡ	ㅜ
중모음	ㅔ	ㅚ	ㅓ	ㅗ
저모음	ㅐ		ㅏ	

---

042 모음의 지도 방법으로 옳지 않은 것은?

영역(과목) 외국어로서의 한국어 발음교육론

① /ㅓ/는 /ㅏ/에 비해 입을 조금 더 벌어지게 하여 발음하도록 유도한다.
② /ㅔ/는 /ㅣ/에 비해 입을 조금 더 벌어지게 하여 발음하도록 유도한다.
③ /ㅑ/는 /ㅣ/와 /ㅏ/를 연이어 발음하되 /ㅣ/를 매우 짧게 발음하도록 한다.
④ /ㅢ/는 /ㅡ/와 /ㅣ/를 연이어 발음하되 /ㅡ/를 매우 짧게 발음하도록 한다.

정답 ①

정·오답풀이 ① /ㅓ/와 /ㅏ/는 모두 후설 평순 모임이기 때문에 입의 개구도에 차이가 뚜렷하게 나타나지 않는다. 혀의 높이가 다른 점을 교육하는 것이 바람직하다.

개념 정리

자음의 조음 위치

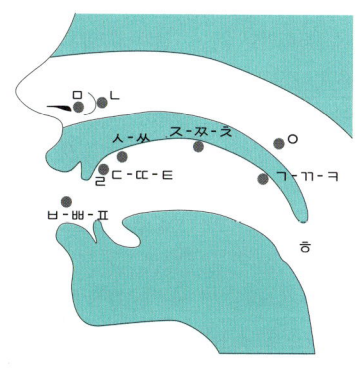

조음 방법 \ 조음 위치	양순음	치경음	경구개음	연구개음	후음
파열음	ㅂ, ㅍ, ㅃ	ㄷ, ㅌ, ㄸ		ㄱ, ㅋ, ㄲ	
파찰음			ㅈ, ㅊ, ㅉ		
마찰음		ㅅ, ㅆ			ㅎ
비음	ㅁ	ㄴ		ㅇ	
유음		ㄹ			

043 음성 기관 단면도를 이용하여 교육하기에 적절한 것은?

영역(과목) 외국어로서의 한국어 발음교육론

① 연음 규칙
② 자음의 조음 위치
③ 평음, 경음, 격음의 구별
④ 자음군 단순화

정답 ②

정·오답풀이 ② 연음 규칙, 평음과 경음과 격음의 구별, 자음군 단순화는 혀의 높낮이의 변화 등과 큰 관련성이 없어 시각적인 음성 기관 단면도로 음의 차이를 식별하여 교육하기에 적합하지 않다. 자음의 조음 위치는 목구멍, 경구개, 연구개 등 음성 기관의 위치 변별이 뚜렷하므로 단면도를 활용하여 교육하기 적합하다.

개념 정리

타당도는 측정하고자 하는 변인을 검사가 제대로 특정하였는지에 대한 정도이다.

- 내용 타당도(content validity) : 객관적 근거에 의하지 않고 논리적 사고에 입각한 주관적인 타당도로서, 검사가 측정하고자 하는 분야의 전문가에 의해 이루어진다. 내용 타당도는 단순히 내용 분석이나 논리적 사고를 통하여 평가하는 것이기 때문에 수량적으로 표시되지 않는다. 이전에는 안면 타당도(face validity)라 부르기도 하였는데, 어떤 검사의 문항들이 자주 접해 본 혹은 친숙한 문항들이 있으면 '얼굴이 익다'는 식으로 안면 타당도를 표현하였다. 그러나 최근에는 과학적이지 못하다는 이유로 사용하지 않는다.
- 준거 타당도(criterion-related validity) : 검사 도구에 의해 측정된 점수와 어떤 준거(예: 다른 검사점수 등) 간의 상관 정도를 말하는데, 공인 타당도와 예언 타당도로 구분된다. 공인 타당도(concurrent validity)는 측정된 검사점수와 타당성이 높은 기존의 검사점수와의 상관관계로 추정되고, 예언 타당도(prediction validity)는 검사점수가 미래의 행동을 예측하는 정도를 말하는 것으로 상관계수에 의해 추정된다.
- 구인 타당도(construct validity) : 특정 검사가 조작적으로 정의된 구인(構因)을 어느 정도 측정하고 있느냐 하는 것으로, 구성 타당도라고도 한다. 여기에서 구인이란 실제 관찰할 수 없는 개념적 특성이지만 경험적으로 증명할 수 있는 심리적 변수로서, 측정할 수 없는 인간의 특성이나 현상을 이론적으로 개념화한 일종의 구성 개념을 의미한다
- 안면 타당도(face validity) : 피험자 즉 비전문가 입장에서 볼 때 검사문항이 측정하고자 하는 것을 제대로 측정하고 있는지를 판단할 수 있는 정도이다. 검사문항의 타당도를 전문가가 판단한다면 이는 내용타당도가 되지만 피험자가 판단한다면 안면타당도가 되는 것이다. 따라서 성취(achievement)의 정도를 파악하고자 하는 검사에서는 안면타당도가 높아야 피험자의 반응을 제대로 도출해 낼 수 있지만 태도나 가치관과 같은 정의적 특성을 재는 검사에서는 안면타당도가 너무 높으면 거짓반응을 유도해 낼 수도 있다.
- 결과 타당도(consequence in validation) : 검사 또는 평가의 실시결과, 즉 검사결과와 검사목적과의 부합성, 평가결과의 의도적인 또는 의도하지 않은 영향 등에 대해 분석하여 검사의 타당도를 추정하는 방법이다. 1999년 AERA, APA, NCME에서 공동 개정한 '교육 및 심리검사의 기준'에서 '검사결과에 기초한 근거(evidence based on consequence of testing)'로 명명하여 타당도 개념에 새롭게 포함시켰다. 결과타당도는 검사나 평가방법이 학생, 학부모, 교사, 학교 그리고 사회에 미치는 영향에 대한 분석을 포함하며 평가결과의 긍정적 또는 부정적 결과, 실제적 또는 잠재적 효과, 그리고 의도한 결과와 의도하지 않은 결과를 분석한다.

044 타당도에 관한 설명으로 옳은 것은?

영역(과목) 외국어로서의 한국어 평가론

① 결과 타당도는 평가가 이론적으로 타당한 원칙을 가지고 만들어졌는지에 대한 것이다.
② 내용 타당도는 수험자의 입장에서 봤을 때 평가가 적절해 보이는지에 대한 것이다.
③ 안면 타당도는 평가를 통해 얻은 결과가 미래의 수행을 얼마나 잘 예측하는지에 대한 것이다.

④ 공인 타당도는 이미 타당도가 검증된 시험과 새롭게 개발된 시험이 얼마나 높은 상관성을 보이는지에 대한 것이다.

정답 ④

정·오답풀이 ④ 결과 타당도는 평가 결과의 영향에 대해 분석하여 검사의 타당도를 추정하는 방법이다.
① 이론적으로 타당한 원칙을 가지고 만들었는지를 보는 것은 내용 타당도와 관련이 있다.
② 수험자의 입장에서 봤을 때 평가가 적절해 보이는지를 확인하는 것은 안면 타당도이다.
③ 평가를 통해 얻은 결과가 미래의 수행을 얼마나 잘 예측하는지를 말하는 것은 예언 타당도이다.

045 평가 도구를 개발하는 단계를 순서대로 나열한 것은?

영역(과목) 외국어로서의 한국어 평가론

ㄱ. 평가 목표를 설정하고 평가 영역과 형식을 결정한다.
ㄴ. 동료에게 제작된 문항에 대한 검토를 받고 문항을 수정 및 보완한다.
ㄷ. 평가 항목을 선별하고 항목별 문항 유형을 결정한다.
ㄹ. 출제계획표의 문항 수보다 더 많은 수의 문항을 제작한다.
ㅁ. 평가 관계자들을 대상으로 반응 조사를 실시하고 평가 도구의 타당도와 신뢰도 등을 평가한다.

① ㄱ → ㄷ → ㄴ → ㄹ → ㅁ
② ㄱ → ㄷ → ㄹ → ㄴ → ㅁ
③ ㄷ → ㄱ → ㄹ → ㅁ → ㄴ
④ ㄷ → ㄱ → ㄴ → ㄹ → ㅁ

정답 ②

정·오답풀이 평가 도구(평가 문항)를 개발하는 순서는 아래와 같다.
1. 평가 목표를 설정하고 평가 영역과 형식을 결정한다.
2. 평가 항목을 선별하고 항목별 문항 유형을 결정한다.
3. 출제계획표의 문항 수보다 더 많은 수의 문항을 제작한다.
4. 동료에게 제작된 문항에 대한 검토를 받고 문항을 수정 및 보완한다.
5. 평가 관계자들을 대상으로 반응 조사를 실시하고 평가 도구의 타당도와 신뢰도 등을 평가한다. 평가 도구를 개발한 후, 동료 검토를 거쳐 평가의 타당도와 신뢰도까지 고려하는 과정이 수반된다.

개념 정리

ACTFL OPI (The American Council on the Teaching of Foriegn Languages Oral Proficiency Interview)

OPI 매뉴얼에 의하면 인터뷰는 크게 세 단계로 구분된다. (1) 준비 단계(warm-up), (2) 상호작용 과정(interactive process) : 수준 체크(level check)와 탐색(probe), 역할극(role-play), (3) 마무리(wind-down)의 단계로 평가 절차가 구분되어 있다. 준비 단계에서는 수험자를 편안하게 하여 평가자의 발음이나 말하는 방법에 익숙하게 하고 본격적으로 수준을 체크하기 이전에 여러 대화 상황을 이끌어 내기 위한 준비 활동을 한다. 수준 체크의 단계는 특정한 수준에서 수험자가 과제를 수행할 수 있는 능력을 보이기 위한 것으로 지속적으로 수행할 수 있는 수준(floor)을 측정하며, 탐색 과정에서는 일단 평가자가 수험자에 대한 과제나 화제를 통해 수험자의 수준에 맞는 단계가 설정이 되면 수험자가 가지고 있는 한계점(ceiling)을 찾는 역할을 한다.

이러한 수준 체크와 탐색의 과정은 보통 3-4번 정도 번갈아 진행되며, 이 과정 중에 역할극이 사용될 수도 있다. 역할극은 시험 상황에서 대화로 이끌어 낼 수 없는 사회적 거래나 화제 등의 특별한 상황을 설정하여 수험자의 추가적인 능력을 평가하는 기능을 한다. 주로 역할극은 중급(intermediate)과 고급(advance) 사이에 있는 수험자들에게 적용된다. 마무리 단계에서는 인터뷰를 편안한 분위기로 만들어 수험자에게 긍정적인 안정감을 부여한다. 보통 인터뷰의 처음 시작은 중급 단계에서 시작되어 수험자에 맞추어(adaptive) 질문하고 수험자의 수준이나 수준 이하의 질문으로 마무리하는 방식을 취하고 있다. 전체의 인터뷰 시간은 수험자의 수준에 따라 15분에서 30분 정도의 시간이 소요된다.

각 숙달도 단계는 기능(function), 내용(content), 문맥(context), 정확도(accuracy)와 텍스트 유형(text type)의 다섯 범주로 나뉜다. OPI 매뉴얼에 따르면 '기능'이란 목표 언어로 무엇을 할 수 있는가?, '내용'과 '문맥'은 학습자가 공식적이거나 비공식적인 상황에서 확신을 가지고 어떠한 주제를 다룰 수 있는가?, '정확성'은 음운적, 통사적 정확성이 나타나는가?, 마지막으로 '텍스트 유형'은 수험자가 담화의 복잡한 내용을 표현할 수 있는가를 측정한다.

046 ACTFL OPI의 절차에 관한 설명으로 옳지 않은 것은?

영역(과목) 외국어로서의 한국어 평가론

① 준비(warm-up) : 평가자는 수험자에게 평가 방식을 알려 준 후 배점이 낮은 일상적인 대화부터 시도한다.
② 수준 확인(level check) : 평가자는 수험자가 지속적으로 수행할 수 있는 언어 능력의 최고 수준을 찾는다.
③ 탐색(probes) : 평가자는 수험자가 지속적으로 수행할 수 없는 언어 능력의 최저 수준을 찾는다.
④ 마무리(wind-down) : 평가자는 수험자의 긴장을 풀어줄 수 있는 평이한 질문을 한다.

정답 ①

정·오답풀이 ① 준비 단계에서는 수험자를 편안하게 하여 평가자의 발음이나 말하는 방법에 익숙하게 하고 본격적으로 수준을 체크하기 이전에 여러 대화 상황을 이끌어 내기 위한 준비 활동을 한다. 이것은 학습자가 평상시의 상태로 자신의 능력을 발휘할 수 있도록 하고, 절한 평가가 이루어지도록 하는 방법이기도 하다.

개념 정리 Q

- 분리 시험(평가) : 언어는 구성요소들로 나누어질 수 있고, 그 구성요소들은 적절하게 평가될 수 있다는 가정을 바탕으로 구성된 평가이다. 평가의 구성요소들은 기본적으로 듣기, 말하기, 일기, 쓰기 기능, 각 기능 내의 다양한 위계적 단위, 그리고 그 단위의 하위범주들(음성학 및 필적학, 어형론, 어휘, 통사론, 담화)이다. 문법, 어휘, 읽기 등으로 나누어진 선다형 문제가 대표적인 분리 시험 문항 유형이다.
- 통합 시험(평가) : 의사소통, 진정성 및 문맥을 강조하는 시대가 도래하면서 분리적 평가를 대신하여 등장한 평가 방법이다. 크게 두 가지 유형이 있다.
  ① 클로즈 테스트(cloze test) : 대강 여섯 번째나 일곱 번째의 단어들을 삭제하여 불완전한 글의 문장의 빈 칸에 알맞은 단어를 적어 넣는 것이다. 이러한 주장의 기저를 이루는 이론적 구성에 따르면 빈 칸에 적절한 단어를 공급하는 능력은 많은 능력을 요구하는데, 어휘, 문법 구조, 담화 구조, 읽기 기술 및 책략에 대한 지식으로 구성된다. 빈 칸을 성공적으로 채우려면 그러한 능력을 모두 이용해야 하고, 그러한 능력들은 언어의 전반적인 능숙도의 핵심이라고 할 수 있다.
  ② 받아쓰기(dictation) : 받아쓰기에 성공하려면 주의 깊게 듣기, 들은 것을 글로 재생하기, 능률적인 단기 기억 및 어느 정도의 예상 규칙들이 필요하므로 통합 평가가 가능하다.

047 분리 시험과 통합 시험에 관한 설명으로 옳지 않은 것은?

영역(과목) 외국어로서의 한국어 평가론

① 분리 시험은 언어 기술들을 분리하여 평가한다.
② 분리 시험은 심리측정학과 구조주의 언어학의 영향을 받았다.
③ 통합 시험은 전반적인 언어 능력을 측정하는 목적으로 사용되었다.
④ 통합 시험의 유형으로는 규칙 빈칸 채우기와 받아쓰기가 있다.

정답 ①

정·오답풀이 ① 분리 시험은 언어 기술들을 분리하여 평가하는 것이 아니라, 언어 기능(듣기, 말하기, 읽기, 쓰기)과 언어 구성 요소(문법, 어휘, 발음)을 분리하여 평가하는 방법을 말한다.

개념 정리

- 문항 난이도 지수 : 한 문항에서 총 반응 수에 대한 정답 반응 수의 비율로 표시하기 때문에 실제적으로는 한 문항의 쉬운 정도를 나타낸다. 예를 들어, 문항 난이도지수 30%와 70% 중 어느 것이 더 어려운 문항인지를 살펴볼 때 이 수치는 정답한 사람의 비율을 나타내는 것으로, 수치가 높을수록 좀 더 쉬운 문항이다. 문항 난이도 지수는 백분율로 나타낼 때도 있으나, 소수점으로 표기하는 경우도 많다.
  * 0~25%(0.25) : 어려운 문항 / 25~75%(0.25~0.75) : 보통 문항 / 75% 이상(0.75) : 쉬운 문항
- 바닥 효과 : 측정도구가 측정하려는 특성의 하위수준에 속한 사람들을 변별하지 못하는 현상이다. 바닥효과는 도구자체의 점수범위가 제한적일 경우에도 발생할 수 있고, 검사가 너무 어려운 경우에도 발생한다. 측정의 하한선(바닥)이 높게 책정되어 있거나 검사가 너무 어렵다면 일정수준 이하에 속한 사람들의 차이를 변별할 수 없을 것이다. 검사의 어려움은 측정대상에 따라 상대적이다. 일반학생들은 잘 변별하는 측정도구가 지체아일 경우에는 바닥효과를 야기할 수 있다. 바닥효과는 연구결과의 신뢰성을 떨어뜨린다. 많은 사람들이 하한선의 점수를 받게 되므로, 두 변인 간 관계의 산포도에는 직선적 양상이 나타나기 힘들며, 상호작용연구에서는 교차효과가 발견되기 힘들다.

048 난이도에 관한 설명으로 옳지 않은 것은?

영역(과목) 외국어로서의 한국어 평가론

① 매우 어려운 문항이 많으면 바닥 효과(floor effect)가 나타난다.
② 문항 난이도는 문항에 답한 전체 인원 중 정답을 맞힌 인원의 비율로 산출한다.
③ 문항 난이도 지수가 0.80 이상이면 어려운 문항으로 분류한다.
④ 문항 난이도는 문항이 쉽거나 어려운 정도를 나타낸다는 점에서 문항 용이도 또는 문항 곤란도라고도 한다.

정답 ③

정·오답풀이 ③ 문항 난이도 지수 0.80을 백분율로 환산하면 80%가 되는데, 이것은 정답자의 비율이 80%라는 것을 뜻하므로 쉬움 문항으로 분류한다.

개념 정리

- 종합적 채점 : 평가 대상물을 전체적인 인상으로 평가하는 방식이다. 종합적 채점은 빠른 평가가 가능하므로 실용적이라는 장점이 있기는 하다. 글에 두드러지게 나타나는 한두 가지의 피상적인 특징으로 글을 평가할 가능성이 높으며, 발달 단계가 다른 하위 기술의 구사력에 대한 정확한 평가나 진단 정보를 제공하지 못한다는 한계를 갖는다.
- 분석적 채점 : 평가 범주를 구분하고 각 범주별로 수행 능력을 기술한 후, 그 기준에 맞춰 평가하는 방식을 말한다. 분석적 채점 방식은 문어 수행 능력을 구성하는 수행의 다양한 측면을 고루 평가할 수 있으며, 발달 정도가 다른 하위 기술을 적절히 평가할 수 있다는 장점을 갖는다. 그러나 범주별로 나누어 평가하다 보면 자칫 글의 전체적인 면에 대한 평가를 놓칠 수 있고 평가하는 데 시간이 많이 걸린다. 이에 종합적 채점 방식과 분석적 채점 방식을 모두 사용한 절충적 채점 방식이 사용되기도 한다.

049 쓰기 평가에서 종합적 채점과 분석적 채점에 관한 설명으로 옳지 않은 것은?

영역(과목) 외국어로서의 한국어 평가론

① 종합적 채점은 채점하는 시간이 상대적으로 적게 걸린다는 점에서 경제적이다.
② 종합적 채점은 글의 전체적인 부분을 고려함으로써 채점자의 주관성을 배제할 수 있다.
③ 분석적 채점은 숙달도 수준과 강조하는 내용에 따라 평가 기준을 다르게 설정할 수 있다.
④ 분석적 채점은 학습자에게 구체적인 피드백이 가능하며 이를 통한 긍정적 역류 효과가 있다.

정답 ②
정·오답풀이 ② 종합적 채점은 글의 전체적인 부분을 개괄적으로 고려하여 채점하는 것이므로, 분석적 채점에 비해 주관성이 개입될 수 있다. 분석적 채점에 비해 신뢰도 있는 평가 결과를 이끌어내기가 쉽지 않다.

개념 정리

의사소통 능력 구성요소
- 문법적 능력 : 정확한 발음, 적절한 어휘의 사용 능력, 자연스러운 억양
- 사회언어학적 능력 : 상황에 맞는 어법 사용 능력, 기능에 맞는 언어 사용 능력, 경어법 사용 능력, 관용 표현의 사용 능력, 축약어 사용 능력
- 담화 구성 능력 : 이야기 구성 능력, 유창하게 표현하는 능력, 적절한 응집 장치 사용 능력, 적절한 담화 표지 사용 능력
- 전략적 능력 : 발화 상황을 적절히 파악하고 대처하는 능력, 자신의 발화를 효율적으로 전달하는 능력, 질문에 대해 적절히 반응하는 능력

050 다음 말하기 교육 내용과 직접적으로 관련되는 의사소통 능력 구성요소는?

영역(과목) 외국어로서의 한국어 말하기교육론

> 요청하기 발화를 할 때 그 대상이 직장 상사인지 아니면 친구인지에 따라 '해 주시겠습니까?', '해 줄래?'와 같이 표현을 바꾸어 사용하도록 한다.

① 문법적 능력
② 담화적 능력
③ 사회언어학적 능력
④ 전략적 능력

정답 ③

정·오답풀이 ③ 사회언어학적 능력은 사회적인 관계와 상황에 맞게 언어를 구사하는 능력을 뜻한다. 위의 교육 내용에서 '직장 상사인지 아니면 친구인지에 따라 표현을 바꾸어 사용하도록 한다.'고 제시된 부분이 능력과 유관하다.

개념 정리 🔍

언어 전환(code-switching)

언어 전환(code-switching)은 두 개 또는 그 이상의 언어나 방언을 교체하여 사용하는 것을 이르는데, J. Lyons(1981 : 313)는 다언어병용 화자들이 담화 중에서 자신들의 의사를 전달하기 위하여 그들이 구사할 수 있는 두 언어가 의식, 무의식적으로 또는 자동, 비자동적으로 교체되는 것을 언어 전환이라 명명하였다. 언어 전환(code-switching)은 대체로 문장과 문장이 아닌 경우로 나누어 정리하지만, 일부는 이들을 모두 포괄하는 용어로 코드 스위칭을 사용하기도 하고, 일부는 어느 한 부분만을 칭하는 데 언어 전환을 사용하기도 한다. '코드 스위칭'이라는 학술 용어로 지칭하기도 한다.

051 다음 대화에서 '나'의 말하기에 관한 설명으로 옳지 않은 것은?

영역(과목) 외국어로서의 한국어 말하기교육론

> 가 : 나중에 어떤 직업을 갖고 싶어요?
> 나 : 저는 비행기 운전 사람을 되고 싶어요. 그런데 비행기 운전 사람이 한국말로 뭐예요?

① 도움 요청하기 전략을 사용하였다.
② 알고 있는 어휘를 사용하여 바꿔 말하였다.
③ 목표어 구조를 완전히 습득하지 못하였다.
④ 언어 전환(code-switching) 방법을 사용하였다.

정답 ④

정·오답풀이 ④ 코드 스위칭(code-switching)은 두 개 또는 그 이상의 언어나 방언을 교체하여 사용하는 것인데, '나'는 이 방법을 사용하지는 않았다. '그런데 pilot(파일럿)이 한국말로 뭐예요?'라고 한국어의 문장 중간에 영어 단어를 사용했다면 언어 전환 방법을 사용한 것이 된다.

개념 정리 🔍

유창성

표준국어대사전에서는 '말을 하거나 글을 읽는 것이 물 흐르듯이 거침이 없다'를 '유창하다'의 의미로 규정하고 있다. 교육심리학에서는 유창성의 의미를 '창의성 가운데서 여러 가지 관점이나 해결안을 빠르게 많이 떠올리는 능력'이라고 규정하고 있다. 국어사전의 의미와 교육심리 분야의 용어 의미를 조합하여 그 의미를 재구성한다면, 학습자가 한국어를 활용하는 상황에서 대화의 맥락에 맞게 필요한 이야기를 빠르게 많이 떠올려 적절하게 발화하는 것이 유창성의 의미라고 볼 수 있다.

052 말하기 지도에서 적절하지 않은 것은?

영역(과목) 외국어로서의 한국어 말하기교육론

① 협력 학습을 통해 유의미한 과제를 수행하게 한다.
② 유의미한 맥락에서 배운 표현을 사용하도록 권장한다.
③ 발음은 초급보다 고급에서 집중적으로 가르쳐야 한다.
④ 유창성을 위해 적절한 속도로 발화할 수 있도록 지도한다.

정답 ③

정·오답풀이 ③ 발음 교육은 고급보다 초급에서 집중적으로 가르쳐야 한다. 발음의 오류가 화석화되면 어휘화 문법의 습득 수준이 높아도 실질적으로 중급과 고급이라고 여겨지기 힘들다.

개념 정리

협동 학습

성원이 4~6명인 소집단을 형성하여 구성원 사이에 사회적 상호작용을 하며 학습하게 하는 교수법이다. 학생들의 긍정적 상호의존 관계를 중시하고 집단 구성원 개개인의 책임을 강조하며 동시에 지식과 기술을 습득할 수 있다는 장점이 있는데, 진정한 협동학습이 가능하려면 과제가 협동적으로 구성되어야 하고, 평가체제에서의 기회도 균등해야 하며 협동적 피드백 구조, 집단과정에 대한 배려들이 전제되어야 할 것이다.

이러한 수업모델들의 공통적 특성은 학습 집단을 이질집단으로 구성한 팀워크에 있고, 보상체제도 집단 중심이다. 또한 협동학습의 분위기는 민주적 과정이므로 학생들은 그들 자신의 학습에 능동적 역할을 하고 책임감을 갖고 임한다.

053 협동 언어 학습법(cooperative language learning)에 따른 말하기 수업 방법에 관한 설명으로 옳은 것은?

영역(과목) 외국어로서의 한국어 말하기교육론

① 동질적인 학습자들로 소집단을 구성해야 한다.
② 동일한 수업 시간에 소집단별로 다른 목표를 제시해야 한다.
③ 말하기 활동이 끝난 후 자신들이 했던 활동을 되돌아보는 시간을 갖게 한다.
④ 정해진 수업 시간에 주어진 과제를 반드시 완수하도록 한다.

정답 ③

정·오답풀이 ③ 협동 학습은 구성원 사이의 상호작용을 극대화하기 위한 것이므로, 동질적이지 않은 학습자들로 소집단을 구성한다. 이와 같은 활동은 평가체제에서의 기회가 균등해야 하므로 소집단별로 동일한 목표를

개념 정리

오류 수정 시 유의할 점
- 오류를 지나치게 많이 수정하면 학습자가 위축되고 그렇다고 수정을 하지 않으면 화석화가 될 수 있다.
- 학습자들은 오류 수정을 통해 자신의 말이나 글에 오류가 있다는 사실뿐만 아니라, 왜 오류를 범했는지 어떻게 수정해야 하는지도 배우게 된다.

- 문법 습득에 초점을 두었을 때와 과제 수행을 위한 말하기 수업을 할 때 오류 수정에 대한 빈도와 관점은 달라진다. 문법의 정확성에 초점을 두었을 때는 즉각적이고 반복적인 오류 수정이 효과적이다.
- 언제 수정하는 것이 학습자에게 긍정적인 효과가 있는지를 따져본다.
- 오류가 언어 능력 부족에서 온 것인지 스스로 수정할 수 있는 실수인지를 판단해 적절한 수정 방법을 결정한다.
- 교사가 개별 학습자의 오류 수정에 대한 선호 방식을 미리 파악해 두면 도움이 된다.

054 말하기 오류를 수정하는 방법으로 가장 적절하지 않은 것은? 영역(과목) 외국어로서의 한국어 말하기교육론

① 모국어 간섭으로 인한 오류가 나타날 경우 모국어와 목표어의 차이점을 인지시킨다.
② 소극적인 학생은 틀린 부분이 나올 때 발화를 바로 멈추게 하여 명시적으로 수정해 준다.
③ 좋은 모델을 제시하여 오류를 정정해 준다.
④ 의사소통에 지장이 없는 경우 즉각적인 오류 수정을 하지 않는다.

정답 ②

정·오답풀이 ② 소극적인 학생은 틀린 부분이 있을 때 이후에 개별적으로 문제점을 언급해 주거나, 간접적인 피드백으로 어디에 문제가 있는지 스스로 파악할 수 있도록 유도하고 기다려 주는 방법이 유효하다. 이외의 사항은 오류 수정 시 주요하게 고려해야 할 사항들이다.

055 말하기 수업의 순서로 옳은 것은? 영역(과목) 외국어로서의 한국어 말하기교육론

> ㄱ. 교사는 상자와 공을 이용하여 위치를 나타내는 어휘와 표현을 설명한다.
> ㄴ. 교실에 있는 사물의 위치를 서로 묻고 답한다.
> ㄷ. 자기 방을 그림으로 그리고 자기 방에 있는 사물의 위치를 써 본다.
> ㄹ. 학생들은 그림카드를 보고 위치를 나타내는 어휘와 표현을 반복하여 연습한다.

① ㄱ - ㄹ - ㄴ - ㄷ
② ㄱ - ㄷ - ㄴ - ㄹ
③ ㄴ - ㄷ - ㄹ - ㄱ
④ ㄴ - ㄹ - ㄷ - ㄱ

정답 ①

정·오답풀이 말하기 수업의 순서를 순서에 맞게 재배열하면 아래와 같다.
ㄱ. 교사는 상자와 공을 이용하여 위치를 나타내는 어휘와 표현을 설명한다.
ㄹ. 학생들은 그림카드를 보고 위치를 나타내는 어휘와 표현을 반복하여 연습한다.
ㄴ. 교실에 있는 사물의 위치를 서로 묻고 답한다.
ㄷ. 자기 방을 그림으로 그리고 자기 방에 있는 사물의 위치를 써 본다.
위의 활동은 교사가 먼저 어휘와 표현을 설명하고, 학습자들이 이를 활용하여 말하기를 연습하는 방법으로 구성되어 있다. 1급 수준의 학습자들에게 적절한 활동이다. 근래의 과제와 활동은 학습자가 능동적으로 유추하는 것을 강조하는 경우가 많으나, 초급의 경우에는 입력된 어휘와 표현의 개수가 많지 않아 추측과 예상 대신 입력한 것을 반복하는 활동이 유의미하게 작용할 수 있다.

개념 정리

- **직소** : 직소 교수기법은 일종의 정보차 활동으로 소집단의 구성원들에게 각기 다른 정보를 제시하고 그들로 하여금 흩어진 정보들을 수합하여 일정한 목표를 달성하게 하는 활동이다. 예를 들면, 네 명으로 구성된 소집단에 서로 다른 정보가 담겨 있는 네 장의 가상적인 신청서를 나누어 준 다음(자신의 신청서를 다른 구성원에게 보여주지 않고) 서로 질의 응답하여 신청서를 완성하도록 하는 활동이 이에 해당한다.
 또는 소집단의 구성원들에게 지도를 제공하고 지리에 관한 정보(이 때 학습자마다 은행이나 공원의 위치 등에 관하여 각기 다른 정보를 준다)를 묻고 답하여 모든 장소를 지도상에 표기하게 하는 활동이 있다.
 이외에도 교사가 적당히 짧은 길이의 이야기나 대화를 종이에 쓴 후 문장별로 오려 석어 학습자에게 나누어주고 학습자들이 이야기의 맥락을 확인한 후 순서대로 줄을 서 자신의 쪽지를 읽어 내는 '스트립 스토리' 방법 등이 있다.
- **브레인스토밍** : 일정한 테마에 관하여 회의형식을 채택하고, 구성원의 자유발언을 통한 아이디어의 제시를 요구하여 발상을 찾아내려는 방법이다. 회의에는 리더를 두고, 구성원 수는 10명 내외를 한도로 한다.
 ① 한 사람보다 다수인 쪽이 제기되는 아이디어가 많다.
 ② 아이디어 수가 많을수록 질적으로 우수한 아이디어가 나올 가능성이 많다.
 ③ 일반적으로 아이디어는 비판이 가해지지 않으면 많아진다.
 등의 원칙을 지니고 있는 활동이다. 브레인스토밍에서는 어떠한 내용의 발언이라도 그에 대한 비판을 해서는 안 되며, 오히려 자유분방하고 엉뚱하기까지 한 의견을 출발점으로 해서 아이디어를 전개시켜 나가도록 한다는 점이 가장 중요하다.

056 다음 과제에 포함된 말하기 활동이 아닌 것은?

영역(과목) 외국어로서의 한국어 말하기교육론

> ○ 과제 : 한국 젊은이들이 선호하는 직업에 대해 조사하기
> ○ 절차 : 4명이 한 팀으로 모여 어떤 질문을 할지 자유롭게 이야기하기 → 질문지 만들기 → 역할을 나누어 면담 연습하기 → 한국 젊은이들을 만나 직접 면담하기 → 면담한 결과를 정리하여 여러 친구들 앞에서 이야기하기

① 인터뷰 ② 역할극 ③ 직소(jigsaw) ④ 브레인스토밍

정답 ③

정·오답풀이 ③ 위의 과제에서 여러 사람이 하나의 목표를 위해 흩어진 정보를 모으는 활동은 찾을 수 없다. '4명이 한 팀으로 모여 어떤 질문을 할지 자유롭게 이야기하기 → 브레인스토밍, 역할을 나누어 면담 연습하기 → 역할극, 한국 젊은이들을 만나 직접 면담하기 → 인터뷰' 등이 포함된 말하기 활동이다.

개념 정리

- 토의 : 어떤 문제에 대하여 검토하고 협의함
- 협의 : 여러 사람이 모여 서로 의논함
- 협상 : 어떤 목적에 부합되는 결정을 하기 위하여 여럿이 서로 의논함

세 가지 단어 모두 '의논'의 뜻을 나타낸다는 공통점이 있다. 그런데 '의논'의 뜻 외에, '토의'에는 '검토'의 뜻이 더 들어 있고, '협의'에는 '여러 사람이 모여'라는 방식이 전제되고, '협상'에는 '목적에 부합되는 결정'이라는 목적이 전제되어 있다는 차이가 있다.

057 말하기 유형에 관한 설명으로 옳지 않은 것은?

영역(과목) 외국어로서의 한국어 말하기교육론

① 협상하기 : 의견의 차이가 없는 문제에 근거를 보충하기 위하여 서로 협의하는 말하기 유형이다.
② 발표하기 : 일의 결과나 어떤 사실을 알리기 위하여 화자가 청중을 대상으로 의사를 전달하는 말하기 유형이다.
③ 토의하기 : 입장이 다른 참여자들이 공동의 이슈에 대하여 최선의 해결책을 도출하기 위한 말하기 유형이다.
④ 연설하기 : 다수의 청중을 대상으로 하여 정보를 전달하거나 설득하는 것을 목적으로 하는 공식적인 말하기 유형이다.

정답 ①

정·오답풀이 ① '의견의 차이가 없는 문제'라면 굳이 협상이 필요치 않다. 어떤 목적에 부합되는 결정을 위해 여럿이 서로 의논하는 것이 '협상'이다.

개념 정리

상향식 모형(Bottom-up Model)
읽기란 '글자 → 단어 → 구 또는 문장', 즉 하위의 작은 단위에서 상위의 큰 단위로 나아가면서 의미를 구조화하는 과정이다. 음소를 조합해서 음절을, 음절을 조합해서 단어를, 단어를 조합해서 절을, 절을 조합해서 문장을, 문장을 조합해서 글의 의미를 구성하는 과정이 읽기이다.

언어 이해의 과정에서 무엇보다도 먼저, 글 혹은 글자를 정확하게 해독해야 한다.(읽기에서 어휘의 역할을 강조) 초급 단계의 학습자에게 유용한 접근 방식이다.

※ 상향식 모형의 한계
  ① 글에 포함된 어휘나 문법적 지식을 정확히 알고 있음에도 내용을 제대로 이해하지 못하는 경우를 설명하지 못한다.
  ② 상향식 모형에서 가정하는 것과는 달리 개별 글자보다 단어가 더 빨리 인식되는 경우도 있다.

하향식 모형(Top-down Model)
읽기를 독자가 자신의 배경 지식을 이용해 주어진 텍스트에서 의미를 구성해가는 역동적인 과정으로 정의한다. 전체적인 글의 내용이 무엇을 표현하는 것인지를 알면 각 문장을 이해하기 쉽고, 각 문장의 구조나 의미를 알게 되면 각 단어의 확인이 쉬워지고 또한 각 단어를 구성하는 문자도 인지하게 된다. 독자가 메시지를 재구성하는 과정에서 가장 중요한 역할을 하는 것은 텍스트가 아니라 바로 독자 자신의 배경지식(글에 나타난 요소에 대한 독자의 의존도를 줄여 주고, 글에 대한 독자의 이해도를 높여 주는 역할)이라는 것이다.

읽기에 있어서 독자를 매우 능동적인 존재로 인정하며, 텍스트에 대한 전체적인 이해 차원이 아니라 단어나 문장 차원의 이해에 치우친 읽기 교육에 대안을 제시했다는 점에서 높이 평가받는다.

※ 하향식 모형의 한계
  텍스트에 사용된 어휘나 문형 등의 의미나 개념을 정확히 이해하지 못하는 경우, 배경 지식이 있다고 하더라도 글의 의미를 제대로 이해할 수 없다는 점이 있다.

상호작용 모형(Interactive Model)

상향식 모형이나 하향식 모형에서 가정하고 있는 처리 과정에 반대하면서 두 모형을 절충한 입장이다. 상향식 처리와 하향식 처리가 상호작용하는 과정이 곧 읽기라고 본다. 텍스트에 대한 추측을 주어진 언어 정보에 근거하여 확인하고 다시 추측하고 다시 언어 정보를 확인하는 과정을 반복적으로 수행하는 과정이 읽기이다. 상위 수준의 처리가 하위 수준의 처리에 영향을 준다는 하향식 모형의 입장을 인정하는 동시에 학습자가 인쇄된 글에도 의존한다는 점을 받아들인다.

058 읽기 모형에 관한 설명으로 옳은 것은?

영역(과목) 외국어로서의 한국어 읽기교육론

① 글의 길이에 따라 적합한 읽기 모형이 달라진다.
② 상호작용식 모형은 상향식 모형에 비해 배경지식을 활용하는 데 소극적이다.
③ 상향식 모형은 같은 글을 읽고 독자마다 의미 구성이 다른 점을 설명하기 어렵다.
④ 하향식 모형은 글 전체보다 단어나 문장의 정확한 이해에 중점을 둔다.

정답 ③

정·오답풀이 ③ 상향식 읽기 모형에서 독자는 매우 수동적이게 되며 읽기 활동 또한 수동적인 것으로 제한하게 된다. 그러므로 유연하고 역동적인 의미구성과정을 설명하지 못한다는 단점이 있다.

059 청첩장 읽기 지도에 사용할 수 있는 형식 스키마를 모두 고른 것은?

영역(과목) 외국어로서의 한국어 읽기교육론

ㄱ. 청첩장을 발송하는 대상에 대한 지식
ㄴ. 한국의 일반적인 결혼식 풍습에 대한 지식
ㄷ. 인사와 초대의 문구를 전개하는 수사적 조직 방식에 대한 지식
ㄹ. 신랑과 신부의 이름, 결혼식 일시와 장소 등 포함되어야 할 사항에 대한 지시

① ㄱ, ㄴ   ② ㄱ, ㄹ   ③ ㄴ, ㄷ   ④ ㄷ, ㄹ

정답 ④

정·오답풀이 내용 스키마는 배경 지식을 말하며, 형식 스키마는 글의 구조에 대한 선 경험을 말한다. 학습자가 형식 스키마를 갖고 있으면 글의 구조를 이루는 각 부분에 어떤 내용이 담길지 예측이 가능하다. 글의 구조를 예측할 수 있게 되면 글을 읽는 목적에 따라 글을 전략적으로 읽을 수 있게 된다. ㄷ, ㄹ은 청첩장의 문구 전개와 조직 방식, 청첩장에 포함되어야 할 사항에 대한 형식 스키마이며, ㄴ, ㄷ은 문화적인 배경지식인 내용 스키마이다.

개념 정리

훑어 읽기(skimming)

글을 본격적으로 읽기 전에 글 전체를 몇 분 동안 대강 훑어보는 것을 글의 요지 훑어 읽기(skimming)라고 한다. 글의 요지 훑어 읽기는 글 전체의 성격 및 흐름 방향 등을 미리 파악하여 독자가 기대한 방향으로 글이 전개되고 있는지를 예측하게 한다.

① 각 문단의 첫 번째 문장만 읽기 : 한 문단에서 첫 문장이 주제문인 경우가 대부분이므로 글의 각 문단의 주제문은 대충 읽게 되는 효과를 얻게 되어 글 전체의 대략적인 주제와 흐름을 미리 파악할 수 있게 된다. 이것의 응용으로 각 문단의 첫 두 문장을 읽는 방법, 첫 번째와 마지막 문장만 읽기 등도 효과적인 방법이다.
② 글 속의 삽화나 사진과 그 밑에 적힌 글만 찾아 읽기 : 삽화나 사진은 해당 쪽에 실려 있는 내용을 대표적으로 묘사하고 있으므로 글의 내용을 미리 짐작하는데 도움이 된다. 또한 삽화나 사진의 밑에 실려 있는 글은 본문에 나오는 글을 그대로 인용한 것이 대부분이므로 글의 일부분을 미리 읽게 되는 효과가 있고 나중에 글을 본격적으로 읽을 때 이미 읽은 내용이 등장하게 되므로, 글에 대해 심리적으로 편안함을 갖게 되어, 글의 이해에 도움이 될 수 있다.
③ 소제목 찾아 읽기 : 많은 글들이 여러 부분으로 나뉘어 각 부분에 대해 소제목을 붙이고 있는 경우가 많은데 이렇게 소제목만 찾아 읽으면 글의 대략적인 내용과 흐름을 빨리 파악할 수 있게 된다.
※ 훑어 읽기(skimming)의 장점
　① 글 전체의 성격 및 흐름 방향 등을 미리 파악하여 독자가 기대한 방향으로 글이 전개되고 있는지를 예측하게 한다.
　② 각 문단의 첫 번째 문장만 읽는 경우, 첫 문장이 주제문인 경우가 대부분이므로 글의 각 문단의 주제문은 대충 읽게 되는 효과를 얻게 되어 글 전체의 대략적인 주제와 흐름을 미리 파악할 수 있게 된다.
　③ 글 속의 삽화나 사진과 그 밑에 적힌 글만 찾아 읽기는 경우, 삽화나 사진은 해당 쪽에 실려 있는 내용을 대표적으로 묘사하고 있으므로 글의 내용을 미리 짐작하는데 도움이 된다.
　④ 소제목만 찾아 읽으면 글의 대략적인 내용과 흐름을 빨리 파악할 수 있게 된다.

뽑아 읽기(세부사항 훑어 읽기 : scanning)

훑어 읽기(skimming)가 문장의 전체적 흐름이나 요지를 파악하는 읽기 방법이라면 뽑아 읽기(scanning)는 어떤 특정한 사실이나 정보를 찾기 위해 사용하는 방법이다. scanning은 주어진 글이나 단락에서 요구하는 내용 즉 어떤 질문에 필요한 내용의 해답을 빨리 찾는 방법이기 때문에 이름, 연대, 날짜. 전화번호, 신문광고, 영화제목, 사전의 쪽 등을 빨리 찾아보는 훈련이 필요하다.
① 특정 정보만 골라 읽기 : 글 전체를 눈으로 대충 훑어보되 글 속에 등장하는 특정 정보, 예를 들면 연도나 지명 등만을 찾아 읽는 방법이다. 내용을 알 수 없어도 이러한 정보를 한번 찾아봄으로써 글을 좀 더 쉽게 읽을 수 있을 것이다.
② 특정 어구나 단어 찾기: 본문에 나오는 특정 어구나 단어를 찾아봄으로써 읽을 글에 좀 더 친숙해질 수 있는데, 혼자 학습할 때보다는, 교사가 찾을 어구나 단어를 미리 찾아 지정해 주는 방법이 효과적일 것이다.
※ 뽑아 읽기(세부사항 훑어 읽기: scanning)의 장점
　① 글 전체를 눈으로 대충 훑어보되 글 속에 등장하는 특정 정보, 예를 들면 연도나 지명 등만을 찾아 읽으면, 내용을 알 수 없어도 정보를 한번 찾아봄으로써 글을 좀 더 쉽게 읽을 수 있다.
　② 본문에 나오는 특정 어구나 단어를 찾아봄으로써 읽을 글에 좀 더 친숙해질 수 있다.

060 훑어 읽기(skimming)의 장점으로 옳은 것은?

영역(과목) 외국어로서의 한국어 읽기교육론

① 특정 정보를 신속하게 찾아내기에 좋다.
② 글의 대략적인 주제를 파악하고 요지를 알아보기에 좋다.
③ 복잡한 문장 구조를 분석하며 세부 내용을 파악하기에 좋다.
④ 글자 그대로의 의미와 내포된 의미를 구분하기에 좋다.

정답 ②
정·오답풀이 ② 훑어 읽기는 글 전체의 성격 및 흐름 방향, 대략적인 내용, 주제 등을 파악할 때 유용한 읽기 방법이다.

061 다음 읽기 교재의 학습 활동에 관한 설명으로 옳은 것은?

영역(과목) 외국어로서의 한국어 읽기교육론

※ 다음 글을 읽고 물음에 답해 보자.

> 독서실을 잘 선택하면 공부에 큰 도움이 된다. 왜냐하면, 공부 공간이 공부 능률과 밀접하게 관련되기 때문이다. 독서실이 자신에게 맞지 않는다면 공부하느라 앉아 있어도 그 마음이 콩밭으로 가기 쉽다. 가령, 지나치게 조용한 곳이 싫은 학생이라면 개방된 형태의 스터디룸으로 된 독서실이 적합하다.

(1) 위 글의 내용을 대표하는 문장에 밑줄을 그어 보자.
(2) 위 글의 제목으로 가장 적절한 것은?
    독서실 형태의 다양화 ☐   성향에 맞는 공부 방법 ☐
    적절한 독서실 고르기 ☐   최첨단 독서실의 모든 것 ☐

① (1)은 읽은 내용을 새로운 상황에 적용해 보도록 유도하고 있다.
② (1)과 달리 (2)는 관용 표현 이해에 초점이 있다.
③ (1)과 (2) 모두 지시어의 내용 파악을 초점으로 한다.
④ (1)과 (2) 모두 중심 내용 파악하기를 의도하고 있다.

정답 ④
정·오답풀이 ④ 읽기 활동에 연관된 질문 (1)과 (2)는 내용을 대표하는 문장(주제문)과 글의 제목(주제)에 대해 묻고 있다. 이는 글의 중심 내용을 파악하기 위한 질문이다.

062 일반 목적 한국어 수업에서 읽기 자료의 실제성에 관한 설명으로 옳은 것은?

영역(과목) 외국어로서의 한국어 읽기교육론

① 일상생활에서 접할 가능성이 높은 글이어야 한다.
② 필자의 주관성을 배제한 글이어야 한다.
③ 현실에서 실제로 발생한 사건을 다룬 글이어야 한다.
④ 텍스트 구성단위들 간의 문법적 의존 관계가 높은 글이어야 한다.

정답 ①
정·오답풀이 ① 읽기 자료의 실제성이란 실제적인 읽기 과제에 가까워야 한다는 것이다. 하지만 자료를 선정하고 구성할 때 난이도와 실제성은 상충할 수밖에 없다. 학습자의 어휘 수준이나 문법 수준에 맞추어 자료를 구성하면 이야기가 자연스럽지 않고 인위적이어서 실제성이 떨어지고, 가공 없이 실제 자료를 사용하려고 하면 어휘나 문법의 통제가 안 되어 교사와 학습자 모두에게 부담이 될 수 있다. 따라서 난이도와 실제성의 접점을 찾는 것은 읽기 자료 선정에 있어서 매우 중요하다.

063. 다음에 해당하는 읽기 방법은?

영역(과목) 외국어로서의 한국어 읽기교육론

○ 음운 규칙에 대한 이해를 진단하기 위해 사용할 수 있다.
○ 초급 단계에서 말하기 능력 향상에 도움이 된다.
○ 작은 단위에 집중하게 하여 전체적인 내용 이해를 어렵게 할 수 있다.

① 정독　　　② 묵독　　　③ 낭독　　　④ 속독

정답 ③

정·오답풀이 ③ 낭독은 소리 읽기가 중심이 되므로 이해는 묵독보다 느린 편이다. 실제 언어활동이 아니므로 진짜 글을 이해하며 읽는 것은 아니지만 처음 외국어를 배우는 사람, 나이가 어린 학습자에게는 말하기, 듣기 능력을 발달시키기 위해 낭독이 중요하다. 정확한 발음과 억양을 익힐 수 있기 때문이다.

064. 업무 이메일을 활용한 고급 읽기 수업의 순서로 옳은 것은?

영역(과목) 외국어로서의 한국어 읽기교육론

ㄱ. 업무 이메일을 읽으며 그 특징을 파악해 본다.
ㄴ. 학생회 행사 역할 분담을 주제로 업무 이메일을 작성해 본다.
ㄷ. 개인적 용무의 이메일과 대조하며 업무 이메일의 특징을 확인한다.
ㄹ. 직장이나 학교에서 업무 이메일을 받은 경험을 이야기한다.

① ㄱ-ㄷ-ㄴ-ㄹ
② ㄱ-ㄹ-ㄴ-ㄷ
③ ㄹ-ㄱ-ㄷ-ㄴ
④ ㄹ-ㄷ-ㄴ-ㄱ

정답 ③

정·오답풀이
ㄹ. 읽기 전 단계에서는 학습자의 언어 지식과 배경지식을 바탕으로 텍스트를 이해하기 위해 배경지식을 활성화하는 활동을 한다. 주로 주제에 대한 학습자의 경험에 대해 이야기한다.
ㄱ. 읽기의 첫 단계는 정확하고 빠르게 텍스트를 읽으며, 내용의 특징을 파악하는 것이다.
ㄷ. 읽기 단계에서 텍스트의 내용과 특징들을 파악한 후에는 좀 더 수준 높은 독해활동을 위해 확장된 활동을 한다.
ㄴ. 읽은 후 단계에서는 텍스트를 요약하거나 중심 내용을 찾고, 연관된 글쓰기 활동을 한다.

065. 확장형 읽기에 관한 설명으로 옳지 않은 것은?

영역(과목) 외국어로서의 한국어 읽기교육론

① 전체적 이해를 목적으로 다소 긴 텍스트를 읽는다.
② 주로 교실에서 이루어지는 활동으로 글의 언어적인 면에 주의를 집중시킨다.
③ 학습자의 문식력을 높일 뿐 아니라 인지적·정서적인 면을 발달시키는 효과도 가져온다.
④ 학문 목적의 한국어교육에서 한국어 능력뿐 아니라 학문 활동을 위한 소양을 기르는 데 유용하다.

정답 ②

> **정·오답풀이** ② 확장형 읽기는 다소 긴 본문을 전반적으로 이해하기 위해 실시하는 것이고 대개 수업 이외에서 이루어진다. 읽기에서 강조해야 할 점은 단순히 문제를 풀거나 구문 혹은 문법적 지식을 기르기 위한 분석적인 읽기가 아니라 문장의 형식이나 단어에 초점을 맞추지 않고 글이 전하는 의미에 집중해서 이야기 속에 빠져드는 몰입의 상태이다.

개념 정리

개작의 개념과 유형

개작은 이미 간행 또는 발표된 책이나 각본 등의 원 저작물의 내용을 수정하거나 다른 형식으로 다시 만드는 것을 말한다. 개작을 할 경우에는 원 저작물의 주제가 완전히 상실되어서는 안 되며, 개작 활동의 목적은 다른 수준, 다른 시대의 독자가 여러 매체를 통해 작품의 가치를 공유할 수 있도록 문학 경험을 확장하는 것이다.

개작의 4가지 유형(삭제, 요약, 대체, 첨가)은 확실하게 선을 그을 수 있을 만큼 독립적이면서도 서로 유기적으로 연결되어 동시에 개작에 관여하기도 한다.

- 삭제(버리기): 삭제는 집필 의도에 맞춰 있던 것을 없애기 위해 잘라내 버리는 것을 말한다.
  작품 중 일부 수록을 위한 삭제, 교육 목표와 무관한 사건이나 인물의 행동 삭제, 시간적 공간적 배경 삭제, 전형적인 인물로 단순화(삭제), 복선이나 맥락을 위해 필요한 문장 삭제, 인물의 거친 행동이나 말 삭제, 폭력적인 행동이나 잔인한 장면 삭제, 문장의 호응을 맞추기 위한 삭제, 문장 삭제, 실감나는 표현 삭제 등을 한다. .
- 요약(줄이기): 요약은 원래의 분량보다 짧게 압축하여 줄이는 것을 말한다. 요약에는 필히 삭제가 따르기 때문에 혼동의 우려가 있으나, 있던 것을 완전히 없애서 흔적을 전혀 찾을 수 없으면 삭제로 보고, 있던 것이 없어지면서 그 부분에 대한 흔적을 짧게나마 드러냈다면 요약으로 본다. 서사구조에 영향을 주는 인물의 행동이나 사건 요약, 원하는 분량에 맞추기 위한 요약, 줄거리 파악을 위한 요약, 인물의 성격이나 배경에 대한 묘사 요약, 교육 목표를 이루기 위한 요약, 인물의 사소한 행동 요약, 설명을 위한 요약 등을 한다.
- 대체(바꾸기): 대체는 원래 있던 것을 다른 것으로 바꾸어 놓거나, 확대된 의미로는 원래 있던 것의 순서를 바꾸는 개작 유형으로도 사용한다. 제목, 대체, 인물을 전형적인 인물로 대체, 인물의 성격 대체, 시간적 공간적 배경 대체, 문체 대체, 주제 대체, 전체적 분위기 대체, 부적절하게 사용된 단어 대체, 문장의 호응에 맞게 대체, 맞춤법에 맞게 대체, 문법과 시제의 불일치 등의 결함을 바르게 대체, 고운 말과 경어체로 대체, 토속어를 현대어나 표준어로 대체, 잘못된 낱말이나 어색한 문장 대체, 오탈자 바로잡기, 어려운 낱말을 쉬운 낱말로 대체 등을 한다.
- 첨가(붙이기): 첨가는 원래는 없었지만 집필자의 의도 하에 새로운 것을 추가하여 끼워 붙이는 것을 말한다. 첨가는 의미의 정확성을 위한 문장 첨가, 설명을 위한 첨가, 문장 호응에 맞추기 위한 첨가, 문장 첨가 등을 한다.

066 읽기 자료를 쉽게 개작하려고 할 때 적절하지 않은 것은?

영역(과목) 외국어로서의 한국어 읽기교육론

① 직접적인 표현을 함축적 표현으로 바꾼다.
② 내용의 전개 구조를 안내해 주는 표현을 삽입한다.
③ 글의 주제를 나타내는 문장을 삽입한다.
④ 문장 간의 의미 파악에 도움을 줄 수 있는 표현을 문장 사이에 넣는다.

정답 ①

정·오답풀이 ① 개작의 유형 중 대체(바꾸기)는 주로 원래 있던 것을 다른 것으로 바꾸어 놓거나, 확대된 의미로 되어 있는 것을 원래의 의미로 바꾸는 것을 말한다. 직접적인 표현은 요약과 삭제가 필요하지 않으면 그대로 사용하며, 학습자의 이해를 돕기 위해 함축적인 표현보다는 직접적이거나 의미의 정확성을 위한 첨가나 설명을 위한 첨가가 들어가는 것이 좋다.

067 한국어 쓰기 교육의 원리로 옳지 않은 것은?

영역(과목) 외국어로서의 한국어 쓰기교육론

① 학습자들이 다양한 쓰기 전략을 이용할 수 있도록 교육한다.
② 학습자 간에 상호 활동적, 협력적 활동이 되도록 한다.
③ 표현의 정확성 위주로 교육과 평가를 한다.
④ 학습자의 학습 목적, 배경, 인지 수준 등을 종합적으로 고려하여 쓰기 방향을 설정한다.

정답 ③

정·오답풀이 ③ 정확한 언어 사용을 강조하는 교육은 낮은 수준의 쓰기 능력 신장에 긍정적으로 기여 할 수는 있으나, 인지적인 측면을 간과하고 지나친 모방 연습으로 학습자의 흥미를 떨어뜨린다는 점에서 비판 받아 왔다.

개념 정리

초급 한국어 쓰기 교육의 목표

1급	• 자기 소개하기, 물건 사기, 음식 주문하기 등 생활에 필요한 기초적인 언어 기능을 수행할 수 있으며 자기 자신, 가족, 취미, 날씨 등 매우 사적이고 친숙한 화제에 관련된 내용을 이해하고 표현할 수 있다. • 약 800개의 기초 어휘와 기본 문법에 대한 이해를 바탕으로 간단한 문장을 생성할 수 있다. • 간단한 생활문과 실용문을 이해하고 구성할 수 있다.
2급	• 전화하기, 부탁하기 등의 일상생활에 필요한 기능과 우체국, 은행 등의 공공시설 이용에 필요한 기능을 수행할 수 있다. • 약 1,500~2,000개의 어휘를 이용하여 사적이고 친숙한 화제에 관해 문단 단위로 이해하고 사용할 수 있다. • 공식적 상황과 비공식적 상황에서의 언어를 구분해 사용할 수 있다.

068 초급 한국어 쓰기 교육의 목표로 옳지 않은 것은?

영역(과목) 외국어로서의 한국어 쓰기교육론

① 짧은 문장 단위의 일상적인 글을 쓸 수 있다.
② 자모를 결합해 글자를 쓸 수 있다.
③ 자신이 경험한 일에 관한 간단한 글을 쓸 수 있다.
④ 자신에게 친숙한 사회적 소재에 대해 글을 쓸 수 있다.

정답 ④

정·오답풀이 ④ "친숙하고 구체적인 소재는 물론, 자신에게 친숙한 사회적 소재를 문단 단위로 표현 하거나 이해할 수 있다."는 3급(중급)의 쓰기 교육의 목표에 해당된다.

개념 정리

오류 수정 방법
- 단순한 오류 표시: 오류의 위치, 오류의 종류에 따른 표시 색깔
- 수정 기호를 사용한 오류 표시, 교사의 코멘트
- 교사가 틀린 것을 바로잡음: 수정하거나 대안을 써줌
- 혼합 형태: 밑줄 긋기(부주의나 실수인 경우), 수정 기호 사용(약간의 도움이 필요한 경우), 바로잡은 표현 써주기(정말 몰라서 틀린 경우 등)
- 다른 수정 가능성: 수정 연습(오류 찾아주기, 오류의 원인 찾기 등)

---

069 교사가 쓰기 오류를 수정해 주는 방법으로 옳지 않은 것은?
영역(과목) 외국어로서의 한국어 쓰기교육론

① 학습자 전체를 대상으로 오류를 다룰 때는 누구의 오류인지 드러나지 않도록 한다.
② 고쳐 쓰기를 여러 번 하는 경우에 초고에서는 내용보다 철자나 구두점을 위주로 고쳐 준다.
③ 학습자가 표현하려고 했던 원래의 의미를 추측하여 그 의도에 따라 글을 수정한다.
④ 오류를 수정할 때 상징 부호를 활용하여 학습자들이 자신의 오류 유형에 관심을 갖게 한다.

정답 ②
정·오답풀이 ② 철자나 구두점과 같은 오류 수정은 학습자의 부주의나 실수, 약간의 도움이 필요한 경우에 해당된다. 고쳐 쓰기를 여러 번 하는 경우에는 단순한 오류 수정이 아닌 내용의 수정이나 대안을 써주는 방식의 오류 수정이 필요하다.

---

070 다음 쓰기 수업에 관한 설명으로 옳은 것은?
영역(과목) 외국어로서의 한국어 쓰기교육론

> ○ 계절과 날씨에 대한 글을 읽고 자신의 나라의 계절과 날씨를 소개하는 글을 쓴다.
> ○ 고령화 문제에 대해 토론한 후 그 해결 방안에 대한 논설문을 쓴다.

① 학술적 글쓰기를 교육하는 수업이다.
② 타 언어 기술과 연계하여 쓰기 교육을 하고 있다.
③ 쓰기 후 단계에 대한 수업이 어떻게 이루어지는지 잘 보여준다.
④ 학습자들이 글쓰기에 필요한 아이디어를 얻기 어렵다.

정답 ②
정·오답풀이 ② '읽기+쓰기', '말하기+쓰기'의 연계활동이다.

> **개념 정리**
>
> **형식주의적 관점**
> - 전통적인 것으로 텍스트에 바탕을 둔 접근
> - 교사는 형식에 초점을 두고 권위적인 텍스트를 제시해서 학생들이 모방, 수용하도록 한다.
> - 교사는 실수를 고치려고 하며 정확성과 적합성에 대한 개념을 학생들에게 주입하는 역할을 한다.

071 형식주의적 관점에 따른 쓰기 교육에 관한 설명으로 옳은 것은?

영역(과목) 외국어로서의 한국어 쓰기교육론

① 전통적인 방법으로 텍스트에 바탕을 둔 교육 방법이다.
② 근접 발달 영역에서의 협동 학습을 중요하게 생각한다.
③ 글을 읽을 사람과의 상호 작용에 초점을 두는 교육 방법이다.
④ 쓰기 결과물보다 글을 쓰는 과정에 관심을 둔 교육 방법이다.

정답 ①

정·오답풀이 ② 근접발달영역에 대한 이론은 진보적 교육 방안이나 수업 모형 개발 시 개념적 배경으로 널리 사용되고 있으므로 전통적인 방법인 형식주의적 관점과는 맞지 않다.
③ 글을 읽을 사람과의 상호작용에 조점을 맞추는 것은 독자에 초점을 맞추는 방식이다.
④ 글을 쓰는 과정에 관심을 둔 것은 과정 중심 접근법이다. 전통적인 방법은 결과물을 중시하는 경향이 있다.

072 다음 쓰기 활동에 관한 설명으로 옳은 것은?

영역(과목) 외국어로서의 한국어 쓰기교육론

○ 다음 문장을 따라서 써 보십시오.

토	요	일	에		친	구	를		만	나	요	.
그	리	고		같	이		공	원	에		가	요	.

① 어휘의 정확성을 높이기 위한 유도된 쓰기 활동이다.
② 통제된 쓰기로 문장의 구조를 파악하는 활동이다.
③ 베껴 쓰기 활동으로 쓰기 학습의 초기에 사용된다.
④ 문장 간의 관계를 파악한 후 담화를 완성하는 쓰기 활동이다.

정답 ③

정·오답풀이 ③ 베껴 쓰기는 한글 자모와 띄어쓰기를 익히는 비담화적 활동으로 초급 단계에서의 활동으로 적절하다.
① 어휘의 정확성을 높이기 위한 쓰기 활동은 빈칸 채우기가 있다.
② 문법적, 구조적 연습, 통제된 쓰기와 같은 활동은 바꿔쓰기 활동에 해당된다.
④ 담화 완성하기는 담화적 활동에 속한다.

> **개념 정리**

Tribble(1997)은 일반적으로 필자가 적절하고 효과적인 텍스트를 생산하기 위해 필요로 하는 지식에 대해서 내용 지식(content knowledge), 맥락 지식(context knowledge), 언어 구조 지식(language system knowledge), 쓰기 과정 지식(writing process knowledge)의 네 가지 범주를 제시하였다.

내용 지식	주제 영역에 포함된 개념에 대한 지식
맥락 지식	텍스트가 읽혀질 사회적 맥락에 대한 지식
언어 구조 지식	그 과제를 완성하는 데 필요한 언어 체계 측면들에 대한 지식
쓰기 과정 지식	특정한 쓰기 과제를 준비하는 가장 적절한 방식에 대한 지식

073

'자기 나라의 문화를 소개하는 보고서 쓰기' 수업에서 학생은 교사로부터 다음과 같은 피드백을 받았다. 트리블(Tribble)이 제시한 쓰기 지식 중 교사가 부족하다고 이야기한 지식은?

영역(과목) 외국어로서의 한국어 쓰기교육론

> ○ 본인 나라의 문화적 특징을 적절히 소개하고 있으며 사용된 어휘와 문법 표현도 정확함.
> ○ 보고서를 쓰는 과정에서 다양한 자료를 찾아서 쓰고자 노력했음.
> ○ 대학교 과제로 제출해야 하는 보고서의 형식과 체계를 잘 갖추지 못함.

① 내용 지식   ② 맥락 지식   ③ 언어적 지식   ④ 쓰기 과정 지식

정답 ②

정·오답풀이 ② 학문목적 작문지식 중 맥락 지식이란 학문적 담화공동체와 학문적 장르 유형의 특질에 대한 지식이다. 사회적 구성주의의 관점에서 이 맥락 지식은 해당 담화공동체가 공유하고 있는 규범에 대한 지식을 말한다고 볼 수 있다. 외국인 유학생들이 대학 내에서 과제물로 요구받은 보고서, 에세이, 시험 문제 등을 쓸 때는 한국어 학문적 담화공동체가 함께 가지는 맥락에 대한 지식을 필요로 한다. 학문적 작문은 학문적 담화공동체 특유의 수사적 표현 양식과 문체, 글쓴이의 태도와 상황의 정밀한 표현, 형식에 대한 다소 엄격한 규범, 주제와 내용의 선택, 그리고 내용 전개에 있어서의 합당성, 객관성 등을 특징으로 가지고 있다. 따라서 유학생들이 한국어의 학문적 맥락에 대한 지식을 가지고 글을 쓴다는 것은, 이러한 한국어의 학문적 담화공동체의 특질에 대해 깨달아 이에 맞게 글을 쓴다는 것 또는 그 특질에서 벗어나더라도 허용되는 범위 안에서 글을 쓴다는 것을 의미하는 것이다.

> **개념 정리**

딕토글로스(dictogloss)

유의미한 상황에서 언어의 형태에 초점을 맞추고 이루어지는 출력을 중심으로 하는 교실 활동이다. 전통적인 받아쓰기(dictation)에서 도입되었으나, 둘 사이에는 절차와 목적에서 그 차이가 있다. 전통적인 받아쓰기는 들은 문장을 그대로 옮겨 적는 것이라면, 딕토글로스는 2회에 걸쳐 듣기를 하는 동안에 듣고 받아 적을 수 있었던 몇몇의 단어들만을 가지고 학습자 자신이 가지고 있는 지식을 동원하여 원문과 유사한 형태의 텍스트를 재구성하는 활동이라고 할 수 있다. 또한 전통적인 받아쓰기가 학습자의 문법 능력이 거의 요구되지 않는 개별 활동인데 반해 딕토글로스는 소집단 내에서 협동적으로 재구성 활동이 이루어지는 집단 활동이다.

- 학습자가 학습에 능동적인 참여를 한다. 과제중심(task-based)활동이라고 할 수 있다.
- 교수(teaching)와 평가(testing)라는 두 가지 기능을 동시에 한다.
- 딕토글로스 활동은 정보차 활동(inforation gap)으로서, 기억과 창조성을 발달시켜준다. 정보차란 학습자가 들어서 기억하고 있는 것, 받아쓰기 할 때 적어 놓았던 것과 완성되어야 할 과제 즉, 문법적으로 맞고 문맥상 응집성이 있는 원문의 재구성의 관계를 말한다.
- 문법이 문맥을 통해서 학습된다. 문맥이 없는 문법은 학습자에게 의미나 실용적인 가치가 없다고 볼 수 있다.
- 학습 동기를 고취시킨다.
- 의사소통과 집단 상호 작용을 촉진시킨다.
- 언어의 네 가지 영역의 발달을 꾀할 수 있다. 처음 받아 적는 활동을 통해 듣기와 쓰기 활동이 이루어지고, 재구성 과정과 분석 및 교정 과정을 통해 읽기와 말하기 활동은 필수가 된다.

074 딕토글로스(dictogloss)에 관한 설명으로 옳지 않은 것은? 영역(과목) 외국어로서의 한국어 쓰기교육론

① 교사의 이야기를 듣고 교사가 준 제시어를 이용해서 학습자가 혼자 내용을 재구성하여 쓴다.
② 문법 교수와 기술 교수를 함께 할 수 있다는 장점이 있다.
③ 텍스트를 재구성하는 과정에서 학습자가 문법 능력을 사용할 수 있도록 한다.
④ 학습자의 문법 능력에 중점을 둔다는 점에서 전통적인 받아쓰기와 차이가 있다.

정답 ①

오답쓸이 ① 받아쓰기 후 개인별로 메모한 자료를 바탕으로 소집단 활동을 통해 원문을 재구성하게 된다. 짝이나 소집단 토의를 통해 각자 듣고 받아 적은 정보를 총동원하여 원문과 유사한 글을 재구성한다.

개념 정리

장르 중심 쓰기	과정 중심 쓰기
• 텍스트 유형별 상황 맥락, 텍스트의 구조적 특징, 텍스트의 언어적 특징, 작문 전략 등을 교육 내용으로 삼는다. • 담화 공동체가 요구하는 내용과 형식을 갖추는 쓰기를 중시한다. • 사회·문화적 맥락 요인을 쓰기의 중심에 두고, 학습자의 인지 과정을 중시하며 텍스트의 언어적 특성을 지도하고자 한다. • 쓰기는 개인적 차원이 아닌 사회적 행위로서 의미를 구성하게 되는 것으로 보고, 의미 구성과정인 인지 과정을 통합하여 교육한다.	• 알고 있는 지식을 단순히 나열하는 행위가 아니라, 의미를 구성하는 행위로 본다. • 쓰기를 일종의 탐구과정으로 파악하여 의미를 구성하기 위해 일련의 문제 해결 행위를 필요로 한다. • 쓰기 행위를 일종의 자기 조정 과정으로 보아, 일련의 쓰기 과정에서 계속해서 자신의 인지 과정을 점검하고 통제하는 행위로 파악한다. • 결과 자체보다는 일련의 쓰기 과정을 강조한다. • 교사의 역동적인 개입을 강조한다. • 쓰기 과정의 회귀성, 상호작용성, 병렬성을 강조한다.

075 장르 중심 쓰기에 관한 설명으로 옳은 것은? 영역(과목) 외국어로서의 한국어 쓰기교육론

① 텍스트를 상황 맥락과 상관없이 고정된 것으로 보고 모범적인 언어 형식을 모방하도록 한다.
② 쓰기를 일련의 문제 해결 과정이며 인지적인 사고 과정이라고 보고 정해진 규칙과 규범을 강조한다.

③ 사회 지향적 접근으로 필자에 초점을 맞추며 글쓰기 활동의 순환에 대해 강조한다.
④ 담화공동체의 요구를 고려하여 텍스트의 구조, 수사적, 언어적 특성에 맞추어 글을 쓰도록 한다.

정답 ④
정·오답풀이 ①, ②, ③은 과정 중심 쓰기에 해당된다.

076 비판적 듣기 활동에 해당하는 것은?

영역(과목) 외국어로서의 한국어 듣기교육론

① 들은 내용을 바탕으로 화자의 의도 파악하기
② 들은 내용을 바탕으로 화자의 태도 짐작하기
③ 자신의 생각을 반영하여 들은 내용 판단하기
④ 화자의 생각을 존중하며 들은 내용 간추리기

정답 ③
정·오답풀이 ①, ②는 추론적 듣기, ④ 공감적 듣기에 해당된다.

077 다음 활동을 통해 공통적으로 교수하고자 하는 듣기 능력으로 가장 적절한 것은?

영역(과목) 외국어로서의 한국어 듣기교육론

철자 카드 고르기, 단어 받아쓰기

① 음운 식별하는 능력
② 사실적 정보 듣기 능력
③ 듣고 적용하는 능력
④ 듣고 추론하는 능력

정답 ①
정·오답풀이 ① 철자 카드 고르기와 받아쓰기는 정확한 철자, 소리(음운 규칙)와 형태(체언과 조사, 어간과 어미 규칙)를 이해·구별하는 능력을 향상시키기 위한 교수 방법이다.

개념 정리

단계별 듣기 교육의 목표

1급	• 문장의 억양을 듣고 식별한다. • 주변의 친숙한 어휘(교실 어휘, 장소 어휘 등)를 듣고 그 대상을 안다. • 정형화된 표현(인사, 자기소개에서 사용되는 표현 등)을 듣고 이해한다. • 한두 문장으로 된 간단한 지시, 명령을 듣고 행동한다. • 쉽고 간단한 대화를 듣고 대화가 일어난 장소와 시간 등을 안다. • 개인의 일상생활(학교생활, 쇼핑 생활 등)에 관한 쉽고 기초적인 대화를 듣고 이해한다. • 쉽고 간단한 말을 듣고 단순한 과제(식당에서 주문하기 등)를 수행한다. • 시간(현재, 과거, 미래)에 따른 일들을 듣고 이해한다.

급수	내용
2급	• 쉽고 간단한 노래를 듣고 이해한다. • 쉽고 간단한 게임이나 놀이를 듣고 이해한다. • 개인의 일상생활 및 여가생활에 관한 간단한 대화를 듣고 이해한다. • 열 문장 내외의 대화를 듣고 대화가 일어난 장소와 시간 등을 안다. • 열 문장 내외의 역할극에 관련된 듣기를 이해한다. • 열 문장 내외의 단문 대화를 듣고 과제를 수행한다. • 미래 계획에 관한 간단한 대화를 듣고 이해한다. • 복잡하지 않은 대화를 듣고 일의 순서, 이유, 목적 등에 대해 이해한다.
3급	• 간접적인 부탁이나 청유문을 듣고 행동한다. • 비교적 복잡한 구성의 일상적인 대화나 담화를 듣고 전반적인 내용을 이해한다. • 빈도가 높은 속담이나 관용어를 듣고 이해한다. • 친숙한 사회적 소재의 대화나 담화를 듣고 핵심 내용을 이해한다.
4급	• 문장의 억양을 듣고 그 의도를 구분한다. • 업무 관련 대화나 담화를 듣고 적절하게 반응한다. • 광고, 인터뷰 등을 듣고 요점을 파악한다. • 사건 사고 등 시사적 내용의 담화를 듣고 내용을 파악한다. • 비교적 복잡한 구성의 일상적인 대화나 담화를 듣고 세부적인 내용을 이해한다. • 일반적 주제에 관한 말이나 대화를 듣고 필요한 정보를 파악한다. • 열다섯 문장 내외의 담화를 듣고 요점을 파악한다. • 다양한 내용의 말이나 대화를 듣고 주제나 대의 등을 파악한다.
5급	• 다양한 사회적 소재의 대화나 담화를 듣고 핵심 내용을 이해한다. • 업무 관련 대화나 담화를 듣고 적절하게 반응한다. • 다양한 시사적 내용의 담화를 듣고 세부 내용을 파악한다. • 일반적 주제에 관한 전화 대화, 연설, 방송 등을 듣고 주요내용을 이해한다. • 비교적 복잡한 안내문이나 지시문을 듣고 목적과 절차에 맞게 과제를 수행한다. • 일반적인 주제에 관한 말이나 대화를 듣고 함축적 의미를 파악한다. • 일반적인 주제에 관한 강의, 뉴스 등을 듣고 세부사항을 파악한다. • 일반적 주제에 관한 토론을 듣고 중심 내용과 세부 내용을 이해한다.
6급	• 다양한 주제에 관한 토론을 듣고 중심내용을 파악한다. • 사회적인 맥락이나 전문적인 주제를 다룬 대화를 듣고 내용을 파악한다. • 주례사, 추모사 등을 듣고 내용을 파악한다. • 전문적인 주제를 다룬 내용을 듣고 화자의 의도를 파악하거나 내용을 추론한다. • 비교적 긴 발언과 강연을 이해하면서 듣는다. • 방송자료(대담이나 시사 프로그램 등)를 듣고 이해한다. • 자신의 전문 분야와 관련된 담화를 듣고 이해한다. • 익숙한 주제에 관한 열다섯 문장 이상의 발언과 강연의 상당히 복잡한 논증도 이해한다. • 대부분의 뉴스 방송과 시사 프로그램을 이해한다. • 영화, 연극 등의 내용을 대부분 이해한다. • 긴 시간 동안 이야기되는 화자들의 대화를 정확하게 이해한다. • 형식 스키마를 활용해 다양한 텍스트를 정확하게 이해한다. • 전문적인 주제를 다룬 강연, 대담 등을 듣고 대강의 내용을 파악할 수 있다.
7급	• 복잡한 내용의 텍스트를 듣고 화자의 의도와 중심 내용 및 세부 내용을 파악한다. • 사용 빈도가 높지 않은 비유적 의미, 함축적 의미를 파악한다. • 논리적 의미 관계를 정확하게 파악한다.

078 일반 목적 한국어 교육에서 고급 단계 듣기 교육의 목표로 옳은 것은?

영역(과목) 외국어로서의 한국어 듣기교육론

① 개인의 일상생활 및 여가생활에 관한 간단한 대화를 듣고 이해할 수 있다.
② 시사적인 문제를 다룬 방송자료를 듣고 이해할 수 있다.
③ 격식적 상황과 비격식적 상황에서 이루어지는 대화를 듣고 그 특성을 이해할 수 있다.
④ 친숙한 추상적 주제에 관한 내용을 듣고 이해할 수 있다.

정 답 ②

정·오답풀이 ① 2급, ③ 4급, ④ 3급에 해당되는 목표이다.

079 다음 듣기 상황에서 밑줄 친 사고구술(think-aloud) 부분에 나타난 듣기 전략은?

영역(과목) 외국어로서의 한국어 듣기교육론

> 잇몸 마사지 방법으로 두 가지가 있습니다. 첫째, (첫째라, 그럼 보나마나 첫 번째 중요 사항이 나온다는 거니까, 집중해서 들어야지.) 칫솔을 이용해서 잇몸 마사지를 할 수 있습니다. 다시 말해서, (다시 말해서라고 하니까 같은 내용이 한 번 더 얘기된다는 거야.) (이하 생략)

① 모르는 내용에 대해 설명 요청하기
② 언어적 단서 이용하여 내용 예상하기
③ 변별적 음운 구별하며 의미 파악하기
④ 반복되는 말에 주목하며 내용 이해하기

정 답 ②

정·오답풀이 ② '첫째, 다시 말해서'를 통해 다음에 이어질 내용을 예상하여 듣기 전략을 구성하고 있다. 사고구술(think-aloud)이란 중얼거리며 생각하기를 말한다.

080 듣기 후 활동으로 보기 어려운 것은?

영역(과목) 외국어로서의 한국어 듣기교육론

	듣기	듣기 후 활동
ㄱ	드라마 감상하기	좋아하는 장면에 대해 친구와 함께 역할극을 한다.
ㄴ	사회 문제에 대한 토론 듣기	그 문제에 대한 자신의 생각을 이야기한다.
ㄷ	분리수거에 대한 공익 광고 듣기	분리수거의 장점과 단점에 대해 글을 쓴다.
ㄹ	사람을 찾는 안내 방송 듣기	안내 방송에서 찾는 사람을 그림에서 고른다.

① ㄱ ② ㄴ ③ ㄷ ④ ㄹ

정 답 ④

정·오답풀이 ④ 듣기 활동에 속하는 듣고 맞는 답 고르기는 가장 대표적인 활동으로서 내용을 듣고 이해한 후, 듣기 활동 과제에서 요구하는 질문 내용과 일치하는 것을 고르는 과제이다. 문장 읽고 답 고르기, 그림 보고 고르기, 도표나 서식 보고 고르기 등이 이에 속한다.

081 듣기를 할 때 사용하는 전략으로 다른 하나는?

영역(과목) 외국어로서의 한국어 듣기교육론

① 다음에 무슨 내용이 나올지를 예측하면서 듣는다.
② 비언어적 단서를 통해서 화자가 말하고자 하는 내용을 추론한다.
③ 배경지식을 이용하여 내용을 이해한다.
④ 자신이 내용을 잘 이해하고 있는지를 점검하면서 듣는다.

정답 ④

정·오답풀이 ④ 상위 인지 전략에 속하는 점검하기(monitoring)는 듣기 과제의 수행 과정이나 이해 정도를 점검, 확인 또는 수정하는 전략으로, 듣기 이해 정도를 자기 스스로 점검하는 이해 점검(comprehension monitoring)이 이에 속한다.
①, ② 인지 전략 중 추론하기(inferencing)
③ 인지 전략 중 연상하기(elaboration)

082 스키마의 유형이 다른 대화 내용은?

영역(과목) 외국어로서의 한국어 듣기교육론

> ㄱ : 오늘 영화 어땠어? 난 예고편을 먼저 봐서 그런지 그렇게 어렵지 않던데.
> ㄴ : 나도 친구가 줄거리를 미리 이야기해 줘서 괜찮았어
> ㄷ : 난 친구가 그 영화 구조가 다큐멘터리 형식이라고 알려줘서 도움을 좀 받았지.
> ㄹ : 그 주인공이 나온 영화 내용은 다 비슷하잖아. 그 주인공이 나온 영화를 많이 봐서 그런지, 오늘 본 영화를 이해하기 비교적 쉬웠어.

① ㄱ   ② ㄴ   ③ ㄷ   ④ ㄹ

정답 ③

정·오답풀이 내용 스키마란 담화의 내용 영역에 대해서 화자가 소유하고 있는 배경 지식의 구조를 말한다.
ㄱ, ㄴ, ㄹ은 각자가 가지고 있던 배경지식을 정보와 통합하여 영화의 내용을 이해하였고, ㄷ은 영화의 구조와 형식에 대해서 이해하였다.

083 '건강'을 주제로 듣기 수업을 할 때 듣기 전 활동끼리 묶은 것은?

영역(과목) 외국어로서의 한국어 듣기교육론

> ㄱ. 아팠을 때 경험을 이야기한다.
> ㄴ. 병원에서 주고받는 대화를 예측해 본다.
> ㄷ. 대화를 듣고 환자의 증상을 파악한다.
> ㄹ. 의사와 환자로 나누어 역할극을 한다.

① ㄱ, ㄴ   ② ㄱ, ㄷ   ③ ㄴ, ㄷ   ④ ㄷ, ㄹ

정답 ①

정·오답풀이
ㄱ, ㄴ. 듣기 전 활동은 시각 자료 제시하기, 관련 어휘 제시하기, 사전 질문을 통해 배경 지식 활성화하기, 배경지식 설명하기, 해당 주제에 대한 의견 말하기와 토론하기 등이 있다.
ㄷ. 듣기 활동, ㄹ. 듣기 후 활동에 해당된다. 듣기 활동은 듣고 맞는 답 고르기, 듣고 O, X 하기, 듣고 연결하기, 들은 내용 그리기, 들은 내용 쓰기, 들은 내용 순서대로 나열하기, 중심내용 파악하기, 추측하기 등이 있고, 듣기 후 활동은 들은 내용 학습하기, 요약하기, 주제와 관련된 경험 소개하기, 역할극 하기, 추측, 추론하기, 문제 해결하기, 토론하기, 주장하기 등이 있다.

개념 정리

Hanvey(1979)의 교차 문화 인식 단계는 학습자의 인식의 증가와 문화 구성원의 관점에서 주관적인 관점으로 문화 이해를 쌓아 가는 과정을 4단계로 나타내고 있다.

교차 문화 인식 단계	양식	판단
Ⅰ. 피상적 혹은 분명히 보여지는 문화 특성 인식	관광 여행, 교재	믿을 수 없는, 외래의, 색다른
Ⅱ. 자신의 것과 뚜렷이 대조되는 문화 특성을 의미 있게 모르는 사이에 인식	문화 갈등 상황	믿을 수 없는, 좌절, 불합리한
Ⅲ. 자신의 것과 뚜렷이 대조되는 문화 특성을 의미 있게, 의식적으로 인식	지적인 분석	믿을 만한, 인지력 있는
Ⅳ. 내부자의 입장에서 다른 문화를 어떻게 느끼는가에 대한 인식	문화 몰입: 문화 속에서 살기	개인적 친밀함 때문에 믿을 만한

084

한베이(R. Hanvey)의 교차문화 인식 단계(level of cross-cultural awareness)모형에 대한 설명으로 옳지 않은 것은?

영역(과목) 외국어로서의 한국문화교육론

① 1단계: 피상적으로 문화를 파악하는 단계로 목표 문화가 색다르지만 믿을 수 없다고 해석한다.
② 2단계: 문화적 갈등이 나타나는 단계로 목표 문화를 불합리하다고 판단하고 좌절감을 느낀다.
③ 3단계: 목표 문화의 특성에 대해 지적인 분석을 하는 단계로 목표 문화를 믿을 만하다고 여긴다.
④ 4단계: 목표 문화권에서 살아가는 단계로 외부자라는 객관적 시각에서 목표 문화를 인식하고 거기에 몰입한다.

정답 ④

정·오답풀이 ④ 4단계에서는 외부자라는 시각이 아닌 내부자의 입장에서 목표 문화를 인식하고 몰입하여 문화 속에서 살게 된다.

085 학습자에게 다음 문화감지도구 활동지를 하게 한 후에 이어질 교사의 지도로 옳은 것은?

영역(과목) 외국어로서의 한국문화교육론

> 다음을 읽고 이 상황에서 어떻게 하면 좋을지 알맞은 답을 고르세요.
> 〈상황〉 나는 미국에서 한국의 한 대학으로 유학 온 학생이다.
> 〈문제〉 식당에서 한국 친구를 만났는데 그 친구가 나의 점심 값까지 먼저 계산했다. 식사 후에 차를 마시러 가자고 한다. 어떻게 하면 좋을까?
> 　　1. 그 친구의 차 값을 계산한다.　　2. 각자 자신의 차 값을 내자고 한다.
> 　　3. 부담스럽다고 거절하고 다른 곳으로 간다.　　4. 기타

① 교사는 시각 자료를 사용하여 교실을 문화 공간으로 만든다.
② 교사는 직접적인 피드백을 제공하여 목표 문화를 이해하도록 한다.
③ 교사는 학생들이 자신의 문화권 상황으로 역할극을 구성하게 한다.
④ 교사는 학생들이 자신의 문화를 포기하고 목표 문화에 동화되도록 이끈다.

정답 ②

정·오답풀이 ② 문화감지도구에서는 피훈련자가 앞의 선택 문항에서 하나의 답을 선택한 후엔 그 답에 해당하는 피드백으로 가게 한다. 그것이 정답일 경우 그 항목에 대한 한국인들의 일반적 문화를 소개해 주어 문화학습을 할 수 있도록 돕는다. 만일 오답을 선택했을 때에는 그에 따르는 피드백으로 정답에 가까운 설명을 주어 다시 문제를 풀도록 한다. 이 과정은 정답을 찾을 때까지 계속 반복된다.

개념 정리

문화의 유형
- 산물(product)로서의 문화: 인간에 의해 생산되고 채택되는 모든 인공적 산물로서, 도구나 의복, 서적, 건물 등 유형적 산물은 물론 언어나 음악, 가족제도, 교육, 경제, 정치, 종교 등 무형적 산물도 포함된다.
- 수행(performance)으로서의 문화: 인간이 개인적으로 혹은 상호적으로 수행하는 활동과 상호작용의 전체를 이르는 것으로, 산물을 사용하는 것과 관련된 행동, 의사소통의 형태, 생활양식, 관습 등을 포함한 확장된 문화 개념이다.
- 관점(viewpoint)으로서의 문화: 문화를 실행하는 개인과 공동체의 지침이 되는 시각이나 선입견으로, 문화 산물의 기저에 깔려있는 인식, 신념, 가치, 태도 등을 포괄한다.

086 문화 교육에서 고려할 문화 유형에 관한 내용으로 옳지 않은 것은?

영역(과목) 외국어로서의 한국문화교육론

① 산물 문화의 예로는 문학, 예술, 공예, 문화재 등이 있다.
② 산물 문화는 전통적으로 소문화(little-c)로 분류된다.
③ 행위 문화는 비언어적 행위뿐만 아니라 언어적 행위, 준언어적 행위로 나타난다.
④ 사고 문화의 예로 가치관, 민족성, 정서, 사상, 신앙 등이 있다.

정답 ②

정·오답풀이 ② 대문화(big-c)는 고전, 음악, 무용, 문학, 예술, 건축, 정치제도, 경제제도 등을 일컫는 것이고, 소문화(little-c)는 일상생활에서 나타나는 행동양식, 태도, 신념, 가치, 체계 등을 말한다. 산물로서의 문화는 대문화(big-c)에 해당된다.

087 문화 문식성에 대한 설명으로 옳지 않은 것은?

영역(과목) 외국어로서의 한국문화교육론

① 해당 문화권의 사회문화적 정보를 기반으로 한다.
② 언어를 수용하고 생산하는 사회 구성원들의 능력과 관련된다.
③ 사람들이 특정 사회 집단에 대해 이미 가지고 있는 인지적, 정의적 불변의 관념이다.
④ 언어 교육의 관점에서는 다양한 문화적 맥락 훈련을 통해 학습될 수 있다고 본다.

정답 ③

정·오답풀이 ③ 문화적 문식성은 문화를 역동적인 현상으로서 파악하고 그 문화현상을 이해하고, 평가하고, 소통하는 능력이다.

088 어휘 오류를 설명할 때 교사가 알아야 하는 내용으로 옳지 않은 것은?

영역(과목) 외국어로서의 한국문화교육론

① *소음 오염이 심해요 : '오염'은 대상이 더럽게 될 때 쓴다.
② *그 노래는 목숨이 길어요 : '목숨'은 사람이나 동물, 식물에 대해 말할 때 쓴다.
③ *장갑을 입어요 : '입다'는 바지나 티셔츠 같은 옷을 걸치거나 두를 때 쓴다.
④ *부부의 동안이 좋아요 : '동안'은 어떤 시간부터 다른 시간까지의 길이를 나타낼 때 쓴다.

정답 ②

정·오답풀이 ② '생명'이라는 어휘도 사람이 살아서 숨 쉬고 활동할 수 있게 하는 힘, 또는 동물과 식물을 생물로서 살아 있게 하는 힘을 말한다. 그러나 '생명'이라는 어휘는 사물이 유지되는 일정한 기간이라는 의미도 있으므로 '목숨'보다는 '생명'이 알맞다고 지도해야 한다.

089 의미 관계를 고려한 어휘 교육 방법으로 적절하지 않은 것은?

영역(과목) 외국어로서의 한국어 어휘교육론

① 사고(思考) : 한 문장 안에서 동음이의어인 '사고(事故)'를 말하도록 활동지를 구성한다.
② 현재, 과거 : 다른 반의어도 있으므로 같은 계열의 어휘들을 묶어서 제시한다.
③ 손이 크다 : 다의어의 확장의미를 설명할 때 기본의미를 활용한다.
④ 생물 : 하위어인 '동물'과 '식물'을 함께 제시하며 이들 단어들을 계층적으로 시각화한다.

정답 ①

정·오답풀이 ① 한자어 교육에서 동음이의어는 텍스트 안에서 문맥에 맞게 지도해야 한다. 긴 텍스트가 아닌 단 한 문장 안에서 다른 의미를 가진 두 개의 어휘를 문맥에 맞게 넣는 일은 학습자에게 쉽지 않다.

개념 정리

시험수준	등급	평가기준
TOPIK I	1급	자기 소개하기, 물건 사기, 음식 주문하기 등 생존에 필요한 기초적인 언어 기능을 수행할 수 있으며 자기 자신, 가족, 취미, 날씨 등 매우 사적이고 친숙한 화제에 관련된 내용을 이해하고 표현할 수 있다. 약 800개의 기초 어휘와 기본 문법에 대한 이해를 바탕으로 간단한 문장을 생성할 수 있다. 또한 간단한 생활문과 실용문을 이해하고, 구성할 수 있다.
	2급	전화하기, 부탁하기 등의 일상생활에 필요한 기능과 우체국, 은행 등의 공공시설 이용에 필요한 기능을 수행할 수 있다. 약 1,500~2,000개의 어휘를 이용하여 사적이고 친숙한 화제에 관해 문단 단위로 이해하고 사용할 수 있다. 공식적 상황과 비공식적 상황에서의 언어를 구분해 사용할 수 있다.
TOPIK II	3급	일상생활을 영위하는 데 별 어려움을 느끼지 않으며 다양한 공공시설의 이용과 사회적 관계 유지에 필요한 기초적 언어 기능을 수행할 수 있다. 친숙하고 구체적인 소재는 물론, 자신에게 친숙한 사회적 소재를 문단 단위로 표현하거나 이해할 수 있다. 문어와 구어의 기본적인 특성을 구분해서 이해하고 사용할 수 있다.
	4급	공공시설 이용과 사회적 관계 유지에 필요한 언어 기능을 수행할 수 있으며, 일반적인 업무 수행에 필요한 기능을 어느 정도 수행할 수 있다. 또한 뉴스, 신문 기사 중 비교적 평이한 내용을 이해할 수 있다. 일반적인 사회적 · 추상적 소재를 비교적 정확하고 유창하게 이해하고 사용할 수 있다. 자주 사용되는 관용적 표현과 대표적인 한국 문화에 대한 이해를 바탕으로 사회 · 문화적인 내용을 이해하고 사용할 수 있다.
	5급	전문 분야에서의 연구나 업무 수행에 필요한 언어 기능을 어느 정도 수행할 수 있으며 정치, 경제, 사회, 문화 전반에 걸쳐 친숙하지 않은 소재에 관해서도 이해하고 사용할 수 있다. 공식적 · 비공식적 맥락과 구어적 · 문어적 맥락에 따라 언어를 적절히 구분해 사용할 수 있다.
	6급	전문 분야에서의 연구나 업무 수행에 필요한 언어 기능을 비교적 정확하고 유창하게 수행할 수 있으며 정치, 경제, 사회, 문화 전반에 걸쳐 친숙하지 않은 주제에 관해서도 이해하고 사용할 수 있다. 원어민 화자의 수준에는 이르지 못하나 기능 수행이나 의미 표현에는 어려움을 겪지 않는다.

090 다음 어휘 교수 목표에 가장 적합한 숙달도 등급은?

영역(과목) 외국어로서의 한국어 어휘교육론

ㄱ. 친숙하지 않은 사회적 주제와 관련된 어휘를 사용할 수 있다.
ㄴ. 자신의 전문 분야(직업적, 학문적 영역)에 쓰이는 대부분의 어휘를 이해하고 사용할 수 있다.
ㄷ. 자주 쓰이는 시사용어를 사용할 수 있다.

① 2급 ② 3급
③ 4급 ④ 5급

정답 ④

정·오답풀이 ④ 한국어능력시험 등급별 평가 기준에서 5, 6급에 해당된다.

091 다음 어휘 학습 방법의 공통점으로 옳은 것은?

영역(과목) 외국어로서의 한국어 어휘교육론

| 반복 | 검색(retrieval) | 속도 조절 |
| 간격 두기 | 번역어와의 연상법(key words) | 사용 |

① 어휘를 생성하기 위한 전략이다.
② 어휘의 의미 파악을 돕는 활동이다.
③ 어휘를 기억하기 위한 전략이다.
④ 어휘 사용의 정확성을 높이는 활동이다.

정답 ③

정·오답풀이 ③ 학습자가 단어의 의미를 기억하기 위해 사용하는 전략들로 한번 배운 어휘를 기억 및 저장할 때 사용하는 강화 전략(consolidation strategies)이다.

092 교사의 다음 질문에 대한 동료 교사의 대답으로 가장 적절한 것은?

영역(과목) 외국어로서의 한국어 어휘교육론

교사 : 우리 반 학생들이 유행어, 비속어, 금기어 같은 것을 수업에서 배우고 싶어하는데 어떻게 하는 게 좋을까요?

① "이런 말들은 표현보다는 이해 차원에서 다루어야 한다고 생각해요."
② "실제 상황에서 쓸 기회가 있을 테니까 연습 기회를 많이 주어야 할 것 같아요."
③ "어문규범이 중요하니까요. 저라면 정확성에 초점을 맞춰서 가르칠 거예요."
④ "글쎄요. 학생들이 원한다면 충분한 언어입력을 제공하는 것이 좋지 않을까요?"

정답 ①

정·오답풀이
② 비속어와 금기어와 같은 어휘는 실제 상황에서의 사용을 위한 것보다 이해의 차원으로 학습해야 한다.
③ 유행어, 비속어의 경우는 어문규범에 맞지 않는 어휘들이 많으므로 정확성에 초점을 맞춰 가르칠 필요가 없다.
④ 학습자의 요구가 있어도 교육 현장에서 유행어, 비속어, 금기어를 충분하게 학습하는 것은 바람직하지 않다.

093 언어교수법에 따른 어휘 교수 방법으로 옳지 않은 것은?

영역(과목) 외국어로서의 한국어 어휘교육론

① 문법번역식 교수법에서는 번역이 첨가된 어휘 목록이 제시되고 어휘의 암기가 이루어진다.
② 직접식 교수법에서는 구체적인 어휘를 강조하고 추상적인 어휘는 다루지 않는다.
③ 총체적 언어 접근법에서는 실제적인 어휘들을 활용하지만 텍스트를 단어 단위로 분석하지 않는다.
④ 의사소통적 접근법에서는 어휘 교육의 중요성을 인식하고 문맥 속에서 어휘를 유추하거나 사용하도록 교수한다.

정답 ②

정·오답풀이 ② 직접식 교수법에서는 구체적인 의미는 시각 자료를 사용하고 추상적인 의미는 다른 개념과의 관계를 통해 제시한다.

개념 정리

어휘 교육의 실제적 방법

어휘를 교수·학습하기 위한 실제적인 방법으로는 실물이나 그림, 동작을 통한 방법, 추상화에 의한 분석적 정의를 활용하는 방법, 문맥을 활용한 제시 방법, 학습자의 모국어로의 번역을 활용하는 방법, 어휘 게임 등이 있다.

실물이나 그림 혹은 사진을 보여 주거나, 손동작, 확인하기 쉬운 동작을 보여주는 방법은 초급교실에서 흔히 사용한다. 단, 추상적인 어휘 설명은 오해의 소지가 있을 수 있고 동작 동사나 부사 어휘는 명확하게 보여주기가 힘들어서 혼동을 일으킬 수 있다.

추상화에 의한 분석적 정의를 활용한 제시는 사전의 뜻풀이에 제시된 설명이나 해당 어휘의 기능을 통해 설명하는 방식이다.

문맥을 활용한 제시방법은 단어의 의미를 직접적으로 설명하지 않고 학습자로 하여금 글 전체에서 해당 단어가 다른 단어와 어떻게 결합하고 있는지를 파악하여 이를 통해 의미를 찾아가도록 유도하는 방식을 말한다.

모국어로의 번역을 활용하는 제시방법은 특히 초급 학습자에게 유용한 방법이다. 읽기에서 중요하지 않은 단어를 빨리 넘어가기를 원할 때 유용하며, 단어의 품사에 제약을 받지 않고 학습자들이 이해했는지 확인하기 쉽다. 단, 단어의 개념이 학습자의 모국어의 개념과 같을 때에 사용이 가능하다.

---

094 어휘 제시 방법 중 '분석적 정의'에 관한 설명으로 가장 적절한 것은?

영역(과목) 외국어로서의 한국어 어휘교육론

① 어휘의 의미를 설명하기 위해 사전식 풀이를 활용한다.
② 문맥 속에서 목표 어휘의 의미를 분석하도록 유도하는 활동이 이루어진다.
③ 시간이 적게 걸려서 중요하지 않은 단어를 설명할 때 주로 이용한다.
④ 대응하는 모국어 단어로 번역하여 제시한다.

정답 ①

정·오답풀이
② 문맥을 활용한 제시방법
③, ④ 모국어로의 번역을 활용하는 제시방법

---

095 기술 분리형 교재의 특징으로 적절하지 않은 것은?

영역(과목) 외국어로서의 한국어 교재론

① 언어 기술들이 서로 연계되도록 교육 내용이 선정된다.
② 학습자의 학습 목적이나 요구 반영이 용이하다.
③ 언어 기술 중 특정 영역을 보충하거나 심화할 수 있다.
④ 같은 숙달도 단계라도 기술별로 교육 내용을 다르게 구성할 수 있다.

정답 ①

정·오답풀이
① 기능(기술) 분리형 교재는 언어 영역별로 말하기, 읽기, 쓰기, 듣기, 문법, 어휘 및 표현, 발음 교재 등으로 나누어 언어의 기능들을 독립적으로 다룬 교재이다. 그리고 이 모든 기능을 통합한 교재가 통합 교재이며 통합 교재에서는 언어의 기능들이 서로 연계되어 교육 내용이 선정되어진다. 기능(기술) 분리형 교재는 각 언어의 기능만이 중점이 되어 학습자가 해당 기능을 명확하게 이해하고 표현할 수 있도록 한다.

096 다음 수업 단계에서 교재를 사용하며 교사가 의도한 것은?

영역(과목) 외국어로서의 한국어 교재론

> 교사 : 자, 10과 '고장'입니다. 사진을 같이 봐요. 사진에 뭐가 있어요?
> 학생 : 두 사람이 컴퓨터를 보고 있어요. 컴퓨터에 문제가 있는 것 같아요.
> 교사 : 그렇죠? 무슨 문제가 있을까요?

① 수업 수준 유지   ② 학습 동기 유발   ③ 연습 활동 제시   ④ 평가 자료 제공

정답 ②

정·오답풀이 ② 수업의 단계 중 "도입"에 해당한다. 단원의 제목과 사진을 먼저 살펴봄으로서 학습자의 학습 동기를 유발시키고 브레인스토밍을 하게 한다.

097 교재 개작 방법으로 적절하지 않은 것은?

영역(과목) 외국어로서의 한국어 교재론

① 연습이 구어 활동 위주라서 부분적으로 생략하고 문어 활동을 추가하였다.
② 그림 자료가 적절하지 않아서 삭제하고 다른 그림 자료를 보충하였다.
③ 읽기 자료의 실제성이 떨어져서 내용을 단순화하고 간략화하였다.
④ 문법 항목의 제시 순서가 체계적이지 않아서 항목을 재배열하였다.

정답 ③

정·오답풀이 ③ 내용이 단순화, 간략화되면 자료의 실제성이 더 떨어지게 되므로 다양한 언어적 요소들을 사용하여 실제성을 부여하여야 한다. 읽기 자료는 단원의 주제에 맞으며 학습자의 숙달도 수준에 맞게 실제적으로 구성되어야 한다.

098 다문화 배경 학생을 대상으로 한 KSL 교재의 구성표에서 학문적 언어 능력 향상과 관계가 없는 것은?

영역(과목) 외국어로서의 한국어 교재론

① 기본적 대인관계 유지에 필요한 문법과 표현
② 학업 상황에서 필요한 학습 전략
③ 특정 주제에 한정되지 않은 사고도구어
④ 교과 학습에서 필요한 주제별 어휘

정답 ①

정·오답풀이 ① 기본적 대인관계 유지에 필요한 문법과 표현은 학습 한국어가 아닌 생활 한국어의 언어 재료로 제시할 수 있으며, 학문적 언어 능력 향상보다는 상호 문화적 소통 능력 신장에 해당된다.

개념 정리

모바일러닝의 특징은 이동성, 개인성, 신속성, 상호작용성, 확장성, 자기주도성으로 볼 수 있다.
① 모바일기기가 갖는 가장 큰 장점으로 휴대성을 들 수 있으며 이 휴대성을 통해서 모바일러닝은 이동성을 갖게 된다. 장소와 시간에 구애받지 않고 학습자가 원할 때 언제든지 학습이 가능하게 해주며 학습자는 이동 중에도 학습을 진행할 수 있다.

② 대부분의 기기들이 공동소유가 아닌 매우 개인적인 소유물로 많은 개인정보들(취향, 관심분야, 일정 등)을 담고 있으며 학습자의 상황에 대한 정보(위치, 날씨, 시간 등)를 통해서 학습자의 상황에 맞는 학습 콘텐츠가 제공될 수 있다.
③ 정보통신 기술을 이용하여 학습자가 빠른 정보검색을 통해서 원하는 정보를 학습에 이용할 수 있도록 한다.
④ 학습자들이 학습활동을 할 때 다른 학습자들과 실시간의 상호작용을 통해서 학습공동체를 형성하여 특정 지식을 집단지성을 통해 알아가거나 소통을 통해 학습을 진행한다.
⑤ 자기주도성이 매우 높은 학습방식이며 학습자의 주도로 학습이 가능하다.

099 한국어 학습용 모바일 앱에 관한 설명으로 옳지 않은 것은?
영역(과목) 외국어로서의 한국어 교재론

① 다양한 형태의 학습 콘텐츠가 있다.
② 학습 내용의 검색이나 저장이 용이하다.
③ 학습의 시간과 장소에 구애받지 않는다.
④ 학습 내용의 전달 방식이 고정적이다.

정답 ④

정·오답풀이 ④ 학습 내용의 전달 방식은 매우 유동적이다. 학습 내용과 분량을 선택해 자신이 원하는 시간에 주도적으로 학습할 수 있으며, 언제든 서로 상호작용을 하며 의견을 교환하고 내용을 전달할 수 있다.

100 다음 활동에서 실제성 확보를 위해 고려한 것으로 보기 어려운 것은?
영역(과목) 한국어 교육 과정론

과제 : 외국인 친구들과 2박 3일 서울 여행 계획하기
절차 : 여행안내 정보 읽기 → 하고 싶은 것 말하기 → 계획서 작성하기 → 계획한 것 발표하기

① 실생활에서 자주 범하는 오류의 피드백
② 실생활에서 사용 가능한 언어 자료 제공
③ 실생활을 고려한 언어 기능의 통합
④ 실생활에서 접할 수 있는 상황 제시

정답 ①

정·오답풀이 ② 여행안내 정보 읽기는 실생활에서 사용 가능한 언어 자료 제공에 해당된다.
③ 읽기, 말하기, 작성하기, 발표하기는 실생활을 고려한 언어 기능의 통합에 해당된다.
④ 서울 여행이라는 과제는 실생활에서 접할 수 있는 상황으로 볼 수 있다.

101 다음과 같은 유형의 한국어 교재에 관한 설명으로 옳지 않은 것은?
영역(과목) 한국어 교육 과정론

| 14과 | 작업 도구 | 드라이버로 해 보세요 | 권유하기 | -아/어 보다 | 작업 도구 사용법 말하기 |
| 19과 | 근무 환경 | 조건이 좋은 편이에요 | 만족 표현하기 | -(으)ㄴ 편이다 | 근무 환경에 대해 말하기 |

① 구조 중심 교수요목을 기반으로 제작되었다.
② 특수 목적의 학습자를 위해 개발된 교재이다.
③ 20년대 이후에 본격적으로 개발이 시작되었다.
④ 학습자가 경험하게 될 사회적 맥락을 고려하였다.

정답 ①

정·오답풀이 ① 상황 교수요목을 기반으로 제작된 교재이다. 특수 목적 학습자를 위해 학습자의 언어 활동이 이루어지는 상황을 중심으로 제작되었다.

102 한자어 교수 방법으로 적절한 것을 모두 고른 것은?

영역(과목) 외국어로서의 한국어 어휘교육론

	어휘	교수 방법
ㄱ	냉수, 미인, 독서	유사한 형성 원리가 있는 다른 어휘를 제시하고 문맥에서 의미를 유추한다.
ㄴ	비공개, 비현실적	'비'가 첨가되어 의미가 달라짐을 알리고 '비'가 첨가된 어휘를 찾아본다.
ㄷ	생일, 생선, 희생	'생(生)'의 '음'과 '훈'이 같아 어휘 확장이 용이함을 설명하고 다른 예도 보여 준다.
ㄹ	동상이몽, 일석이조	사자성어를 분리하여 의미를 풀이해 주고 표현을 활용해 대화를 구성한다.

① ㄱ, ㄴ   ② ㄱ, ㄷ   ③ ㄴ, ㄹ   ④ ㄷ, ㄹ

정답 ③

정·오답풀이 ③ ㄱ의 어휘는 해석의 방법이나 형성 원리가 유사하지 않다. ㄷ의 어휘는 모두 같은 '생(生)'을 사용하지 않는다. 희생은 犧牲이라고 쓴다.

103 다음과 같은 오류를 예방하기 위한 가장 적절한 교수의 방향은?

영역(과목) 외국어로서의 한국어 어휘교육론

*제가 초등학교를 필업(→ 졸업)했습니다.
*제가 공작(→ 사업)에 참여한 지 1년밖에 되지 않았습니다.
*대방(→ 상대방)이 전화를 받지 않아도 메시지를 보낼 수 있습니다.

① 문장들의 구조적 복잡성을 강화한다.
② 개별 어휘에 대한 유창성을 도모한다.
③ 학습자 언어권의 특성을 반영한다.
④ 기계적인 연습을 통해 정확성을 높인다.

정답 ③

정·오답풀이 ③ 중국어권 학습자들이 자주 범하는 오류로, 학습자들은 모국어의 영향을 받아서 머릿속에 있는 지식을 그대로 번역하여 오류를 범한다. 이런 유형의 오류를 예방하기 위해서는 피드백의 원리를 이용하면 효과적이다. 학습자 언어권의 특성을 파악하고 있으면 오류를 예방하기가 쉽다.

104 번역 작업이 포함된 다음 과제에서 주의할 것으로 옳지 않은 것은?

영역(과목) 외국어로서의 한국어 교육학개론

> 각국의 드라마 한 편을 선정한 후 대표적인 장면의 대사를 한국어로 번역해 자막을 넣으세요.

① 대사의 화용적 기능을 고려해서 번역한다.
② 대사의 내용을 삭제하거나 보충하지 않는다.
③ 대사 속 단어를 교체할 때는 맥락을 고려한다.
④ 대사 시간을 고려해 자막의 글자 수를 조정한다.

정답 ②

정·오답풀이 ② 영상 작품 번역은 다른 번역 작업에 비해 더 많은 융통성을 요구한다. 전반적인 상황에 영향을 주지 않는 범위에서 인물들의 대화 시간을 맞추기 위해 적당히 대사를 압축하기도 한다. 영화와 드라마는 모두 시간적 제약을 받기에, 작품의 전체적인 내용을 벗어나지 않는다면 원래 대사를 적당하게 고쳐도 무방하다.

개념 정리

한국어교원자격 승급 제도

경력에 따른 승급 대상	한국어교원 2급 자격 취득 후 한국어교육 경력이 5년 이상이며, 강의 시수가 2,000시간 이상인 사람	1급
	부전공, 3급 하향으로 한국어교원 3급 자격 취득 후 한국어교육 경력이 3년 이상이며, 강의 시수가 1,200시간 이상인 사람	2급
	양성과정, 인증시험, 800시간 경력으로 한국어교원 3급 자격 취득 후 한국어교육 경력이 5년 이상이며, 강의 시수가 2,000시간 이상인 사람	2급

105 한국어교원자격 승급 제도에 관한 설명에서 ( )에 들어갈 내용으로 옳은 것은?

영역(과목) 외국어로서의 한국어 교육학개론

> ○ 한국어교원양성과정을 이수하고 한국어교육능력검정시험에 합격하여 3급 자격을 취득한 후 한국어교육 경력이 (ㄱ) 이상이며 총 (ㄴ) 이상 한국어 교육경력이 있으면 2급으로 승급이 가능하다.
> ○ 한국어교원 2급 자격을 취득한 후에 한국어교육 경력이 (ㄷ) 이상이며 총 (ㄹ) 이상 한국어 교육경력이 있으면 1급으로 승급이 가능하다.

① ㄱ : 3년, ㄴ : 1,200시간, ㄷ : 3년, ㄹ : 1,200시간
② ㄱ : 3년, ㄴ : 1,200시간, ㄷ : 5년, ㄹ : 2,000시간
③ ㄱ : 5년, ㄴ : 2,000시간, ㄷ : 3년, ㄹ : 1,200시간
④ ㄱ : 5년, ㄴ : 2,000시간, ㄷ : 5년, ㄹ : 2,000시간

정답 ④

정·오답풀이 ④ 한국어교원양성과정 이수 후 한국어교육능력검정시험으로 3급 자격을 취득한 경우는 경력 5년 이상, 2,000시간 이상이면 2급으로, 2급 취득 후 경력 5년 이상, 2,000시간 이상이면 1급으로 승급이 가능하다.

개념 정리

다문화주의

민족마다 다른 다양한 문화나 언어를 단일의 문화나 언어로 동화시키지 않고, 다양한 문화나 가치 다양한 민족 집단과 그들의 개별적인 언어와 습관들을 인정하고 공존시키는 정책이다. 서로 존중하고 이해하는 것을 목적으로 하며, 정책적 관용과 융합을 강조한다.

그러나 이민자들이 가지는 문화적 차이를 강조함으로써 소수자에 대한 차별과 배제를 극복하지 못하였고 오히려 이들을 고립시키는 결과를 낳았다. 집단이나 개인들이 다수의 문화를 갖거나 다수의 정체성을 가질 수 있다는 가능성을 충분히 고려하지 않는다.

상호문화주의

다민족, 다문화 시대를 살아가는 방법적인 태도를 기르는 것에 교육적 의미를 둔다. 각 개인의 차이를 유지하고 서로 인정하면서 이 차이에 대해 어떤 입장을 취할 것인가 하는 관심을 가지고 그 절차를 중요시 여긴다는 특징이 있다.

집단성이 아닌 개별성을 기반으로 두고 있으며 서로 다른 문화보다는 그 안에 있는 각 개인이라는 입장을 취하고 있다. 상호문화주의의 핵심은 의사소통으로 의사소통은 다양한 문화적 배경을 가진 사람들 사이의 교류와 상호이해를 돕는다.

106 상호문화주의(interculturalism)에 관한 설명으로 옳은 것은?   영역(과목) 외국어로서의 한국문화교육론

① 모든 문화의 공존을 인정하지만 공통의 문화를 인정하지 않아 문화적 갈등이 해결되기 어렵다.
② 이주민들은 유입국의 문화를 철저히 내면화하며 출신국의 문화적 정체성을 포기하게 된다.
③ 사람들이 다양한 문화를 존중하는 한편, 상호 문화 교류를 통한 문화의 변화가 가능하다.
④ 소수 문화 집단이 다른 문화 집단의 권리를 침해하지 않는 한, 자유롭게 사는 것을 인정한다.

정답 ③

정·오답풀이 ③ 상호문화주의는 다문화 사회에서 민족마다의 문화를 인정하고 그 차이를 유지하며, 의사소통을 통해 문화 교류와 상호이해를 할 수 있게 한다.

개념 정리

연역적 문법 교수 방법

학습자에게 문법 규칙에 대한 상세한 설명을 제시한 후, 그 문법이 사용된 예를 보여주는 방식으로 체계화된 규칙을 명시적으로 보여주고 예를 통해 확인하고 검증해 나가도록 하는 방식이다.

장점은 잘못된 중간언어 단계로 고착되는 것을 막을 수 있다는 것이고, 학습자들이 자신이 주목해서 학습해야 할 문법이 무엇인지 알기

때문에 집중이 가능하고 시간을 효율적으로 활용할 수 있다는 것이다.
　단점은 교사가 일방적으로 전달하고 학습자들이 수동적인 태도를 보이게 되는 교사 중심 전달이 될 가능성이 크며 언어를 배운다는 것이 문법을 아는 것이라는 잘못된 믿음을 줄 수 있다.

107 연역적 문법 교수 방법에 관한 설명으로 옳지 않은 것은?
영역(과목) 외국어로서의 한국어 문법교육론

① 문법 규칙에 대한 설명을 제시한 후 그 문법이 적용된 예를 보여 준다.
② 문법적 지식 기반이 약한 아동 학습자 대상의 수업에서 주로 활용된다.
③ 문법을 분명히 이해한 다음에 그 문법을 활용하기 원하는 학습자들이 선호한다.
④ 용법이 복잡한 문법 항목을 교수할 때 학습자가 잘못 이해할 가능성이 낮아진다.

정답 ②

정·오답풀이 ② 문법 규칙을 충분히 이해하고 활용할 수 있는 수준의 학습자를 위한 교수방법으로 볼 수 있으므로 아동보다는 청소년 또는 성인학습자가 대상이 된다.

개념 정리Q

스캐폴딩(scaffolding)
학습자 스스로 달성할 수 없는 것을 교사가 적절한 과제 제시 및 학습활동을 난순화를 통하여, 학습의 과제 수행을 돕고, 학습자 자신의 학습을 스스로 관리할 수 있게 됨에 따라 점차 줄여나가는 교수적 지원이다. 교사는 학습자의 대답을 이끌어 내기 위해 내용 파악을 위한 질문, 생각을 촉진하는 질문, 문제 해결을 유도하는 질문 등을 사용한다.

108 다음 교사말의 기능은?
영역(과목) 외국어로서의 한국어 문법교육론

> 교사: 지금부터 환불을 요청하는 역할극을 할 거예요.
> 학생: 선생님, 잘 모르겠어요. 어떻게 하면 돼요?
> 교사: 환불을 원하는 물건은 뭐예요? 그리고 왜 환불을 하려고 해요? 친구들하고 이야기해 보세요.

① 정확성 제고　　　　　　　　② 복잡성 조정
③ 재구조화 지시　　　　　　　④ 스캐폴딩 제공

정답 ④

정·오답풀이 ④ 스캐폴딩은 교사는 학습자의 대답을 이끌어 내기 위해 내용 파악을 위한 질문, 생각을 촉진하는 질문, 문제 해결을 유도하는 질문 등을 사용하는 것을 말한다.

109 문법 항목과 활동의 연결이 옳지 않은 것은?
영역(과목) 외국어로서의 한국어 문법교육론

① -(으)려고 하다 : 인생 계획에 대하여 이야기하기
② -기 위해서 : 한국에 온 목적 이야기하기

③ -(으)ㄹ걸 그랬다 : 살면서 후회되는 일 말하기
④ -았다가/었다가 : 학교에서 집까지 가는 방법 말하기

정답 ④

정·오답풀이 ④ '-다가'는 어떤 행위나 상태가 중단되고 다른 행위나 상태로 바뀜을 나타낸다. 그러나 '-았/었다가'는 어떤 행위를 끝낸 뒤에 바로 상반된 행위를 할 때에 사용한다. 예를 들어 "학교에 가다가 집에 왔다."와 "학교에 갔다가 집에 왔다."의 의미를 비교해 보면 차이를 이해할 수 있다. 학교에서 집까지 가는 방법을 말하기 위해서는 '-다가'를 사용하는 것이 옳다. 한국어 중급 문법에는 '-았/었'이 들어감으로서 의미와 제약의 차이를 보이는 문법이 있으므로 그 차이를 익히는 것이 중요하다.

개념 정리

과제 기반 모형(TTT모형)
의사소통 능력 함양을 목표로 과제를 제시하고 과제를 해결함으로써 언어를 습득하게 하는 모형
- 과제1(task 1) → 교수(teach) → 과제2(task 2)의 3단계로 진행
- 과제1(task 1) : 의사소통 과제 제시, 학습자 동기 유발
- 교수(teach) : 문법 규칙 설명
- 과제2(task 2) : 유사 과제 제시와 수행

110

'-(으)면 안 되다'를 활용하여 금지 과제를 수행하도록 설계된 TTT 문법 수업에서 첫 T 단계의 내용으로 가장 적절한 것은?

영역(과목) 외국어로서의 한국어 문법교육론

① 학생들이 알고 있는 금지 표현을 반복 연습한다.
② 교사가 '-(으)면 안 되다'의 용법을 설명한다.
③ 교실에서 하면 안 되는 것을 짝활동으로 말한다.
④ 교실에서 금지되는 것을 말하기 위해서 '-(으)면 안 되다'를 사용한다.

정답 ③

정·오답풀이 ③ TTT모형은 일반적으로 '과제1 → 교수 → 과제2'의 3단계로 진행되며, 과제1에서는 의사소통의 과제를 제시하고 학습자의 동기를 유발시킨다. 교수에서는 문법 규칙을 설명하며, 과제2에서는 유사 과제의 제시와 수행이 이루어진다.

111

학습자가 범한 오류의 예이다. 오류 수정에 관한 설명으로 옳지 않은 것은?

영역(과목) 외국어로서의 한국어 문법교육론

ㄱ. *나 서울으로 가.
ㄴ. *눈이 나빠지는 가능성이 있다.
ㄷ. *그 사람이 가거든 (그 사람이) 전화를 할 거예요.
ㄹ. *저는 자기의 경험을 몇 가지 소개하겠습니다.

① ㄱ : 명사의 끝음절이 'ㄹ' 받침으로 끝나면 '로'를 붙인다.
② ㄴ : '가능성', '기회', '때' 등의 명사 앞에서는 관형사형 어미로 '-(으)ㄹ'이 온다.
③ ㄷ : '-거든'의 후행절에는 평서문, 의문문, 청유문이 올 수 없다.
④ ㄹ : 주어가 1인칭인 문장에서 주어를 다시 가리킬 때에는 재귀대명사 '자기'를 쓰지 않고 '나/저(이 경우에는 '저')'를 쓴다.

정답 ③
정·오답풀이 ③ '-거든'은 주로 명령이나 권유·부탁·약속을 나타내는 '-으세요, -아라, -읍시다, -자'나 의지나 추측을 나타내는 '-겠다, -을 것이다' 등과 함께 쓰인다.

개념 정리

A/V-게 되다
외부적인 영향에 의해 어떤 상황에 이르게 되거나 바뀌었음을 나타내는 표현
1. (동사에 붙어) 주어의 의지나 바람과는 달리 다른 사람의 행위나 어떤 외부적인 조건에 의해 어떤 상황에 이르게 되었음을 나타낸다.
2. (주로 형용사에 붙어) 어떤 상황에서 다른 상황으로 변화하였음을 나타낸다. 이때의 변화는 자연스럽게 생긴 변화가 아니라 어떤 노력이나 인위적인 것에 의한 변화인 경우가 많다.
   큰 차이 없이 '-아지다/어지다'로 바꿔 쓸 수 있다. 그러나 '-게 되다'가 함께 올 수 있는 동사에 제약이 없는 데 반해, '-아지다/어지다'는 제약이 있고, 명확히 피동의 의미를 나타내 피동문 구조로 나타난다.

A/V-아/어지다
어떠한 행위를 하게 되거나 어떠한 상태로 됨을 나타내는 표현
1. (동사에 붙어) 어떠한 행위를 하게 되거나 어떤 동작이 저절로 일어나 그러한 상태로 됨을 나타낸다.
2. (형용사에 붙어) 점점 어떤 상태로 되어 감을 나타낸다.

112 '-게 되다'와 '-아지다/어지다'를 가르치는 교사의 설명으로 옳지 않은 것은?

영역(과목) 외국어로서의 한국어 문법교육론

① '-아지다/어지다'는 형용사에 붙어 서서히 변화함을 나타낸다.
② '-아지다/어지다'는 형용사와 결합하면 동사로 사용된다.
③ '-게 되다'는 동사에 붙어 저절로 또는 외부의 상황에 의한 변화를 나타낸다.
④ '-게 되다'는 변화함을 나타낼 때 형용사와 결합할 수 없다.

정답 ④
정·오답풀이 ④ '-게 되다'는 형용사와 결합했을 때, 변화함을 나타내게 된다.

MEMO

셋째마당

제11회
한국어교육능력 검정시험
기출문제 및 해설

1교시 　한국어학 · 일반언어학 및 응용언어학

2교시 　한국문화 · 외국어로서의 한국어교육론

한국어교원3급 자격증은 **TOPIK** KOREA

한국어 일번지
TOPIK KOREA
원격평생교육원
www.topikkorea.co.kr
일반(자비부담) 한국어 교원
양성과정, 한국어교육실습

국비지원교육
TOPIK KOREA
인재개발교육원
www.edukhrd.co.kr
국비지원 한국어교원양성과정,
한국어교육검정시험 해설 강의

제11회 한국어학·일반언어학 및 응용언어학
1교시

개념 정리

형태소
형태소는 뜻을 가진 가장 작은 말의 단위로, 실질적인 뜻을 가지고 있는가에 따라 실질형태소와 문법형태소로 구분된다. 또한 문장에서 홀로 쓰일 수 있는가에 따라 자립형태소와 의존형태소로 구분된다. '오늘 날씨가 아주 좋다.'라는 문장을 형태소로 나눠보면 다음과 같다.
- 실질형태소 : 오늘, 날씨, 아주, 좋-
- 문법형태소 : 가, -다
- 자립형태소 : 오늘, 날씨, 아주
- 의존형태소 : 가, 좋-, -다

---

001. 형태소의 개수가 가장 적은 것은? *영역(과목) 한국어학개론*

① 배는 어느새 멀어져 갔다.
② 그게 뭐였는지도 모르겠어요.
③ 여기부터는 걸어가도록 하자.
④ 눈물을 흘리면서 얘기를 했다.

정답 ③

정·오답풀이
③ 여기/부터/는/ 걸(걷)/어/가/도록/ 하/자. : 9개
① 배/는/ 어느/새/ 멀/어/져(지/어) 갔다(가/있/다). : 11개
② 그게(그/것/이) 뭐(무어)/이/었/는지/도/ 모르/겠/어/요. : 12개
④ 눈/물/을/ 흘리/면서/ 얘기/를/ 했다(하/였/다). : 10개

개념 정리

언어의 특성
- 자의성 : 언어의 형식과 의미는 필연적인 관련성이 없이 결합된다.
- 사회성 : 언어는 그 언어를 사용하는 사람들 사이의 약속이다.
- 역사성 : 언어는 시간의 흐름에 따라 소리, 의미, 어휘의 차원에서 생성, 성장, 변화, 소멸한다.
- 체계성 : 언어는 일정한 체계적인 구조로 구성된다.
- 분절성 : 언어는 일정한 원칙에 따라 더 작은 단위로 나누어진다.
- 창조성 : 언어는 새로운 많은 말들을 만들어낼 수 있다.

---

002. 언어의 특성 중 자의성의 사례가 아닌 것은? *영역(과목) 한국어학개론*

① 동일한 형태의 문장이 맥락에 따라 여러 가지 의미로 해석된다.
② 음성이 동일하지만 의미가 다른 동음이의어가 존재한다.
③ '어엿브다'가 '불쌍하다'의 의미에서 '예쁘다'의 의미로 변화하였다.
④ '부추'를 가리키는 방언형으로 '정구지', '솔' 등이 있다.

> **정 답** ①
>
> **정·오답풀이** ① 맥락에 따라 다른 의미로 해석이 된다는 것은 화용적 중의성에 대한 설명이 된다. '좀 덥다' 라는 문장은 상황에 따라 덥다는 사실을 진술하는 문장, 장소를 옮기자는 의미, 에어컨을 켜자는 의미를 가질 수도 있다.
> ② 언어의 형식과 의미는 필연적 관계로 결합된 것이 아니기 때문에 하나의 음성에 다른 여러 의미가 결합한 동음이의어가 나타날 수 있다.
> ③ 언어의 역사성에 대한 것으로 볼 수 있으나, 형식과 의미가 필연적 결합이 아니기 때문에 시대에 따라 다르게 결합된 것으로 보아 자의성의 예로 볼 수 있다.
> ④ 지역에 따라 하나의 의미에 다른 형식이 결합된 단어들로 언어의 자의성을 설명하는 예가 된다.

개념 정리

한국어의 형태적 특성과 문법적 특성

형태적 특성	문법적 특성
- 조사와 어미 발달 - 대체로 하나의 형태는 하나의 기능 - 유정, 무정 명사의 구분이 문법에서 중요한 경우가 있다. - 분류사(단위성 의존명사)가 발달 - 대명사 발달하지 않은 언어 - 관계대명사, 관사, 접속사가 없다. - 수의 일치 현상이 없다. - 복수 표지가 반드시 필요한 것은 아니다. - 동사와 형용사의 활용이 유사	- SOV형 언어 - 수식어는 반드시 피수식어 앞에 온다. - 핵-끝머리 언어 - 부분적 자유어순으로 표현 - 주어, 목적어가 쉽게 생략 가능 - 담화중심적 언어 - 통사적 이동이 드물거나 없다. - 대우법 발달

---

003 한국어의 문법적 특징으로 옳은 것을 모두 고른 것은?

영역(과목) 한국어학개론 / 문법론

> ㄱ. 문장의 필수 성분은 생략되지 않는다.
> ㄴ. 어순이 자유로워 관형어의 자리 옮김이 자유롭다.
> ㄷ. 주체 높임의 기능을 하는 조사와 어미가 각각 존재한다.
> ㄹ. 통사 기능과 정보 구조를 나타내는 표지가 각각 존재한다.

① ㄴ, ㄹ ② ㄷ, ㄹ ③ ㄱ, ㄴ, ㄷ ④ ㄱ, ㄴ, ㄷ, ㄹ

> **정 답** ②
>
> **정·오답풀이** ㄴ. 어순이 비교적 자유로우나 수식어는 반드시 피수식어의 앞에 와야 한다.
> ㄹ. 통사 기능 표지인 격조사와 정보 구조를 나타내는 표지인 보조사가 존재한다.
> ㄱ. 한국어는 담화 중심적 언어로, 문장의 필수 성분인 주어와 목적어가 쉽게 생략된다.
> ㄷ. 주체 높임의 기능을 하는 조사 '-께서'와 주체 높임 선어말 어미 '-시-'가 존재한다.

개념 정리

파생어는 어근에 하나 또는 둘 이상의 파생접사가 결합되어 이루어진 단어이다. 파생어를 형성하는 방법에는 접두사에 의한 파생어 형성과 접미사에 의한 파생어 형성이 있다. 기능적인 면에서 접두사는 어근에 의미를 첨가시켜 주는 구실밖에 못하는 데 비해 접미사는 어근에 의미를 첨가시켜줄 뿐만 아니라 어근의 통사론적 자질을 바꾸는 일도 한다. '짓+밟-'에서 접두사 '짓-'은 어근 '밟-'에 의미를 첨가시켜줄 뿐 통사론적 기능의 변화를 일으키지 않으나, '먹+이'에서 접미사 '-이'는 '동사→명사'라는 통사론적 범주의 변화를 가져오기도 한다.

004 품사가 바뀐 파생어끼리만 묶인 것은?
영역(과목) 한국어학개론 / 문법론

① 마개, 물음, 들볶다
② 크기, 기쁨, 어린이
③ 무덤, 높이다, 밀치다
④ 많이, 멀리, 넓히다

정답 ④

정·오답풀이
④ 많이 : 많-+-이(형용사 → 부사), 멀리 : 멀-+-리(형용사 → 부사), 넓히다 : 넓-+-히-(형용사 → 동사)
① 마개 : 막-+-애(동사 → 명사), 물음 : 묻-+-음(동사 → 명사), 들볶다 : 들-+볶다(동사 → 동사)
② 크기 : 크-+-기(형용사 → 명사), 기쁨 : 기쁘-+-음(형용사 → 명사), 어린이 : 어린+이(형용사 → 명사 : 합성어)
③ 무덤 : 묻-+-엄(동사 → 명사), 높이다 : 높-+-이-(형용사 → 동사), 밀치다 : 밀-+-치(동사 → 동사)

개념 정리

의존명사는 불완전명사라고도 하며 앞에 반드시 관형어를 동반해야만 쓰일 수 있는 명사로 대체로 국한된 격조사와만 결합하여 특정한 성분으로만 쓰이는 제약을 가지고 있다.
- 보편성을 띤 것 : 주격, 목적격, 서술격 조사와의 통합이 자연스러운 것 – 것, 바, 데, 무렵 등
- 주격만 결합하는 것 : 리, 수, 지, 턱, 나위
- 서술격만 결합하는 것 : 나름, 따름, 때문
- 부사격만 결합하는 것 : 줄, 김, 체, 양, 바람
- 조사와 결합하지 않는 것 : 겸, 척, 양, 족족

005 의존명사 중에는 특정한 문장성분으로만 쓰이는 것이 있다. 이를 고려할 때 의존명사의 성격이 다른 하나는?
영역(과목) 문법론

① 새 집이 더할 나위 없이 좋다.
② 시장 가는 김에 배추 좀 사 와.
③ 그는 아무 일도 없었다는 듯이 인사했다.
④ 그는 눈을 감은 채 아무 말도 하지 않았다.

정답 ①

정·오답풀이
① 나위 : +'가' 주격조사와만 결합하는 주어성 의존명사
② 김 : +'에' 부사격조사와만 결합하는 부사성 의존명사
③ 듯 : 조사 '이'와 결합했으나 문장에서 서술어를 수식하는 역할을 하므로 부사성 의존명사
④ 채 : +'로' 부사격조사와만 결합하는 부사성 의존명사

> **개념 정리**

용언은 동사와 형용사를 포괄하여 일반적으로 부르는 용어로 체언에 대립된다. 형태론적으로는 활용을 하고, 통사론적으로는 주로 서술어의 구실을 수행한다. 용언은 다양한 어미와 결합하여 문장의 거의 모든 성분이 될 수 있다. 명사형 어미가 연결되면 명사가 담당할 수 있는 모든 성분이 될 수 있고, 관형사형 어미 혹은 부사형 어미가 연결되면 관형사나 부사가 담당할 수 있는 모든 성분이 될 수 있다.

006 한국어 용언과 관련된 설명으로 옳지 않은 것은?   영역(과목) 문법론

① 동일한 형태가 자동사와 타동사로 쓰이기도 한다.
② '이다'는 서술격조사이지만 용언과 같이 활용하며, 활용의 양상이 형용사와 유사하다.
③ '-고 싶다', '-은가/는가 보다'에서 '싶다'와 '보다'는 본용언의 품사와 상관없이 보조 형용사로 기능한다.
④ 보조용언은 다른 용언의 뒤에 붙어서 의미를 더해 주며 그 자체로 대용화가 가능하다.

정답 ④

정·오답풀이
④ 보조용언은 보조동사나 보조형용사로 나뉘며, 서술어에 첨가되어 쓰이는 의존적인 성분이다. '철수는 집에 가고 싶다', '영수도 싶다'에서와 같이 보조용언은 그 자체로 대용화가 불가능하다.
① 자동사는 동사의 의미가 주어에만 영향을 주는 것이며 타동사는 주어와 목적어에 영향을 주는 것이다. '움직이다, 멈추다, 울리다, 휘날리다' 등은 자동사와 타동사로 모두 쓰인다.
② '이다'는 서술격조사이지만 '학생이다. / 학생이구나.'와 같이 활용하며, 활용의 양상이 형용사와 유사하다.
③ 보조형용사는 본동사와 연결되어 의미를 보충하는 역할을 하는 것으로, '-고 싶다', '-은가/는가 보다'에서 '싶다'와 '보다'는 보조형용사로 기능한다.

> **개념 정리**

시제는 어떤 사건이나 행위가 어떤 시점에 있었는지, 같은 문장 속에 하나 이상의 사건이나 행위가 나타나 있을 때 그들 사이의 시간상의 앞뒤 관계가 어떠한지를 문법 형태로 나타낸 것을 말한다. 한국어의 시제는 '-는-, -았/었-, -겠-' 등과 같이 선어말어미로 나타나는 경우와 '-(으)ㄴ, -는, -던, -(으)ㄹ' 등과 같이 관형사형 전성어미에 의해 나타난다.

007 시제에 관한 설명으로 옳지 않은 것은?   영역(과목) 문법론

① 한국어의 시제는 어미에 의해 표시된다.
② 한국어에는 발화시를 기준시로 삼는 '절대시제'와 사건시를 기준시로 하는 '상대시제'가 있다.
③ 관형사절에서의 현재시제는 동사와 형용사의 형태가 다르다.
④ '-던'은 과거시제 관형사절에 쓰이며, 관형절의 주어로 1인칭이 쓰일 수 없다.

정답 ④

정·오답풀이
④ '-던'은 과거시제 관형사절에서 어떤 일이 과거에 완료되지 않고 중단되었다는 의미로 쓰이는 어미로, '여기가 내가 자주 가던 식당이다.'와 같이 1인칭 주어가 사용될 수 있다.
① 한국어의 시제는 어미 중 선어말어미와 관형사형 전성어미에 의해 표시된다.

② 한국어에는 '나는 내일 제주도에 간다.'에서 '내일'과 같이 '발화시를 기준으로 삼는 '절대시제'와 '간다'와 같이 사건시를 기준으로 하는 '상대시제'가 있다.
③ 관형사절에서의 현재시제는 동사 '-는'과 형용사 '-(으)ㄴ'으로 나타나서 그 형태가 다르며, '-(으)ㄴ'이 동사와 결합하는 경우 과거시제가 된다.

개념 정리

부정을 나타내는 문장이 쓰여 내용 전체 또는 일부를 부정하는 문장을 만드는 방법을 부정법이라고 한다. 부정어의 종류에 따라 '안' 부정법, '못'부정법, '말다'부정법이 있다.
- '안'부정법 : 단순부정법이라고도 하며, 서술어가 용언일 때 서술어 앞에 '안'을 넣거나 용언의 어간에 '-지 않다'를 써서 만든다.
- '못'부정법 : 능력부정법이라고도 하며, 서술어가 동사일 때 서술어 앞에 '못'을 넣거나 용언의 어간에 '-지 못하다'를 써서 만든다. 서술어가 형용사일 때 '-지 못하다'만 가능하다.
- '말다'부정법 : 명령문과 청유문에서만 가능하며 서술어가 동사일 때 용언의 어간에 '-지 말다'를 써서 만든다.

008 부정문에 관한 설명으로 옳지 않은 것은? 영역(과목) 문법론

① 인지 동사는 대체로 '안' 부정문과 함께 쓰이지 않는다.
② 단형 부정은 장형 부정에 비해 더 많은 통사적 제약이 있다.
③ '말다' 부정문은 주로 명령문과 청유문의 장형 부정에 쓰인다.
④ '있다'는 어휘적 부정인 '없다'로 부정문을 실현하며 문법적 부정이 불가능하다.

정답 ④

정·오답풀이 ④ '있다'는 어휘적 부정인 '없다'로 부정문을 실현하며 '안 있다. / 못 있다. / 있지 마라.' 등과 같이 문법적 부정도 가능하다.
① 인지 동사는 '알다, 모르다'와 같은 인식의 여부를 묻는 것으로 능력과 관계되므로 능력 부정을 의미하는 '못' 부정문과 함께 쓰인다.
② '못' 단형 부정은 형용사와 결합하지 못하며, '안' 단형 부정은 '아름답다, 샛노랗다.'등 영언에 따라 허용되지 않는 경우가 있으나 장형 부정은 이러한 제약이 없다.
③ '말다' 부정문은 '-지 말자. / -지 마라.'의 형태로 주로 명령문과 청유문의 장형 부정에 쓰이며, 기원을 나타내는 서술어가 오면 평서문, 청유문에도 쓰일 수 있다.

개념 정리

관형절은 관형사와 같은 역할을 하는 안긴 문장을 말한다. 그 종류나 성격은 관형절의 꾸밈을 받는 명사와의 관계에 따라 구분된다.
㉠ 나는 아이를 만났다. / (그) 아이는 키가 크다. → 나는 키가 큰 아이를 만났다.
㉡ (그)아이는 키가 크다. / 나는 (그) 사실을 몰랐다. → 나는 그 아이가 키가 크다는 사실을 몰랐다.
㉠은 '아이'라는 공통적인 요소를 가지고 있는데, 공통적인 요소 중 한군데를 빼고 나머지 부분으로 관형절을 만들게 되는 관계관형절이 된다. ㉡은 두 문장에 공통적인 요소가 없는 동격관형절이 된다.

009 관형절의 유형이 다른 하나는?

① 내가 친구한테 들었던 소문은 사실이었어.
② 문 밖에서 고기 굽는 냄새가 났다.
③ 나는 그와 밥을 먹은 일이 없다.
④ 나는 우리가 처음 만난 기억을 떠올렸다.

정답 ①

정·오답풀이
① 내가 친구한테 소문을 들었다 + (그) 소문은 사실이었어. : 관계관형절
② 문 밖에서 고기를 굽는다. + (그) 냄새가 났다. : 동격관형절
③ 나는 그와 밥을 먹었다. + (그) 일이 없다. : 동격관형절
④ 우리가 처음 만났다. + 나는 (그) 기억을 떠올렸다. : 동격관형절

영역(과목) 문법론

개념 정리

조사는 그 기능, 의미, 분포에 따라 격조사, 보조사, 접속조사로 분류된다. 격조사는 체언을 같은 문장 안의 다른 단어와 일정한 문법적 관계를 맺게 해주는 조사이다. 보조사는 그것이 연결된 체언을 일정한 격으로 규정하지 않고, 특별한 의미를 첨가하여 주는 조사를 말한다. 접속조사는 격이나 의미를 나타내지 않고 단지 단어와 단어, 문장과 문장을 같은 자격으로 연결해주는 기능을 하는 조사이다.

010 밑줄 친 조사의 종류가 다른 하나는?

① 콜라<u>나</u> 사이다로 주세요.
② 영희는 엄마<u>하고</u> 얼굴이 닮았다.
③ 어제는 치킨<u>이며</u> 피자며 잔뜩 먹었어.
④ 영철<u>이랑</u> 영호는 내 제일 친한 친구다.

정답 ②

정·오답풀이
② '엄마하고'는 뒤에 오는 말을 수식하는 부사격 조사
① '콜라'와 '사이다'를 같은 자격으로 이어주는 접속조사
③ '치킨'과 '콜라'를 같은 자격으로 이어주는 접속조사
④ '영철'이와 '영호'를 같은 자격으로 이어주는 접속조사

영역(과목) 문법론

개념 정리

품사는 한 언어에 속한 어휘들을 일정한 기준에 따라 분류해 놓은 것으로, 한국어에서는 형태, 기능, 의미를 기준으로 분류한다.
- 수사 : 수를 나타내는 품사의 하나로 체언에 속하며, 명사와 달리 관형어의 꾸밈을 자유롭게 받지 못한다. 또한 복수접미사 '-들, -네, -희' 등에 의하여 복수가 될 수 없다는 특징을 가진다.
- 수관형사 : 관형사의 하위부류로 체언이나 체언형을 수식하는 역할을 한다. 조사나 어미가 연결될 수 없는 불변화어이며, 사물의 수량을 표시하는 점에서 수사와 유사하나 조사와 결합할 수 없고 뒤에 오는 명사를 수식한다는 점에서 차이가 있다.

011 밑줄 친 부분의 품사가 다른 하나는?

① 그는 <u>천</u>의 얼굴을 가졌다.
② 냉면을 <u>스무</u> 그릇쯤 준비해 주세요.
③ <u>셋</u> 셀 때까지 제자리에 가져다 놓아라.
④ 광장에는 <u>수만</u>의 군중이 운집해 있었다.

영역(과목) 문법론

정 답 ②

정·오답풀이
② 냉면을 <u>스무</u> 그릇쯤 준비해 주세요. : 의존 명사 '스무'를 수식하는 수관형사이다.
① 그는 <u>천</u>의 얼굴을 가졌다. : 조사 '의'와 결합 가능한 수사이다.
③ <u>셋</u> 셀 때까지 제자리에 가져다 놓아라. : 조사 '을'과 결합 가능한 수사이다.
④ 광장에는 <u>수만</u>의 군중이 운집해 있었다. : 조사 '의'와 결합 가능한 수사이다.

개념 정리

전성어미는 어휘들이 자신들의 주 기능 이외에 다른 기능을 할 수 있게 만들어주는 어미로 동사, 형용사와 같은 용언 뒤에 결합하여 다른 기능을 할 수 있게 한다. 명사형 전성어미 '-(으)ㅁ, -기', 관형사형 전성어미 '-(으)ㄴ, -는, -(으)ㄹ, -던', 부사형 전성어미 '-게, -도록' 등이 있다.

접미사는 어근 뒤에 놓이는 접사의 종류로, 그 기능에 따라 새로운 단어를 형성하는 데 쓰이는 '-(으)ㅁ, -이, -기, -개' 등과 같은 파생접사와 어형변화에 관여하는 굴절접사로 나눠진다. 굴절접사는 일반적으로 어미라고 한다.

012 밑줄 친 부분의 형식형태소의 기능이 다른 하나는?

① 이 나무는 추<u>위</u>에 약해요.
② 여기서 학교 정문까지 달리<u>기</u>는 힘들다.
③ 이 책상의 크<u>기</u>를 재 보세요.
④ 그의 해맑은 웃<u>음</u>이 모든 피로를 잊게 했다.

영역(과목) 문법론

정 답 ②

정·오답풀이
② '여기서 학교 정문까지 달리다. + 그것은 힘들다.'로 '-기'는 명사형 전성어미이다.
① '위'는 옛말로 일부 형용사 뒤에 붙어 명사를 만드는 파생접미사이다.
③ '-기'는 형용사인 '크다'와 결합하여 명사로 바꿔주는 파생접미사이다.
④ '-(으)ㅁ'은 동사 '웃다'와 결합하여 명사로 바꿔주는 파생접미사이다.

개념 정리

단어를 조어법에 따라 분류하면 먼저 어간이 형태소 하나로 구성되어 있는 단일어와 어간이 형태소 둘 이상으로 이루어진 복합어로 나뉘며, 복합어는 다시 구성요소인 형태소들 모두가 어근인 합성어와 구성요소의 한 쪽이 접사인 파생어로 나뉜다.

합성어는 의미를 가진 실질형태소가 결합하여 이루어진 단어이며, 파생어에는 실질형태소와 접사가 결합하여 이루어진 단어이다.

013 단어형성 방법이 다른 하나는?

① 친동생
② 코웃음
③ 갈림길
④ 말다툼

영역(과목) 문법론

정답 ①

정·오답풀이
① '혈연관계로 맺어진'의 뜻을 더하는 접두사 '친-'과 어근 '동생'이 결합된 파생어이다.
② 직접 구성성분은 '코+웃음'으로 어근+어근이 되어 합성어이다.
③ 직접 구성성분은 '갈림+길'로 어근+어근이 되어 합성어이다.
④ 직접 구성성분은 '말+다툼'으로 어근+어근이 되어 합성어이다.

개념 정리

서술어의 자릿수
서술어는 동사나 형용사의 어휘적 특성에 따라 주어만 필요한 한 자리 서술어와, 주어와 목적어를 필요로 하는 두 자리 서술어, 주어, 목적어 이외의 다른 성분을 더 필요로 하는 세 자리 서술어가 있다.

---

014 다음에 관한 설명으로 옳은 것은?

영역(과목) 문법론

> ㄱ. 마당을 빗자루로 쓸었어.
> ㄴ. 화분은 창문 옆에 놓으세요.
> ㄷ. 친구가 너에게 무엇을 줬니?
> ㄹ. 회의에 대표로 참석했다.

① 'ㄱ'의 '쓸다'는 주어, 목적어 외에 '체언 + 로'를 요구하는 3자리 서술어이다.
② 'ㄴ'의 '놓다'는 주어와 목적어를 요구하는 2자리 서술어이며, '옆에'는 수의 성분이다.
③ 'ㄷ'의 '주다'는 주어, 목적어 외에 '체언 + 에게'를 요구하는 3자리 서술어이다.
④ 'ㄹ'의 '참석하다'는 주어 외에 '체언 + 에', '체언 + 로'를 요구하는 3자리 서술어이다.

정답 ③

정·오답풀이
③ '주다'는 세 자리 서술어로, 주어 '친구가', 목적어 '무엇을', 부사어 '너에게'가 반드시 필요하다.
① '쓸다'는 주어와 목적어를 필요로 하는 두 자리 서술어이다. 생략된 주어와 목적어 '마당을'이 반드시 필요하다.
② '놓다'는 주어, 목적어, 부사어까지를 필요로 하는 세 자리 서술어이다. 생략된 주어와 목적어 '화분은', 부사어 '옆에'가 반드시 필요하다.
④ '참석하다'는 두 자리 서술어로, 생략된 주어와 부사어 '회의에'가 반드시 필요하다

> 개념 정리

한국어의 형태적 특성과 문법적 특성 〈11회 3번 참고〉

015 한국어의 유형론적 특징에 관한 설명으로 옳은 것은?   영역(과목) 문법론

① 한국어는 우분지 언어에 속한다.
② 인구어에 비해 대명사가 발달되어 있다.
③ 단위성 의존명사 외에도 일부 일반명사도 분류사의 기능을 한다.
④ 형용사가 동사처럼 활용하며 동사에 비해 수적으로 많은 편이다.

정답 ③

정·오답풀이
③ 한국어는 단위성 의존명사 외에도 '집, 사람' 등의 일부 일반명사도 '두 집, 두 사람'과 같이 분류사의 기능을 한다.
① 한국어는 수식어 + 피수식어 구성으로 좌분지 언어에 속한다.
② 한국어는 인도유럽어에 비해 대명사가 발달되어 있지 않으며, 그 쓰임에도 제약이 있다.
④ 한국어는 형용사가 동사처럼 활용하며 동사에 비해 수적으로 적은 편이다. 품사별로 명사가 가장 많고 다음으로 동사, 부사, 형용사의 순이다.

016 대명사에 관한 설명으로 옳지 않은 것은?   영역(과목) 문법론

① 대명사는 관형어의 수식을 받을 수 있다.
② 대명사에 조사가 붙을 때 형태가 바뀌지 않는다.
③ 일부 부정칭 대명사는 미지칭 대명사와 형태적으로 동일하다.
④ 재귀대명사는 높임의 등급이 다른, 상이한 형태가 존재한다.

정답 ②

정·오답풀이
② '나, 너, 저'와 같은 일부 대명사에는 조사가 결합하여 '내가, 네가, 제가'로 그 형태가 바뀐다.
① 대명사는 관형사의 수식을 받을 수 없으나, 동사나 형용사의 관형사형으로 수식을 받을 수 있다.
③ '누구, 어디' 등과 같은 부정칭 대명사는 미지칭 대명사와 형태적으로 동일해서 평서문은 부정칭, 의문문은 미지칭으로 구분하거나 의문문에서 둘 모두 나타나면 초점강세로 구별된다.
④ 재귀대명사는 3인칭 인칭 대명사의 일종으로 앞에 나온 대상을 다시 나타내는 것으로 높임의 등급에 따라 화자와 같거나 아래 등급에게는 '자기', 윗사람에게는 '당신'이 사용된다.

017 밑줄 친 부분에 관한 설명으로 옳지 않은 것은?

영역(과목) 문법론

> 남편 : 여보, 거기 있는 신문 좀 ㉠주오.
> 아내 : 네, 여기 있어요. 그런데 철수가 오늘 용돈 좀 ㉡달라던데요.
> 남편 : 그럼 좀 주구려.

> 아버지 : 영호야, 이 책을 옆집에 사는 수빈이에게 ㉢주어라.
> 아들 : 네, 그럴게요.
> 아버지 : 참, 수미야, 너 퇴근길에 약국에 들러 진통제 좀 사다 ㉣다오.

① ㉠, ㉢, ㉣의 종결어미는 모두 명령의 기능을 한다.
② ㉠과 ㉣의 종결어미는 다른 등급의 상대 높임법이 사용된 것이다.
③ ㉠은 '화자에게 어떤 것을 건네다', ㉡은 '청자에게 어떤 것을 건네다'의 의미를 지닌다.
④ ㉢과 ㉣의 종결어미는 같은 등급의 상대 높임법이 사용된 것이다.

정답 ③

정·오답풀이 ③ ㉠은 '화자에게 어떤 것을 건네다', ㉡은 '대화에 등장하는 제3자에게 청자가 어떤 것을 주도록 요구하다'는 의미를 지닌다.
① ㉠은 하오체, ㉢은 해라체, ㉣은 해라체의 종결어미로 모두 명령의 기능을 한다.
② ㉠은 하오체로 예사높임이며, ㉣은 해라체로 아주낮춤의 상대 높임법이 사용된 것이다.
④ ㉢은 해라체, ㉣은 '사다 줘라'와 같은 형태로 해라체가 사용되어 같은 등급의 상대 높임법이 사용된 것이다.

개념 정리

한국어에서 언어활동에 관련된 사람들의 나이의 많고 적음, 지위나 신분의 높고 낮음, 대화 참여자 사이의 친분 정도, 말을 주고받는 상황의 공식성 등에 따라 높임의 표현을 사용한다.
- 주체높임 : '-께서'와 높임의 '-(으)시-'를 사용하여 문장의 주체가 되는 주어를 높이는 방법.
- 객체높임 : 문법적 활용이 아닌 '드리다, 모시다, 뵈다, 여쭈다' 등과 같이 개별 어휘로 객체를 높임.
- 상대높임 : 듣는 사람을 높이거나 높이지 않는 방법으로 여러 등급의 종결어미를 사용하여 나타낸다.

018 주체 높임과 객체 높임, 상대 높임이 모두 나타나는 것은?

영역(과목) 문법론

① 할아버지께서 어머니에게 선물을 주셨어요.
② 그분께서 사장님을 잠시 뵙길 청하셨습니다.
③ 어머니는 할머님을 온갖 정성으로 모셨습니다.
④ 오늘은 최근 연구 동향에 대해 말씀을 드리겠습니다.

정답 ②

정·오답풀이 ② 께서, 청하시었다 : 주체 높임 / 뵙다 : 객체 높임 / -습니다 : 상대 높임(합쇼체)

① 께서, 주시었다 : 주체 높임 / -어요 : 상대 높임(해요체)
③ 모시다 : 객체 높임 / -습니다 : 상대 높임(합쇼체)
④ 드리다 : 객체 높임 / -습니다 : 상대 높임(합쇼체)

개념 정리

남에게 어떤 동작을 하게 하는 것을 사동이라고 하며, 이것을 드러내는 표현을 문법적으로 나타낸 것을 사동문이라고 한다. 사동을 나타내는 표현은 사동 접사 '-이, -히, -리, -기, -우, -구, -추'를 사용하여 사동사로 표현하는 방법과 '-게 하다'를 사용한 방법이 있다.

019 주동문으로 바꿀 수 있는 것을 모두 고른 것은?

영역(과목) 문법론

ㄱ. 엄마가 아이에게 밥을 먹였다.
ㄴ. 형은 동생을 다락에 숨겼다.
ㄷ. 그 사람은 양궁 선수로 이름을 날렸다.
ㄹ. 미자는 자기 결혼식에서 친구를 들러리로 세웠다.

① ㄱ, ㄴ ② ㄱ, ㄷ ③ ㄱ, ㄴ, ㄹ ④ ㄴ, ㄷ, ㄹ

정답 ③

정·오답풀이 ㄱ. 아이가 밥을 먹었다. ㄴ. 동생이 다락에 숨었다. ㄹ. 친구가 들러리로 섰다.
ㄷ. 양궁 선수로 이름이 날았다.(X)

개념 정리

음운의 변동
- 대치
  ① 평폐쇄음화 : 한국어 종성에서 발음될 수 있는 장애음은 'ㅂ, ㄷ, ㄱ'이다.
  ② 비음화 : 종성 장애음이 뒤 음절의 초성에서 비음을 만나면 비음 'ㅁ, ㄴ, ㅇ'으로 발음된다.
  ③ 치조비음화 : 'ㄹ'은 그 앞이나 뒤에 'ㄹ'이 없다면 'ㄴ'으로 바뀌어 발음된다.
  ④ 유음화 : 'ㄹ'의 앞이나 뒤에 오는 자음이 'ㄴ'이면 'ㄹ+ㄹ'로 바뀌어 발음된다.
  ⑤ 경음화 : 특정한 환경에서 평장애음인 'ㅂ, ㄷ, ㅅ, ㅈ, ㄱ'이 각각 'ㅃ, ㄸ, ㅆ, ㅉ, ㄲ'으로 발음된다.
  ⑥ 구개음화 : 'ㄷ, ㅌ' 뒤에 모음 'ㅣ'가 결합하면 각각 'ㅈ, ㅊ'으로 발음된다.
- 탈락
  ① 자음군 단순화 : 한 음절의 종성에서 겹받침이 사용된 경우 하나의 자음만 발음된다.
  ② 'ㅎ'탈락 : 종성 'ㅎ'은 뒤에 모음으로 시작하는 어미가 결합하면 탈락하여 발음되지 않는다.
  ③ '아/어'탈락 : 'ㅓ/ㅏ' 또는 'ㅔ/ㅐ'로 끝나는 용언 어간 뒤에 결합하는 'ㅏ/ㅓ'는 탈락한다.
  ④ '으'탈락 : '모음+모음'인 환경에서 어느 한 쪽의 모음이 'ㅡ'가 오는 경우 'ㅡ'가 탈락한다.
- 첨가
  ① 'ㄴ'첨가 : 앞 음절이 자음으로 끝나고 뒤 음절이 'ㅣ, ㅑ, ㅕ, ㅛ, ㅠ'로 시작하면 'ㄴ'이 첨가된다.
- 축약
  ① 'ㅎ'축약 : 'ㅂ, ㄷ, ㅈ, ㄱ'의 앞, 뒤에 'ㅎ'이 오면 축약되어 각각 'ㅍ, ㅌ, ㅊ, ㅋ'로 발음된다.

020 발음할 때 나타나는 음운현상으로 옳지 않은 것은?

영역(과목) 음운론

① 콩엿 : ㄴ첨가, 평폐쇄음화
② 풀잎 : ㄴ첨가, 유음화, 평폐쇄음화
③ 술값 : 경음화, 자음군단순화
④ 육학년 : 경음화, 비음화, 유기음화

정답 ④

정·오답풀이
④ 육학년 : [유캉년] – 'ㅎ'축약(= 유기음화), 비음화
① 콩엿 : [콩녇] – 'ㄴ'첨가, 평폐쇄음화
② 풀잎 : [풀립] – 'ㄴ'첨가, 유음화, 평폐쇄음화
③ 술값 : [술깝] – (사이시옷) 경음화, 자음군단순화

021 단어들을 발음할 때 밑줄 친 음절에서 나타나는 음운현상의 유형이 다른 하나는?

영역(과목) 음운론

① 접는 우산
② 이불을 덮고
③ 변론을 하러
④ 색연필을 가지고

정답 ④

정·오답풀이
④ 색연필 : [생년필] – 'ㄴ'첨가(첨가)
① 접는 : [점는] – 비음화(대치)
② 덮고 : [덥꼬] – 평폐쇄음화(대치)
③ 변론 : [별론] – 유음화(대치)

개념 정리

음소배열 제약은 특정한 음소와 음소가 결합될 때, 그 중 하나의 음소를 바꾸거나, 탈락시키는 등의 방법으로 변화시키는 것을 말한다. 음절배열 제약은 초성, 중성, 종성으로 된 음절을 구성할 때 초성에 'ㅇ'이 올 수 없다거나 종성에 7개의 자음만 올 수 있다는 등의 제약을 말한다.

022 음소나 음절 수준의 제약과 관계없는 음운현상인 것은?

영역(과목) 음운론

① '먹고'를 [먹꼬]로 발음하는 현상
② '받는'을 [반는]으로 발음하는 현상
③ '니토(泥土)'를 [이토]로 발음하는 현상
④ '능력'을 [능녁]으로 발음하는 현상

정답 ③

정·오답풀이
③ 니토[이토] : 두음법칙(두 음소가 만나 일어나는 변동이 아닌 어두에서 'ㄴ, ㄹ'이 각각 'ㅇ, ㄴ'으로 발음나는 현상이므로 음소나 음절 수준과 관계없는 음운현상이다.)
① 먹고[먹꼬] : 경음화('ㄱㄱ'은 나란히 배열되어 그대로 소리날 수 없다는 음소배열제약)
② 받는[반는] : 비음화('ㄷㄴ'은 나란히 배열되어 그대로 소리날 수 없다는 음소배열제약)
④ 능력[능녁] : 치조비음화('ㅇㄹ'은 나란히 배열되어 그대로 소리날 수 없다는 음소배열제약)

개념 정리

한국어의 자음체계

조음방법				조음위치				
				양순음	치조음	경구개음	연구개음	후음
조음방법	장애음	파열음	평음	ㅂ	ㄷ		ㄱ	
			경음	ㅃ	ㄸ		ㄲ	
			격음	ㅍ	ㅌ		ㅋ	
		파찰음	평음			ㅈ		
			경음			ㅉ		
			격음			ㅊ		
		마찰음	평음		ㅅ			ㅎ
			경음		ㅆ			
	공명음	비음		ㅁ	ㄴ		ㅇ	
		유음			ㄹ			

023 마찰음으로만 묶인 것은?   영역(과목) 음운론

① ㅅ, ㅂ, ㅃ
② ㅅ, ㅆ, ㅎ
③ ㅅ, ㅎ, ㅁ, ㄴ
④ ㅅ, ㅆ, ㅈ, ㅊ, ㅉ

정답 ②

개념 정리

음운론적 제약에 의한 음운 현상은 앞뒤의 음성적 환경에 따라 변화된 음운현상을 말한다. 음운론적 제약에는 음소배열 제약과 음절배열 제약이 있다.

024 음운론적 제약에 의한 음운현상의 예로 옳지 않은 것은?   영역(과목) 음운론

① 값 → [갑], 삶조차 → [삼조차]
② 담고 → [담꼬], 안다 → [안따]
③ 먹고 → [먹꼬], 업다 → [업따]
④ 잡는 → [잠는], 젖는 → [전는]

정답 ②

정·오답풀이 ② 경음화 – 어간 받침 'ㄴ, ㅁ' 뒤에 결합하는 'ㅂ, ㄷ, ㅅ, ㅈ, ㄱ'은 경음으로 소리나지만, 이는 음운론적 제약이 아닌 형태론적 제약으로 일어난다.
① 자음군단순화 – 단독으로 사용되거나 뒤에 자음이 오면 겹받침 자음 중 하나만 소리 난다.
③ 경음화 – 'ㅂ, ㄷ, ㄱ' 뒤에 결합하는 'ㅂ, ㄷ, ㅅ, ㅈ, ㄱ'은 경음으로 소리 난다.
④ 비음화 – 비음'ㄴ, ㅁ' 앞에 결합된 장애음은 같은 위치의 비음으로 바뀌어 소리 난다.

025. 다음에서 설명하는 음운현상이 적용된 예가 존재하지 않는 문장은?
영역(과목) 음운론

> 현대 한국어의 음절 종성에서 발음되는 자음의 종류는 'ㄱ, ㄴ, ㄷ, ㄹ, ㅁ, ㅂ, ㅇ'의 7개로 제한된다. 따라서 여기에 속하지 않는 자음이 음절 종성에 놓일 경우 이 자음 중 하나로 바뀌어야만 한다.

① 굶는 사람이 없도록 해라.
② 신발도 옷도 값비싼 것으로 사라.
③ 범인을 쫓는 것은 힘든 일이다.
④ 비가 오니까 뚜껑을 덮도록 해라.

정답 ①

정·오답풀이
① [굼는사라미업또로캐라] : 자음군 단순화, 경음화, 'ㅎ'축약
② [신발도옫또갑삐싼거스로사라] : 평폐쇄음화(옷 → 옫), 경음화, 자음군 단순화
③ [버미늘쫀는거슨힘든니리다] : 평폐쇄음화(쫓- → 쫀-), 비음화(쫀- → 쫀-), 'ㄴ'첨가
④ [비가오니까뚜껑을덥또록캐라] : 평폐쇄음화(덮- → 덥-), 경음화, 'ㅎ'축약

026. 다음 괄호 안에 들어갈 자음으로 옳은 것은?
영역(과목) 음운론

> 한국어의 비음화는 자음의 조음 위치는 그대로 둔 채 조음 방식만 비음으로 바꾸는 동화 현상이다. 따라서 비음화의 적용을 받으면 /ㅂ/는 (㉠)으로, /ㄷ/는 (㉡)으로, /ㄱ/는 (㉢)으로 바뀌게 된다.

① ㉠ : /ㅁ/, ㉡ : /ㄴ/, ㉢ : /ㅇ[ŋ]/
② ㉠ : /ㅁ/, ㉡ : /ㅇ[ŋ]/, ㉢ : /ㄴ/
③ ㉠ : /ㄴ/, ㉡ : /ㅇ[ŋ]/, ㉢ : /ㅁ/
④ ㉠ : /ㄴ/, ㉡ : /ㅁ/, ㉢ : /ㅇ[ŋ]/

정답 ①

정·오답풀이
① 비음화는 조음방법만 변화하는 것으로 'ㅂ'은 양순음이므로 양순음 비음 'ㅁ'으로, 'ㄷ'은 치조음 비음 'ㄴ'으로, 'ㄱ'은 연구개음 비음 'ㅇ'으로 바뀌게 된다.

027. 현대 한국어 자음 체계에 관한 설명으로 옳은 것을 모두 고른 것은?
영역(과목) 음운론

> ㄱ. 치조에서 조음되는 자음의 수가 가장 많다.
> ㄴ. 마찰음이 조음되는 위치는 치조와 성문이다.
> ㄷ. 경구개에서 발음되는 자음의 조음 방법은 한 가지이다.
> ㄹ. 삼지적 상관속은 폐쇄음, 파찰음, 마찰음에서 나타난다.

① ㄱ, ㄴ
② ㄷ, ㄹ
③ ㄱ, ㄴ, ㄷ
④ ㄱ, ㄴ, ㄷ, ㄹ

> **정답** ①, ③
>
> **정·오답풀이** ㄱ. 치조에서 조음되는 자음의 수는 7개로 다른 위치의 자음에 비해 많다.
> ㄴ. 마찰음이 조음되는 위치는 치조음 'ㅅ, ㅆ'과 성문음 'ㅎ'이다.
> ㄷ. 경구개에서 발음되는 자음의 조음 방법은 (파찰음 한 가지 / 파찰음 평음, 경음, 격음 세 가지)이다. – 복수 정답 처리됨
> ㄹ. 삼지적 상관속은 평음, 경음, 격음의 세 음소가 대립하는 것을 말하므로 폐쇄음, 파찰음에서 나타난다.

> **개념 정리**
>
> 최소대립쌍 또는 최소의 짝이란 영어의 'light'와 'right'. 한국어의 '불, 풀'에서와 같이 다른 나머지는 같은데 어떤 한 가지 음의 차이로 의미가 달라진 어형의 짝을 말한다.

028 최소대립쌍을 통한 음소분석으로 옳지 않은 것은? [영역(과목) 음운론]

① '오지'와 '고지'는 'ㅇ'와 'ㄱ'의 차이로 인한 최소대립쌍이므로 'ㅇ'과 'ㄱ'은 별개의 음소이다.
② '담'과 '땀'은 'ㄷ'과 'ㄸ'의 차이로 인한 최소대립쌍이므로 'ㄷ'과 'ㄸ'은 별개의 음소이다.
③ '솔'과 '술'은 'ㅗ'와 'ㅜ'의 차이로 인한 최소대립쌍이므로 'ㅗ'와 'ㅜ'는 별개의 음소이다.
④ '시람'과 '시랑'은 'ㅁ'과 'ㅇ'의 차이로 인한 최소대립쌍이므로 'ㅁ'과 'ㅇ'은 별개의 음소이다.

> **정답** ①
>
> **정·오답풀이** ① '오지'에서 'ㅇ'은 모음으로 시작하는 음절이라는 의미로 음소가 아니기 때문에 최소대립쌍이 될 수 없다.

029 밑줄 친 단어의 발음으로 옳은 것은? [영역(과목) 음운론]

① 농부는 밭을 갈기 위해 밭의 흙을 <u>밟고</u>[발꼬] 있었다.
② 책의 <u>머리말</u>[머린말] 쓰기는 까다로운 일이다.
③ 아버지는 오랜만에 고향 음식을 <u>맛있게</u>[마딛께] 드셨다.
④ <u>부엌에</u>[부어게] 가서 수저 좀 가지고 와라.

> **정답** ③
>
> **정·오답풀이** ③ 맛있게[마딛께/마싣께]
> ① 밟고[밥ː꼬]   ② 머리말[머리말]   ④ 부엌에[부어케]

> **개념 정리**
>
> 상징어는 의성의태어라고도 하며 의성어와 의태어로 나누기도 한다. 의성어와 의태어는 분명하게 구별되지 않아서 이들 사이에는 서로 넘나드는 것이 있고, 그 문법적 성질도 동일하다.

030 사람이나 사물의 모양과 소리 모두를 흉내 낸 말이 아닌 것은?

영역(과목) 어휘론

① 비실비실 - 설렁설렁
② 벌컥벌컥 - 중얼중얼
③ 꼴깍꼴깍 - 도란도란
④ 쏙닥쏙닥 - 펄럭펄럭

정답 ①

정·오답풀이
① 비실비실 : 흐느적흐느적 힘없이 자꾸 비틀거리는 모양, 비굴하게 눈치를 보며 행동하는 모양.
  설렁설렁 : 조금 서늘한 바람이 거볍게 자꾸 부는 모양, 팔이나 꼬리 따위를 가볍게 자꾸 흔드는 모양.
② 벌컥벌컥 : 음료나 술 따위를 거침없이 자꾸 들이켜는 소리 또는 그 모양.
  중얼중얼 : 남이 알아듣지 못할 정도의 작고 낮은 목소리로 혼잣말을 자꾸 하는 소리 또는 그 모양.
③ 꼴깍꼴깍 : 적은 양의 액체나 음식물 따위가 목구멍이나 좁은 구멍으로 한꺼번에 자꾸 넘어가는 소리 또는 그 모양.
  도란도란 : 여럿이 나직한 목소리로 서로 정답게 이야기하는 소리 또는 그 모양.
④ 쏙닥쏙닥 : 남이 알아듣지 못하도록 작은 목소리로 은밀하게 자꾸 이야기하는 소리 또는 그 모양.
  펄럭펄럭 : 바람에 잇따라 빠르고 힘차게 나부끼는 소리 또는 그 모양.

개념 정리

사자성어 또는 고사성어는 옛 이야기에서 유래된 말로, 관용구나 속담 등으로 사용되며 '어부지리'와 같이 4자로 된 성어가 대부분이지만, 단순한 단어처럼 사용되는 '완벽', '계관', '녹림' 등도 고사성어에 속한다. 또 '등용문', '미망인'과 같은 3자 성어도 있으며, 8자, 9자로 된 긴 성구도 있다.

031 '무식함'이나 '어리석음'을 나타내는 사자성어가 아닌 것은?

영역(과목) 어휘론

① 숙맥불변(菽麥不辨)
② 목불식정(目不識丁)
③ 일자무식(一字無識)
④ 부지불식(不知不識)

정답 ④

정·오답풀이
④ 부지불식(不知不識) : 생각하지도 못하고 알지도 못함
① 숙맥불변(菽麥不辨) : 사리 분별을 못 하고 세상 물정을 잘 모름을 이르는 말.
② 목불식정(目不識丁) : 간단한 글자를 보고도 알지 못한다는 뜻으로, 까막눈임을 이르는 말.
③ 일자무식(一字無識) : 글자를 한 자도 모를 정도로 무식함. 또는 그런 사람.

개념 정리

전문어는 특정 사회에서 인위적으로 만들어진 말로 전문가끼리 쓰는 특정의 직업어를 말하며 학자어, 학술어라고도 부른다. 전문어는 전문 직업의 필요상 의사소통의 능률을 높이기 위해 만들어진 것이며, 어휘에 국한되고 문장 구성에는 영향을 끼치지 않는다.

032 전문 용어에 관한 설명으로 옳지 않은 것은?

영역(과목) 의미론

① 일상어가 동일한 형태를 유지한 채 전문 용어로 쓰일 수 있다.
② 의미가 분명하여 그 분야에 속하지 않는 사람도 이해하기 쉽다.
③ 의미가 정밀하여 맥락의 영향을 적게 받으며 비유적으로 사용되기 어렵다.
④ '대퇴부', '수산화나트륨'은 일상어 '넓적다리', '양잿물'에 대응하는 전문 용어이다.

정답 ②

정·오답풀이 ② 의사소통을 원활하게 하기 위해 사용하는 것으로 의미가 분명하지만 전문 분야의 필요상 만들어진 것이므로 그 분야에 속하지 않는 사람은 이해하기 어렵다.

033 밑줄 친 단어의 쓰임이 옳은 것은?

영역(과목) 의미론

① 계란을 그릇 모서리에 <u>부딪혀</u> 깼다.
② 영수는 다른 사람보다 세 <u>갑절</u>은 더 먹는 것 같다.
③ 날씨가 건조해서 세수를 하고 나면 얼굴이 <u>땅긴다</u>.
④ 아버지께서는 <u>벗겨진</u> 머리를 감추기 위해 모자를 쓰셨다.

정답 ③

정·오답풀이 ③ 당기다 : 물건 따위를 힘을 주어 자기 쪽이나 일정한 방향으로 가까이 오게 하다
   땅기다 : 몹시 단단하고 팽팽하게 되다.
① 부딪히다 : '무엇과 무엇이 힘 있게 마주 닿거나 마주 대다'라는 의미의 '부딪다'의 피동사
   부딪치다 : 능동사 '부딪다'를 강조하여 이르는 말.
② 갑절 : 어떤 수나 양을 두 번 합한 만큼
   곱절 : 일정한 수나 양이 그 수만큼 거듭됨을 이르는 말.
④ 벗어지다 : 머리카락이나 몸의 털 따위가 빠지다.
   벗겨지다 : 덮이거나 씌워진 물건이 외부의 힘에 의하여 떼어지거나 떨어지다.

개념 정리

반의 관계

서로 반대되거나 대립되는 의미를 가진 단어 사이의 의미 관계를 말하며, 두 단어가 의미상 여러 공통점을 가지고 있으면서 단 하나의 비교 기준이 다른 경우에 성립한다.

034 반의 관계로 짝지어진 것이 아닌 것은?

영역(과목) 의미론

① 굵다 - 얇다
② 숱하다 - 드물다
③ 설다 - 익다
④ 가멸다 - 가난하다

정답 ①

정·오답풀이
① 굵다 – 가늘다 / 두껍다 – 얇다
② 숱하다 : 아주 많다.
③ 설다 : 열매, 밥, 술 따위가 제대로 익지 아니하다.
④ 가멸다 : 재산이나 자원 따위가 넉넉하고 많다.

개념 정리

형태가 다르지만 의미가 같거나 비슷한 단어 사이의 의미관계를 동의관계/유의관계라고 하고 이러한 관계에 있는 단어들을 동의어/유의어라고 한다.

035 각 유의어 쌍에 관한 설명으로 옳지 않은 것은?   영역(과목) 의미론

① 멎다/멈추다 : '멎다'와 달리 '멈추다'는 자동사와 타동사로 모두 쓰인다.
② 고치다/수리하다 : '고치다'와 달리 '수리하다'는 추상명사를 목적어로 취할 수 있다.
③ 내리다/인하하다 : '내리다'와 달리 '인하하다'는 '온도'와 관련된 명사와 연어를 이룰 수 없다.
④ 싸다/포장하다 : '(물건을)싸다'와 달리 '포장하다'는 '겉을 꾸미다'라는 비유적 의미를 갖는다.

정답 ②

정·오답풀이
② '고치다'는 추상명사와 결합가능하나, '수리하다'는 추상명사와 결합할 수 없다. (생각)
① 차가 멈추다.(자동사) / 차를 멈추다.(타동사)
③ 기온이 내리다. / 기온이 인하하다.
④ '포장하다'는 '그는 자신이 한 일을 그럴듯한 말로 포장했다.'처럼 비유적 의미를 갖는다.

036 한국어 어휘를 고유어, 한자어, 외래어로 분류했을 때 같은 유형으로 묶인 것은?   영역(과목) 어휘론

① 구두, 라면, 배낭
② 근심, 명함, 순대
③ 가위, 고생, 도롱이
④ 부조, 양말, 어차피

정답 ④

정·오답풀이
④ 부조 : 한자어 扶助, 양말 : 한자어 洋襪, 어차피 : 한자어 於此彼
① 구두 : 외래어 〈일〉 kutsu[靴], 라면 : 외래어 〈중〉 lamian[拉麵], 배낭 : 한자어 背囊
② 근심 : 고유어, 명함 : 한자어 名銜, 순대 : 고유어
③ 가위 : 고유어, 고생 : 한자어 苦生, 도롱이 : 고유어

037 다음 동사와 공통적으로 연결되어 관용어를 이룰 수 있는 단어는?   영역(과목) 어휘론

| 들다 | 맞다 | 쐬다 | 잡다 |

① 손   ② 햇빛   ③ 마음   ④ 바람

정답 ④

정·오답풀이 ④ 바람이 들다 : 착실하던 사람이 남의 꾀임에 빠져 놀기만 일삼는 것을 일컫는다.
  바람을 맞다 : 상대가 만나기로 한 약속을 지키지 아니하여 헛걸음하다.
  바람을 쐬다 : 기분 전환을 위하여 바깥이나 딴 곳을 거닐거나 다니다.
  바람을 잡다 : 허황된 짓을 꾀하거나 그것을 부추기다.
① 손이 맞다 : 함께 일할 때 생각, 방법 따위가 서로 잘 어울리다.
  손을 잡다 : 서로 힘을 합하여 함께 일하다.
② 햇빛이 들다 : 아무리 어려운 처지에 놓여 있더라도 끝까지 노력하면 성과를 거둘 수 있음
③ 마음이 맞다 : 서로 의견이 같다.
  마음을 잡다 : 마음을 바로 가지거나 새롭게 결심하다.

038 접두사 '숫-, 앳-, 엇-, 올-, 헛-'과 공통적으로 결합할 수 있는 용언은? 영역(과목) 어휘론

① 나다 ② 되다 ③ 보다 ④ 하다

정답 ②

정·오답풀이 ② 숫되다 : 순진하고 어수룩하다.
  앳되다 : 애티가 있어 어려 보이다.
  엇되디 : 조금 건방지다.
  올되다 : 열매나 곡식 따위가 제철보다 일찍 익다.
  헛되다 : 아무 보람이나 실속이 없다.
① 엇나다 : (엇나가다)금이나 줄 따위가 비뚜로 나가다.
③ 숫보다 : 교만한 마음에서 남을 낮추어 보거나 하찮게 여기다(북한어)
  엇보다 : 서로 비슷하게 보거나 잘못 보다.(북한어)
  헛보다 : 어떤 것을 주의 깊고 올바르게 보지 못하다.
④ 숫하다 : 순박하고 어수룩하다.
  헛하다 : 일을 아무런 보람 없이 하다.

개념 정리

의존명사는 불완전명사라고도 하며 앞에 반드시 관형어를 동반해야만 쓰일 수 있는 명사로 대체로 국한된 격조사와만 결합하여 특정한 성분으로만 쓰이는 제약을 가지고 있다. 〈11회 5번 참고〉

---

039 한국어 의존명사에 관한 설명으로 옳은 것은? 영역(과목) 문법론

① '참'은 결합되는 관형사형 어미가 제한된다.
② '수', '것'은 목적격 조사와 자유롭게 연결된다.
③ '턱', '따름'은 서술어와의 결합이 자유롭지 못하다.
④ '리', '적'은 격조사 결합은 자유롭지만 보조사 결합은 제약이 있다.

정답 ③

정·오답풀이 ③ '턱'은 '없다'와만 결합하며, '따름'은 서술격조사 '이다'와만 결합한다.
① '참'은 '한 참에, 하는 참에, 하던 참에' 등 결합되는 관형사형 어미에 제한이 없다.
② '수'는 주격과만 결합하므로 목적격 조사와 연결될 수 없고, '것'은 보편성을 띤 것이므로 주격, 목적격, 서술격 조사와의 결합이 자유롭다.
④ '리'는 주격, 보조사와, '적'은 주격, 부사격, 보조사와의 결합이 자유롭다.

개념 정리

동사와 형용사는 그 쓰임과 활용이 유사해서 분명하게 구별하기 쉽지 않다. 그러나 동사는 그 의미상 청유형과 명령형이 가능하며, 형용사는 청유형과 명령형이 불가능하다. '크다, 있다' 등과 같이 형태가 변하지 않고 동사와 형용사로 모두 사용 가능한 어휘도 문장에서 사용된 의미가 청유형과 명령형으로 사용 가능한가 그렇지 않은가로 구분할 수 있다.

040 밑줄 친 단어의 품사가 다른 것은?

영역(과목) **문법론**

① 너 <u>커서</u> 무엇이 되고 싶니?
② 잘되어 가던 일이 <u>묘하게</u> 꼬이기 시작했다.
③ 그는 다른 사람에 비해 10년이나 <u>겉늙어</u> 보인다.
④ 잘못된 일을 <u>바로잡으려는</u> 마음가짐이 필요하다.

정답 ②

정·오답풀이 ② 묘하다 : 형용사 ('이것이 묘해라./같이 묘하자.' 청유, 명령형이 불가능하므로 형용사)
① 크다 : 형용사 / 동사 ('철수야, 빨리 커라./우리 빨리 크자.'와 같이 청유형, 명령형 가능)
③ 겉늙다 : 동사 ('빨리 늙어라./같이 늙자.'와 같이 사용, 접두사는 품사를 바꾸지 못한다.)
④ 바로잡다 : 동사 ('일을 바로잡아라./일을 바로잡자.'와 같이 사용 가능하므로 동사)

개념 정리

새로운 현상이나 사물이 생겨나면 그것을 지시하는 새로운 명칭이 필요하기 때문에 새말을 생성하거나 외래어를 차용하기도 한다. 또는 이미 사용하고 있는 단어의 의미 영역을 넓혀서 새로운 개념을 수용하기도 한다. 다의어가 만들어지는 원인으로 ① 적용의 전이 ② 사회 환경의 특수화 ③ 비유적 언어 ④ 동음어의 재해석 ⑤ 외국어의 영향이 있다.

041 '밝다'의 의미 전이 과정에 관한 설명으로 옳지 않은 것은?

영역(과목) **의미론**

> 밝다 : 밝은 빛 → 밝은 색 → 밝은 표정 → 밝은 분위기

① 구체적 의미에서 추상적 의미로 변화한다.
② 은유에 의해 새로운 의미로 확장되기도 한다.
③ 의미가 확장되는 과정에서 다의어가 생성된다.
④ 동음어가 의미 확장에 의해 다의어가 되기도 한다.

정답 ④

정·오답풀이 ④ 밝다 : 1. 불빛 따위가 환하다. 2. 빛깔의 느낌이 환하고 산뜻하다. 3. 감각이나 지각의 능력이 뛰어나다. 4. 생각이나 태도가 분명하고 바르다. 5. 분위기, 표정 따위가 환하고 좋아 보이거나 그렇게 느껴지는 데가 있다. 6. 인지(認知)가 깨어 발전된 상태에 있다. 7. 예측되는 미래 상황이 긍정적이고 좋다.

구체적인 대상에서 추상적인 의미로 확장되면서 다의어가 된 경우이다. 동음어의 재해석은 어원적으로 별개의 단어이던 것이 음성이나 철자가 변함에 따라 동음어가 되고 다시 의미 간 연관성이 인정되면서 다의어가 된 것으로 '녀름 – 여름'이 그 예이다.

개념 정리

하나의 언어 표현이 둘 이상의 해석을 가능하게 하는 언어적 속성을 중의성이라고 한다.
- 어휘적 중의성 : 문장 속에 사용된 어휘의 특성에 의해 나타난다. (영희가 차를 준비했다.)
- 구조적 중의성 : 문장을 성분들 사이의 통사적 관계에 의해 나타난다. (철수와 영희가 싸웠다.)
- 영역의 중의성 : 단어의 의미가 미치는 범위가 다름으로 인해 나타난다. (아이가 집에 가지 않았다.)

042 중의성을 지닌 문장의 예가 아닌 것은?   영역(과목) 의미론

① 우리 어머니는 손이 크다.
② 철수는 이제 학교에 가지 않았다.
③ 나는 동생과 강아지를 찾으러 다녔다.
④ 그 영화는 좋은 영화임이 분명하다.

정답 ④

정·오답풀이 ① 어휘적 중의성 : 신체의 손이 크다. / 씀씀이가 크다.
② 구조적 중의성 : 다른 사람이 갔다. / 어제는 가지 않았다. / 어제 다른 곳에 갔다. / 학교에 간 것은 아니다.
③ 구조적 중의성 : 나는 동생과 함께 강아지를 찾으러 다녔다. / 나는 동생과 강아지 둘을 찾으러 다녔다.

개념 정리

반의 관계

서로 반대되거나 대립되는 의미를 가진 단어 사이의 의미 관계로, 두 단어가 의미상 여러 공통점을 가지고 있으면서 단 하나의 비교 기준이 다른 경우에 성립한다.
- 상보 반의어 / 단순 반의어 : 두 단어가 상호 배타적인 영역을 갖는 것.
- 등급 반의어 / 정도 반의어 : 두 단어 사이에 중간 단계가 있을 수 있는 것.
- 관계 반의어 / 방향 반의어 : 두 단어가 상대적 관계에 있으면서 의미상 대칭을 이루는 것.

043 반의어의 대립 관계 유형이 동일한 것끼리 짝지어진 것은?   영역(과목) 의미론

① 팔다 – 사다, 조상 – 후손
② 길다 – 짧다, 출근 – 퇴근
③ 덥다 – 춥다, 남성 – 여성
④ 살다 – 죽다, 남편 – 아내

> **정 답** ①
>
> **정·오답풀이** ① 팔다 – 사다 : 방향 반의어, 조상 – 후손 : 방향 반의어
> ② 길다 – 짧다 : 정도 반의어, 출근 – 퇴근 : 방향 반의어
> ③ 덥다 – 춥다 : 정도 반의어, 남성 – 여성 : 단순 반의어
> ④ 살다v죽다 : 단순 반의어, 남편 – 아내 : 방향 반의어

044 제시된 문장에 공통적으로 나타나는 현상은?

영역(과목) 의미론 / 문법론

○ 넓은 광야에 매화 향기가 은은하고 진하게 퍼진다.
○ 할머니께서는 아침마다 약숫물을 길어 온다.

① 높임법이 잘못 사용되었다.
② 의미적으로 중복된 표현이 사용되었다.
③ 의미적으로 모순된 표현이 사용되었다.
④ 유사한 의미를 지닌 표현이 잘못 사용되었다.

> **정 답** ②
>
> **정·오답풀이** ① 높임법이 잘못 사용되었다. : 께서는 ~ 길어 온다('-시-'가 사용되지 않았다.)
> ② 의미적으로 중복된 표현이 사용되었다. : 넓은 – 광야, 약수 – 물
> ③ 의미적으로 모순된 표현이 사용되었다. : 은은하고 진하게

045 다음 조건을 모두 충족시키는 동음어는?

영역(과목) 의미론

○ 의미적 관련성이 없다.
○ 같은 환경에서 형태가 동일하다.
○ 품사가 동일하여 문법적으로 같은 기능을 한다.

① 배[과일] - 배[신체]
② 새[조류] - 새[新, new]
③ 묻다[질문하다] - 묻다[매장하다]
④ 고르다[균질하다] - 고르다[가려내다]

> **정 답** ①
>
> **정·오답풀이** ② 새[조류] – 새[新, new] : 명사와 관현사로 품사가 달라 문장 안에서 다른 기능을 한다.
> ③ 묻다[질문하다] – 묻다[매장하다] : 불규칙 활용되어 같은 환경에서 '물어 보다 : 묻어 보다'로 형태가 다르다.
> ④ 고르다[균질하다] – 고르다[가려내다] : 형용사와 동사로 품사가 달라 문장 안에서 다른 기능을 하며, 관형사형으로 사용될 때 '고른 : 고르는'과 같이 형태도 달라진다.

046 밑줄 친 단어가 다의 관계인 것은?

영역(과목) 의미론

① 돛을 <u>달다</u> - 토를 <u>달다</u>
② 나이 <u>먹다</u> - 귀가 <u>먹다</u>
③ 모자를 <u>쓰다</u> - 머리를 <u>쓰다</u>
④ 사람의 <u>눈</u>을 속이다 - 저울의 <u>눈</u>을 속이다

정답 ①

정·오답풀이
① 돛을 달다 : 물건을 일정한 곳에 걸거나 매어 놓다.
  토를 달다 : 글이나 말에 설명 따위를 덧붙이거나 보태다.
② 나이 먹다 : 일정한 나이에 이르거나 나이를 더하다.
  귀가 먹다 : 귀나 코가 막혀서 제 기능을 하지 못하게 되다. 또는 그렇게 되게 하다.
③ 모자를 쓰다 : 모자 따위를 머리에 얹어 덮다.
  머리를 쓰다 : 몸의 일부분을 제대로 놀리거나 움직이다.
④ 사람의 눈을 속이다 : 빛의 자극을 받아 물체를 볼 수 있는 감각 기관.
  저울의 눈을 속이다 : 자·저울·온도계 따위에 표시하여 길이·양·도수 따위를 나타내는 금. (눈금)

개념 정리

단어의 형태는 같으나 의미가 다른 언어적 현상을 동음성이라고 하고 이러한 특성을 가진 단어를 동음어라고 한다.
- 절대 동음어, 부분 동음어 : 의미에서 서로 관련성이 없으며, 어형이 모든 형태에서 동일하며, 동일 형태끼리 문법석으로 대등하다면 절대 동음어이고, 세 조건 중 하나라도 만족시키지 못한다면 부분 동음어가 된다.
- 동철자 동음어, 이철자 동음어 : 소리뿐만 아니라 철자까지 같은 경우 동철자 동음어가 되며, 소리는 같으나 철자가 다른 경우 이철자 동음어가 된다.

047 동음이의어에 관한 설명으로 옳은 것을 모두 고른 것은?

영역(과목) 의미론

ㄱ. 발음이 같더라도 표기가 다르면 동음이의어가 아니다.
ㄴ. 형태가 다른 두 단어가 음운변화 과정에서 동음이의어가 될 수 있다.
ㄷ. 외래어가 많이 유입되어 유의어가 증가하면 동음이의어의 수는 줄어든다.
ㄹ. 다의어의 의미들이 연관성을 잃게 되면 다의어였던 것이 동음이의어가 된다.

① ㄱ, ㄴ
② ㄱ, ㄷ
③ ㄴ, ㄹ
④ ㄷ, ㄹ

정답 ③

정·오답풀이
ㄱ. 발음이 같고 표기가 다르면 이철자 동음어이다.
ㄴ. '쇼-소'처럼 형태가 다른 두 단어가 음운변화 과정 '소-소'가 되어 동음이의어가 되었다.
ㄷ. 외래어가 많이 유입되면 동음이의어의 수는 많아진다. '북-북(北)-북(book)'
ㄹ. 다의어의 의미들이 연관성을 잃게 되면 다의어였던 것이 동음이의어가 된다. '고개, 얼굴'

개념 정리

하나의 문장이 의미적 정당성을 갖기 위해 이미 참임이 보장된 다른 문장을 전제라고 한다. 따라서 하나의 문장을 부정으로 바꾸어도 다른 문장은 항상 참으로 나타난다.

---

048 두 문장의 의미 관계가 다른 하나는?

영역(과목) 의미론

① 컴퓨터가 또 고장 났다. : 컴퓨터가 전에도 고장 난 적이 있다.
② 정호는 한국에 돌아오고 싶어 한다. : 정호는 외국에 나가 있다.
③ 그 둘이 이혼했다는 사실을 뒤늦게 알았다. : 그 둘이 결혼했었다.
④ 나는 대부분의 회원을 만날 수 있었다. : 내가 회원을 모두 만난 것은 아니다.

정답 ④

정·오답풀이
④ 등급을 나타내는 표현 '대부분'은 '전부가 아님'을 함축하는데, 이를 등급 함축이라고 한다.
① 컴퓨터가 또 고장 나지 않았다. : 컴퓨터가 전에도 고장 난 적이 있다. (참) – 전제
② 정호는 한국에 돌아오고 싶어 하지 않는다. : 정호는 외국에 나가 있다. (참) – 전제
③ 그 둘이 이혼했다는 사실을 몰랐다. : 그 둘이 결혼했었다. (참) – 전제

개념 정리

어떤 문장의 발화가 언표내적행위를 구성하기 위해서는 반드시 지켜져야 할 조건이 있는데, 그 발화가 상황에 맞게 적정하게 쓰였는지 그렇지 않은지를 따져보는 것이고 이를 적정조건이라고 한다.
- 명제내용조건 : 발화에는 명제 내용이 명시되어야 한다.
- 예비조건 : 발화행위가 수행되기 전에 요구되는 조건으로 화자와 청자가 그 행위와 관련해서 갖게 되는 배경, 생각, 지식 등이 포함된다.
- 성실조건 : 발화행위가 성실하게 수행되기 위해 갖추어야할 조건으로 화자의 심리적 상태를 말한다
- 본질조건 : 그 행위가 객관적으로 어떠한 효과를 노리는 것으로 간주되는가가 따지는 조건으로 화자에게는 객관적으로 본래 취지의 행위가 이루어지도록 노력할 것이 요구된다.

---

049 다음 발화가 충고의 효력을 가질 수 있는 적정 조건(felicity condition)은?

영역(과목) 화용론

> 앞으로 밤에 나가지 않는 것이 좋겠어.

① 화자는 자신의 판단에 대한 분명한 이유를 가지고 있지 않다.
② 화자가 청자에게 이 발화를 하지 않으면 청자가 밤에 나갈 것이 확실하다.
③ 화자는 청자가 밤에 나가지 않는 것이 청자에게 이익이 된다고 믿고 있다.
④ 화자는 청자에게 밤에 나가면 위해를 가하겠다며 불안감을 주려는 의도를 갖고 있다.

> **정 답** ③
>
> **정·오답풀이** ③ 성실조건 : 화자는 청자가 밤에 나가지 않는 것이 청자에게 이익이 된다고 믿고 있다
> ① 예비조건 : 화자는 자신의 판단에 대한 분명한 이유를 가지고 있다.
> ② 명제내용조건 : 미래의 일이기 때문에 청자가 밤에 나갈 것인지는 확실하지 않다..
> ④ 본질조건 : 화자는 청자에게 밤에 나가지 않는 것이 도움이 된다는 생각을 갖고 있다.

> **개념 정리**
>
> **발화행위의 종류**
> - 언표행위 : 의미를 가진 문장을 발화하는 행위
> - 언표내적행위 : 언표행위와 함께 수행되는 행위
> - 언표효과행위 : 언표행위의 결과로 일어나는 행위
>
> ※ 언표내적행위의 분류(오스틴)
> - 판정발화 : 배심원, 중재자, 심판이 판정을 할 때 나타나는 것으로 확신하기 어려운 어떤 것에 대한 사실을 인정하는 것
> - 행사발화 : 권리, 영향력을 행사하는 것으로 임명, 투표, 명령, 충고, 경고 등에 해당한다.
> - 언약발화 : 약속하기에 해당하며 화자를 일정한 행동의 과정에 책임을 지우는 것이다.
> - 행태발화 : 태도나 사회적 행동과 관련된 것으로 사과, 축하, 칭찬, 위로 등에 해당한다.
> - 평서발화 : 견해를 설명하고, 논의를 전개하고, 지시를 명확히 하는 것을 포함하는 행위에 해당된다.

050 다음 발화에 관한 설명으로 옳지 않은 것은?

영역(과목) 화용론

> (뒤통수를 때리고 도망가는 친구를 향해) 너 이제 죽었어.

① 객관적 정보 전달의 기능을 하고 있다.
② 실제로 친구가 죽거나 친구를 죽인다는 의미는 아니다.
③ 미래의 일을 완료상을 사용하여 기정사실처럼 표현하고 있다.
④ 부사 '이제'와 선어말 어미 '-었-'의 시제가 일치하지 않는다.

> **정 답** ①
>
> **정·오답풀이** ① 오스틴의 분류로 행사발화 중 경고의 기능을 하고 있다.
> ② 경고의 의미이다.
> ③ 미래의 일을 완료상 '-었-'을 사용하여 기정사실처럼 표현하고 있다.
> ④ 부사 '이제'는 절대시제로 발화 시점이 기준이 되며, 선어말 어미 '-었-'은 상대시제로 사건이 기준이 되어 시제가 일치하지 않는다.

개념 정리

전기 중세한국어

10세기 초에 고려가 들어서며 개성이 중심지가 됨에 따라 새로운 중앙어가 성립되고 이 시기부터 14세기 말까지를 전기 중세 한국어의 시기로 구분한다. 이 시기의 중요 자료로 계림유사와 향약구급방을 들 수 있는데, 계림유사는 송나라 손목(孫穆)이 편찬한 책으로 당시 고려의 단어 및 어구 350여항이 기록되어 있다. 향약구급방은 한국의 의약서로 180여종의 식물, 동물, 광물 등에 대해 실려 있고 여기에 한자 차용 표기로 기록된 것이 있어서 중요하다.

전기 중세어의 특징을 보면 ① 자음체계는 된소리 계열이 등장했다. ② 어두 자음군이 아직 형성되지 않았다. ③ 파찰음이 발생했다. ④ ㅿ의 존재를 분명히 보여 준다. ⑤ 음절 말에서 대부분의 자음 대립이 유지되어 11개의 자음이 받침에서 발음되었다.

051 다음 설명 중 옳은 것을 모두 고른 것은?

영역(과목) 한국어사

ㄱ. 전기 중세 한국어의 자음 체계에는 아직 된소리 계열이 보이지 않는다.
ㄴ. 〈계림유사〉에 보이는 '菩薩'은 어두자음군 'ㅄ'의 형성 이전 단계임을 보여 준다.
ㄷ. 〈계림유사〉와 〈조선관역어〉는 비슷한 언어적인 특징을 보여 주는 전기 중세 한국어 자료이다.
ㄹ. 전기 중세 한국어의 음절말 자음의 대립은 후기 중세 한국어의 그것과 같은 8종성 체계를 보인다.

① ㄴ   ② ㄱ, ㄹ   ③ ㄷ, ㄹ   ④ ㄱ, ㄴ, ㄷ

정답 ①

정·오답풀이
ㄱ. 전기 중세 한국어의 자음 체계에는 된소리 계열이 등장한다.
ㄴ. 〈계림유사〉에 보이는 '白米曰菩薩'은 쌀을 표기한 것으로 어두자음군 'ㅄ'의 형성 이전 단계임을 보여 준다.
ㄷ. 〈조선관역어〉는 15세기 초쯤 중국에서 편찬된 것으로 후기 중세어의 특징을 볼 수 있는 자료이다.
ㄹ. 전기 중세 한국어의 음절말 자음의 대립은 후기 중세 한국어와 달리 11종성 체계이다.

개념 정리

중세 한국어의 종결어미 (상대높임에 따른 분류)

종결\격식	ᄒᆞ라체	ᄒᆞ야쎠체	ᄒᆞ쇼셔체	반말체
평서형	-다	-닝다	-ᄂᆞ이다	-니, -리
의문형	-녀/뇨, -ㄴ다	-ᄂᆞ닛가	-ᄂᆞ니잇가	-니, -리
명령형	-라	-어쎠	-쇼셔	-라
청유형	-져		-사이다	
감탄형	-도다	-도쇼이다		

052
밑줄 친 말 중 공손법(상대높임법) 어미의 등분이 <u>다른</u> 것은?

영역(과목) 한국어사

① 다시 무로디 그 ᄠᅳ들 닐어쎠.
② 王이 부톄를 請ᄒᆞᄫᆞ쇼셔.
③ 이 못ᄀᆞ샛 큰 珊瑚 나모 아래 무두이다.
④ 아디 어려븐 法을 브즈러니 讚嘆ᄒᆞ시ᄂᆞ니잇고.

정답 ①

정·오답풀이 ① ᄒᆞ야쎠체
② ᄒᆞ쇼셔체   ③ ᄒᆞ쇼셔체   ④ ᄒᆞ쇼셔체

개념 정리

중세 한국어에서 체언에 조사가 결합할 때 형태가 달라지는 것이 있는데 이를 곡용이라고 한다. 대표적인 것이 'ㅎ'말음을 가진 것으로 '돌'은 조사와 결합하여 '돌히, 돌해, 돌흘, 돌콰' 등으로 변한다. '나라, 싸, 하늘, 길, 내, 시내' 등의 어휘가 여기에 속하며, 근대에 들어와서 'ㅎ'은 소실되었다.

053
'안팎, 수평아리, 셋, 땅'에 관한 설명 중 <u>옳지 않은</u> 것은?

영역(과목) 한국어사

① '안, 수, 셋, 땅'은 'ㅎ'을 말음으로 가지고 있었던 체언이다.
② 현대 한국어와 같은 모습으로의 변화는 중세 한국어 말기에 이루어졌다.
③ 'ㅎ'을 말음으로 가지고 있던 체언들은 'ㅎ' 앞의 소리가 모음이나 'ㄴ, ㄹ, ㅁ'이다.
④ 중세 한국어 시기에도 'ㅎ' 말음은 단독형이나 속격조사 'ㅅ' 앞에서는 실현되지 않았다.

정답 ②

정·오답풀이 ② 현대 한국어와 같은 모습으로의 변화는 근대 한국어 시기에 이루어졌다.

개념 정리

한글맞춤법

제15항 용언의 어간과 어미는 구별하여 적는다.
[붙임 1] 두 개의 용언이 어울려 한 개의 용언이 될 적에, 앞 말의 본뜻이 유지되고 있는 것은 그 원형을 밝히어 적고, 그 본뜻에서 멀어진 것은 밝히어 적지 아니한다.
- 앞 말의 본뜻이 유지되고 있는 것 : 넘어지다, 늘어나다, 돌아가다, 떨어지다, 엎어지다 등
- 본뜻에서 멀어진 것 : 드러나다, 사라지다, 쓰러지다

054 맞춤법이 틀린 예가 포함된 문장은?

① 늦었으니 그만 집에 들어가라.
② 살림이 늘어나서 집이 좁아졌다.
③ 마침내 사건의 전모가 들어났다.
④ 시간 있을 때 우리 사무실에 들러라.

정답 ③

정·오답풀이
③ 들어나다 : '들다'와 의미적으로 유연성이 없기 때문에 '드러나다'로 적는다.
① 들어가다 : '들다'의 의미를 유지하고 있으므로 원형을 밝혀 적는다.
② 좁아졌다 : '좁다'의 의미를 유지하고 있으므로 원형을 밝혀 적는다.
④ 들르다 : '들르다'의 의미로 '들리다'를 쓰는 경우가 있으나 '들르다'만 표준어로 삼는다.

개념 정리

한글맞춤법
제52항 한자어에서 본음으로도 나고 속음으로도 나는 것은 각각 그 소리에 따라 적는다.

본음으로 나는 것	속음으로 나는 것
승낙(承諾)	수락(受諾), 쾌락(快諾), 허락(許諾)
만난(萬難)	곤란(困難), 논란(論難)
안녕(安寧)	의령(宜寧), 회령(會寧)
분노(忿怒)	대로(大怒), 희로애락(喜怒哀樂)
토론(討論)	의논(議論)
오륙십(五六十)	오뉴월, 유월(六月)
목재(木材)	모과(木瓜)
십일(十日)	시방정토(十方淨土), 시왕(十王), 시월(十月)
팔일(八日)	초파일(初八日)

055 맞춤법에 맞는 것은?

① 계송(偈頌)
② 승락(承諾)
③ 희노(喜怒)
④ 연몌(連袂)

정답 ④

정·오답풀이
④ '계, 례, 몌, 폐, 혜'의 'ㅖ'는 'ㅔ'로 소리 나는 경우가 있더라도 'ㅖ'로 적는다는 규정에 따라 연몌(連袂)로 표기한다.
① '偈'는 본음과 속음이 모두 '게'로 나므로 게송(偈頌)으로 표기한다.
② '諾'은 본음이 '낙'으로 나므로 승낙(承諾)으로 표기한다.
③ '怒'는 본음이 '노'이지만 속음 '로'로 나므로 희로(喜怒)로 표기한다.

개념 정리

음운의 변동 – 첨가

표준발음법 제29항 합성어 및 파생어에서, 앞 단어나 접두사의 끝이 자음이고 뒤 단어나 접미사의 첫음절이 '이, 야, 여, 요, 유'인 경우에는, 'ㄴ' 음을 첨가하여 [니, 냐, 녀, 뇨, 뉴]로 발음한다.

다만, 다음과 같은 말들은 'ㄴ' 음을 첨가하여 발음하되, 표기대로 발음할 수 있다.

이죽-이죽[이중니죽/이주기죽]   야금-야금[야금냐금/야그먀금]
검열[검:녈/거:멸]   욜랑-욜랑[욜랑뇰랑/욜랑욜랑]   금융[금늉/그뮹]

[붙임 1] 'ㄹ' 받침 뒤에 첨가되는 'ㄴ' 음은 [ㄹ]로 발음한다.
[붙임 2] 두 단어를 이어서 한 마디로 발음하는 경우에도 이에 준한다.
다만, 다음과 같은 단어에서는 'ㄴ(ㄹ)' 음을 첨가하여 발음하지 않는다.
6·25[유기오]   3·1절[사밀쩔]   송별-연[송:벼련]   등-용문[등용문]

056 '일'의 첫소리가 다른 것은?

영역(과목) 어문규범 / 음운론

① 끝일(맨 나중의 일)
② 들일(들에서 하는 일)
③ 뒷일(어떤 일이 있은 뒤에 생기거나 일어날 일)
④ 막일(이것저것 가리지 아니하고 닥치는 대로 하는 노동)

정답 ②

정·오답풀이
② 들일 : 'ㄴ'첨가가 일어난 후 유음화가 일어나[들릴]로 발음된다.
① 끝일 : 평폐쇄음화와 'ㄴ'첨가가 일어나[끈닐]로 발음된다.
③ 뒷일 : 평폐쇄음화와 'ㄴ'첨가가 일어나[된닐]로 발음된다.
④ 막일 : 'ㄴ'첨가가 일어나고 비음화가 일어나[망닐]로 발음된다.

개념 정리

외래어 표기법 제1장 표기의 원칙

제1항 외래어는 국어의 현용 24 자모만으로 적는다.
제2항 외래어의 1 음운은 원칙적으로 1 기호로 적는다.
제3항 받침에는 'ㄱ, ㄴ, ㄹ, ㅁ, ㅂ, ㅅ, ㅇ'만을 쓴다.
제4항 파열음 표기에는 된소리를 쓰지 않는 것을 원칙으로 한다.
제5항 이미 굳어진 외래어는 관용을 존중하되, 그 범위와 용례는 따로 정한다.

057 외래어 표기법에 맞지 않는 표기는?

영역(과목) 어문규범

① 사인(sign)
② 비젼(vision)
③ 미이라(mirra)
④ 로브스터(lobster)

정답 ③

정·오답풀이 ③ 미라(mirra) : 외래어표기법 장모음 규정에 따라 장모음의 장음은 따로 표기하지 않는다.

개념 정리

국어의 로마자 표기법 〈12회 58번 참고〉

058 다음 설명 중 옳은 것은?

영역(과목) 어문규범

① 로마자 표기법에 따라 '팔당'은 소리 나는 대로 'Palttang'으로 적는다.
② 로마자 표기법에 따라 '삼죽면'은 소리 나는 대로 'Samjungmyeon'으로 적는다.
③ 로마자 표기법에 따라 '집현전'은 소리 나는 대로 'Jipyeonjeon'로 적는다.
④ 로마자 표기법에 따라 '학여울'은 소리 나는 대로 'Hangnyeoul'로 적는다.

정답 ④

정·오답풀이
④ 'ㄴ, ㄹ'이 덧나는 경우 변화의 결과에 따라 '학여울'은 소리 나는 대로 'Hangnyeoul'로 적는다.
① 된소리되기는 표기에 반영하지 않으므로 '팔당'은 'Paldang'으로 적는다.
② 행정구역 단위는 붙임표를 넣고 음운변화는 반영하지 않으므로 'Samjuk-myeon'으로 적는다.
③ 체언에서 'ㄱ, ㄷ, ㅂ' 뒤에 'ㅎ'이 따를 때에는 'ㅎ'을 밝혀 적으므로 'Jiphyeonjeon'로 적는다.

059 문장 부호에 관한 설명 중 옳지 않은 것은?

영역(과목) 어문규범

① '아직도 담배를 피우십니까'와 같은 표어에는 물음표를 쓰지 않는 것이 원칙이다.
② "지금 필요한 것은 지식이 아니라 실천입니다."에서의 밑줄 대신에 작은따옴표를 써도 된다.
③ '8.15 광복'처럼 특정한 의미가 있는 날을 표시할 때 월과 일의 아라비아 숫자 사이에 마침표를 쓴다.
④ '선생님, 부-부정행위라니요? 그런 건 새-생각조차 하지 않았습니다.'에서와 같이 짧게 더듬는 말에는 붙임표를 쓴다.

정답 ④

정·오답풀이 ④ 붙임표는 차례대로 이어지는 내용을 하나로 묶어 열거할 때 각 어구 사이에 쓰며, 두 개 이상의 어구가 밀접한 관련이 있음을 나타내고자 할 때 쓴다.

060 표준어로만 묶인 것은?

영역(과목) 어문규범

① 귀이개, 맵자다
② 온달, 나무래다
③ 보퉁이, 뻗정다리
④ 아지랭이, 소금쟁이

| 제 11 회 |

정답 ③

정·오답풀이 ③ 보퉁이 : 물건을 보에 싸서 꾸려 놓은 것.
벋정다리 : 구부렸다 폈다 하지 못하고 늘 벋어 있는 다리나 그런 다리를 가진 사람. '벋정다리'의 센 말
① 귀이개 : 귀지를 파내는 기구. 나무나 쇠붙이로 숟가락 모양으로 가늘고 작게 만든다.
맵자다 : 모양이 제격에 어울려서 맞다. '맵자하다'의 잘못
② 온달 : 꽉 찬 한 달.
나무래다 : 잘못을 꾸짖어 알아듣도록 말하다. '나무라다'의 잘못
④ 아지랭이 : 주로 봄날 햇빛이 강하게 쬘 때 공기가 공중에서 아른아른 움직이는 현상. '아지랑이'의 잘못
소금쟁이 : 소금쟁잇과의 애소금쟁이, 좀등빨간소금쟁이 따위를 통틀어 이르는 말.

개념 정리

코퍼스 언어학(말뭉치 언어학) 〈12회 79번 참고〉

---

061 코퍼스(말뭉치) 언어학에 관한 설명으로 옳지 않은 것은?   영역(과목) 응용언어학

① 범용 코퍼스는 다양한 연구에 활용할 목적 하에 종합적으로 구축된 것이다.
② 주석 코퍼스는 텍스트를 일정한 기준으로 분석한 뒤 품사, 문법, 주제, 사용 오류 등에 대한 정보를 일관된 형식의 표지로 달아 놓은 것이다.
③ 균형 코퍼스는 텍스트의 입력 과정에서 분석자의 목적에 따라 균형을 맞추기 위해 원본의 내용을 수정한 것이다.
④ 병렬 코퍼스는 한 언어의 텍스트와 그것과 대응하는, 즉 번역된 다른 언어의 텍스트를 정렬하여 놓은 것이다.

정답 ③

정·오답풀이 ③ 코퍼스의 모집단 구성, 표준화 방법 등을 고려하여 구축하되 원본의 내용을 수정하지 않고 그대로 자료로 사용해야 한다.

개념 정리

피진어, 크레올어, 굴라어 〈12회 76번 참고〉

---

062 언어 접촉에 관한 설명으로 옳지 않은 것은?   영역(과목) 인류언어학

① 링구아 프랑카(lingua franca)는 여러 언어를 사용하는 사람들 사이의 의사소통을 위하여 어떤 한 언어가 공동의 언어로 사용되는 것을 가리킨다.
② 피진(pidgin)은 서로 다른 언어를 모어로 가지고 있는 사람들 사이의 의사소통을 위하여 사용되는 단순한 언어이다.

③ 크레올(creole)은 피진보다 언어 체계가 더 안정되고 어휘가 확장되어 있어, 하나의 모어로서 기능할 수 있는 언어이다.
④ 탈크레올화(decreolization)란 크레올이 모어로서의 기능을 상실하고 피진으로 돌아가는 현상을 말한다.

정답 ④

정·오답풀이 ④ 탈크레올화(decreolization)는 크레올화 현상에 역행하는 현상이다. 예를 들어 영어와 크레올어의 접촉이 지속적으로 이루어지면서 표준 영어 교육이 광범위하게 보급되면서 이런 현상이 나타날 수 있다. 즉 음운, 어휘, 통사, 전 영역에 걸쳐서 영어의 영향을 받아들임으로 인해서 상당히 영어에 가까운 언어로 전환하게 되고, 영어와 상이한 언어라기보다는 일종의 방언에 가까운 언어가 되는 단계를 일컫는다. 이 현상은 영어 화자와 크레올어 화자 간의 접촉의 증가를 내포하기 때문에 이 현상이 관찰된다는 것은 두 계층 간의 거리가 점차적으로 근접하고 있다는 증거가 된다. 이렇게 크레올어에 영어를 뒤섞어 사용하는 등의 변이형을 크레올 연속체라고 한다.

개념 정리

양순음 관련 국제음성기호

IPA(국제음성기호)	이름	예시			
		언어	절차	발음	뜻
m	양순 비음	한국어	"말"의 ㅁ	[mal]	말
p	무성 양순 파열음	한국어	"빠르다"의 ㅃ	[parida]	빠르다
b	유성 양순 파열음	한국어	"수박"의 ㅂ	[ˈsuːbak]	수박
ɸ	무성 양순 마찰음	일본어	富士山 (fujisan)	[ɸujisaɴ]	후지산
β	유성 양순 마찰음	네덜란드어	waar	[βar]	진정한

063 조음 위치에 따른 자음 분류의 예시가 옳지 않은 것은?

영역(과목) 음운론

① 연구개음 - [ㄱ, ㄲ, ㅋ, g, k, ŋ]
② 양순음 - [ㅁ, ㅂ, ㅍ, β, p, m]
③ 치조음 - [ㄷ, ㅅ, ㅆ, n, s, ɸ]
④ 경구개음 - [ㅈ, ㅉ, ㅊ, ʃ, ʒ, dʒ]

정답 ③

정·오답풀이 ③ [ɸ]는 자음의 하나로, 위아래 입술을 사용하여 조음하는 무성 양순 마찰음이다. 양 입술간의 간격을 좁히고 좁혀진 입술 사이를 상하게 마찰한 뒤 입술을 불면서 마찰되는 공기를 강하게 내뱉어 발음한다.

064
다음은 카메룬(Cameroon) 지역에서 사용되는 콰쿰어(Kwakum)의 예이다. 이 언어에서 'They didn't buy (recently).'에 대응하는 표현은?

영역(과목) 대조언어학

/sɛbɔmmɛ/: 'We bought (a long time ago).'
/sɛbɔmko/: 'We bought (recently).'
/sɛbɔmkowɛɛ/: 'We didn't buy (recently).'
/nyebɔmmɛ/: 'I bought (a long time ago).'
/ɔbɔmmɛ/: 'You (sg.) bought (a long time ago).'
/yebɔmko/: 'They bought (recently).'
/nɛbɔmko/: 'You (pl.) bought (recently).'
/abɔmmɛwɛɛ/: 'S/he didn't buy (a long time ago).'

① /yebɔmko/
② /yebɔmkowɛɛ/
③ /yebɔmmɛ/
④ /yebɔmmɛwɛɛ/

정답 ②

정·오답풀이 ② They = ye, buy (recently) = bɔmkowɛɛ 임을 쉽게 찾을 수 있다. 어떠한 모양들이 결합하여 의미의 자리를 차지하고 있는지 도식과 같이 인식하는 것이 필요한 접근 방법이다.

065
형태소에 관한 설명으로 옳은 것은?

영역(과목) 형태론

① 영어의 과거 시제를 나타내는 '-ed'는 자립 형태소이다.
② 한국어의 '오솔길'과 영어의 'cranberry'는 유일 형태소를 포함하고 있다.
③ '사과를 먹다'에서 '사과'는 실질 형태소이고, '먹-'은 형식 형태소이다.
④ 인과 관계를 나타내는 '-어서', '-아서', '-여서'는 형태론적으로 조건 지어진 이형태들이다.

정답 ②

정·오답풀이 ① 영어의 과거 시제를 나타내는 '-ed'는 자립하여 홀로 쓰일 수 없는 형식 형태소이다.
③ '사과를 먹다'에서 '사과'는 실질 형태소이면서 자립 형태소이고, '먹-'은 자립형태소이면서 형식 형태소이다.
④ 인과 관계를 나타내는 '-어서', '-아서', '-여서'는 형태론적으로 조건 지어진 이형태들이다.

개념 정리

교착어

교착어(膠着語, 영어: agglutinative language)는 언어의 유형론적 분류의 하나인 형태론적 관점에서의 분류에 따른 언어의 한 유형이다. 교착어는 고립어와 굴절어의 중간적 성격을 띠는 것으로 어근과 접사에 의해 단어의 기능이 결정되는 언어의 형태이다. '교착'은 아교와 같이 단단히 달라붙음을 뜻한다. 교착어는 단어의 중심이 되는 형태소(어근)에 접두사와 접미사를 비롯한 다른 형태소들이 덧붙어 단어가 구성되는 특징이 있다. 말레이어의 경우에는 단어의 중간에 붙는 접요사(接腰詞)가 존재하기도 한다.

이 때, 어근과 접사는 굴절어의 경우와 비교할 때 그 결합이 느슨하여 제각기 자기의 어형을 항상 지키고 있으며, 둘이 융합해 버리는 일은 없다. 따라서 그 단어의 핵심이 되는 어근의 형태 자체가 변하는 굴절어와는 달리 어근의 형태는 변하지 않고, 각자 고유한 의미를 지닌 형태소들을 병렬적으로 이어 하나의 구(句)와 문장을 만들게 된다. 튀르크어족, 퉁구스어족, 몽골어족, 한국어족, 일본어족, 우랄어족의 언어들, 반투어군의 언어, 말레이어 등이 교착어에 속한다.

066 교착어(첨가어)의 특성에 해당하는 것을 모두 고른 것은?

영역(과목) 언어유형론

ㄱ. 용언의 어간과 어미가 비교적 명백하게 분리되면서 어간에 어미가 부착되는 형태이다.
ㄴ. 실질 형태소에 형식 형태소가 연속적으로 붙어서 문법적 의미를 추가할 수 있다.
ㄷ. 대표적인 언어로 한국어, 일본어, 베트남어 등이 있다.
ㄹ. 단어의 어형 변화가 없으며, 단어 사이의 문법적 관계가 어순에 의해서 표시 되는 경향이 강하다.
ㅁ. 문장을 구성하는 단어가 여러 문법 형태로 구성되지만 형태소를 명확히 구별하기 어려운 경향이 있다.

① ㄱ, ㄴ   ② ㄱ, ㄴ, ㄷ   ③ ㄱ, ㄴ, ㄷ, ㄹ   ④ ㄱ, ㄴ, ㄷ, ㅁ

정답 ①

정·오답풀이 ① 베트남어는 교착어에 속하지 않으며, 교착어는 단어의 어형 변화가 다양하게 일어난다. 또한 어떠한 형태소가 결합하여 단어와 문법 형태를 구성하는지 분리해 내는 것이 가능하다.

개념 정리

문장의 구조적 중의성

문장의 구조 때문에 그 문장이 여러 가지 의미를 지니게 되는 것을 '구조적 중의성'이라고 한다. 구조적 중의성은 꾸밈 관계를 분명하게 밝혀 주지 않은 경우에 일어나는데, 예를 들면 아래와 같다.

예) 그리운 고향의 친구들이 생각난다.
  ① 고향이 그립다.
  ② 친구들이 그립다.

이와 같은 문장의 구조적 중의성은 아래와 같이 '부정'에 의해서도 생길 수 있다.

예) 사람들이 다 오지 않았다.
  ① 사람들이 한 명도 오지 않았다.
  ② 사람들이 오긴 왔는데 일부만 왔다.

067 구조적 중의성(structural ambiguity)을 보이는 문장을 모두 고른 것은?

영역(과목) 통사론

ㄱ. 어제 요리학원에서 만난 영희의 남자 친구는 요리사이다.
ㄴ. 그는 스승의 뒤를 따르기로 결심했다.
ㄷ. 철수는 웃으면서 떠나는 영희에게 손을 흔들었다.
ㄹ. 시내에서 멀지 않은 곳에 우리 학교가 있습니다.
ㅁ. I went to the bank.
ㅂ. I met a Korean history teacher.

① ㄱ, ㄴ, ㅁ   ② ㄱ, ㄷ, ㅂ
③ ㄴ, ㄹ, ㅁ   ④ ㄷ, ㄹ, ㅂ

정답 ②

정·오답풀이 ② ㄱ, ㄷ, ㅂ은 구조적 중의성이 있으며, ㄴ, ㄹ, ㅁ은 어휘적 중의성이 있다. 전자는 행위의 주체나 대상이 누구인지가 여러 갈래로 해석될 수 있는 사례이며, 후자는 어휘의 다의성에 의해 중의성이 성립되는 사례이다.

개념 정리

직시
화자가 말을 하면서 어떤 대상을 직접 지시하는 것을 뜻하며, 대화에 직접 참여하는 화자와 청자만이 알 수 있다. 장면이 바뀌면 지시 대상도 달라진다. 인칭지시 (나/너), 시간직시(지금/좀 전), 장소직시 (여기/그 곳), 담화직시, 사회직시 등이 있다.

068 직시적(deictic) 표현에 해당하지 않는 것은? 영역(과목) 통사론

① 대명사 I, you
② 시간 표현 Monday, Tuesday
③ 장소 표현 here, there
④ 이동 표현 come, go

정답 ②

정·오답풀이 ② 대명사, 장소 표현, 이동 표현은 화사와 청사가 어느 상황과 장소에 있는지에 따라 지시 하는 것이 상이해진다. 학교에 와 있다면 학교가 'here'이 되며, 집에 있다면 집이 'here'이 된다. 그러나 시간표현은 화자와 청자가 어디에서 이야기를 하든 월요일은 월요일이고 화요일은 화요일이기 때문에 직시적 표현이 아니다.

069 현대 한국어와 현대 영어에 관한 대조분석의 기술로 옳은 것은? 영역(과목) 대조언어학

① 한국어에는 주어 중출과 목적어 중출 현상이 있으나, 영어에는 주어 중출 현상만 있다.
② 한국어에는 존대를 나타내는 체계적인 문법 표지가 있으나, 영어는 그렇지 않다.
③ 한국어 동사에는 시제와 인칭에 대한 정보가 표시되지만, 영어 동사에는 시제와 인칭, 수에 대한 정보가 표시된다.
④ 한국어에서는 강세와 음의 길이가 의미를 변별하는 요소가 되지만, 영어에서는 강세와 억양이 의미를 변별하는 요소가 된다.

정답 ②

정·오답풀이 ② 한국어에는 높임 선어말 어미 '-(으)시' 등의 표지가 존재하나, 영어는 그렇지 않다.
① 중출(重出)은 같은 말이 거듭 나오는 것을 뜻하며, 첩출이라는 용어를 사용하기도 한다. 쉬운 표현인 '중복'으로 대체할 수 있다. 한국어에는 주어 중출('농구 선수가 키가 크다.'), 목적어 중출('오빠가 맥주 한 병을 더 달라고 하였다.')이 있으나, 영어에는 중출 현상이 나타나지 않는다.
③ 한국어 동사에는 시제만 표시되며, 영어 동사에는 시제와 인칭, 수에 대한 정보가 표시 되는 것이 맞다.
④ 현대 한국어에서는 강세와 음의 길이 모두 변별 요소로 두지 않는다.

개념 정리

언어유형론

언어가 가진 형태나 구조에 의하여 유사성과 차이점을 기준으로 몇몇 유형을 설정하고, 그들과의 관계에 관한 연구를 통하여 언어의 일반법칙을 탐구하는 언어학의 한 분야이다. 언어의 계층을 고려하여 언어를 분류하는 계통적 분류와 구별된다. 언어의 유형적 분류로 가장 널리 알려진 것은 ① 중국어와 같이 어형변화가 없고, 문법적 기능이 주로 어순에 의하여 표시되는 고립어(孤立語:isolating language), ② 터키어·한국어와 같이 문법적 기능이 접사(接辭:주로 접미사)에 의하여 표시되는 교착어(膠着語:agglutinative language), ③ 셈어나 인도유럽제어와 같이 어형이 변화하여 문법적 기능을 표시하는 부분이 교착어에서와 같이 쉽게 분석되지 않는 굴절어(屈折語:inflectional language) 등 3가지로 나누는 A.슐라이허의 삼분법이다. 이 밖에 ④ 에스키모어나 아메리카인디언의 언어와 같이 문장을 구성하는 요소가 밀접히 결합, 문장이 그대로 단어로 인식되어, 단어와 문장이 구별되지 않는 포합어(抱合語:incorporating language)를 더하여 4가지 유형으로 나누기도 한다.

070 세계 언어의 분류에 관한 설명으로 옳지 않은 것은?

영역(과목) 언어유형론

① 언어유형론은 언어의 친족 관계에 따른 역사적 계통을 밝히는 연구 분야이다.
② 중국어는 고립어, 터키어는 교착어(첨가어), 네덜란드어는 굴절어적 특성이 강하다.
③ V(동사)-S(주어)-O(목적어) 어순을 가진 언어의 수가 O(목적어)-V(동사)-S(주어)어순을 가진 언어보다 더 많다.
④ 한국어는 핵 후행(head-final) 언어, 영어는 핵 선행(head-initial) 언어의 특성을 보인다.

정답 ①
정·오답풀이 ① 언어의 친족 관계에 따른 역사적 계통을 통시적으로 밝히는 연구 분야는 '언어유형론'이 아니라 '비교언어학'이다.

개념 정리

- 점화 효과(priming effect) : 어휘 점화 효과란 시간적으로 먼저 제시된 단어가 나중에 제시된 단어의 처리에 영향을 주는 현상. 먼저 제시된 단어를 점화 단어(prime), 나중에 제시된 단어를 표적 단어(target)라고 한다. 점화 효과에는 촉진 효과와 억제 효과가 있으나, 통상적으로 촉진적인 것을 점화 효과라 한다. 여기서 촉진 효과라 함은 어휘 판단이나 음독과 같은 수행을 향상시킨다는 의미이다. 점화 효과는 어휘에서만 일어나는 것이 아니며 지각적으로도 일어날 수 있다. 사회심리학자 존 바그(John Bargh)의 실험에 의하면 존 바그와 그의 동료들은 뉴욕 대학의 재학생들에게 다섯 단어를 조합해서 네 단어로 된 문장을 만들어 보라고 지시했다. 한 집단의 학생들은 '근심하는, 늙은, 회색의, 감상적인, 현명한, 은퇴한, 주름진, 빙고게임' 등 노인을 묘사한 단어묶음을 받았다. 이 집단이 실험을 마친 뒤, 연구원들은 학생들이 복도의 한쪽 끝에서 다른 쪽 끝으로 이동하는 데 걸리는 시간을 몰래 측정했다. 그러자 놀랍게도 노인을 묘사하는 단어로 문장을 만든 학생들은 그렇지 않은 학생들보다 훨씬 더 천천히 복도를 걸어갔다. 이 학생들은 자신에게 주어진 단어가 노인과 관련된 것이라는 것을 무의식적으로 인식했고, 그래서 자기도 모르게 '천천히 걷는다'라는 개념을 행동에도 적용한 것이다. 이와 같은 점화 효과가 어휘의 층위에서 나타나면, 제2언어 교수 및 학습에 활용될 수 있는 것이다.
- 스푸너리즘(Spoonerism): 두 단어의 초성을 서로 바꿔서 발음하는 것. 우리말로는 두음전환(頭音轉換)이라고 한다. '스푸너리즘'이라는 말은 옥스퍼드 뉴 칼리지의 학장을 지냈던 윌리엄 아치볼드 스푸너(William Archibald Spooner)라는 사람이 이런 종류의 말실수를 자주 했다는 데서 왔다고 한다. 그가 보여준 원조 스푸너리즘의 예로는 rate of wages → weight of rages, dear old queen → queer old dean, crushing blow → blushing crow 등이 있다.

- 단어 우선 효과(word superiority effect): 문자의 인지 이전에 단어에 대한 선행적인 지식이 우선되어 있음을 보여주는 대표적인 현상이다. 여기서 인식주체는 단어를 구성하고 있는 문자에 대한 정확한 지각보다 단어 전체의 지각을 통해 인지한다는 것이 증명된다. 이를 보여주는 대표적인 문장은 다음과 같다.

> 캠릿브지 대학의 연결구과에 따르면, 한 단어 안에서 글자가 어떤 순서로 배되열어 있는가 하것은은 중하요지 않고, 첫째번와 마지막 글자가 올바른 위치에 있것는이 중하요다고 한다. 나머지 글들자은 완전히 엉진창망의 순서로 되어 있지을라도 당신은 아무 문없제이 이것을 읽을 수 있다. 왜하나면 인간의 두뇌는 모든 글자를 하나하나 읽것이 아니라 단어 하나를 전체로 인하식기 때문이다.

단어 내 문자열이 뒤죽박죽인데도 불구하고 특수한 난독증에 걸린 사람이 아니라면 뜻을 파악하는 데 전혀 무리가 없을 것이다.

071 인간의 언어 처리에 관한 설명으로 옳은 것은?

영역(과목) 응용언어학

① 점화 효과(priming effect) : 단어들 사이의 연관성이 언어 처리에 영향을 미치는 현상
② 스푸너리즘(Spoonerism) : 원래 의도한 문법 형태소 대신 다른 문법 형태소로 대치하는 현상
③ 단어 우선 효과(word superiority effect) : 문법 형태소와 단어 가운데 단어를 먼저 처리하는 현상
④ 첫 번째 명사 원리(first noun principle) : 문장의 첫 번째 명사로 나온 주어가 가장 잘 기억되는 현상

정답 ①

정·오답풀이
① 시각적으로 먼저 제시된 단어가 나중에 제시된 단어 처리에 영향을 미치는 현상을 뜻함이 옳은 내용이다.
② 스푸너리즘(Spoonerism)은 두 단어의 초성을 서로 바꿔서 발음하는 것으로, '두음전환'이라고도 한다.
③ 단어 우선 효과(word superiority effect)는 동일한 문자라도 한 단어 속에 나타나면 단어가 아닌 문자열 속에 나타날 때 보다 더 정확하게 인지되는 현상을 말한다.
④ 첫 번째 명사 원리(first noun principle)는 문장에서 첫 번째로 등장하는 명사를 주어로 정하는 것을 뜻하며, 주어가 잘 기억되는 현상을 의미하지 않는다.

개념 정리 Q

좌뇌와 우뇌의 특징

좌뇌 우성	우뇌 우성
이지적	직감적
이름을 기억	얼굴을 기억
언어적 지시나 설명에 반응	시범을 보이거나 예나 삽화를 보여주거나 기호로 주어지는 지시에 반응함
체계적이며 변수를 통제하는 실험을 함	임의적이며 제약을 덜 받는 실험을 함
객관적 판단을 함	주관적 판단을 함
계획하고 조직함	유동적이고 즉흥적임

좌뇌 우성	우뇌 우성
기정 사실화된 확실한 정보를 선호함	애매모호하고 불확실한 정보를 선호함
분석적 독자	통합적 독자
사고와 기억을 위해 언어에 의존함	사고와 기억을 위해 이미지에 의존함
말하고 쓰는 것을 선호함	사물을 그리며, 조작하는 것을 선호함
선다형 시험을 선호함	개방형 문제를 선호함
감정을 통제함	감정에 좀 더 자유로움
신체 언어를 잘 판독하지 못함	신체 언어를 잘 판독함
은유를 거의 사용하지 않음	은유를 자주 사용함
논리적인 문제 해결을 선호함	직감적인 문제 해결을 선호함
논리, 수학, 언어, 체계, 계획, 순차, 수리, 분석, 전력, 추리, 합리, 기억, 정보, 훈련, 판단, 객관, 이성적, 계획적, 귀납적, 분석적, 논리적, 체계적, 남성적, 공격적, 능동적	생각, 상상, 색상, 음악, 그림, 직관, 감상, 총체, 공간, 은유, 동시, 감각, 개방, 육감, 영적, 감성적, 즉흥적, 직관적, 비평적, 창의적, 연역적, 여성적, 수동적, 신비적

072 뇌의 기능과 관련된 설명으로 옳은 것은?

영역(과목) 신경언어학

① 브로카 실어증 환자는 말은 유창하게 하나 의미 없는 단어를 나열하는 경우가 흔하다.
② 좌뇌는 분석적 능력과 사고력에서 우월성을 보이는 반면, 우뇌는 종합적인 지각 능력에서 우월성을 보인다.
③ 좌뇌는 언어 능력에 있어서 제한적이지만, 공간적인 분석이 필요한 과제에서는 우뇌보다 능숙하다.
④ 오른손잡이의 언어 영역은 좌뇌에 편중되어 있지만, 왼손잡이의 언어 영역은 우뇌에 편중되어 있다.

정 답 ②

정·오답풀이 ② 좌뇌가 언어 구사능력에 능숙하며, 공간적인 분석이 필요한 과제에서는 우뇌가 더 능숙하다
① 브로카 실어증 환자는 생각한 바를 말로 표현하는 데 어려움을 겪거나, 적당한 단어를 찾는 데 오랜 시간이 걸린다.
③ 오른손잡이의 언어 영역은 좌뇌에 편중되어 있지만, 왼손잡이의 언어 영역은 양쪽 뇌에 모두 있다.

개념 정리

양층언어

양층언어(兩層言語) 또는 디글로시아란 한 사회에서 두개의 (보통 관련도 높은) 언어가 사용되는데 그중 하나는 상위계층(주로 지배계급 혹은 공식문건)에서 사용되고 다른 하나는 하위계층(주로 구어)에서 사용되는 상황을 말한다. 사회언어학에서 매우 중요한 개념이다.

073 양층언어(diglossia)에 관한 설명으로 옳지 않은 것은?   영역(과목) 사회언어학

① 이집트의 아랍어는 대표적인 양층언어의 예로 고전 아랍어와 구어체 아랍어가 공존하고 있다.
② 양층언어 상황은 단일한 표준을 정하려는 대규모의 정책적인 시행으로 인해 불안정해 질 수 있다.
③ 양층언어 상황이란 한 언어의 두 가지 상이한 변이형 또는 서로 다른 두 언어가 동시대에 공존하는 것이다.
④ 다층어 상황도 존재하는데, 상층어, 중층어, 하층어가 공존하게 되면 상층어가 소멸되는 경우가 상대적으로 많다.

정답 ④

정·오답풀이 ④ 양층언어 중 상층어는 공식적 상황에서 많이 사용되며, 소멸되는 경우가 많지 않은 편이다.

074 제2언어 습득의 주요 이론에 관한 설명으로 옳지 않은 것은?   영역(과목) 외국어습득론

① 슈미트(Schmidt)의 알아차리기 가설(Noticing Hypothesis)에서는 상호작용에 의존한 암시적 학습이 형태에 대한 습득에 더 유용하다고 본다.
② 크라센(Krashen)의 모니터 가설에서는 학습을 통해 얻은 형태에 관한 의식적인 지식은 제2언어 산출 시에 감시자의 역할을 수행한다고 본다.
③ 비고츠키(Vygotsky)의 사회문화 이론에서는 학습자들이 자신보다 언어 수준이 높은 사람들과의 상호작용을 통해 언어적 지식을 발달시켜 나갈 수 있다고 본다.
④ 맥러플린(McLaughlin)의 정보 처리 모형에서는 언어 지식의 습득을 통제적 처리 단계에서 자동적 처리 단계로 이행하는 정보 처리 방식의 변화 과정으로 설명할 수 있다고 본다.

정답 ①

정·오답풀이 ① 슈미트(Schmidt)는 제2언어 습득을 위해서는 학습자가 의식적으로 목표어의 형태를 알아차려야 한다고 주장했다. 교사는 학습자의 오류를 예방하기 위한 조치로 예문을 제시하면서 학습자가 옳은 선택을 하며 주의에 집중할 수 있도록 할 수 있다. (예: "이름이 뭐예요?", "제 이름은 ○○이에요."를 제시할 때 '이'와 '은'을 강조하여 말함) 학생들은 이때 왜 "제 이음이 ○○이에요."를 사용할 수 없는지 궁금해 할 수 있다. 교사는 명시적, 메타언어적 설명을 통해 선행 질문에서 이미 소개된 주어는 '은'을 결합하여 사용해야 함을 설명해 준다. 이어 그룹 별 활동 등을 통해 '소개하기'를 역할극으로 해보도록 하고, 조사 사용 오류가 나타나는 즉시 명시적 오류 교정을 통하여 맥락에서 언어의 형태적 특징을 알아차릴 수 있도록 유도한다.

075 언어 습득에 관한 설명으로 옳은 것은?

영역(과목) 언어 습득론

① 결정적 시기 가설(Critical Period Hypothesis): '형식적 조작기'인 7~11세에 이르면 구체적 대상의 지각과 경험 없이도 논리적 사고가 가능하다.
② 유표성 가설(Markedness Hypothesis): 유표적인 것이 의미적, 분포적, 형태적 측면에서 무표적인 것에 비해 더 습득이 쉽다.
③ 입력 가설(Input Hypothesis): '이해 가능한 입력'을 충분히 제공하는 것만으로 제2언어 습득이 이루어질 수 있다.
④ 출력 가설(Output Hypothesis): 상호작용에서 상대방의 출력을 충분히 이해할 수 있다면 제2언어 습득이 이루어질 수 있다.

정답 ③

정·오답풀이
③ 크라센의 입력 가설이다. 이때 '이해 가능한 입력'은 학습자의 현재 수준보다 약간 어려운 내용을 제시하는 것이다.
① 결정적 시기 가설(Critical Period Hypothesis)은 어떤 심리적 특성이나 행동이 특정 시기에 획득되어야 하며, 그 시기가 지나면 획득이 불가능하다는 것을 주장한다.
② 유표성 가설(Markedness Hypothesis)은 학습항목의 유표성이 높은가 낮은가가 습득의 어려움의 정도에 영향을 끼친다고 생각하는 이론으로, 목표언어의 유표성이 높을 경우 습득이 어려워진다고 보았다.
④ 출력 가설(Output Hypothesis)은 불충분한 외국어로라도 표현하고자 하는 시도의 출력이 학습자가 받는 입력을 증가시키고 언어 학습을 촉진한다고 보았다.

076 밑줄 친 학습자의 오류를 괄호와 같이 교정했을 때, 오류의 언어적 층위가 다른 것은?

영역(과목) 오류 분석

① 제 동생이 서울에 왔어서(√ 와서) 같이 여행을 했어요.
② 친구가 운동장에(√ 운동장에서) 축구를 하고 있어요.
③ 제 얼굴을 고울로(√ 거울로) 보면 실제보다 더 크게 보여요.
④ 하루 종일 서고(√ 서) 있어서, 다리가 많이 아파요.

정답 ③

정·오답풀이
③ 다른 보기의 내용들은 학습자의 문법 사용에 오류가 있는 것이고, ③은 철자 표기에 오류가 있는 경우이다. 학습자의 발음이 명확하게 훈련되지 않아 잘못 듣거나, 잘못 발음할 때 표기까지 틀리게 되는 경우가 종종 발생한다.

개념 정리

호르위츠(Horwitz)의 불안 3가지 요소

– 의사소통에 대한 염려 : 학습자들의 능력 부족 때문에 보다 다양하고 복잡하며 성숙한 생각을 적절히 표현하지 못함으로 나타난다. 의사소통 불안은 언어를 막 배우기 시작한 초보자에게 심각한 문제점이 되며, 의사소통 불안이 확대되면서 학습자들은 침묵하게 된다.

- 부정적인 사회 평가에 대한 불안 : 다른 사람에게 긍정적이고 사교적인 인상을 주고 싶어 하는 학습자들의 바람으로부터 발생하는 불안이다. 즉 학습자 자신에 대해서 그리고 그들이 말하고 있는 것에 대해서 확신을 갖지 못하기 때문에 그들이 적절한 사회적 인상을 줄 수 없다고 느끼는데서 오는 불안이다. 즉, 학습자가 부정적 평가 자체에 대한 압박감을 두려워하고 다른 사람들로부터 실제로 나쁘게 평가되거나 그렇게 될 거라고 생각하는 불안에서 오는 두려움을 의미한다.
- 시험에 대한 불안 : 제2언어 학습자가 언어 학습 평가에 있어 부적절한 언어 사용으로 부정적인 평가를 받는 것에 대해 염려하는 것을 말하며 학교나 교사가 교육 목적상 꾸준히 학습자에게 언어의 유창성을 요구하고 평가하는 것 때문에 오는 불안을 말한다.

077 호르위츠(Horwitz)가 제시한 언어 습득에 방해가 되는 세 가지 언어 불안 요소가 아닌 것은?

영역(과목) **외국어 습득론**

① 의사소통(communication)에 대한 불안
② 부정적인 사회적 평가(evaluation)에 대한 불안
③ 시험(test)에 대한 불안
④ 정체성(identity) 갈등에 대한 불안

정답 ④

정·오답풀이 ④ 호르위츠의 이론에는 정체성 갈등의 불안에 대해 다루고 있지 않으며, 이와 관련한 불안은 한국어교육의 범주 안에서는 다문화 배경 가정의 자녀들이나 새터민 학습자들이 가질 수 있는 유형이다.

개념 정리

제2언어 습득의 단계 설명 이론 대조표

	피츠(Fitts)의 기술 습득 3단계 이론	앤더슨(Anderson)의 ACT 이론
1단계	'인지 단계(cognitive phase)' : 학습자에게 수행 과제에 대해 정보를 전달하거나 설명을 제공하는 단계이다. 인지 단계에서의 학습은 보통 지면에 쓰인 제시문을 읽는다거나, 말로 설명을 듣는다거나, 그림과 같이 학습을 돕는 보조 도구를 이용하여 이루어진다. 학습의 가장 초기 단계이므로 수행을 하면서 학습자는 오류를 가장 많이 범하며, 수행 방식도 매우 다양하게 나타난다. 따라서 학습자가 인지 단계에 있을 때 교육자는 훈련 시간에 학습자의 수행에 대해 피드백을 제공하기도 한다.	'서술적 지식의 부호화 단계(declarative encoding stage)' : 학습자가 효과적인 학습 성취를 위해 알아야 할 특정 지식을 작업 기억(working memory)에 부호화하는 단계이다. 학습자는 이러한 규칙, 즉 서술적인 정보를 얻음으로써 이를 이용해 주어진 문제를 해결한다. 즉 서술적 지식을 해석하고 일반적인 문제 해결 전략(시행 착오, 수단과 목표점 분석, 유추 방법 등)을 사용하여 주어진 서술적 지식을 실행에 옮기는 시도를 하게 된다.
2단계	'연합 단계(associative phase)' : 이 단계에서는 수행의 정확한 패턴이 무한히 반복되는데, 이 과정은 오류가 없어질 때까지 지속된다. 연합 단계의 초기 단계에도 인지 단계와 마찬가지로 잘못된 수행에 대한 피드백이 제공될 수 있지만 이 단계에서 중요한 점은 학습자가 자신의 수행에 대해 정확히 평가할 수 있도록 자기 점검(self-monitoring)을 점차 늘려 가야 한다는 것이다.	'지식 편성 단계(knowledge compilation stage)' : 지식이 정적인 서술적 단계에서 절차적 지식으로 이행하는 과도기적 단계로, 지식이 제대로 편성되어야만 학습자가 숙련된 수행을 하는 데 필요한 절차적 지식을 습득할 수 있다. 즉 지식 편성의 결과로 학습자는 '무엇을 해야 할지'라는 서술적 지식을 '어떻게 해야 할지'라는 역동적인 절차적 지식으로 전환할 수 있게 된다.

	피츠(Fitts)의 기술 습득 3단계 이론	앤더슨(Anderson)의 ACT 이론
3단계	'자동화 단계(automation phase)' : 자동화 단계에 도달한 개인은 기술 수행이 자동적이고 습관적으로 이루어지므로 기술 수행에 특별한 노력과 주의를 기울이지 않고 아무 생각 없이 이를 수행할 수 있는 경지에 이른다. 이 학습 단계에서의 행동은 '자동화된(automatic)', '무의식적인(unconscious)', '본능적인(instinctive)'과 같은 단어로 설명될 수 있다	'절차적 지식의 강화 단계(the procedural stage)' : 절차적 지식은 문제 수행이 학습자로 하여금 적절한 수준의 서술적 지식을 갖게 하고, 또한 충분한 양의 연습이 이루어졌을 때 형성된다. 연습을 통해 절차적 지식은 역동적인 특성을 지니게 되고, 문제 해결에 있어서 실수가 적어지며 자동화 단계에 이르게 된다. 절차적 지식을 보유한다는 것은 피츠가 자동화 단계(automation phase)로 정의한 수준과 동등한 관계를 맺고 있음을 알 수 있다.

078 다음과 같이 제2언어 습득의 단계를 설명하는 이론은?

영역(과목) 외국어습득론

1단계 : 서술적(declarative) 단계
⬇
2단계 : 절차적(procedural) 단계
⬇
3단계 : 자율적(autonomous) 단계

① 기술 습득 이론
② 경쟁 모형
③ 입력 처리 이론
④ 다차원 모형

정답 ①

정·오답풀이 ① 제2언어에서 기술 습득이론은 크게 피츠, 앤더슨, 아테트의 모형이 주류를 이루고 있다. 위의 도식에서 설명하고 있는 단계들 중 1단계와 2단계는 앤더슨의 이론으로 볼 수 있으며, 본래 앤더슨이 주장한 3단계 이론은 본래 '절차적 지식의 강화 단계(the procedural stage)'로 정의된다. 이 단계의 특성을 살펴보면 절차적 지식을 보유한다는 것은 피츠가 자동화 단계(automation phase)로 정의한 수준과 동등한 관계를 맺고 있음을 알 수 있다. 또한 절차적 지식이 편성되는 단계는 피츠가 말한 연합 단계(associative phase)로 볼 수 있다. 따라서 도식의 3단계는 두 학자의 이론을 유사하게 설정하여 정리한 것이라고 볼 수 있을 것이다.

079 밑줄 친 부분에서 보이는 음운현상이 나머지와 다른 하나는?

영역(과목) 음운론

① music - musi<u>c</u>ian
② ac<u>t</u> - ac<u>t</u>ion
③ 묻다 - 묻<u>히</u>다
④ 뽑다 - 뽑<u>히</u>다

정답 ④

정·오답풀이 ①, ②, ③은 구개음화, ④은 음운의 축약으로 음운 형상의 유형이 다르다. 한국어의 구개음화 성립 조건은 표기상의 받침이 ㅣ 때 성립하는 것이며, 영어의 경우에는 'd, t'뒤에 'y, i'등이 오면 대체로 [ʤ], [ʧ] 등으로 구개음으로 발음이 된다. (예 : want you(원츄), -tion(-션), meet you(미츄) 등)영어의 'd, t'은 조음 위치상 한국어의 ㄷ, ㅌ 보다 더 안쪽에서 발음이 되므로 구개음화가 나타날 수 있는 환경이 더 강한 편이며, 한국어의 구개음화 달리 필수적 변화가 아닌 수의적 변화의 범주에 속한다.

080 자음과 모음의 표기가 독립적으로 구별되지 않는 문자는?

영역(과목) 응용언어학

① 키릴(Cyril)문자
② 로마(Roman)문자
③ 만주문자
④ 일본문자(가나)

정답 ④

정·오답풀이 ④ 일본문자는 자음과 모음이 결합된 형태가 하나의 표기로 표시되는 특성을 지니고 있다. 예를 들어 'が'라는 글자는 [가]로 발음하게 되는데, 이 글자에서 다시 자음과 모음을 구분해 낼 수 없다. 한국어에서는 자음과 모음을 분리할 수 있는 것과 상이한 구조이다. 키릴 문자, 로마 문자, 만주 문자는 자음과 모음을 분리하여 표기할 수 있도록 식자가 구성되어 있다.

제11회 한국문화·외국어로서의 한국어교육론
2교시

개념 정리

학술적으로는 설화를 신화와 민담과 전설로 분류한다. 전설은 민담과 달리 역사상 사건을 소재로 하고 증거물이 남아 있다는 것이 특징이다.

전설은, ① 말하는 화자와 듣는 청자가 그 이야기의 사실을 믿으며, ② 이야기를 뒷받침하는 기념물이나 증거물이 있으며, ③ 역사와 깊은 관련이 있어 역사에서 전설화했다든가, 혹은 역사화의 가능성이 있는 독특한 형식을 가지고 있다.

전설은 다시 첫째 대상, 둘째 전파·분포, 셋째 증시물의 수, 넷째 시간성, 다섯째 표현 방법, 여섯째 지역적 분포에 따라 하위분류가 생긴다.

첫째의 대상은, 설명하는 대상에 따라 ① 자연물, ② 인공물, ③ 인간과 동물로 분류할 수 있다.

둘째의 전파·분포는, 전국적으로 널리 분포되어 있어 민담과 가까우나 증시물이 있는 광포전설과, 국내의 유일하거나 몇 개 되지 않는 사건을 담은 역사적 사실에 충실한 특수전설로 나눈다.

셋째의 증시물의 수는, 전설의 공간적인 증거물인 증시물의 수에 따라서, 단 하나뿐인 단일증시전설과, 한 전설에 연결되어 전설이 사실임을 강조하는 연쇄증시전설로 나눈다.

넷째의 시간성은, 전설이 미치는 시간을 따져 이미 과거에 있었던 사건을 설명하는 설명전설과, 다분히 신앙적인 예언성을 가진 예언전설로 나눈다.

다섯째의 표현 방법은, 그 전설의 줄거리만 간단히 들어 증시물만 설명하는 건조체 전설과, 길게 수식하여 흥미를 주는 재미있는 윤색체 전설로 나눈다.

여섯째의 지역적 분포는, 국가별·도별·군별 등 지역에 따라 같은 계열의 전설이라도 미묘한 차이와 형편에 따라 분류를 새로이 만들 수 있다.

001 전국 여러 지역에서 발견되는 전설인 '광포전설'이 아닌 것은?   **영역(과목)** 한국문학

① 아기장수 전설 ② 장자못 전설
③ 설문대할망 전설 ④ 오뉘힘내기 전설

정답 ③

정·오답풀이 ③ 설문대할망 전설 : 바다 속의 흙을 삽으로 떠서 제주도를 만들었다는 키가 크고 힘이 센 제주 여성신에 관한 설화이다. 제주도 각지에는 설문대할망 이야기가 지역의 지형을 설명하는 이야기로 각색되어 향토색을 반영하며 전승되어 왔다.

① 아기장수 전설 : 전국적으로 널리 분포되어 있으며, 가난한 평민의 집에 날개 달린 아기 장수가 태어났으나 꿈을 펴지 못하고 날개가 잘려 일찍 죽었다는 내용의 설화이다.

② 장자못 전설 : 인색한 부자가 중에게 쇠똥을 주었다가 벌을 받았다는 내용의 설화로 증거물을 동반한 지명설화이다. 전국적인 분포를 보이며 대표적인 지명 전설의 하나이다.

④ 오뉘힘내기 전설 : 전국적 분포를 가진 전설로 옛날에 쌓다가 만 한 성터가 있었는데, 이곳에 홀어머니가 장사인 아들과 딸을 데리고 살았다. 두 남매가 모두 장사여서 한집에서 같이 살 수가 없어서 내기를 하였다. 그런데 아들이 질 것 같자 어머니는 뜨거운 팥죽을 쑤어 딸에게 먹여 일을 늦추게 하였고 이로 인해 아들이 이기고 딸은 죽었다.

개념 정리

무당은 ① 신(神)의 초월적인 힘을 체득하는 신병의 체험을 거쳐 신권화한 사람이어야 한다. ② 무당은 신병을 통하여 획득한 영통력을 가지고 신과 만나는 종교적 제의인 굿을 주관할 수 있는 자라야 한다. ③ 무당은 민간인의 종교적 욕구를 충족시켜서 민간층의 지지를 받고 종교적 지도자 위치에 있는 사람이어야 한다. ④ 무당의 신앙대상 신은 신병을 통하여 체험하게 되는 산신·천신·칠성신·용신 등의 자연신, 또는 장군신·왕신 등이고, 무당이 소망을 비는 신앙의식인 굿은 이들 신을 대상으로 한다.

우리나라의 무당을 정리하면, 일차적으로 중부와 북부의 전통적 강신무인 무당 박수류와 남부의 세습무인 호남의 단골, 영남의 무당, 제주도의 심방이 있다. 세습무는 강신무로부터 분화되어 사회적으로 정착, 제도화하여 영력이 도태된 것으로 보인다.

---

002 무속의례에 관한 설명으로 옳은 것은?

영역(과목) 한국의 전통문화 / 한국민속학

① 제주도의 '심방'은 여자 무당을 특별히 구분하여 지칭하는 용어이다.
② 신내림에서 허주굿은 무속의 큰 신을 몸에 받아들이는 의식이다.
③ 하회탈놀이는 마을 제의와 별개로 독립적으로 공연되었다.
④ 동해안별신굿은 세습무가 행하며 풍어제, 골매기당제 등으로 불린다.

정답 ④

정·오답풀이
④ 중요무형문화재 제82-1호. 부산 동래로부터 강원도 고성군에 이르는 남부 동해안지역 일대에서 정기적으로 행하는 마을굿이다. 풍어제·풍어굿·골매기당제 등의 다른 이름이 있다. 이 지역에는 마을마다 골매기당이라는 마을 수호신을 봉안한 당이 있다.
① 제주도에서 무당을 일컫는 말로 심방이란 명칭은 이 '신의 성방'의 준말로, '신방(神房)'의 자음동화인 것으로 보인다. 심방은 남자도 있고 여자도 있는데, 비율은 거의 비슷하나 여자가 다소 많은 편이다. 심방의 남녀 성별을 구분하여 일컫는 명칭은 따로 없어, '소나이(男)'와 '예펜(女便)'을 심방이라는 말 위에 붙여 구별한다.
② 무당이 될 사람이 신병을 앓다가 마지못해 신 내림을 받게 될 처지가 되면 우선적으로 허주굿(또는 허튼굿)을 하게 된다. 허주굿은 무당이 될 사람에게서 붙어 있는 허튼신을 베껴내는 의례이다.
③ 경상북도 안동 풍천면 하회마을에서 별신굿 과정에서 행하는 서낭굿 계통의 탈놀이로 경북 지역의 자생적 서낭굿탈놀이 형태이다. 인근의 병산 탈놀이, 수동 별신굿, 안동의 마령동 별신굿, 영양군의 주곡동 하후굿, 예천의 청단놀음, 경산의 자인 팔광대 등이 있으며, 자인 팔광대를 제외하고 모두 정월대보름의 자족적인 마을굿 탈놀이의 성격을 띠고 있다.

개념 정리

판소리 전승지역은 전라도·충청도 서부와 경기도 남부에 이르는 넓은 지역에 이르므로, 판소리는 지역적 특성과 전승 계보에 따른 파가 생겼다. 전라도 동북지역의 소리제를 동편제라 하고, 전라도 서남지역의 소리제를 서편제라 하며, 경기도·충청도의 소리제를 중고제라 한다.

판소리는 소리광대가 서서 소리도 하고 아니리도 하고 발림도 하며 긴 이야기를 엮어 나가고 고수는 앉아서 추임새를 하며 북장단을 치는 판놀음의 한 가지이다. 판소리에서 노래로 부르는 것을 소리라 하고 말로 하는 것을 아니리라 하지만 선율로 하든, 말로 하든 장단을 치지 않고 자유리듬으로 하는 것을 아니리라 할 수 있다.

판소리에 쓰이는 장단에는 느린 장단인 진양, 보통 빠른 중모리, 조금 빠른 중중모리, 빠른 자진모리, 매우 빠른 휘모리, 이렇게 느리고 빠른 여러 장단이 있어 사설에 나타난 긴박하고 한가한 여러 극적 상황에 따라 가려 쓴다.

003 판소리에 관한 설명으로 옳은 것을 모두 고른 것은?

영역(과목) 한국민속학 / 한국문학

ㄱ. 진양조에서 휘모리까지 여러 장단의 효과를 두루 활용했다.
ㄴ. '아니리'는 창이 아니라 말하듯이 연행하는 것이다.
ㄷ. '발림'은 작중 인물의 행위를 몸짓으로 나타내는 것이다.
ㄹ. 신재효에 의해 〈춘향가〉, 〈심청가〉, 〈박타령〉, 〈토별가〉, 〈적벽가〉의 다섯 바탕으로 정리되었다.

① ㄱ
② ㄱ, ㄴ
③ ㄱ, ㄴ, ㄷ
④ ㄱ, ㄴ, ㄷ, ㄹ

정답 ③

정·오답풀이 ㄹ. 신재효는 열두 마당 중 〈춘향가〉, 〈심청가〉, 〈토별가〉, 〈박타령〉, 〈적벽가〉, 〈변강쇠가〉 등 모두 여섯 마당의 판소리 사설을 정리하면서 개작하였다.

개념 정리

군악대에 의해 위의를 갖추어 여러 가지 의식에 연주되던 음악으로 줄여서 '군악'이라고도 하고, 취악기와 타악기가 주된 구실을 담당하기 때문에 조선시대 이후에는 '취타악' 또는 '취타'라고 한다. 군례악은 삼국시대로부터 '고취'라고 불렸다.
군례악 취타에 사용되어 온 악기는 그 편제와 규모가 시대에 따라 다소 변화와 차이가 있었으나 대개는 편성내용에 따라 대취타와 소취타로 구분하였다.

004 군례악(軍禮樂)인 대취타에서 연주되는 악기들로 옳게 나열된 것은?

영역(과목) 한국의 전통문화 / 한국민속학

① 대금, 당피리, 해금, 어
② 대금, 소라, 편종, 절고
③ 태평소, 나발, 장구, 징
④ 태평소, 아쟁, 편경, 축

정답 ③

정·오답풀이 ③ 대취타는 취고수가 담당하는 징·북·자바라 등 타악기와 태평소·나발·나각 등 취악기가 합성된 편성에 세악수가 연주하는 대금·피리·해금·장구 등의 편성이 함께 어울려 꾸며진 편제를 말하는 것으로, 많으면 50여 명 혹은 60명도 훨씬 넘는 큰 군악편대였다.

개념 정리

한국의 전통의상을 '한복'이라고 부른다. 직선과 곡선이 조화를 이뤄 아름다우며 단아한 멋이 있다. 한복의 종류는 예복과 평상복, 남녀별, 나이별, 계절별로 다양하게 나뉜다. 기본적으로 남자 한복은 바지와 저고리, 여자 한복은 치마와 저고리로 구성되어 있다. 여기에 더해 조끼, 마고자, 두루마기 등을 착용한다.

005 전통 의복에 관한 설명으로 옳지 않은 것은?

영역(과목) 한국의 전통문화

① 마고자 : 저고리 위에 덧입는 옷이다.
② 장옷 : 여인들이 외출할 때 얼굴을 가리기 위하여 쓰는 옷이다.
③ 동정 : 저고리나 두루마기의 깃 위쪽에 다는 좁고 긴 헝겊이다.
④ 당의 : 여인들이 외출할 때 덧입는 옷으로 저고리보다 조금 짧게 입는다.

정답 ④

정·오답풀이
④ 당의 : 당의는 간이예복 또는 소례복으로 평복 위에 입었으며 궁중에서는 평상복으로 입었다. 조선시대에 예를 갖추어야 할 때 입는 여자용 예복이다.
① 마고자 : 저고리 위에 덧입는 덧옷으로 1887년 흥선대원군이 청나라의 유폐에서 풀려 돌아올 때 입고 온 만주사람의 마괘(馬褂)가 변하여 입게 된 옷이다.
② 장옷 : 조선시대 일반부녀자가 사용한 내외용 쓰개로 착용하는 방법은 머리에 쓰고 얼굴만 드러내도록 하고, 앞은 마주 여며지도록 맺은 단추를 달았으며 속에서 이중고름을 잡아서 여민다.
③ 동정 : 저고리나 두루마기의 깃 위쪽에 다는 흰색의 긴 헝겊으로 창호지나 미령지를 심지로 하여 흰 헝겊을 싸서 만든다.

개념 정리

세시풍속은 음력 정월부터 섣달까지 해마다 같은 시기에 반복되어 전해오는 주기전승의례를 말하며 대체로 농경문화를 반영하고 있어 농경의례라고도 한다. 여기에는 명절, 24절후 등이 포함되어 있고 이에 따른 의례와 놀이 등 다양한 내용을 담고 있다.

006 세시풍속에 관한 설명으로 옳지 않은 것은?

영역(과목) 한국의 전통문화 / 한국민속학

① 한식은 하지 후 105일째 되는 날로 더운 음식을 삼갔다.
② 중원(백중일)은 음력 7월 15일이며 호미씻기연(宴)을 열어 즐겼다.
③ 정월 대보름에는 더위팔기, 부럼 깨물기, 귀밝이술 마시기를 했다.
④ 단오에는 창포물에 머리를 감고 단오빔을 차려입었다.

정답 ①

정·오답풀이
① 한식은 동지로부터 105일째 되는 날이다. 설날·단오·추석과 함께 4대 명절의 하나로, 음력 2월 또는 3월에 든다.
② 중원(백중일)은 음력 7월 15일로 백종·중원, 또는 망혼일이라고도 한다. 각 가정에서 천신 차례를 지냈으며, 농가에서는 백중날이 되면 머슴을 하루 쉬게 하고 돈을 준다.
③ 정월 대보름은 한자어로는 '상원'이라고 한다. 대보름날에는 절식으로서 약밥·오곡밥, 묵은 나물과 복쌈·부럼·귀밝이술 등을 먹으며, 이날 행해지는 제의와 놀이로서는 지신밟기·별신굿·안택고사·용궁맞이·기세배·쥐불놀이와 오광대탈놀음 등이 있다.
④ 단오는 음력 5월 5일로, 수릿날이라고도 한다. 단오의 풍속 및 행사로는 창포에 머리감기, 쑥과 익모초 뜯기, 부적 만들어 붙이기, 대추나무 시집보내기, 단오 비녀꽂기 등의 풍속과 함께 그네뛰기·씨름·석전·활쏘기 등과 같은 민속놀이도 행해졌다.

개념 정리

향가 처용가는 신라 헌강왕 때 처용이 지었다는 8구체 향가로, ≪삼국유사≫ 권2 '처용랑망해사조'에 관련 설화와 더불어 원문이 실려 있다. 이 노래는 가사가 부연되어 고려·조선시대의 나례 공연 때 처용가무에서 불린다.

고려 처용가는 작자와 연대 미상의 고려속요로 신라 향가인 처용가에서 유래되었다. 고려처용가에는 향가 처용가의 끝 2구를 제외한 6구가 포함되어 있어 그 연관성이 확인된다. 하지만 고려처용가는 궁중의 나례와 결부되어 〈처용희〉〈처용무〉로 발전되면서 주술의식으로 자리 잡는다.

---

007 다음 중 '처용'과 관련 없는 것은?

영역(과목) 한국문학

① 서울 밝은 달에 밤늦게 노닐다가, 들어와 자리 보니 다리가 넷일러라.
② 이로써 늘 인생에 말씀 안 하시어도, 삼재와 팔난이 단번에 없어지도다.
③ 임금은 아비요, 신하는 사랑하는 어미시라, 백성을 어린 아이라 여기시면 백성이 그 은혜를 알리.
④ 헌강왕이 서울로 돌아와 영취산 동쪽에 절을 지어 망해사라 했는데, 이는 용을 위해 세운 것이었다.

정답 ③

정·오답풀이 ③ 향가 안민가의 가사. 신라 경덕왕 24년에 충담(忠談)이 지은 10구체 향가로 기본 내용은 왕은 아버지요, 신하는 어머니요, 백성은 어린아이라고 비유하고, 각기 자기 본분을 다하면 나라와 백성이 편안하다는 것이다.
① 향가 처용가의 가사
② 고려 처용가의 가사
④ 향가 처용가의 배경 설화

개념 정리

고소설은 15세기 후반에 김시습의 〈금오신화〉에서 시작되었다. 〈금오신화〉는 다섯 편의 단편이 수록된 작품집인데, 죽은 사람과 사랑을 하고 꿈에서 소원을 이루는 것 같은 초경험적인 요소를 지닌 이야기를 한문으로 다루었다.

국문소설은 허균이 17세기 초에 지었을 것으로 보이는 〈홍길동전〉에서 시작되었다. 그 뒤 국내를 무대로 한 영웅소설로는 〈임진록〉 등이, 중국을 무대로 한 영웅소설로는 〈조웅전〉 등이 다수 나타나 널리 읽혔다.

17세기 후반 김만중이 〈구운몽〉과 〈사씨남정기〉를 내놓아 소설의 발전을 가속화시켰다. 이 두 작품을 비롯한 중국 무대, 사대부 취향의 작품들 중의 상당수는 국문본과 한문본이 함께 있어 두 층의 독자를 가깝게 하는 구실을 하였는데, 〈창선감의록〉·〈옥린몽〉·〈옥루몽〉 등이 그 예이다.

한문소설로는 18세기 후반 박지원의 작품인 〈허생전〉, 〈양반전〉 등이 있으며, 당대의 현실을 사실적으로 다루고 풍자하였다.

008
임진왜란 이후 소설사에 관한 설명으로 옳지 않은 것은? 영역(과목) 한국문학

① 전란으로 인한 가족의 이합집산을 다룬 〈최척전〉과 같은 작품이 읽혔다.
② 〈구운몽〉, 〈사씨남정기〉가 규방 여성과 사대부들에게 읽혔다.
③ 난중에 죽은 영혼과의 사랑을 그린 〈이생규장전〉과 같은 한문소설이 창작되었다.
④ 민족적 울분을 상상의 세계에서 해소해주는 〈박씨전〉과 같은 작품이 창작되었다.

정답 ③

정·오답풀이 ③ 〈이생규장전〉은 김시습의 〈금오신화〉에 수록된 단편 소설로 15세기의 작품이다.
① 1621년(광해군 13) 조위한이 지은 고전소설로 유몽인의 『어우야담』에 수록된 「홍도」가 조위한에 의하여 소설화된 것으로 보인다. 임진왜란을 계기로 명·청간의 세력교체를 배경으로 하여, 조선·일본·중국·만주를 연결하는 최척과 옥영·몽선·몽석과 홍도의 이별·재회의 구성이다.
② 〈구운몽〉, 〈사씨남정기〉는 김만중 작품으로 17세기 말 숙종 때의 작품이다.
④ 병자호란의 국치에 대한 반감에서 쓴 작품으로 숙종 때의 작품이 아닌가 짐작된다.

009
다음에서 설명하는 한국 현대 미술 화가는? 영역(과목) 한국의 근·현대 문화

○ 가난한 농가의 정경과 서민들의 일상적이고 평범한 생활 정경을 표현하여 가장 한국적인 독창성을 발휘하였다고 평가받는 작가
○ 주요 작품: 〈할아버지와 손자〉, 〈고목과 여인〉, 〈귀로〉

① 박수근
② 이우환
③ 이응노
④ 천경자

정답 ①

정·오답풀이 ① 박수근은 가난한 일상의 서민들의 생활상과 1940~60년대 일상의 모습들을 그려냈다. 서양의 화풍이 아닌 자신만의 독창적인 화풍으로 한국적인 정서를 잘 담아냈다고 평가된다. 대표적인 작품으로는 빨래터, 절구질하는 여인, 나무와 두 여인, 세 여인, 아기 보는 소녀, 귀로, 시장, 시장의 사람들, 모자, 고목과 여인, 할아버지와 손자, 농악, 앉아있는 여인, 아기 업은 소녀, 공기놀이하는 소녀들, 소와 유동 등이 있다.
② 이우환은 점과 선을 활용한 그림이 대표적인 화가로 사물과 사물이 만나는 모습으로 조응관계를 표현하고자 했다. 대표작은 점으로부터, 선으로부터 등이 있다.
③ 이응노는 동양화가로서 수묵담채의 풍경화를 시작으로 다양한 장르와 소재의 작품을 그렸다. 대표작은 군상, 구성, 풍경 등이 있다.
④ 천경자는 채색화분야에서 독창적인 화풍을 개척한 화가로 평가받는다. 꽃과 연인을 주된 소재로 하였으며 꿈과 정한을 일관된 주제로 작품 활동을 하였다. 대표작은 생태, 여인들, 바다의 찬가, 내 슬픈 전설의 22페이지, 탱고가 흐르는 황혼, 내 슬픈 전설의 49페이지 등이 있다.

개념 정리

우리나라의 근대문학은 19세기말 개화기부터 시작되었다. 민족국가에 대한 의식과 우리말·우리글에 대한 자각이 밑바탕에 깔려 있어 신체시·창가·신소설의 경우에서 보는 바와 같이 근대문학이라고 일컬어진 모든 작품은 모두가 한글위주로 표기되었다. 이러한 근대문학은 계몽적인 성격을 띠었으며, 3·1운동 이후 일제가 문화정치라는 미명 아래 허용한 약간의 언론지를 토대로 전개되었다.

---

010 한국 근대문학 작품으로서는 최초로 문화재청 등록문화재로 지정된 서적의 제목은?

영역(과목) 한국문학 / 한국의 근·현대문화

① 무정　　② 진달래꽃　　③ 님의 침묵　　④ 오랑캐꽃

정 답 ②

정·오답풀이
② 진달래꽃 : 1925년 매문사에서 간행한 김소월이 생전에 낸 유일한 시집이다. 2011년 2월 25일 문화재로 등록되었다.
① 무정 : 1917년 1월 1일부터 6월 14일까지 126회에 걸쳐 『매일신보』에 연재된 이광수의 첫 번째 장편소설. 이광수의 별장 터가 문화재로 등록되어 있다.
③ 님의 침묵 : 한용운의 시집으로 1925년 백담사에서 쓰여서 1926년 회동서관에서 간행 되었다. 한용운의 생가, 심우장, 묘소가 문화재로 등록되어 있다.
④ 오랑캐꽃 : 이용악이 지은 시로 1939년 10월『인문평론』창간호에 실렸다가, 약간의 수정을 거쳐 해방 이후 1947년 4월에 간행된 세 번째 시집『오랑캐꽃』에 수록되었다.

개념 정리

민속놀이는 그 존재양상이 다채롭고 현재까지 파악한 놀이만 해도 200여 개에 이를 정도로 다양한데, 전승 집단의 규모에 따라 대동놀이와 소집단놀이, 개인놀이로 나눌 수 있다. 〈12회 6번 참고〉

---

011 민속놀이인 강강술래에 관한 설명으로 옳지 않은 것은?

영역(과목) 한국의 전통문화 / 한국민속학

① 전라도 서남해안에 전승되는 민속놀이이다.
② 선창과 후렴이 반복되는 노래를 부녀자들이 불렀다.
③ 손을 잡고 추는 집단무용으로 원무(圓舞)를 기본으로 한다.
④ 임진왜란 때 권율과 관련된 기원설이 있다.

정 답 ④

정·오답풀이 ④ 전라남도 서남해안지방에 전승되는 민속놀이로 중요무형문화재 제8호이다. 임진왜란 때 이순신이 해남 우수영에 진을 치고 있을 때, 적군에 비하여 아군의 수가 매우 적었다. 그래서 이순신은 마을 부녀자들을 모아 남자차림을 하게 하고, 옥매산 허리를 빙빙 돌도록 했다. 왜병은 이순신의 군사가 한없이 계속해서 행군하는 것으로 알고, 미리 겁을 먹고 달아났다고 한다. 이런 일이 있은 뒤로 근처의 마을 부녀자들이 서로 손을 잡고 빙빙 돌면서 춤을 추던 관행이 강강술래로 정착되었다는 것이다. 따라서 〈강강술래〉의 기원은 이순신의 창안에서 비롯된다는 주장이 있다.

개념 정리

고려 후기에 세워진 목조건축으로는 안동 봉정사의 극락전과 영주 부석사의 무량수전·조사당, 그리고 예산 수덕사의 대웅전, 안변 석왕사의 응진전 등 몇 개가 남아 있는데, 그것들은 우리나라에서 가장 오래된 것이다.
대표적인 것은 부석사의 무량수전으로 고려시대 목조건축의 일반적 양식인 주심포양식으로 간결하고 조화된 모습을 나타내고 있다. 석조건축으로는 탑파와 부도가 있는데, 대체로 미적 감각이 결여되고 형식에 흐르고 있다. 대표적인 석탑은 개풍의 경천사십층석탑이고, 부도는 여주의 신륵사 보제존자석종이 있다.
경천사십층석탑은 원나라 양식의 영향을 받은 이색적인 석탑형태로, 조선시대 세조 때 세워진 원각사탑의 원형이 되었다. 또한, 보제존자석종은 전기의 화려한 모양에서 벗어나 인도 불탑의 영향을 받은 소박한 석종형의 부도로 조선시대 부도형식의 선구가 되었다.

012 외국 학생에게 고려 시대 목조건축 양식을 보여주려고 할 때, 지역과 건축물의 연결이 옳지 않은 것은?

영역(과목) 한국의 전통문화

① 예산 – 수덕사 대웅전
② 안동 – 봉정사 극락전
③ 영주 – 부석사 무량수전
④ 화순 – 내소사 대웅보전

정답 ④
정·오답풀이 ④ 내소사는 전북 부안군 진서면에 있는 조선 중기의 불당으로 1963년 보물 291호로 지정되었다.

개념 정리

시인 서정주는 1915년 전라북도 고창에서 출생했다. 1941년에 『화사집』을 출간하였으며, 1948년 『귀촉도』, 1955년 『서정주 시선』이 발간되었다. 1960년 『신라초』, 1968년 『동천』, 1975년 『질마재 신화』, 1976년 『떠돌이의 시』, 1980년 『서으로 가는 달처럼』, 1982년 『울고 간 날들의 시』, 1983년 『안 잊히는 일들』, 1984년 『노래』, 1988년 『팔할이 바람』, 1991년 『산시』, 1993년 『늙은 떠돌이의 시』 등을 출간했다. 2000년 12월 24일 사망했다.

013 다음 시집 중에서 작가가 다른 것은?

영역(과목) 한국문학

① 백록담
② 귀촉도
③ 신라초
④ 화사집

정답 ①
정·오답풀이 ① 백록담 : 정지용의 시집으로 1941년 문장사에서 간행하였고, 1946년 백양당에서 다시 나왔다. 작자의 제2시집으로, 모두 5부로 되어 있으며 1~4부에 25편의 시와 5부에 8편의 산문이 수록되어 있다.

014 일제강점기에 징용을 나가 부상당한 아버지와 한국전쟁에서 다리를 잃은 아들의 삶을 통해 개인의 행복이 역사적 힘에 좌우된다는 인식을 보여주는 작품은?

영역(과목) 한국문학

① 하근찬의 〈수난이대〉
② 채만식의 〈태평천하〉
③ 김동인의 〈약한 자의 슬픔〉
④ 염상섭의 〈표본실의 청개구리〉

정답 ①

정·오답풀이 ① 하근찬의 〈수난이대〉: 1957년 『한국일보』 신춘문예에 당선된 하근찬의 단편소설. 아버지는 강제 징용으로 한쪽 팔을 잃고 아들은 한국전쟁으로 한쪽 다리를 잃었다. 2대에 거쳐 일어난 민족의 수난을 통해 수난 역사가 어떻게 한 개인이나 가족에게 상처를 입히고 있는가를 보여주고 있다.
② 채만식의 〈태평천하〉: 채만식의 소설로 민족의 현실과 상관없이 가족의 이기적 번성만을 추구한 인물인 윤직원 일가의 몰락을 통해 1930년대 후반 친일 지주 계층의 반사회적이고 반민족적인 욕망과 행위를 풍자적인 어조로 비판하고 있다.
③ 김동인의 〈약한 자의 슬픔〉: 김동인이 지은 단편소설로 우리의 현실은 사회적으로나 신분상으로나 강한 자와 약한 자의 냉엄한 논리로 이루어져 있음을 제시하고 있다. 특히, 사회의 어두운 면을 사실대로 묘사하는 자연주의적 창작 태도가 엿보인다.
④ 염상섭의 〈표본실의 청개구리〉: 염상섭이 지은 단편소설로 당대의 암울한 시대상을 반영하고 있다. 한편, 자연주의적인 수법으로 식민지 사회의 음지를 보여주면서 이를 저주하고 이로부터 탈출하고 싶은 의지와 함께 거부하는 자세를 보여주고 있다.

015

한국의 국제사회 공헌 활동에 관한 설명 중 옳지 않은 것은?

영역(과목) 한국의 근·현대 문화

① 한국국제협력단(KOICA)을 통해 개발 경험과 기술이 필요한 국가를 지원하고 있다.
② 자이툰 부대가 평화유지를 목표로 아프가니스탄에 파견되어 활동하였다.
③ 경제협력개발기구(OECD) 산하 개발원조위원회에 가입하여 회원국으로 활동하고 있다.
④ 온실가스 감축과 기후변화 적응을 지원하는 녹색기후기금(GCF) 사무국을 인천 송도에 유치하였다.

정답 ②

정·오답풀이 ② 자이툰 부대(Zaytun Division)는 2004년 8월에 평화 재건을 목적으로 이라크 아르빌 주에 파병된 한국군 부대이며, 정식명칭은 '이라크 평화재건사단'이다.

016

현재 한국 사회의 다문화 현상으로 옳지 않은 것은?

영역(과목) 한국의 근·현대 문화

① 경기도 안산에 외국인 거리가 형성되어 있다.
② 국적별 장기체류 외국인은 미국인이 가장 많다.
③ 장기체류 외국인의 절반 이상이 수도권에 집중되어 있다.
④ 다문화가족지원센터는 결혼이민자 등에 대한 한국어교육 업무를 수행하고 있다.

정답 ②

정·오답풀이 ② 2017년 5월 기준, 국내에 체류(상주인구 기준)하는 외국인(40.0%)과 귀화허가자(38.7%) 모두 '한국계중국'이 가장 많다.

017 한국인의 식생활에 관한 설명으로 옳지 않은 것은?

영역(과목) 한국의 근·현대 문화

① 맥주는 해방 이후 미군정이 설립한 맥주 공장을 통해 처음 공급되었다.
② 국산 인스턴트 라면은 미국으로부터 제공된 싼값의 밀을 이용하여 1963년에 처음 출시되었다.
③ 1960년대 주정과 소주 제조에 백미 사용을 금지한 것은 쌀 부족 문제를 해결하기 위함이었다.
④ 혼분식장려운동이 자장면의 대중화에 일조하였다.

정답 ①

정·오답풀이 ① 맥주는 조선 말기 일본을 통해 들어왔으며, 일제강점기였던 1933년 일본의 대일본맥주 주식회사가 조선맥주, 기린맥주, 소화기기린맥주를 설립하면서 한국에서 처음 맥주가 생산되었다. 해방 이후 미군정이 이 맥주 공장을 관리하게 되었다.

018 '한류'(韓流)에 관한 설명으로 옳지 않은 것은?

영역(과목) 한국의 근·현대 문화

① '한류'라는 용어는 중국에서 처음 사용하였다.
② 드라마 〈겨울연가〉는 일본 한류의 기폭제 역할을 하였다.
③ 드라마 〈대장금〉은 한류의 영역을 중동 지역까지 넓혔다.
④ 최근 5년 간 한류 콘텐츠 수출액 중 가장 높은 비중을 차지한 것은 K-POP이다.

정답 ①, ④

정·오답풀이 ① 한류라는 단어가 처음 공식적으로 사용된 것은 1999년 대한민국 문화관광부에서 대중 음악의 해외 홍보를 위해 〈韓流-Song from Korea〉라는 이름으로 음반을 제작하면서이다. 그러나 대부분의 사람들에게는 중국과 대만 등의 중화권에서 먼저 사용한 말로 알려져 있다.
④ 2014년에는 음악(K-POP)과 영화, 드라마, 예능 프로그램, 게임 순으로, 2015년에는 한식, 음악(K-POP), 패션·뷰티, 영화, 드라마 및 방송 프로그램 순으로 콘텐츠 소비량이 높았으며, 2016~2018년에는 TV 드라마, 예능 프로그램, 영화, 음악(K-POP), 애니메이션/만화캐릭터 순으로 소비비중이 높았다. 음악(K-POP)의 비중은 점점 떨어지고 있는 추세이다.

개념 정리

세계 3대 국제영화제 대한민국 수상내역

해외 영화제	수상작	연도	수상내역
베를린 국제영화제	마부	1961	특별 은곰상
베를린 국제영화제	이 생명 다하도록	1962	아동특별연기상
베니스 국제영화제	씨받이	1987	최우수여우주연상
베를린 국제영화제	화엄경	1994	은곰상(알프레드바우어상)
칸 영화제	소풍	1999	단편경쟁부문 심사위원상
칸 영화제	취화선	2002	최우수감독상

해외 영화제	수상작	연도	수상내역
베니스 국제영화제	오아시스	2002	감독상, 신인여자연기상
베를린 국제영화제	사마리아	2003	감독상
베니스 국제영화제	빈집	2004	은사자상(감독상)
칸 영화제	올드 보이	2004	심사위원 대상
베를린 국제영화제	(임권택 감독)	2005	명예황금곰상(공로상)
베를린 국제영화제	싸이보그지만 괜찮아	2006	은곰상(알프레드바우어상)
칸 영화제	밀양	2007	여우주연상
칸 영화제	박쥐	2009	심사위원상
칸 영화제	하하하	2010	주목할 만한 시선부분 대상
칸 영화제	시	2010	각본상
베를린 국제영화제	파란만장	2011	단편부문 황금곰상
베를린 국제영화제	부서진 밤	2011	단편부문 은곰상
베니스 국제영화제	피에타	2012	황금사자상(대상)
칸 영화제	세이프	2013	단편부문 황금종려상
베를린 국제영화제	호산나	2015	단편부문 황금곰상
베를린 국제영화제	밤의 해변에서 혼자	2017	은곰상(여자연기자상)

019 해외 수상내역과 작품의 연결로 옳은 것은?

영역(과목) 한국의 근·현대 문화

① 토니상 – 명성황후
② 맨부커상 – 채식주의자
③ 칸 국제영화제 그랑프리 – 피에타
④ 안시 국제 애니메이션 페스티벌 그랑프리 – 서울역

정답 ②

정·오답풀이
② 노벨문학상과 프랑스 공쿠르상과 함께 세계 3대 문학상으로 꼽히는 맨부커상에서 한국문학 사상 최초로 한강의 '채식주의자'가 인터내셔널 부문을 수상(2016년)했다.
① 연극의 아카데미상이라고 불리는 토니상은 현재 한국의 수상작은 없다.
③ '피에타'는 베니스 국제영화제에서 대상인 황금사자상을 수상했다.
④ 안시 국제 애니메이션 페스티벌은 프랑스 칸 국제 영화제에서 애니메이션 비경쟁 부문 행사로 시작되었으며, 1960년 안시로 장소를 옮기며 국제 애니메이션 공모전의 형태가 되었다. 2002년 '마리 이야기'가 장편부문 그랑프리를, 2004년 '오세암'이 안시 크리스털 상(최고작품상)을 수상했다. '서울역'은 2016년 브뤼셀 국제 판타스틱 영화제에서 실버 크로우를 수상했으며, 안시 국제 애니메이션 페스티벌에서는 주요 경쟁 부문에 올랐다.

020 만화를 원작으로 제작된 한국 영화가 아닌 것은?

영역(과목) 한국의 근·현대 문화

① 타짜
② 암살
③ 순정만화
④ 공포의 외인구단

정답 ②

정·오답풀이
① '타짜'는 김세영 작가와 허영만 만화가의 작품을 각색한 영화로, 동명의 드라마도 제작되었다.
③ '순정만화'는 강풀의 웹툰 '순정만화'를 원작으로 각색한 영화이다.
④ '공포의 외인구단'은 이현세 만화가의 작품을 각색한 영화로 제목은 '이장호의 외인구단'이었으며, 만화와 동명의 드라마도 제작되었다.

개념 정리

교육목표

교육목적의 하위개념으로 목적을 구체화한 항목이라고 할 수 있다. 교육목표 수립에서는 개인중심적 입장, 사회중심적 입장, 통합적 입장 등이 있다. 개인중심적 입장에서는 학생의 능력·필요·흥미 등에 기초하여 아동 각자의 효과적이고 충실한 발달에 중점을 두고, 사회중심적 입장에서는 사회에의 적응 및 개조를 교육의 목적으로 보고 이에 합당한 교육목표를 수립한다.

---

021 교육과정에 관한 설명으로 옳은 것을 모두 고른 것은?

영역(과목) 외국어로서의 한국어 교육과정론

ㄱ. 교육 내용은 반복과 심화를 위해 나선형으로 배열한다.
ㄴ. 교육 목적은 교육 목표를 구현하기 위한 구체적인 도달점이다.
ㄷ. 상황 분석은 교사·학습자·기관·사회 요인을 고려하여 이루어진다.
ㄹ. '교육과정'의 어원은 '뛰다'를 의미하는 라틴어에서 찾을 수 있다.

① ㄱ, ㄴ
② ㄷ, ㄹ
③ ㄱ, ㄴ, ㄹ
④ ㄱ, ㄷ, ㄹ

정답 ④

정·오답풀이
④ 교육 내용의 배열을 교수요목의 시작부터 끝에 이르기까지의 거시적 배열과 한 단원 내에서의 미시적 배열로 나누어 볼 수 있다. 하나의 형태가 여러 의미나 기능을 표현하기도 하고, 여러 형태가 하나의 의미나 기능을 수행하기도 하여 하나의 기능, 의미, 표현은 한번 교육되는 것만으로 충분치 않음을 알 수 있다. 따라서 하나의 형태가 다양한 기능을 수행하는 언어 형태로 필요한 위치에 재배치되어야 하며, 여러 형태로 표현되는 하나의 의미나 기능도 분산적으로 재배열되어 순환적으로 교육되어야 한다.
ㄴ. 교육 목표가 교육 목적의 하위 범주에 속하는 것이므로 적절하지 않은 내용이다.

개념 정리

학습자 요구 조사(분석)

교육과정의 설계는 요구 분석으로부터 시작된다. 요구 분석은 학습자에 관한 유용한 정보를 제공하며, 요구 분석을 통해 다음과 같은 정보를 얻을 수 있다.

- 학습자에 관한 정보(participant)
- 언어 사용 상황(setting)
- 의사소통 방법(instrumentally: spoken or written)
- 도달하여야 할 목표 수준(target level)
- 의사소통의 양상(communicative key)
- 언어 사용 목적(propose domain)
- 누구와 주로 상호 작용을 하게 될 것인지에 관한 정보(interaction)
- 학습자가 익숙해져야 하는 방언(dialect)
- 의사소통 행위와 기능(communicative events: acts or function)

---

022 교육과정 개발을 위한 요구 분석 항목 중 객관적 요구가 아닌 것은? [영역(과목)] 외국어로서의 한국어 교육과정론

① 교육 배경
② 거주 기간
③ 외국어 학습 경험
④ 선호하는 학습 활동 유형

정답 ④

정·오답풀이 ④ 학습자가 선호하는 학습 활동 유형은 객관적인 수치로 표현할 수 있는 것이 아니고, 학습자가 자신의 숙달도나 필요한 학습 상황과 무관하게 선택할 수도 있는 항목이다. 교육 배경, 거주 시간, 외국어 학습 경험 등은 모두 사실 정보를 수치로 확인할 수 있는 것들이다.

개념 정리

교수요목 〈12회 29번 참고〉

---

023 구조 교수요목(structural syllabus)에 관한 설명으로 옳은 것은? [영역(과목)] 외국어로서의 한국어 교육과정론

① 문법의 난이도와 사용 빈도를 기준으로 학습 내용을 제시한다.
② 예측된 상황에서 요구되는 목표어의 교수 학습 내용을 다룬다.
③ 언어 사용과 의사소통 능력을 중심으로 교육 내용을 구성한다.
④ 의사소통 상황에서 언어 사용을 경험하여, 자연스럽게 언어를 학습하게 한다.

정답 ①

정·오답풀이 ① 문법의 난이도가 쉬운 것부터 어려운 것으로, 사용 빈도가 높은 것에서 낮은 것으로 배열하여 학습자의 문법 내재화를 돕고, 언어 규칙을 이해할 수 있도록 한다.
② 구조 교수요목은 예측된 상황이나 화제에 관심을 두지 않으며 문법사항의 학습 등을 주요한 것으로 설정한다.
③ 구조 교수요목은 언어 사용과 의사소통 능력이 중심이 되지 않으며, 언어의 형식적 면이 중심이 된다.
④ 구조 교수요목은 맥락이 결여되고 고립적인 나열로 구성된 형태의 문장 등으로 교육이 진행되며, 실제 의사소통 능력에 도움을 주기는 어렵다.

개념 정리

- 선형(linear type) 교수요목 : 교과에서 다루게 되는 내용을 교수에 편리하게 논리적으로 체계를 세우고 조직한 것이다. 교수할 항목은 난이도가 낮은 것부터 어려운 것으로 배열한다. 일반적으로 초급 학습자들에게 구조와 문법을 가르칠 경우 사용한다. 청각구두식(청화식) 교수법에서 활용하기 적절하다.
- 줄거리 제시형(story-line type) 교수요목: 주제의 일관성과 계속성을 유지하고 앞의 이야기의 흐름을 알고 순서에 따라 문제를 해결하는 데 도움이 되도록 교수요목을 구성하는 유형이다. 동화나 단편 소설을 중심으로 전체의 교재를 제작하는 경우 줄거리 제시 유형을 적용하여 그림과 이야기를 동시에 제시하여 독해 자료를 가르치게 할 수 있으며, 실용적인 이야기를 중심으로 회화 교재를 제작하는 경우에도 사용이 가능하다.
- 기본 내용 제시형(matrix type) 교수요목: 기본 내용 제시형 교수요목은 학습해야 할 과업과 여러 가지 상황을 표로 만들어 제시하고 사용자가 자의적으로 주제를 선택하여 학습할 수 있도록 융통성을 최대한으로 보장하는 방식을 말한다. 교재 내에서 문화를 학습 내용으로 하는 별도의 단원으로 구현되고 수업의 목표와 초점이 문화 수업에 주어지는 방법 등으로 활용한다.

024 다음에서 설명하는 교수요목의 제시 유형은?

영역(과목) 외국어로서의 한국어 교육과정론

> 주제나 상황에 관련된 언어 내용과 언어 기능(skill)을 통합한 유형으로, 주제형(thematic format)이나 상황 중심형(situational format)이라고도 한다.

① 선형(linear type)
② 조립형(modular type)
③ 줄거리 제시형(story-line type)
④ 기본 내용 제시형(matrix type)

정답 ②

정·오답풀이 ② 언어 내용과 언어 기능을 통합하는 유형은 조립형에 해당한다. 조립형 교수요목은 주제나 상황에 관련된 언어 내용과 언어 기능을 통합하여 제시하는 방식을 말한다. 조립형은 사용하는 언어 자료를 융통성 있게 제시할 목적으로 교수요목을 구성하거나 교재를 설계할 경우에 흔히 적용하는 유형이다. 문화교육 자료 역시 조립형 방식으로 연계할 수 있다. 즉, 어휘 학습이나 읽기 학습, 말하기, 듣기, 쓰기 활동 안에 연계하여 통합하는 방법이다. 이런 제시 방법은 단원의 학습 목표 및 주제에 필수적으로 연계된다.

개념 정리

한국어(KSL) 교육과정 개요(2018년 2월 교육부 고시)

- 운영 근거
  ① '초·중등학교 교육과정 총론'에 '한국어 교육과정' 명시

  > Ⅲ. 학교 교육과정 편성·운영
  > 4. 모든 학생을 위한 교육기회의 제공
  > 라. 다문화 가정 학생을 위한 특별 학급을 설치·운영하는 경우, 다문화 가정 학생의 한국어 능력을 고려하여 이 교육과정을 조정하여 운영하거나, 한국어 교육과정 및 교수·학습 자료를 활용할 수 있다. 한국어 교육과정은 학교의 특성, 학생·교사·학부모의 요구 및 필요에 따라 주당 10시간 내외에서 운영할 수 있다.

- 주요 개정 내용
  ① (교육대상) 기존 '다문화 배경을 가진 학생'에서 '한국어 의사소통 능력의 함양이 필요한 학생'으로 명확하게 수정

② (학습 한국어) '학습도구 한국어'와 '교과적응 한국어'로 세분하고, 성취기준, 교수학습방법, 언어재료 등 전면 개편
※ 학습도구 한국어 : 수업(학문적)상황에서 사용하는 표현
　교과적응 한국어 : 교과목 학습을 돕기 위한 교과별 어휘

기존
생활 한국어
학습 한국어
문화 의식과 태도

⇨

개정
생활 한국어
학습도구 한국어
교과적응 한국어
문화

③ (문화) '문화 의식과 태도' 영역을 구체화하여 세부 교육내용 추가

* 내용 체계 (구)

생활 한국어	학습 한국어
• 언어 기능 　- 듣기　- 말하기 　- 읽기　- 쓰기	• 언어 기능 　- 듣기　- 말하기 　- 읽기　- 쓰기
• 언어 재료 　- 주제·의사소통 　- 어휘·문법·발음 　- 텍스트 유형	• 언어 재료 　- 국어·수학·사회·과학 주제별 핵심 어휘 　- 학습 의사소통 기능 및 전략
• 문화 의식과 태도 　- 문화 인식·이해·수용 　- 긍정적 자아정체성·공동체 의식	

* 내용 체계(신)

의사소통 한국어 교육		생활한국어교육	학습한국어교육	
		학습 도구 한국어 교육	교과 적응 한국어 교육	
언어 기능		듣기 말하기 읽기 쓰기		
언어 재료	주제	일상 기반	일상 및 학업 기반	교과 기반
	의사소통 기능	일상 기반	일상 및 학업 기반	교과 기반
	어휘	일상생활 어휘 학교생활 어휘	교실 어휘 사고 도구 어휘 범용 지식 어휘	교과별 어휘
	문법	학령적합형 교육 문법	학령적합형 문식력 강화 문법	교과별 특정 문형
	텍스트 유형	구어 중심	구어 및 문어	문어 중심
문화		- 학령적합형 한국문화의 이해와 수용 - 학령적합형 학교생활문화의 이해와 적응		

---

025 교육부의 '다문화 배경 학생을 위한 한국어 교육과정(KSL)'에 관한 설명으로 옳은 것은?

영역(과목) 외국어로서의 한국어 교육과정론

① 정규과정 내에서 제2외국어 교과과정으로 운영된다.
② 중등학교 교육 체계에 따라 3단계로 등급을 구성하였다.
③ 정규과정 내에서 주 10시간 내외로 자율적으로 결정할 수 있다.
④ 중등학교 재학 중인 탈북 청소년은 교육 대상에 포함되지 않는다.

정답 ③

정·오답풀이 ③ 다문화 가정 학생을 위한 특별 학급을 설치·운영하는 경우, 다문화 가정 학생의 한국어 능력을 고려하여 이 교육과정을 조정하여 운영하거나, 한국어 교육과정 및 교수·학습 자료를 활용할 수 있다. 한국어 교육과정은 학교의 특성, 학생교사·학부모의 요구 및 필요에 따라 주당 10시간 내외에서 운영할 수 있다.
① 한국어능력이 부족한 중도입국·외국인학생 편·입학 시, 한국어 및 한국문화를 집중적으로 교육하여 조기 적응을 지원할 수 있도록 별도 학급에서 '한국어(KSL) 교육과정'에 따라 한국어를 교육하고, 예체능 등 통합교육 가능 교과는 일반학급에서 교육하도록 실시되고 있다.
② 중등학교의 교육 체계가 아닌, 학습자의 숙달도에 따라 3단계(초급, 중급, 고급)로 등급을 구성하였다.
④ 교육부에서는 '한국어 교육과정(KSL)'의 대상을 '다문화 배경을 가진 학생'에서 '한국어 의사소통 능력의 함양이 필요한 학생'으로 수정하여 제시하고 있다. 글자와 발음, 문법 등이 유사하나, 기존에도 새터민의 교육은 문화 등 측면에서 외국어에 가깝기 때문에 KSL과정의 대상으로 판단하였으며, 2018년도의 교육부 다문화교육 지원계획에 따라 더욱 확실히 KSL 과정의 학습자가 되었다.

개념 정리

직접 교수법

목표 언어만으로 수업을 전개하며, 일상적으로 사용되는 어휘와 문장만을 가르치는 교수법이다. 의사소통 기술은 교사와 학습자 간의 질의-응답 형식으로 등급화된 계획을 바탕으로 진행되며, 문법을 귀납적으로 가르치고 새로운 학습 항목은 시범과 연습을 통해 기르친다. 이때 구체적인 어휘는 대상물이나 시각자료를 사용하여 가르치고, 추상적 어휘는 연상 작용을 사용해 가르친다. 직접 교수법은 소리와 간단한 문형이 강조되고 직접적인 환경-예를 들면 교실, 가정, 정원, 거리-등의 사물과 사람에서 언어가 직접 연상되는 것을 강조하는 등 '연상주의 심리학'으로 설명하고 있다. 직접 교수법의 원리와 절차는 아래와 같다.

- 교실에서 수업은 전적으로 목표언어로 실시하였다.
- 단지 하루에 배울 어휘와 문장만을 가르쳤다.
- 규모가 작고 집중적으로 하는 교실에서 교사와 학생이 서로 질문과 답을 주고받도록 구성되었고, 단계별로 나누어 수업을 진행함으로써 구두 의사소통 기능을 향상시켰다.
- 문법은 귀납적으로만 가르쳤다.
- 새롭게 가르칠 요점은 말로 소개하였다.
- 구체적인 어휘는 시범, 물건과 그림을 통해 가르쳤고, 추상적인 어휘는 개념의 연상 작용을 통해 가르쳤다.
- 말과 청취, 이해를 둘 다 가르쳤다.
- 정확한 발음과 문법을 강조하였다.

---

026 교수법에 관한 설명으로 옳은 것은?

영역(과목) 외국어로서의 한국어 교수이론 / 외국어 교수법

① 청각구두식 교수법은 실제적인 과제 활동을 포함한다.
② 문법 번역식 교수법에서는 문법을 연역적으로 제시하고 설명한다.
③ 과제 중심 교수법은 유아의 모국어 습득 과정을 응용한 것이다.
④ 직접 교수법에서는 학습자의 모국어를 활용한다.

정답 ②

정·오답풀이 ② 학습자는 교수자가 모국어로 하는 설명을 참고하여 연역적으로 학습을 진행하며, 스스로 추론하거나 예상하는 활동 등은 거의 수행하지 않게 된다.
① 청각구두식 교수법은 앵무새가 사람이 하는 특정 발화를 반복적으로 듣고 따라하는 것과 같이, 실제적이지 않은 교실 내의 반복 연습 활동을 포함한다.
③ 유아의 모국어 습득 과정을 응용한 것은 자연적 교수법이다.
④ 직접 교수법에서는 학습자의 모국어가 아닌, 목표어를 활용한다.

개념 정리

오류의 원인
- 언어 간 전이 : 모국어에 의한 부정적 언어 전이가 목표 언어의 학습에 영향을 끼칠 수 있다.
- 언어 내적 전이 : 학습자가 제2 언어 체계의 일부분을 습득하기 시작하면 점점 더 많은 언어 내 전이, 즉 목표어 내에서의 일반화 현상이 일어난다. 또한 이미 학습한 제2 언어의 형태는 하나의 선행 경험으로서 학습자의 인지 구조에 남아 새로운 제2 언어 형태의 학습을 도와주거나 방해할 수 있다.
- 학습 상황(학습의 장, 교실) : 여기에서의 '상황(장)'은 학교 교육의 경우에는 교사와 교재가 있는 교실을 가리키며, 교실 밖에서 자연스럽게 언어를 학습하는 경우에는 사회적 상황을 가리킨다. 교실 수업의 장에서 교사나 교재가 학생들로 하여금 잘못된 가설을 만들어가도록 유도할 수 있다. 교사가 설명을 잘못하거나, 학습하고자 하는 구문과 낱말에 대해 잘못된 내용이 책에 제시되어 있거나, 훈련은 통해 기계적으로 암기하였으나 적절한 상황에 어떻게 사용해야 하는지 아직 배우지 못한 문형이 있을 때에도 학습자들은 종종 오류를 범한다.
교실 상황에서 학습한 언어에서 두드러지게 나타나는 특징은 단축형과 같은 구어체를 상황에 맞게 잘 사용하지 못하거나 상황에 맞지 않는 딱딱한 문어체적 언어 형태들을 사용한다는 것이다.
이외에 교실 밖의 자연스러운 상황에서 제2 언어를 습득하게 되면 특정 방언을 습득하는 경우들이 있다. 그래서 이러한 학습의 장이 학습자 오류의 또 다른 원인이 되기도 한다.
- 의사소통 전략 : 학습자들은 그들의 메시지를 명확하게 전달하기 위해서 산출 전략을 사용한다. 그러나 이 전략 자체가 때때로 오류를 만들어내기도 한다. 우회적 화법, 조립식 문형의 사용 등도 오류의 원인이 될 수 있다.

027 오류를 발생시키는 원인이 다른 것은?

영역(과목) 외국어로서의 한국어 교육학개론

① 일본인 학습자가 '사람이'를 '사람가'라고 썼다.
② 미국인 학습자가 '사랑'을 [싸랑]으로 발음하였다.
③ 러시아인 학습자가 '추워요'를 '춥어요'라고 썼다.
④ 중국인 학습자가 '먹었다'를 [머어따]로 발음하였다.

정 답 ③

정·오답풀이 ③ 학습자가 자신의 모국어의 영향으로 실수한 것이 아니라, 목표 언어의 규칙과 불규칙현상을 변별을 하지 못해 오류가 발생한 것이다.

개념 정리

팟캐스팅

인터넷을 통해 라디오 프로그램 파일을 PC에 다운로드 받아 MP3플레이어·PMP(휴대용 멀티미디어 기기)·휴대폰 등의 휴대기기에 저장, 재생할 수 있는 서비스다. 애플사가 출시한 MP3 플레이어인 '아이팟(iPod)'와 '방송(broadcasting)'의 합성어로 'PC를 이용해 개인이 만든 방송 프로그램을 MP3 파일 형태로 녹음해 인터넷에 유포하고 이용자들이 이를 선별해서 듣는 형식'을 취한다.

팟캐스팅은 2001년 초 미국의 소프트웨어 개발자 데이브 위너와 그의 고객인 애덤 커리가 초기 개발 아이디어를 냈다. 듣고 싶은 라디오 채널을 고르면 매일 방송이 나올 때마다 컴퓨터가 자동으로 수집, 저장하는 프로그램을 고안한 것이다. 기존 라디오 방송이 편성표에 따라 프로그램을 편성하는 방식이라면, 팟캐스팅에서는 장르별 콘텐츠를 하이라이트 중심으로 4~8분 분량으로 재편집하는 방식이다.

팟캐스팅이 사용되는 분야는 다양하다. 미국에선 팟캐스팅을 통해 강좌를 공개하는 대학도 늘고 있으며, 세계적인 기업들도 팟캐스팅을 경영에 적극 활용하고 있다.

028 컴퓨터 보조 학습(CALL)에서 사용 가능한 팟캐스팅(podcasting)의 특징으로 묶인 것은?

영역(과목) 외국어로서의 한국어 교육학개론

> ㄱ. 온라인에서 멀티미디어 자료를 동료와 공유하고, 재생할 수 있다.
> ㄴ. HTML을 활용한 문자 기반의 콘텐츠를 제작할 수 있는 저작 도구이다.
> ㄷ. 멀티미디어 자료를 통해 학습자에게 실제적인 듣기 자료를 제공할 수 있다.
> ㄹ. 디지털 아카이브로 구축되어 말하기 수업에 자료를 제공한다.

① ㄱ, ㄴ   ② ㄱ, ㄷ   ③ ㄴ, ㄹ   ④ ㄷ, ㄹ

정답 ②

정·오답풀이 ② 팟캐스팅(podcasting)을 활용하면 인터넷을 통해 라디오 프로그램 파일을 PC에 다운로드 받아 휴대폰 등의 휴대기기에 저장, 재생할 수 있다. 이를 활용하여 멀티미디어 자료를 활용할 수 있고, 학습자에게 실제적인 듣기 자료를 제공할 수 있다.

개념 정리

- **딕토글로스**: 딕토글로스는 dictation(받아쓰기)와 gloss(주석, 주해)를 합성해서 만든 새로운 용어이다. 기존의 받아쓰기가 교수자가 부르는 발화문을 학습자가 들은 후 그대로 옮겨 쓰는 활동이라면 딕토글로스는 들은 내용을 그대로 옮겨 쓰는 것이 아니라 학습자가 다른 구성원들과의 협상과정을 통해 재구성하는 활동이다. 그리고 받아쓰기는 상향식 듣기 과정을 많이 강조했지만 딕토글로스 활동은 하향식 과정이 함께 있는 상호작용 과정이다. 딕토글로스를 활용하여 '듣기-쓰기' 수업을 구성할 경우 딕토글로스 수업은 크게 네 부분으로 나눌 수 있다.
  ① '듣기 전 단계'는 준비 단계라고 할 수 있다. 이 때 교수자는 듣게 될 내용에 대해 간단하게 설명하고 딕토글로스를 활용한 수업의 진행 단계에 대해 알려 준다. 그리고 3~4명 정도의 소집단을 조직해 소집단 별로 자리를 배정해 준다. 그리고 소집단을 이끌 역할을 할 학습자를 선정한다. 집단을 이끌 학습자은 리더십이 있어 토의를 이어 갈 수 있는 사람으로 선정하는 것이 좋다.
  ② '듣기 단계'에서는 2번 정도 듣기를 들려주고 자기가 들은 것을 쓰도록 한다. 학습자들의 요구에 따라 듣기 횟수는 조정할 수 있다. 학습자들은 이 듣기 단계에서 전체적인 내용을 이해하고 주요 어휘나 문형 등을 메모할 수 있다.
  ③ '듣기 후 단계'에서는 소집단의 협동학습을 통해 들은 내용을 재구성한다. 이 때 학습자들이 어려움을 느끼기 쉬운데 이를 돕기

위해서 교수자가 지문의 내용과 관련된 몇 가지 질문을 제시해 주는 것도 좋다. 그런 다음 소집단 활동을 통해 들은 내용을 재구성한다.

④ 마지막으로 재구성한 것을 살펴보고 원문과 비교해 본다. 이때 교수자는 일치성을 너무 강조할 필요는 없고 전체적인 내용과 맥락의 이해에 초점을 맞추도록 해야 한다. 교수자가 지나치게 일치성만을 강조하다 보면 학습자는 자신감을 잃게 되고 이어질 수업에 대한 흥미를 잃게 될 수도 있기 때문이다.

듣기 전	주제, 전개 방법 설명
듣기	듣고 쓰기
들은 후	소집단 활동 - 재구성하기
	원문과 비교하기

- 가든 패스 : 학습자의 입력 처리 과정을 수정해 가는 입력 처리 방법이다. 질문 유형은 해당 수업의 언어 형식이 중요한 예외나 반례를 가지는 경우 이를 포함하는 문제를 제시하여 학습자의 추측에서 반례를 발견하고 새로운 규칙을 발견하거나 이를 정교화 하여 개선된 추측을 할 수 있도록 유도한다.

029 교수·학습 활동의 특징으로 옳은 것은?

영역(과목) 외국어로서의 한국어 교육학개론

① 인터뷰(interview)는 모든 숙달도 단계에서 유용한 짝 활동 혹은 모둠 활동이다.
② 딕토글로스(dictogloss)는 텍스트를 읽고 암기한 부분을 문법에 유의하여 쓰는 활동이다.
③ 가든 패스(garden path)는 학습자 간 의미 협상을 통한 상호작용을 활성화시키는 활동이다.
④ 프로젝트(project)는 사고 과정을 촉발시키기 위해 가상적인 상황에서의 과제를 수행 하는 활동이다.

정답 ①

정·오답풀이 초급에는 친구의 생일, 취미, 일상생활에 대해 물어 보는 것도 가능하고, 고급에서는 난이도가 높은 내용도 다룰 수 있게 된다. 일반적 범주에서 유명인등을 대상으로 수행하는 인터뷰와는 용어의 범주 설정이 상이하므로 유의해야 하는 문항이다. 즉, 친구에게 정보를 물어보고 답을 듣는 과정이 언어교육학에서 논하는 '인터뷰'의 범주에 속하게 되는 것이다.

개념 정리

TOPIK 시험의 수준 및 등급

구분	TOPIK I		TOPIK II			
	1급	2급	3급	4급	5급	6급
등급결정	80점 이상	140점 이상	120점 이상	150점 이상	190점 이상	230점 이상

030 현재 시행 중인 한국어능력시험(TOPIK)에 관한 설명으로 옳지 않은 것은?

영역(과목) 외국어로서의 한국어 교육학개론

① 2014년 제35회부터 TOPIK Ⅰ·Ⅱ로 개편되었다.
② TOPIK Ⅱ에서 220점을 받은 경우 6급에 해당한다.
③ TOPIK Ⅱ는 사지선다형과 서답형 문항으로 구성된다.
④ TOPIK Ⅰ에 응시하여 만점을 받으면 2급으로 판정을 받는다.

정답 ②

정·오답풀이 ② 6급이 230점 이상이므로 5급에 해당한다.

031 한국어교원 자격 취득 요건에 관한 설명으로 옳은 것을 모두 고른 것은?

영역(과목) 외국어로서의 한국어 교육학개론

ㄱ. '한국어교원자격심사위원회'에서 자격 심사를 한다.
ㄴ. 외국인은 한국어능력시험(TOPIK) 6급 성적 증명서가 있어야 한다.
ㄷ. 교원 자격 취득 영역은 '한국어교육실습'을 포함한 5개 영역으로 구성된다.
ㄹ. 대학에서 부전공으로 3급을 취득한 사람이 2급을 받으려면 5년 이상 2,000시간 이상의 경력이 필요하다.

① ㄱ, ㄷ   ② ㄴ, ㄹ   ③ ㄱ, ㄴ, ㄷ   ④ ㄱ, ㄴ, ㄷ, ㄹ

정답 ③

정·오답풀이 ③ 부전공자는 취득 조건에 부합되지 않으며, 다전공으로 3급을 취득한 경우 해당 조건이 충족될 때 승급 심사를 받을 수 있다.

개념 정리

고용허가제 한국어능력시험(EPS-TOPIK) 시험 구성

구분	평가 영역	문항수	배점	시간
총계		50	200	70분
읽기	어휘 어법, 실용 자료 정보, 독해	25	100	40분
듣기	소리표기, 시각 자료, 대화나 이야기	25	100	30분

고용허가제 한국어능력시험(EPS-TOPIK) 평가 방법 및 합격자 결정 기준

- 평가 방법 : 상대 평가
- 합격자 결정 기준 : 200점 만점에 80점 이상 획득한 자로서, 선발(예정)인원 만큼 성적순으로 합격자 결정.

032 고용허가제 한국어능력시험(EPS-TOPIK)에 관한 설명으로 옳은 것은?

영역(과목) 외국어로서의 한국어 교육학개론

① 읽기 25문제, 듣기 25문제, 전체 50문항이 출제된다.
② 총 200점 만점에 120점 이상을 획득해야 합격한다.
③ 시험 시간은 총 90분이며 2개 영역으로 구성된다.
④ 입국에 제한이 없는, 만 18세 이상 모든 외국인이 시험에 응시할 수 있다.

정답 ①

정·오답풀이 ① 외국인 구직자의 한국어구사능력을 평가하여 구체적인 선발 기준에 활용하고 있다.
② 총 200점 만점에 80점 이상을 획득해야 합격한다.
③ 시험 시간은 총 70분이며 2개 영역으로 구성된다.
④ 아래의 응시 자격을 만족해야 한다.

- 만 18세 이상 39세 이하일 것
- 금고 이상의 범죄경력이 없을 것
- 과거 대한민국에서 강제 퇴거, 출국된 경력이 없을 것
- 출국에 제한(결격사유)이 없을 것

033 최근 한국어교육의 현황에 관한 설명으로 옳지 않은 것은?

영역(과목) 외국어로서의 한국어 교육학개론

① 2016년에 태국은 한국어를 대학입시 제2외국어 시험과목으로 채택하였다.
② 2015년에는 국외 초중등학교에서 한국어를 배우는 학생이 10만 명을 넘었다.
③ 2015년에는 국내 유학생(D-4포함) 수가 정체기에서 벗어나 다시 증가하기 시작했다.
④ 2014년부터 국내 생산 가능 인구 감소로 인해 EPS-TOPIK 지원자가 연간 150만 명을 넘었다.

정답 ④

정·오답풀이 ④ TOPIK 응시자의 수가 해당 인원을 넘었다.

개념 정리

재외동포재단 전략목표 및 추진 과제

재외동포 정체성 함양 및 역량 강화를 위한 지원 확대	한글학교 역량 강화를 위한 맞춤형 지원 확대
	차세대 모국방문 프로그램 내실화 및 수혜자 확대
	중국 · CIS지역 등 특수지 민족교육 기반 강화
	차세대 인재 발굴 · 육성 프로그램 확대 및 내실화
	재외동포사회 권익신장 및 공공외교활동 지원

모국과 동포사회 간 교류협력 증진 및 상생발전 도모	'글로벌한민족네트워크' 활성화
	국내 중소기업 및 청년인력의 해외진출 지원
	재외동포사회에 대한 내국민 인식 제고
소외동포 지원 강화	한-베 다문화가정 등 인권과 복지의 사각지대 동포 지원
	국내 체류동포 안정적 체류 지원

034 현재 한국어교육 관련 기관에 관한 설명으로 옳은 것은?

영역(과목) 외국어로서의 한국어 교육학개론

① 세종학당재단은 한국어 학습 사이트 'KOSNET'을 운영한다.
② 국립국어원에서는 정부 초청 장학생을 위한 정주 환경 지원 업무를 한다.
③ 재외동포재단에서는 한글학교 지원 및 한글학교 교사 연수 지원을 담당하고 있다.
④ 한국국제협력단(KOICA)에서는 온라인 교육 사이트 '스터디 코리안'을 운영한다.

정답 ③

정·오답풀이
③ 재외동포들이 민족적 유대감을 유지하고 거주국에서 모범적인 구성원이 될 수 있도록 지원하고 있다.
① 한국어 학습 사이트 'KOSNET'을 운영하는 곳은 세종학당이다.
② 정부 초청 장학생을 위한 정주 환경 지원 업무를 하는 곳은 국립국제교육원이다.
④ 온라인 교육 사이트 '스터디 코리안'을 운영하는 곳은 재외동포재단이다.

개념 정리

'국제통용한국어교육표준모형'의 한국어 발음 교육의 목표

등급	내용
1급	• 자모의 음가를 변별할 수 있다. • 자모의 음가를 어느 정도 정확하게 발음할 수 있다. • 한국어의 음절 구조를 이해할 수 있다. • 한국어의 음절을 어느 정도 정확하게 발음할 수 있다. • 평서형, 의문형, 명령형 등의 억양을 어느 정도 구분하여 말할 수 있다. • 일상적인 어휘나 표현을 원어민 화자가 알아들을 수 있을 정도로 발음할 수 있다. • 기본적인 음운 변화(연음법칙, 자음동화 등)를 이해할 수 있다.
2급	• 천천히 발화하면 비교적 정확하게 발음할 수 있다. • 복잡한('ㄴ'첨가, 절음법칙) 음운 변화를 이해할 수 있다.
3급	• 복잡한('ㄴ'첨가, 절음법칙) 음운 변화를 이해할 수 있다. • 단어 경계를 넘어선 단위에서 음운 변동 규칙을 적용할 수 있다. • 억양을 자연스럽게 구사하기는 다소 어렵지만 개별 음운은 정확하게 발음할 수 있다.
4급	• 음절 단위의 음운 변동을 능숙하게 적용할 수 있다. • 단어 경계를 넘어선 단위에서 음운 변동 규칙을 적용할 수 있다. • 원어민 화자가 발화하는 대부분의 통용 발음을 듣고 이해할 수 있다. • 억양을 자연스럽게 구사하기는 다소 어렵지만 개별 음운은 정확하게 발음할 수 있다. • 비원어민의 발음에 익숙하지 않은 원어민도 쉽게 알아들을 수 있을 정도로 발음과 억양을 구사할 수 있다.

등급	내용
5급	• 억양을 통해 화자의 발화 의도나 태도를 표현할 수 있다. • 발화 상황에 맞게 적절하게 어조를 바꾸어 말할 수 있다.
6급	• 발화 초점에 따라 적절한 발화 속도와 휴지를 유지할 수 있다. • 한국의 대표적 방언을 듣고 이해할 수 있다.
7급	• 아주 제한적인 경우를 제외하고 원어민에 가까운 발음과 억양을 구사할 수 있다.

035 '국제통용한국어교육표준모형'의 초급 한국어 발음 교육의 목표로 옳지 않은 것은?

영역(과목) 외국어로서의 한국어 교육학개론

① 한국어의 음절을 어느 정도 정확하게 발음할 수 있다.
② 평서형, 의문형, 명령형 등의 억양을 어느 정도 구분하여 말할 수 있다.
③ 단어 경계를 넘어선 단위에서 음운 변동 규칙을 적용할 수 있다.
④ 일상적인 어휘나 표현을 원어민 화자가 알아들을 수 있을 정도로 발음할 수 있다.

정답 ③

정·오답풀이 ③ '단어 경계를 넘어선 단위에서 음운 변동 규칙을 적용할 수 있다.'는 것은 중급 발음 교육의 목표이다.

개념 정리

인지적 접근법

학습하는 동안 정보를 처리하고 표상하는 것의 기저가 되는 정신기제를 강조하는 입장이다. 여기서 특히 핵심적 역할을 수행하는 대표적 인지 기능 중 하나는 기억(memory)으로, 우리는 기억을 통해서 학습한 정보를 보유하고 재생할 수 있게 된다.

036 외국어 교수법과 관련된 발음 교육 변천사의 내용으로 옳지 않은 것은?

영역(과목) 외국어로서의 한국어 발음교육론

① 발음 교육은 19세기 말부터 체계적으로 이루어졌다.
② 청각구두식 교수법에서는 음성학적 정보를 사용한 발음 교육을 한다.
③ 인지적 접근법에서는 발음 제약을 통한 초분절음 교육을 집중적으로 한다.
④ 공동체언어학습에서는 학습자의 의사에 따라 발음 연습이 이루어진다.

정답 ③

정·오답풀이 ③ 발음의 제약이 아닌 규칙의 제약이 언어의 습득에 영향을 준다고 보는 입장이다. 이 시에는 종전 청각구두식 교수법에서 요구했던 모국어 화자와 동일한 발음은 연습을 해도 불가능 하다고 보고 발음교육을 경시하였다.

037 단어의 강세 교육 내용으로 옳지 않은 것은?

영역(과목) 외국어로서의 한국어 발음교육론

① 2음절 단어인 '학교'는 첫 음절에 강세를 두도록 교육한다.
② 첫 음절에 받침이 있는 3음절 단어인 '방송실'은 두 번째 음절에 강세를 두도록 교육한다.
③ 첫 음절에 받침이 없고 단모음(短母音)인 4음절 단어 '고속도로'는 두 번째 음절에 강세를 두도록 교육한다.
④ 복합어인 '한국문화'는 첫 음절에 주강세(primary stress), 세 번째 음절에 부강세(secondary stress)를 두도록 교육한다.

정답 ②

정·오답풀이 ② 방송실은 첫 번째 음절에 강세를 둔다.

038 발음 지도 방법으로 옳지 않은 것은?

영역(과목) 외국어로서의 한국어 발음교육론

① 용언의 활용형인 '둬'는 [둬:], '와'는 [와:]와 같이 길게 발음하게 한다.
② '연계'는 [연계], '지혜'는 [지혜]와 같이 발음할 수 있음을 지도한다.
③ '디귿이'는 [디그시], '피읖에'는 [피으베]와 같이 발음함을 지도한다.
④ '주의'는 [주의/주이], '우리의'는 [우리의/우리에]와 같이 두 가지로 발음할 수 있음을 지도한다.

정답 ①

정·오답풀이 ① 와[와]로 길게 발음하지 않는다. 또한 현대 한국에서는 장음이 의미의 변별에 영향을 미치는 요소가 적다는 점도 기억해야 한다.

039 언어권별 발음 교육 방법 중 옳은 것을 모두 고른 것은?

영역(과목) 외국어로서의 한국어 발음교육론

ㄱ. 영어권 학습자는 '자녀'에서 /ㄴ/를 [ɲ]로 발음할 수 있으므로 혀의 위치를 약간 뒤에 두게 한다.
ㄴ. 일본어권 학습자는 '다리'에서 /ㄷ/를 [tʰ]로 발음할 수 있으므로 공기의 세기를 약하게 조절하여 발음하게 한다.
ㄷ. 중국어권 학습자는 '살'에서 /ㅅ/를 [s]로 발음할 수 있으므로 힘을 빼고 약하게 발음하게 한다.
ㄹ. 러시아권 학습자는 '문화'에서 /ㅎ/를 [x]로 강하게 발음할 수 있으므로 약화시켜 발음하게 한다.

① ㄱ, ㄷ
② ㄱ, ㄴ, ㄷ
③ ㄴ, ㄷ, ㄹ
④ ㄱ, ㄴ, ㄷ, ㄹ

정답 ③

정·오답풀이 ㄱ. 구개음화된 /ㄴ/[n]: 모음 /ㅑ, ㅕ, ㅛ, ㅣ/ 앞의 /ㄴ/발음을 할 때, near[niər], new[nju]와 같이 영어의 비음이 대체로 비강에서의 공명이나 성대 진동이 더 강한 편이므로 콧소리가 지나치지 않도록 교육해야 한다. [n]을 길게 발음하면서 이중모음을 빨리 이어 발음하도록 '냠냠, 누구냐' 중의 단어로 연습을 하면 유용하다.

040

학습자의 발음 오류를 수정하기 위한 지도법으로 옳지 않은 것은? 영역(과목) 외국어로서의 한국어 발음교육론

> ○ 학습자 A : 저는 어두운[어드은] 사람 싫어요.
> ○ 학습자 B : 빈 자리[짜리] 있어요?
> ○ 학습자 C : 저는 과학[가학]을 좋아해요.
> ○ 학습자 D : 이제 곧[곡] 가요.

① /ㅜ/와 /ㅡ/의 구별 : 발음하는 모습을 사진으로 찍어서 입술 모양과 입의 돌출의 차이를 살펴본다.
② 초성 /ㅈ/와 /ㅉ/의 구별 : 턱에 손을 대고, 입이 벌어지는 차이를 느껴본다.
③ /ㅘ/와 /ㅏ/의 구별 : 입 모양의 변화를 동영상으로 찍어 살펴본다.
④ 종성 /ㄷ/와 /ㄱ/의 구별 : 혀가 닿는 조음 위치를 구강도에 표시하여 차이를 살펴본다.

정답 ②
정·오답풀이 ② 평음과 경음의 조음 차이는 목구멍의 긴장 유무에 있음을 유의하여 지도해야 한다.

041

다음은 고급 단계 발음 낭독 자료이다. 밑줄 친 단어의 발음 지도 내용으로 옳지 않은 것은?
영역(과목) 외국어로서의 한국어 발음교육론

> 정당과 이익 집단은 다른 점이 많다. 정당은 ㉠ 국민을 위하여 존재한다는 기치를 내걸고 있지만 이익 집단은 자신의 이익에만 관심을 갖는다. 또한 정당은 정치 ㉡ 권력을 위해 움직이지만 이익 집단은 자신의 이익을 위해 움직인다. 하지만 이익 집단은 정당을 지지하는 주변 단체로서 ㉢ 역할을 수행 ㉣ 할 수 있고, 정당을 통해 자신의 정치적 이익을 실현하기도 한다.

① ㉠ '국물'을 제시하고, /ㄱ/는 /ㅁ/ 앞에서 [ㅇ]으로 발음함을 지도한다.
② ㉡ '생산량'을 제시하고, /ㄴ/는 /ㄹ/ 앞에서 [ㄹ]로 발음함을 지도한다.
③ ㉢ '국화'를 제시하고, /ㄱ/는 뒤에 오는 /ㅎ/와 결합하여 [ㅋ]로 발음함을 지도한다.
④ ㉣ '(공부)할 사람'을 제시하고, '-(으)ㄹ' 뒤에 연결되는 /ㅅ/를 [ㅆ]로 발음함을 지도한다.

정답 ②
정·오답풀이 ② '생산량'은 유음화가 적용되지 않는 예외적인 단어이다. 아래의 단어들도 유음화의 조건에는 부합하나, 유음화가 일어나지 않는 예들이다.

> 의견란[의ː견난] 임진란[임ː진난] 생산량[생산냥] 결단력[결딴녁] 공권력[공꿘녁]
> 동원령[동ː원녕] 상견례[상견녜] 횡단로[횡단노] 이원론[이ː원논] 입원료[이붠뇨]

042 언어 교육에서 수행 기반 평가(performance-based assessment)에 관한 설명으로 옳은 것은?

영역(과목) 외국어로서의 한국어 교수이론

① 효율성과 경제성이 요구되는 대단위 평가에 적합하다.
② 학습자의 언어 능력에 대한 분리 평가가 이루어진다.
③ 표준화 시험의 한 유형으로 학습자의 수행 결과를 중시한다.
④ 말하기, 쓰기와 같이 관찰이 가능한 산출 기능을 평가한다.

정답 ④

정·오답풀이
④ 무엇을 표현해 내는지를 보아야 수행 여부를 평가할 수 있으므로, '말하기, 쓰기'와 같이 표현 영역에 속하는 항목이 평가의 대상이 되어야 한다.
① 수행 기반 평가는 말하기나 쓰기를 수행하는 과정과 결과에 대한 내용을 모두 평가해야 하므로, 효율성과 경제적인 면에서는 대단위 평가에 가장 부적합하다. 소규모 학급에서 적용하는 것이 적절하다.
② 학습자의 언어 능력에 대해 통합인 평가가 이루어진다.
③ 표준화 시험이 아니며, 학습자의 수행 과정과 결과를 모두 중요시한다.

개념 정리Q

성취도 평가 / 숙달도 평가
- 성취도 평가
  특정한 교수-학습 과정에서 일정한 기간 동안 학습한 것을 대상으로 교육목표의 도달 정도를 평가하며 중간고사, 기말고사가 있다.
- 숙달도 평가
  ① 학습 축적의 결과로서 현재 행할 수 있는 언어 수행 능력을 측정하는 것이다.
  ② 영어의 TOEFL, TOEIC, 중국어의 HSK, 일본어의 JPT, 한국어의 TOPIK

진단평가 / 형성평가 / 총괄평가
- 진단평가
  ① 학습을 시작하기 전에 학습자가 어떤 특성, 지적 수준, 동기와 태도를 지녔는가에 대한 초기 상태의 정보를 얻기 위한 평가이다.
  ② 교수방법과 교수자료를 준비하는 데 도움이 된다.
  ③ 학습자 반 편성의 기준으로 삼기 위한 자료가 된다.
  ④ 대개 한국어 숙달도 평가를 활용한다.
- 형성평가
  ① 교수학습이 진행되고 있는 도중에 학습자들에게 피드백을 주고, 교과과정을 개선하며, 수업 방법을 개선하기 위한 평가이다.
  ② 학습 곤란 사항 진단, 학습 동기 촉진, 교수 전략 활용 등의 역할을 한다

043 평가 유형에 관한 설명으로 옳은 것은?

영역(과목) 외국어로서의 한국어 평가론

① 숙달도 평가는 특정 기간의 교육과정이나 교육 내용에 대한 언어 능력을 측정한다.
② 형성 평가는 특정 교육과정이 끝나고, 학습한 내용을 종합적으로 정리하여 평가한다.

③ 역량 평가는 언어 지식의 정확성에 중점을 두고, 학습자에게 충분한 시간을 제공한 후 실시한다.
④ 진단 평가는 수시로 학습 정도를 측정해서 피드백을 주고, 교수 방안을 점검하기 위해 실시한다.

정답 ③

정·오답풀이 ③ 역량 평가는 학습자의 역량을 충분히 보여줄 수 있는 시간을 열어두는 평가 유형이다.

개념 정리

	최빈치	중앙치	산술평균
의미	• 가장 빈번하게 나타나는 값 mode	• 자료를 크기 순으로 나열했을 때, 중앙에 위치하는 값 50% 50% median	• 자료를 모두 더해서 자료의 개수로 나눈 값 mean
특징	명목자료에서는 최빈치가 대푯값이다.	서열자료의 경우 평균을 사용할 수 없으므로 중앙치를 사용한다.	일부 극단적인 값들에 크게 영향을 받는다. 수학적인 연산에 의해 계산되므로 수학적인 조작이 용이하다.
예	유행하는 가방, 인기 투표	학교 석차 100명 50등	연간 평균 강우량, 기말 평균 점수

044 평가 결과 해석에 관한 설명으로 옳은 것은?

영역(과목) 외국어로서의 한국어 평가론

① 표준편차가 크면 클수록 집단의 동질성이 높아진다.
② 문항 정답률이 높을수록 문항 변별도 역시 높아진다.
③ 중앙치는 수험자의 점수 개개의 합계를 수험자 전체 수로 나눈 수치를 말한다.
④ 수험자의 백분위 등급이 70이면, 성적은 전체 수험자 중 상위 30%에 속한다.

정답 ④

정·오답풀이 ④ 한 수험자의 백분위 등급은 해당 평가에서 그보다 낮게 득점한 수험자 집단의 백분율을 나타낸다.
① 표준 편차가 클수록 집단의 동질성이 떨어진다. 점수가 높은 사람과 낮은 사람의 편차가 커진다는 의미이다.
② 문항의 정답률이 높다고 해서 문항 변별도가 항상 높아지는 것은 아니다. 문항의 변별도는 상위권 학생이 어려운 문제를 많이 맞혔는지, 하위권 학생이 쉬운 문제를 많이 맞혔는지에 따라 결정된다.
③ 중앙치는 자료를 크기순으로 나열했을 때, 그 순위의 중앙치에 위치하는 값을 말한다. 쉽게 말해 학습자가 100명이라면, 가장 높은 점수부터 낮은 점수까지 1등부터 100등까지 나열한 다음 거기서 50등을 한 값을 찾으면 이것이 중앙치(중앙값)이다.

045 문항 유형에 관한 설명으로 옳지 않은 것은?

영역(과목) 외국어로서의 한국어 평가론

① 진위형 문항은 단편적인 이해력의 측정으로 제한되기 쉽다.
② 선다형 중 합답형은 정답이 두 개 이상이 있는 문항 형태이다.
③ 배합형 문항의 경우 답지군의 항목 수가 문제군의 항목 수보다 많게 한다.
④ 규칙 빈칸 채우기형(cloze test type)은 글의 맥락 속에서 의미를 추론해 내는 능력을 측정할 수 있다.

정답 ②

정·오답풀이 ② 합답형은 연계된 항목의 답 2개 이상을 조합하여 하나의 정답을 구성하는 유형이다. 아래에 제시된 '46번' 문항의 유형이 바로 선다형 중 하나인 합답형 유형의 문항이며, 정답이 두 개 이상인 것이 아니라 정답은 하나이되 그 안에 포함된 항목이 두 개 이상인 것이다.

개념 정리

- 심리 측정·구조주의 시기(The Psychometric-Structuralist Period) : 학습자의 언어 능력은 표면에 나타나는 기술과 그 기술을 구성하는 요소로 보았으며 그 기술은 심리 측정학을 기반으로 한 시험을 통하여 측정된다. 심리 측정학을 바탕으로 한 측정의 목적은 개인의 고유성을 관찰 가능한 형태로 제시하는 것이며 그 결과는 성적이나 선발 등에 활용되므로 신뢰성과 객관성, 일관성이 중요시된다. 또한 구조주의 언어학은 평가 내용을 확인하는 수단을 제공한다.
- 심리언어학·사회언어학적 시기(The Psycholinguistic-Sociolinguistic Period) : 구조주의 언어학의 산물인 분리식 유형 시험에서 탈피하여 사회언어학적 이론들의 영향을 많이 통합적(integrative) 시험, 특히, 클로즈 테스트나 받아쓰기 같은 시험유형의 개발과 연구가 활발한 시기이다.
  ① 변형-생성 언어학파, 인지 심리학파의 출현
     언어학과 평행하게, 심리학에서도 행동주의에 대항하는 인지심리학(cognitive psychology)이 발달하게 되었다. 인지심리학에선, 인간의 배움이란 인지 작용은 단순한 기계적인 암기의 과정이 아니라, 새로운 사건이나 정보를 기존의 개념이나 명제에 연관시키는 의미 있는 인지 과정이라고 주장한다. 따라서 외국어 교육도 무의미한 암기식 교육이 아니라, 의사소통을 목적하는 의미 있는 실제상황에서의 언어사용의 화용론적 성격의 중요성을 강조하게 되었다.
  ② 사회언어학의 영향
     사회언어학자들이 화용론의 이론들을 제안하여 의사소통의 실제 상황에서 언어와 언어사용의 좀 더 포괄적인 분석을 시도하게 되었다. 언어 교육방법 면에서는, 세분화된 구문, 음운, 어휘 등의 기계적인 반복 연습을 강조하는 한계점이 발견되어, 실상황에서의 의사소통의 능력을 중요시하여 의미-기능적 교수요목(functional-notional syllabus)과 더불어 의사소통의 상황을 중시한 외국어 교육의 여러 교수법이 개발 되었다.
  ③ 통합식 시험(Integrative Test)의 발달
     이제껏 통계적인 분석과 시험의 신뢰도나 타당성에만 치중하던 시기를 탈피하여 어떤 시험이 측정하고자 하는 바가 과연 무엇인가 하는 핵심적인 문제에 더 많은 관심을 갖게 되었다.

046 시기별 언어 평가의 특징으로 옳은 것을 모두 고른 것은?

영역(과목) 외국어로서의 한국어 평가론

ㄱ. 의사소통적 시기(The Communicative Period) – 다차원적·총체적 평가
ㄴ. 과학 이전의 시기(The Pre-Scientific Period) – 직관적·임의적 평가
ㄷ. 심리 측정·구조주의 시기(The Psychometric-Structuralist Period) – 질적·담화 중심적 평가
ㄹ. 심리언어학·사회언어학적 시기(The Psycholinguistic-Sociolinguistic Period) – 단편적·분리식 평가

① ㄱ, ㄴ   ② ㄱ, ㄹ   ③ ㄴ, ㄷ   ④ ㄷ, ㄹ

정답 ①
정·오답풀이 ㄷ. 구조주의 시기에는 분석적인 문항이 단순하여 고차원적 언어 구사 능력을 제대로 측정하지 못하였다.
ㄹ. 사회언어학적 시기에 전체적이고 총합적인 평가를 지향하였다.

개념 정리

클로즈 테스트 〈12회 47번 참고〉

---

047 다음은 쓰기 영역 평가의 문항이다. 이에 관한 설명으로 옳은 것은?

영역(과목) 외국어로서의 한국어 평가론

○ 빈칸에 알맞은 것을 고르십시오.

저는 음악을 자주 듣습니다.
책을 읽을 때는 _____ 하지만 운동을 할 때는 빠른 음악이 좋습니다.

㉠ 잠이 안 옵니다.   ㉡ 조용한 음악을 듣습니다.
㉢ 마음이 아주 따뜻합니다.   ㉣ 듣고 있는 음악이 좋습니다.

① 이 문항은 직접 평가 유형으로 볼 수 있다.
② 채점 시 채점자 간 신뢰도가 낮게 나타날 수 있다.
③ 빈칸을 만들 위치는 문항과 지시문 작성 단계에서 결정된다.
④ 이 문항의 형태는 반개방형(semi-open ended)으로 볼 수 있다.

정답 ③
정·오답풀이 ③ 대강 여섯 번째나 일곱 번째의 단어들을 삭제하여 불완전한 글의 문장의 빈 칸에 알맞은 단어를 적어 넣는 활동이다. 빈 칸을 만들 위치는 문항과 지시문 작성 단계에서 결정되며, 학습자들이 빈 칸을 성공적으로 채우기 위해서는 어휘, 문법 구조, 담화 구조, 읽기 기술 및 책략에 대한 지식을 활용해야 한다.
① 이 문항은 빈 칸에 학습자가 직접 답을 쓰는 것이 아니라, 써야 할 내용을 선택하므로 간접 평가 유형에 속한다.
② 빈 칸에 들어가야 할 내용이 맥락 상 명확하게 드러나고 선다형으로 선택하도록 되어 있으므로 신뢰도는 매우

높은 문항이다. 즉, 어느 채점자가 채점을 하든지 다르게 평가할 이유가 없다는 뜻이다.
④ 완전히 통제되지 않았으며, 완전히 열려있지 않은 반개방형 문항 유형이다.

> **개념 정리**

한국어교원 개인 자격 심사 시 인정되는 한국어교육 경력 기관
1. 외국어로서의 한국어 강의가 개설된 국내 대학 및 대학부설기관, 국내 대학에 준하는 외국의 대학 및 대학부설기관
2. 외국어로서의 한국어 수업이 개설된 국내외 초·중·고등학교
3. 외국어로서의 한국어를 가르치는 국가, 지방자치단체 또는 외국 정부기관
4. 「재한외국인 처우 기본법」 제21조에 따라 외국인정책에 관한 사업을 위탁받은 비영리법인 또는 비영리단체
5. 「외교부와 그 소속기관 직제」 제55조에 따른 문화원 및 「재외국민의 교육지원 등에 관한 법률」 제28조에 따른 한국교육원
6. 그 밖에 문화체육관광부장관이 제3항에 따른 한국어교원자격심사위원회의 심의를 거쳐 한국어교육 경력이 인정되는 기관 등으로 정하여 고시하는 기관 등

※ 「국어기본법 시행령」 제13조 제2항 제6호에 따라 고시된 기관(2017년 8월 31일자로 개정)
  1. 세종학당재단이 지정한 세종학당
  2. 다음의 어느 하나에 해당하는 외국인력지원센터
     가. 한국산업인력공단으로부터 위탁을 받아 운영하는 외국인력지원센터
     나. 지방자치단체의 장으로부터 위탁을 받아 운영하는 외국인력지원센터
     다. 「비영리민간단체지원법」 제4조 제1항에 따라 등록한 비영리민간단체가 운영하는 외국인력지원센터
  3. 「다문화가족지원법」 제12조 제1항에 따라 지정받은 다문화가족지원센터
  4. 초·중등교육법 제60조의 2에 따른 외국인학교와 제60조의 3에 따른 대안학교
  5. 국내외 기관에 한국어교육 프로그램의 운영을 위탁하거나 한국어 교원을 파견하는 '공공기관의 운영에 관한 법률 제4조 제1항 각 호에 따른 공공기관'

048 한국어교원 경력 인정 기관이 아닌 곳은?
영역(과목) 외국어로서의 한국어 교육학개론

① '외교부와 그 소속기관 직제' 제55조에 따른 문화원
② '재외국민의 교육지원 등에 관한 법률' 제28조에 따른 한국교육원
③ 외국어로서의 한국어를 가르치는 국가, 지방자치단체 또는 외국 정부기관
④ '재한 외국인 처우 기본법' 제21조에 따라 외국인 정책에 관한 사업을 위탁 받은 영리법인

정답 ④

정·오답풀이 ④ '재한 외국인 처우 기본법' 제21조에 따라 외국인 정책에 관한 사업을 위탁 받은 '비영리법인'이 경력 인정 기관이며, 영리법인은 경력 인정 기관에 속하지 않는다.

> **개념 정리**

세환효과(washback effect)
시험은 학생들에게 단순히 점수나 등급의 결과를 부여하는 기능이외에 여러 가지 기능을 수행한다. 교실 평가의 경우는 교사에게는 자신의 수업에 대한 평가기능을 수행할 수도 있고, 국가적으로 시행하는 대규모의 평가에서는 학생들의 학업 성취가 국가에서 정한

수준에 도달했나, 학교교육이 효과적으로 이루어 졌나 등을 판단하는 근거가 된다. 이러한 평가들은 학교수업에 영향을 주는데 이를 세환효과(washback effect)라 한다. 개개의 교실평가에서는 평가의 결과에 따라 교사가 자신의 교수방법을 달리한다든가 보다 다양한 수업자료를 사용한다든가하는 결정을 하는데 사용되어질 수 있다. 수능과 같은 국가수준의 평가는 학생들의 일생을 결정하는 중요한 관문역할(high-stake test)을 하기 때문에 모든 교실 수업은 이 평가에서 좋은 결과를 얻는 것을 목표로 한다. 따라서 교실 수업은 자연스레 수능에서 다루어지는 내용에 초점을 맞추게 된다. 이와 같이 세환효과가 매우 큰 국가 수준의 평가는 어떠한 내용을 어떠한 방식으로 묻는가에 따라 학교 수업을 올바른 방향으로 이끌 수도 있고 단순히 시험공부 수단으로 만들 수도 있다.

049 다음에서 설명하는 평가 관련 개념은?

영역(과목) 외국어로서의 한국어 평가론

○ 이것은 평가를 통해 추정할 수 있는 수험자의 언어능력 구성요소이다.
○ 이것은 평가할 대상과 내용을 결정하여 구체적인 기준으로 나타낸 것을 말한다.

① 구인
② 세환효과(washback effect)
③ 측정
④ 추론

정답 ①

정·오답풀이 ① 개인의 행동에 근원적인 영향을 미치는 것을 감안하여 평가를 시행해야 한다.

050 듣기의 분류 기준과 해당 유형의 연결이 옳지 않은 것은?

영역(과목) 외국어로서의 한국어 듣기교육론

	분류 기준	유형
ㄱ	의사소통의 방향	일방적 듣기, 쌍방적 듣기
ㄴ	의사소통의 목적	정보처리적 듣기, 친교적 듣기
ㄷ	청자와 화자의 관계	구체적 듣기, 전반적 듣기
ㄹ	청자의 태도	분석적 듣기, 공감적 듣기

① ㄱ
② ㄴ
③ ㄷ
④ ㄹ

정답 ③

정·오답풀이 ③ 분류의 기준이 '청자와 화자의 관계'라면, 비판적 듣기나 역지사지 듣기 등의 유형이 적합하다.

051 다음 듣기 자료에 관한 설명으로 옳지 않은 것은?

영역(과목) 외국어로서의 한국어 듣기교육론

여러분, 안녕하세요? 아…. 이렇게 사랑해 주셔서…. 음…, 감사합니다. 감사합니다. 뭐라고 감사를 해야 할 지 모르겠어요. 감사한 마음을 말로는 표현을 다 못해서 말이죠. 제가 힘들 때마다 여러분이 가장 큰 힘이 돼 주셨어요. 앞으로 더 사랑 받는 배우가 되도록 더 열심히 노력하겠습니다. 사랑해요.

① 비문법적 표현이 사용되었다.
② 수행변인의 영향을 받았다.
③ 잉여적 표현이 나타났다.
④ 축약형이 사용되었다.

정답 ①

정·오답풀이 ① 듣기 자료의 내용을 보면 비문법적인 표현은 등장하지는 않았으나, 군말 등이 많아 간결하게 정리해야 함을 알 수 있다. 수행변인의 영향을 받았다는 것은, 화가 말하기를 수행하는 과정에서 변인의 영향을 받았다는 것이다. 즉, 글로 쓰는 것이 아니라 입을 열어 발화를 하는 과정으로 인해 긴장을 하거나 유창성이 떨어져 군말 등을 사용하게 되었다는 뜻이다.

개념 정리

변인(變因)은 성질이나 모습이 변하는 원인이다. 학습자 변인은, 학습자가 학습을 수행할 때 학습에 변수로 작용할 수 있는 원인을 뜻한다. 예를 들어 학습자의 나이에 따라 학습에 적용할 교수법에 차등을 둘 경우, 학습자의 연령 변인을 고려한 학습 설계가 되는 것이다.

052 학습자 변인에 따른 듣기 교육 방법의 예로 옳지 않은 것은?
영역(과목) 외국어로서의 한국어 듣기교육론

① 숙달도 변인 – 학습자의 수준을 고려한 듣기 자료를 제시한다.
② 학습 목적 변인 – 학습자의 다양한 요구에 맞는 듣기 자료를 제시한다.
③ 교실 환경 변인 – 녹음기, 컴퓨터 등 교실에서 활용 가능한 교구를 사용하여 지도한다.
④ 연령 변인 – 아동의 경우 구체적이고 분석적인 듣기 활동 중심으로 지도한다.

정답 ④

정·오답풀이 ④ 구체적이고 분석적인 듣기 활동은 성인에게 적합하며, 아동의 경우 놀이나 노래 등을 접목하여 활동을 구성하는 것이 적절하다.

개념 정리

상향식 모형
단어 → 구 → 절 → 문장 → 담화의 순으로 정보를 이해하는 과정.
어휘, 문법 등의 언어 지식 습득을 학습목표로 한다. 다음과 같은 활동을 할 수 있다.
- 문장의 억양 패턴 식별하기
  ① 끝을 올리는 억양과 내리는 억양의 문장을 듣고, 그 패턴을 구별하여 올리는 억양이면 1번, 내리는 억양이면 2번을 쓰시오.
- 문장 어순 익히기
  ① 짧은 대화를 들으면서 아래 제시한 글의 공란을 메우시오.
  ② 빠른 속도의 구어 인식하기
  ③ 강세를 받지 않는 기능어를 포함하는 문장을 듣고, 아래 보기 중에서 단어를 골라 표시하시오.
- 발화를 듣고 세부적인 정보 찾기
  ① 사장과 비서 사이의 일정을 조정하는 대화를 듣고 캘린더에 새로운 일정을 표시하시오.

하향식 모형
학습자가 가지고 있는 배경지식을 토대로 해서 가정이나 추측을 통해 정보를 이해하는 과정으로 상향식에 반대된다. 다음과 같은 활동을 할 수 있다.
- 정서적 반응 식별하기

① 다음 내용을 듣고 화자의 감정을 고르시오.
- 주제 파악하기
  ① 다음 대화를 듣고, 화제가 무엇인지 알아보고, 알맞은 그림을 고르시오.
- 화자나 화제를 규명하며 듣기
  ① 라디오 광고를 듣고, 광고 내용과 일치하는 상품이나 제조회사를 아래 그림에서 고르시오.
- 추론하기
  ① 다음 문장을 듣고, 맥락(장소, 상황, 시각, 참여자)을 추측하시오.

053 다음 표에 들어갈 듣기 활동의 예로 적절하지 않은 것은?

영역(과목) 외국어로서의 한국어 듣기교육론

	상호작용 중심의 언어활동	정보 전달 중심의 언어활동
상향식 이해	ㄱ	ㄴ
하향식 이해	ㄷ	ㄹ

① ㄱ - 소개팅에서 상대방의 소개 듣기
② ㄴ - 면접에서 주의해야 할 사항 듣기
③ ㄷ - 구내전화 자동 안내 음성 듣기
④ ㄹ - 설거지 하면서 공익 광고 듣기

정답 ③

정·오답풀이 ③ '구내전화 자동 안내 음성 듣기'는 청자가 화자에게 반응을 보이거나 의견을 주고 받을 수 있는 상호작용적인 언어활동이 아니라 비상호적인 일방적인 듣기이다.

개념 정리 Q

우드(Wood)의 다양한 종류의 듣기 지도
- 반동적 듣기 : 교사가 들려준 그대로 따라 말하게 하는 방법이다. 말소리, 단어, 세부내용을 기억하는 능력을 기르는 데 도움을 준다.
- 집중적 듣기 지도 : 발화의 여러 요소들에 초점을 맞춘다. 예를 들어 음소, 단어, 억양 등 상향식 처리과정을 중시하는 방법이다. 교사는 단어나 문장을 반복하여 들려주어 마음속에 새겨두게 하고, 문장이나 조금 더 긴 담화를 들려준 후 특별한 요소들, 억양, 강세, 대비, 문법적 구조 등을 찾아내도록 한다.
- 반응적 듣기 지도 : 교사가 하는 말을 듣고 유아가 즉각 적절하게 대답하게 하는 방법이다. 예를 들어, 간단하게 질문하기, 간단하게 요구하기, 명료화하기, 이해를 점검하기, 불이 꺼졌음 등의 방법을 활용한다.
- 선택적 듣기 지도 : 포괄적이고 일반적인 의미를 찾기 위한 것이 아니라, 중요한 의미를 찾기 위해 특정 정보들을 선택적으로 듣는 것이다. 교사가 사람들의 이름, 특정 사건 등을 물어보면 학습자가 그 관련 내용에 대해서만 듣도록 지도하는 활동 들을 수행한다.
- 상호작용적 듣기 지도 : 토의, 토론, 대화, 역할놀이를 통해서 지도하는 방법이다. 말하기 기술과 통합하여 지도할 수 있다.

054 우드(Wood)의 선택적 듣기(selective listening)에 관한 설명으로 옳지 않은 것은?

영역(과목) 외국어로서의 한국어 듣기교육론

① 특정 요소를 반복해서 듣고 인식하게 한다.
② 특정 정보만을 처리한다는 점에서 확장형 듣기(extensive listening)와 구별된다.

③ 청자가 필요에 따라 빠르고 정확하게 정보에 적응하도록 하는 훈련 방식이다.
④ 크리스탈(Crystal)은 이를 '칵테일 파티 현상'이라고 칭했다.

정답 ①

정·오답풀이 ① 특정 요소를 반복해서 듣고 인식하게 하는 것은 반복형 듣기이다.

개념 정리

듣기 후 활동

'듣기 후 활동'은 학습자의 언어 학습 효과를 극대화하기 위해, 들은 내용을 활용하여 또 다른 언어 훈련을 도모하는 것이다. 즉 들은 내용을 학습자의 희미한 기억 속으로 날려 버리지 않고 활용할 기회를 만들어 주는 것이 듣기 후 활동의 목적이다. 듣기 활동이 듣고 난 직후 이루어지는 들은 내용에 대한 이해 활동이라면 들은 후 활동은 들은 내용에 대한 이해보다는 듣기로 수용한 내용을 재생산하는 활동이다.

055 '도시 생활의 문제점'을 주제로 한 듣기 수업이다. 듣기 후 단계의 활동으로 옳지 않은 것은?

영역(과목) 외국어로서의 한국어 듣기교육론

① 언어 연습을 하면서 문법, 어휘, 발음을 확인한다.
② 내용을 듣고 중요 어휘를 메모한다.
③ 교통 문제 해결 방안을 조사하여 표를 완성한다.
④ '서울 쥐와 시골 쥐'라는 동화를 활용하여 역할극을 한다.

정답 ②

정·오답풀이 ② 듣기 후 단계의 활동은 학습자들이 들은 내용을 기반으로 쓰기, 말하기 등의 활동을 수행하도록 하는 것이 일반적이다. 내용을 듣고 중요 어휘를 메모하는 것은 듣기를 수행할 때 보조적으로 할 수 있는 행위이다.

056 '대통령 선거' 뉴스를 이용한 듣기 수업의 순서로 옳은 것은?

영역(과목) 외국어로서의 한국어 듣기교육론

> ㄱ. 선거 관련 어휘와 표현을 학습한다.
> ㄴ. 후보별 당선 가능성에 대해 토론한다.
> ㄷ. 신문 기사를 보면서 선거에 대한 이야기를 나눈다.
> ㄹ. 뉴스 내용을 들으며 빈칸 채우기를 한다.

① ㄱ - ㄷ - ㄴ - ㄹ
② ㄱ - ㄹ - ㄷ - ㄴ
③ ㄷ - ㄱ - ㄹ - ㄴ
④ ㄷ - ㄴ - ㄱ - ㄹ

정답 ③

정·오답풀이 순서에 맞게 재배열하면 아래와 같다.
ㄷ. 신문 기사를 보면서 선거에 대한 이야기를 나눈다. → 스키마 활성화/ 듣기 전

ㄱ. 선거 관련 어휘와 표현을 학습한다. → 어휘, 표현 학습 / 듣기 전
ㄹ. 뉴스 내용을 들으며 빈칸 채우기를 한다. → 활동 수행 / 듣기
ㄴ. 후보별 당선 가능성에 대해 토론한다. → 연계된 기능 활용 활동 수행 / 듣기 후

057 다음 듣기 문항에서 평가하고자 하는 것은?

영역(과목) 외국어로서의 한국어 듣기교육론

(인공 지능에 관한 내용을 듣고)
* '인공 지능'에 관한 강연자의 관점은?
① 절충적　　② 중립적　　③ 긍정적　　④ 부정적

① 화제 추론하기
② 화자의 태도 추론하기
③ 담화 유형 추론하기
④ 담화 상황 추론하기

정답 ②

정·오답풀이 ② 강연자의 강연을 듣고 전반적으로 어떠한 의견을 가지고 있는지 추론하고자 하는 문항이다.

개념 정리

듣기 수업의 구성

듣기 수업은 듣기 전 활동(pre-listening), 듣기 활동(while-listening), 듣기 후 활동(post-listening)으로 구성했다. 듣기 전 활동 단계는 본격적인 듣기 전의 단계이므로 학습자가 듣게 될 내용에 대해 목적과 기대를 갖도록 유도한다. 듣기 활동 단계에서는 듣는 활동 자체가 가장 중요하므로 집중해야 한다. 교사는 이 단계에서 학습자가 수행할 과제를 구성, 제시하고 수행을 돕는다. 마지막 듣기 후 활동 단계는 학습자들이 제대로 들었는지를 확인하고, 전 단계에서 수행한 과제가 성공적이었는지 검토하게 된다. 또한 마지막 단계에서 비로소 말하기, 쓰기, 읽기와의 통합적 언어 학습이 가능해진다.

058 다음은 듣기 수업의 자료이다. 이 수업의 듣기 전 활동으로 옳지 않은 것은?

영역(과목) 외국어로서의 한국어 듣기교육론

〈듣기 자료〉

승객 여러분 안녕하십니까? 이 열차는 9시 30분 서울을 출발하여 대전, 대구를 거쳐 부산까지 운행하는 서울 발 부산행 한국 열차 1078호입니다. 우리 열차는 9시 30분 서울을 출발하여 13시 45분에 부산에 도착할 예정입니다. 가시는 곳 까지 편안하게 모시겠습니다. 항상 저희 한국 열차를 이용해 주셔서 감사합니다.

* 잘 듣고 (　　)에 알맞은 말을 쓰세요.

(1) 이 열차는 (　　)시 (　　)분에 출발합니다.
(2) 이 열차는 (　　)에서 (　　)까지 운행하는 열차입니다.

① 교통기관의 운행을 표현하는 어휘 생각해 보기
② 기차 여행에 대해 이야기해 보기

③ 문제를 미리 보고 빈칸 채워 보기
④ 어휘를 확장하여 비행기 안내 방송 만들어 보기

정답 ④

정·오답풀이 ④ 어휘의 확장 교육은 본문에서 제시되는 기본 어휘들을 모두 학습한 이후 추가로 할 수 있는 것이다. '열차(기차)'에 한 대화문을 충분히 익힌 뒤, 어휘를 확장하고 관련 주제도 확장하면서 비행기 안내 방송을 만들어 보는 것이 적합하다. 즉, 듣기 후 활동으로 적절하다.

059 텍스트의 읽기 방법과 예가 옳은 것은?

영역(과목) 외국어로서의 한국어 읽기교육론

① 훑어 읽기(skimming) = 여행 책자에서 식당에 관한 정보만 뽑아 읽는다.
② 찾아 읽기(scanning) = 방문할 도시 선정을 위해 여행 책자에서 여러 도시의 소개를 빠르게 읽어 본다.
③ 확장형 읽기(extensive reading) = 여행할 도시에 관해서 더 알고 싶어서 그 도시를 소개한 자기 수준에 맞는 책을 여러 권 읽는다.
④ 집중형 읽기(intensive reading) = 전에 읽었던 정보가 있는 부분을 다시 찾기 위해 책을 읽는다.

정답 ③

정·오답풀이 ① 필요한 정보를 뽑아 읽는 방법은 찾아 읽기(scanning)에 대한 내용이다.
② 빠르게 읽고 글 전체의 성격 및 흐름 방향 등을 미리 파악하는 방법은 훑어 읽기(skimming)에 대한 내용이다.
④ 집중형 읽기는 세부적인 사항에 초점을 맞추고 있는데 반해 확장형 읽기는 전반적인 이해를 하기 위한 읽기 방법이다. 한 부분을 찾기 위해 책을 한 권 또는 여러 권 읽는 방법은 확장형 읽기에 해당된다.

060 다음 발화에 나타나지 않는 교사의 지도 내용은?

영역(과목) 외국어로서의 한국어 읽기교육론

혹시 건강 문제로 고생했던 적이 있었어요? 가족 중에 제일 오래 사신 분이 몇 살까지 사셨어요? '건강과 수명'이라는 글을 같이 읽을 거예요. 읽기 전에 '건강과 수명'에 어떤 관계가 있을지 한번 생각해 보세요. 그리고 읽으면서 그 생각이 맞았는지 내용을 확인해 보는 거예요. 모르는 말이 있으면 문장 속에서 그 의미를 생각해 보고, 이해가 안 가는 문장은 문단의 내용 안에서 이해해 보세요. 처음은 빠른 속도로 전체 글을 읽고 나서 두 번째 읽을 때는 천천히 의미를 생각하며 읽어 보세요. 그리고 아래 문제를 풀어 보세요.

① 읽는 목적과 전략을 제시한다.
② 학습자의 배경 지식을 활성화하도록 돕는다.
③ 구체적인 읽기 방법을 제시한다.
④ 교정과 피드백의 방법을 제시한다.

정답 ④

정·오답풀이 ① 교사는 발화를 통해 '읽기 전에 '건강과 수명'에 어떤 관계가 있을지 한번 생각해 보세요. 그리고 읽으면서 그 생각이 맞았는지 내용을 확인해 보는 거예요.'와 같이 글을 읽는 목적과 전략을 제시할 수 있다.
② '혹시 건강 문제로 고생했던 적이 있었어요?', '가족 중에 제일 오래 사신 분이 몇 살까지 사셨어요?'와 같은 질문을 통해 학습자가 배경 지식을 활성화하도록 유도한다.
③ '모르는 말이 있으면 문장 속에서 그 의미를 생각해 보고, 이해가 안 가는 문장은 문단의 내용 안에서 이해해 보세요. 처음은 빠른 속도로 전체 글을 읽고 나서 두 번째 읽을 때는 천천히 의미를 생각하며 읽어 보세요.'처럼 학습자가 구체적으로 어떻게 읽기를 해야 하는지에 대한 방법도 제시한다.

061 신문 기사를 활용한 수업에서 읽기와 타 기능의 연계 활동으로 적절하지 않은 것은?

영역(과목) 외국어로서의 한국어 읽기교육론

① 신문 기사를 읽기 전에 같은 주제의 뉴스 보기
② 신문 기사를 읽기 전에 관련 기사 표제 훑어보기
③ 신문 기사를 읽은 후에 주요 내용 요약하기
④ 신문 기사를 읽은 후에 관련 인물 인터뷰하기

정답 ②

정·오답풀이
① 듣기 + 읽기 연계활동
③ 읽기 + 쓰기 연계활동
④ 읽기 + 말하기 연계활동

개념 정리

수동적 읽기 과제	능동적 읽기 과제
• 선다형 문제 풀기 • 이해 확인 질문에 답하기 • 빈칸 채우기 • 진위형 문제 답하기 • 단어 학습 • 사전 학습 • 속도 학습 • 텍스트 일부 순서 맞추기	• 주요 부분 표시하기/강조하기 • 수정된 빈칸 채우기 • 도표 완성/재구성 • 표 완성/재구성 • 글 또는 도표 명칭 붙이기 • 글 순서대로 배열하기 • 예측하기 • 내용 복습 • 요약하기 • 회상하기 • 노트 필기하기

062 데이비스(Davies)의 수동적 읽기 과제를 모두 고른 것은?

영역(과목) 외국어로서의 한국어 읽기교육론

ㄱ. 진위형 문제에 답하기   ㄴ. 주요 부분 표시하기
ㄷ. 단락 순서 맞추기   ㄹ. 내용 예측하기

① ㄱ, ㄷ
② ㄴ, ㄹ
③ ㄱ, ㄴ, ㄹ
④ ㄱ, ㄷ, ㄹ

정답 ①

정·오답풀이 ㄴ, ㄹ은 능동적 읽기 과제에 해당된다. 데이비스(Davies)는 능동적인 과제가 학습자의 배경지식, 기술, 전략 등을 활동하게 하여 능동적인 학습자로 만든다고 했다.

063 읽기 자료 선택 시 고려해야 할 점과 그 설명으로 옳지 않은 것은?

영역(과목) 외국어로서의 한국어 읽기교육론

① 난이도 : 학생의 수준을 고려하였는가
② 실제성 : 실생활에서 접할 수 있는가
③ 다양성 : 다양한 장르의 글을 포함하는가
④ 유용성 : 학습자의 흥미를 유발하는가

정답 ④

정·오답풀이 ④ 학습자의 흥미를 유발하는지를 고려해야 하는 것은 내용 및 주제이며, 유용성은 언어 능력과 특정 분야의 내용을 동시에 발달시킬 수 있는 것인지를 고려하는 것이다.

개념 정리

DRA 모형 (Directed Reading Activity)	교사 주도적인 체계적 교수학습, 단어 인식력 향상, 읽기 과정 안내, 읽기 활동에의 몰두 등을 목표로 구안된 모형이다. 지도 절차는 준비 활동(동기 유발 및 배경지식, 경험의 발견), 교사의 안내에 의한 글 읽기(묵독), 읽기 기능 학습, 후속 학습 활동, 강화 학습 활동으로 이루어진다.
DRTA모형 (Directed Reading Thinking Activity)	학습자의 스키마를 중시하여 글을 읽을 때 짐작을 한 후 짐작이 맞는지 확인하면서 스스로 생각하도록 하고, 비판적이고도 반성적으로 글을 읽을 수 있는 능력을 신장하기 위해 구안된 모형이다. 지도 절차는 읽기의 목적 설정/확인, 읽는 목적과 자료의 성격에 맞게 속도를 조절하여 읽도록 지도, 읽기 상황 관찰, 예측한 내용의 근거 찾기, 중요한 읽기 기능을 지도하는 활동으로 이루어진다.
GRP모형 (Guided Reading Procedure)	글의 구조를 확인하는 기능을 익히고, 독해와 회상 능력을 개선시키는 지도 모형이다. 지도 절차는 읽기의 목적을 설정, 글을 읽고 기억한 내용을 회상, 글을 다시 읽고 내용 확인, 내용을 구조적으로 조직, 배경지식을 활용하여 충분히 이해, 기억 확인을 위해 일주일 후 선다형 평가, 논술평가를 실시하는 활동으로 이루어진다.
직접지도법 모형 (direct instruction)	교사의 시연과 안내대호 학생들을 반복적으로 연습을 시켜서 읽기 능력을 숙달시키는 지도 모형이다. 지도 절차는 주의 집중시키기, 학습 내용 개관하기, 새로운 어휘와 용어 소개하기, 단계적으로 과정을 설명한 후 실제로 보여 주기, 연습 활동 지도하기, 스스로 연습할 수 있도록 지도하기, (필요한 경우) 다시 한 번 지도하기로 이루어져 있다.

064

읽기 교수·학습 모형에 관한 설명으로 옳지 않은 것은? 　　영역(과목) 외국어로서의 한국어 읽기교육론

① 직접지도법(direct instruction): 읽을 내용을 단계적으로 안내하고 읽는 방법의 시범을 보여 준 다음 읽기를 연습하게 한다.
② DRTA(Directed Reading Thinking Activity): 학생이 글에 대한 가설을 세우고 검증하면서 능동적으로 글을 읽도록 지도한다.
③ GRP(Guided Reading Procedure): 글의 구조를 파악하는 능력, 독해 능력, 회상 능력을 개선할 수 있다.
④ DRA(Directed Reading Activity): 훑어보기, 질문 만들기, 정독, 암송, 재검토의 순서로 읽도록 지도한다.

정답 ④

정·오답풀이 ④ DRA(Directed Reading Activity의 지도 절차는 준비 활동(동기 유발 및 배경지식, 경험의 발견), 교사의 안내에 의한 글 읽기(묵독), 읽기 기능 학습, 후속 학습 활동, 강화 학습 활동으로 이루어진다.

개념 정리

스캐폴딩(scaffolding) 〈12회 108번 개념정리 참고〉

065

다음 읽기 수업에서 밑줄 친 교사의 발화와 관련되는 개념은?　　영역(과목) 외국어로서의 한국어 읽기교육론

> 교사 : 여러분, 설악산 알아요?
> 학생 : 네.
> 교사 : 오늘은 설악산에서 온 편지를 읽을 거예요.
> 　　　누가 누구한테 편지를 썼어요? 읽고 찾아볼까요?
> (…)
> 학생 : 태용 씨가 웨이 씨한테 편지를 썼어요.
> 교사 : 맞아요. 그런데 태용 씨가 무슨 말을 하고 싶어해요? 읽고 찾아 보세요.
> (…)
> 학생 : 다음에 웨이 씨하고 같이 오고 싶어요. 말했어요.
> 교사 : 네, 맞아요.

① 형태 초점(form focusing)　　② 비계(scaffolding)
③ 내용 스키마(content schema)　　④ 추론(inference)

정답 ②

정·오답풀이 ② 교사는 "누가 누구한테 편지를 썼어요?", "무슨 말을 하고 싶어해요?"와 같이 학습자가 텍스트를 읽고 찾아야 하는 부분에 대해 질문을 하여, 학습자가 텍스트의 내용을 파악하여 대답할 수 있도록 한다.

066 읽기 활동에 관한 설명으로 옳지 않은 것은?

영역(과목) 외국어로서의 한국어 읽기교육론

① 글의 순서 맞추기 - 전체 내용을 파악하는 데 도움이 된다.
② 어휘 의미 유추하기 - 학습자의 읽기 정확성을 높여 준다.
③ 다음 내용 예측하기 - 읽은 내용에 대한 기억을 강화시킨다.
④ 필자의 의도 파악하기 - 텍스트의 함의를 파악할 수 있게 한다.

정답 ②

정·오답풀이 ② 읽기 전 활동으로 어휘의 의미를 유추하는 것은 학습자의 사고를 활성화하기 위해서이다.

067 말하기 활동에 관한 예로 옳지 않은 것은?

영역(과목) 외국어로서의 한국어 말하기교육론

① 문제 해결 과제 - 면접 질문을 만들어 보고 실제처럼 면접을 해 봄으로써 면접에 대비하게 한다.
② 정보차 활동 - 구직 정보가 없는 학습자와 정보가 있는 학습자가 짝활동으로 정보를 묻고 답한다.
③ 직소(jigsaw) - 공원, 학교, 시장, 대사관의 위치 정보를 나눠 갖고 서로 의사소통하여 전체의 지도를 완성한다.
④ 교육연극 - '흥부놀부'의 이야기를 바탕으로 대사를 만들고 연극을 한다.

정답 ①

정·오답풀이 ① 학생들이 실생활에서 일어날 수 있는 상황을 미리 연습함으로써 유사한 실제 상황에서 자신감 있게 대처할 수 있는 효과를 기대할 수 있는 말하기 활동은 역할극(Role Play)이다.

068 말하기 활동과 향상시키고자 하는 요소의 연결이 옳지 않은 것은?

영역(과목) 외국어로서의 한국어 말하기교육론

① 학습자 오류에 대해 적절한 피드백을 주어 말하기의 정확성을 높인다.
② 사동사에서 사동접사의 개별 음절을 정확하게 발음하는 연습을 통해 자연스러운 발음 능력을 기른다.
③ 게임을 하면서 알고 있는 표현으로 다양한 문장으로 말해 보게 하여 유창성을 기른다.
④ 대화 상대의 상황에 맞게 존댓말과 반말을 자연스럽게 사용해 보게 하여 사회언어적 능력을 기른다.

정답 ②

정·오답풀이 ② 사동사는 어휘에 따라 다른 사동접사가 붙고 사동법에 의해 문장의 조사와 문장의 구조가 변하기도 한다. 말하기 활동에서는 개별 음절의 발음보다는 문장 안에서 자연스럽게 사동사를 활용하여 오류가 없는 사동문을 만드는 말하기 연습이 필요하다. 그러므로 발음능력을 기르기 위해서는 사동접사의 개별 음절을 정확하게 발음하는 연습은 옳지 않다. 정확한 발음 훈련을 위해서는 최소 단위인 음소의 대립 훈련이 유용하다. '평음/격음/경음'과 같은 개별 음소의 발음 연습 후 음절 발음 연습으로 나아가야 한다.

개념 정리

표준 교육과정의 등급별 목표 기술(언어기술영역)

영역	1급 목표
말하기	• 정형화된 관용구로 인사와 자기소개를 할 수 있다. • 짧은 문장으로 자신과 타인의 관심사, 일상 등에 대해 말할 수 있다. • 간단하고 직접적인 정보 교환을 할 수 있다.
듣기	• 일상생활에 관한 간단한 대화를 듣고 이해할 수 있다. • 반복적으로 일어나는 일에서 자주 사용되는 표현이나 문장을 듣고 이해할 수 있다.
쓰기	• 소리를 듣고 쓸 수 있다. • 간단한 메모(목록 작성)를 할 수 있다. • 구, 절 단위 혹은 짧은 문장 단위의 일상적인 글을 쓸 수 있다.
읽기	• 자주 접하는 표지를 읽고 이해할 수 있다. • 일상생활과 관련된 문장을 읽고 내용을 이해할 수 있다.

영역	2급 목표
말하기	• 짧게 질문하고 대답하는 정도의 간단한 대화를 어느 정도 이어갈 수 있다. • 특정 상황(친교, 문제 해결 등)에 대해 최소한의 의사소통을 할 수 있다.
듣기	• 일상적인 공공장소(슈퍼, 식당 등)에서 이루어지는 대화를 듣고 이해할 수 있다. • 비교적 간단한 전달사항이나 안내방송 등을 듣고 이해할 수 있다.
쓰기	• 일상적인 주제와 관련된 짧고 간단한 글을 쓸 수 있다. • 친교 목적의 글(이메일, 편지 등)을 쓸 수 있다.
읽기	• 일상생활과 관련된 간단한 글을 읽고 내용을 이해할 수 있다. • 간단한 안내문이나 광고를 읽고 이해할 수 있다.

영역	3급 목표
말하기	• 자신의 관심사(일상적 영역 등)에 대해 유창하게 말할 수 있다. • 친숙한 사회적 소재(직업, 사랑, 결혼 등)에 대해 간단하게 말할 수 있다.
듣기	• 일상적이고 친숙한 화제로 이루어진 방송을 듣고 대체로 이해할 수 있다. • 사회적 소재에 관한 내용을 듣고 대체로 이해할 수 있다.
쓰기	• 개인적이고 친숙한 내용의 글을 익숙하게 쓸 수 있다. • 간단하게 설명하는 글을 쓸 수 있다.
읽기	• 친숙한 사회적 소재(직업, 사랑, 결혼 등)로 된 글을 읽고 최소한으로 내용을 이해할 수 있다. • 짧고 간단한 수필을 읽고 이해할 수 있다.

영역	4급 목표
말하기	• 업무 맥락에서 요구되는 기본적인 의사소통 기능을 수행할 수 있다. • 대상과 상황에 따라 격식과 비격식을 구별해서 말할 수 있다.
듣기	• 업무 맥락에서 이루어지는 담화를 듣고 상황을 이해할 수 있다. • 공적인 관계에서 이루어지는 일반적인 대화를 듣고 내용을 파악할 수 있다.

쓰기	• 다양한 기법(열거, 비교 등)을 활용하여 설명하는 글을 쓸 수 있다. • 친숙한 사회적 소재(직업, 사랑, 결혼 등)에 대한 간단한 글을 쓸 수 있다.
읽기	• 친숙한 사회적 소재(직업, 사랑, 결혼 등)를 읽고 내용을 이해할 수 있다. • 구성이 단순하고 내용이 쉬운 소설을 읽고 내용을 이해할 수 있다.

영역	5급 목표
말하기	• 자신의 전문 분야(직업적, 학문적영역 등)에 대해 의견을 말할 수 있다. • 전반적인 사회적, 추상적 주제에 대해 자신의 의견을 최소한으로 말할 수 있다.
듣기	• 자신의 전문 분야(직업적, 학문적 영역)의 강연을 대체로 이해할 수 있다. • 친숙하지 않은 주제(정치, 경제, 환경, 과학기술 등)에 대한 내용을 듣고 대체로 이해할 수 있다.
쓰기	• 문어와 구어의 차이를 알고 문어의 격식에 맞는 글을 쓸 수 있다. • 논증의 형식에 맞추어 주장하는 글을 쓸 수 있다.
읽기	• 자신의 전문 분야(직업적, 학문적 영역 등)에 관한 글을 읽고 대체로 내용을 이해할 수 있다. • 친숙하지 않은 사회적 소재(정치, 경제, 환경, 과학 기술 등)에 관한 글을 읽고 대체로 내용을 이해할 수 있다.

영역	6급 목표
말하기	• 전반적인 사회적, 추상적 주제에 관해 자신의 의견을 말할 수 있다. • 상황에 따라 한국어 담화구조를 이용해 자연스럽게 말할 수 있다.
듣기	• 업무보고, 협상, 영업, 상담 등의 담화를 듣고 이해할 수 있다. • 자신의 전문 분야에 관한 발표와 토론, 대담 등을 듣고 이해할 수 있다.
쓰기	• 다양한 기법(예시, 비유 등)을 활용하여 설명하거나 논증하는 글을 쓸 수 있다. • 자신의 전문 분야(직업적, 학문적 영역)에 관한 글을 쓸 수 있다.
읽기	• 자신의 전문 분야(직업적, 학문적 영역 등)에 관한 글을 읽고 내용을 이해할 수 있다. • 친숙하지 않은 사회적 소재(정치, 경제, 환경, 과학 기술 등)에 관한 글을 읽고 내용을 이해할 수 있다.

069 다음은 국제통용한국어교육표준모형에서 제시한 특정 등급의 말하기 영역 목표이다. 같은 등급의 목표가 기술된 것이 아닌 것은?

영역(과목) 외국어로서의 한국어 말하기교육론

> 상황에 따라 한국어 담화 구조를 이용해 자연스럽게 말할 수 있다.

① 전반적인 사회적, 추상적 주제에 관해 의견을 말할 수 있다.
② 업무 맥락에서 이루어지는 담화를 듣고 상황을 이해할 수 있다.
③ 자신의 전문 분야(직업적, 학문적 영역 등)에 관한 글을 읽고 내용을 이해할 수 있다.
④ 다양한 기법(열거, 비교 등)을 활용하여 설명하거나 논증하는 글을 쓸 수 있다.

정답 ②

정·오답풀이 보기의 목표는 6급 말하기 영역의 목표인데 ②는 4급 듣기 영역의 목표이다.

070 말하기 과정에 관한 설명으로 옳지 않은 것은?

영역(과목) 외국어로서의 한국어 말하기교육론

① 클라크와 클라크(Clark & Clark)는 말하기를 발화의 목적을 설정하고 담화, 문장, 구성 요소 차원에서 발화를 계획한 다음 음성으로 실현하는 과정으로 본다.
② 보그란데(Beaugrande)는 참여자 간의 상호작용을 돌아보고 자신의 발화를 적극적으로 조정하는 과정을 말하기라고 이해한다.
③ 레벨트(Levelt)는 메시지를 문법적 구조와 음성 기호로 형식화한 다음 음성으로 실현하는 과정이 말하기라고 정의한다.
④ 하임즈(Hymes)는 말하기를 문법적 요소에서 시작하여 담화적 요소, 사회언어적 요소, 전략적 요소로 확장시켜 가는 과정으로 본다.

정답 ④

정·오답풀이 ④ '의사소통적 접근 방법'의 등장 이전까지는 단순히 따라 하는 문형 연습(pattern drill)이 문법 교육의 방법으로 크게 자리 잡고 있었다. 그러나 하임즈(Hymes)에 의해서 주장된 '의사소통적 접근 방법'에서는 담화 차원에서 언어사용에 집중한 언어 교육이 중시되었다. 유창성이 중시되었기 때문에 어렵고 지루한 문법 교육을 통한 정확성 함양은 다소 소홀하게 다루어졌다.

개념 정리

찬반 토론 단계

토론 진행 순서	참여자
사회자의 논제 선정 배경과 규칙 설명	사회자
입론(주장 펼치기)	찬성 팀
	반대 팀
협의	양 팀
1차 반론(반론 펴기)	반대 팀
	찬성 팀
협의	양 팀
2차 반론(반론 펴기)	찬성 팀
	반대 팀
협의	양 팀
최종 변론(주장 다지기)	반대 팀
	찬성 팀
대표 판정인의 논평과 결과 발표	판정인

071
찬반 토론에서 반론 예비 단계에 해당하는 발화는? 　　　영역(과목) 외국어로서의 한국어 말하기교육론

① "사교육이 필요하다는 사실 자체를 부인하기는 어렵다고 생각합니다."
② "저는 교육적 불평등을 초래하기 때문에 사교육을 금지해야 된다는 입장입니다."
③ "사교육이 효과가 높아서 필요하다는 건 아니지 않나, 이렇게 생각합니다."
④ "사교육이 성적을 올리는 데 효과가 크다는 반론이 많은데요, 실제로는 그렇지 않다고 생각합니다."

정답 ①

정·오답풀이 ① 반론 예비단계(본격적인 반론을 하기 전 발화)
② 입론(주장 펼치기)
③ 반론 보충 발화
④ 반론(반론 펴기)

072
언어 교수법에서의 말하기 교육에 관한 설명으로 옳은 것은? 　　　영역(과목) 외국어로서의 한국어 말하기교육론

① 청각구두식 교수법 : 암기와 문형 연습을 하기 위해 읽기와 쓰기를 말하기보다 먼저 가르친다.
② 내용 중심 교수법 : 전공과 연계한 말하기 교육을 하여 내용 학습과 언어 학습이 동시에 이루어지게 한다.
③ 전신반응 교수법 : 교사가 학습자를 지켜보면서 스스로 올바른 형태로 말하게 한다.
④ 암시 교수법 : 학습자의 인지적 여과장치를 중시하는 교수법으로 원어민 교사가 목표어로 질문하고 답하게 한다.

정답 ②

정·오답풀이 ① 청각구두식 교수법은 듣기와 말하기를 기반으로 구두 표현 중심의 문형에 대한 모방과 반복, 암기 학습을 강조한 교수법이다.
③ 전신반응 교수법은 학습자가 주어진 명령에 대하여 몸으로 직접 반응함으로써 외국어를 학습하도록 하는 방법이다. 언어 기술, 형태보다는 듣기 이해를 먼저 하도록 한다.
④ 암시적 교수법은 학습자는 매우 수동적인 역할을 하고 교사는 지식을 갖춘 절대적인 권위자로 학습 활동의 촉진자가 된다.

073 다음 절차로 수업을 진행할 때 장점으로 옳지 않은 것은?

영역(과목) 외국어로서의 한국어 말하기교육론

드라마 동영상 자료 시청
⬇
드라마 동영상 자료 분석
⬇
요청 화행 전략에 대해 토론하기
⬇
요청 화행 전략 정리
⬇
역할극 수행 및 조별 평가

① 요청 화행 전략을 발견하는 과정에서 협동적인 언어 연습이 가능하다.
② 요청 화행 전략을 스스로 발견했을 때 더 잘 기억할 수 있다.
③ 요청 화행 전략을 찾아내면서 학습자들의 참여도가 높아진다.
④ 명시적으로 노출된 자료에서 요청 전략을 찾기 때문에 정확한 전략 도출 가능성이 높다.

정답 ④
정·오답풀이 ④ 요청 화행은 청자의 미래 행동에 관한 것이다. 화자가 요청을 하기 전에 청자가 자발적으로 그 행동을 하리라는 것은 분명하지 않다. 그러므로 정확한 전략을 도출할 가능성이 낮다.

074 말하기 전략과 밑줄 친 예의 연결이 옳지 않은 것은?

영역(과목) 외국어로서의 한국어 말하기교육론

① 회피(avoidance) 전략
   교사 : 한국에 와서 문화 차이를 느꼈던 경험을 이야기해 주세요.
   학생 : <u>어른말</u> 때문에 힘들었어요.
② 바꿔 말하기(paraphrase) 전략
   교사 : 오늘 뭐 할 거예요?
   학생 : 오늘 <u>아버지의 엄마</u>를 만날 거예요.
③ 도움 요청(appeal for assistance) 전략
   학생 : 춘천에 가서 닭고기 먹었어요. <u>그 음식 이름을 아세요?</u>
   교사 : 닭갈비예요.
④ 언어 전환(code-switching) 전략
   학생 : 지난 주말에 친구 만났어요. <u>I played tennis.</u> 내가 이겼어요.
   교사 : 와, 대단한데!

정답 ①

정·오답풀이 ① 회피 전략은 학습자가 목표어의 문법, 어휘 등의 부족으로 이야기를 피하거나 은근히 주제를 다른 것으로 바꾸는 것을 말한다. 학생은 목표어로 번역하기 위해서 목표어의 어휘와 구조를 사용하는 직역 전략을 사용하였다.

개념 정리

리틀우드(Littlewood)의 의사소통 활동

의사소통능력 신장을 위한 문법지도는 먼저 무엇을 가르칠 것인가를 결정하는데 있어서 의사소통기능과 연관하는 것이 필요하다. 그래서 Littlewood는 교수요목으로서 언어형식과 의사소통기능을 연결한 기능적-구조적(functional-structural)구성을 제안하면서 두 가지 기준을 제시하고 있다.

첫째는 언어구조 기준(structural criteria)으로서 가르칠 내용은 단순한 구조에서 복잡한 구조의 순으로 제시할 것을 의미한다. 둘째는 의사소통 가치로서 특정 언어소통기능이 실생활에서 얼마나 자주 쓰이고 중요한 것이냐를 선정의 기준으로 삼고 있다.

또한 Littlewood는 의사소통적인 언어학습을 위한 방법론적인 모형을 예비 의사소통활동(communicative activities)으로 구분하였다. 예비 의사소통활동을 통해서 교사는 지식의 세부적 요소나 의사소통능력을 구성하는 기술을 분류하여 학습자에게 연습할 기회를 제공한다. 이때의 의사소통 기술의 연습은 전체가 아니라 부분기술(part-skill)의 연습이다. 주로 교재의 일반적인 학습활동을 포함하며 학습자의 목표는 효율적인 의사소통보다는 정확하거나 적절한 언어의 생성에 있다.

예비 의사소통활동은 기계적 연습과 학습의 순수한 구조적 활동(structural activities)과 언어의 구조적 요소 뿐 아니라 의사소통을 고려하는 유사 의사소통활동(quasi-communicative activities)으로 구성되어있다. 의사소통 활동은 예비 의사소통 지식과 기술을 통합하여 이루어지는 활동이므로 학습자는 의사소통의 전체 기술(total skill)을 연습하게 된다. 이 활동은 학습자가 수행해야 할 과업을 제시하는 기능적 의사소통활동(functional communication activities)과 의사소통이 일어나는 사회적 문맥을 고려해야 하는 사회적 상호작용 활동(social interaction activities)으로 나누어진다.

---

075 리틀우드(Littlewood)의 의사소통 활동에 관한 설명으로 옳지 않은 것은?

영역(과목) 외국어로서의 한국어 말하기교육론

① 구조적 활동(structural activity): 의사소통 행위 전 활동으로 문법 체계와 언어 항목이 결합되는 구조 연습이다.
② 유사 의사소통 활동(quasi-communicative activity): 하나 또는 두 개의 전형적인 대화 주고받기와 같은 연습을 통해 실제 의사소통 활동을 준비할 수 있다.
③ 기능적 의사소통 활동(functional communicative activity): 역할극, 토론하기 등 지식과 기술을 통합한 총체적인 연습이다.
④ 사회적 상호작용 활동(social interaction activity): 사회적 맥락을 추가적으로 제공하여 실제 의사소통에 가까운 활동을 할 수 있다.

정답 ③

정·오답풀이 ③ 의사소통 활동은 예비 의사소통 지식과 기술을 통합하여 이루어지는 활동이다. 그러므로 학습자는 의사소통의 전체 기술(total skill)을 연습하게 되는데 그 중 기능적 의사소통 활동은 학습자가 수행해야 할 과업을 제시한다.

개념 정리

장르 중심 교수법을 활용한 한국어 쓰기 교육의 기대 효과
- 쓰기 학습 동기 부여 및 쓰기 능력 함양
- 학습자들은 쓰고자 하는 글이 어떠한 성격의 글인지 파악하고 그 장르에 맞는 글을 쓸 수 있다. 글의 구성방식과 주로 사용되는 표현에는 어떠한 것이 있는지에 대한 정보를 알게 되면 그러한 오류를 범하지 않고 요구하는 장르에 맞는 글을 쓸 수 있게 될 것이다.
- 다양한 쓰기 유형을 학습함으로써 학습자들이 쓰기 과제에 직면했을 때 장르에 맞는 쓰기 과제를 수행할 수 있는 능력을 함양할 수 있다.
- 글을 번역한 것과 같은 어색한 표현이 아닌 담화 공동체가 수용할 수 있는 사회적 맥락에 맞는 자연스러운 표현과 구조로 쓰기 과제를 수행할 수 있다. 장르별로 한국어 담화 공동체에서 사용되는 표현을 학습한다면 최대한 오류를 줄이고 좀 더 자연스러운 맥락으로 쓰기 과제를 수행할 수 있을 것이다.
- 학습자들은 쓰기 과제를 막연히 혼자서 해결해야 하는 과제라는 인식에서 벗어나 수업 과정 중에 쓰기 과제를 수행함으로써 정보를 교환하고 피드백을 하는 과정을 통해 쓰기에 대한 자신감을 가질 수 있다.

---

076 장르 중심 쓰기 교육의 기대효과에 관한 설명으로 옳은 것은?   영역(과목) 외국어로서의 한국어 쓰기교육론

① 글을 쓸 때 통일성 있게 문장과 단락을 조직할 수 있게 된다.
② 문법적 규범과 수사적 규칙을 활용하여 글을 쓸 수 있게 된다.
③ 쓰기 전략을 활용하여 의사소통적이고 회귀적인 방식으로 글을 쓸 수 있다.
④ 분석과 모방을 통해 사회적 맥락에 맞는 유사 텍스트를 생산할 수 있다.

정답 ④

정·오답풀이 ④ 과정 중심 쓰기 지도는 내용을 생성하고 조직, 표현, 교정하는 일련의 쓰기 과정에서 다양한 쓰기 전략이나 기능을 사용하여 쓰기 능력을 신장시키는 방식이다. 쓰기 과정의 회귀성, 상호작용성, 병렬성을 강조하며, 글 쓰는 목적과 과정을 이해하도록 하여, 통일성 있게 문장과 단락을 조직할 수 있게 한다.

---

077 쓰기 과정에서 이루어지는 피드백에 관한 설명으로 적절하지 않은 것은?   영역(과목) 외국어로서의 한국어 쓰기교육론

① 동료 피드백은 수행 방식과 절차에 대한 사전 안내가 필요하다.
② 교사는 수업의 목표에 따라 피드백의 내용을 달리해야 한다.
③ 초고 피드백은 미시적 오류 수정에 집중하는 것이 효과적이다.
④ 간접 피드백은 학습자에게 자기 수정 기회를 제공해 준다.

정답 ③

정·오답풀이 ③ 초고 피드백은 전체적인 구성과 내용을 수정하며, 문법적 오류의 경우 지적은 하지만 스스로 수정을 할 수 있도록 한다.

078 쓰기 전략과 활동의 연결이 옳지 않은 것은?

영역(과목) 외국어로서의 한국어 쓰기교육론

① 상세화하기 전략 – 주제문장 쓰기
② 기존지식 활성화하기 전략 – 브레인스토밍하기
③ 요약하기 전략 – 텍스트의 핵심어휘 기록하기
④ 아이디어 조직하기 전략 – 내용 구조도 만들기

정답 ①

정·오답풀이 ① 상세화하기 전략에는 대표적으로 문장 바꿔 쓰기 활동이 있다.

079 쓰기 포트폴리오(portfolio) 평가에 관한 설명을 모두 고른 것은?

영역(과목) 외국어로서의 한국어 쓰기교육론

ㄱ. 학습자가 평가받고 싶은 대상을 선택할 수 있다.
ㄴ. 교사는 최종 결과물이 나오기까지 과정 전반에 대해 평가할 수 있다.
ㄷ. 교사가 동일한 척도로 여러 주제와 유형을 평가하는 것이 바람직하다.
ㄹ. 학습자가 자신의 쓰기에 대해 성찰할 수 있으며 각 단계별 평가를 통해 학습 목표의 재설정이 가능하다.

① ㄱ, ㄷ   ② ㄴ, ㄹ   ③ ㄱ, ㄴ, ㄹ   ④ ㄴ, ㄷ, ㄹ

정답 ③

정·오답풀이 ㄷ. 교사는 객관적으로 작문을 평가하지만 정기적으로 학생들에게 평가 기준을 제시하여 학생 스스로도 자신의 글을 평가하고 실력이 향상되도록 노력한다.

080 쓰기 지도법의 바탕이 되는 작문 이론에 관한 설명으로 옳지 않은 것은?

영역(과목) 외국어로서의 한국어 쓰기교육론

① 형식주의 작문 이론은 텍스트 자체에 초점을 맞추며 결과 중심 쓰기 지도의 이론적 기반을 제공한다.
② 인지주의 작문 이론은 필자의 장기 기억과 작문 과제 환경 속에서 이루어지는 역동적인 의미 구성 과정에 주목한다.
③ 사회적 구성주의 작문 이론은 학생과 교사, 학생 상호 간의 협의 과정에 바탕을 둔 소집단 협동 작문 활동을 강조한다.
④ 대화주의 작문 이론은 담화 공동체 구성원 개개인의 정신활동과 그 결과물의 소통을 중시하는 독자 중심 접근법이다.

정답 ④

정·오답풀이 ④ 대화주의 작문 이론은 의미 구성의 사회적 상호 작용을 중시하는 이론으로 필자와 독자의 상호 작용을 강조한다.

081

다음의 견해에 함축되어 있는 쓰기의 성격이 아닌 것은?

영역(과목) 외국어로서의 한국어 쓰기교육론

"같은 재료를 사용하더라도 나라마다 식탁에 오르는 음식의 종류는 다를 수 있다. 재료를 가공하는 방식과 기대하는 맛이 다르기 때문이다. 글도 마찬가지이다. 같은 소재를 이용하더라도 담화 공동체별로 글을 구성하는 방식이나 쓰기 결과물에 대한 기대가 다르기 때문이다."

① 쓰기는 전통이며 문화적 산물이다.
② 학습자의 배경은 쓰기에 영향을 미친다.
③ 쓰기는 연습을 통해 숙달되는 기능이다.
④ 목표어 담화 조직 방법은 학습해야 한다.

정답 ③

정·오답풀이 ③ 쓰기를 음식으로 비유해서 학습자의 국적과 배경지식이 쓰기에 영향을 미친다는 것과 목표어로 글을 작성할 때 글을 쓰는 방법을 학습해야 함을 설명하고 있다. 쓰기는 연습을 통해 숙달되는 기능이지만 이 견해에서는 언급하고 있지 않다.

082

다음 쓰기 활동의 특징으로 옳지 않은 것은?

영역(과목) 외국어로서의 한국어 쓰기교육론

〈질문에 답하고 여행 경험 쓰기〉

• 지금까지 여행해 본 곳 중에서 가장 기억에 남는 장소는 어디입니까?
　_____

• 그곳에서 한 일, 본 것, 먹은 음식은 무엇입니까?
　_____

▶ 친구에게 그 장소를 소개하는 이메일을 써 보세요.

① 교사의 지시 또는 안내를 전제로 하는 쓰기이다.
② 아이디어 표현 방법을 익히는 데 기여한다.
③ 구조화된 과정을 지향하는 접근법에 기반한다.
④ 정확한 글쓰기를 연습시키는 데 효과적이다.

정답 ④

정·오답풀이 ④ 질문에 답하고 쓰기 활동은 교사의 지시에 따라 쓰는 활동으로, 학습자는 아이디어를 내고 주 아이디어로 발전시킬 수 있도록 사실과 아이디어를 조작하여 글을 작성한다. 글의 도입, 전개, 마무리의 구성을 잘 따라가는지를 확인하면서 쓰며, 정확한 글쓰기보다는 글이 일관성 있는지와 주제가 분명하게 드러나는 지에 초점을 맞춘다.

개념 정리

과정 중심 한국어 쓰기 수업의 구성

과정 중심 한국어 쓰기 교육은 작문 과정을 순환적인 것으로 보며, 동료 학습자들과 교사의 지속적인 피드백이 중요한 요인으로 작용한다. 학습자들은 글을 쓰기 전에 스스로 주제를 선택하고 주제와 관련된 자신의 생각을 바탕으로 전체적인 글의 개요를 작성한다. 그리고 작성한 글의 개요에 대한 피드백을 받아 개요를 수정하고 초고를 쓴다. 이어 작성한 초고에 대한 동료 학습자들과 교사의 피드백을 바탕으로 글을 교정하는 다시 쓰기 단계를 거쳐 글을 완성한다. 인지적 관점과 과정 중심 쓰기 교육은 과학적 접근에 근거를 둔 실증적 연구를 통해 쓰기의 과정에서 일어나는 인지적 과정을 밝혀내었고 쓰기의 과정을 의미의 구성, 문제 해결 과정, 필자의 능동적인 사고 과정으로 파악한 점에서 의의가 있다.

---

083 다음 모형은 쓰기에 대한 어떤 관점을 도식화한 것이다. 이 관점과 관련된 설명을 모두 고른 것은?

영역(과목) 외국어로서의 한국어 쓰기교육론

구상개요 → 초고 작성 → 다시 쓰기 → 글 완성
(피드백, 교정, 피드백)

ㄱ. 쓰기를 일련의 직선적 과정으로 본다.
ㄴ. 교사-학생, 학생-학생 간의 협동 학습을 강조한다.
ㄷ. 문법적 정확성보다 아이디어의 생성을 중시한다.
ㄹ. 쓰기 단계에서 교사의 개입을 배제한다.

① ㄱ, ㄷ   ② ㄱ, ㄹ   ③ ㄴ, ㄷ   ④ ㄴ, ㄹ

정답 ③

정·오답풀이 ㄱ. 과정 중심 쓰기는 글을 쓰는 과정을 순환적인 것으로 본다.
ㄹ. 글을 쓰는 과정에서 동료 학습자와 교사의 피드백을 바탕으로 교정을 거쳐 글을 완성해 간다.

---

084 과제와 문법 항목의 연결로 옳지 않은 것은?

영역(과목) 외국어로서의 한국어 문법교육론

① 잃어버린 아이의 옷차림 묘사하기 : -아/어 있다
② 좋아하는 음식의 요리법 설명하기 : -고 나서
③ 한국어를 배운 후 달라진 생활에 대해 이야기하기 : -게 되다
④ 새해를 맞이하여 결심한 것에 대해 글쓰기 : -기 위해서

정답 ①

정·오답풀이 ① 잃어버린 아이의 옷차림을 묘사하는 문법 항목은 현재 상태를 나타내는 '-아/어 있다'가 아닌 착용동사(입다, 신다 등)와 어울리는 '-고 있다'의 과거형 '-고 있었다'를 사용해야 한다.

085 초급에서 장소의 '에서'를 제시하는 수업이다. 교사의 발화로 적절한 것을 모두 고른 것은?

영역(과목) 외국어로서의 한국어 문법교육론

(부산행 기차 앞에 서 있는 남녀 사진을 보여주며)
ㄱ. 마이클 씨하고 나나 씨가 서울역에서 만나요.　　ㄴ. 두 사람은 서울역에서 기차를 타요.
ㄷ. 기차는 서울에서 부산까지 가요.　　ㄹ. 두 사람은 부산에서 바다를 구경해요.

① ㄱ, ㄹ　　② ㄴ, ㄷ　　③ ㄴ, ㄷ, ㄹ　　④ ㄱ, ㄴ, ㄹ

정답 ④

정·오답풀이 ㄷ. "기차는 서울에서 부산까지 가요."에서 '-에서'는 장소를 의미하는 ㄱ, ㄴ, ㄹ과 달리 출발점의 의미를 갖고 있다.

086 다음 활동의 목적으로 옳은 것을 모두 고른 것은?

영역(과목) 외국어로서의 한국어 문법교육론

교사: 피아노를 칩니다.
학습자 1: 피아노를 치지 못합니다.
교사: 신문을 읽습니다.
학습자 2: 신문을 읽지 못합니다.

ㄱ. 학습자가 담화 단위의 발화에 익숙해지게 한다.
ㄴ. 목표 항목의 발화가 자동화되도록 돕는다.
ㄷ. 학습자 발화의 정확성을 높인다.
ㄹ. 목표 어휘를 사용하여 문장을 생성할 수 있게 한다.

① ㄱ, ㄴ　　② ㄴ, ㄷ　　③ ㄴ, ㄷ, ㄹ　　④ ㄱ, ㄷ, ㄹ

정답 ②

정·오답풀이 ㄱ, ㄹ 목표 문형인 '-지 못하다'를 사용하여, 교사가 말하는 '칩니다'를 '치지 못합니다'로 바꿔 말하는 연습이다. 문장 생성과 담화 단위로 나아가기 전 목표 항목의 사용에 익숙해 지도록 한다.

개념 정리

귀납적 교수 방법

학습자에게 실제적인 언어 자료를 제시하고 이를 통하여 내재되어 있는 규칙을 추출하게 하는 방법으로 모어 화자의 언어 습득 과정에서 자주 사용되는 방식이다.
- 장점: 문법 규칙들에 의식적으로 초점을 주지 않고 자연스럽게 습득되는 과정을 거치기 때문에 장기 기억으로 저장되기 쉽다. 규칙을 스스로 발견해 보게 하는 과정은 내적 동기 유발에 도움이 된다.
- 단점: 잘못된 규칙을 이끌어 낼 수 있으며 규칙 발견에 많은 시간이 소요된다. 실제 사용이 아닌 규칙 발견이 목표가 될 수도 있다.

087

사동 표현 '-게 하다'를 지도하기 위해 학습자에게 다음 자료를 제시하였다. 이러한 문법 교수 기법에 관한 설명으로 옳지 않은 것은?

영역(과목) | 외국어로서의 한국어 문법교육론

> 어머니께서 외출을 하면서 동생을 돌봐 주라고 하셨다. 나는 동생을 도서관에 데리고 가려고 깨끗이 씻게 하고 옷을 갈아입게 하였다. 도서관에서 동생에게 그림책을 가져오게 해서 읽어 주고, 책에서 읽은 내용을 그림으로 그려 보게 했다. 동생은 호랑이, 아이, 그리고 재미있게 생긴 도깨비를 그렸다. 동생한테 그림 내용을 말해 보게 했더니, 호랑이가 아이를 잡아먹으려는데 도깨비가 호랑이를 놀라게 해서 도망가게 했다고 하였다. 나는 동생에게 잘 그렸다고 칭찬을 해 주었다.

① 수업의 의사소통적 흐름을 유지하면서 진행할 수 있다.
② 목표 문법에 대한 형태 정보를 명시적으로 설명하지 않는다.
③ 글을 처음 읽을 때는 내용을 파악하기보다 목표 문법 항목을 찾게 한다.
④ 목표 형태의 입력을 풍부하게 제공하여 형태 초점 교수(focus on form)를 시도하고 있다.

정답 ③
정·오답풀이 ③ 학습자에게 문법 규칙에 대한 상세한 설명을 제시한 후 그 문법이 사용된 예를 보여 주는 방식으로, 체계화된 규칙을 명시적으로 보여주고 예를 통해 확인하고 검증해 나가도록 하는 방식은 연역적 교수 방법이다.

개념 정리

과제 기반 모형(TTT모형) 〈12회 110번 개념정리 참고〉

088

다음 수업이 따르고 있는 문법 교수 모형은?

영역(과목) | 외국어로서의 한국어 문법교육론

> 학습자 모둠별로 기숙사 생활에서 지켜야 할 규칙에 대해 이야기해 보게 한다.

> 기숙사 생활 안내에 관한 대화를 들려준 후, 교사가 '무엇을 해야 합니까?', '무엇을 하면 안 됩니까?' 와 같은 질문을 던진다.

> 칠판에 목표 문법 '-아야/어야 하다', '-(으)면 안 되다'를 적고 설명한다.

> 다시 모둠별로 모여 기숙사 생활 규칙에 대해 이야기하게 한다. 이때 목표 문법을 활용하게 한다.

① 제시 훈련 모형(PPP모형)   ② 과제 기반 모형(TTT모형)
③ 입력 처리 모형(IP모형)   ④ 관찰 가설 경험 모형(OHE모형)

정답 ②

정·오답풀이 ② 교사는 기숙사 생활 안내에 관한 대화와 질문(의사소통의 과제)을 던져줌으로써 학습자의 동기를 유발한 후, 목표 문법인 '-아야/어야 하다', '-(으)면 안 되다'를 설명한다. 문법 설명 후엔 과제1(task 1)과 유사한 과제2(task 2)를 제시하여 목표 문법을 활용하여 수행 하도록 한다. 과제1(task 1) → 교수(teach) → 과제2(task 2)의 3단계로 진행되는 과제 기반 모형(TTT모형)을 따르는 문법 수업이다.

089 조사에 관한 설명과 예문의 연결로 옳지 않은 것은?

영역(과목) 외국어로서의 한국어 문법교육론

	조사	의미	예문
ㄱ	대로	앞에 오는 말에 근거함	어머니 말씀대로 대학에 가기로 했다.
ㄴ	치고	앞에 오는 말의 경우를 일반적으로 고려할 때 예외가 없음	내 친구는 외국인치고 한국말을 잘하는 편이다.
ㄷ	조차	어떠한 사실이 그와 비슷한 어떠한 사실에 더 보태짐	가까운 친구들조차 그를 떠났다.
ㄹ	더러	앞의 명사가 어떤 일을 하도록 시킴을 받는 대상임	엄마가 철수더러 콩나물을 사 오라고 했다.

① ㄱ   ② ㄴ   ③ ㄷ   ④ ㄹ

정답 ②

정·오답풀이 ② '-치고'는 앞에 오는 말의 경우를 일반적으로 고려할 때 예외가 없음을 나타내거나 예외적임을 나타내는 조사이다. 예문에서의 의미는 뒤의 내용이 앞의 명사의 경우에 예외적인 것임을 의미한다.

090 한국문화 교육의 영역과 예가 바르게 연결된 것은?

영역(과목) 외국어로서의 한국문화교육론

① 일상문화 - 의식주, 여가, 세시풍속, 건축
② 언어문화 - 한글, 경어법, 속담, 설화, 소설
③ 정신문화 - 가치관, 예절, 정서, 신앙
④ 제도문화 - 법, 정치, 지리, 교육

정답 ②

정·오답풀이 ① 일상·생활문화에는 의식주 생활, 여가생활, 세시풍속, 의례, 지리 등이 있으며, 건축은 예술·성취문화에 속한다.
③ 정신·관념문화에는 가치관, 민족성, 세계관, 종교 및 종교관, 사상, 정서 등이 있으며, 예절은 일상·생활문화에 속한다.
④ 제도문화에는 법, 행정제도, 경제제도, 사회제도, 언론제도, 교육제도 등이 있으며, 지리는 일상·생활문화의 영역에 속한다.

091

학습자 발화에 대한 교사의 오류 수정으로 옳지 않은 것은? **영역(과목)** 외국어로서의 한국어 문법교육론

	학습자 발화	교사의 오류 수정
ㄱ	이번 주말에는 수영하려고 가자.	'-려고'의 뒤에는 청유형이나 명령형은 쓸 수 없으므로 '-러'를 사용하여 '수영하러 가자'로 고치게 한다.
ㄴ	사무실으로 가세요	받침이 있는 말 다음에는 '으로'가 붙지만 'ㄹ'로 끝나는 명사에는 예외적으로 '로'가 붙는다고 알려준다.
ㄷ	회사한테 연락을 했다.	'한테'는 구어에서 주로 사용되므로 문어에 사용되는 '에'를 사용하여 '회사에 연락을 했다'로 바꾸게 한다.
ㄹ	이미 도착하겠어요.	과거의 일에 대해 추측할 때는 '-았/었겠-'을 써서 '도착했겠어요'라고 말하게 한다.

① ㄱ   ② ㄴ
③ ㄷ   ④ ㄹ

정답 ③

정·오답풀이 ③ '한테'는 말할 때 사람이나 동물을 나타내는 명사에 붙어 행위의 영향을 받는 대상임을 나타내는 조사이다. 그러므로 교사는 오류 수정 시에 구어에 사용된다는 것과 함께 '한테'의 영향을 받는 앞의 명사는 사람이나 동물이어야 함을 알려줘야 한다.

092

(   ) 안에 들어갈 말로 옳은 것은? **영역(과목)** 외국어로서의 한국문화교육론

한국어교육을 위한 문화교육에서는 비교 문화 화용론적 관점에서 고맥락 문화(high context culture)와 저맥락 문화(low context culture)를 고려해야 한다. 미국의 인류학자 에드워드 홀(Edward Hall)은 의사소통과 관련하여 고맥락 문화와 저맥락 문화의 개념을 제시하였다. 고맥락 문화에서는 언어적 요소 이외에 (ㄱ)을/를 통해 이해하는 소통 방식이 주를 이루는 반면, 저맥락 문화에서는 언어의 (ㄴ)를 통해 이해하는 소통 방식이 주를 이룬다.

① ㄱ: 개인적 성향, ㄴ: 사전적 의미   ② ㄱ: 상황적 요소, ㄴ: 사전적 의미
③ ㄱ: 개인적 성향, ㄴ: 연상적 의미   ④ ㄱ: 상황적 요소, ㄴ: 연상적 의미

정답 ②

정·오답풀이 고맥락 문화는 비언어적이고 상황 중심적인 메시지가 많은 비중을 차지한다. 모든 전달 되어야 할 메시지들이 언어로 또는 서면으로 확실히 정리되어 있어야 한다. 반면에 저맥락문화는 모든 전달되어야 할 메시지들이 언어로 또는 서면으로 확실히 정리되어 있어야 한다.

093 문화경험학습 모형(cultural experimental learning model)에 대한 설명으로 옳지 않은 것은?

영역(과목) 외국어로서의 한국문화교육론

① 학습자는 문화 체험을 통해 얻은 새로운 지식을 흡수하기 위해 기존의 지식과 경험을 동원한다.
② 현장견학이나 실습 등의 구체적 경험을 한 후 일지 작성, 토론 등의 성찰과 개념화 과정을 거친다.
③ 문화 경험 학습은 일반적으로 성인보다 아동 학습자에게서 교육 효과가 더 높게 나타난다.
④ 문화 경험 학습은 강의실 내에서 역할극, 게임, 사례 연구, 사회극 등으로 진행되기도 한다.

정답 ③

정·오답풀이 ③ 경험학습론은 학습의 기반이자 가장 중요한 원천으로서 성인 학습자의 경험에 주목하며 이것이 지식 생산 및 획득의 핵심이 된다고 본다. 성인이 아동과 구분되는 가장 큰 특징은 '경험'이 많다는 점이다. 경험학습은 이런 성인학습의 특징에 주목해 출현한 개념이다. 경험으로부터 학습한다는 것, 학습이란 삶을 의미 있는 경험으로 채우는 과정이라는 것, 이 두 축이 경험학습을 정당화하고 있다. 지속적이고 의미 있는 성인의 학습을 위해서는 기존의 경험을 재의미화하고 의미 있는 경험을 창출하는 일이 필요하기 때문에 '경험학습' 이라는 용어가 확장되고 있다.

개념 정리

차별적 배제 모형(Differential Exclusionary Model)

유입국 사회가 3D 직종의 노동시장과 같은 특정 경제적 영역에서만 이주민을 받아들이고, 복지혜택, 국적 및 시민권, 선거권 및 피선거권 부여와 같은 사회적·정치적 영역에서는 이주민을 받아들이지 않아 원치 않는 이주민의 정착을 원칙적으로 차단하는 것을 의미한다. 또한 대부분의 이주민은 사회 구성원이 아닌 단순한 손님으로 여겨질 뿐, 정책의 대상으로 취급되지 않는다. 반면 엄격한 조건을 통과해 국가 구성원으로서의 권한을 부여받은 이주민들에 대해서는 자국의 제도와 가치, 문화에 동화되어 가는 것을 당연한 과정으로 인식함으로써 문화적 단일성을 유지해 나가는데 초점을 둔다.

이 정책 모형은 인종적 소수자를 제거하거나 최소화하는 것을 정책목표로 설정하며, 국적의 취득에 있어서는 혈통을 강조하는 속인주의를 취하고 있다. 더불어 이 정책 모형의 이주노동자 정책은 단기간 취업시켜 국내의 부족한 노동력을 메우고 계약이 종료되면 다시 본국으로 귀국시키는 교체순환정책을 채택한다. 이것은 이주노동자의 정주를 원칙적으로 차단하는 것이며, 이주민을 위한 일자리라도 일정하게 내국인과 구분되고 분리된 특정업종에 국한시키고 있다.

094 다문화 정책 가운데 '차별적 배제(differential exclusion) 모형'에 관한 설명으로 옳지 않은 것은?

영역(과목) 외국어로서의 한국문화교육론

① 다문화 사회에서 특정 집단 이주민에 대해 선거권, 복지 혜택 등의 권리를 제한한다.
② 특정 집단 이주민을 일정 기간 머물다 떠나는 이방인으로 취급하여 사회통합의 대상에 포함하지 않는다.
③ 국적 취득과 관련하여 대체로 속지주의를 택하며, 특정 집단 이주민의 귀화 절차가 매우 까다롭다.
④ 한국의 외국인 고용 허가 제도는 차별적 배제 모형의 한 예로 볼 수 있다.

> **정답** ③
>
> **정·오답풀이** ③ 차별적 배제 모형은 특정 집단 이주민의 귀화를 까다롭게 하여 그 집단의 인원을 최소화 하려는 것으로, 혈통을 강조하는 속인주의를 취하고 있다.

095 어휘의 장기 기억 전략으로 옳지 않은 것은?

영역(과목) 외국어로서의 한국어 어휘교육론

① 새로운 어휘는 주제와 맥락을 활용하여 의미를 추측해 본다.
② 수업 중 모르는 어휘가 들릴 때마다 사전을 찾아본다.
③ 일정한 간격을 두고 단어를 반복적으로 학습하고 회상해 본다.
④ 학습한 어휘는 스스로 질문하고 이해 여부를 점검한다.

> **정답** ②
>
> **정·오답풀이** ② 의미를 알게 된 어휘를 연습, 기억, 재생하여 어휘 학습을 강화하는 전략인 어휘의 장기 기억 전략과 달리, 의미 결정 전략은 학습자가 새로운 단어를 접하였을 때 그 의미를 알아내기 위해 사용하는 전략으로, 주어진 단어를 분석하는 전략, 문맥을 활용하는 전략, 사전을 활용하는 전략으로 나뉜다.

096 어휘 유형별 교수에 관한 설명으로 옳은 것을 모두 고른 것은?

영역(과목) 외국어로서의 한국어 어휘교육론

> ㄱ. '졸졸', '따르릉'과 같은 상징어는 서술어와 함께 제시한다.
> ㄴ. '얘', '쟤'와 같은 준말은 본말과 비교해 준다.
> ㄷ. '귀가 얇다', '미역국을 먹다'와 같은 관용표현은 사용 맥락을 함께 알려 준다.
> ㄹ. '저기', '글쎄'와 같은 간투사는 문장 내에서 호응하는 성분과의 관계를 강조한다.

① ㄱ, ㄴ
② ㄷ, ㄹ
③ ㄱ, ㄴ, ㄷ
④ ㄴ, ㄷ, ㄹ

> **정답** ③
>
> **정·오답풀이** ㄹ. 감탄사는 문장에서 독립적으로 쓰이기 때문에 '독립언'이라고도 한다.

097 다음 어휘의 교육 내용 및 방법으로 옳지 않은 것은?

영역(과목) 외국어로서의 한국어 어휘교육론

① '저', '저희'는 화자를 낮추는 어휘라고 설명한다.
② '연세'는 '어머니의 연세'와 '친구의 나이'를 비교하여 가르친다.
③ '계시다'는 '선생님께서 교실에 계십니다'와 같은 문장으로 제시한다.
④ '부인(夫人)'은 남자가 자신과 결혼한 여자를 지칭하는 말이라고 가르친다.

> **정답** ④
>
> **정·오답풀이** ④ 부인(夫人)은 예전에는 사대부 집안에서 남자가 자기 아내를 이르던 말이었으나, 현재는 남의 아내를 높여 부르는 말이다.

098 다음 어휘를 지도하는 방법으로 옳지 않은 것은?

영역(과목) 외국어로서의 한국어 어휘교육론

① '드디어'는 교사가 실제 동작으로 제시한다.
② '병원'은 어휘의 의미를 분석적으로 설명한다.
③ '엄청'과 '매우'는 구어와 문어의 차이를 중심으로 설명한다.
④ '노랑', '파랑'과 같은 어휘는 크레파스나 색종이를 이용하여 제시한다.

정답 ①

정·오답풀이 ① '드디어'는 부사로 '무엇을 말미암아 그 결과로'의 의미를 가지고 있다. 부사는 실제 동작으로 제시하는 데에 큰 어려움이 있으며, 다른 의미로 해석할 오해의 소지가 있을 수 있다.

099 어휘 게임에 대한 설명으로 옳지 않은 것은?

영역(과목) 외국어로서의 한국어 어휘교육론

① 육하원칙 게임 : 어휘를 활용하여 문장을 논리적으로 구성하는 데 초점을 둔다.
② 스피드 게임 : 새로운 어휘를 학습하는 데 초점을 둔다.
③ 모눈종이 속 어휘 찾기 : 다양한 글자를 이용하여 단어를 만들어 낼 수 있다.
④ 일심동체 게임 : 질문에 대해 떠오르는 단어를 표현하므로 학습한 단어를 기억하는 데 도움이 된다.

정답 ②

정·오답풀이 ② 스피드 게임은 설명을 듣고 어휘를 맞추는 게임을 말한다. 한 학생에게 어휘를 보여 주고 제시된 그 어휘를 한국말로 설명하게 하면 다른 학생들이 알아맞히는 게임이다. 새롭게 학습한 어휘보다는 익숙하게 사용할 수 있고, 의미를 설명할 수 있는 어휘를 사용하는 것이 좋으므로 몇 과를 복습·정리하거나 급을 마무리할 때 유용한 활동이다.

100 다음 합성어 교육에 관한 설명으로 옳지 않은 것은?

영역(과목) 외국어로서의 한국어 어휘교육론

① '남북', '돌다리'는 띄어 쓰지 않도록 교육한다.
② '검붉다', '굳세다'는 품사 변화에 초점을 두어 가르친다.
③ '보슬비', '소낙비'는 '비'를 활용하여 의미를 추측해 보게 한다.
④ '큰집'과 '큰 집'은 합성어와 구(句)의 의미를 구별하도록 가르친다.

정답 ②

정·오답풀이 ② '검붉다', '굳세다'는 합성어의 중심을 이루는 어휘의 동작(형태)을 중심으로 의미가 세분화된다. 그러므로 합성어 사이의 의미 분화를 중심으로 한 의미 교육에 초점을 두고 교육해야 한다.

101
다음 어휘를 지도하는 방법으로 옳은 것은?

영역(과목) 외국어로서의 한국어 어휘교육론

| 새파랗다 | 파랗다 | 파르스름하다 |

① 어원의 차이로 이해하도록 한다.
② 정도성의 차이로 파악하도록 한다.
③ 지역에 따른 차이로 이해하도록 한다.
④ 격식성의 차이로 이해하도록 한다.

정답 ②

정·오답풀이 ② 한국어의 색채어휘는 매우 풍부하다. 그 중 파란색 또는 청색은 '푸르다, 파랗다, 퍼렇다, 새파랗다, 시퍼렇다, 파르스름하다, 푸르스름하다, 파릇파릇하다, 푸릇푸릇하다, 푸르죽죽하다' 등으로 세분화되어 있다. 이는 색의 경계가 명확하지 않아 그 차이를 구분하기가 매우 어렵다. 그러므로 한국어의 색채어의 경우는 정도성의 차이로 이해하는 것이 좋은 방법이다.

102
한자어 교육 방법 중 옳지 않은 것은?

영역(과목) 외국어로서의 한국어 어휘교육론

① 춘추(春秋) : 개별 한자의 의미와 함께 합성되어 달라진 의미를 가르친다.
② 대규모(大規模) : '대-'는 접두사로 다른 어휘와도 결합할 수 있음을 가르친다.
③ 국립(國立) : '사립(私立)', '설립(設立)'과 동일한 구조로 가르친다.
④ 급(急)하다 : 한자어 어근에 '-하다'가 붙어 형용사가 됨을 가르친다.

정답 ③

정·오답풀이 ③ 국립(國立) : 나라에서 세움
사립(私立) : 사인(私人) 또는 사법인(私法人)이 설립(設立)
설립(設立) : 시설(施設)이나 법인(法人) 등(等) 공적(公的)인 기관을 만듦.
공통적으로 '立'이 들어간 형태이지만, 의미와 구성에 차이를 보이므로 동일한 구조로 가르치는 데에 어려움이 있다.

개념 정리

한자권 학습자의 한자어 교육
- 모국어의 한자어를 무조건 음역하여 사용할 수 없음을 인식한다.
- 한자어 학습 목록에는 한자를 먼저 제시하고 한글을 병기하는 방식을 취하여, 한국 한자음을 연습하도록 한다.
- 문자로서의 한자 교육보다는 대조분석의 결과를 이용한 발음 교육이나 의미차이에 대한 교육을 통해, 한자어의 음운 및 어휘 오류를 수정하거나 방지하는 데 중점을 둔다.
- 모국어를 한국어로 바꾸거나 모르는 단어가 나올 때에는 그때마다 사전 찾기를 통해서 확인하도록 지도한다.

비한자권 학습자의 한자어 교육
- 한자의 구조 및 한자어의 어휘 형성 원리를 간단히 교육한다.
- 한자를 이용한 한자어 확장 교육과 한자어에 대한 어휘 학습 전략을 키운다.

103 '한자와 한자어 수업'을 진행하는 방식으로 옳지 않은 것은?

영역(과목) 외국어로서의 한국어 어휘교육론

① 한자권 학습자 – 모어에서 사용되는 한자와 자형이 다른 경우 이를 구별하도록 가르친다.
② 한자권 학습자 – 어휘 단위의 단순한 비교가 아닌 문맥에서의 사용까지 대조 분석하여 가르친다.
③ 비한자권 학습자 – 한자 생성 원리를 지도하기에 앞서 자전(字典) 사용법을 가르친다.
④ 비한자권 학습자 – 한자의 형태, 소리, 뜻을 함께 알려 준다.

정답 ③

정·오답풀이 ③ 자전을 사용하는 것은 한자권 학습자에게 필요한 교육방식이며, 비한자권 학습자에게는 교육용 한자 목록에 있는 한자어를 바탕으로 한자어 확장 교육과 어휘 학습을 하는 것이 바람직하다.

개념 정리

과제 중심 교수요목

실생활에서의 의사소통 능력을 향상시키기 위한 목적으로 제안된 교수요목으로 수업 중 학습자가 수행하게 될 활동이나 과제를 중심으로 설계된 것이다.
- 학습자가 실제 의사소통 상황에서 접하게 될 다양한 과제들을 제시
- 과제가 교육 내용, 교육 목표와 적절하게 연계
- 목표 과제 설정을 위해 학습자 요구 분석을 실시한다.
- 목표 과제를 유형 별로 구분하고 유형 별 과제에서 교육적 과제를 도출한다.
- 수업에서 실시할 교육적 과제를 선정 및 배열한 후 교수요목을 작성한다.
- 실제적 과제와 교육적 과제로 나눌 수 있다. 실제적 과제는 교실 밖, 실제 의사소통 상황에서 일어날 수 있는 과제를 교실 수업에 끌어들인 것이며, 교육적 과제는 실제적 과제처럼 실생활에서 연습을 하지는 않으며 언어기술의 향상을 목표로 교육적인 과제들을 수행하고 이를 통해 실제적 과제의 수행 능력을 향상시키는 역할을 한다.

104 과제에 관한 설명으로 옳지 않은 것은?

영역(과목) 외국어로서의 한국어 교육과정론

① 과제는 단원의 목표 어휘와 표현, 문법을 활용할 수 있도록 구성한다.
② 과제에는 예문과 예시 상황을 포함하여 학습자의 이해를 돕는다.
③ 실제적 과제는 실제 의사소통 상황과 유사하게 언어 기능을 통합하여 구성한다.
④ 교육적 과제는 교육 목표에 따라 구성되며 학습한 내용을 확인하도록 한다.

정답 ②

정·오답풀이 ② 과제는 주제와 연관되어 목표를 가지고 활동할 수 있는 것이어야 한다. 예를 들어 '소개하기'의 과제는 '처음 만난 사람과 인사하고 이름과 국적, 나이, 직업 등의 기본적인 정보를 교환한다.'와 같은 과제가 주어진다. 사용할 문법과 표현은 주어지지만 예문은 주어지지 않는다.

105 다음 교수요목에 대한 설명으로 옳은 것은?

영역(과목) 외국어로서의 한국어 교육과정론

범주	대분류	소분류	언어형식
친교 활동	소개	자기 소개하기	저는 -예요/이에요

① 언어활동의 기능적 측면을 중심으로 작성한 교수요목이다.
② 수업 중 수행하게 될 과제나 활동을 중심으로 설계한 교수요목이다.
③ 요일, 시간, 공간 등과 같이 실생활과 관련된 주요 개념을 중심으로 작성한 교수요목이다.
④ 대화가 이루어지는 장소나 상황을 중심으로 작성한 교수요목이다.

정답 ①

정·오답풀이
① '소개하기'와 같은 활동은 기능 교수요목(Functional Syllabuses)에 해당된다. 기능은 언어활동을 통해 수행하는 의사소통의 목적을 가리킨다. 정보구하기, 말 끼어들기, 화제 바꾸기, 작별 인사하기, 정보 제공하기, 소개하기, 인사하기 등과 같은 언어 기능을 중심으로 구성되는 교수요목이다.
② 학습자가 수업 중 수행하게 될 과제나 활동을 중심으로 구성된 교수요목은 과제 중심 교수요목이다.
③ 거리, 시간, 수량, 질, 위치, 크기 등과 같은 추상적인 개념 범주를 중심으로 구성되는 교수요목은 개념 교수요목이다.
④ 언어는 다양한 맥락이나 상황 속에서 실현된다는 생각을 기반으로 공항, 터미널, 은행, 슈퍼마켓 등 학습자가 보통 마주치게 되는 상황을 중심으로 구성한 교수요목은 상황 교수요목이다.

106 다음 설명에 해당하는 것은?

영역(과목) 외국어로서의 한국어 교육과정론

읽기 자료에서 목표 문법 항목의 글씨체를 진하게 혹은 크게 하여 학습자로 하여금 그 형태에 집중하게 하는 기법

① 사고 구술(think aloud)
② 입력 강화(input enhancement)
③ 의식 고양(consciousness raising)
④ 오류 고쳐 되말하기(recast)

정답 ②

정·오답풀이
② 형태 초점 의사소통 접근 기법 중 입력 중심으로 한 기법들은 입력 홍수, 과업 필수언어, 입력강화, 입력처리, 명시적 규칙 설명, 규칙설명 등이 있다. 그 중 입력 강화는 언어 입력을 학습자의 눈에 띄게 해서 학습자의 주의를 집중하게 하는 것을 목적으로 하는데 가장 많이 활용되는 암시적 방법은 텍스트에 의한 강화 또는 활자 입력 강화로 언어 형태를 굵게 하거나, 이탤릭체로 하거나, 글자를 크게 하거나, 밑줄, 화살표 등을 사용하여 학습자의 주목을 유도하는 것이다. 이러한 방법은 다른 교수 활동에 통합될 수 있으며 다른 입력 강화 방법과 함께 사용할 수 있어 제 2언어 교수 학습에 많이 사용된다.

107. 학문 목적의 쓰기 교재 개발에 관한 설명으로 옳지 않은 것은?

영역(과목) 외국어로서의 한국어 교재론

① 쓰기 기능을 중심으로 다른 기능을 통합한 과제를 구성한다.
② 학술적 장르의 특성과 이에 적합한 언어 표현을 고려하여 교수요목을 작성한다.
③ 독립적인 글쓰기 능력을 향상시키기 위해 피드백 단계를 최소화한다.
④ 일반 목적 쓰기 교재에 비해 사고도구어나 논리적 담화 구조 학습을 강화한다.

정답 ③

정·오답풀이
③ 학습자는 함께 학습하는 학생들의 피드백을 통해 협력 학습을 할 수 있으며, 전공 학문 공동체의 의사소통 방식을 습득할 수 있다.
① 다른 언어 기술과의 통합 교육은 언어 학습의 효과를 배가시킨다는 측면이 있다.
② 학문 목적 쓰기이므로 언어 학습이나 학문 연구에 필요한 언어 기술과 표현을 학습하는 데에 목적을 두고 교수요목을 작성한다.
④ 학문 목적 쓰기는 일반 목적과 달리 사고 및 논리 전개 과정을 담당하는 어휘(교과서, 논문, 단행본 등을 읽거나 논리적인 글을 쓰거나 학술적 토론 등의 활동을 하기 위해 반드시 알아야 하는 단어)와 교과의 논리적 구조와 체계를 이해하는 학습을 강화해야 한다.

개념 정리

교재의 평가 및 분석 기준(외적 구성)

외적 구성	• 책은 튼튼하고 외관이 보기 좋은가? • 교재의 가격은 적절한가? • 교재는 어디서나 쉽게 구입할 수 있는가? • 어휘 목록, 색인, 소사전, 콘텐츠 맵을 포함하여 사용이 편리한가? • 배치가 명료하여 책에서 원하는 것을 쉽게 찾을 수 있는가? • 테이프, 비디오, 교사용 지침서 등 관련 구성물이 제공되며 구입이 용이한가? • 교재의 효과적인 사용을 위해 교실 환경 등 특별한 장비가 필요한가? • 전제되는 한국어 학습 상황은 한국인가, 외국인가? • 저자 또는 기관 정보가 명시적이어서, 교재 선택에 참조로 활용될 개발자의 교수적 특성에 관한 정보가 있는가?

108. 교재의 평가 항목 가운데 성격이 다른 것은?

영역(과목) 외국어로서의 한국어 교재론

① 사회적 맥락과 연결되어 실제적 활용이 가능한가
② 성, 인종, 직업 등에 대한 사회적 편견은 없는가
③ 배치가 명료하여 원하는 내용을 쉽게 찾을 수 있는가
④ 주제가 학습자의 언어 수준, 연령, 지적 수준에 적합한가

정답 ③

정·오답풀이
① '제공된 주제가 실제의 사회적, 문화적 맥락과 연결되어 현장 적용성이 있는가?'
② '성, 인종, 직업 등에 대한 사회적 편견은 없는가?'

④ '주제가 학습 내용과 학습자의 언어 수준, 연령, 지적 능력에 적합한가?'는 내적 구성 중 주제의 구성 목표에 해당된다.

개념 정리

교사용 지침서의 역할과 기능
- 교과의 특성과 교육과정을 바르게 안내하는 역할
- 창의적 교수 – 학습 설계에 공헌
- 교수 – 학습에 필요한 각종 자료를 제시해 주는 역할
- 교수 – 학습의 전략 본부역할
- 교육의 질적 수준을 유지하는데 기여하는 역할
- 교과서의 내용을 해설하고, 수업의 핵심을 안내하는 역할
- 교육의 보편성과 대중성에 기여하는 역할

109 교사용 지침서에 관한 설명으로 옳은 것은?

영역(과목) 외국어로서의 한국어 교재론

① 현장 교사들이 학습자의 상황을 고려하여 그때그때 제작한다.
② 주교재와 학습 자료를 효과적으로 활용하는 방법을 제공한다.
③ 교육현장에서 실질적으로 활용할 수 있는 단어카드, 활동지 등을 말한다.
④ 학습자의 수업 전후 자가 학습을 목적으로 제작한다.

정답 ②

정·오답풀이
① 교사용 지침서는 단원 안내, 수업 진행 절차, 교재의 본문, 교재의 페이지 제시, 배정 시간, 학습 준비물, 다양한 활동(게임 등) 제시, 지도상의 유의점, 구체적인 예시, 문화 자료, 평가, 과제, 판서 내용 등으로 구성된다. 그러므로 학습하기 전에 제작이 되어 있어야 한다.
③ 단어카드와 활동지는 보조자료, 부교재에 해당된다.
④ 교사용 지침서는 교육과정, 수업 목표로부터 교수 과정과 평가에 이르기까지 교수에 필요한 정보와 자료를 교사에게 제공해 준다.

개념 정리

교재 개작(adaptation)

학습자의 요구, 교과 과정의 조건 등 교실 상황에 적합하게 교재를 수정, 삭제, 재구성하는 것을 의미한다. 교재 개작을 위해서는 교재 분석을 통해 개작이 필요한 부분을 추출하는 것이 우선되어야 한다. 교재에서 개작이 필요한 부분을 추출하고 나면 이를 어떻게, 어느 정도로 개작을 할 것인지 계획을 세워야 한다.

교재 개작의 유형
- 삭제 : 교재의 들어갈 내용으로 적합하지 않은 부분 삭제, 문법 설명 단축
- 추가 : 첨가(연습문제, 활동), 확장(어휘)
- 교체
- 수정 : 단순화(다시 쓰기 활동), 재배열(학습자의 필요, 언어수준에 따라 학습내용의 순서를 분리하거나 재편성하여 제시), 재구성(역할극-학습하는 내용을 상호작용적 연습으로 재구성), 상세화

110. 다음 설명하는 '교재의 개작(adaptation)' 방식은?

영역(과목) 외국어로서의 한국어 교재론

○ 교재에 제시된 대화문 만들기 활동을 역할극 활동으로 변경하였다.
○ 교재에 과제 활동이 제시되지 않았지만 수업 중 역할극 활동을 진행하였다.

① 추가(adding)
② 상세화(elaboration)
③ 단순화(simplification)
④ 재구조화(restructuring)

정답 ④

정·오답풀이 ④ 대화문 만들기 활동을 역할극 활동으로 변경, 제시되지 않은 과제 활동을 역할극 활동으로 진행한 것들은 교재의 개작 유형 중 수정에 속한다. 교재에서 학습하는 내용을 바탕으로 역할극을 진행한 것은 수정 중에서도 재구성(re-structuring)에 해당된다.

개념 정리

한국어 교육	표준 교재 [세종한국어] 출판 및 보급
	익힘책(워크북) 개발
	세종학당 성취도 평가 개발 및 시행
한국문화 교육	세종문화아카데미 운영
	문화 전문가/인턴 파견
	한국문화 특강 프로그램 및 자료 개발 및 지원
	문화교재 개발
한국문화연수 및 장학프로그램	세종학당 한국어 말하기 대회
	세종학당 우수 학습자 초청 연수
	국내 한국어교육 연수 (KBS)
세계한국어 교육자 대회	포럼 및 한국어 교원 교육
	한국문화체험
한국어 교원 파견	파견 교원의 교육 활동 지원 및 관리
	파견 교원의 현지 생활 적응 지원
	파견 교원 업무 수행 능력 및 근무 태도 평가
한국어 교원 양성과정 운영	온라인/오프라인 통합 교육
정보화 사업	누리-세종학당 구축 및 운영
	한국어·한국 문화 학습용 콘텐츠 개발 및 보급
	스마트러닝 학습 체계 구축
	통합업무관리시스템 제공

홍보 사업	언론 홍보 사업 추진(보도 자료, 언론 취재 지원)
	정기간행물 제작·배포(세종학당재단 새 소식, 세종학당)
	각종 홍보물 제작
행사	세종학당 미담사례 공모전
	해외 한국문화가 있는 날

111 세종학당재단에서 시행하는 사업이 아닌 것은?

영역(과목) 외국어로서의 한국어 교육학개론

① 한국어 교원 파견 사업을 시행한다.
② 한국어교육 국제 학술대회를 개최한다.
③ '세종학당 우수학습자 초청연수'를 개최한다.
④ '해외 한국문화가 있는 날' 행사를 지원한다.

정답 ②

정·오답풀이 ② 재외한국어교육자 국제 학술대회는 교육부와 국립국제교육원이 주최하고 재외동포교육 진흥재단이 주관한다.

개념 정리

GKS장학사업	정부초청 외국인장학생 선발
	외국인우수교환학생 지원
	외국인우수자비유학생 지원
	주요국가학생 초청연수
	국비유학생 선발파견
	한일공동 이공계학부유학생 파견
	외국정부초청 장학생선발
	ASEAN국가 우수이공계대학생 초청연수
재외동포교육	재외동포 국내초청교육
	교과서·교재 보급
	재외 한국학교 교사연수
글로벌어학능력증진	한국어능력시험(TOPIK)
	코스넷(KOSNET)

국제교육교류	한·일 교육교류
	한·중 교육교류
	개발도상국 기초교육지원
	한·미 대학생 연수(WEST) 프로그램
	문화협정 제2외국어 교원연수
	태국 한국어교원양성·한국교사파견
유학생관리지원	한국유학 박람회
	한국유학 종합시스템
	국외인적자원 관리시스템
	외국인유학생 상담센터
외국어공교육지원	원어민영어보조교사 선발지원(EPIK)
	정부초청 영어봉사장학생 선발지원(TaLK)
	원어민중국어보조교사 선발지원(CPIK)
	제주영어교육센터

112 국립국제교육원에서 운영 중인 사업을 모두 고른 것은? 영역(과목) 외국어로서의 한국어 교육학개론

ㄱ. 외교관 언어문화 연수
ㄴ. 한국전공 대학원생 펠로십
ㄷ. 재외 한국학교 교사 초청 연수
ㄹ. 재외동포 국내초청교육(모국수학) 과정
ㅁ. 한글학교 교사 맞춤형 온라인 연수 과정

① ㄱ, ㄴ   ② ㄴ, ㄷ   ③ ㄷ, ㄹ   ④ ㄹ, ㅁ

정답 ③

정·오답풀이 ③ 재외 한국학교 교사 초청 연수와 재외동포 국내초청교육은 국립국제교육원에서 운영하는 사업 중 재외동포 교육에 들어간다. 재외동포 교육에는 이 외에도 교과서, 교재 보급이 있다.

넷째마당

제 10 회

한국어교육능력
검정시험
기출문제 및 해설

1교시 한국어학·일반언어학 및 응용언어학

2교시 한국문화·외국어로서의 한국어교육론

한국어교원3급 자격증은 **TOPIK KOREA**

한국어 일번지
TOPIK KOREA
원격평생교육원
www.topikkorea.co.kr
일반(자비부담) 한국어 교원
양성과정, 한국어교육실습

국비지원교육
TOPIK KOREA
인재개발교육원
www.edukhrd.co.kr
국비지원 한국어교원양성과정,
한국어교육검정시험 해설 강의

제10회 한국어학·일반언어학 및 응용언어학

1교시

개념 정리

한국어의 형태적 특성과 문법적 특성 〈11회 3번 참고〉

001 한국어의 특징으로 옳지 않은 것은? 　　　　　　　　　　　　　영역(과목) 한국어학개론

① 접사에 의한 파생보다 영파생이 생산적이다.
② 의성어와 의태어가 발달해 있다.
③ 자음교체나 모음교체에 의해 새로운 단어가 만들어진다.
④ 시제는 어미 또는 통사적 구성에 의해서 표시된다.

정답 ①

정·오답풀이 ① 영파생은 어떤 단어의 어간이 통사적 기능을 달리하는 다른 품사로 바뀌어도 음장이나 억양을 포함하여 형태상으로 아무런 변화를 입지 않는 경우를 가리킨다. (신-신다) 한국어의 경우 접미사에 의한 파생이 중심이 된다.

개념 정리

훈민정음 〈12회 1번 참고〉

002 한글에 관한 설명으로 옳은 것은? 　　　　　　　　　　　　　　영역(과목) 한국어학개론

① 한글 자모는 모두 26자이다.
② 모든 자음자의 명칭은 〈훈몽자회〉에서 확정되었다.
③ 한글은 음절 단위로 모아쓰므로 음절문자로 볼 수 있다.
④ 자음자와 모음자의 상형 대상은 서로 다르다.

정답 ④

정·오답풀이 ④ 자음자의 상형 대상은 발음 기관의 모양이며, 모음자의 상형 대상은 천(天), 지(地), 인(人)이다.
① 훈민정음 창제 당시 자음 17자, 모음 11자의 28자, 현행 한글맞춤법에서 정한 자모의 수는 자음 14자, 모음 10자의 24자이다.
② 최세진의 〈훈몽자회〉에서 초성과 종성에서 두루 쓰이는 자음과 모음의 이름이 처음으로 보이나 초성에서만 쓰이는 자음에 대한 명칭은 1933년부터 사용된다.
③ 한글은 음절 단위로 모아쓰기 때문에 음절문자의 특성을 일부 가지고 있으나, 한 글자가 자음과 모음을 대표하는 음소문자 또는 자모문자이다.

개념 정리

표음주의와 표의주의

정서법, 좁게는 철자법이 말의 소리를 시각화함에 있어서 어떻게 하는 것이 이상적인가에 대한 두 가지 견해가 있다. 하나는 소리를 충실하게 나타낼수록 좋다는 견해로 표음주의(表音主義)라고 한다. 다른 하나는 소리의 반영에는 충실하지 않더라도 독서 능률에 효과적인 방법이 좋다는 견해로 표의주의(表意主義)이다.

003 다음 중 표음주의 표기 방식으로 묶은 것은?

영역(과목) 어문규범

ㄱ. '궁물'로 적지 않고 '국물'로 적는다.
ㄴ. '넓다란'으로 적지 않고 '널따란'으로 적는다.
ㄷ. '덥으니'로 적지 않고 '더우니'로 적는다.
ㄹ. '우슴'으로 적지 않고 '웃음'으로 적는다.

① ㄱ, ㄴ   ② ㄴ, ㄷ   ③ ㄷ, ㄹ   ④ ㄱ, ㄹ

정답 ②

정·오답풀이
ㄴ. '널따란' : 소리를 충실하게 나타낸 표음주의 표기 방식
ㄷ. '더우니' : 소리를 충실하게 나타낸 표음주의 표기 방식
ㄱ. '국물' : 의미 파악에 효과적인 표의주의 표기 방식
ㄹ. '웃음' : 의미 파악에 효과적인 표의주의 표기 방식

개념 정리

한자를 차용하여 우리말을 표기하던 방법으로 한자차용 표기법이라고도 한다. 이는 종래에 이두(吏讀)·구결(口訣)·향찰(鄕札)을 통틀어 일컫는 말이다.
- 이두 : 한문을 우리나라 식으로 고친 것으로 단어의 배열이 한국어의 문장 구조를 따르고 조사, 어미 등을 한자로 표기하는 초기의 문장 쓰기 형식이다. 19세기 말까지 나타난다.
- 구결 : '吐(토)'라고도 한다. 한문을 읽을 때 문법적 관계를 표시하기 위해 삽입하는 요소로 한문 원전의 이해를 돕기 위해 한문 구절마다 토를 달아 우리말로 읽는 차자 표기 방식이다.
- 향찰 : 한자의 음과 훈을 빌어 순 우리말을 한국어 어순대로 문장 전체를 표기하는 방식으로 향가 표기에 사용되었다. 의미를 가진 부분은 뜻으로, 조사, 어미와 같은 문법적인 부분은 소리로 표기했다.

004 차자 표기에 관한 설명으로 옳지 않은 것은?

영역(과목) 한국어사

① 이두는 신라 초기부터 조선 전기까지 사용한 표기 방식으로, 한국어의 어순대로 표기하였다.
② 구결은 한문 원전을 읽을 때 그 뜻을 편리하게 해석하기 위해 사용하였다.
③ 향찰은 한자를 빌려 한국어를 표기한 것으로, 향가 표기에 사용하였다.
④ '밤'을 표기한 '夜音'에서 '音'은 받침 'ㅁ'을 나타내는 음독 표기이다.

> **정답** ①
> **정·오답풀이** ① 이두는 신라 초기부터 훈민정음 창제 이후에도 사용되어 조선 후기인 19세기 말까지 나타난다.

개념 정리Q

표준발음법 'ㄴ' 첨가 〈11회 56번 참고〉

---

005 표준발음에 따라 수를 소리 내어 읽을 때 'ㄴ' 첨가가 나타나지 <u>않는</u> 것은?   영역(과목) 음운론 / 어문규범

① 3.01 %   ② 3,221원   ③ 1, 2월   ④ 전화번호 119

> **정답** ②
> **정·오답풀이** ② 3,221원 : [삼처니배기시비붠] – 연음되어 소리 난다.
> ① 3.01 % : [삼쩜녕일퍼센트] – 'ㄴ'첨가되어 소리 난다.
> ③ 1, 2월 : [일리월] – 'ㄴ'첨가 후 앞 말의 받침 'ㄹ'과 만나 유음화되어 'ㄹ'로 소리 난다.
> ④ 전화번호 119 : [전화번호일릴구] – 'ㄴ'첨가 후 앞 말의 받침 'ㄹ'과 만나 유음화되어 'ㄹ'로 소리 난다.

개념 정리Q

표준발음법
제4항 'ㅏ ㅐ ㅓ ㅔ ㅗ ㅚ ㅜ ㅟ ㅡ ㅣ'는 단모음(單母音)으로 발음한다.
[붙임] 'ㅚ, ㅟ'는 이중 모음으로 발음할 수 있다.

	전설 모음		후설 모음	
	평순 모음	원순 모음	평순 모음	원순 모음
고모음	ㅣ	ㅟ	ㅡ	ㅜ
중모음	ㅔ	ㅚ	ㅓ	ㅗ
저모음	ㅐ		ㅏ	

---

006 표준어의 단모음에 관한 설명으로 옳지 <u>않은</u> 것은?   영역(과목) 음운론 / 어문규범

① 전설모음이 후설모음보다 많다.
② 원순모음인 저모음은 존재하지 않는다.
③ 'ㅚ'와 'ㅔ', 그리고 'ㅟ'와 'ㅣ'의 대립은 원순성 유무에 의한 것이다.
④ 'ㅔ'와 'ㅐ'의 합류는 반영되지 않고 있다.

> **정답** ①
> **정·오답풀이** ① 전설모음과 후설모음의 수는 5개로 같다.

개념 정리

한국어의 'ㄹ'은 '달'을 발음할 때와 같이 혀끝을 윗잇몸에 대고 그 양쪽으로 기류를 내보내는 소리인 설측음 [l]과 '다리'를 발음할 때와 같이 혀끝을 잇몸에 살짝 대었다 떨어지며 나는 소리인 탄설음이라고 하는 [ɾ]이 있다. 따라서 한국어의 'ㄹ'은 음절말에서는 설측음으로 다른 환경에서는 탄설음으로 나타나기 때문에 정확하게 설측음이라고 할 수 없고 탄설음이라고도 할 수 없다. 전통적으로는 [l]과 [ɾ]을 묶어서 자음 중 장애를 적게 받아 잘 흐르는 소리라고 하여 유음이라고 불러왔다.

007 유음의 특징에 관한 설명으로 옳은 것은?

영역(과목) 음운론 / 어문규범

① 어두에서는 항상 탈락한다.
② 모음 사이에서 탄설음으로 발음된다.
③ '달'의 'ㄹ'은 전동음으로 발음된다.
④ 어중에서 'ㄹ'이 연속될 경우 탄설음으로 발음된다.

정답 ②

정·오답풀이
② '다리'와 같이 앞말이 모음으로 끝나고 다음 초성으로 'ㄹ'이 오는 경우에는 혀끝을 잇몸에 살짝 대었다 떨어지며 내는 탄설음 [ɾ]로 발음된다.
① 한자음에서 단어의 첫머리에 올 적에는, 두음 법칙에 따라 'ㄴ'으로 나타난다. 그러나 라면, 레몬, 라디오 등과 같이 외래어의 경우 그대로 발음된다.
③ 'ㄹ'은 음절말에서는 설측음으로 나타나는데 '달'을 발음할 때와 같이 혀끝을 윗잇몸에 대고 그 양쪽으로 기류를 내보내는 소리를 설측음 [l]이라고 한다. 전동음은 탄설음 [ɾ] 발음을 지속적으로 잇몸에 대었다가 떼면서 혀끝이 떨리는 소리로 한국어에는 나타나지 않는다.
④ 한라산[할라산]에서처럼 'ㄹ'이 연속될 경우 설측음으로 발음된다.

개념 정리

자음체계 〈12회 8번 참고〉

008 자음 음소체계에 관한 설명으로 옳지 않은 것은?

영역(과목) 음운론

① 초성 자음체계와 종성 자음체계는 다르다.
② 파열음과 비음은 조음위치의 가짓수가 같다.
③ 마찰음과 파찰음은 조음방법이 다르다.
④ 조음위치에 따라 공명음과 장애음으로 분류할 수 있다.

정답 ④

정·오답풀이
④ 조음위치에 따라 양순음, 치조음, 경구개음, 연구개음, 후음으로 분류한다.
① 초성에서 전체 19개의 자음 중 'ㅇ'을 제외한 18개의 자음이 나타날 수 있다. 그러나 종성에서는 음절말 불파로 인해 7개의 자음(ㅂ, ㄷ, ㄱ, ㅁ, ㄴ, ㅇ, ㄹ)만 나타나므로 초성과 종성에서 자음체계는 다르다.
② 파열음은 양순음, 치조음, 연구개음의 위치를 가지고 있고 비음도 양순음, 치조음, 연구개음의 위치를 가지고

있다.
③ 마찰음과 파찰음은 모두 장애음에 속하며 평음, 경음, 격음으로 소리를 낸다. 마찰음의 경우 'ㅅ, ㅆ'처럼 격음이 없는 것으로 보이나 'ㅎ'을 격음으로 보기도 한다.

개념 정리

구개음화

자음 [ㄷ], [ㅌ]이 뒤에 오는 단모음 'ㅣ'나 반모음 'j'의 영향을 받아 구개음 [ㅈ], [ㅊ]으로 바뀌는 현상으로 '굳이 → 구지', '같이 → 가치' 등이 그 예이다. 뒤에 오는 음이 앞의 음에 영향을 주었기 때문에 역행동화이고, 같은 소리로 변한 것이 아니므로 부분 동화이다.

009 현대국어의 구개음화에 관한 설명으로 옳은 것을 모두 고른 것은? 영역(과목) 음운론

ㄱ. 모음이 자음에 동화되는 현상이다.
ㄴ. 형태소 내부에서는 일어나지 않는다.
ㄷ. '같이, 굳히다, 맞히다'를 발음할 때 나타난다.
ㄹ. 'ㅂ'은 구개음화되지 않는다.

① ㄱ, ㄴ   ② ㄱ, ㄷ   ③ ㄴ, ㄹ   ④ ㄷ, ㄹ

정답 ③

정·오답풀이
ㄴ. '잔디'에서와 같이 형태소 내부에서는 일어나지 않는다. 이는 역사적으로 구개음화가 활발하던 시기에 '잔듸'였기 때문이나, '잔디'로 그 소리가 변한 후에도 구개음화되지 않았다.
ㄹ. 'ㄷ', 'ㅌ'이 'ㅣ' 모음과 만나 일어나는 현상이다.
ㄱ. 자음이 모음 'ㅣ'에 동화되는 현상이다.
ㄷ. '맞히다 → 마치다'는 'ㅈ'이 'ㅎ'과 만나 'ㅎ'축약이 일어나 'ㅊ'으로 발음된다.

개념 정리

음운의 변동 〈12회 11번 참고〉

010 '낳는다'가 [난는대]로 발음되는 현상에 관한 설명으로 옳은 것은? 영역(과목) 음운론

① 부분동화가 일어난다.
② 음소의 탈락이 일어난다.
③ 음소배열제약 때문에 일어난다.
④ 무성 성문 마찰음이 연구개 비음으로 변하는 현상이다.

정답 ③

정·오답풀이 ③ 음소배열제약은 음소와 음소의 배열을 제한하는 제약으로 'ㄷ' 뒤에 비음 'ㄴ'이 오는 경우 앞의 'ㄷ'이 'ㄴ'으로 조음방법이 변화하는데 이는 음소배열제약으로 인해 나타난현상이다.
① 'ㅎ' → 'ㄷ' → 'ㄴ'으로 변화하여 뒤 'ㄴ'과 같은 소리로 변화했으므로 완전동화에 속한다.
② 평폐쇄음화와 비음화가 일어나며 탈락은 일어나지 않는다.
④ 무성 성문 마찰음이 치조 비음으로 변하는 현상이다.

개념 정리

조음 위치 동화
두 개의 자음이 연결되었을 때, 두 자음의 조음 방법은 그대로 유지되면서 조음 위치만 같아지는 현상이다. 한국어에서는 두 자음 중 앞 자음의 조음 위치가 변화하는데, 치조음과 양순음이 연구개음 앞에서 연구개음으로(안 가[앙가]), 치조음이 양순음 앞에서 양순음으로(곧바로[곱빠로]) 바뀐다. 조음 위치 동화는 표준 발음으로 인정되지는 않았다.

011
'신문→[심문]'과 '손가락→[송까락]'에 공통적으로 나타나는 음운현상에 관한 설명으로 옳은 것을 모두 고른 것은?

영역(과목) 음운론

> ㄱ. 선행 자음의 조음위치가 후행 자음의 조음위치에 동화되는 현상이다.
> ㄴ. 'ㅇ[ŋ]'은 동화음이 되지 못한다.
> ㄷ. 이 음운현상에 따른 발음은 표준발음으로 인정하지 않는다.
> ㄹ. 이 음운현상에는 완전동화의 예도 있고 부분 동화의 예도 있다.

① ㄱ, ㄴ   ② ㄱ, ㄷ, ㄹ   ③ ㄴ, ㄷ, ㄹ   ④ ㄱ, ㄴ, ㄷ, ㄹ

정답 ④

정·오답풀이 ㄱ. 치조음과 양순음이 연구개음 앞에서 연구개음으로, 치조음이 양순음 앞에서 양순음으로 바뀌는 현상이므로 앞 자음의 조음 위치가 동화된다.
ㄴ. 'ㅇ[ŋ]'은 연구개 비음으로 초성에서 발음되지 못하기 때문에 동화음이 되지 못한다.
ㄷ. 조음 위치 동화는 현재 표준발음으로 인정하지 않는다.
ㄹ. 조음 위치 동화는 신문[심문]과 같은 완전 동화로 나타나는 경우와, 감기[강기]와 같은 부분 동화로 나타나기도 한다.

개념 정리

공시언어학과 통시언어학
소쉬르는 언어체계의 연구에서 특정시대의 언어 체계에 대한 연구를 공시언어학이라고 하고, 언어의 시대에 따른 변화의 연구를 통시언어학이라고 말했다.

012
현대 한국어에서 공시적으로 'ㄴ'이 그 바로 앞의 'ㄹ'을 탈락시키는 예를 든 것으로 옳은 것은?

영역(과목) 한국어학개론/어문규범

① 진열, 할인율
② 아드님, 버드나무
③ 시를 읊는다, 발을 밟는다
④ 칼을 가는 사람, 손가락이 가는 사람

정답 ④

정·오답풀이
④ 칼을 가는 사람, 손가락이 가는 사람 : '갈다, 가늘다'가 원형으로 'ㄹ'탈락이 일어나는 환경은 'ㄴ, 는, (으)시, (으)ㄹ, (스)ㅂ니까, (스)ㅂ니다'로 시작하는 어미가 결합하면 'ㄹ'이 탈락한다.
① 진열, 할인율 : 'ㄴ' 앞에 'ㄹ'이 탈락되지 않는다. 한글맞춤법 제11항에 따라 모음이나 'ㄴ' 받침 뒤에 이어지는 '렬, 률'은 '열, 율'로 적는다.
② 아드님, 버드나무 : 한글맞춤법 제 28항 끝소리가 'ㄹ'인 말과 딴 말이 어울릴 적에 'ㄹ' 소리가 나지 아니하는 것은 아니 나는 대로 적는다. '아드님'은 역사적인 현상으로서 통시적으로 'ㄹ'을 탈락시키는 예가 된다.
③ 시를 읊는다, 발을 밟는다 : 읊다[읍따], 밟다[밥따]와 같이 자음군단순화가 일어나 'ㅂ'으로 발음되는 것으로 뒤 'ㄴ'과 관계가 없다.

개념 정리

동화
한 단어나 같은 기식군 안에 있는 한 음이 다른 음에 영향을 미치어 저와 완전히 같거나 비슷한 음으로 변화되는 현상으로 동화의 방향을 고려하여 앞 음이 뒤 음을 변화시키는 순행동화, 뒤 음이 앞 음을 변화시키는 역행동화, 앞뒤의 서로 영향을 주고받아 둘 다 변하는 상호동화로 구분하고, 동화의 결과가 완전히 동일한 음으로 나타나는가, 아니면 비슷한 음으로 변하는가에 따라 완전동화와 부분동화로 분류할 수 있다.

013
동화의 방향이 같은 단어끼리 묶은 것은?

영역(과목) 음운론

① 천리, 핥는
② 꽃잎, 불능
③ 겉면, 곤란
④ 칼날, 같이

정답 ③

정·오답풀이
③ 겉면[걷면 → 건면] : 역행동화·부분동화, 곤란[골란] : 역행동화·완전동화
① 천리[철리] : 역행동화·완전동화, 핥는[할는 → 할른] : 순행동화·완전동화
② 꽃잎[꼳닙 → 꼰닙] : 역행동화·완전동화, 불능[불릉] : 순행동화·완전동화
④ 칼날[칼랄] : 순행동화·완전동화, 같이[가치] : 역행동화·부분동화

개념 정리

문장성분
- 주성분 : 문장의 골격을 이루는 필수적인 성분으로 주어, 서술어, 목적어, 보어와 같은 성분을 말한다. 서술어는 그 종류에 따라 주어만 필요로 하는 한 자리 서술어와 주어와 목적어를 필요로 하는 두 자리 서술어, 주어 목적어 외에 다른 성분을 더 요구하는 세 자리 서술어로 구분할 수 있다. 세 자리 서술어에서 필요로 하는 다른 성분은 문장의 필수 요소가 된다.
- 부속성분 : 주성분의 내용을 꾸며주는 역할을 하는 것으로 문장 형성에 꼭 필요한 성분이 아닌 관형어와 부사어를 말한다.
- 독립성분 : 문장에서 따로 떨어진 성분으로 독립어를 말한다.

---

014 밑줄 친 성분 중에서 필수적인 요소가 아닌 것은?
영역(과목) 문법론

① 요즘 몸이 <u>예전과</u> 다르다.
② 나는 영수를 <u>친구로</u> 삼았다.
③ 아이들이 <u>마당에서</u> 뛰놀고 있다.
④ 나는 친구와의 약속을 <u>소중히</u> 여긴다.

정답 ③

정·오답풀이
③ '마당에서'는 부사어로 부속성분이며 서술어인 '있다'는 한 자리 서술어로 주어만 필요로 하기 때문에 필수적인 요소가 아니다.
① '예전과'는 부사어이나 서술어 '다르다'는 주어 이외에 부사어를 반드시 필요로 한다.
② '친구로'는 부사어이나 서술어 '삼다'는 주어와 목적어, 부사어를 반드시 필요로 한다.
④ '소중히'는 부사어이나 '여기다'는 주어와 목적어, 부사어를 반드시 필요로 한다.

개념 정리

이형태
형태소가 앞이나 뒤에 어떤 요소가 결합하는가에 따라 모양이 바뀌기도 하는데, 이처럼 환경에 따라 음상이 달라질 때 각각의 모습을 다른 형태소로 보지 않고 하나의 형태소의 다른 형태 즉 이형태라고 한다. 이형태를 결정하는 기준은 의미의 동일성과 상보적 분포이다. 따라서 의미가 같아야 하며, 각각의 형태들이 나타나는 환경이 겹치지 않아야 한다. '잎이[이피], 잎도[입또], 잎만[임만]'에서와 같이 환경에 따라 음절말에서 'ㅍ, ㅂ, ㅁ'으로 나타나는데 이러한 형태가 '잎'의 이형태가 되는 것이다.

---

015 한 형태소의 이형태들을 묶은 것이 아닌 것은?
영역(과목) 문법론

① 보조사 '은, 는'
② 격조사 '을, 를'
③ 종결어미 '-으라, -어라'
④ 연결어미 '-어서, -아서, -여서'

정답 ③

정·오답풀이
③ 종결어미 '-으라, -어라' : '-으라'는 어간이 자음으로 끝나면 '-으라', 모음으로 끝나면 '-라'로 나타나는 음운론적 이형태를 가진다. '-어라'는 어간이 양성모음 'ㅏ, ㅗ' 뒤에서 '-아라', 그 외의 모음으로 끝나면 '-어라'로 나타나는 음운론적 이형태를 가지며, '하다'와 결합하면 '-여라'로 형태론적 이형태가 된다.
① 보조사 '은, 는' : 앞말이 자음으로 끝나면 '은', 모음으로 끝나면 '는'으로 나타나는 음운론적 이형태.
② 격조사 '을, 를' : 앞말이 자음으로 끝나면 '을', 모음으로 끝나면 '를'로 나타나는 음운론적 이형태.
④ 연결어미 '-어서, -아서, -여서' : 어간이 양성모음 'ㅏ, ㅗ' 뒤에서 '-아서', 그 외의 모음으로 끝나면 '-어서'로 나타나는 음운론적 이형태를 가지며, '하다'와 결합하면 '-여서'로 형태론적 이형태가 된다.

| 제 10 회 |

개념 정리

접미사

접미사는 단어형성 요소 가운데 어근 뒤에 놓이는 접사이다. 접미사에는 ① 선행 어근에 새로운 의미를 부가하는 것과, ② 문법적 기능의 변화를 초래하게 되는 것이 있다.

체언에 연결되는 접미사는 ①의 경우가 많다. 이 경우 한자어인 접미사는 매우 생산적인데, 一家, 一化, 一的, 一然, 一氏가 그 예에 속한다.

용언에 연결되는 접미사는 ②의 경우로 어간 형성 접미사 '—답—', '—스럽—' 등이 있으며, 부사 형성 접미사 '—이'가 있다.

016 밑줄 친 접미사와 결합한 어근의 종류가 다른 것은?   영역(과목) 문법론

① 옷걸<u>이</u>   ② 젖먹<u>이</u>   ③ 가슴앓<u>이</u>   ④ 절름발<u>이</u>

정답 ④

정·오답풀이
④ 절름발이 : '절름발 + 이'로 분석되어 명사 + 접미사이다.
① 옷걸이 : '옷 + 걸이'로 다시 '걸 + 이'로 분석되어 동사 + 접미사이다.
② 젖먹이 : '젖 + 먹이'로 다시 '먹 + 이'로 분석되어 동사 + 접미사이다.
③ 가슴앓이 : '가슴 + 앓이'로 다시 '앓 + 이'로 분석되어 동사 + 접미사이다.

개념 정리

수사

수를 나타내는 품사로 체언에 속하며, 수관형사는 뒷 체언의 수량과 순서를 가리키는 수량관형사이다. 〈11회 11번 참고〉

017 수사와 수관형사에 관한 설명으로 옳지 않은 것은?   영역(과목) 문법론

① 1부터 99까지를 나타내는 수사에는 고유어도 있고, 한자어도 있다.
② 사람의 수효를 나타내는 '혼자'나 서수사인 '첫째'는 보충법적인 예이다.
③ '다섯'부터 '열'까지의 수에서는 수사와 수관형사가 동일한 형태를 보인다.
④ '서, 세, 석'은 후행하는 단위성 의존명사에 따라 음운론적으로 선택된다.

정답 ④

정·오답풀이
④ '서, 세, 석'은 표준어 규정에 따라 쓰임이 달라지므로 음운론적으로 선택되는 것이 아니다.
'돈, 말, 발, 푼' 등의 앞에서 '서', '냥, 되, 섬, 자' 등의 앞에서 '석', 이외의 다른 단위 명사 '권, 벌, 마리, 개' 등의 앞에서 '세'를 사용한다.
① 1부터 99까지를 나타내는 고유어 수사에는 '하나, 둘, 셋…' 등이 있고 한자어 수사에는 '일, 이, 삼…' 등이 있으며 99까지 존재한다. 보통 양이 많은 경우에는 한자어 수사를, 양이 적은 경우에는 고유어 수사를 사용한다.
② 보충법은 어형의 규칙적인 변화틀에 어긋나고 어원적으로도 관련이 없는 형태로써 체계의 빈칸을 채우는 것이다. '혼자, 둘이, 셋이'에서 '하나이'가 아닌 '혼자'로 사용되어 보충법으로 나타나며, '첫째, 둘째, 셋째'에서 '하나째'가 아닌 '첫째'로 나타나 보충법으로 사용된다.
③ '다섯'부터 '열'까지의 수에서는 '학생이 다섯이다.'와 '학생이 다섯 명이다.'에서와 같이 수사와 수관형사가 동일한 형태로 나타난다.

개념 정리

존재사

용언에 있어서 동사·형용사와 함께 활용되는 품사의 일종으로 존재사를 들 수 있다. '소유'나 '존재'의 뜻을 나타내는 '있다, 없다, 계시다'가 여기에 속한다. 존재사는 형태론적인 규범은 매우 특이하여 활용에 있어 동사와 형용사의 각기 다른 특성을 부분적으로 공유하는 양면성을 드러낸다.

존재의 '있다'와 '계시다'는 형용사와 달리 명령형이 가능하며, '있다'의 경어는 '계시다'가 되나, 소유의 뜻을 나타내는 경어는 '있으시다'가 되며, 문법적 성질도 달라 소유의 뜻일 경우 형용사처럼 명령형을 사용할 수 없다.

---

018 '있다, 없다, 계시다'에 관한 설명으로 옳은 것을 모두 고른 것은?

영역(과목) 문법론

ㄱ. '계시다'는 명령형으로 쓸 수 있다.
ㄴ. '있다'는 명령형으로 쓸 수 있는 데 반해, '없다'는 명령형으로 쓰지 않는다.
ㄷ. '있으시다'는 '선생님께서 오늘 학교에 있으시다.'처럼 소재를 나타낼 때 쓴다.
ㄹ. '있다, 없다'는 종결형에서는 동사처럼 활용하고 관형사형에서는 형용사처럼 활용한다.

① ㄱ, ㄴ ② ㄱ, ㄹ ③ ㄴ, ㄷ ④ ㄷ, ㄹ

정답 ①

정·오답풀이
ㄱ. '계시다'는 존재의 의미로 사용되어 명령형 '계십시오, 계세요'가 가능하다.
ㄴ. '있다'는 명령형 '있어라'가 가능하지만, '없다'는 '없어라'의 형태가 불가능하다.
ㄷ. '있으시다'는 소유의 의미로 '선생님께서 오늘 학교에 있으시다.'는 존재의 의미가 되어 '계시다'를 사용해야 한다.
ㄹ. '있다, 없다'는 현재 종결형에서는 형용사처럼 활용하여 평서문과 의문문이 가능하고 관형사형에서는 동사처럼 활용하여 어미로 '-는'과 결합한다.

개념 정리

남의 힘에 의해 어떤 동작이 행해지는 것을 피동이라고 하며, 이것을 드러내는 표현을 문법적으로 나타낸 것을 피동문이라고 한다. 피동을 나타내는 표현은 피동사로 표현하는 어휘적 피동 또는 단형 피동과 '-어 지다'와 같이 문법적 표현을 사용한 통사적 피동 또는 장형 피동이 있다.

어휘적 피동은 피동사를 사용하는데, 능동사인 타동사에 '-이-, -히-, -리-, -기-'등이 붙어서 이루어지고 각 용언에 결합하는 접미사는 일정하지 않아서 규칙화하기 어렵다.

통사적 피동은 능동사 어간에 '-어지다'를 붙여 피동을 나타내며, 어휘적 피동이 타동사에만 결합할 수 있는 반면에 통사적 피동은 거의 모든 동사에 쓰일 수 있다.

---

019 피동문에 관한 설명으로 옳은 것은?

영역(과목) 문법론

① 모든 피동문에는 대응하는 능동문이 있다.
② 능동문의 주어는 피동문에서 대개 부사어로 표현된다.

③ 형용사에 '-어지다'가 결합하면 피동문을 구성한다.
④ 단형 피동이 가능한 동사의 경우는 '-어지다'에 의한 장형 피동이 나타나지 않는다.

정답 ②

정·오답풀이 ② 능동문의 주어는 피동문에서 대개 부사어'-에게'로 표현된다.
① '날씨가 풀렸다.'처럼 피동문에는 대응하는 능동문이 없는 경우도 있고, '산모가 몸을 풀었다.' 처럼 능동문에 대응하는 피동문이 없는 경우도 있다.
③ 능동사 어간에 '-어지다'가 결합하면 피동문을 구성한다. 형용사에 '-어지다'가 결합하면 과정화의 의미로 변해가는 과정을 나타낸다.
④ 단형 피동이 가능한 동사가 피동사가 된 후에 다시 '-어지다'와 결합하여 장형 피동이 나타나기도 한다. '보다 - 보이다 - 보여지다'

개념 정리

'못'은 형용사 앞에 놓이지 못하는 큰 제약을 가지며, '좋지 못하다'와 같은 장형부정만이 성립한다. 단, '있다'는 '가만히 있다'와 같이 인간의 행동을 서술하는 경우에만 '가만히 못 있다'에서처럼 '못'이 앞에 놓일 수 있다. 또한 '못 존재한다, 못 자라다, 못 닮다. 못 모르다, 못 없다' 등과 같이 주어의 능력이 문제되지 않는 동사가 올 때에도 '못'이 쓰이지 못한다. 반면에 '못'의 장형부정은 어떤 상태나 상황에 이르지 못함을 나타낸다. '안'은 형용사나 동사에 대하여 광범위하게 성립한다.

020 '못' 부정문에 관한 설명으로 옳은 것을 모두 고른 것은?

영역(과목) 문법론

> ㄱ. 소망을 나타내는 '-고 싶다' 구성에 잘 쓰이지 않는다.
> ㄴ. 약속을 나타내는 종결어미 '-ㄹ게, -마'가 쓰이지 않는다.
> ㄷ. '망하다, 잃다' 등 능력이 있다면 피해야 하는 행위를 나타내는 동사가 서술어로 잘 쓰이지 않는다.
> ㄹ. 화자의 능력을 부정하는 의미로만 쓰이므로 완곡한 거절 또는 강한 거부를 나타내는 용법으로는 쓰일 수 없다.
> ㅁ. '안' 부정문과 달리 형용사가 서술어로 쓰일 수 없다.

① ㄱ, ㄴ, ㄷ   ② ㄱ, ㄴ, ㅁ   ③ ㄴ, ㄷ, ㅁ   ④ ㄷ, ㄹ, ㅁ

정답 ①

정·오답풀이 ㄱ. '못'은 능력 부정의 의미를 가지고 있으므로 소망을 나타내는 '-고 싶다' 구성에서는 잘 쓰이지 않고, 의도 부정의 의미를 가진 '안'이 사용된다.
ㄴ. '못'은 능력 부정의 의미를 가지고 있으므로 약속을 나타내는 '-ㄹ게, -마'가 쓰이지 않고, 의도 부정의 의미를 가진 '안'이 사용된다.
ㄷ. '못'은 능력 부정의 의미를 가지고 있으므로 '망하다, 잃다' 등 능력이 있다면 피해야 하는 행위를 나타내는 동사가 서술어로 잘 쓰이지 않는다.
ㄹ. '나는 이 음식 못 먹어!'와 같이 완곡한 거절 또는 강한 거부를 나타내는 용법으로도 쓰일 수 있다.
ㅁ. 장형 부정인 '-지 못하다'로 사용되면 형용사가 서술어로 쓰일 수 있다.

개념 정리

관형절

관형사와 같은 역할을 하는 안긴문장을 말한다. 그 종류나 성격은 관형절의 꾸밈을 받는 명사와의 관계에 따라 관계관형절과 동격관형절로 구분된다. 〈11회 9번 참고〉

---

021 밑줄 친 관형절 중 관계 관형절이 아닌 것은? 　　　　　　　　　　　　　영역(과목) 문법론

① 비가 <u>오는</u> 소리가 들린다.
② <u>어제 읽은</u> 책을 다시 읽었다.
③ <u>집에서 먹을</u> 식빵을 샀다.
④ 그곳은 <u>내가 대학 때 자주 가던</u> 카페이다.

정답 ①

정·오답풀이
① 비가 온다. / (그) 소리가 들린다. : 동격관형절
② 어제 책을 읽었다. / 그 책을 다시 읽었다. : 관계관형절
③ 집에서 식빵을 먹을 것이다. / 식빵을 샀다. : 관계관형절
④ 내가 대학 때 카페에 자주 갔다. / 그곳은 그 카페이다. : 관계관형절

개념 정리

수량을 표현할 수 있는 품사로 수사와 수관형사가 있다. 수사는 수를 나타내는 품사의 하나이며, 수관형사는 체언이나 체언형을 수식하는 관형사이다. 〈11회 11번 참고〉

---

022 수량 표현의 어순으로 가능하지 않은 것은?　　　　　　　　　　　　영역(과목) 문법론

① 명사 - 수사
② 수관형사 - 명사
③ 명사 - 수관형사 - 단위성 의존명사
④ 명사 - 단위성 의존명사 - 수사

정답 ④

정·오답풀이
④ '사과 개 한을 샀다.'와 같이 어색한 표현이 되어 가능하지 않다.
① '사과 하나를 샀다.'와 같이 가능한 어순이다.
② '한 명이 들어왔다.'와 같이 가능한 어순이다.
③ '사과 한 개를 샀다.'와 같이 가능한 어순이다.

개념 정리

한국어의 시제는 선어말어미 '-았/었-, -겠-, -더-' 등에 의해서 표시되거나 용언의 관형사형 어미 '-(으)ㄴ, -는-, (으)ㄹ, -던' 등에 의해서 표시된다. 시제를 나타내는 선어말어미는 '-았었-, -았겠-, -았더-, -겠더-, -았을, -았던, -겠던' 등과 같이 그들끼리 또는 관형사형 어미와 어울려 복합적으로 나타나기도 한다.

시제 선어말어미 '-았/-었'은 과거시제 혹은 완료를 나타내거나 그 두 가지를 겸하고 있으며, '-겠-'은 미래시제를 보이거나 추측·의지·가능성·완곡을 나타낸다.

'-더-'는 회상시제로 보는 것이 일반적 견해이다. 그러나 인칭의 제약이 있어서 '내가 공부를 열심히 하더라.'와 같이 보통 일인칭

주어의 문장에서는 쓰일 수 없다는 제약을 가지고 있다.
관형사형 어미 '-는'은 동사에만 나타나는 것으로 현재 혹은 현재진행을 보이며 '-(으)ㄴ'은 동사 어간과 어울리면 과거를, 형용사와 어울리면 현재를 나타낸다. 그리고 '-(으)ㄹ'은 미래를 나타낸다.

023 시간표현에 관한 설명으로 옳지 않은 것은?

영역(과목) 문법론

① '-었-'은 문맥에 따라 완료 혹은 상태 지속의 의미를 나타낼 수 있다.
② 발화시를 기준시로 삼지 않는 상대시제가 사용되는 경우가 있다.
③ '-더-'는 1인칭 주어가 나타나는 문장에 쓰일 수 있다.
④ 관형절에서는 과거시제가 '-은'으로 표시되며, '-었-'은 쓰일 수 없다.

정답 ④

정·오답풀이 ④ 관형절에서는 과거시제가 '-은'으로 표시되며, '꽃이 피었을 그 공원'에서와 같이 '-었-'도 관형절에서 쓰일 수 있다.
① '-었-'은 '숙제를 방금 끝냈다.', '방금 자리에 앉았다.'와 같이 완료 혹은 상태 지속의 의미를 나타낼 수 있다.
② '나는 내일 제주도에 간다.'와 같이 사건이 벌어진 시간이 기준이 되는 상대시제가 사용되는 경우가 있다.
③ '-더-'는 보통 1인칭 주어가 나타나는 문장에 쓰이지 않으나 '나는 그 식당 음식이 맛있더라.'와 같이 심리형용사가 사용된 경우에 사용될 수 있다.

개념 정리

불완전동사는 비생산적인 동사로 불구동사라고도 한다. 활용상의 제약을 받아 몇 개의 국한된 활용형만을 가지고 있을 뿐, 대부분의 활용형이 나타나지 않는다. 불완전동사의 특징은 ① 동사에만 한정되어 있다. ② 시제를 표시하는 선어말어미를 취하지는 않는다. ③ 피동이나 사동의 구성이 불가능하다. ④ 대부분이 경어법과 연관을 가져서, 하위자나 동위자끼리 대하는 행위에만 관여된다. ⑤ 불완전동사의 어형변화표의 빈칸들은, 유사한 의미를 가진 단어들이 그 단어의 문법적 결함을 충족시켜주는 보충법에 의하여 채워진다.
불완전동사는 다음의 세 가지 유형으로 분류된다. ① 부사형어미 '—아/—어'를 취하여 거의 부사와 같은 기능을 가지는 부류(더불어, 아울러 등), ② 부사형어미 '—아/—어'와 연결되어 후행용언과 통합되어야만 동사 기능을 온전히 할 수 있는 부류(다려, 다가 등), ③ 명령형어미 '—아라/—어라', '—아/—어', '—오/—우'를 취하는 부류(달라, 다오, 아서라 등) 등이 그것이다. 이렇게 동사에 따라 한정된 활용형만을 보이기 때문에 사전에는 대개 그 활용형을 그대로 표제어로 올린다.

024 밑줄 친 용언 중 어미 활용의 제약이 가장 적은 것은?

영역(과목) 문법론

① 그 책에 <u>관하여</u> 토론했다.
② 철수를 <u>데리고</u> 집으로 가라.
③ 우승을 <u>바라는</u> 마음으로 기도했다.
④ 한국은 한글을 <u>비롯한</u> 자랑거리가 많다.

정답 ③

정·오답풀이 ③ 바라다 : 바라, 바란다, 바라지, 바랍니다, 바라시오, 바라십니까
① 관하다 : 관한, 관하여, 관하여서
② 데리다 : 데려, 데리고, 데려다, 데려다가
④ 비롯하다 : 비롯한, 비롯하여, 비롯해서

개념 정리Q

의문문은 문장 종결의 한 유형으로 말하는 사람이 듣는 사람에게 질문하여 그 해답을 요구하는 문장이다. 의문문은 의문형의 어말어미와 의문수행억양 등으로 통하여 표시된다. 의문형의 어말어미로는 해라체의 '—(으)냐, —니, —(으)ㄹ까' 등과 하게체의 '—(으)ㄴ가, —나', 합쇼체의 '—ㅂ니까' 등을 들 수 있다. 이들 어미에 시제와 양상을 나타내는 선어말어미가 붙은 '—느냐, —더냐, —는가, —던가, —ㅂ디까, —오리까' 등등의 여러 형식이 의문문을 표시하는 데 사용된다.

의문문은 대체적으로 말하여 문장의 뒤가 상승하는 특징을 가진다. 이 의문수행억양은 의문문을 성립시키는 데 있어서 의문형 어말어미에 못지않은 중요한 구실을 한다.

의문문은 우선 청자의 답변을 요구하는 직접의문과 청자의 답변을 요구하지 않는 간접의문으로 나누어지며, 답변의 유형에 따라 판정의문과 설명의문으로 나누어지는데, 판정의문은 '예, 아니오'와 같이 답변할 수 있는 의문문이며, 설명의문은 '누구, 무엇, 왜, 언제, 얼마나, 어디' 등과 같은 의문사가 들어있어 그것에 대한 설명을 요구하는 의문문이다.

이밖에도 수사적 의문문, 명령적 의문문, 감탄적 의문문 등으로 나누어질 수 있다. 수사적 의문문은 형식상으로는 의문문이나 내용상으로는 직접 답변을 요구하지 않고 화자가 이미 알고 있는 사항을 확인하는 의문문으로 반어의문문이라고도 한다. 명령적 의문문은 그 형식은 의문문이나 내용상으로는 청자에 대한 명령이나 권고를 나타내는 문장이다. 감탄적 의문문은 그 형식은 의문문이지만, 내용상으로는 문장에서 진술된 내용에 대한 감탄을 나타내는 의문문이다.

025 의문문에 관한 설명으로 옳지 않은 것은? [영역(과목) 문법론]

① 선택의문문은 '네/아니요'와 같은 대답이 필요하다.
② 가부(찬부)의문문은 의문사가 없고 상승 문미 억양을 갖는다.
③ 해체와 해요체는 평서문과 의문문에 동일한 어미가 쓰여서 억양으로 평서문이냐 의문문이냐가 결정된다.
④ 수사의문문이 속담이나 격언에서 자주 쓰이는 것은 긍정이나 부정의 효과를 강화하기 위한 것이다.

정답 ①

정·오답풀이
① 선택의문문은 둘 이상의 선택 항 중에서 하나를 골라 대답하기를 요구하는 의문문으로 "영화 볼래, 농구 할래?"와 같은 형태를 가진다.
② 가부(찬부)의문문은 판정의문문이라고도 하며, 의문사가 없고 상승 문미 억양을 갖는다. "밥 먹었어?"와 같은 형태를 가지며 답변은 "네/아니요"로 나타난다.
③ 해체의 평서문과 의문문 어미는 '-아/어', 해요체의 평서문과 의문문 어미는 '-아요/어요'로 동일하다. '가다'를 예를 들면 해체는 평서문 '가.', 의문문 '가?'이며, 해요체는 평서문 '가요.', 의문문 '가요?'가 된다.
④ 수사의문문은 형식상으로는 의문문이나 내용상으로는 직접 답변을 요구하지 않고 화자가 이미 알고 있는 사항을 확인하는 의문문으로 반어의문문이라고도 한다. '공든 탑이 무너지랴?'와 같이 속담이나 격언에서 자주 쓰인다.

| 제 10 회

개념 정리

목적어는 서술어가 표현하는 행위의 대상이 되는 말로 한국어 문장에서는 '무엇이 무엇을 어찌한다'의 '무엇을'에 해당하는 말이다. 명사나 명사 구실을 하는 말의 뒤에 목적격 조사 '을/를'을 붙여서 표시한다.

목적격조사 '을/를'은 격을 나타내는 이외에도 특수하게 쓰이는 경우가 있다. 예를 들어 이동의 뜻을 나타내는 '가다'는 자동사로 쓰여 '영수는 매일 학교에 간다.'와 같이 쓰이는 것이 일반적이지만, '영수는 매일 학교를 간다.'와 같이 쓰이는 경우이다. 주로 이동을 나타내는 동사가 사용될 때 방향을 나타내는 조사 '에' 대신 사용되거나 '을/를'이 사용될 수 없는 자리에 사용되어 강조의 의미를 나타내는 것이다.

026 밑줄 친 말의 문법적 성격이 다른 것은? 　영역(과목) 문법론

① 철수가 <u>등산을</u> 자주 간다.　② 철수가 <u>낚시를</u> 자주 간다.
③ 철수가 <u>해수욕을</u> 자주 간다.　④ 철수가 <u>외국을</u> 자주 간다.

정답 ④

정·오답풀이 ④ '철수가 외국에 자주 간다.'와 같이 부사어이나 강조의 의미로 '을/를'을 사용한 경우이다.
① '철수가 등산을 (하러) 자주 간다.'와 같이 행위의 대상이 된다.
② '철수가 낚시를 (하러) 자주 간다.'와 같이 행위의 대상이 된다.
③ '철수가 해수욕을 (하러) 자주 간다.'와 같이 행위의 대상이 된다.

개념 정리

부사는 주로 동사나 형용사, 부사, 문장 등의 앞에 위치하여 이들의 뜻을 더 세밀하고 분명하게 하며 꾸며 주는 말이다. 부사는 ① '이/가', '을/를', '에', '(으)로'와 같은 격조사나 '-아/어', '-고', '-지', '-게', '-(으)니'와 같은 어미 뒤에 붙을 수 없다. ② 부사는 오직 부사어로만 사용된다.

027 밑줄 친 부사가 수식하는 단어의 품사가 다른 것은? 　영역(과목) 문법론

① 영희는 피아노를 <u>매우</u> 잘 친다.　② <u>조금</u> 더 새것은 없어요?
③ 어제는 집에 <u>너무</u> 늦게 들어갔다.　④ 그 친구는 걸음을 <u>아주</u> 빨리 걷는다.

정답 ③

정·오답풀이 ③ '너무'가 수식하는 '늦게'는 동사 '들어갔다'를 꾸며주는 부사어이지만 품사는 형용사이다.
① '매우'가 수식하는 '잘'은 동사 '친다'를 꾸며주는 부사이다.
② '조금'이 수식하는 '더'는 명사 '새것'을 꾸며주는 부사이다.
④ '아주'가 수식하는 '빨리'는 동사 '걷는다'를 꾸며주는 부사이다.

개념 정리

의존명사는 불완전명사라고도 하며 앞에 반드시 관형어를 동반해야만 쓰일 수 있는 명사로 대체로 국한된 격조사와만 결합하여 특정한 성분으로만 쓰이는 제약을 가지고 있다. 〈11회 5번 참고〉

제10회 1교시 한국어학·일반언어학 및 응용언어학

028 밑줄 친 말이 주어성 의존명사인 것은?

영역(과목) 문법론

① 그때 나는 될 <u>대로</u> 되라는 심정이었다.
② 순희가 우리 집에 온 <u>지</u> 얼마나 되었지?
③ 시험에 합격한 영희가 천하라도 얻은 <u>양</u> 기뻐하고 있다.
④ 나는 묵묵히 내 일을 할 <u>뿐</u> 남의 일에 간섭하고 싶지 않다.

정답 ②

정·오답풀이
② 주격 조사와 결합하는 의존명사(주어성 의존명사)
① 부사격 조사와 결합하는 의존명사(부사성 의존명사)
③ 부사격 조사와 결합하는 의존명사(부사성 의존명사)
④ 서술격 조사와 결합하는 의존명사(서술성 의존명사)

개념 정리

합성어는 실질형태소가 결합하여 이루어진 단어로 그것을 이루는 요소들의 결합방식이 그 언어의 일반적인 통사적 구성의 방식과 일치하는 것인가 그렇지 않은 것인가에 따라 통사적 합성어와 비통사적 합성어로 나뉜다. 〈12회 30번 참고〉

029 밑줄 친 합성어 중 조어 방식이 다른 것은?

영역(과목) 문법론

① 철수는 <u>손목</u>에 시계를 차고 있다.
② 순희는 <u>길눈</u>이 어둡다.
③ 돌이는 <u>잘못</u>을 크게 저질렀다.
④ 영이는 말없이 <u>눈물</u>만 흘렸다.

정답 ③

정·오답풀이
③ 잘못 : '잘 + 못'으로 부사와 부사가 결합한 통사적 합성어이다.
① 손목 : '손 + 목'으로 명사와 명사가 결합한 통사적 합성어이다.
② 길눈 : '길 + 눈'으로 명사와 명사가 결합한 통사적 합성어이다.
④ 눈물 : '눈 + 물'로 명사와 명사가 결합한 통사적 합성어이다.

개념 정리

한자어는 하나 이상의 한자로 결합되어 한국어로서 사용되는 한국식 발음의 단어로 ① 중국에서 쓰이는 것이 그대로 쓰이되 발음이 한국식인 것, ② 한국어에서 만들어져 쓰이고 중국어에서는 쓰이지 않는 것, ③ 일본에서 만들어진 것으로 구분할 수 있다.

한국 한자어는 대체로 2음절어가 일반적이다. 그 다음으로 단음절어, 3음절어가 많이 쓰인다. 4음절 이상의 다음절어는 그리 많지 않다. 한자는 원래 중국에서 한 글자가 곧 한 단어이지만 한국에서 사용되는 단음절어는 극히 제한되어 있다. '산(山) · 강(江) · 책(冊) · 검(劍) · 운(運) · 선(善) · 악(惡)' 등은 실제로 쓰이고 있지만 '수(水) · 목(木) · 수(手)' 등은 단음절 한자어로 쓰이지는 않는다. 이러한 글자들은 한국에서는 단어의 기능을 잃고 형태소로서 기능하고 있는 것이다.

030 다음에 제시된 한자어들의 특징으로 옳은 것은? 〔영역(과목) 문법론〕

| 모순(矛盾) | 산호(珊瑚) | 포도(葡萄) |

① 2음절로 된 단일어이다.
② 모두 한국에서 만들어진 한자어이다.
③ 한자어와 고유어가 결합된 혼종어이다.
④ 중국어가 아닌 다른 언어를 표기하기 위해 사용한 음역어이다.

정답 ①

정·오답풀이 ① '모순(矛盾)'은 '어떤 일의 앞뒤가 맞지 않음'을 뜻하므로 '모 + 순'으로 나누게 되면 의미가 사라지게 된다. 따라서 더 이상 나눠지지 않는 하나의 형태소로 이루어진 2음절 단일어이다.

개념 정리

서로 반대되거나 대립되는 의미를 가진 단어 사이의 의미관계를 반의관계라고 하고, 반의어는 어휘의 여러 의미 특성 가운데서 비교 기준으로 삼은 단 하나의 의미 특성이 달라야 성립한다. 반의어는 상보반의어, 등급반의어, 관계반의어로 구분할 수 있다. 〈12회 42번 참고〉

031 반의어를 하위 유형별로 나눌 때 같은 유형으로 묶인 것은? 〔영역(과목) 의미론〕

| ㄱ. 살다 – 죽다 | ㄴ. 길다 – 짧다 | ㄷ. 참 – 거짓 |
| ㄹ. 있다 – 없다 | ㅁ. 사다 – 팔다 | |

① ㄱ, ㄴ, ㅁ
② ㄱ, ㄷ, ㄹ
③ ㄴ, ㄷ, ㄹ
④ ㄷ, ㄹ, ㅁ

정답 ②

정·오답풀이
ㄱ. 살다 – 죽다 : '죽지 않다 = 살다'가 성립하므로 상보반의어
ㄷ. 참 – 거짓 : '참이 아니다 = 거짓'이 성립하므로 상보반의어
ㄹ. 있다 – 없다 : '있지 않다 = 없다'가 성립하므로 상보반의어
ㄴ. 길다 – 짧다 : '길지도 않고 짧지도 않다'가 가능하므로 등급반의어
ㅁ. 사다 – 팔다 : 행위의 방향 관계에서 대칭을 이루고 있으므로 관계반의어

개념 정리

형태가 다르지만 의미가 같거나 비슷한 단어 사이의 의미관계를 동의관계라고 하고 동의관계에 있는 단어들을 동의어라고 한다. 그러나 동일한 대상을 나타내는 단어가 둘 이상이 있다면 서로 살아남기 위해 경쟁을 하게 되고 그 결과 다음과 같은 유형으로 나타나게 된다.
– 공존 : 경쟁 관계에 있는 동의어가 계속 함께 사용되는 경우로 '목숨 – 생명', '달걀 – 계란' 등

- 생존과 소멸 : 한 쪽은 사라지고 다른 한 쪽은 계속 사용되는 경우 로 '온 – 백', 'ᄇᆞᄅᆞᆷ – 벽' 등
- 합성 : 동의 경재의 관계에 있는 두 단어가 한 단어로 합쳐지는 경우로 '틈새', '담장' 등
- 의미변화 : 한 쪽의 의미가 변화하여 경쟁 관계에서 벗어난 경우로 '종친-겨레', '부인 – 마담' 등

032 동의 경쟁의 결과에 관한 설명으로 옳은 것은?

영역(과목) 의미론

① '벽'과 'ᄇᆞᄅᆞᆷ[壁]'이 경쟁한 결과 'ᄇᆞᄅᆞᆷ[壁]'은 '바람[風]'의 의미로 바뀌었다.
② '종친(宗親)'과 '겨레'가 경쟁한 결과 두 단어 모두 동일한 의미로 공존하고 있다.
③ '부유하다'와 '가ᅀᆞ멸다'가 경쟁한 결과 '부유하다'는 생존하고 '가ᅀᆞ멸다'는 소멸되었다.
④ '담'과 '장(牆)'이 경쟁한 결과 '담'은 그대로 사용되고 '장(牆)'은 '많은 사람이 모여 물건을 사고파는 장소'의 의미로 바뀌었다.

정답 ③

정·오답풀이
③ '부유하다'와 '가ᅀᆞ멸다'가 경쟁한 결과 '가ᅀᆞ멸다'는 소멸되었다. : 생존과 소멸
① '벽'과 'ᄇᆞᄅᆞᆷ[壁]'이 경쟁한 결과 'ᄇᆞᄅᆞᆷ[壁]'이 사라졌다. : 생존과 소멸
② '종친(宗親)'과 '겨레'가 경쟁한 결과 '겨레'의 의미가 변화했다. : 의미변화
④ '담'과 '장(牆)'이 경쟁하다가 한 단어로 합쳐져 '담장'이 되었다. : 합성

개념 정리

표준국어대사전에 나타난 표제어의 원어 구성 방식에 따른 분류

분류	한자어	외래어	혼종어				고유어	총계
			한+외	한+고	외+고	한+외+고		
표제어 합산	252,755	24,050	14,480	36,664	1,323	720	112,157	442,149
품사통용	477	31	0	46	0	0	1,001	1,555
계	252,278	24,019	14,480	36,618	1,323	720	111,156	440,594
백분율	57.26%	5.45%	12.06%				25.23%	100%

033 〈표준국어대사전〉 수록 어휘 통계표에서 ㉠, ㉡, ㉢을 순서대로 나열한 것은?

영역(과목) 어휘론

분류 \ 어종	㉠	㉡	㉢	기타 (혼합 형태)	합계
표제어	131,971	297,916	23,361	55,523	508,771
백분율	25.9 %	58.5 %	4.7 %	10.9 %	100 %

① 한자어, 고유어, 신조어　　　　② 한자어, 차용어, 고유어
③ 고유어, 한자어, 외래어　　　　④ 신조어, 한자어, 고유어

정답 ③
정·오답풀이 ③ 표준국어대사전에 실린 표제어를 원어 구성 방식에 따라 분류하면 한자어가 57.26%로 가장 많다. 그 다음이 고유어로 25.23%, 다음으로 혼성어가 12.06%이며, 외래어는 5.45%로 가장 적은 비율을 나타냈다.

개념 정리

해서는 안 될 일이나 피해야 할 것은 금기라고 하고, 언어에서 직접 언급하는 것을 피해서 다르게 말하는 경우에 금기어 대신 쓰이거나 남의 기분을 상하지 않게 하기 위해 쓰는 말을 완곡어라고 한다. 금기어 대신 완곡어가 쓰이면 그 단어는 의미가 확장된 것으로 볼 수 있다. 두려움을 주는 대상이나 불쾌한 것, 죽음과 관련되는 것, 미풍양속을 해치는 것에 대해 완곡어로 표현된다.

034　제시한 단어를 완곡 표현으로 바꾼 것 중 옳지 않은 것은?　　영역(과목) 의미론

① 산신령 → 호랑이　　　　② 천연두 → 마마
③ 변소 → 화장실　　　　　④ 도둑 → 밤손님

정답 ①
정·오답풀이 ① 두려움을 주는 대상으로 호랑이를 '산신령'이라고 부른다.

개념 정리

한국어에서 언어활동에 관련된 사람들의 나이의 많고 적음, 지위나 신분의 높고 낮음, 대화 참여자 사이의 친분 정도, 말을 주고받는 상황의 공식성 등에 따라 높임의 표현을 사용한다. 주체높임, 객체높임, 상대 높임이 있다. 〈12회 25번 참고〉

035　높임법과 관련된 어휘 중 성격이 나머지 셋과 다른 것은?　　영역(과목) 문법론

① 뵙다　　　　　　　　　② 드리다
③ 여쭙다　　　　　　　　④ 잡수시다

정답 ④
정·오답풀이 ④ 잡수시다 : '먹다'의 높임 어휘로 주체높임.
① 뵙다 : '만나다'의 높임 어휘로 객체높임.
② 드리다 : '주다'의 높임 어휘로 객체높임.
③ 여쭙다 : '묻다'의 높임 어휘로 객체높임.

개념 정리

관용 표현은 한 언어의 일반적인 표현에 비해 특별히 다른 구조나 의미를 지니는 단어나 구절을 말하며, 관용구·관용어법·숙어·성어 등으로 부르기도 한다. 〈12회 36번 참고〉

036 한국어 관용 표현이 갖는 특성으로 옳지 않은 것은?

영역(과목) 어휘론

① 주어와 서술어로 이루어진 관용 표현도 있다.
② 둘 이상의 단어들이 결합하여 새로운 의미를 가진다.
③ 구성 요소들의 의미만으로는 전체의 의미를 알 수 없으므로 의미가 비합성적이다.
④ 구체적인 대상을 나타내는 명사보다 추상적인 개념을 나타내는 명사를 포함하는 경우가 많다.

정답 ④

정·오답풀이
④ '비행기, 손, 입, 빙산' 등 구체적인 대상을 나타내는 명사를 포함하는 경우가 많다.
① 유형을 구조로 분류했을 때 문장형 관용 표현은 주어와 서술어로 이루어진다.
② 의미론적 관용 표현은 둘 이상의 단어들이 결합하여 새로운 의미를 가진다.
③ 의미론적 관용 표현은 구성 요소들의 의미만으로 전체의 의미를 알 수 없는 경우가 많다.

개념 정리

의미관계에는 두 가지 관계가 있는데, 하나는 결합가능성이라고 하는 통합적 관계이고, 병렬적 관계이다. 통합적 관계는 문장의 구성과 관계되는 것이고, 통합적 관계는 한 문장 안에서 서로 대치될 수 있는 어휘들의 관계이며 동의, 반의, 상하, 부분 관계로 나누어 볼 수 있다. 〈12회 41번 참고〉

037 단어의 의미 관계가 다른 것은?

영역(과목) 의미론

① 꽃 – 장미
② 문 – 손잡이
③ 바지 – 주머니
④ 자동차 – 바퀴

정답 ①

정·오답풀이
① 상하 관계로 꽃은 상의어, 장미는 하의어가 된다.
② 부분 관계로 문은 전체어, 손잡이는 부분어가 된다.
③ 부분 관계로 바지는 전체어, 주머니는 부분어가 된다.
④ 부분 관계로 자동차는 전체어, 바퀴는 부분어가 된다.

개념 정리

한자어의 특징은 첫째, 추상적이고 개념적인 의미 분야, 고도의 문화가 배경인 사고나 행동을 나타내는 말은 한자어에의 의존도가 크다. 이에 비하여 일상적이고 기본적인 생활과 관련된 사물이나 운동·상태 등을 지시하는 것은 고유어가 많다.

둘째, 형용사에서는 한자어의 침투가 비교적 약하다. 색채어에서는 한자어 형용사가 쓰이지 않는다. 명사의 경우는 '청(靑)·황(黃)·적(赤)' 등 한자어가 있으나 섬세한 색채감을 표현하는 어사의 발달은 없다.

셋째, 한자어로 인하여 '행위–대상' 즉 '동사–명사(목적어)'와 같은 통사론적 구조의 명사가 발달하였다. '투표(投票), 음주(飮酒), 축구(蹴球)' 등.

넷째, 한국어에서 복잡하게 발달한 친족명칭은 조부모와 자식의 대까지만 고유어의 체계가 형성되어 있으며, 이 범위 안에서도 한자어가 대응되어 있다.

다섯째, 현대어 기준으로 볼 때 높은 단위의 수를 지시하는 말에는 한자어가 쓰이고 있다. 1~99의 수에서는 고유어와 한자어가 모두 쓰이고 있으나, 100 이상의 단위가 되면 모두 한자어이다.

여섯째, 한자어는 경어법 체계에 크게 작용하고 있다. 고유어와 한자어가 공존하는 경우 높이는 말로 한자어가 선택되는 일반적이다.

일곱째, 유의관계는 고유어 안에서도 있으나 고유어와 외래어, 한자어와의 사이에서 두드러지게 나타난다. 뿐만 아니라 한자어 사이에서도 다양하게 유의관계가 형성되어 한국어의 표현을 풍부하게 한다.

038 밑줄 친 단어 중에서 한자어를 모두 고른 것은?

영역(과목) 어휘론

> ㄱ. <u>서슬</u>이 퍼렇다
> ㄴ. <u>수발</u>을 들다
> ㄷ. <u>수작</u>을 부리다
> ㄹ. <u>하자</u>가 있다

① ㄱ, ㄴ ② ㄴ, ㄷ ③ ㄴ, ㄹ ④ ㄷ, ㄹ

정답 ④

정·오답풀이
ㄱ. 서슬 : 고유어 – 쇠붙이로 만든 연장이나 유리 조각 따위의 날카로운 부분.
ㄴ. 수발 : 고유어 – 신변 가까이에서 여러 가지 시중을 듦.
ㄷ. 수작 : 한자어(酬酌) – 서로 말을 주고받음. 남의 말이나 행동, 계획을 낮잡아 이르는 말.
ㄹ. 하자 : 한자어(瑕疵) – 옥의 얼룩진 흔적이라는 뜻으로, '흠'을 이르는 말.

039 '야반도주(夜半逃走)'와 관련 있는 속담은?

영역(과목) 어휘론

① 달 보고 짖는 개
② 굴뚝 보고 절한다
③ 도둑 맞고 사립 고친다
④ 불 없는 화로 딸 없는 사위

정답 ②

정·오답풀이
② 굴뚝 보고 절한다 : 빚에 쪼들리어 도망가는 사람이 인사는 할 수 없어 하는 수 없이 굴뚝을 보고 절하고서 도망간다는 뜻, 무엇을 피하여 몰래 달아남을 뜻한다.
① 달 보고 짖는 개 : 남의 일에 대하여 잘 알지도 못하면서 떠들어 대는 사람 또는 대수롭지도 않은 일에 공연히 놀라거나 겁을 내서 떠들썩하는 싱거운 사람을 뜻한다.
③ 도둑 맞고 사립 고친다 : '소 잃고 외양간 고친다.'와 비슷한 의미로 일이 이미 잘못된 뒤에는 손을 써도 소용이 없음을 뜻한다.
④ 불 없는 화로 딸 없는 사위 : 직접적인 인연이나 관계가 끊어져 쓸데없거나 긴요하지 않게 됨을 뜻한다.

개념 정리

의존 명사는 문장 안에서 관형사나 그 밖의 수식어가 선행되어야만 쓰일 수 있는 비자립적 명사. 불완전명사(不完全名詞) 또는 형식명사(形式名詞)라고도 한다. 이 중에서 수관형사인 '자, 치, 섬, 말, 마리, 개, 그루' 등과만 어울리는 것을 단위성 의존명사라고 한다.

040 밑줄 친 단위 명사 중 수량이 가장 많은 것은?

영역(과목) 어휘론

① 김 한 톳   ② 북어 한 쾌   ③ 바늘 한 쌈   ④ 조기 한 두름

정답 ①

정·오답풀이
① 김 한 톳 : 김 100장
② 북어 한 쾌 : 북어 20마리
③ 바늘 한 쌈 : 바늘 24개
④ 조기 한 두름 : 조기 20마리

개념 정리

유사한 의미를 가진 두 단어의 일부씩 결합하여 새 단어를 만들어내는 현상을 혼성이라고 하며, 이러한 방법으로 만들어진 단어를 혼성어 또는 포트만토라고 한다. 〈12회 37번 참고〉

041 혼성어의 예로 옳지 않은 것은?

영역(과목) 어휘론

① 티셔츠   ② 라볶이   ③ 컴도사   ④ 개그운서

정답 ①

정·오답풀이
① 티셔츠 : 'T' 자 모양으로 생긴 반소매 셔츠.
② 라볶이 : 라면 + 떡볶이
③ 컴도사 : 컴퓨터 + 도사
④ 개그운서 : 개그맨 + 아나운서

개념 정리

의미관계는 동의, 반의, 상하, 부분 관계로 나누어 볼 수 있다. 〈12회 41번 참고〉

042 의미관계에 관한 설명으로 옳은 것을 모두 고른 것은?

영역(과목) 의미론

> ㄱ. 계층 구조에서 한 경로에 있는 단어들의 상하관계는 이행적 관계에 있다.
> ㄴ. 상의어는 하의어보다 포괄적인 의미 영역을 지니므로 하의어를 함의한다.
> ㄷ. 부분어와 전체어 사이의 이행적 관계가 항상 유지된다.
> ㄹ. 상하관계는 일방적 함의관계가 성립된다.

① ㄱ, ㄷ   ② ㄱ, ㄹ   ③ ㄴ, ㄷ   ④ ㄴ, ㄹ

정답 ②

정·오답풀이
ㄱ. '나무 – 침엽수 – 소나무'와 같이 계층 구조에서 한 경로에 있는 단어들의 상하관계는 중간 단계가 생략된 '나무 – 소나무'에서도 상하 관계가 되는 이행적 관계에 있다.
ㄴ. 상의어는 하의어보다 포괄적인 의미 영역을 지니므로 하의어가 상의어를 함의한다.
    '나무 – 소나무'에서 소나무는 나무의 의미를 함의하나 나무는 소나무의 의미를 함의하지 못한다.
ㄷ. '셔츠 – 단추 – 구멍'에서 중간 단계인 단추를 생략하여 '셔츠 – 구멍'의 관계처럼 이행적 관계가 항상 유지되지 않는다. 구멍은 셔츠의 일부분이 된다고 볼 수 없기 때문이다.
ㄹ. 상하관계는 하의어가 상의어를 함의하는 일방적 함의관계가 성립된다.

개념 정리

단어의 형태는 같으나 의미가 다른 언어적 현상을 동음성이라고 하고 이러한 특성을 가진 단어를 동음어라고 한다. 〈12회 39번 참고〉

043 다의어와 동음어에 관한 설명으로 옳은 것은?
영역(과목) 의미론

① '연탄을 갈다, 칼을 갈다, 밭을 갈다'의 '갈다'는 의미의 유사성이 없으므로 동음어이다.
② '장작이 타다, 얼굴이 타다, 고기가 타다'의 '타다'는 의미의 유사성이 없으므로 동음어이다.
③ '아픈 다리를 치료했다.'와 '한강 다리를 건넜다.'에서 '다리'는 의미의 유사성을 지니므로 다의어이다.
④ '신체기관의 눈, 식물의 눈, 그물 구멍의 눈'은 동일 어원에 기반을 두기 때문에 다의어이다.

정답 ①

정·오답풀이
① 갈다1 : 이미 있는 사물을 다른 것으로 바꾸다.
  갈다2 : 날카롭게 날을 세우거나 표면을 매끄럽게 하기 위해 다른 물건에 대고 문지르다.
  갈다3 : 농기구나 농기계로 땅을 파서 뒤집다.
  의미의 연관성이 없으므로 동음어이다.
② 타다1 : 불씨나 높은 열로 불이 붙어 번지거나 불꽃이 일어나다.
  타다2 : 피부가 햇볕을 오래 쬐어 검은색으로 변하다.
  타다3 : 뜨거운 열을 받아 검은색으로 변할 정도로 지나치게 익다.
  의미의 연관성이 있기 때문에 다의어이다.
③ 다리1 : 사람이나 동물의 아래 붙어 있는 신체의 부분
  다리2 : 물을 건너거나 또는 높은 곳에서 다른 높은 곳으로 건널 수 있도록 만든 시설물 의미의 연관성이 없으므로 동음어이다.
④ 눈1 : 빛의 자극을 받아 물체를 볼 수 있는 감각 기관
  눈3 : 그물 따위에서 코와 코를 이어 이룬 구멍
  눈5 : 새로 막 터져 돋아나려는 초목의 싹 의미의 연관성이 없으므로 동음어이다.

개념 정리

의미변화는 어떤 말의 중심 의미가 새로 생겨난 다른 의미와 함께 사용되다가 마침내 다른 의미로 바뀌는 현상이다. 〈12회 51번 참고〉

044 어휘의 의미변화에 관한 설명으로 옳지 않은 것은?

영역(과목) 의미론

① '홈런'이나 '대타'는 야구 분야의 전문어이지만 일상어로 사용되기도 한다.
② '영감'이나 '양반'은 지시물의 소멸로 인해 의미가 바뀌어 사용되고 있다.
③ '한잔'은 술 마시는 행위와의 유사성에 의해 술이나 술에 취한 상태를 의미할 때 사용된다.
④ '별'은 같은 의미를 가진 영어 단어 'star'의 영향으로 '대중적인 인기인'의 의미로 사용된다.

정답 ③

정·오답풀이
③ '한잔'은 술 마시는 행위와의 유사성에 의해 술을 마시는 행위를 의미할 때 사용된다.
① '홈런'이나 '대타'는 야구 분야의 전문어이지만 일상어로 사용되어 '성공', '대행'의 의미로 사용되기도 한다.
② '영감'은 정2품 이상의 벼슬아치를 가리켰고, '양반'은 사대부 계층의 사람을 의미했으나 지시물의 소멸로 인해 의미가 바뀌어 '검사나 판사', '점잖은 사람'의 의미로 사용되고 있다.
④ '별'은 같은 의미를 가진 영어 단어 'star'의 영향으로 '장군'이나 '대중적인 인기인'의 의미로 사용된다.

개념 정리

문장이 가지고 있는 기본적인 의미 속성은 두 가지 부류로 나누어 생각할 수 있다. 하나는 문장 안에 내재하는 속성이고, 다른 하나는 문장과 문장 사이에 내재하는 속성이다.

- 한 문장의 의미 속성
  ① 항진성 : 어떤 문장이 그 자체의 의미로서 항상 참이 되는 속성 (사람은 동물이다.)
  ② 모순성 : 한 문장의 내용이 항상 참이 될 수 없는 속성 (모든 무생물은 살아 있다.)
  ③ 변칙성 : 통사적으로 선택제약이 지켜지지 않음으로써 문장의미가 부조화하거나 변칙적인 속성 (찬란한 진실이 유리창을 꿰맸다.)
  ④ 중의성 : 한 문장이 두 가지 이상의 의미를 나타낼 때의 속성 (집이 많이 기울었다.)
- 두 문장 사이의 의미 속성
  ① 동의성 : 동일한 상황을 지시하는 두 문장 사이의 속성 (사냥꾼이 사슴을 잡았다. / 사슴이 사냥꾼에게 잡혔다.)
  ② 모순성 : 두 문장이 서로 양립할 수 없는 속성 (철호가 영수를 때리는 것을 그쳤다. / 철호가 영수를 때린 적이 없다.)
  ③ 함의 : 어떤 문장 p가 참일 때 자동적으로 참이 되는 문장 q가 있다면 p는 q를 함의한다. (자객이 왕비를 암살했다. / 왕비가 죽었다.)
  ④ 전제 : 하나의 문장이 의미적 정당성을 갖기 위해 이미 참임이 보장된 다른 문장을 전제라고 한다. (순호의 여동생은 예쁘다. / 순호는 여동생이 있다.)

045 문장의 의미 속성에 관한 설명으로 옳지 않은 것은?

영역(과목) 의미론

① '집이 많이 기울었다.'는 중의성을 띤 문장이다.
② '자객이 왕비를 암살했다.'는 '왕비가 죽었다.'를 전제한다.
③ '찬란한 진실이 유리창을 꿰맸다.'는 선택제약을 어겨 문장의 의미가 변칙성을 띠고 있다.
④ '철수가 영수를 때리는 것을 그만두었다.'와 '철수가 영수를 때린 적이 없다.'는 모순관계에 있다.

정답 ②

정·오답풀이
① '집이 한쪽 방향으로 쏠렸다.', '가세가 몰락했다.'의 두 가지 의미로 해석된다.
② '자객이 왕비를 암살했다.'가 사실이 될 때 동시에 '왕비가 죽었다.'라는 문장이 참으로 나타나므로 첫 문장이 다음 문장을 함의한다.
③ '찬란한 진실이 유리창을 꿰맸다.'는 '유리창 + 꿰매다'가 성립하지 못한다는 선택제약을 어겨 문장의 의미가 변칙성을 띠고 있다.
④ '철수가 영수를 때리는 것을 그만두었다.'와 '철수가 영수를 때린 적이 없다.'는 동시에 성립될 수 없는 모순 관계에 있다.

개념 정리

화자가 맥락 속에 나오는 대상을 직접 지시할 때, 그 대상은 사람, 시간, 장소, 담화의 일부, 대화 참여자의 사회적 관계 등으로 유형을 구분할 수 있다.
- 인칭 직시 : 대화 참여자의 역할을 기호화하여 화자가 그 사람을 직접 지시하는 것이다. 1인칭의 나, 저, 우리, 저희 등과 2인칭의 너, 자네, 당신, 너희, 여러분 등, 3인칭의 그, 그녀, 당신, 이/그/저 사람 등이 여기에 해당한다.
1인칭 복수 표현인 '우리'는 장면 즉 상황에 따라 청자를 포함하는 경우와 청자를 배제하는 경우가 있다. 그러나 '우리'의 겸양 표현인 '저희'는 항상 청자를 배제하고 말할 때에만 사용된다.

046 '우리'의 쓰임에 관한 설명으로 옳은 것은?

영역(과목) **화용론**

> ㄱ. 우리가 언제 만났지?
> ㄴ. 우리는 너와 생각이 달라.
> ㄷ. 이 일은 우리끼리 할게요.
> ㄹ. 우리 모두 진지하게 생각해 봅시다.

① ㄱ의 '우리'에는 청자가 포함될 수 없다.
② ㄴ의 '우리'에는 청자가 배제되어 있다.
③ ㄷ의 '우리'는 '저희'로 바꿔 말할 수 없다.
④ ㄹ의 '우리'는 '저희'로 바꿔 말할 수 있다.

정답 ②

정·오답풀이
② ㄴ의 '우리'에는 듣는 이 즉, 청자를 배제하고 말한 것이다.
① ㄱ의 '우리'에는 화자와 청자를 함께 포함하여 말한 것이다.
③ ㄷ의 '우리'는 청자를 배제한 것이므로 청자가 항상 배제되는 '저희'로 바꿔 말할 수 있다.
④ ㄹ의 '우리'는 청자를 포함한 것으로 청자가 배제되는 '저희'로 바꿔 말할 수 없다.

> **개념 정리**

발화행위를 문장 형태에 바탕을 두고 구분하면 직접발화행위와 간접발화행위로 나눌 수 있고 각각 직접화행, 간접화행이라고도 한다. 문장의 형태와 언표내적행위가 일치하면 직접화행이고, 문장의 형태와 언표내적행위가 일치하지 않으면 간접화행이 된다. '방이 덥네.'라는 문장이 그대로 '덥다'는 사실을 진술한 것이라면 직접화행이 되고, '창문을 열어 달라'는 의미로 사용되었다면 간접화행이 되는 것이다.

047 '화장실이 어디에 있는지 아십니까?'의 발화에 관한 설명으로 옳은 것은?   영역(과목) 화용론

① 직접화행으로 사용될 경우 화자는 화장실의 위치를 알 수 있게 된다.
② 직접화행으로 사용될 경우 문장의 형태와 언표내적행위가 불일치하게 된다.
③ 간접화행으로 사용될 경우 화장실의 위치를 가르쳐 달라는 요청의 의미를 나타낸다.
④ 간접화행으로 사용될 경우 '네, 압니다.'로 대답하면 대화가 원만히 이루어질 수 있다.

> **정답** ③
> **정·오답풀이** ③ 간접화행으로 사용될 경우 화장실의 위치를 가르쳐 달라는 요청의 의미를 나타낸다.
> ① 직접화행으로 사용될 경우 화자는 청자의 '네/아니요'라는 대답을 통해 화장실의 위치를 알고 있는지 확인할 수 있다.
> ② 직접화행으로 사용될 경우 문장의 형태(의문문)와 언표내적행위(화장실 위치를 알고 있는지에 대한 의문)가 일치하게 된다.
> ④ 간접화행으로 사용되면 위치를 알려달라는 의미가 되므로 '네, 압니다.'로 대답하면 대화가 원만하게 이루어질 수 없다.

> **개념 정리**

하나의 문장이 의미적 정당성을 갖기 위해 이미 참임이 보장된 다른 문장을 전제라고 하며, 전제를 생성하는 단어나 문장 구조를 전제 유발 표현이라고 한다. 〈12회 45번 참고〉

048 전제의 생성에 관한 설명으로 옳은 것은?   영역(과목) 화용론

① '내가 만난 사람은 친구였다.'는 관형절을 포함한 한정적 표현에 의해 전제가 생성된다.
② '철수는 영호가 거짓말을 한다고 생각했다.'는 동사 '생각하다'에 의해 전제가 생성된다.
③ '영희는 철수가 집으로 찾아온 것이 고마웠다.'에서는 동사 '찾아오다'에 의해 전제가 생성된다.
④ '나는 삼국유사를 다시 읽고 있다.'는 보조 용언 구성에 의해 이전에 동일한 행위가 있었다는 전제가 생성된다.

> **정답** ①
> **정·오답풀이** ① 관형어의 수식을 받는 한정적 표현에 의해 전제가 생성된다.
> ② '생각하다'는 사실동사가 아니므로 전제를 생성하지 못한다.

③ '고마웠다'는 사실동사에 의해 전제가 생성된다.
④ '다시'라는 반복 표현의 부사에 의해 전제가 생성된다.

> **개념 정리**

직시 표현은 화자를 기준으로 사용되는 것이 일반적이다. 그러나 화자가 직시의 중심으로 다른 곳으로 이동하여 말하기도 한다. 화자와 청자의 공간과 시간이 일치하지 않을 때 화자가 자신을 중심으로 말할 수도 있고, 반대로 청자를 중심으로 말할 수도 있다.

049 '오다'가 화자 중심의 직시 표현으로 사용된 것을 모두 고른 것은?

영역(과목) 화용론

ㄱ. 철수가 찾아오면 잘 타일러서 집으로 보낼게요.
ㄴ. (전화를 걸어서) 선생님, 영희가 학교에 왔습니까?
ㄷ. 이렇게 더운 날씨에 어떻게 여기까지 올 생각을 했니?
ㄹ. 손님이 갑자기 오는 바람에 빨래를 채 치우지 못했어요.
ㅁ. 결정적인 기회가 왔을 때 반드시 숏으로 연결하도록 해라.

① ㄱ, ㄴ, ㅁ ② ㄱ, ㄷ, ㄹ
③ ㄴ, ㄷ, ㄹ ④ ㄴ, ㄹ, ㅁ

정답 ②

정·오답풀이
ㄱ. 화자 중심   ㄷ. 화자 중심   ㄹ. 화자 중심
ㄴ. 청자 중심   ㅁ. 청자 중심

> **개념 정리**

화자가 맥락 속에 나오는 대상을 직접 지시할 때, 그 대상은 사람, 시간, 장소, 담화의 일부, 대화 참여자의 사회적 관계 등으로 유형을 구분할 수 있다. 〈12회 48번 참고〉

050 밑줄 친 말이 담화 직시로 사용되지 않은 것은?

영역(과목) 화용론

① 인간은 생각하는 갈대다. <u>이것</u>은 파스칼이 한 말입니다.
② <u>이건</u> 내가 자신 있게 하는 말이야. 철수가 이번에는 합격할 거야.
③ ('사람 살려 주세요!'라는 외침을 듣고) <u>저렇게</u> 소리쳐도 돌아보는 사람이 없네.
④ 철수한테 하트 모양의 귀걸이를 선물로 받았어요. <u>그것</u>이 제가 제일 아끼는 거예요.

정답 ④

정·오답풀이 ④ 선행하는 담화를 지시하는 것이 아니라 실제 철수에게 받은 귀걸이를 지시하는 것으로 비직시 표현인 조응이다. 담화 직시는 담화상의 한 부분을 가리키는 것이라면, 조응은 담화상에 나타난 실제의 대상을 가리키는 것이다.

개념 정리

실제 대화 상황에서 화자가 청자에게 전하고자 하는 바를 직접적으로 표현하기도 하지만 우회적으로 돌려서 전하기도 한다. 이처럼 화자가 발화 문장의 명시적인 의미 이상의 다른 의미를 담아서 직접적으로 전달된 것 이상으로 추가된 의미를 함축이라고 한다. 즉, 함축은 말하고자 하는 바를 화자가 문장으로 실제 발화한 것은 아니지만 그 발화 속에 암시되어 있는 명제를 가리킨다.

051 보기에 관한 설명으로 옳지 않은 것은?

영역(과목) 화용론

(1) A : 저녁 식사를 주실 수 있겠어요?
    B : 방금 식탁을 치웠어요.
(2) 국가대표 축구팀이 안타깝게도 결승 진출에 실패했다.
(3) ㄱ. 동생 데리고 영화 보러 가기로 했어.
    ㄴ. 토요일은 아르바이트하는 날이야.

① (1)의 'B'는 '식사를 차려주는 것이 싫거나 어려움'을 함축한다.
② (2)는 '국가대표 축구팀이 결승 진출을 시도했음'을 함축한다.
③ (2)는 '우리는 국가대표 축구팀의 결승 진출을 기대했음'을 함축한다.
④ (3)의 'ㄱ, ㄴ'은 '이번 토요일 오후에 만나자.'에 대한 대답일 경우 표현이 다르기 때문에 함축하는 의미도 다르다.

정답 ④

정·오답풀이 ④ 대화함축의 특성 중 비분리성이라는 특성에 해당한다. 대화함축은 발화에 사용된 언어 형태가 아닌 맥락에 의해 발생하므로 어떤 언어로 표현되더라도 같은 맥락에 있다면 항상 동일한 함축을 만들어 낸다. '이번 토요일 오후에 만나자.'에 대한 대답일 경우 ㄱ과 ㄴ은 표현이 다르지만 둘 다 제안에 대한 거절의 의미를 함축하고 있다.

개념 정리

향찰의 표기구조는 어절(語節)을 단위로 하여 뜻으로 읽는 '독자(讀字)' + 소리로 읽는 '가자(假字)'의 구조가 주종을 이루고 있다. 개념을 나타내는 부분은 한자의 본뜻을 살려서 표기하고, 조사나 어미와 같이 문법관계를 나타내는 부분과 단어의 어말음 부분은 소리를 이용하여 표기하였다.

052 다음과 같이 향가를 해독하였을 때 한자의 음으로 읽은 것은?

영역(과목) 한국어사, 한국문학

夜入伊 遊行如可 → 밤 드리 노니다가

① 夜   ② 伊   ③ 遊   ④ 如

정답 ②

정·오답풀이 ② 伊 : 저(이) : 소리로 읽은 부분 – 入 : 들(입)을 뜻으로 읽어 '들이'가 되나 음소적 표기에 의해 '드리'로 나타남

① 夜 : 밤(야) : 뜻으로 읽은 부분
③ 遊 : 놀(유) : 뜻으로 읽은 부분
④ 如 : 같다, 따르다(여) – 고대국어에서는 된소리가 나타나지 않으므로 '다'로 나타남

개념 정리

〈훈민정음〉에서 종성의 표기에 대해서 '終聲復用初聲'이라 하여 종성 글자를 따로 만들지 않고 초성 글자를 다시 쓰되 'ㄱ ㆁ ㄷ ㄴ ㅂ ㅁ ㅅ ㄹ' 자만을 규정하였다. 음소적 표기는 기본형을 무시하고 환경에 따라 실현된 음소대로 표기하는 방법이며, 형태음소적 표기는 한글맞춤법 제1항에서 보듯이 '소리대로 적되, 어법에 맞도록' 표기하는 방법을 말한다.

053 받침 표기에서 형태음소적 표기가 들어 있지 않은 것은?

영역(과목) 한국어사

① 곶 됴코 여름 하ᄂ니
② 뫼이 디여 뵈니 衆賊이 좇거늘
③ 쏘 菩薩이 智慧 깁고 ᄠᅳ디 구더
④ 각시 쇠노라 놋 고빙 빗여 드라

정답 ③

정·오답풀이
③ 깁- : 훈민정음에서 제시한 8개의 종성에 포함되는 'ㅂ'을 받침으로 표기했으며 기본형이 '깊-'이므로 소리대로 표기한 음소적 표기이다.
① 곶 : 훈민정음에서 제시한 8개의 종성에 포함되지 않는 'ㅈ'을 받침으로 표기했으므로 형태를 밝혀 적은 형태음소적 표기이다.
② 좇- : 훈민정음에서 제시한 8개의 종성에 포함되지 않는 'ㅊ'을 받침으로 표기했으므로 형태를 밝혀 적은 형태음소적 표기이다.
④ 놋 : 훈민정음에서 제시한 8개의 종성에 포함되지 않는 'ㅈ'을 받침으로 표기했으므로 형태를 밝혀 적은 형태음소적 표기이다.

개념 정리

근대국어는 중세국어와 현대국어의 교량적인 언어로 17세기부터 19세기까지로 이 시기는 우리나라에 근대의식이 싹트기 시작한 시기라고 할 수 있다. 〈12회 53번 참고〉

054 국어사적 사실로 옳은 것은?

영역(과목) 한국어사

① 근대국어 시기에 원순모음화 현상이 일어났다.
② 근대국어 이후에는 단모음의 수가 변하지 않았다.
③ 근대국어 시기에 'ㆍ'의 표기와 음가가 함께 없어졌다.
④ 근대국어 시기에 어두의 된소리가 자음군으로 변화하였다.

정답 ①

정·오답풀이 ① 양순음 'ㅂ, ㅃ, ㅍ, ㅁ' 다음에서 평순모음 'ㅡ'가 원순모음 'ㅜ'로 바뀌는 것을 말한다. 중세국어의 '믈, 블, 플, 쁠' 등이 17세기 말 이후로 '물, 불, 풀, 뿔' 등으로 변화하였다.

② 근대국어에서 모음체계의 변화가 일어나는 데 단모음 'ㆍ'음이 소실되고 이중모음이었던 'ㅐ, ㅔ'가 단모음화된다.

③ 'ㆍ'음은 16세기에 제2음절에서 'ㅡ'음으로, 18세기에 제1음절에서 'ㅏ'음으로 변하여 소실되었다. 글자로서는 20세기까지 쓰였으나 「한글맞춤법통일안」에서 한글자모에서 제외되었다.

④ 어두자음군은 어두에서 둘 이상의 자음이 사용된 것으로 15세기의 중세국어에 일부 어두자음군이 있었음을 알 수 있다. 서울말에서는 17세기 초에는 어두자음군은 이미 사라진 것으로 보인다.

개념 정리

국어의 로마자 표기법 〈12회 58번 참고〉

055 로마자 표기법에 맞게 표기된 것은?

영역(과목) 어문규범

① 신문로(Sinmunro)로 오너라.
② 저는 한빛나(Han binna)예요.
③ 우리 독도(Dokddo)로 여행 갈까?
④ 묵호(Mukho)에서 친구를 만났다.

정답 ④

정·오답풀이
④ 묵호(Mukho) : 체언에서 'ㄱ, ㄷ, ㅂ' 뒤에 'ㅎ'이 따를 때에는 'ㅎ'을 밝혀 적는다.
① 신문로(Sinmunno) : 음운 변화가 일어날 때에는 변화의 결과에 따라 적는다.
② 한빛나(Han bitna) : 이름에서 일어나는 음운 변화는 표기에 반영하지 않는다.
③ 독도(Dokdo) : 된소리되기는 표기에 반영하지 않는다.

개념 정리

한글맞춤법 : 합성어 및 접두사가 붙은 말

제30항 사이시옷은 다음과 같은 경우에 받치어 적는다.

- 순우리말로 된 합성어로서 앞말이 모음으로 끝난 경우
  ① 뒷말의 첫소리가 된소리로 나는 것 – 고랫재 귓밥 나룻배 나뭇가지
  ② 뒷말의 첫소리 'ㄴ, ㅁ' 앞에서 'ㄴ' 소리가 덧나는 것 – 멧나물 아랫니 텃마당 아랫마을
  ③ 뒷말의 첫소리 모음 앞에서 'ㄴㄴ' 소리가 덧나는 것 – 도리깻열 뒷윷 두렛일 뒷일

- 순우리말과 한자어로 된 합성어로서 앞말이 모음으로 끝난 경우
  ① 뒷말의 첫소리가 된소리로 나는 것 – 귓병 머릿방 뱃병 봇둑 사잣밥 샛강 아랫방
  ② 뒷말의 첫소리 'ㄴ, ㅁ' 앞에서 'ㄴ' 소리가 덧나는 것 – 곗날 제삿날 훗날 툇마루 양칫물
  ③ 뒷말의 첫소리 모음 앞에서 'ㄴㄴ' 소리가 덧나는 것 – 가욋일 사삿일 예삿일 훗일

- 두 음절로 된 다음 한자어
  곳간(庫間), 셋방(貰房), 숫자(數字), 찻간(車間), 툇간(退間), 횟수(回數)

056 사이시옷의 사용이 옳은 것끼리 묶인 것은?

영역(과목) 어문규범

① 최솟값, 맥줏집, 장맛비, 머릿말
② 윗쪽, 뒷풀이, 쳇바퀴, 툇간
③ 멧나물, 아랫니, 빗물, 뒷윷
④ 곳간, 숫자, 촛점, 횟수

정답 ③

정·오답풀이
① 머리말 : 고유어 합성에서 뒷말의 첫소리 'ㄴ, ㅁ' 앞에서 'ㄴ'소리가 덧나지 않는다.
② 뒤풀이 : 고유어 합성에서 뒷말의 첫소리가 된소리나 거센소리인 경우 사이시옷을 받치어 쓰지 않는다.
④ 초점 : 두 음절로 된 한자어는 사이시옷을 받치어 쓰지 않는다. (6개 어휘 예외)

개념 정리

한글맞춤법 : 띄어쓰기
제42항 의존 명사는 띄어 쓴다.
제43항 단위를 나타내는 명사는 띄어 쓴다.
제44항 수를 적을 적에는 '만(萬)' 단위로 띄어 쓴다.
제45항 두 말을 이어 주거나 열거할 적에 쓰이는 다음의 말들은 띄어 쓴다.
제46항 단음절로 된 단어가 연이어 나타날 적에는 붙여 쓸 수 있다.

---

057 띄어쓰기가 옳은 것을 모두 고른 것은?

영역(과목) 어문규범

ㄱ. 옷 한 벌	ㄴ. 제이 차 세계대전
ㄷ. 청군대 백군	ㄹ. 두시 삼십분 오초
ㅁ. 일천구백구십구년	ㅂ. 사업 차 출국

① ㄱ, ㄴ, ㄷ, ㅂ
② ㄱ, ㄴ, ㄹ, ㅁ
③ ㄱ, ㄴ, ㄹ, ㅂ
④ ㄱ, ㄷ, ㄹ, ㅁ

정답 ②

정·오답풀이
ㄷ. '청군 대 백군'의 경우도, 한문 구조에서는 '대(對)'가 뒤의 '백군'을 목적어로 취하는 타동사로 설명되지만, 고유어 사이에서 '상대하는', 또는 '짝이 되는, 비교되는' 같은 뜻을 나타내기도 하므로, 의존 명사로 다루어진다. 따라서 띄어 써야 한다.
ㅂ. '차(次)'가 '연수차(研修次) 도미(渡美)한다.'처럼 명사 뒤에 붙어서 '~하려고'란 뜻을 나타내는 경우는 접미사로 다루어 붙여 쓰지만, 용언의 관형사형 뒤에서 '어떤 기회에 겸해서'란 뜻을 나타내는 경우는 의존 명사이므로 띄어 써야 한다.

> 개념 정리

외래어 표기법 제1장 표기의 원칙 〈12회 60번 참고〉

058 외래어 표기법에 맞게 표기된 것은?   영역(과목) 어문규범

① 컨텐츠(contents)가 풍부하다.
② 수퍼마켓(supermarket)에서 빵을 샀다.
③ 앙코르(encore)를 여러 번 받아 기분이 좋았다.
④ 커피샵(coffee shop)에서 많은 대화를 나누었다.

> 정 답 ③

> 정·오답풀이
③ encore : 앙코르
① contents : 콘텐츠
② supermarket : 슈퍼마켓
④ coffee shop : 커피숍

> 개념 정리

한글맞춤법 : 두음법칙
제10항 한자음 '녀, 뇨, 뉴, 니'가 단어 첫머리에 올 적에는, 두음 법칙에 따라 '여, 요, 유, 이'로 적는다.
제11항 한자음 '랴, 려, 례, 료, 류, 리'가 단어의 첫머리에 올 적에는, 두음 법칙에 따라 '야, 여, 예, 요, 유, 이'로 적는다.
제12항 한자음 '라, 래, 로, 뢰, 루, 르'가 단어의 첫머리에 올 적에는, 두음 법칙에 따라 '나, 내, 노, 뇌, 누, 느'로 적는다.

059 두음법칙과 관련한 한글 맞춤법의 설명으로 옳지 않은 것은?   영역(과목) 어문규범

① 합성어에서 뒷말의 첫소리가 'ㄴ' 또는 'ㄹ' 소리로 날 경우 본음대로 적는다.
② 한자음 '녀, 뇨, 뉴, 니'가 단어 첫머리에 올 적에는 '여, 요, 유, 이'로 적는다.
③ 단어 첫머리 이외의 경우에는 한자음 '녀, 뇨, 랴, 려, 라, 래' 등을 본음대로 적는다.
④ 한자음 '라, 래, 로, 뢰, 루, 르'가 단어 첫머리에 올 적에는 '나, 내, 노, 뇌, 누, 느'로 적는다.

> 정 답 ①

> 정·오답풀이
① 제10항 [붙임 2] 접두사처럼 쓰이는 한자가 붙어서 된 말이나 합성어에서, 뒷말의 첫소리가 'ㄴ' 소리로 나더라도 두음 법칙에 따라 적는다.
신여성(新女性), 공염불(空念佛), 남존여비(男尊女卑)

개념 정리

현재 표준어와 같은 뜻을 가진 표준어로 인정한 것(5개)

추가된 표준어	현재 표준어
구안와사	구안괘사
굽신*	굽실
눈두덩이	눈두덩
삐지다	삐치다
초장초	작장초

* '굽신'이 표준어로 인정됨에 따라, '굽신거리다, 굽신대다, 굽신하다, 굽신굽신, 굽신굽신하다' 등도 표준어로 함께 인정됨.

현재 표준어와 뜻이나 어감이 차이가 나는 별도의 표준어로 인정한 것(8개)

추가 표준어	현재 표준어	뜻 차이
개기다	개개다	개기다 : (속되게) 명령이나 지시를 따르지 않고 버티거나 반항하다. (※개개다 : 성가시게 달라붙어 손해를 끼치다.)
꼬시다	꾀다	꼬시다 : '꾀다'를 속되게 이르는 말. (※꾀다 : 그럴듯한 말이나 행동으로 남을 속이거나 부추겨서 자기 생각대로 끌다.)
놀잇감	장난감	놀잇감 : 놀이 또는 아동 교육 현장 따위에서 활용되는 물건이나 재료. (※장난감 : 아이들이 가지고 노는 여러 가지 물건.)
딴지	딴죽	딴지 : ((주로 '걸다, 놓다'와 함께 쓰여)) 일이 순순히 진행되지 못하도록 훼방을 놓거나 어기대는 것. (※딴죽 : 이미 동의하거나 약속한 일에 대하여 딴전을 부림을 비유적으로 이르는 말.)
사그라들다	사그라지다	사그라들다 : 삭아서 없어져 가다. (※사그라지다 : 삭아서 없어지다.)
섬찟*	섬뜩	섬찟 : 갑자기 소름이 끼치도록 무시무시하고 끔찍한 느낌이 드는 모양. (※섬뜩 : 갑자가 소름이 끼치도록 무섭고 끔찍한 느낌이 드는 모양.)
속앓이	속병	속앓이 : 「1」속이 아픈 병. 또는 속에 병이 생겨 아파하는 일. 「2」겉으로 드러내지 못하고 속으로 걱정하거나 괴로워하는 일. (※속병 : 「1」몸속의 병을 통틀어 이르는 말. 「2」'위장병01'을 일상적으로 이르는 말. 「3」화가 나거나 속이 상하여 생긴 마음의 심한 아픔.
허접하다	허접스럽다	허접하다 : 허름하고 잡스럽다. (※허접스럽다 : 허름하고 잡스러운 느낌이 있다.)

* '섬찟'이 표준어로 인정됨에 따라, '섬찟하다, 섬찟섬찟, 섬찟섬찟하다' 등도 표준어로 함께 인정됨.

060 두 단어의 관계가 다른 것은?

영역(과목) 어문규범

① 더 이상 {비질/비칠} 생각 하지 마라.
② 무당은 강물에다 {고수레/고시레}를 했다.
③ 여러 번 {굽신거려/굽실거려} 겨우 안으로 들어갔다.
④ 어머니께서 치맛자락으로 {눈두덩을/눈두덩이를} 훔치셨다.

정답 ②

정·오답풀이 ② 음식을 먹기 전에 먼저 조금 떼어 '고수레' 하고 허공에 던지는 민간 신앙적 행위로 고시레라고도 하나 이는 강원도, 경상도 지방의 방언이다.
고수레를 하지 않으면 체하거나 탈이 난다고 믿는 속신(俗信)과 결합되어 전국 도처에서 나타난다. 의지할 곳 없는 고씨(高氏)라는 노파가 들에서 일하는 사람들의 호의로 끼니를 이어 가며 연명한다. 얼마 뒤 고씨 노파가 세상을 떠나자 들일을 하던 사람들은 죽은 고씨 노파를 생각하고 음식을 먹기 전에 첫 숟가락을 떠서 "고씨네!" 하고 허공에 던져 그의 혼에게 바치게 되었다고 하며, 그 뒤로 이 행위가 전국에 퍼졌다(경상북도 안동 지방).

개념 정리

변이음

음운은 그것이 나타나는 자리에 따라 다른 음성으로 실현되는데 이를 '변이음'이라 한다. 가령 국어에서 '바지'의 'ㅂ'은 목청울림이 없는 소리이고, '아버지'의 'ㅂ'은 목청울림이 있는 소리이며, '샵'의 'ㅂ'은 막힌 공기가 터지지 않고 나는 소리이다. 'ㅂ'은 각각 형태소의 첫소리, 모음 사이, 형태소의 끝소리에서 서로 다른 음성이 된다. 그러나 이들은 비슷한 소리이며, 뜻을 구별해 주는 일은 하지 못한다. 이들은 음운 'ㅂ'이 서로 다른 자리에서 달리 실현된 음성들로서 이를 가리켜 변이음이라 한다.

061 다음은 무엇에 관한 설명인가?

영역(과목) 음운론

○ 한국어의 '두부'에서 'ㅂ'이 [b]와 [β]로 발음된다.
○ 일본어 'パン'(빵)에서 'パ'가 [pa]와 [pʰa]로 발음된다.
○ 영어의 'brightness(밝음)'에서 't'가 [t]와 [ʔ]로 발음된다.
○ 프랑스 어의 'père(아버지)'에서 'r'이 [ʁ][x]로 발음된다.

① 음소
② 운소
③ 최소대립쌍
④ 자유변이음

정답 ④

정·오답풀이 ④ 하나의 자음이 두 개 이상의 다음 음으로 변이되어 발음되는 것을 설명하고 있다.

개념 정리

과잉 일반화
- 어떤 개념이나 단어의 뜻을 너무 넓은 범위에 대하여 일반화를 하는 현상이다. 예를 들면, 어린아이가 움직이는 모든 동물들을 보고 '개'라고 하는 것은 과잉일반화의 예이다.
- 적은 사건에서 너무 포괄적인 결론을 도출해 내는 현상을 의미한다. 예를 들면, 어떤 여자로부터 거절을 당한 경우, 세상 사람들이 모두 자기를 버렸다고 생각하는 것과 같은 현상이다.

062 제2언어 학습 시 발생할 수 있는 오류의 유형에 관한 설명으로 옳지 않은 것은? [영역(과목) 외국어 습득론]

① 치환 : 영어의 /θ/ 발음을 한국어 화자가 /s/로 대치하여 발음하는 경우
② 과도 구별 : 한국인 영어 학습자가 '공부하다, 연구하다, 배우다' 등의 다양한 의미를 갖는 'study'를 '공부하다'로만 생각하는 경우
③ 과소 구별 : 영어권 한국어 학습자가 '바지를 입다, 모자를 입다, 신발을 입다'를 사용 하는 경우
④ 과잉 일반화 : 영어 학습자가 영어의 복수형 규칙을 과도하게 적용하여 'sheep'의 복수형을 'sheeps'로 사용하는 경우

정답 ②

정·오답풀이 ② 과잉구별(overdifferentiation)이란 모국어에는 없지만 – 있다 하더라도 공통점이 거의 없는 – 새로운 항목을 목표어에서 학습하는 경우를 이야기한다. 한국인 영어 학습자가 '공부하다, 연구하다, 배우다' 등의 다양한 의미를 갖는 'study'를 '공부하다'로만 생각하는 것은 과잉 구별이 아닌, '과소 구별'의 오류에 해당된다.

개념 정리

오류 분석 5단계 〈12회 63번 참고〉

063 오류를 분석하는 절차로 옳은 것은? [영역(과목) 응용언어학]

① 오류 식별 → 오류 평가 → 오류 기술 → 오류 설명
② 오류 기술 → 오류 설명 → 오류 평가 → 오류 식별
③ 오류 설명 → 오류 평가 → 오류 식별 → 오류 기술
④ 오류 식별 → 오류 기술 → 오류 설명 → 오류 평가

정답 ④

정·오답풀이 ④ 어떠한 오류가 나타나는지를 식별하고, 오류를 기술하며, 그 원인을 설명하고 평가하는 과정을 수렴한다.

개념 정리

말뭉치 언어학 〈12회 79번 참고〉

064 말뭉치 언어학에 관한 설명으로 옳은 것은? 　　　　　영역(과목) 대조언어학

> ㄱ. 언어처리 메커니즘을 규명하기 위해 뇌의 활동을 연구하는 학문이다.
> ㄴ. 대량의 언어자료를 컴퓨터로 처리하여 연구하는 응용언어학의 한 분야이다.
> ㄷ. 언어가 시간의 흐름에 따라 변화하는 과정을 연구한다.
> ㄹ. 사전편찬, 자연언어처리, 정보검색 등의 분야에서 활용하기도 한다.

① ㄱ, ㄴ　　　② ㄱ, ㄷ　　　③ ㄴ, ㄹ　　　④ ㄷ, ㄹ

정답 ③
정·오답풀이
ㄱ. 언어처리 메커니즘을 규명하기 위해 뇌의 활동을 연구하는 학문이다. → 신경 언어학
ㄷ. 언어가 시간의 흐름에 따라 변화하는 과정을 연구한다. → 통시 언어학 과 관련한 설명이다.

개념 정리

생성언어학

생성문법은 '한 언어는 그 언어에 내재한 규칙에 의해 다양한 문장들을 생성해 낸다'는 문법이론을 말한다. 일반적으로 이 생성문법은 1950년대에 미국의 언어학자 놈 촘스키(Avram Noam Chomsky)에 의하여 비롯되었다. 종래의 구조언어학을 비판하면서 나온 이 문법이론은 심층의 내재된 언어 규칙에 의해 기본 문장에 다양하게 변형되면서 생성된다는 관점에서 '변형생성문법(變形生成文法, transformational-generative grammar)'으로 부르기도 한다.

종래의 구조언어학이 특정 언어의 현실적 발화를 자료로 출발하여, 그 주어진 자료의 구조를 분석, 기술하는 것을 궁극적 목표로 했다면, 이 생성문법에서는 특정 언어의 모국어화자가 적격인 문장만을 모두 생성하고 부적격인 문장은 생성하지 않는다는 점에 주목하고 있다. 즉, 모국어의 발화자가 문법적으로 옳은 문장만을 생성하는 언어규칙이 바로 그 언어의 문법이라고 간주하고 있으며, 이 같은 문법을 만들어 내는 일을 연구의 목표로 삼고 있다.

065 언어 연구의 흐름에 관한 설명으로 옳지 <u>않은</u> 것은?　　영역(과목) 일반언어학

① 19세기 이전에는 주로 철학자들이 언어 연구에 기여하였다.
② 18세기 말부터 역사비교언어학 연구가 시작되었다.
③ 20세기 후반 들어 컴퓨터를 기반으로 하는 코퍼스 언어학이 발달하였다.
④ 20세기 중반 이후 생성언어학이 유럽에서 발전하였다.

정답 ④
정·오답풀이 ④ 1950년대 말에 유럽에서 발전하였다.

개념 정리

베르니케 실어증

언어를 이해하고 처리하는 영역인 베르니케 영역이 손상되어 나타나는 언어장애의 한 유형으로, 단어나 문장의 형태로 표현하는 데는 문제가 없으나 발화 내용이 의미가 없거나 뜻이 통하지 않는 증상이다. 베르니케 실어증 환자들은 언어를 표현하는 데 있어서 어려움을 보이지 않으며, 일반인과 같은 속도나 운율을 보인다. 종종 과다하고 강박적인 언어표현을 나타내기도 하는데, 이를 일컬어 병적다변증(logorrhea)라고 하며, 이는 자기 모니터링 능력의 결여로 인한 것으로 알려져 있다. 또한 일반적으로 문법적으로 이상이 없는 표현들을 사용하며 간혹 문법적으로 필요한 기능어들을 과하게 사용하기도 하는데, 이를 탈문법증(paragrammatism)이라고 한다.

한편 내용적으로는 장황한 표현과는 달리 의미가 없는 공허한 발화(empty speech)가 두드러진다. 음운을 틀리게 발음하거나 말뜻에 어긋나게 말하는 착어 현상, 명료하지 않은 태도로 웅얼거리는 자곤(jagon)도 빈번하게 관찰된다. 자신이 의도한 말과 전혀 다른 말을 하고도 틀린 것을 알아차리지 못하는 등 착어증(말 이상증) 증세가 심하며, 신조어도 많이 사용한다. 다른 사람의 말을 알아들었다는 표정을 지어도 실제로는 알아듣지 못한다.

066 베르니케 실어증에 관한 설명으로 옳은 것은? [영역(과목) 심리언어학]

① 형식적으로나 의미적으로 적합한 문장을 생성해 내지 못한다.
② 단어가 혀끝에서 맴돌고 기억이 나지 않는 일이 일어난다.
③ 단어나 음운의 배열이 바뀌는 실수(mistake)를 한다.
④ 머릿속의 개념을 구소화할 수 없어 발화 자제가 어렵다.

정답 ①

정·오답풀이 ① 베르니케 실어증은 전달된 언어 정보를 해석하는 일을 담당하는 베르니케 영역이 손상 되면 자신이 무슨 말을 하고 있는지조차 잘 몰라 발화의 형식적, 의미적 문제를 인지하지 못하고 적합한 문장을 생성해 해는 것 역시 어려워한다. ①, ②, ③는 브로카 실어증 환자에 해당하는 일이다.

개념 정리

- 분절성 : 연속적인 현실 세계를 불연속적인 적으로 분절하여 표현하는 특성이다. (예 : 무지개의 분절, 시간 흐름의 분절 등)
- 역사성 : 언어는 사회적인 약속이지만, 시간의 흐름에 따라 신생과 성장, 사멸 등의 과정을 겪게 된다.
- 창조성 : 언어를 통해 무한한 생각을 표현하고 제한 없이 표현할 수 있는 특성이다. 상상의 산물이나 관념적이고 추상적인 개념까지 표현하는 것이 가능하며 사고의 범위에 제한이 없다. 국어의 음운은 자음, 단모음, 반모음을 합쳐 30여 개에 불과하다. 이 제한된 음운을 가지고 우리는 새로운 단어와 문장을 끊임없이 만들어 낼 수 있다. 이 과정에서 언어의 규칙성이 작용하는데, 언어의 규칙 또한 무한하지 않다. 즉 우리는 제한된 말소리와 유한 수의 규칙을 이용해 우리의 생각을 자유롭게 표현하고 있는 것이다.

067 오류를 수정할 때 가장 중점을 둔 언어 특성은? [영역(과목) 일반언어학]

[수정 전]		[수정 후]
○ I have a apple.	→	I have an apple.
○ 철수이 저녁을 먹었다.	→	철수가 저녁을 먹었다.

① 분절성　　　　　　　　② 규칙성
③ 역사성　　　　　　　　④ 창조성

정답 ②

정·오답풀이 ② 위의 사례와 같이 언어를 이루는 요소들(문법 요소 등)이 일정한 규칙을 가지고 결합 되거나 배열되는 성질을 언어의 규칙성이라고 한다.

개념 정리

로만 야콥슨(R. Jacobson)의 언어의 여섯 가지 기능
- 시적 기능 : 화자에 의하여 씌어진 말은 그 말하는 사람의 의식적·무의식적 노력에 의해서 되도록 듣기 좋은 짜임새를 가지려 한다. 즉, 전언은 아름다운 구조를 가지려고 한다. 말은 그 말 자체 속에 더 듣기 좋은 표현을 가지려는 본능적인 모습을 감추고 있다. 이것은 '미학적 기능'이라고도 부른다. 언어를 예술적 재료로 삼는 문학에서는 이 기능을 가장 중요한 기능으로 삼는다.
- 친교적 기능 : 원래 인류학자인 말리노프스키(Malinowski)가 원시인들이 사용하는 언어에서 '의미'의 추출 문제를 생각하며 사용한 것으로, 메시지 중에 의사 전달을 성립시키고 연장시키고, 중단시키면서 회로가 제대로 기능을 하고 있는지를 점검하고 상대방의 주의를 끌기위해, 그의 주의가 지속됨을 확인하기 위한 것이다. 예를 들어 전화통화 중 '여보세요? 제 말 들리세요?'등의 발화를 통해 점검한다든지, '듣고 계세요?'나 전화통화 끝에 '네, 네!' 처럼 주의가 지속됨을 확인하는 것이다. 이런 친교기능은 인간만이 공유하는 면인 동시에 어린 아이가 최초로 획득하는 기능이기도 한다.
- 메타언어적 기능 :정확한 이해를 위해 표현에 관해 말하거나 표현된 것을 다른 말로 재현하는 기능으로 '해설적, 상론적 기능'이라고 하며 넓은 의미에서 '해석학적 기능'이라고도 말한다. 예를 들어 대화 중 '잘 모르겠습니다. 무슨 말씀이신가요?'라고 말할 때 '무슨 말씀'에 해당하는 것은 앞에 상대방이 한 말 모두를 받는 '메타언어'로 대화의 맥락과는 상관없이 맥을 끊는 말로 일반적인 대답과는 차원이 다른 말이다.
- 명령적 기능 : 말이란 말을 듣는 상대방이 없으면 성립되지 않는다. 그리고 그 말은 반드시 듣는 사람에게 무엇인가를 행동하도록 요구한다. 이와 같이 말을 듣는 사람에게 초점이 맞춰진 기능을 '명령적 기능' 또는 '욕구적 기능'이라고 한다. 명령문은 이 기능을 극대화시킨 것이라고 할 수 있다.
- 지시적 기능 : 이것은 상황에 관련된 기능이다. 즉, 관련 상황에 대하여 말하는 사람이 듣는 사람에게 내용을 알려 주는 기능이다. 대상을 지시(指示)한다고 지시적 기능이라고 말하기도 한다. 이 기능은 우리가 세계를 이해하는 정도에 비례하여 이루어진다. 그러면 세계를 이해한다는 것은 무엇인가? 그것은 이 세상에 존재하는 사물에 대하여 이름을 부여함으로써 발생하는 것이다. 여기 한 그루의 나무가 있다고 하자. 그런데 그것을 나무라는 이름으로 부르지 않는 한 그것은 나무로서 행세를 못한다. 퀴리(Curie)부인이 라듐이라는 원소를 발견하여 그것을 '라듐'이라고 이름 붙이기 전까지는 라듐은 인류에게 없는 것이나 마찬가지였다. 물론 라듐은 천지가 창조된 태초부터 있었을 것이지만 그 존재를 인식하고 거기에 이름을 붙이기까지 그것은 인류에게 무의미한 것이요 없는 것이다. 인류의 지식이라는 것은 대상에 대하여 이름을 붙이는 작업에서 형성되는 것이라고 말해도 좋다.
- 표현적 기능 : 말하는 사람에 초점이 맞추어진 기능을 '표출적 기능'이라고 한다. 이것은 표현적 또는 '정서적 기능'이라고 하는데, 어떤 표현, 즉 쓰여진 말이 말하는 사람의 태도를 나타내 준다. 우리 속담에 "'에'해 다르고, '애'해 다르다"는 말이 있거니와 말은 말하는 사람의 감정을 발음의 높낮이와 길고 짧음으로 나타낼 수 있다.

068 로만 야콥슨(R. Jacobson)이 제시한 언어의 기능에 관한 설명으로 옳지 <u>않은</u> 것은?

영역(과목) 일반언어학

① 시적 기능(poetic function)은 언어 표현 자체의 아름다움을 중시하는 기능이다.
② 메타언어적 기능(metalanguage function)은 언어 표현 자체를 정의하여 설명하는 기능이다.

③ 지시적 기능(referential function)은 대상에 대해 행동을 요구하는 기능이다.
④ 표현적 기능(expressive function)은 화자의 감정과 태도를 나타내는 기능이다.

정답 ③

정·오답풀이 ③ 지시적 기능은 대상을 지시하는 것이며, 행동을 요구하는 것은 '명령적 기능'에 속한다.

069 다음 외국어 학습자의 오류 중 유형이 다른 것은?

영역(과목) 대조분석

① 한국인 영어 학습자 - He goed.
② 태국인 영어 학습자 - I like childs.
③ 중국인 한국어 학습자 - 오늘은 덥어요.
④ 일본인 한국어 학습자 - 기무치가 좋아요.

정답 ④

정·오답풀이 ①, ②, ③은 문법적 오류, ④는 음운적(발음상) 오류이다. 일본인 학습자의 경우 한국어의 받침에 준하는 일본어 음가가 제한적이고 외파되어 발음되기 때문에, 불파로 발음해야 할 것들이 외파하여 발음되고 이 오류가 표기의 오류로 이어지는 경우가 많은 편이다.

개념 정리

심리언어학(心理言語學, psycholinguistics)

언어에 반영된 인간의 정신작용에 대해서 과학적인 방법론을 사용하여 연구하는 학문이다. 넓게 보면, 언어에 내재된 심리적 기제를 밝히려는 시도가 심리언어학 연구이다. 그러나 전통적으로 언어학(言語學, linguistics)의 세부 분야로서의 심리언어학은 보다 특정한 연구 영역을 지칭한다.

이론언어학에서 언어지식(competence)에 대해서 연구한다면, 심리언어학에서는 언어지식을 실제로 사용할 수 있는 능력, 즉 언어수행(performance)을 중심으로 연구한다. 특히, 언어에 대한 지식이 어떻게 인간의 두뇌에서 저장·처리·산출되는지, 언어와 일반적인 인지능력에는 어떠한 관계가 있는지, 아이들은 언어지식을 어떠한 과정을 통해서 습득하는지, 한 가지 이상의 언어를 습득할 때 어떤 심리적 기제를 사용하는지 등에 대해서 연구한다.

070 심리언어학의 연구 주제로 거리가 먼 것은?

영역(과목) 심리언어학

① 이중언어 구사자의 발화 산출 모형
② 문장과 텍스트 이해 모형
③ 어휘적 중의성의 해석 연구
④ 어순의 유형론적 연구

정답 ④

정·오답풀이 ④ 어순의 유형론적 연구는 문장을 만드는 것과 관계된 것이므로, 심리언어학이 아닌 통사론의 범주에 속한다. 만약 두 개 이상의 언어에 대해 어순이 어떻게 다른지를 연구한다면 대조언어학의 연구 대상이 될 수도 있다.

개념 정리

의미 변화 유형
- 의미의 확대, 일반화 : 의미의 확대는 적용상의 전이를 거쳐 다의관계가 형성되면서 이루어진다.
  ① 놀부(특정의 인물 → 욕심 많은 사람)
  ② 왕(나라에서 가장 높은 사람 → 암산왕: 암산을 가장 잘 하는 사람)
  ③ 약주(특정의 술 종류 → 술 전체)
  ④ 다리(유정물 → 유정물 + 무정물)
  ⑤ 식구(食口)(입 → 가족)
  ⑥ bird(어린 새 → 모든 새)
- 의미의 축소, 특수화 : 의미의 축소는 대부분 다의관계를 이루고 있던 단어가 그 의미의 한 영역을 다른 단어에 이관하게 되는 데서 생긴다.
  ① 얼굴(형체→안면)
  ② 짐승(유정물 전체→인간을 제외한 동물)
- 의미의 전이(이동)
  제 3의 의미로 바뀐 경우 : 원래의 의미(중심적 의미)에서 비유적 의미(주변적 의미)로 번져 쓰이다가 원래의 의미가 소멸되고 비유적 의미가 원래의 의미처럼 되는 현상이 반복 되면서 생긴 결과
  ① 주책(일정한 생각 → 줏대 없이 되는 대로)
  ② 사랑하다(생각하다→사랑하다)
  ③ 나일론(좋은 섬유→나쁜 섬유)
  ④ 어리다(어리석다→나이가 어리다)

---

071 다음 내용은 어떤 방식의 의미 변화를 설명한 것인가? 　　　　　영역(과목) 의미론

> 'penna'는 새의 깃털을 뜻하는 단어인데, 깃털로 필기구를 만들면서 '펜(pen)'이라는 단어를 사용했다. 그런데 오늘날 새의 깃털로 만들지 않은 필기구도 여전히 '펜(pen)'이라고 부른다.

① 지시 대상물의 범위 확대　　② 특수 집단의 사용에 의한 전이
③ 화자의 주관적 인식 변화에 따른 확대　　④ 언어 외적 상황의 변화에 따른 축소

정답 ①
정·오답풀이 ① 깃털 만든 필기구인 '펜(pen)'이 새의 깃털로 만들지 않은 필기구도 여전히 '펜(pen)'이라고 부르는 것으로 지시 대상물의 범위가 확대되었다.

개념 정리

태(voice)

방향성에 관한 언어적 형태. 주로 동사에 나타나는 동작의 특징을 말한다. 어떤 행위의 참여자 사이의 관계, 즉 주어와 동사 간의 주술 관계를 비롯하여 목적어와 동사의 관계 및 이들에 긴밀하게 관련되는 다른 체언(動作主)과의 관계 등을 나타내는 동사의 형태이다.

- 능동태 : 주어가 어떤 행위를 행하는 '행위자-행위'의 관계를 나타낸다.
- 피동태 : 주어가 어떤 행위의 목표, 즉 대상이 되는 '대상-동작주 보어-행위'의 관계를 나타낸다.
- 사동태 : 주어가 어떤 행위자로 하여금 어떤 행위를 하도록 시키는 '동작주 주어-동작주 보어-행위'의 관계를 나타낸다.
- 재귀태 : 주어가 그 자신에게 어떤 행위를 하는 관계를 말한다.
- 상호태 : 복수의 주어가 서로 상대편에게 어떤 행위를 가하는 관계를 나타낸다.
- 중동태 : 대체로 주어가 그 자신에 대해 어떤 행동을 하도록 시키는 관계를 나타내게 된다.

072 문법 범주에 관한 설명으로 옳지 않은 것은?

① 수(number)는 일반적으로 단수와 복수로 구별되지만 쌍수(dual)를 가지고 있는 언어도 있다.
② 인칭(person)은 명사, 대명사 등에 관계하는 문법 범주의 하나로 화자, 청자, 제3자를 가리킨다.
③ 시제(tense)는 동작·상태의 시간적 위치를 나타내는 문법 범주로, 발화시와 사건시가 일치하지 않을 수도 있다.
④ 태(voice)는 동작 자체의 양태에 의해 결정되는 것으로, 완료·미완료, 지속·비지속의 의미적 구분이 표현된다.

정답 ④

정·오답풀이 ④ 태는 어떤 행위의 참여자 사이의 관계, 즉 수어와 동사 간의 주술 관계를 비롯하여 목적어와 동사의 관계 및 이들에 긴밀하게 관련되는 다른 체언(動作主)과의 관계 등을 나타내는 동사의 형태이다.

개념 정리

상보적 분포
한 형태소에 두 이형태가 있다면 그들이 분포되는 환경은 서로 겹치지 않는 특징을 지닌다. '을'과 '를'을 예로 들면 '책을, 잡지를'처럼 선행음의 마지막 음운이 자음일 경우 '을'을 쓰며, 모음일 경우 '를'을 쓴다. 이처럼 놓이는 환경이 겹치지 않으면 그 두 이형태의 분포는 상보적이라고 말한다. 서로 보완하여 하나가 되는, 또는 서로를 허용하지 않는 관계라는 뜻이다.

073 음소에 관한 설명으로 옳지 않은 것은? [영역(과목) 음운론]

① 한 언어 내에서 모어 사용자는 음소를 즉각적으로 인식한다.
② 한 음소의 변이음은 상보적 분포를 이루지 못한다.
③ 모어의 경우 음소는 글자를 배우기 전에 이미 습득된다.
④ 단어의 발음은 언어 사회 내에서 '집단성'을 지닌다.

정답 ②

정·오답풀이 ② 한 음소의 변이음은 상보적 분포를 보이는 특징을 지닌다.

개념 정리

- 문법능력(grammatical competence): 어휘 항목의 지식, 형태소, 통사, 문장의 의미 및 음운 등의 규칙에 관한 지식을 의미한다. 하지만 문법능력은 이러한 문법규칙을 설명하기 위한 것이 아니라 이런 규칙에 맞게 단어를 배열하여 문장으로 구성하는 방법을 이해하고 사용할 수 있는 능력을 의미한다.
- 담화능력(discourse competence): 독립된 개별적인 문장이 아니라 일련의 문장들을 연결한 담화 속에서 전체적인 의미를 형성해 내는 능력을 뜻한다. 때로는 문장사이의 관계가 명확하지 않은 경우가 많은데 이때는 세상에 관해 알고 있는 여러 지식을 사용함으로써 문맥에 따라 그 언어 표현 속에 내재되어 있는 의미를 추론할 수 있는 능력까지 포함한다. 즉, 여러 문장이 연결된 가운데 전체적인 의미를 파악하는 것과 함께 일정한 상황에 맞는 말이나 글을 구성할 수 있는 능력을 지칭한다.
- 사회 언어적 능력(socio-linguistic competence): 서로 다른 사회 언어적 상황에서 적절한 언어사용을 위한 사회 언어적 규칙에 관한 지식을 뜻한다. 모국어 화자들은 이 규칙을 잘 알고 있으며 상황에 따라 적절한 표현을 사용한다. 이는 언제 침묵을 지켜야 하는지, 언제 존댓말을 사용해야 하는지, 언제 주저하는 태도로 말을 해야 하는지 등의 특정한 상황에서 무슨 말을 어떻게 말해야 하는가를 아는 능력이다.
- 전략적 능력(strategic competence): 언어수행의 변수 혹은 불충분한 언어능력 때문에 의사소통의 좌절을 보완하기 위해 취해지는 언어적, 비언어적 소통전략에 관한 지식으로 성공적인 의사소통을 결정짓는 중요한 요소가 된다. 예를 들어, 단어가 생각나지 않을 경우 어떻게 의사소통을 지속할 것인지, 상대방의 말을 이해하지 못했을 경우 어떻게 할 것인지 등의 여러 상황에서 말을 바꾸어서 한다든지, 돌려서 말을 한다든지, 또는 반복하고, 주저하고, 회피하는 전략을 사용할 줄 아는 능력이라 할 수 있다.

074 커넬·스웨인(Canale & Swain)의 의사소통 능력 중 전략적 능력을 보여주는 사례로 옳은 것은?

영역(과목) 외국어 습득론

① 어떤 외국인이 '병아리'라는 단어가 생각나지 않아서 '아기 닭'이라고 했다.
② '살고 있는 것'과 '살아 있는 것' 사이에 어떤 의미상의 차이가 있는지 생각해 보았다.
③ 늦게 온 딸에게 아버지가 "지금 몇 시야?"라고 묻자, 딸이 "두 시인데요."라고 대답했다.
④ 외국인이 "할머니가 방에서 자세요."라고 말했다.

정답 ①

정·오답풀이 ① '전략적 능력'은 소통에 문제가 있을 경우 나름의 해결 방법을 동원해 보는 것이다. '아기 닭'이라는 표현은 '병아리'를 대체할 수 있는 전략을 적절하게 사용한 것이라고 볼 수 있다.
② 문법적 능력, ③ 담화적 능력, ④ 사회언어학적 능력을 보여주는 사례가 된다.

개념 정리

계열 관계, 통합 관계

마이클이	갈비찜을	먹었다.	통합 관계
사라가	떡볶이를	만들었다.	통합 관계
잭슨이	미역국을	샀다.	통합 관계
계열 관계	계열 관계	계열 관계	

위와 같은 문장이 있을 때, '마이클'은 '사라, 잭슨' 등으로 대치될 수 있으며, '갈비찜'은 '떡볶이, 미역국' 등으로 대치될 수 있다. 이러한 경우 '마이클, 사라, 잭슨', '갈비찜, 떡볶이, 미역국' 등은 계열 관계에 놓여 있다고 말한다. 이와 반대의 방향으로, 옆으로 나열될 수 있는 선택항들의 만남은 '통합(결합) 관계'라고 칭한다. 각 계열 관계와 통합 관계는 적정한 의미 범주 안에 묶여 있으므로, 범주를 넘어선 것들이 대치되거나 옆으로 결합될 경우에는 문장의 의미가 망가지게 된다.

075 언어의 각 요소들이 계열관계에 있음을 확인하기 위해 사용하는 방법은?

영역(과목) 통사론

① 결합　　　　② 대치　　　　③ 변형　　　　④ 분절

정답 ②

정·오답풀이 ② 계열관계는 언어 요소의 상호관계에 있어서 통합적인 연쇄체의 어떤 위치에서 서로 대치될 수 있는 요소들의 관계를 말한다. 만약 대치를 했을 때 적합하지 않다면, 이는 계열 관계가 놓인 요소가 아니라고 볼 수 있다.

개념 정리

라마, 스톡웰(Lamas & Stockwell)의 사회언어학 관련 연구 주제

발화 방식의 범주화	언어 변이의 기술	언어 변이와 관련된 사회적 요인들
• 개인어 및 계층 방언 연구 • 표준/비표준과 규준화 • 선망, 오명, 언어, 충성도 • 방언, 악센트와 언어 계획 • 언어 공동체	• 언어학적 변수 • 음운 변이 • 문법 변이 • 어휘 변이 • 담화적 변이	• 지리적, 사회적 이동 • 성별과 권력 • 연령 • 청자 • 정체성 • 사회적 연결 관계

076 라마·스톡웰(Lamas & Stockwell)의 '언어변이와 관련된 사회적 요인들'에 해당하는 것을 모두 고른 것은?

영역(과목) 사회언어학

　ㄱ. 지리적, 사회적 이동　　　　ㄴ. 성별과 권력
　ㄷ. 방언, 악센트와 언어 계획　　ㄹ. 담화적 변이　　　ㅁ. 연령

① ㄴ, ㄹ　　　　　　　　　　② ㄷ, ㅁ
③ ㄱ, ㄴ, ㅁ　　　　　　　　　④ ㄱ, ㄷ, ㄹ

정답 ③

정·오답풀이 ③ 라마·스톡웰(Lamas & Stockwell)은 '언어변이와 관련된 사회적 요인들'로 '지리적 이동, 성별과 권력, 연령, 청자, 정체성, 사회적 연결 관계' 등을 꼽았다.
　ㄷ. 방언, 악센트와 언어 계획 → '발화 방식의 범주화' 관련 연구 항목
　ㄹ. 담화적 변이 → '언어 변이의 기술' 관련 연구 항목이다.

개념 정리

양층언어(diglossia)

한 언어 내에서 문어체와 구어체 즉, 상층과 하층 변종의 층위 구별에 다른 언어현상을 양층언어현상(Diglossia)이라 한다. 한 특정 사회에서 사용되는 언어 환경의 상태를 의미하는 사회 언어학 용어이다. Diaglossia는 –di–는 둘(two)을 뜻하는 접두사이며 glossia는 언어 또는 혀를 뜻하는 두 요소가 합쳐진 단어이다. 즉 두 가지 언어가 한 사회에 동시 상존하고 있으면서 각각의 특별한 기능을 그 사회 안에서 수행하고 있는 상황을 뜻하는 것이다. 아랍어의 경우는 주로 공식적인 상황과 문학, 그리고 정규 교육에 쓰이는 고전 아랍어, 또는 문어체 아랍어(표준아랍어)와 비공식적인 상황이나, 일상생활의 대화에 쓰이는 구어체 아랍어로 나누어진다. 이외에도 '격식, 비격식', '구어, 문어' 등 양층으로 나뉠 수 있으며 양층 언어 현상은 강화될 수도 있고, 약화될 수도 있다.

	아랍권 국가들	대만	그리스(독립 이후~1976년 까지)
격식 언어	표준 아랍어	표준 중국어	카타레부사
비격식 언어	각 지역의 아랍어 방언	대만어	데모키티

	중국(신해혁명 이전)	한국(갑오개혁 이전까지)	일본(메이지시대 이전)
구어	한문	한문	문어체
문어	각 지역의 중국어 방언	한국어	구어체

077 사회언어학 용어에 관한 설명으로 옳지 않은 것은?

영역(과목) 사회언어학

① 언어변이(language variation) : 한 언어의 쓰임새에 변형이 일어나 동일한 의미를 표현하는 여러 개의 언어 형태가 파생되는 것을 뜻한다.
② 코드전환(code switching) : 이중 혹은 다중언어 사회에서 대화 시에 언어를 교체하는 현상을 말한다.
③ 양층언어(diglossia) : 한 사회에서 두 개의 언어가 성별에 따라 나뉘어 사용되는 양상을 말한다.
④ 크레올(creole) : 피진(pidgin)보다는 언어 체계가 안정되고 어휘가 확장되어 있으며 언어구조도 더 정교한 언어를 말한다.

정답 ③

정·오답풀이 ③ '성별'이 아닌 '언어 환경의 상태'에 따라 나누어지는 양상을 뜻한다.

개념 정리

- **침입적 간섭** : 침입적 간섭은 모국어와 외국어 모두에 존재하지만 서로간의 차이 때문에 외국어를 배우는 데 장애를 경험하는 경우이다. 이는 한국어와 영어의 어순의 차이 때문에 한국 학생들이 영어를 학습할 때 어순과 관련하여 어려움을 겪는 경우이다.
- **배제적 간섭** : 배제적 간섭은 모국어에서 존재하지 않는 항목 때문에 외국어를 배우는 데 장애가 되는 경우를 뜻하는데, 한국어에서는 관사가 없기 때문에 한국 학생들이 영어의 관사 사용을 배울 때 어려움을 겪는 경우를 지칭한다.

078 제2언어 습득에서 중국인 한국어 학습자에게 주로 나타나는 전이에 관한 내용으로 옳지 않은 것은?

영역(과목) 외국어 습득론

① 부정적 전이 : 한국어 단어 '광고', '가수', '외모' 등을 쉽게 이해할 수 있다.
② 배제적 간섭 : 한국인 손윗사람에게 존댓말을 사용하지 않고 대화한다.
③ 긍정적 전이 : 한자성어 '일거양득'을 학습할 때 비교적 쉽게 학습한다.
④ 침입적 간섭 : 한국어 단어 '도서관'을 발음할 때 '투슈관'으로 읽는다.

정답 ①

정·오답풀이 ① 발음의 유사성 등으로 인해 한국어 단어 '광고', '가수', '외모' 등을 쉽게 이해할 수 있는 것은 '긍정적 전이'에 속한다.

개념 정리

- 의존형태소 : 반드시 어떤 다른 형태소와 결합하여야만 단어가 되는 형태소를 말한다. '읽어라'의 '읽'은 '읽으니, 읽고, 읽는다'처럼 반드시 어떤 다른 형태소와 결합해야만 문장에 쓰일 수 있고 단어 행세도 할 수 있다. 동사·형용사의 어간이나 어미, 접두사, 접미사 등은 의존형태소이다.
- 자립형태소 : 홀로 설 수 있는 형태소. 형태소를 자립의 유무에 따라 구분할 때 자립할 수 있는 형태소를 자립형태소, 그렇지 않은 형태소를 의존형태소라고 한다. 예를 들어, "엉미와 순이는 매우 예쁘다."에서 홀로 설 수 있는 형태소는 '엉미, 순이, 매우'이고, 자립형태소라고 한다.

079 의존형태소가 들어 있는 단어는?

영역(과목) 형태론

① 지름길   ② 밤낮   ③ seaside   ④ sunset

정답 ①

정·오답풀이 ① 지름길은 '지르-/-ㅁ/길' = (의존형태소, 의존형태소, 자립 형태소)로 구성되어 있다. '지름'의 형성에 의존형태소가 포함되어 있다. 나머지 단어들은 모두 명사이며 자립형태소인 단어들이 만나 합성어를 이루고 있다.

080 중간언어에 관한 설명으로 옳지 않은 것은?

영역(과목) 대조분석

① 중간언어는 독립적인 언어 체계를 가지고 있다.
② 중간언어에서는 언어 전이가 일어나지 않는다.
③ 외국어 습득 환경이 다른 학습자들도 보편적인 중간언어를 가진다.
④ 제2언어 학습자가 목표언어의 완벽한 수준에 도달하기 전에 사용하는 과도기적인 언어이다.

정답 ②

정·오답풀이 ① 중간언어는 학습자가 목표언어로 도달하기 위한 중간 과정에 나타나는 언어로 중간언어를 사용 시 언어 내 전이가 일어나기도 하고, 언어 간 전이가 일어나기도 한다. 한국어 학습자가 기존에 일본어를 배운 지식이 있어 한국어 학습에서 도움을 받는 등의 하나의 사례이다.

제10회 한국문화·외국어로서의 한국어교육론
2교시

개념 정리

중남부지방 논농사 지대에서 한 마을의 성인남자들이 협력하며 농사를 짓거나, 부녀자들이 서로 협력하여 길쌈을 하던 공동노동조직으로 공동노동조직이기도 하면서 줄다리기·횃싸움·편싸움 등의 오락에서도 큰 몫을 하였다.

전통적인 공동노동조직으로는 두레 외에도 '품앗이'가 있으나, 품앗이는 기본적으로 개인의 의사에 따라 이루어지는 소규모의 노동력 상호교환조직이라고 할 수 있다. 이에 반해 두레에는 한 마을의 성년남자 전원이 거의 의무적으로 참가해야 했다. 두레에 가입하려는 남자는 자기의 힘을 마을사람들에게 시험해 보여서 그들의 찬동을 얻어야 했다.

001 두레에 관한 설명으로 옳지 않은 것은?
`영역(과목) 한국의 전통문화`

① 농촌에서 상호부조를 목적으로 형성된 조직이었다.
② 농번기에 공동 양육과 교육을 행하였다.
③ 모내기, 김매기, 타작 등을 수행했다.
④ 노동을 끝낸 후에는 흔히 함께 음식을 먹으며 놀이를 즐겼다.

정답 ②

정·오답풀이 ② 두레는 한 마을의 성인남자들이 협력하며 농사를 짓거나, 부녀자들이 서로 협력하여 길쌈을 하던 공동노동조직이다.

개념 정리

세시풍속은 음력 정월부터 섣달까지 해마다 같은 시기에 반복되어 전해오는 주기전승의례로 대체로 농경문화를 반영하고 있어 농경의례라고도 한다.

002 우리나라의 세시 풍속과 음식이 바르게 연결되지 않은 것은?
`영역(과목) 한국의 전통문화`

① 삼짇날 - 화전
② 단오 - 귀밝이술
③ 정월 대보름 - 오곡밥
④ 동지 - 팥죽

정답 ②

정·오답풀이
② 단오 : 음력 5월 5일로, 명절의 하나로 일명 수릿날이라고도 한다. 궁중에서는 이날 제호탕·옥추단·애호·단오부채 등을 만들어 신하들에게 하사하기도 하였고, 농가에서는 익모초와 쑥을 뜯었다. 여름철 식욕이 없을 때 익모초 즙은 식욕을 왕성하게 하고 몸을 보호하는 데 효과가 있다고 알려져 있기 때문이다. 쑥은 뜯어서 떡을 하기도 하고 또 창포탕에 함께 넣어 삶기도 하는데, 벽사에 효과가 있다고 전한다.
① 삼짇날 : 음력 3월 초사흗날로 명절의 하나로 이날 각 가정에서는 봄철 여러 가지 떡을 해서 먹는다. 화전, 화면, 수면, 쑥떡 등이 있다.

③ 정월 대보름 : 음력 정월보름날로 '상원'이라고 한다. 대보름날에는 절식으로서 약밥, 오곡밥, 묵은 나물과 복쌈, 부럼, 귀밝이술 등을 먹었다.
④ 동지 : 24절기의 하나로 음력 11월 중, 양력 12월 22일경이다. 동짓날의 팥죽은 시절식의 하나이면서 신앙적인 뜻을 지니고 있는데, 축귀하는 기능이 있다고 보았다.

개념 정리

서울특별시 종로구 세종로에 있는 조선시대의 정궁(正宮)으로 사적 제117호이다. 도성의 북쪽에 있다고 하여 북궐(北闕)이라고도 불렸다. 조선왕조의 건립에 따라 창건되어 초기에 정궁으로 사용되었으나 임진왜란 때 전소된 후 조선 말기 고종 때 중건되어 궁궐로 이용되었다.

경복궁의 주요건물 위치를 보면 궁 앞면에 광화문이 있고 동·서쪽에 건춘·영추의 두 문이 있으며 북쪽에 신무문이 있다. 궁성 네 귀퉁이에는 각루가 있다.

근정전 뒤의 사정문을 들어서면 왕이 정사를 보는 곳인 사정전이 있고 그 동·서쪽에 만춘전·천추전이 모두 남향으로 놓여 있다. 사정전 뒤 향오문을 들어서면 정면에 연침인 강녕전이 있고 그 앞 동서 양쪽에 연생전·경성전이 있다.

강녕전 뒤에는 양의문이 있고 문 안에 왕비가 거처하는 교태전이 있으며 잇대어서 동쪽에 원길헌·서쪽에 함광각·동북쪽에 건순각이 있다. 그 뒤로는 후원이 전개되어 소나무가 우거지고 연못·정자 등이 여기저기 자리 잡고 있다.

이밖에 궁 서쪽에 수정전이 있고 그 위에 경회루가 있는데 수정전은 의정부 청사로 쓰였던 곳이며, 경회루는 임금과 신하들이 모여 잔치를 베풀던 곳이다.

003 경복궁에 관한 설명으로 옳은 것은?

영역(과목) 한국의 전통문화

① 조선시대의 정궁(正宮)으로 북궐로도 불리었다.
② 병자호란으로 전소되었으나 흥선대원군에 의해 중건되었다.
③ 궁 내부에 왕과 신하들이 모여 잔치를 베풀던 영회루가 있다.
④ 궁 앞면에는 광화문, 동쪽에 영추문, 서쪽에 건춘문이 있다.

정답 ①

정·오답풀이
① 조선시대의 정궁(正宮)으로 북쪽에 위치한다고 해서 북궐로도 불리었다.
② 임진왜란으로 전소된 후 폐허로 남아 있다가 고종 때 흥선대원군에 의해 중건되었다.
③ 왕과 신하들이 모여 잔치를 베풀던 곳으로 경회루가 있다.
④ 궁 앞면에는 광화문, 동쪽에 건춘문, 서쪽에 영추문이 있다.

개념 정리

유네스코 세계문화유산·자연유산

등재 유산	위치	등재 연도
해인사 장경판전	경산남도 합천군	1995년
석굴암과 불국사	경상북도 경주시	1995년
종묘	서울시 종로구	1995년

	등재 유산	소장 및 관리기관	등재 연도
세계 문화 유산	화성	경기도 수원시	1997년
	창덕궁	서울시 종로구	1997년
	고창, 화순, 강화의 고인돌 유적	전라북도 고창군, 전라남도 화순군, 인천광역시 강화군	2000년
	경주 역사 지구	경상북도 경주시	2000년
	조선왕릉(총 40기)	18개 지역	2009년
	한국의 역사마을: 하회와 양동	경상북도 안동시, 경주시	2010년
	남한산성	경기도 광주시·성남시·하남시 일원	2014년
	백제역사유적지구	충청남도 공주시·부여군, 전라북도 익산시	2015년
자연 유산	제주 화산섬과 용암 동굴	제주도	2007년

유네스코 세계기록유산

	등재 유산	소장 및 관리기관	등재 연도
세계 기록 유산	훈민정음(국보 제70호)	대한민국 간송미술관	1997년
	『조선왕조실록』	정족산본, 오대산본·상편: 서울대학교 규장각, 태백산본 : 정부기록보존소(GARS)	1997년
	『불조직지심체요절』 하권	프랑스 국립도서관	2001년
	『승정원일기』	서울대학교 규장각	2001년
	조선왕조 『의궤』	서울대학교 규장각, 장서각	2007년
	고려대장경판 및 제경판	경상남도 합천군 해인사	2007년
	『동의보감』	국립중앙도서관 소장본: 국립중앙도서관장, 한국학중앙연구원 소장본: 한국학중앙연구원 원장, 보건복지가족부 관리하의 《보감》: 대한민국 보건복지가족부, 한국학의학연구원 관리하의 《보감》: 대한민국 전통의학 연구·개발 센터인 한국학의학연구원	2009년
	1980년 인권기록유산 5·18 광주 민주화운동 기록물	국가기록원, 광주광역시, 육군본부, 5·18기념재단, 국회도서관, 미국 국무성, 국방부	2011년
	『일성록』	서울대학교 규장각	2011년
	『난중일기』: 이순신 장군의 진중일기	현충사	2013년
	새마을운동 기록물	국가기록원, 새마을운동중앙회	2013년
	KBS특별생방송 '이산가족을 찾습니다' 기록물	한국방송공사(KBS), 국가기록원, 한국갤럽조사연구소	2015년
	한국의 유교책판	경상북도 안동시 한국국학진흥원	2015년

	조선통신사에 관한 기록 (17세기~19세기 한일 간 평화구축과 문화교류의 역사)	서울대학교 규장각한국학연구원, 국립중앙도서관, 국사편찬위원회 외 25곳	2017년
세계 기록 유산	국채보상운동 기록물	한국금융사박물관, 국사편찬위원회, 국가기록원, 독립기념관, 국립고궁박물관, 국채보상운동기념사업회, 한국연구원, 서울대학교 중앙도서관, 고려대도서관, 연세대 학술정보원 등	2017년
	조선왕실 어보와 어책	국립고궁박물관	2017년

004 유네스코 세계 기록유산이 아닌 것은?

영역(과목) 한국의 근·현대 문화

① 동의보감
② 기미독립선언문
③ 새마을운동 기록물
④ 5 · 18 민주화운동 기록물

정답 ②

정·오답풀이
① 동의보감 : 2009년 등재
③ 새마을운동 기록물 : 2013년 등재
④ 5 · 18 민주화운동 기록물(1980년 인권기록유산 5·18 광주 민주화운동 기록물) : 2011년 등재

005 다음 가사가 포함된 가곡은?

영역(과목) 한국의 근·현대 문화

> 먼 고향 초동 친구 두고 온 하늘가
> 그리워 마디마디 이끼 되어 맺혔네

① 가고파   ② 고향의 봄   ③ 희망의 나라로   ④ 비목

정답 ④

정·오답풀이
④ 비목 : 한명희 작시·장일남 작곡의 예술가곡. 초연이 쓸고 간 깊은 계곡 깊은 계곡 양지 녘에 // 비바람 긴 세월로 이름 모를, 이름 모를 비목이여 // 먼 고향 초동 친구 두고 온 하늘가 // 그리워 마디마디 이끼 되어 맺혔네
① 가고파 : 이은상 작사, 김동진 작곡. 1933년 김동진이 작곡하였다.
내 고향 남쪽 바다, 그 파란 물 눈에 보이네. // 꿈엔들 잊으리오, 그 잔잔한 고향바다. // 지금도 그 물새들 날으리, 가고파라 가고파…
② 고향의 봄 : 홍난파 작곡, 이원수 작사.
나의 살던 고향은 꽃피는 산골 // 복숭아꽃 살구꽃 아기진달래 // 울긋불긋 꽃대궐 차린 동네 // 그 속에서 놀던 때가 그립습니다.
③ 희망의 나라로 : 현제명(玄濟明) 작사·작곡의 가곡.
배를 저어가자 험한 바다물결 건너 저편 언덕에 // 산천 경개좋고 바람 시원한 곳 희망의 나라로 // 돛을 달아라 부는 바람 맞아 물결 넘어 앞에 나가자 // 자유 평등 평화 행복 가득한 곳 희망의 나라로

006 한국전쟁이나 남북분단이 주된 배경인 영화를 모두 고른 것은?

영역(과목) 한국의 근·현대 문화

ㄱ. 태극기 휘날리며   ㄴ. 공동경비구역 JSA   ㄷ. 해운대
ㄹ. 박하사탕   ㅁ. 웰컴 투 동막골

① ㄱ, ㄴ, ㄹ   ② ㄱ, ㄴ, ㅁ   ③ ㄴ, ㄷ, ㄹ   ④ ㄷ, ㄹ, ㅁ

정답 ②

정·오답풀이 ② 태극기 휘날리며, 웰컴 투 동막골의 배경은 한국전쟁(6.25)이며, 공동경비구역 JSA는 남북분단이 배경이 되었다. 남북분단이 배경이 되는 영화는 대표적으로 쉬리, 공동경비구역 JSA, 실미도, 베를린, 풍산개, 의형제, 크로싱, 국경의 남쪽, 코리아, 연평해전, 공조, 은밀하게 위대하게, 강철비 등이 있으며, 한국전쟁이 배경이 되는 영화는 대표적으로 태극기 휘날리며, 웰컴 투 동막골, 포화 속으로, 고지전, 인천상륙작전, 국제시장 등이 있다.

개념 정리

겸재 정선은 어려서부터 그림에 재주가 있었다는 기록과 현재 남아 있는 30세 전후의 금강산 그림 등을 통하여 젊었을 때 화가로서 활동한 것이 확실하다. 하지만 40세 이전의 확실한 경력을 입증할 만한 작품이나 생활 기록 자료는 없다. 그가 중인들이 일하고 있었던 도화서 화원이었다는 주장도 있다. 그의 뛰어난 그림 재주 때문에 관료로 추천을 받았으며 마침내 화단에서 명성을 얻게 되었다.
삼성미술관 소장의 「인왕제색도」, 「금강전도」, 간송미술관의 「통천문암도」 등 많은 작품을 남겼다.

007 조선 중기 겸재 정선이 남긴 작품은?

영역(과목) 한국의 전통문화

① 파적도   ② 인왕제색도
③ 행려풍속도   ④ 계산고거도

정답 ②

정·오답풀이 ② 인왕제색도 : 조선 후기 정선의 작품으로 국보 제216호이며 삼성미술관에 소장되어 있다.
① 파적도 : 조선 후기 김득신의 작품으로 간송미술관에 소장되어 있다.
③ 행려풍속도 : 조선 후기 김홍도의 작품으로 국립중앙박물관에 소장되어 있다.
④ 계산고거도 : 조선 후기 심사정의 작품으로 국립중앙박물관에 소장되어 있다.

개념 정리

꼭두각시놀음을 전승해 온 남사당패에서는 이 놀음을 덜미라고도 한다. 인형의 목덜미를 잡고 놀린다는 의미에서 생긴 별칭이다. 꼭두각시뿐만 아니라 박첨지와 홍동지 같은 인물이 중요한 역할을 하므로 일명 박첨지놀음, 홍동지놀음이라는 명칭으로 불렸다.
꼭두각시놀음의 거리는 한판의 놀음을 구성하는 마당, 즉 장면을 일컬으며, 현재까지 채록된 공통적인 거리들은 박첨지 유람 거리, 피조리 거리거리, 꼭두각시 거리, 이심이 거리, 매사냥 거리, 상여 거리, 절 짓고 허는 거리 등 일곱 거리가 있다.

008 '꼭두각시놀음'의 등장인물에 관한 설명으로 옳지 않은 것은?

영역(과목) 한국의 전통문화 / 한국민속학

① 박첨지 – 팔도강산을 유람하며 주인공의 역할을 하는 인물이다.
② 홍동지 – 박첨지의 조카로서 힘이 세고 무례한 성격을 지녔다.
③ 말뚝이 – 박첨지의 하인으로 박첨지와 양반을 풍자한다.
④ 표생원 – 허름한 시골 양반의 역할을 하는 인물이다.

정답 ③

정·오답풀이 ③ 말뚝이는 원래 말을 부리는 양반의 하인을 가리키는 명칭으로 우리나라 대부분의 가면극에서 양반의 하인으로 등장하는 인물이다. 가면극마다 가면, 의상, 춤사위, 연희 내용에 다소 차이를 보이지만, 일반적으로 적극적인 풍자를 일삼는 인물이다. 양반의 하인으로 등장하여 오히려 자신의 상전인 양반을 조롱하는데, 풍자와 신랄한 독설로 중세 신분사회의 어두운 단면을 폭로하고, 양반계급의 무능과 부패, 허세 등을 야유한다. 본산대놀이 계통 가면극에서는 중심인물로 등장하는 데 반해, 마을굿놀이계통가면극에서는 말뚝이가 거의 등장 하지 않는다.

개념 정리

한국 고유의 난방법으로 우리 민족의 생활습관과 밀접한 관계가 있으며, 모든 민가에 사용된다. 중국 기록《구당서》에서 온돌에 관한 기사가 보이며, 겨울철에는 모두 긴 구덩이를 만들어 밑에서 불을 때어 따뜻하게 한다고 히였다.

009 한국의 독특한 주택문화인 온돌에 관한 설명으로 옳지 않은 것은?

영역(과목) 한국의 전통문화

① 고려시대에 몽고가 침략했을 때 처음 유입되었다.
② 아궁이에 불을 때면 화기(火氣)가 방 밑을 지나 방바닥 전체를 따뜻하게 하는 난방 장치이다.
③ 전통 온돌은 아궁이, 구들, 굴뚝 등을 기본구조로 한다.
④ 한국의 주택은 대부분 온돌식 난방 구조를 채택하고 있다.

정답 ①

정·오답풀이 ① 중국 고대기록에서 온돌에 관한 기사가 보이는 것은《구당서》로 겨울철에는 모두 긴 구덩이를 만들어 밑에서 불을 때어 따뜻하게 한다고 하였다. 신라와 백제에 관한 기록은 없으나, 백제는 그 풍속이 고구려와 같다고 하며, 신라에 관해서는 "겨울에는 부엌을 집안에 만들고 여름에는 음식을 얼음 위에 놓는다"라고 기록되어 있으므로 이것으로 백제에도 온돌이 있었을 가능성이 많으며, 신라도 그 기록이 귀족계급의 생활을 말한 것으로 보아 서민층에 온돌이 있었을 가능성이 있다.

개념 정리

유배는 오형(五刑)의 하나로, 죄인을 먼 곳으로 보내 그곳에 거주하게 하는 형벌이다. 의금부나 형조에서 유배형을 받으면, 도사 또는 나장들이 지정된 유배지까지 압송하였다. 보수 주인은 그 지방의 유력자로서 집 한 채를 거주할 곳으로 제공하고 유죄인을 감호하는 책임을 졌다. 배소에 있는 유죄인의 생활비는 그 고을이 부담한다는 특명이 없는 한 스스로 부담하는 것이 원칙이었다.

010 외국인과 유배(流配)문화 현장을 답사하려고 할 때, 작가와 작품 및 유배지의 연결이 옳은 것은?

영역(과목) 한국의 전통문화

① 김만중 - 구운몽(九雲夢) - 양평
② 이방익 - 만언사(萬言詞) - 추자도
③ 정약용 - 목민심서(牧民心書) - 보길도
④ 김정희 - 세한도(歲寒圖) - 제주도

정답 ④

정·오답풀이
④ 김정희 - 세한도(歲寒圖) - 제주도
① 김만중 - 구운몽(九雲夢) - 평북 선천 / 사씨남정기(謝氏南征記) - 경남 노도
② 안조원 - 만언사(萬言詞) - 제주 추자도
③ 정약용 - 목민심서(牧民心書) - 전남 강진

011 외국인 학생과 전통 문화 현장을 견학할 때, 지역별 연결이 옳지 않은 것은?

영역(과목) 한국의 전통문화

① 제주 - 칠머리당 영등굿
② 강릉 - 단오제
③ 전주 - 별신굿 탈놀이
④ 한산 - 모시짜기

정답 ③

정·오답풀이
③ 하회 별신굿 탈놀이는 경상북도 안동시 풍천면 하회리에 전승되어오는 탈놀이로 국가 무형문화재 제69호이다.
① 제주 칠머리당 영등굿은 바다의 평온과 풍작 및 풍어를 기원하기 위해 음력 2월에 제주에서 시행하는 세시풍속으로 제주의 무당들은 바람의 여신, 용왕, 산신 등에게 제사를 지낸다.
② 강릉단오제는 단옷날을 전후하여 펼쳐지는 강릉 지방의 향토 제례 의식이다. 산신령과 남녀 수호신들에게 제사를 지내는 대관령국사성황모시기를 포함한 강릉 단오굿이 열린다.
④ 한산모시는 충청남도 서천군 한산 지역에서 만드는 모시로 전통적으로 여성이 이끄는 가내 작업인데 어머니가 딸 또는 며느리에게 기술과 경험을 전수한다.

개념 정리

일제 강점기 조선 통치방식

통치방침	통치 정책	시기
무단 통치기 (헌병 통치)	토지 조사 계획 : 기한부 신고제를 이용하여 토지 수탈 → 동양척식주식회사를 통해 일본인에게 분배 조선총독부 헌병 경찰제도 운영 태형 부활	1910~1919년
문화 통치기 (민족 분열 통치)	보통 경찰제 실시(3배 이상 증가) 산미 증식 계획(수출량 증가) 조선일보, 동아일보 창간 언론, 출판, 집회 결사의 자유 보장(사전에 검열)	1920~1931년

민족말살정책 시기	조선어 교육 폐지 조선일보, 동아일보 폐간(말기) 병참기지화 정책 일본군 위안부 궁성 요배 강요 창씨개명 강요 신사 설치(신사참배 강요) 황국신민서사 암기	1931~1945년 (37년부터 본격화)

012 3·1운동 이후 1920년대 일본의 조선통치 정책 변화에 관한 설명으로 옳지 않은 것은?

영역(과목) 한국의 근·현대 문화

① 무단통치로 조선을 지배할 수 없다고 판단하여 문화통치를 시행했다.
② 언론 및 출판의 자유를 일부 허용하여 신문, 잡지의 발행을 허가하였다.
③ 헌병경찰제가 보통경찰제로 전환되었다.
④ 산미증식계획으로 다양한 작물이 재배되어 조선의 식량사정이 호전되었다.

정답 ④

정·오답풀이 ④ 산미증식계획(1920~1934년)으로 개간과 간척사업, 종자 개량 등을 통해 생산량을 증가 시키려 했으나, 증산량은 일본의 목표에 미치지 못하였고 일본으로의 수출량도 증가하여 여전히 식량난이 심각했다. 또한 증산 사업에 쓰인 비용도 농민에게 부담하게 하여 농민들은 여러 고통에 시달렸다.

개념 정리

디지털 포렌식(digital forensics)
PC나 노트북, 휴대폰 등 각종 저장매체 또는 인터넷 상에 남아 있는 각종 디지털 정보를 분석해 범죄 단서를 찾는 수사기법.
범죄수사에서 적용되고 있는 과학적 증거 수집 및 분석기법의 일종으로, 각종 디지털 데이터 및 통화기록, 이메일 접속기록 등의 정보를 수집·분석하여 DNA·지문·핏자국 등 범행과 관련된 증거를 확보하는 수사기법을 말한다. 현대인들의 생활 속에는 자신도 모르게 디지털 기기와 항상 접해 있어 상당부분 개인에 대한 기록이 디지털 정보로 남아 있는 경우가 많고, 디지털 기술의 발달로 범행을 숨기기 위해 삭제한 자료 등도 복원이 가능한 경우가 많아 범죄수사에 널리 활용되고 있다. 한편, 검찰은 2008년 10월 서울 서초동 대검찰청 옆에 디지털포렌식센터(DFC : digital forensic center)를 열고, 마약·유전자·위조문서·영상 등을 정밀 분석하는 장비를 갖추어 증거물 감정과 감식을 통해 사건을 해결하고 있다.

013 '디지털 포렌식'을 바르게 설명한 것은?

영역(과목) 한국의 근·현대 문화

① 한 곳에 정착하지 않고 정보통신기기를 이용하여 시공간을 넘어 작업하는 인간
② 사법기관에 전자증거물을 제출하기 위해 디지털 데이터를 수집, 분석하는 일련의 작업
③ 다양한 멀티미디어 콘텐츠를 다수의 시청자가 동시에 이용할 수 있는 서비스
④ 하나의 기기나 서비스에 다양한 정보통신기술이 융합되는 현상

정답 ②

정·오답풀이 ② 디지털 포렌식은 지식정보화 사회로 인해 등장한 수사 방법으로 사이버 범죄의 수사와 일반 범죄수사에서 디지털상의 증거를 수집하고 분석하는 작업을 말한다.

014 1930년대 한국 시의 특징과 거리가 먼 것은?
영역(과목) 한국문학

① 카프(KAPF)가 결성되어 사회주의 경향의 작품이 등장하였다.
② 모더니즘의 영향을 받아 도시적 감각을 지닌 시가 발표되었다.
③ 〈시인부락〉 동인인 서정주, 오장환 등은 생명의식을 표현하였다.
④ 〈시문학〉 동인인 박용철, 김영랑 등이 순수시를 발표하였다.

정답 ①

정·오답풀이 ① 1925년 8월에 결성된 경향적인 예술단체로 1926년 1월에 준기관지 〈문예운동〉을 발간 한다. 「일체의 전제세력과 항쟁한다. 우리는 예술을 무기로 하여 조선민족의 계급적 해방을 목적으로 한다」는 강령을 채택하고 박영희를 회장으로 뽑아 대규모의 문학운동을 벌여 나갔다.
② 모더니즘은 일본 식민지시대 후반기에 해당하는 1930년대에 한국 시단에 등장한 시문학의 한 경향으로 정지용의 〈정지용시집〉(1935), 〈백록담〉(1941), 김기림의 〈기상도〉(1936) 등을 비롯하여 이상, 김광균, 장만영 등이 추구했던 시의 경향이 여기에 속한다고 할 수 있다.
③ 〈시인부락〉은 1936년 11월에 창간된 격월간 시가 중심의 문예동인지로 편집인 겸 발행인은 1호는 서정주, 2호는 오장환이 맡았다. 인간주의적 순수문학으로 심화시켰고 생명적 절실성과 인간 생명의 구경적 경지까지를 탐구하여 '생명파'라는 새로운 명칭을 얻게 된다.
④ 〈시문학〉은 1930년 3월에 창간된 시가 중심의 문예동인지로 편집인 겸 발행인은 박용철이며, 시문학사에서 발행하였다. 김영랑의 토착적이고 섬세한 정서와 음악성, 정지용의 감각적 이미지와 회화성 등의 서로 다른 두 양상으로 나누어진다.

015 소설 작품과 주요 등장인물이 바르게 연결되지 않은 것은?
영역(과목) 한국문학

① 탁류(채만식) - 춘심이, 윤직원
② 무정(이광수) - 이형식, 박영채
③ 메밀꽃 필 무렵(이효석) - 허생원, 동이
④ 감자(김동인) - 복녀, 왕서방

정답 ①

정·오답풀이 ① 탁류(채만식) - 정 주사, 초봉, 계봉 : 초봉의 기구한 삶을 통해 당대의 세태를 소상하게 그리고 있는 작품이다. 춘심이와 윤직원은 태평천하의 주요 등장인물이다.

개념 정리

시조

시조는 고려 말기부터 발달하여 온 우리나라 고유의 정형시로 14세기경인 고려 말기에서 조선 초기에 걸쳐 정제된 것으로 추정되고 있으며, 현재까지 지속적으로 창작되고 있는 우리 고유의 정형시이다. 고시조로부터 현대시조에 이르기까지 많은 시조 작품이 창작되고 정리되었다.

고시조는 조선 후기까지 대부분이 구전되었는데, 1728년 김천택이 역대 시조를 수집하여 『청구영언』을 편찬하였다. 시조 998수와 가사 17편을 곡조에 따라 분류하고 정리한 것이며, 이후 많은 가집과 시조집이 편찬되었고 이를 정리하여 1972년 심재완이 『교본역대시조전서』로 출판하였다. 여기에 3,335수의 고시조가 수록되었는데 43개의 가집과 개인문집 및 판본, 사본 75종에 실린 시조로서 각 편의 이본관계도 밝힌 것이다. 1992년에는 박을수의 『한국시조대사전』이 간행되었는데 『교본역대시조전서』 이후에 발굴된 자료와 개화기 신문·잡지 소재의 개화기 시조를 합한 5,492수를 정리하고 한역가를 덧붙였다.

016 다음 시조에 관한 설명으로 옳지 않은 것은?

영역(과목) 한국문학

> 동짓달 기나긴 밤을 한 허리를 베어내어
> 춘풍 이불 아래 서리서리 넣었다가
> 어론 님 오신 날 밤이어든 구비구비 펴리라

① 시간을 사물화하여 표현하였다.
② 의태어를 활용하여 생동감을 준다.
③ 조선시대 사대부 집안 여인의 보편적 정서가 잘 드러난다.
④ 작중 화자는 사랑하는 님과 오래 함께 하기를 바란다.

정답 ③

정·오답풀이 ③ 「동짓달 기나긴 밤을」은 『진본 청구영언』에 수록되어 있으며, 황진이의 뛰어난 시적 감각을 보여주는 대표적인 시이다. 이 작품이 많은 사랑을 받는 이유는 무엇보다도 관념적인 시간을 사물처럼 토막 내는 과감한 시적 발상 때문이다. 추상적인 시간을 베어내고, 이불 속에 넣고, 꺼내어 붙이고 늘이는 재치 있는 착상 근저에 임에 대한 깊은 사랑과 애틋한 그리움이 존재하여 독자에게 공감을 준다. 또한 '서리서리', '굽이굽이'와 같이 우리 언어의 미적 표현을 충분히 살려주는 시어를 효과적으로 살려 썼다는 측면에서 뛰어난 작품이라는 평가를 받고 있다.

개념 정리

조선 중기에 허균이 지은 고전소설로 16세기 이후 빈번해지던 농민봉기와 그것을 주도했던 인간상에 대한 구비전승을 근간으로 하고, 그 현실적 패배와 좌절을 승리로 이끌어가고자 하는 민중의 꿈을 충족시키기 위해서 후반부가 허구적으로 첨가되었다고 추정된다.

「홍길동전」은 사회문제를 다루면서 지배 이념과 지배 질서를 공격하고 비판하는 방향에서 다루었으므로 문제의식이 뚜렷하여, 지배 이념에 맹종하고 대중적 인기에 영합하면서 무수히 쏟아져 나온 흥미본위의 상업적 소설과는 본질적인 차이를 보여준다.

「홍길동전」은 작품 경향, 사회의식, 역사의식에 있어서 「금오신화」에서 마련된 현실주의적 경향, 강렬한 사회 비판적 성격, 진보적인 역사의식을 이어받아, 후대의 연암소설과 판소리계 소설 등의 작품으로 넘겨주는 구실을 했다는 점에서 매우 중요한 소설사적 의의를 가진다.

017 고전소설「홍길동전」에 관한 설명으로 옳은 것은?

영역(과목) 한국문학

① 김시습이 지은 한글 소설이다.
② 사건 전개의 필연성이 높다.
③ 적서차별에 대한 비판이 드러난다.
④ 주인공 홍길동은 임경업 장군을 따른다.

정답 ③

정·오답풀이 ③ 적서차별에 대한 비판이 드러난다.
① 허균이 지은 한글 소설이다.
② 사건 전개의 우연성이 높다는 것이 고소설의 특징이다.
④ 주인공 홍길동은 활빈당의 두목이 된다.

개념 정리

환구단

서울특별시 중구 소공동 웨스틴 조선호텔 앞에 위치해 있는 대한제국의 제단(祭壇). 원구단(園丘壇, 圓丘壇)이라고도 불린다. 원래는 거대한 규모를 가진 대한제국의 성역(聖域)으로 지정되었던 곳이었으나 일제가 1913년에 호텔 신축을 이유로 철거하게 되면서 환구단 본단(本壇)은 사실상 없어지고 대신 환구단의 상징물격인 '황궁우(皇穹宇)'만 남게 되었으며 규모도 대거 축소되었다.

환구단은 중국의 황제가 유교의 예법에 따라 하늘에 제사를 지내는 장소다. 하지만 우리나라같이 유교를 수용하고 외왕내제의 성격을 가진 나라들은 모두 환구단을 짓고 하늘에 제사를 지냈다. 우리나라에서 본격적인 중국식 환구단은 고려 성종 때 최초로 지어졌다. 하늘의 신 "상제"와 오방의 신, 그리고 태조 왕건에게 제사지내며 기우제를 지냈다. 국왕이 즉위할 때, 왕태자를 책봉할 때도 종묘와 환구단에 제사지내 하늘과 건국자에게 이 소식을 고하였다.

아관파천 이후 고종은 1897년에 경운궁으로 환궁(還宮)하면서 본래 중국의 사신을 맞이하던 중국풍 별관인 "남별궁"을 부수고 그 자리에 몇백년 만에 다시 환구단을 짓는다. 1897년(광무 원년) 고종은 이곳에서 하늘과 땅에 제사를 지낸 후 대한제국 황제로 즉위하게 되고, 이 때부터 환구단은 대한제국의 자주 독립과 국가 평안을 기원하는 신성한 장소로 부상하게 된다. 대한제국은 기본적으로 동지(冬至)와 새해 첫날(음력 설날)에 제천(祭天) 의식을 거행하였다. 1899년에 환구단 내에 '황궁우(皇穹宇)'를 설치하여 안에 신위판(神位版)을 봉안하였고 1902년에는 고종 황제 즉위 40년을 맞이하여 '석고단(石鼓壇)'을 설치하였다.

018 대한제국의 황제인 고종이 제천의례를 봉행하기 위해 만든 제단은?

영역(과목) 한국의 근·현대 문화

① 환구단
② 참성단
③ 천제단
④ 사직단

정답 ①

정·오답풀이 ② 참성단은 상고시대 단군이 쌓았다고 전해오며 하늘에 제사를 지내던 제단으로서 인천 강화도 마니산에 있다.
③ 천제단은 천제를 지내기 위해 만든 제단으로서 태백산 정상에 있다. 시기는 삼국시대로 추측하고 있다.
④ 사직단은 태조 이성계가 고려의 제도를 따라 경복궁 서쪽에 설치한 제단이다.

개념 정리

7 · 4 남북공동성명	1972. 7. 4	분단이후 최초 (남)이후락 중앙정보부장, (북)김영주 노동당 조직지도부장
한민족 공동체 통일방안	1989. 9. 11	국회 특별연설을 통해 노태우 대통령이 제시한 제6공화국의 통일방안
한반도 비핵화에 관한 공동선언	1991. 12. 31	1992년 2월 19일 평양에서 열린 제6차 남북고위급회담에서 정식 발효
6 · 15 남북공동성명 (남북관계 발전과 평화번영을 위한 선언)	2000. 6. 15	제1차 남북정상회담 (남)김대중 대통령 (북)김정일 국방위원장
10 · 4 공동선언	2007. 10. 4	제2차 남북정상회담 (남)노무현 대통령 (북)김정일 국방위원장
판문점 선언	2018. 4. 27	제3차 남북정상회담 (남)문재인 대통령 (북)김정은 국무위원장

019 다음 선언들을 연도별로 바르게 나열한 것은? 【영역(과목) 한국의 근 · 현대 문화】

ㄱ. 7 · 4 남북공동성명 ㄴ. 6 · 15 남북공동성명
ㄷ. 한민족 공동체 통일방안 ㄹ. 한반도 비핵화에 관한 공동선언

① ㄱ - ㄷ - ㄹ - ㄴ
② ㄱ - ㄹ - ㄷ - ㄴ
③ ㄷ - ㄱ - ㄴ - ㄹ
④ ㄷ - ㄹ - ㄱ - ㄴ

정답 ①

정·오답풀이 ① 7 · 4 남북공동성명은 분단 이후 최초의 남북공동성명으로 1972년에 발표되었다. 한민족 공동체 통일방안은 남북의 선언이 아닌 노태우 전 대통령이 국회에서 연설한 통일방안으로 1989년에 발표되었으며, 한반도 비핵화에 관한 공동선언은 1991년 남북고위급 회담에서 발표되었다. 6 · 15 남북공동성명은 2000년 최초로 남북의 정상이 만난 남북정상회담에서 발표된 선언이다.

020 한국의 저출산 원인과 거리가 먼 것은? 【영역(과목) 한국의 근 · 현대 문화】

① 개인주의의 확산
② 자녀 양육비의 과다 지출
③ 맞벌이 부부의 증가
④ 재택 근무제 도입

> **정답** ④

> **정·오답풀이** ④ 저출산(低出産)은 출생률이 저하되는 현상을 말한다. 현대 사회에서는 미래 경제에 대한 부정적인 시각과 육아 양육비, 교육비용의 부담으로 인해 자녀 갖기를 포기하거나 결혼과 육아가 필수가 아닌 선택으로 보는 시각이 확산되어 결혼을 하지 않는 독신가구가 증가 하였다. 또한 결혼을 여성의 경제활동으로 직장, 가사, 육아의 부담이 증가되어 출산을 기피하는 여성이 증가하고 있으며, 결혼 연령 상승과 학업과 업무로 인한 임신과 출산의 지연도 저출산의 원인이 되고 있다.

> **개념 정리**

재외동포재단의 스터디 코리안 홈페이지 '한국사' 관련 주제 목록

우리민족과 국가의 성립	근대사회로 가는 길	대한민국의 발전
• 처음으로 세운 나라 고조선 • 힘을 겨루어 성장한 세 나라 • 삼국 통일 신라, 고구려 계승 발해 • 고려 건국으로 달라진 정치 • 역경을 이겨내며 꽃피운 고려문화 • 정치개혁으로 세운 나라들 • 문화의 발달과 백성들의 생활모습 • 두 차례의 전란 극복	• 사회변화를 위한 서인들의 노력 • 질서는 백성 부강한 나라로 • 복을 빌고 평등한 세상을 바라고 • 척화비를 세운 까닭 • 조선, 어디로 가야 하는가? • 대한제국을 선포한 뜻은	• 총과 펜을 들어 싸운 조상들 • 대한독립 만세, 한국광복군 만세 • 분단을 딛고 일어선 대한민국 • 한강의 기적에서 통일로 • 기타

* 재외동포재단 - 스터디 코리안 홈페이지에서는 이 외에도 '재미있는 역사 이야기(단파방송 사건, 광통교, 훈민정음 등)'와 '이민사(북미 이민사, 고려인 이민사, 브라질 이민사, 아르헨티나 이민사, 쿠바 이민사 등)', '동북아 역사(일본군 위안부, 야스쿠니 신사, 일본 교과서 문제, 동북공정, 백두산, 독도 등)'에 대한 학습 자료를 제공하고 있다.

021 한국어 교육에 관한 설명으로 옳은 것은?

영역(과목) 외국어로서의 한국어 교육학개론

① 한국어 교육과 국어 교육은 내용 영역은 동일하나 교수 영역에서 차이를 보인다.
② 국내 출생 다문화 가정 자녀 대상 한국어 교육은 외국어로서의 한국어 교육(KFL)의 범주에 속한다.
③ 최근의 한국어 교육은 의사소통 규칙과 전략보다 언어 규범이나 이론에 주목한다.
④ 재외동포 대상 한국어 교육은 제2언어 또는 외국어로서의 한국어 교육과 별도로 계승어로서의 한국어 교육으로 다루기도 한다.

> **정답** ④

> **정·오답풀이** ④ 재외동포는 외국인이 아니라 모국어 화자이기 때문에 별도 계승어로서의 한국어 교육으로 접근하고 있다. 이에 따라 일반 목적, 학문 목적에서 특정하게 교육의 내용으로 두지 않는 전통 문화 등에 대한 내용이 교재의 주요 내용에 포함되어 있다.
> ① 한국어 교육과 국어 교육은 내용 영역 면에서도 상이함이 크다. 문법의 전 범위, 어휘의 전 범위 등을 교육하지 않으며 의사소통적 입장에서 학습자에게 실제적으로 필요한 내용만을 교육하기 때문이다.

② 국내 출생 다문화 가정 자녀 대상 한국어 교육은 제2언어로서의 한국어 교육(KSL)의 범주에 속한다.
③ 기존의 한국어 교육이 언어 규범과 이론에 주목하였고, 최근은 의사소통의 적용 및 활용에 주목하고 있다.

개념 정리

한국어교원 자격의 등급 및 기준

3급	2급	1급
• 학위과정(부전공) • 양성과정 이수 후 한국어교육능력검정시험 합격 • 2005년 7월 28일 전 한국어 교육경력 800시간 이상 또는 한국어교육능력인증시험 합격	• 3급 자격 취득 후 승급 • 학위과정(주전공, 복수전공)	• 2급 자격 취득 후 승급

022 한국어교원자격에 관한 설명으로 옳지 않은 것은?

영역(과목) 외국어로서의 한국어 교육학개론

① 2급 자격증은 학위과정 또는 한국어교육능력검정시험을 통해 취득할 수 있다.
② 외국 국적자가 학위과정을 통해 한국어교원 자격을 취득하기 위해서는 한국어능력시험(TOPIK) 6급 성적증명서가 필요하다.
③ 한국어교원양성과정 120시간을 이수한 후 한국어교육능력검정시험에 응시할 수 있다.
④ 2급에서 1급으로의 승급은 자격 취득일로부터 최소 만 5년 이상의 강의 경력과 자격 취득 이후 총 강의 시수 2,000시간 이상이 요구된다.

정답 ①
정·오답풀이 ② 2급 자격증은 학위과정, 혹은 3급에서 승급을 거쳐야 취득할 수 있으며 한국어교육능력검정시험은 3급에만 관련이 있는 내용이다.

개념 정리

일반 목적 한국어 교육과정의 발전 방향

일반적 목적의 한국어 교육과정은 한국인과의 일상적 의사소통을 목적으로 하거나 한국문화에 대한 관심이나 호기심 등을 이유로 한국어를 배우는 학습자들을 대상으로 하는 교육과정이다. 일반적 목적의 한국어 교육과정은 특수 분야에서의 기능 수행에 필요한 과제나 내용 중심으로 설계되기보다는 다양한 목적의 한국어 교육에 공통적으로 요구되는 내용을 중심으로 교육과정이 설계된다. 그러나 이 학습자들 중에 특수 목적을 가지고 있는 사람도 많아서, 일상적인 의사소통 능력을 기른 중급 단계부터는 특수 목적으로 한국어를 사용할 가능성에 비교하여 교수요목을 구성하는 것이 필요하다. 특수 목적 영역에서 필수적으로 요구되는 언어 내용 및 기능, 기술 중 핵심 요소를 일반적 목적의 한국어 교육과정에도 부분적으로 포함해야 한다.

023 일반 목적 한국어 교육에 관한 설명으로 옳은 것은?

영역(과목) 외국어로서의 한국어 교육과정론

① 말하기, 듣기, 읽기, 쓰기를 각각 분리 교육하여 언어 각 기능의 독립성을 강조한다.
② 초급에서는 구어 사용 능력보다 문어 사용 능력을 강조한다.
③ 실생활에서의 한국어 사용 능력을 향상시키기 위해 과제 중심 활동을 중시한다.
④ 언어 사용의 정확성을 중시하여 언어 규범이나 이론 교육에 중점을 둔다.

정답 ③

정·오답풀이
① 말하기, 듣기, 읽기, 쓰기를 통합하여 교육하도록 한다.
② 초급에서는 문어를 사용한 격식적 표현을 구성하는 것이 쉽지 않으므로, 구어 사용 능력을 활성화하는 것이 좋다.
④ 현재 한국어 교육의 흐름에서는 정확성 보다는 유창성을 중시하고 있다.

개념 정리

	태동기 (1959년~1980년대 초반)	도약기 (1980년대 중반 ~1990년대 중반)	안정 성장 및 확대기 (1990년대 후반~현재)
주요 배경	• 한국의 경제적 후진성 • 한국어 수요 유발요인의 부재	• 경제성장, 국제적 역할 증대 • 아시안게임과 올림픽 • 재외동포 후세의 증가 • 구 공산권국가와 수교	• IMF관리체제의 극복 • 월드컵의 성공적 개최 • 중국의 경제발전과 한국어학습자 증가 • 한류 열풍 • 외국인 고용허가제의 시행
국가적 사회적 기능의 설성 및 구현	• 도구적 기능 수행 • *(해외에서는 정치적 고려 작용)	• 도구적 기능 수행 • 정치적 고려의 유입 • 민족교육적 요소의 유입 • 시민교육적 요소의 부분적 도입	• 시민교육의 급격한 부상 • 정치적 고려 약화 • 민족교육적 요소의 지속
제도화의 수준	• 개별 교육기관 차원	• 민간 차원의 제도화 진행 • 정부 차원의 제도화 태동	• 법적 보완 • 학문적 기반 구축 • 정책 지원 강화 • 전지역화의 진행 • 언어 + 문화 추진
내적 역량 구축	• 소수의 전문가와 열정어린 교육자 • 자급자족형 역량 구축	• 교육 공급 능력의 확대 • 주요 쟁점 해결 능력 미흡	• 교육과정의 다양화 시도 • 주요 쟁점 보완 노력 • 학문적 정체성 확보 추진

주요 행위자의 발전 모델	• A기관 : 전임제도를 통한 발전 • B기관 : 학과 교수의 주도	• 전임제도, 준전임제도를 통한 발전 • 프로그램 개발과 체제 개편을 통한 발전 시도	• 특화 프로그램의 개발 • 수요자의 신규 창출을 통한 발전 • 원스톱 모델 개발 • 국내-현지 연계 모델 • 학교 내 기관 위상 강화 노력 • 인적자원 충원을 통한 발전 노력
총평	• 극히 제한된 발전	• 제한된 발전	• 발전 도상

024 한국어 교육의 역사에 관한 설명으로 옳지 않은 것은?

영역(과목) 외국어로서의 한국어 교육학개론

① 1990년대에 공산권 국가의 개방과 유학생의 증가로 국내 한국어 교육기관이 급증하였다.
② 1993년에 미국의 대학수학능력시험(SAT II)에 한국어 과목이 채택되어 한국어의 위상이 높아졌다.
③ 1997년에 한국어능력시험(TOPIK)이 처음으로 시행되었다.
④ 2002년에 한국어교육능력인증시험이 처음으로 시행되었다.

▶정답 ②

▶정·오답풀이 ② 1997년에 미국의 대학수학능력시험(SAT II)에 한국어 과목이 채택되었다.

개념 정리

국립국어원의 새터민 대상 사업 추진 현황(2011년 3월 21일. 국립국어원 국어능력발전과)

– 국어문화학교 특별 교육과정 운영·제공

과정 이름(공동 운영 기관)	공동 운영 기관	교육 기간	수료 인원
새터민 교사 특별 과정	–	2010. 2. 9. ~ 2. 10.	새터민 교사 17명
새터민 교사 특별 과정	–	2010. 7. 27. ~ 7. 28.	새터민 교사 43명
경기도 거주 새터민을 위한 표준어 교육과정	–	2010. 6. 29. ~ 6. 30.	새터민 60명
서울시 거주 새터민을 위한 표준어 교육 과정	–	2010. 7. 13.	새터민 11명
새터민을 위한 표준어 교육 과정	금천구 시흥 2동	2011. 3. 21. ~ 5. 30.	새터민 30명
새터민을 위한 표준어 교육 과정(예정)	자유시민대학	2011. 4. 2. ~ 5. 14.	새터민 50명
새터민을 위한 표준어 교육 과정(예정)	미래나눔재단	2011. 5. 14. ~ 6. 25.	새터민 40명

– '새터민이 배우는 표준 발음 교실' 온라인 강좌 제공
  국립국어원 누리집(www.korean.go.kr)에 새터민의 표준 발음 교육을 위한 온라인 강좌 제공
– 새터민 교육을 위한 조사·연구 실시

연구 과제명	연구 내용
새터민의 언어 적응을 위한 실태 연구(2005)	새터민의 남한 사회에서의 사회 적응도와 언어 적응도의 상관 관계 기초 연구
새터민의 언어 실태 조사 연구(2006)	새터민의 사회 및 언어 적응 실태 조사, 심층 면접 조사, 새터민 적응 실태와 언어 교육 방안 등 연구
국어문화학교 특별과정 개발 및 교안 제작 -새터민을 위한 국어 교육 과정- (2008)	남북한 발음의 차이, 남북한 높임법, 남한의 가정생활, 남한의 직장생활 등 새터민 남한 사회 정착을 돕는 국어 교육 내용을 개괄적으로 연구
새터민 언어적응 훈련프로그램 개발 연구(2009)	새터민 언어 적응 훈련 프로그램 개발, 시디 개발 등(온라인 강좌)
새터민 어휘 학습교재 개발을 위한 기초연구(2010)	새터민 대상 일상생활, 직장생활 등에 필요한 기본 어휘 및 남한 문화에 이해를 돕는 어휘 학습 교재 제작을 위한 기초 연구 실시
새터민 어휘 학습용 실물 교재 개발(2011)	새터민 대상 일상생활, 직장생활 등에 필요한 어휘 학습용 실물 교재 제작 (2011년 11월 완료 예정)
합계	6건

025 국내 한국어 교육 현황에 관한 설명으로 옳지 않은 것은?

영역(과목) 외국어로서의 한국어 교육학개론

① 이주 노동자 대상 한국어 교육은 주로 민간단체에서 맡고 있다.
② 북한 이탈 주민 대상 한국어 교육은 다문화가족지원센터가 전담하고 있다.
③ 외국인 유학생 대상 한국어 교육은 주로 대학 부설 기관에서 담당하고 있다.
④ 이주 배경 학생 대상 한국어 교육은 초·중·고등학교에서 실시하고 있다.

정답 ②

정·오답풀이 ② 다문화가족지원센터는 다문화 가정 구성원을 위한 교육을 담당하고 있으며, 북한 이탈 주민(현재 용어: 새터민) 대상 한국어 교육은 국립국어원에서 담당하여 교재 개발 등을 추진해 왔으며, 새터민을 지원하는 교사, 복지사, 상담사 등을 대상으로 한 교육 과정 등을 2010년도에 진행하였다.

개념 정리

한국국제협력단(KOICA) 주요 사업 * 기타 기관의 정보는 〈12회 22번 참고〉

주요 사업	구체적 내용
1. 국가별협력 프로젝트	건축, 기자재 제공 등의 물적 지원과 연수생초청 등의 인적 지원을 결합, 다년간 종합적으로 지원
2. 글로벌연수	개발도상국 공무원, 연구원등을 한국에 초청하여 교육, 연구, 훈련기회 제공
3. 봉사단파견	교육, 보건의료, 농촌개발 등 다양한 분야의 전문성을 가진 우리나라 청, 장년층 봉사단원 파견

주요 사업	구체적 내용
4. 인도적지원	자연재해, 분쟁 등 만성적 재난으로부터 생명을 구조하고, 인간의 존엄성을 유지하기 위한 지원활동 수행
5. 민관협력	시민사회, 학계, 기업 등 다양한 민간주체와 재원과 전문성을 결합하여 시너지 창출
6. 국제기구 협력	UN 등 국제기구와 보건, 교육, 긴급구호 등의 사업 추진
7. 국제질병퇴치기금	국내에서 출발하는 국제선 항공기 탑승객에게 1,000원을 부과하여 조정된 기금으로 개발도상국의 질병예방 및 퇴치를 위한 사업 추진

026 한국어 교육 관련 기관에 관한 설명으로 옳은 것은?

영역(과목) 외국어로서의 한국어 교육학개론

① 재외동포재단은 한국어능력시험(TOPIK)을 주관하고 있다.
② 한국국제협력단은 재외한글학교 지원 사업을 주관하고 있다.
③ 국립국제교육원은 한국어교육능력검정시험을 주관하고 있다.
④ 한국산업인력공단은 고용허가제 한국어능력시험(EPS-TOPIK)을 주관하고 있다.

정답 ④

정 오답풀이 ④ 한국산업인력공단은 근로자 평생학습의 지원, 직업능력개발훈련의 실시, 자격검정, 숙련기술장려사업 및 고용촉진 등에 관한 사업을 수행하게 함으로써 산업인력의 양성 및 수급의 효율화를 도모하고 국민경제의 건전한 발전과 국민복지 증진에 이바지하기 위해 설립되었다.
① 한국어능력시험(TOPIK)은 국립국제교육원에서 주관하고 있다.
② 한국국제협력단은 우리나라와 개발도상국가와의 우호협력관계를 증진하고 이들 국가들의 경제사회발전 지원을 통해 국제협력의 증진에 기여하는 것을 목적으로 설립되었다.
③ 한국어교육능력검정시험을 주관하고 있는 곳은 한국산업인력공단이다.

개념 정리

사회통합프로그램(KIIP) 〈12회 28번 참고〉

027 법무부 사회통합프로그램(KIIP)에 관한 설명으로 옳은 것은?

영역(과목) 외국어로서의 한국어 교육학개론

① '한국어와 한국 문화' 수업은 500시간 이상을 이수하도록 되어 있다.
② 집합 교육 및 가정 방문을 통해 이민자들의 사회·경제적 자립을 돕는다.
③ 프로그램 전(全) 과정 이수 완료자에게는 국적 취득을 위한 필기시험 및 면접심사를 면제해 준다.
④ 고용허가제로 한국에 들어온 외국인 노동자들에게 필요한 한국 사회 관련 기본 소양을 습득하게 한다.

> **정 답** ③
>
> **정·오답풀이** ③ 사회통합프로그램 한국이민귀화적격과정 이수완료자 중 귀화용 종합평가 합격자만 귀화 면접심사가 면제되는 것으로 규정이 마련되어 있다.
> ① '한국어와 한국 문화' 수업은 415시간을 이수하도록 되어 있다.
> ② 가정 방문 교육은 지원하지 않는다.
> ④ 이 프로그램의 대상은 '외국인 노동자'가 아니라 '이주민'으로 설정되어 있다. 즉, 노동 이외의 학업과 결혼 등 다양한 이유로 한국에 이주해 온 사람들이 한국 사회에 통합 되도록 지원하는 프로그램이다.

028 학문 목적 한국어 교육에 관한 설명으로 옳은 것을 모두 고른 것은?

영역(과목) 외국어로서의 한국어 교육과정론

> ㄱ. 일반적으로 중급 이상의 학습자를 대상으로 한다.
> ㄴ. 대학(원)에 진학한 학습자들은 일반적으로 말하기 중심의 교육을 원한다.
> ㄷ. 일반 목적 한국어 교육과 비교 시 요구 분석의 필요성이 더 낮다.
> ㄹ. 학업 수행에 필요한 사고력을 기르고, 지식을 넓힐 수 있도록 한다.

① ㄱ, ㄴ ② ㄱ, ㄹ ③ ㄱ, ㄷ, ㄹ ④ ㄴ, ㄷ, ㄹ

> **정 답** ②
>
> **정·오답풀이** ㄷ. 일반 목적 한국어 교육에 비해 전공, 학위별 요구 분석의 세밀함이 요구된다.
> ㄹ. 학업 수행에 필요한 '사고력'이 아닌 '한국어능력'을 기르는 것을 목적으로 한다.

개념 정리

한국어 교사의 자질과 요건

한국어 교사의 자질	한국어 교사가 구비해야 할 지식	한국어 교사의 역할
• 한국어 실력이 높아야 한다. • 정확한 표준 발음과 의미가 있는 분명한 문장을 구사해야 한다. • 한국과 한국어에 대한 남다른 애정을 가지고 있어야 한다. • 한국어의 세계화에 대한 사명감과 열정이 있어야 한다. • 끊임없이 연구하고 이상적인 교수법을 개발하려는 노력이 있어야 한다. • 자신의 장·단점을 알고 스스로 보완할 수 있는 능력을 갖추려고 노력한다. • 하나 이상의 외국어를 구사할 수 있는 능력이 있어야 한다.	• 언어학 • 한국어학(국어사, 음운론, 어휘론, 문법론, 방언론, 한글맞춤법, 표준어규정, 외래어 표기법, 훈민정음 창제 원리, 한자) • 국어교육론 • 한국어 교수법, 한국어 능력 평가 방법 • 한국 역사 및 한국 문화 – 교육학 관련(교육심리, 교육과정, 교육방법, 교육평가) – 국제사회 이해 – 한국어와 학습자의 모국어에 대한 대조 분석 능력	• 한국어 교육의 기획자 • 한국어 교육 계획의 실행자 • 한국어학에 관련한 문제의 해설자 • 한국어 기능 훈련의 상대자 및 교정자 • 한국어 교재 편찬 및 학습 자료의 제작자 • 한국어 학습 결과 평가 및 한국어 능력 평가자 – 한국어 교육에 관한 현장 연구자 – 한국 관련 문제에 대한 상담자 – 한국 문화에의 안내자

029 한국어 교사가 갖추어야 할 능력 또는 자질에 관한 설명으로 적합하지 않은 것은?

영역(과목) 외국어로서의 한국어 교육과정론

① 교수 언어로 사용할 수 있도록 각 언어권 학습자들의 모어를 완벽하게 갖추어야 한다.
② 다양한 문화에 관해 이해하고 수용할 수 있는 상호 문화적 능력을 갖추어야 한다.
③ 지식의 전달자 입장에서 한국어 관련 지식을 갖추어야 한다.
④ 한국어학에 관한 이해와 '한글 맞춤법'과 같은 언어 규범에 관한 지식을 갖추어야 한다.

정답 ①

정·오답풀이 ① 현실적으로 불가능한 일이며, 한국어 교육은 대부분 한국어를 사용한 직접 교수법으로 진행되고 있다. 단, 상담과 학사 지도의 측면에서 부분적으로 학습자의 모국어를 지원하고 있다.

개념 정리 Q

교육과정(교수요목) 설계 절차

1. 요구 조사 : 학습자들이 무엇을 배우고 싶어하는가, 그리고 어떻게 배우고 싶어하는가 등에 대한 요구를 조사하고 분석하는 것이다. 이전에는 학습 목적이나 희망 학습 내용, 학습자의 모국어, 학습자의 연령 등 객관적인 내용에 대한 조사가 중요했으나, 요즘은 학습자의 학습 전략, 선호 활동 유형 등과 같은 주관적인 요구를 파악하는 것도 중요하게 다루고 있다. 이 외에도 교육 환경, 학급의 규모, 교사의 자질 등에 따라 교육 내용과 방법이 달라질 수 있으므로, 이들에 대한 정보를 파악하는 것도 중요하다. 또한 학습자의 요구 이외에 정책적 요구, 학부모나 교육 의뢰자의 요구 등을 파악하는 것이 필요하다.
2. 교육 목적 및 목표 설정 : 교육 목적이란 교육의 최종적인 도달점에서 이루게 되는 종합적이고 장기적인 목적을 이르며, 교육 목표란 목적에 도달하기 위한 과정에서 이루어내야 하는 단편적이고 단기적인 목표를 이른다. 교육과정이나 교수요목을 설계할 때는 어떤 목적을 어느 정도로 설정할 것인지를 결정해야 하며, 그 목적에 도달하는 과정에서 세부적인 목표들을 단원별로, 혹은 과제별로 구체화해야 한다. 이러한 교육 목적과 교육 목표는 교수요목의 설계와 교재 구성, 그리고 교사의 수업 진행에 방향성을 갖게 하며 일관된 논리적 틀을 제공한다.
3. 교수요목의 유형 및 교육 내용의 범주 결정 : 교육 목적과 목표를 설정한 이후에는 학습자들을 거기에 도달시키기 위해 교육해야 할 주요 교육 내용의 범주를 결정해야 하는데, 이는 어떤 유형의 교수요목을 사용할 것인가와 통한다. 언어 구조에 대한 이해가 교육 목표이던 시기에는 어휘, 문법, 발음 등이 주요 교육 내용의 범주가 되었으나, 의사소통 능력 개발이 주요 교육 목표로 설정되면서 언어적 범주 위에 기능, 과제, 문화, 내용 등이 주요 범주로 덧붙기 시작하였다.
4. 교육 내용 선정 및 방법 결정 : 교육 내용의 범주가 결정되면 교육 내용을 구체화하고 교육 방법을 결정하는 것이 필요하다. 교육 내용의 선정에는 교육 자료 및 활동의 선정이 포함된다. 교육 자료는 교재나 수업의 가장 기본적인 요소로, 교육에 초점을 제공하므로 교육 목적과 목표에 알맞은 유용한 교육 자료를 선정하는 것이 무엇보다 중요하다. 교육 활동은 학습 목표를 달성하는 데 가장 효과적이며 학습자에게 의사소통할 수 있는 기회를 많이 부여할 수 있는 내용으로 구성하는 것이 중요하다. 교육 방법에는 학습자의 이해와 발화를 이끌어내는 과정과 그 과정에서의 교사와 학습자의 역할 등이 포함된다. 여기서는 학습자들이 보다 적극적이고 능동적으로 학습 활동에 참여할 수 있도록 교육 방법을 설계하는 것이 필요하다.

　학습자나 교육 환경의 변인에 대한 고려는 교육 내용을 선정하거나 방법을 결정할 때도 필요하다. 같은 범주의 교육 내용이라 할지라도 학습자에 따라 다양한 자료로 제공될 수 있는데, 학습자의 관심과 흥미를 이끌어낼 수 있는 자료가 교육 자료로서의 가치가 높다고 할 수 있을 것이다.
5. 교육 내용의 배열 및 조직 : 선정된 교육 내용을 어떻게 배열하고 조직할 것인가에 관한 것이다. 교육 내용을 배열하고 등급화하는

전통적인 방법은 '문법을 간단한 것에서 복잡한 것으로, 쉬운 것에서 어려운 것으로, 사용 빈도가 높은 것에서 낮은 것으로' 배열하는 것이었다. 그러나 의사소통적 관점에서 언어의 여러 요소가 주요 교육 내용 범주로 설정되고, 학습자가 느끼는 심리학적 난이도가 언어가 가지고 있는 일반적인 난이도와는 다르다는 연구 결과가 나오면서, 학습자의 요구와 사용빈도가 교육 내용과 순서를 결정하는 데 더욱 중요한 변수가 되었다. 특정 형태에 대한 학습자의 요구가 높을 경우 교육 내용 자체의 복잡성이나 난이도는 무시될 수도 있다는 것이다.

교육 내용의 배열에서 중요하게 다루어야 할 것이 순환적 방법에 의한 교수요목의 설계이다. 하나의 형태가 여러 의미나 기능을 표현하기도 하고 여러 형태가 하나의 의미나 기능을 수행하기도 하므로, 하나의 기능이나 의미, 형태는 한 번 교육되는 것만으로는 충분하지 않다. 그러므로 하나의 형태가 다양한 기능을 수행하는 언어 형태로 필요한 위치에 재배열되어야 하며, 또한 여러 형태로 표현되는 하나의 의미나 기능도 분산적으로 재배열되어 순환적으로 교육되어야 한다.

6. 평가 방법 설계 : 교육 내용과 방법, 교육과정 등을 언제, 어떻게 평가할 것인가에 관한 내용이다. 평가의 목적은 학습자의 성취도를 측정하기 위해서뿐 아니라, 교육의 효율성을 측정하고 이후의 교육을 위한 개선점을 찾기 위한 것이다. 따라서 형식적인 시험뿐만 아니라 수업 중의 학습 활동에 대한 관찰 등에 의해서도 평가가 가능하다. 그러므로 교수요목 설계 단계에서 교육 중 적절한 방법으로 형식적 평가와 비형식적 평가가 함께 이루어질 수 있도록 평가 방법을 설계하는 것이 필요하다.

평가는 교사뿐만 아니라 학습자에 의해서도 가능하다. 교사는 교육 중 나타나는 학습자의 반응이나 활동 양상 등을 면밀히 관찰하고, 이로부터 교육과정에 대한 반성과 개선점을 찾을 수 있어야 하며, 학습자는 자신의 학습 성취도나 강점과 약점, 그리고 학습 전략 등을 평가해 봄으로써 자기반성을 통한 학습 전략 개발을 할 수 있어야 한다.

030 한국어 교육과정에 관한 설명으로 옳지 않은 것은?

영역(과목) 외국어로서의 한국어 교육과정론

① 한국어 교수 학습의 전체적인 계획표이다.
② 학습자 요구 분석은 내용 선정 이후에 실시한다.
③ 교육 기관의 특징, 사회문화적 변인 등에 영향을 받는다.
④ 상황 분석, 목표 설정, 프로그램 평가 등을 포함한다.

정답 ②

정·오답풀이 ② 목적과 목표 설정 이전에, 가장 먼저 진행되어야 하는 과정이다. 학습자가 무엇을 배우고자 하는지를 파악하고 해당 항목에 적합한 내용 구성을 고려하고, 교수법을 적용해야 하기 때문이다. 교재 개발 시에도 유사한 과정이 진행된다.

개념 정리

교육과정평가

교육과정평가란 특정 교육과정의 장점, 가치, 중요성에 관하여 체계적으로 기술 및 판단하는 일이라고 정의할 수 있다. 교육과정평가는 교육과정 자체가 의도한 바를 제대로 달성하고 있는가, 투입하여 적용하고 있는 교육과정이 제대로 시행되고 있는가를 파악하기 위한 목적을 포함하여, 사회변화에 부응할 수 있는 양질의 교육과정이 되기 위하여 요구되는 교육과정에 대한 부단한 질 관리의 목적, 교원을 포함한 교육과정 운영 담당자들이 교육과정을 계획한대로 운영하고 있는가를 확인·점검하기 위한 목적 등을 추구하기 위하여 지속적으로 실시되어야 한다.

교육과정평가는 어떤 입장(주체)에서 평가를 어떤 목적으로 활용하고자 하는가에 따라 각기 다른 관점과 대상(내용) 및 초점을 가지고 다양하게 접근할 수 있다는 특징을 지니고 있다. 따라서 다양한 평가모형이나 평가 전략과 방법을 적용할 수 있으므로 매우 복잡하고 역동적인 활동으로 인식되고 있다.

특히, 교육과정을 개발한 입장, 교육과정을 운영하는 입장, 교육과정에 참여하는 학습자 입장, 교육과정 시행을 확인·점검하는 행정가 입장 등에서 평가결과를 어떤 목적으로 어떻게 활용하려고 하는가에 따라 평가의 초점이나 내용(준거)과 방법이 달라질 수 있다는 역동성을 지니고 있다. 또한, 교육과정에 대한 인식이나 정의방식에 따라 평가대상 및 준거나 평가방법이 달라질 수 있다는 점에도 유의할 필요가 있다.

031

한국어 교육과정을 평가할 때 평가 대상으로 옳지 않은 것은? 영역(과목) 외국어로서의 한국어 교육과정론

① 교사의 전문성
② 교육과정 목표의 적절성
③ 학습자의 연령과 모어
④ 교재와 교육자료

정답 ③

정·오답풀이 ③ 학습자의 연령이나 모어는 수업 진행시 참고할 사항 정도에 속하는 것이며, '교육과정'의 평가 대상이 되지는 않는다.

개념 정리

교육과정 내용의 조직 원리
- 계속성의 원리 : 교육과정 또는 교육내용의 조직과 관련한 것으로, 내용의 조직에 있어 내용을 이루는 요소들이 어느 정도 반복되어야 한다는 원리이다.
- 계열성의 원리 : 학습자가 학습할 내용간의 관련성, 확대성, 심화성을 강조하는 것으로 계속성과 연관성이 깊은 원리이다. 내용의 제시 순서 조직은 '간단한 내용에서 복잡한 내용으로, 전체에서 부분으로, 친숙한 내용에서 친숙하지 않은 내용으로, 나선형 조직으로, 학습자의 요구를 고려' 등으로 이루어지며, 이에 따라 교수와 학습의 효율성이 달라진다.
- 범위의 원리 : 교육과정의 내용을 어느 정도까지 넓혀서 어느 정도의 깊이로 가르쳐야 하는지에 대한 원리이다. 제1언어의 습득과 제2언에 습득에서 차이점이 나타나는 것이 이 범위의 원리에 기반한 것이라고 볼 수 있다.
- 통합성의 원리 : 언어교육에서 언어기능을 통합하여 학습자의 균형적인 의사소통 능력 향상을 추구해야 한다는 원리이다.

032

다음 한국어 교육과정의 내용 조직 원리로 옳은 것은? 영역(과목) 외국어로서의 한국어 교육과정론

> 난이도에 따라 처음에는 쉬운 수준부터 시작해서 어려운 수준으로 조직한다. 이때 먼저 가르친 학습 내용은 그 다음 단계의 내용을 조직할 때 중요한 기초가 된다.

① 계열성의 원리
② 범위의 원리
③ 통합성의 원리
④ 비연속성의 원리

정답 ①

정·오답풀이 ① 한국어 교육에서 있어서는 수준별 문법의 순서를 배치할 때 고려할 수 있는 원리이다. 문법의 경우 난이도에 따라 순위를 정할 수 있으며, 이것의 순서가 어떻게 조직되느냐에 따라 교수, 학습의 효율성이 달라진다.

033 한국어 표준 교육과정 개발을 통한 긍정적인 효과가 아닌 것은?

영역(과목) 외국어로서의 한국어 교육과정론

① 한국어 교육기관 간의 협력과 공동 발전이 가능하다.
② 한국어능력시험(TOPIK)과 같은 표준 평가 도구 개발에 도움이 된다.
③ 타 교육기관으로의 전학이 용이하여 학습자의 선택권이 보호될 수 있다.
④ 모든 기관에서 학습자들에 상관없이 획일적인 교육이 가능하다.

정답 ④

정·오답풀이 ④ 획일적인 교육은 학습자의 다양한 학습 욕구를 만족시키기 어려운 것이므로, 부정적인 효과에 들어간다고 보아야 한다. 최근의 한국어 교육은 일반목적의 학습 동기가 다양하며, 특수 목적도 점차 세분화 되고 있으므로 그 경향성을 반영해야 한다.

개념 정리 Q

- 타당도 : 〈12회 44번 참고〉
- 신뢰도 : 신뢰도란 검사 점수의 속성상 가장 중요한 개념 중 하나로서, 그 측정이 얼마나 일관성 있으며, 오차로부터 얼마나 벗어나 있는지를 나타낸다. 신뢰도가 높은 점수는 정확하고, 다른 상황에서 그 검사가 치러진다 해도 그 점수는 재현가능하며, 나아가 다른 유사한 검사 도구에도 일반화할 수 있음을 의미하기도 한다.
신뢰도는 타당도보다 비교적 수리적으로 표현하기 쉽기 때문에, 동시에 비교적 높은 값의 신뢰도를 손쉽게 구할 수 있다는 이유로 신뢰도란 타당도의 필수조건이나 충분조건은 아니라는 사실을 간과하곤 한다. 하지만, 검사가 신뢰도가 높지 않다면, 그 측정은 타당하지 못하게 된다. 신뢰도가 낮으면 타당도는 따라서 낮아지기 마련이기 때문에, 신뢰도는 타당도의 선행개념이라고도 할 수 있다.

034 다음 평가의 문제점 중 신뢰도에 관한 것이 아닌 것은?

영역(과목) 외국어로서의 한국어 평가론

① 채점자에 따라 쓰기 답안에 일관성 없는 점수가 주어진다.
② 동일한 수험자 집단에 동일한 평가를 짧은 시차를 두고 시행할 때 평가 점수의 차이가 크게 발생한다.
③ 대화 상황에서의 말하기 능력을 평가할 때 문법적 판단을 요구하는 지필식 선다형 문제를 사용한다.
④ 듣기 평가를 시행할 때 창가에 앉은 수험자들이 시험장 밖의 소음으로 인해 녹음된 지문을 제대로 들을 수 없는 경우가 발생한다.

정답 ③

정·오답풀이 ③ 말하기 능력을 평가할 때에는 말하기 능력을 직접적으로 평가하는 구두 평가 문항을 사용하는 것이 적절하다. 말하기 능력을 지필(쓰기)로 평가하는 것은 타당하지 않으므로 '타당도'에 관한 문제가 된다.

개념 정리

신뢰도와 타당도의 상호관계
- 신뢰도가 높다고 해서 반드시 타당도가 높은 것을 의미하지는 않는다. → 신뢰도가 높다는 것은 어떤 현상을 일관성 있게 측정할 수 있다는 것을 의미할 뿐이며, 그 현상이 연구자가 의도한 현상을 정확하게 측정하고 있지 않을 수도 있다는 것이다. 즉, 신뢰도가 높다고 해서 타당도가 높은 것은 아니다.
- 신뢰도는 타당도를 높이기 위한 필요조건이다. → 신뢰도가 높다고 해서 타당도가 높은 것은 아니지만, 타당도를 높이기 위해서는 신뢰도가 높아야 한다.
- 타당도가 높으면 반드시 신뢰도가 높다. → 측정도구가 측정해야 할 개념을 잘 측정하고 있다면, 즉 타당도가 높으면 반드시 신뢰도가 높다고 할 수 있다. 타당도를 확보하면 신뢰도는 자연히 확보되는 것이다.
- 타당도가 낮다고 해서 반드시 신뢰도가 낮은 것은 아니다. → 연구자가 의도한 현상을 정확하게 측정하고 있지는 못하나 어떤 현상을 일관성 있게 측정하고 있다면 타당도는 낮을지라도 신뢰도는 낮지 않다고 할 수 있다.
- 신뢰도가 낮으면 항상 타당도가 낮다.

---

035 평가 타당도를 높이는 방안으로 옳은 것은?   영역(과목) 외국어로서의 한국어 평가론

① 가능하다면 간접 평가를 사용한다.
② 평가의 신뢰도를 높이려는 노력을 기울인다.
③ 측정하고자 하는 구인을 임의적으로 정의한다.
④ 답안의 채점이 구인과 직접적인 관련이 없도록 한다.

정답 ②

정·오답풀이 ② 신뢰도가 높다고 해서 타당도가 높은 것은 아니지만, 타당도를 높이기 위해서는 신뢰도가 높아야 한다.

---

036 평가 도구 개발의 단계를 순서대로 나열한 것은?   영역(과목) 외국어로서의 한국어 평가론

> ㄱ. 평가 문항을 작성하고 조정한다.
> ㄴ. 평가 도구를 시험적으로 사용하고 문항을 수정한다.
> ㄷ. 시험 작성 세부 계획서를 준비한다.
> ㄹ. 평가 도구의 목적이 무엇인지 진술한다.
> ㅁ. 평가 시행에 필요한 관리 요원(면접관, 채점자)을 훈련시킨다.
> ㅂ. 수험자와 관리 요원을 위한 지침서를 작성한다.

① ㄹ-ㄷ-ㄱ-ㄴ-ㅂ-ㅁ
② ㄹ-ㄷ-ㄱ-ㄴ-ㅁ-ㅂ
③ ㄷ-ㄱ-ㄴ-ㄹ-ㅁ-ㅂ
④ ㄷ-ㄱ-ㄴ-ㄹ-ㅂ-ㅁ

정답 ①

정·오답풀이 ① 마지막 채점자의 훈련이후 실제 평가를 한 뒤에는 평가가 적절했는지 피드백을 하여 다음 평가에 반영하는 과정이 수반되어야 한다.

037 다음 읽기 평가는 어떤 문항 유형인가?

영역(과목) 외국어로서의 한국어 평가론

> 우리 어머니와 아버지는 모두 일을 하셔서 집에 혼자 있는 날이 많았습니다. (㉠) 혼자 있으면 보통 게임을 하면서 시간을 보냈습니다. (㉡) 그런데 어머니가 강아지를 사 오시면서 제 생활이 달라졌습니다. (㉢) 강아지와 함께 놀고 같이 산책도 하면서 시간을 보내게 되었습니다. (㉣) 저는 게임보다 더 좋은 친구를 갖게 되었습니다.

> 한번 컴퓨터 앞에 앉으면 밥도 안 먹고 게임을 할 때도 있었습니다.

① 사실적 이해 ② 추론적 이해 ③ 비판적 이해 ④ 창의적 이해

정답 ②

정·오답풀이 ② 어떤 내용이 들어가는 것이 좋을지 유추하는 것이므로, 추론적 이해 능력을 필요로 한다.

개념 정리

TOPIK 평가등급

6개 등급(1~6급)으로 구성되며 획득한 종합점수를 기준으로 판정되며, 등급별 분할점수는 아래와 같다.

구분	TOPIK I		TOPIK II			
	1급	2급	3급	4급	5급	6급
기준점수	80점 이상	140점 이상	120점 이상	150점 이상	190점 이상	230점 이상

038 2014년 7월 이후 시행되고 있는 새로운 한국어능력시험(TOPIK)에 관한 설명으로 옳은 것은?

영역(과목) 외국어로서의 한국어 평가론

① 평가 영역은 4개 영역으로 구분된다.
② 쓰기 문항은 객관식과 주관식으로 구성된다.
③ 등급은 획득한 종합 점수를 기준으로 판정된다.
④ 3개 수준(초급, 중급, 고급), 6개 등급(1급~6급) 체계이다.

정답 ③

정·오답풀이 ① 3개 영역(읽기, 듣기, 쓰기 영역)으로 구분된다.
② 쓰기는 주관식으로만 구성되어 있다.
④ 2개 수준 6개등급 체계이다.

039 시험 작성 세부 계획서에 들어갈 정보와 그 세부 내용의 연결이 옳지 않은 것은?

영역(과목) 외국어로서의 한국어 평가론

① 채점 절차 : 텍스트 유형, 어휘 범위
② 시험 형식 : 문항 유형, 문항 수, 지문 개수
③ 시험 내용 : 수험자가 수행할 과제, 주제
④ 수행 기준 : 정확성, 적절성, 유창성

정답 ①

정·오답풀이 ① 채점 절차에는 어느 문항을 어떤 과정으로 채점할 것인지 점수 등급 부여 등의 내용이 포함되어야 한다.

개념 정리

'교사 말'(teacher talk)의 정의

	연구자	용어	정의
질문	박선옥 (2003)	교사발화	제2 외국어를 가르치는 교사가 학습자의 이해를 돕고 의사소통을 좀 더 쉽고 빠르게 하기 위하여 목표어를 수정, 가공하여 사용하는 언어
	이경수 (2007)	교사말	학습자에게 이해 가능한 입력을 제공하기 위하여 변형된(modified) 말
	이진영 (2007)	교사의 학습자 대상어	제2 언어교실에서 교사가 학습자를 대상으로 변형을 가하여 사용하는 특별한 언어를 교실 내에서 비모어 화자에 대한 발화
설명	홍은실 (2004)	교수언어	외국어를 교수-학습 상황에서 학습자가 이해할 수 있도록 효과적인 의사소통을 하기 위해 교사가 학습자의 수준에 맞게 변형을 가한 언어
	장혜진 (2008)	교사말	제2 언어교육현장에서 목표언어를 학습자들에게 보다 이해하기 쉽고 효율적으로 가르칠 수 있도록 교사가 언어적 변형을 가하여 만든 말
	강수경 (2010)	교사말	제2 언어교수-학습상황에서 교사가 교육내용을 효과적으로 전달하고자 학습자의 수준에 맞게 변형을 가하면서 사용하는 말
	서정애 (2011)	교사말	제2 언어 교실에서 목표어를 효율적으로 가르치기 위한 도구
상호작용	한상미 (2001)	교사말	제2 언어나 외국어 교육에서 목표어를 학습자들에게 보다 이해하기 쉽고 효율적으로 가르칠 수 있도록 언어적, 상호작용적 변형을 가하여 만든 특별한 말
	김재욱 (2007)	교사발화	제2 언어나 외국어 교육에서 목표어를 학습자들에게 보다 이해하기 쉽고 효과적으로 가르칠 수 있도록 언어적, 상호작용적인 변형을 가하여 만든 특별한 말
	이원기 (2013)	교사발화 교수언어	교수언어는 교사가 교실 상황에서 발화하는 언어 중 명시적으로 언어 교수를 목적으로 발화하는 언어
	김상수 (2015)	교사말 교사발문	수업을 진행하기 위해 교실에서 사용되는 교사 발화의 일체를 의미

040 '교사 말'(teacher talk)의 언어적 특징에 관한 설명으로 옳지 않은 것은?

영역(과목) 외국어로서의 한국어 교수이론 / 외국어 교수법

① 언어의 형식과 기능 면에서 조정된 언어이다.
② '외국인 말'(foreigner talk)이나 '아기 말'(baby talk)처럼 기본적인 어휘가 사용되는 언어이다.
③ 교실 내 의사소통을 촉진하기 위해 사용되는 언어이다.
④ 실제적 입력을 제공하기 위해 원래 형태의 입력이 사용되는 언어이다.

정답 ④

정·오답풀이 ④ 교사의 말은 실제적 입력 이전에 교실 상호 작용에 필요한 말, 그리고 모범이 되는 언어이기 때문에 무조건 실제성만 우선으로 할 수 없는 것이며, 교육 목적에 부합하는 실제적 입력인지를 고려하여 필요에 따라 가공을 해야 할 필요가 있다.

개념 정리

	주제중심 학습	내용 보호 학습	병존언어 학습
대상/환경	언어 숙달도가 다소 낮은 L2 학습자에게 적합	언어 숙달도가 다소 높은 이중언어 학습자에게 적합	언어와 내용을 동시에 학습하는 상황에 적합
학습의 초점	언어 학습	내용 학습	언어와 내용 학습
교수방법/내용	교수자 한 명에 의해 언어와 내용을 통합적으로 교수하는 것	내용 전문가가 학습 내용을 외국인 학습자들이 이해할 수 있도록 전문 학술 자료를 변형하여 교수하는 것	학습자들이 학문적 내용을 다루는 강좌와 관련되는 목표 언어 학습을 위해 언어 강좌를 동시에 교수하는 것
어려운 점	언어 교수자에 의한 전문 내용 교수의 어려움	학제간 협력의 어려움, 교수 자료 구성의 어려움	학제 한 협력의 어려움, 내용 교수자와 언어 교수자의 협력이 어려움
교사	언어 교사 1인	내용 교사 1인	언어, 내용 교사 각각 1인 두 교사간의 긴밀한 협의 필요

041 내용 중심 교수법에 관한 설명으로 옳지 않은 것은?

영역(과목) 외국어로서의 한국어 교수이론 / 외국어 교수법

① 주제 중심 모형(theme-based model)에서는 언어가 아닌 주제가 평가의 대상이 된다.
② 목표 언어의 학습과 특정 과목이나 주제의 학습을 통합하는 방법이다.
③ 몰입 교육 프로그램에서 사용되는 방법이다.
④ 내용 보호 모형(sheltered model)에서는 비모어 학습자 집단만을 대상으로 수업을 진행한다.

정답 ①

정·오답풀이 ① 주제를 두고 접근하되, 이 주제를 표현한 언어가 평가의 대상이 되는 것이다.

042 다음 내용에 알맞은 제2언어 습득 가설은?

영역(과목) 외국어로서의 한국어 교수이론 / 외국어 교수법

○ 제2언어의 자연스러운 발화는 자신도 모르게 습득된 언어 지식에 의해서만 가능해진다.
○ 학습된 언어 지식은 발화의 오류를 조정하는 기능을 한다.
○ 이 조정 기능은 발화 전에 일어날 수도 있고 발화 후에 일어날 수도 있다.

① 입력 가설
② 자연 순서 가설
③ 모니터 가설
④ 정의적 여과 장치 가설

정답 ③

정·오답풀이 ③ 모니터 가설은 습득한 지식과 학습한 지식의 역할에 대한 것이다. 모니터 가설에 따르면 습득한 지식은 초기 생성 (initial production) 그리고 유창성 (fluency) 과 관련이 있고 학습한 지식은 만든 문장에 대한 모니터 (monitor, 감독자) 역할을 한다. 다시 말해서 학습자는 습득한 지식으로 문장을 만들고 학습한 지식으로 맞는지 틀리는지를 생각해보고 수정합니다. 하지만 실제적인 문장 생성은 습득된 지식에만 의존한다. 모니터 모델은 학습자들의 개인적인 실력 차이를 설명하는데 도움이 된다. 예를 들어서 실수를 두려워하는 사람은 자신의 말이 맞는지 틀리는지 확인하기 위해 상당한 시간을 쓰므로 결과적으로 비유창성을 일으킨다.

개념 정리

청각 구두식 교수법
듣기와 말하기를 우선적으로 익히고 이 능력을 토대로 읽기와 쓰기도 익히는 것을 목표로 한다. 듣기, 말하기, 읽기, 쓰기 순으로 가르치며 듣기와 말하기를 강조한다.
- 가르칠 내용으로 대화 형태를 사용한다.
- 모방, 암기 및 반복을 통한 습관 형성을 하도록 이끈다.
- 모국어는 허용하되 가능하면 자제한다.
- 문장은 단계적으로 제시하고 어휘는 맥락 속에서 도입한다.
- 어학실습실이나 시청각 자료를 활용한다.

수업은 '학습할 어휘와 구조를 대화문으로 제시 → 대치, 변형, 유추, 확대, 연결, 응답 연습 등 문형 연습 → (문법의 귀납적인 제시) → 대화 상황 속에서의 언어 사용 연습'으로 구성된다. 청각구두식 교수법은 제한된 범위에서 듣고 말하는 능력을 길러 주고 학습자에게 성취감을 준다는 장점이 있다. 그러나 연습이 기계적이어서 실제 상황에서의 응용력이 떨어지고, 단조롭고 지루한 반복 연습으로 규칙화를 원하는 학습자의 학습 의욕을 떨어뜨린다.

043 다음 연습 방식을 사용하는 언어 교수법에 관한 설명으로 옳은 것은?

영역(과목) 외국어로서의 한국어 교수이론 / 외국어 교수법

| 1. 학생은 발화를 듣고 큰 소리로 따라한다.
예) 교사 : 저는 동대문에 자주 갑니다.
　　학생 : 저는 동대문에 자주 갑니다. | 2. 두 개의 분리된 발화를 하나로 통합한다.
예) 교사 : 배가 고파요. 밥을 먹어요.
　　학생 : 배가 고파서 밥을 먹어요. |

① 학습자들은 상호작용을 하면서 협력적으로 과제를 해결한다.
② 정확성보다 유창성에 초점을 두며 유의미한 활동을 강조한다.
③ 교사는 거의 말하지 않고 교구를 사용하여 지시하고 학습자는 그 지시에 따른다.
④ 교사의 음성이나 녹음 자료를 듣고 모방과 암기를 하도록 훈련한다.

정답 ④

정·오답풀이 ④ 교사의 발화를 그대로 따라하는 청각 구두식 교수법을 이야기하고 있다. 모방과 암기가 중요하며, 쓰기와 읽기 등은 주요한 초점의 대상이 되지 않았다.

개념 정리

- 한국어 억양의 유형
  ① 말토막 억양 – 화자의 감정과 태도가 마지막 음절에 얹혀 표현됨
    (1) 오름조 : 화자와 청자 사이에 친분 관계에 있을 때 끝음절은 나머지 음절보다 더 높게 발음됨
    (2) 수평조 : 각 말토막의 억양 패턴은 수평조를 이루는데 주로 사무적인 말투임
    (3) 내림조 : 마지막 음절이 가장 낮게 발음되며 화자가 기운이 빠져있거나 흥미가 없는 태도를 전달하고자 할 때 많이 사용됨
    (4) 오르내림조 : 두 번째 음절이 첫 음절보다 높게 발음되고 나머지 음절은 차례로 낮게 발음되며 내용을 강조하여 전달할 때 사용됨
  ② 문장의 종류에 따른 억양
    한국어의 '핵억양'에는 아홉 가지의 유형이 존재한다. 말마디의 마지막 음절이 삼등분한(높은 높이, 가운데 높이, 낮은 높이)영역 중 어디에 위치한지를 파악하고 앞음절보다 핵억양 음절이 조금 더 낮은 단계에서 실현되는지, 훨씬 더 높은 단계에서 실현되는지 살펴보아야한다.
    (1) 평서문의 억양 : 냉정하게 또는 차분하게
    (2) 의문문의 억양 : 1)판정 의문문 2)설명의문문 3)부정의문문 4)선택의문문 5)확인의문문 6)수사 의문문
    (3) 명령문의 억양 : 화자가 권위를 가지고 청자에게 명령할 때에는 낮은 수평조, 낮내림조, 오름 내림조 핵억양이 주로 사용됨, 화자가 청자에게 달래듯이 부탁하거나 권유할 때 낮오름조와 내리오름조 핵억양이 사용됨
    (4) 청유문의 억양: 보통 → 낮은수평조, 낮내림조, 오름내림조 핵억양이 사용, 청자에게 달래듯이 제안 → 낮오름조, 내리오름조 핵억양 사용
- 한국어 억양의 교육 방안
  ① 말하기보다는 듣기를 먼저 가르침, 강세와 리듬을 가르침
  ② 화자의 주관적인 판단에 따라 변화되는 말토막이 강세의 단위가 되는 점을 강조 → 아무 곳에나 휴지를 두지 말아야하며 문장길이, 발화자의 발화 속도, 문법 구조 등에 따라 말토막 경계가 결정됨을 주지시켜야함
  ③ 돋들림(같은 문장이라도 화자가 의도하는 바를 명확하게 전달하기 위해서 특정한 낱말 전체를 강하게 발음하게 되는 것)을 인지시킴
  ④ 말토막 억양을 인지시킴 → 어절단위 인지, 문장 억양을 가르침
  ⑤ 화자의 감정이나 심리상태를 나타내기에 미묘한 차이의 설명은 어려움 → 기본적인 문장의 유형의 억양을 연습하면서 서서히 익혀 나감
- 억양 교육의 활동 유형
  ① 듣기   ② 문장읽기   ③ 역할극 하기   ④ 듣고 표정 알아맞히기

044 한국어 억양 교육과 관련된 설명으로 옳은 것을 모두 고른 것은?

영역(과목) 외국어로서의 한국어 발음교육론

> ㄱ. 「표준발음법」에는 한국어 억양에 대한 내용이 포함되어 있다.
> ㄴ. 핵억양의 종류에는 크게 오름조, 내림조, 수평조, 내리오름조, 오르내림조가 있다.
> ㄷ. 한국어 억양은 의미 분화에 관여하지 않지만 화자의 의도나 태도를 표시한다.
> ㄹ. 의문문의 억양은 끝이 올라갈 수도 내려갈 수도 있다.

① ㄱ, ㄷ   ② ㄴ, ㄹ   ③ ㄱ, ㄴ, ㄷ   ④ ㄴ, ㄷ, ㄹ

정답 ②

정·오답풀이 ② 표준 발음법에는 억양에 대한 내용이 포함되어 있지 않으며, 한국어 억양은 의미 분화에도 관여 한다.

045 한국어 발음 교육 방법으로 옳지 않은 것은?

영역(과목) 외국어로서의 한국어 발음교육론

① 영어권 학습자에게 평음, 경음, 격음의 차이를 개구도로 구별하도록 지도한다.
② 중국어권 학습자에게 한국어의 설측음을 발음할 때 혀끝을 편 상태로 발음하도록 지도한다.
③ 터키어권 학습자에게 어두의 /ㅈ/를 무성음으로 발음하도록 지도한다.
④ 러시아어권 학습자에게 /ㅗ/와 /ㅓ/의 원순성의 차이를 구별하여 발음하도록 지도한다.

정답 ①

정·오답풀이 ① 평음, 경음, 격음의 차이는 음의 긴장 정도와 바람의 세기에 따라 다른 것이기 때문에 개구도를 구별하는 방법은 관련성이 없다.

046 한국어 발음 지도 방법으로 옳지 않은 것은?

영역(과목) 외국어로서의 한국어 발음교육론

① /ㄹ/을 조음하는 위치에서 숨을 들이 쉬어 혀의 양 옆이 시원해짐을 느끼게 한다.
② /닥/과 /막/을 코를 막고 발음하게 한 후 초성에서 코의 울림의 유무를 느끼게 한다.
③ 두 사람이 마주 보며 /ㅗ/와 /ㅚ/를 발음하게 한 직후 원순성의 차이를 짝의 입술 모양을 통해 확인하게 한다.
④ /ㅣ/와 /ㅜ/를 발음하게 한 후 모음 사각도를 이용하여 혀의 높이 차이를 시각적으로 보게 한다.

정답 ④

정·오답풀이 ④ 둘 다 고모음이기 때문에 혀의 높이 차이를 인지시키기 어려우며, 해당 방법으로 교육했을 때 학습자가 이해하기 어렵다.

개념 정리

언어권별 한국어 자음의 교육 방안

– 파열음 지도

영어권	• 영어에서는 한국어의 평음과 격음이 동일한 음소에 속하므로 평음과 격음을 잘 구분하지 못한다. → 기식의 정도 차이를 학습 • 경음 발음 연습 : s 뒤의 p, t, kspeed[sp'ːd], style[st'aɪl], sky[sk'aɪ] • 음절말에서 폐쇄된 파열음의 교육 : 한국어 음운규칙과 관련하여 발음 연습
일본어권	• 초성의 평음 발음 : 평음 발음 후 'h'음을 계속해서 발음하게 하면 유기음으로 발음하는 것과 비슷한 효과를 얻을 수 있다. • 격음의 경우 기성이 매우 약한 편이므로 의식적으로 강하게 발음하도록 주의 평음의 경우 소리를 적게 내도록 하고, 격음의 경우 'h'음을 길게 낼 수 있도록 유도 • 경음 발음 연습 : 촉음 뒤에 오는 ぱ, た, か かっぱ, あった, けっか 발음 폐쇄의 시간을 약간 지속시킨 후 파열하도록 유도 • 음절말에서 폐쇄된 파열음의 교육 : 일본어 'らっぱ, ぱった, まっか'의 'っ'가 각각 음절말 'ㅂ ; ㄷ ; ㄱ'의 발음과 유사함. 발음 시 구강 내의 폐쇄 상태를 잠시 동안 유지하도록 지도하여야 한다.
중국어권	• 한국어의 평음을 경음으로 발음하는 경향이 있다. 중국어의 'p, t, k'는 한국어의 격음과 유사하나 경음과 평음의 구별이 없기 때문. 중국인 학습자가 한국어의 경음을 들으면 중국어의 'b, d, g'와 가깝다고 느끼지 못하나, 한국인에게는 경음과 유사하게 들림. → 유기성과 무기성의 차이를 학습 • 평음과 격음은 유기성의 강약에 따라 구별 • 유성음화된 평음의 발음 연습 → 유기성과 무기성의 차이 학습 * 이때 교사는 발음을 천천히 하지 않도록 한다. • 음절말에서 폐쇄된 파열음의 교육 : 중국어에서는 운미의 자음이 [n, ŋ]으로 한정되어 있어 한국어 파열음 받침을 발음하기 어렵다.

– 비음 지도

영어권	• 영어의 비음이 대체로 비강에서의 공명이나 성대 진동이 더 강한 편이므로 콧소리가 지나치지 않도록 교육한다.
	• 구개음화된 /ㄴ/[ɲ] : 모음 /ㅑ, ㅕ, ㅛ, ㅣ/ 앞의 /ㄴ/
	  * 영어 : near[niər], new[nju]
	    [n]을 길게 발음하면서 이중모음을 빨리 이어 발음한다.
	    냠냠 : 냠냠, 누구나 : 누구냐

일본어권	• 일본어의 비음은 'ナ행, マ행, ん'으로 한국어 발음과 유사하여 초성을 발음하는 데는 문제가 없으나, 받침은 'ん'만 있어 한국어 비음 받침 발음에 어려움이 많다. • /ㄴ/은 はんだ, /ㅁ/은 とんび, /ㅇ/은 りんご의 'ん'에 해당.
중국어권	• 중국어의 /m, n/도 한국어의 /ㅁ, ㄴ/보다 성대 진동과 콧소리의 공명이 강함. • 구개음화된 /ㄴ/ : 중국어의 'nian'과 비교

047 언어권별 한국어 종성의 발음 교육 내용으로 옳은 것을 모두 고른 것은?

영역(과목) 외국어로서의 한국어 발음교육론

> ㄱ. 표준중국어(보통어) 화자가 종성을 탈락시키지 않도록 지도한다.
> ㄴ. 일본어 화자가 종성 다음에 모음을 넣어 음절수를 늘리지 않도록 지도한다.
> ㄷ. 베트남어 화자가 종성 비음을 종성 유음으로 발음하지 않도록 지도한다.
> ㄹ. 영어 화자가 음절 말 설측음을 어두운(dark) /l/로 발음하지 않도록 지도한다.

① ㄱ, ㄹ ② ㄴ, ㄷ ③ ㄱ, ㄴ, ㄹ ④ ㄴ, ㄷ, ㄹ

정답 ③

정·오답풀이 ③ 베트남어 화자는 종성 유음을 종성 비음으로 발음하지 않도록 교육해야 하므로 'ㄷ'의 항목만 삭제하면 된다.

048 한국어 발음 지도 방법으로 옳은 것은?

영역(과목) 외국어로서의 한국어 발음교육론

① '밝다', '넓다', '앉다'에서는 음절 말 종성의 위치에 오는 자음군에서 앞의 자음이 발음 된다고 설명한다.
② '좋으니', '않아서', '앓으면'에서는 용언 어간 말 /ㅎ/은 뒤에 모음이 오면 탈락된다고 설명한다.
③ '난로', '할는지', '이원론'에서는 /ㄴ/과 /ㄹ/이 인접해서 만나면 /ㄴ/이 /ㄹ/로 동화되어 발음된다고 설명한다.
④ '끝을' [끄츨]과 같이 빈번하게 일어나는 구개음화는 학습자가 따라하도록 지도할 필요가 있다.

정답 ②

정·오답풀이 ② 불규칙이 적용되는 조건을 설명하는 적합한 교육 방법이다.
① [박따], [널따], [안따]로 발음되어 '밝다[박따]'가 선지의 내용 설명과 부합하지 않는다.
③ 이원론[이원논]으 유음화 규칙이 적용되지 않는 단어이다.
④ '끝을[끄츨]'의 음운 현상은 구개음화가 맞지만, 이는 현재의 표준어 규정에서 인정하는 구개음화가 아니다.

개념 정리

침묵식 교수법의 발음 교육

침묵식 교수법에 의한 수업은 전형적으로 표준 구성 형식을 따르나, 수업의 첫 부분은 발음에 초점을 맞춘다. 학생의 수준에 따라 피델 도표에 명시된 소리, 구, 또는 문장에 대해서도 공부한다. 초기 단계에서 교사는 도표에 있는 기호를 가리키고 난 다음, 적절한 소리를 시범 보인다. 나중에, 교사는 개별 기호와 그 기호들이 합쳐진 것을 말없이 가리키고, 학생들이 하는 말을 점검한다.

교사는 단어 하나를 말하고, 학생들로 하여금 기호들이 어떤 순서로 연결되어 그 단어를 이루고 있는지 추측해 보게 한다. 지휘봉은 강세, 말씨, 억양을 표시해 주기 위해 이용된다. 강세는 한 단어를 가르칠 때 다른 기호들보다 어느 특정 기호들을 더욱 세게 짚음으로써 표시될 수 있다. 억양과 말씨는 말의 리듬에 따라 도표를 톡톡 치면서 설명될 수 있다.

049
침묵식 교수법을 발음 교육에 사용할 때의 설명으로 옳은 것은? 　영역(과목)　외국어로서의 한국어 발음교육론

① 발음 지도의 중심을 초분절적 요소에 둔다.
② 가르치고자 하는 음운의 조음 원리를 설명하여 학습자가 원리를 깨닫게 한다.
③ 원어민 교사가 정확한 발음을 들려주고 학습자들이 자연스럽게 듣고 따라하게 한다.
④ 교사는 음색표와 음가표를 사용하여 발음을 교육한다.

정답 ④
정·오답풀이 ④ 음색표와 음가표, 색깔 막대 등을 사용하여 교육한다.
①, ②, ③은 의사소통 교수법, 청각 구두 교수법과 관련이 되어 있는 내용들이다.

개념 정리

구어와 문어의 특징

구어		문어	
다양성	순간성	단순성	영구성
즉각성	동태성	계획성	정태성
친교성	모호성	제보성	명시성
표현성	비논리성	서술성	논리성
포함성	비격식성	분리성	격식성
구체성	상황 의존성	추상성	문맥 의존성

050
구어에 관한 설명으로 적절하지 않은 것은 　영역(과목)　외국어로서의 한국어 말하기교육론

① 정보의 잉여가 자주 발생한다.
② 비언어적인 요소의 도움을 받는다.
③ 맥락 의존적이므로 수정이 불가능하다.
④ 성분의 생략, 대용어의 출현 등이 잦다.

정답 ③
정·오답풀이 ③ 구어는 맥락에 의존하며, 순간성이 있어 수시로 수정을 하거나 반복을 하게 된다.

| 제10회 |

개념 정리

한국어능력시험 등급별 평가 기준 〈12회 90번 참고〉

---

051 다음 한국어능력시험(TOPIK)의 등급별 평가 기준은 어느 등급에 관한 기술인가?

영역(과목) | 외국어로서의 한국어 말하기교육론

○ 일상생활을 영위하는 데 별 어려움을 느끼지 않으며, 다양한 공공시설의 이용과 사회적 관계 유지에 필요한 기초적 언어 기능을 수행할 수 있다.
○ 친숙하고 구체적인 소재, 자신에게 친숙한 사회적 소재를 문단 단위로 표현하거나 이해할 수 있다.
○ 문어와 구어의 기본적인 특성을 구분해서 이해하고 사용할 수 있다.

① 2급　　　　　　　　② 3급
③ 4급　　　　　　　　④ 5급

정답 ②

정·오답풀이 ② 중급의 첫 단계인 3급에 대한 설명이다. 초급과 다른 점은 '친숙한 사회적 소재'를 다룰 수 있게 된다는 점이다.

---

052 다음 초급 학습자의 발화는 어떤 능력이 부족함을 보여 주는 예인가?

영역(과목) | 외국어로서의 한국어 말하기교육론

지난 주말 명동 가요. 쭝궈 친구들 갔어요. 명동가 사람 넘 많아요. 예쁜 가방 사고 모자도 사요. 배고프니까 맛있는 점심이 또 먹었어요. 저녁 불고기 먹는데 비싸고 맛있어요. 맛있어서 다음 다른 친구들 또 갈게요. 집에 오고 피곤하니까 자요.

① 문법적 능력　　　　　② 담화적 능력
③ 전략적 능력　　　　　④ 사회언어학적 능력

정답 ①

정·오답풀이 조사, 시제 등 문법적인 지식이 부족하여 발생한 문제임을 알 수 있다.
제2언어 학습과 관련하여 의사소통 능력을 규정한 것은 커네일과 스웨인(1980)이었다. 그들은 의사소통 능력을 아래의 네 가지로 구분하였고 이들의 정의는 응용언어학에서 광범위하게 사용되었다.
① 문법적 능력(grammatical competence) : 어휘와 문법에 관한 능력
② 담화적 능력(discourse competence) : 의사소통이 전체 담화에서 어떤 위치에 있는가를 파악하는 능력
③ 전략적 능력(strategic competence) : 의사소통의 방향을 바꾸거나 시작하거나 멈추는 능력
④ 사회언어학적 능력(sociolinguistic competence) : 사회적 맥락에 맞게 의사소통을 진행할 수 있는 능력

053 말하기 수업의 구성 원리로 적절하지 않은 것은?

영역(과목) 외국어로서의 한국어 말하기교육론

① 교실 내에서도 실제적 과제를 활용한다.
② 비언어적 요소를 교수 내용에 포함한다.
③ 여러 화계(speech level)를 경험할 수 있게 구성한다.
④ 시각 자료는 말하기에 방해가 되므로 쓰지 않는 것이 좋다.

정답 ④

정·오답풀이 ④ 시각 자료는 말하기 활동에 큰 도움이 된다. 동기 유발에도 긍정적으로 활용될 수 있다.

054 의사소통적 교수법에 기반한 말하기 수업의 특징으로 옳지 않은 것은?

영역(과목) 외국어로서의 한국어 말하기교육론

① 주제 또는 상황 중심으로 구성한다.
② 교사는 명시적 오류 수정에 집중한다.
③ 수업은 다양한 활동과 과제로 구성한다.
④ 언어 규칙보다 언어 사용에 중점을 둔다.

정답 ②

정·오답풀이 ② 의사소통적 교수법에서는 의사소통이 주요한 목적이고 유창성을 중요시하기 때문에, 교사는 대화에 큰 문제가 있는 오류가 아닌 이상 수정을 굳이 하지 않는다.

개념 정리

정보의 차이 활용 활동

- 정보차이활동(information-gap activity) : 학습자에게 정보를 나누어 주고 서로의 정보교환을 통해서 하나의 완전한 정보로 만드는 활동을 말한다. 즉 주어진 정보를 한 사람에게서 다른 사람에게로, 한 형태에서 다른 형태로, 한 장소에서 다른 장소로 전달하는 것이다.
- 추론차이활동(reasoning-gap activity) : 주어진 정보를 추론하게 함으로써 몇 가지 새로운 정보를 끌어내게 하는 활동이다. 예를 들어 기차 시간표를 보고 한 도시에서 다른 도시로 가는 가장 좋은 방법을 찾아내게 하는 활동이 이에 속한다.
- 의견차이활동(opinion-gap activity) : 주어진 상황에 대응하여 개인의 기호, 인상, 태도를 확인하거나 명확히 진술하는 활동을 말한다. 예를 들어 실업률과 같은 사회적인 문제에 대해 해결책을 찾는 방법에 대해 토론하는 활동이 이에 해당된다.

055 다음은 어떤 말하기 활동의 예인가?

영역(과목) 외국어로서의 한국어 말하기교육론

> A는 B로부터 집들이 초대를 받았으나, B의 집을 모른다. B는 A에게 자신의 집에 오는 방법을 설명해서 A가 성공적으로 도착할 수 있도록 해야 한다. A는 길을 찾아 가면서 자신이 가는 길이 맞는지 B에게 전화로 확인 질문을 하며 자신의 경로를 약도 형식으로 그린다. A가 그린 약도가 B의 안내와 일치하면 과제가 성공적으로 수행된 것으로 본다.

① 의견 차 활동 ② 정보 차 활동
③ 프로젝트 활동 ④ 의식 고양 활동

정답 ②

정·오답풀이 ② A와 B가 서로 가지고 있는 정도에 차이가 있어 한 사람이 다른 사람에게 정보를 전달하고 서로 정보의 간극을 매워 나가는 활동의 예시이다.
① 의견 차이 활동은 하나의 이슈에 대해 찬성이나 반대를 하는 등의 것을 뜻한다.
③ 프로젝트 활동은 여행 계획을 세우기 등 다양한 목표를 설정하고 행하는 활동이다.
④ 의식 고양은 보통 어떤 것에 대한 의식을 높여줌을 의미하며, 제2언어 연구 분야에서는 목표 언어의 형태적 성질에 대해 제2언어 학습자의 주의를 끌도록 하는 시도를 의미한다. 예를 들어, 문법 의식 고양 과업의 목적은 학습자들이 의미 있는 상호작용을 하는 동안 학습자들이 특정 언어 형태의 사용을 지배하고 있는 규칙이 무엇인지 의식하도록 하는 것이다.

056 말하기 수업에서의 '모둠 활동' 방법에 관한 설명으로 옳지 않은 것은?

영역(과목) 외국어로서의 한국어 말하기교육론

① 사소한 오류는 지적하지 않고 넘어갈 수 있다.
② 학습자들의 언어 능력 차이는 고려하지 않는다.
③ 시작하기 전에 활동 방법을 명확히 제시해 준다.
④ 학습자들에게 활동에 대한 책임감을 부여하는 것이 좋다.

정답 ②

정·오답풀이 ② 언어 능력 차이를 고려하여 잘하는 학생과 그렇지 않은 학생을 섞어 모둠을 구성하는 것이 바람직하다.

개념 정리

딕토글로스

딕토글로스(Dictogloss)는 받아쓰기(dictation)와 주석 또는 해설(gloss)의 합성어이다. 명칭에서 보이듯 받아쓰기에서 좀 더 발전된 형태라고 볼 수 있는데, 기존의 일반적인 받아쓰기는 교사의 발화나 녹음된 자료를 학습자들이 단순히 그대로 듣고 쓰는 활동이었다. 하지만 딕토글로스는 기존의 일반적 받아쓰기와는 달리 학습자들의 집중적 듣기를 통해서 중요, 핵심 단어만을 메모한 후 전체적인 문장의 내용을 파악하고 유추하여 자신만의 언어 지식으로 원문을 재구성하는 일종의 정보차 활동(information gap activity)이라고 볼 수 있다. 딕토글로스와 받아쓰기는 진행 과정에서도 확연한 차이를 가지고 있다. 기존의 받아쓰기 활동이 학습자 개인의 활동을 통해서 각자의 결과물을 만들어 내는 것이라면 딕토글로스는 학습자들이 모둠을 만들어서 각자의 정보를 공유하여 토론한 다음에 모둠을 대표하는 결과물을 만들어 낸다는 것이 큰 특징이다. 즉, 기존의 교사 중심적이면서 수동적인 받아쓰기 활동과는 달리 딕토글로스는 학습자 중심적이며, 능동적임과 동시에 창조적인 성격을 가지는 협조적 상호작용 활동이라고 할 수 있다.

- 딕토글로스의 기본 절차

준비 단계	듣기 전 활동에 해당된다. 교사는 앞으로 다루어질 내용에 대해서 학생들의 배경지식이 충분히 활성화되도록 한다. 배경지식 활성화는 교사의 질문이나 흥미로운 그림, 어휘를 제시하도록 한다. 그리고 앞에서 배우지 않은 단어나 문법 요소가 있다면 미리 설명해 준다. 각자가 해야 할 일을 구체적으로 가르쳐 주고 상호작용을 위한 모둠을 만들어 놓는다. 각 모둠의 한국어 학습 수준에 차이가 나지 않도록 구성원들을 고르게 배치한다.
듣기 단계	학습자들은 정상적인 속도로 녹음된 자료를 2번 듣는다. 첫 번째 듣기에서는 전체적인 맥락이나 분위기 파악을 한다. 첫 번째 듣기가 끝나고 두 번째 듣기에서 재구성에 필요한 핵심 단어를 메모한다.
구성 단계	이 단계에서 학습자들은 각자 메모한 것을 모아 모둠 활동을 통해서 재구성해 나간다. 이때 모둠 내의 한 명의 대표를 정한다. 각 모둠의 대표가 구성원들의 의견을 잘 정리할 수 있게 한다. 이때 교사는 토론 진행 상황을 지켜보면서 전원이 토론에 적극적으로 참여할 수 있도록 격려해줌과 동시에 지나친 개입은 피하는 것이 좋으며 어떠한 언어적 입력도 제공하지 않는 것이 좋다.
분석 및 수정 단계	각 모둠에서 재구성한 결과물을 발표한다. 이 과정에서 문장 단위로 분석을 하고 수정하는 활동을 하게 된다. 여기서 주의할 것은 듣기 교재의 원문은 학습자들의 분석과 수정 단계 전에는 보여 주지 않는다.

057 다음 네 가지 말하기 수업에 관한 설명으로 옳지 않은 것은?

영역(과목) 외국어로서의 한국어 말하기교육론

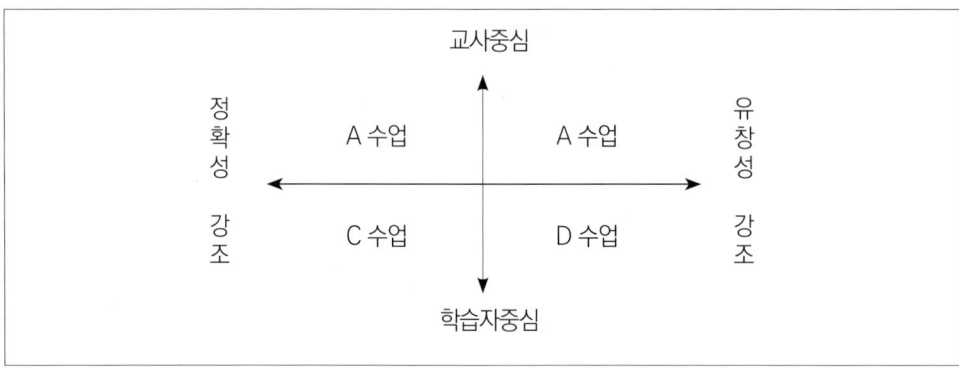

① A 수업 : 교사가 언어의 형태를 연습시키기에 용이하다.
② B 수업 : 딕토글로스(dictogloss)를 활용하기에 적합한 수업이다.
③ C 수업 : 모범 대화문을 사용하여 짝 활동을 할 수 있다.
④ D 수업 : 학습자가 언어를 자유롭게 사용하도록 하는 데에 초점이 있다.

정답 ②
정·오답풀이 ② 교사가 중심이 되어 학습자가 유창하게 말할 수 있도록 하는 활동에는 게임, 자유 주제로 이야기하기, 토론하기 등이 있다. 딕토글로스는 교사가 중심이 되는 것이 아니라, 학습자가 중심이 되어 하는 활동이므로 D 자리에 두는 것이 적합하다.

058. 마이클의 발화에 관한 설명으로 가장 적절한 것은?

영역(과목): 외국어로서의 한국어 말하기교육론

> 영 숙 : 저는 지금 회의가 있어서 그만 가 볼게요. 다음에 식사나 한번 같이 해요.
> 마이클 : 네, 좋아요. 저는 이번 주말에 시간 있습니다.
> 영 숙 : (당황하며) 네?

① 화용적 관습을 이해하지 못해 적절하게 응답하지 못했다.
② 완곡한 표현을 사용하여 자신의 의도를 숨기고자 하였다.
③ 격식적인 어말어미를 사용하여 의사를 적극적으로 표명하고 있다.
④ 막연한 시간을 언급하여 상대방과의 의사소통에 지장을 주고 있다.

정답 ①

정·오답풀이 ① 영숙과 마이클의 대화는 문법이나 어휘면에서는 전혀 문제가 없다. 그러나 영숙이 형식적으로 제안했을 말을 마이클이 정말 약속을 잡자는 말로 오해하며 영숙이 당황했음을 알 수 있다. 이와 같이 화용적 관습을 이해하지 못하는 경우 여러 의사소통 능력 중에서 '사회언어학적 능력'이 부족하다고 판단할 수 있다. 이와 같은 능력은 한 사회 공동체에 대한 지식과 문화적인 경험이 수반되어야 적절하게 채워질 수 있다.

059. "학교에 만났어요."라는 학습자의 오류 발화에 대해 다음과 같이 교사가 수정적 피드백(corrective feedback)을 제공하였다. 피드백의 명칭이 잘못된 것은?

영역(과목): 외국어로서의 한국어 말하기교육론

> ㄱ. "학교에서 만났어요." – 고쳐 말하기(recast)
> ㄴ. "아, 뭔가 틀렸네요. 뭐가 틀렸지요?" – 반복(repetition)
> ㄷ. "조사가 틀렸어요." – 상위 언어적 피드백(metalinguistic feedback)
> ㄹ. "뭐라고요? 다시 말해 보세요." – 명료화 요구(clarification request)

① ㄱ   ② ㄴ   ③ ㄷ   ④ ㄹ

정답 ②

정·오답풀이 반복은 학습자의 오류가 있는 발화를 '똑같이' 말해주어 학습자가 스스로 문제가 있음을 느낄 수 있게 하는 피드백의 방법이다. '고쳐 말하기'에 비해 학습자가 스스로 오류를 발견하고 고칠 수 있는 기회를 주는 피드백 유형이다. 나머지 보기의 내용은 각 피드백의 명칭이 올바르게 명시되어 있음을 알 수 있다.

060. 말하기·듣기 통합 수업의 과제로 적절하지 않은 것은?

영역(과목): 외국어로서의 한국어 말하기·듣기교육론

① 영화 보고 소감 말하기
② 구두 발표와 질의응답하기
③ 동영상 강의 듣고 필기하기
④ 대면 인터뷰를 통한 설문 조사하기

정답 ③

정·오답풀이 ③ 말하기 활동이 없으며, 듣기·쓰기 수업의 과제로 적절하다.

061

다음 글의 ( )안에 들어갈 말을 순서에 맞게 나열한 것은? 영역(과목) 외국어로서의 한국어 말하기·듣기교육론

> 듣기에서는 음소의 인식이 중요하다. 음소를 인식한다는 것은 ( )를 구성하는 최소 단위를 ( )으로 인식한다는 말이다. 따라서 음소 인식 능력을 갖고 있다는 것은 말소리를 듣고 음소 단위로 분절하며 음소를 결합, 삭제, ( )할 수 있는 능력을 가지고 있음을 뜻한다.

① 음소   개별적   첨가
② 음소   통합적   대치
③ 말소리 통합적   첨가
④ 말소리 개별적   대치

정답 ④

정·오답풀이 ④ 음소를 인식한다는 것은 '말소리'를 구성하는 최소 단위를 '개별적'으로 인식한다는 말이다. 음소는 더 이상 작게 나눌 수 없는 음운론상의 최소 단위이므로 '음소'를 구성하는 '최소 단위'라는 말은 맞지 않다. 그러므로 ①, ②번은 답이 될 수 없다. 또한 최소 단위이므로 '개별적'으로 인식하는 것이 바람직하다. 음소인식 능력이란 말이 음소로 구성되어 있음을 알고 음소를 조합, 분류, 조작하는 능력이다.

개념 정리

침묵식 교수법(silent way)
케일럽 가테그노(Caleb Gattegno)에 의해 1960년대에 개발되어 1970년대에 널리 퍼진 교수법이다. 수업이 교사가 아니라 학습자 중심으로 이루어질 수 있으며, 학습자의 참여를 극대화함으로써 교수가 이루어질 수 있다는 점을 보여주는 교수법이다. 일반적인 목적은 초급 학습자에게 말하기와 듣기 능력을 길러주는 데에 있다.

062

각 언어 교수법에서 듣기를 바라보는 관점을 설명한 것으로 옳지 않은 것은?
영역(과목) 외국어로서의 한국어 듣기교육론

① 침묵식 교수법 : 듣기는 학습자가 침묵한 채 다양한 발화에 노출될 때 향상될 수 있다.
② 문법 번역식 교수법 : 듣기는 문법과 해석에 필수적인 기능이 아니므로 중요하지 않다.
③ 의사소통적 교수법 : 듣기는 의사소통 능력을 구성하는 부분이므로 타 기능과 균형 있게 개발해야 한다.
④ 전신 반응 교수법 : 듣기가 가능해지면 말하기도 자연스럽게 할 수 있게 되므로 초기 단계에서부터 듣기를 중시해야 한다.

정답 ①

정·오답풀이 ① 침묵식 교수법(silent way)은 교사가 발화를 최소화하고 침묵하여 학습자로 하여금 발견학습으로 언어를 배우고 말을 많이 하도록 이끄는 표현 중심의 교수법이다.

개념 정리

실제 생활에서 듣기 활동은 다양한 형태로 나타나므로 듣기 자료 역시 다양한 유형이 반영되어야 한다. 듣기 활동은 일상 대화, 일방적인 정도 듣기, 감상을 위한 듣기 등으로 나눌 수 있다.
- 일상 대화 : 가장 일반적인 듣기이며 대화는 간단한 질문과 대답, 명령, 부탁, 제안 등으로 이루어진다. 전화를 통한 간접 대화도 포함된다.
- 일방적인 정보 듣기 : 안내방송, 광고, 뉴스, 연설 등은 일상대화와 달리 상호작용이 없는 일방적인 발화를 듣는 것이다. 연설이나 강의, 뉴스 등과 같이 화자가 일정 시간 동안 혼자 말하는 것은 독백이라고 한다.
- 감상을 위한 듣기 : 노래나 영화, 드라마의 경우는 정보 이해하기와 내용 감상하기가 동시에 이루어져야 하는 특징이 있다.

---

063 듣기의 종류와 그에 적합한 자료가 가장 잘 짝지어진 것은?   영역(과목) 외국어로서의 한국어 듣기교육론

① 일상대화 듣기 - 발표, 설교
② 감상을 위한 듣기 - 연극, 강의
③ 전문적 내용 듣기 - 드라마, 연설
④ 일방적 정보 듣기 - 안내방송, 뉴스

정답 ④

정·오답풀이
① 발표와 설교는 일방적 정부 듣기에 해당된다.
② 연극은 감상을 위한 듣기이나 강의는 일방적 정보 듣기 자료이다.
③ 연설은 일방적 정보 듣기이나 드라마는 감상을 위한 듣기 자료이다.

---

064 듣기 자료 구성에 관한 설명으로 옳은 것을 모두 고른 것은?   영역(과목) 외국어로서의 한국어 듣기교육론

ㄱ. 철자와 다른 현실음이 포함된 자료를 활용한다.
ㄴ. 축약과 생략 등의 구어적 특징은 고려하지 않는다.
ㄷ. 발화 상황을 유추할 수 있는 주변 소리를 포함하여 구성한다.
ㄹ. 학습자 수준을 고려하여 실제 자료의 어휘와 표현을 다듬는다.
ㅁ. 교육 효과를 높이기 위하여 발화 실수와 발화 수정은 배제한다.

① ㄴ, ㅁ
② ㄷ, ㄹ
③ ㄱ, ㄷ, ㄹ
④ ㄱ, ㄹ, ㅁ

정답 ③

정·오답풀이
ㄴ. 듣기 자료는 실제적인 자료로 구성하는 것이 바람직하다. 실제적 자료를 제작하는 과정에서는 듣기의 구어적 특성을 반영해야 한다는 점과 실제로 듣는 자료에 최대한 가까운 자료를 구성해야 한다는 점을 고려해야 한다.
ㅁ. 문어적인 표현이 많이 나오고 지나치게 완벽한 문장으로 이루어진 듣기 자료는 학습자가 듣기에 오히려 부자연스러울 수도 있으며, 이러한 학습 자료로만 듣기 연습을 하는 경우 학습자가 실제 생활에서 듣게 되는 담화를 낯설어하고 이해하는 데 어려움을 느낄 수 있다.

개념 정리

한국어 듣기 교육을 위한 드라마 선정의 기준
- 학습자의 흥미와 취향을 파악하여 학습 동기를 유발시킬 수 있는 드라마를 선정한다. 폭력적이고 선정적인 내용은 피한다.
- 길이를 고려한다. 너무 긴 내용은 학습자들이 쉽게 질리고 교사와 학습자 간의 피드백이 제시간에 이루어질 수 없기 때문에 수업의 목적을 달성하기가 어렵다.
- 발화속도를 고려한다.
- 등장인물을 고려해야 한다. 학습자가 적당한 관심을 가질 수 있어야 되고 인물 성격을 잘 파악할 수 있도록 등장인물은 4명을 넘지 않은 것이 적당하다.
- 언어의 난이도를 고려해야 한다.
- 드라마의 내용을 고려한다. 한국의 문화, 관습 등이 골고루 담겨있는 것이 좋다.
- 표준어의 사용 여부를 고려해야 한다. 교사의 발화가 물론 수업에서 사용되는 모든 자료나 도구는 표준어를 사용하여야 한다.
- 작품에 나오는 주인공의 발음을 고려해야 한다.

---

065 듣기 교육에 사용할 드라마를 선정하는 일반적 기준으로 적절하지 않은 것은?

영역(과목) 외국어로서의 한국어 듣기교육론

① 등장인물의 발화가 명료하고 속도가 적절해야 한다.
② 언어의 흐름에 자연스런 반복과 휴지가 있어야 한다.
③ 한국 전통 문화와 지역 특성이 담긴 어휘가 나타나야 한다.
④ 학습자의 흥미를 끌고 학습 동기를 부여할 수 있어야 한다.

정답 ③

정·오답풀이 ③ 한국의 전통 문화와 지역 특성을 배우는 것도 좋지만, 일반적으로 표준어를 사용하는 자료를 선정하는 것이 듣기교육에 적당하다.

---

066 '가족 여행 계획'을 주제로 한 듣기 수업에서 활동과 그 목적이 알맞게 짝지어진 것은?

영역(과목) 외국어로서의 한국어 듣기교육론

① 듣기에 나온 단어의 철자 익히기 - 내용 심화와 문법적 정확성 제고
② 고향의 유명한 여행지 소개하기 - 읽기와 연계한 의사소통 능력 제고
③ 지도와 달력에 여행지와 여행 기간 표시하기 - 세부 내용 파악 능력 제고
④ 가족 여행지 소개하는 영상 보고 감상문 쓰기 - 브레인스토밍을 위한 실마리 제공

정답 ③

정·오답풀이 ① 단어의 철자를 익히는 활동은 초급활동으로 내용 심화와 문법적인 내용에 해당하지 않는다.
② 해당 주제에 대한 소개는 양방향 소통이 아닌 일방향 소통으로 일방적인 말하기와 일방적인 듣기에 해당된다.
④ 브레인스토밍을 위해서는 학습자의 경험이나 지식을 이끌어 내는 질문이나 활동이 필요하다.

개념 정리

듣기 활동(while-listening)

듣기 활동 단계에서는 학습자가 언어자료에 흥미를 가지고 듣기에 집중하도록 해야 한다. 따라서 말하기, 읽기, 쓰기 영역과의 통합을 줄이고 듣기 자체에 집중할 수 있는 활동을 고려해야 한다.

듣고 맞는 답 고르기, 듣고 O, X하기, 듣고 연결하기, 들은 내용 그리기, 들은 내용 쓰기, 들은 내용 순서대로 나열하기, 중심 내용 파악하기, 추측하기 등이 해당된다.

---

067 '병원'과 관련된 듣기 수업을 할 때 '듣기 중 활동'으로 적절하지 않은 것은?

영역(과목) 외국어로서의 한국어 듣기교육론

① 병원에 갔던 경험을 떠올리면서 병원 관련 어휘를 모아 보게 한다.
② 병원 이용 절차에 관한 대화를 듣고 순서대로 그림을 나열하게 한다.
③ 환자와 의사의 대화를 듣고 환자가 주의할 사항이 무엇인지 메모하게 한다.
④ 병원 진료를 예약하는 전화 통화를 듣고 내용과 일치하는 그림을 선택하게 한다.

정답 ①

정·오답풀이 ① '관련 어휘 제시하기'는 듣기 전 활동에 해당한다.

개념 정리

어휘 관련 요인	문장 관련 요인
· 어휘 난이도 · 어휘 빈도 · 지시어, 접속사, 인칭대명사	· 문장 복잡성 · 문장 길이 · 문법 난이도

---

068 읽기 자료의 난이도에 영향을 미치는 요인이 아닌 것은?

영역(과목) 외국어로서의 한국어 읽기교육론

① 문장의 길이
② 새로운 어휘의 수
③ 단어의 음절 수
④ 문장 구조의 복잡성

정답 ③

정·오답풀이 ③ 텍스트의 난이도를 결정하는 요인은 어휘와 문장으로 보며 단어의 음절처럼 작은 단위는 고려하지 않는다.

개념 정리

한국어 읽기 자료 선정 기준
- 학습자의 능력에 맞는 자료
- 교사와 학습자의 관심(흥미)이 일치하는 자료를 선택
- 문어체뿐만 아니라 다양한 구어체 학습이 가능한 자료를 선택
- 문학작품과 비문학작품을 모두 다룰 수 있는 다양한 갈래의 글을 선택하되, 문학작품을 선정할 때는 문학적 가치뿐만 아니라 독해력이 가능한지를 확인
- 사전을 지참하여 찾게 하고, 지도, 연표, 인명사전 등을 활용

---

069 읽기 자료 선정 및 개발에서 고려할 점이 아닌 것은?   영역(과목) 외국어로서의 한국어 읽기교육론

① 학습자의 수준에 맞추어 텍스트의 길이와 난이도를 조정할 수 있다.
② 문어 자료가 갖는 특성을 최대한 반영하되, 자연스러운 담화로 이루어지도록 한다.
③ 수업에서의 읽기가 실생활에서의 읽기에 적용될 수 있도록 실제 자료를 가지고 올 수 있다.
④ 범언어권 읽기 자료의 경우 정치적, 종교적으로 민감한 내용을 특별히 배제할 필요가 없다.

정답 ④
정·오답풀이 ④ 범언어권 읽기 자료는 다양한 언어와 문화를 가진 학생들이 읽으므로, 보편적인 문화를 다루는 텍스트가 선정되어야 한다.

---

070 '한국의 명절, 설날과 추석'이라는 제목의 설명문 읽기 수업에서 활용할 수 있는 내용 스키마를 모두 고른 것은?   영역(과목) 외국어로서의 한국어 읽기교육론

> ㄱ. 글의 요지 파악을 위한 전략
> ㄴ. 글의 전개 방식에 대한 지식
> ㄷ. 설날과 추석 관련 영상을 보았던 경험
> ㄹ. 설명문의 일반적인 문체와 구조에 대한 지식
> ㅁ. 학습자들의 자국 문화권의 명절 문화에 대한 지식

① ㄷ, ㄹ
② ㄷ, ㅁ
③ ㄱ, ㄴ, ㄹ
④ ㄴ, ㄹ, ㅁ

정답 ②
정·오답풀이 ② 내용 스키마란 배경지식을 말한다. 어떤 분야나 주제에 관해 '이미 알고 있는 것'이 내용 스키마이다.

개념 정리

훑어 읽기(skimming) 〈12회 60번 참고〉

071 훑어 읽기(skimming)에 관한 설명으로 옳은 것은? 　　영역(과목) 외국어로서의 한국어 읽기교육론

① 월세 계약서를 읽을 때처럼 세부적인 내용까지 하나하나 읽는 활동이다.
② 소설과 같은 긴 텍스트를 읽을 때처럼 대강의 흐름을 파악하며 술술 읽는 활동이다.
③ 운행 시각표를 보고 원하는 차편을 찾을 때처럼 특정한 정보를 얻기 위해 빠르게 읽는 활동이다.
④ 게시판의 안내문을 읽을 때처럼 텍스트를 처음부터 끝까지 재빠르게 보고 요점만 읽는 활동이다.

정답 ④
정·오답풀이 ① 정독(집중형 읽기)에 해당한다.
② 소설과 같은 긴 텍스트를 읽을 때는 다양한 수사와 비유들을 고려한 읽기가 요구된다.
③ 뽑아 읽기에 해당한다.

개념 정리

하향식 읽기 모형 〈12회 58번 참고〉

072 하향식 읽기 모형에 관한 설명으로 옳은 것은? 　　영역(과목) 외국어로서의 한국어 읽기교육론

① 필자의 스키마 분석을 통해 의미를 구성하는 읽기 모형이다.
② 문장의 미시적 분석을 통해 텍스트의 의미를 파악해 가는 과정이다.
③ 독자의 배경 지식을 이용하여 텍스트의 의미를 예측하고 이해하는 모형이다.
④ 내용에 대한 추론과 단어나 구에 대한 분석을 하여 의미를 구성하는 과정이다.

정답 ③
정·오답풀이 ① 하향식 읽기 모형은 독자의 스키마를 분석한다.
②, ④ 상향식 읽기 모형에 해당된다.

073 '경복궁 기행문'에 관한 읽기 수업 순서로 가장 적절한 것은?

영역(과목) 외국어로서의 한국어 읽기교육론

ㄱ. 각 단락의 중심 내용을 확인한다.
ㄴ. 경복궁 사진들을 보면서 관련된 이야기를 한다.
ㄷ. 텍스트를 자세히 읽으면서 세부 내용을 이해한다.
ㄹ. 기행문의 일반적인 구조에 대해 간단히 이야기한다.
ㅁ. 자신의 경험을 토대로 하여 좋은 기행문을 작성한다.

① ㄴ-ㄱ-ㄷ-ㅁ-ㄹ
② ㄴ-ㄹ-ㄱ-ㄷ-ㅁ
③ ㅁ-ㄱ-ㄴ-ㄷ-ㄹ
④ ㅁ-ㄴ-ㄹ-ㄷ-ㄱ

정답 ②

정·오답풀이 ② 읽기 전 단계의 그림 보고 말하기, 훑어 읽기와 뽑아 읽기는 ㄴ과 ㄹ에 해당된다. ㄱ과 ㄷ은 읽기 단계이며, ㅁ은 읽은 후 단계의 개인적 경험 말하기, 읽은 내용을 바탕으로 글쓰기에 해당된다.

074 '사실과 의견 구분하기' 과제 활동을 수행하기에 적절하지 않은 읽기 자료는?

영역(과목) 외국어로서의 한국어 읽기교육론

① 최저 임금제에 대한 독자 투고문
② 금연 구역 확대에 대한 신문 칼럼
③ 한글 맞춤법을 총괄하여 설명한 총칙
④ 맛집을 탐방하여 소개한 개인 블로그의 글

정답 ③

정·오답풀이 ③ 사실 자료는 실제로 있었던 일을 말하며 자료 안에 글을 쓴 사람의 의견이 들어 있지 않고, 의견 자료는 글을 쓴 사람의 생각이 들어간 주관적인 자료이다. 어떤 글에서는 사실과 의견의 구분이 쉽지 않기도 하므로 이를 구분하는 과제 활동에 학습자가 어려움을 겪을 수 있다. 한글 맞춤법을 총괄하여 설명한 총칙은 명확하게 사실을 설명하는 글로서 자료로 적합하지 않다.

075 다음 자료로 읽기 수업을 진행할 때, ㉠ ~ ㉣에 관한 교사의 설명으로 적절하지 않은 것은?

영역(과목) 외국어로서의 한국어 읽기교육론

한국문화를 세계에 알리는 방안으로는 ㉠다음 몇 가지가 있다. 첫째, 한국 문화를 적극적으로 보급 전파하기 위해서 문화 교류 기구를 확충하고 정책을 개발한다. 둘째, 한국문화 소개 책자와 각종 도서를 개발 보급한다. 한국문화에 대한 관심이 커져 가는 것 ㉡에 비해, 한국문화를 소개하는 책자의 개발은 부족하다. ㉢끝으로, 문화 관광 상품을 개발한다. 관광은 문화를 알리는 효과적인 길이다. ㉣가령, 문화유산 탐방, 생활문화 체험, 음식 문화 기행, 도예 문화 실습 등을 고려할 수 있다.

① "㉠으로 보아 여러 방안이 차례차례 나올 것으로 예상할 수 있어요."
② "㉡을 보면 중요한 내용을 부각하기 위해 재진술된 내용이 나올 것을 알 수 있어요."
③ "㉢으로 보아 다음에 마지막 방안이 나올 것을 알 수 있겠지요?"
④ "㉣은 이해에 도움이 되도록 구체적인 예가 나올 것을 알려줘요."

정답 ②

정·오답풀이 ② '~에 비해'는 사물 따위를 다른 것에 비교하거나 견줄 때 쓰는 '비하다'에서 나온 말로 간접적이고 상대적인 비교 대상이 될 때 사용한다. 그러므로 비교되거나 상반되는 의미의 내용이 나올 것임을 알 수 있다.

076 다음 읽기 전략 중 상위 인지 전략에 해당하지 않는 것은?

영역(과목) 외국어로서의 한국어 읽기교육론

① 이해를 잘 했는지 검토하기
② 이해한 것을 기억하도록 노력하기
③ 읽기 전에 어떻게 읽을 것인지 계획하기
④ 읽기를 통해 달성하고 싶은 목표 설정하기

정답 ②

정·오답풀이 ② 상위 인지적 전략에는 과제에 대해 언급하거나 평가하기, 읽기 전략이나 과정을 인식하기, 감시 조정하기, 읽기 목적 설정하기 등이 해당된다.

077 쓰기 교육의 접근 방법 중 인지주의적 접근에 관한 설명으로 옳지 않은 것은?

영역(과목) 외국어로서의 한국어 쓰기교육론

① 쓰기 과정을 회귀적 과정으로 본다.
② 담화 공동체의 언어적 관습을 강조한다.
③ 글을 능동적으로 해석하는 독자를 염두에 둔다.
④ 작문 중에 일어나는 개인의 사고 과정을 중시한다.

정답 ②

정·오답풀이 ② 담화 공동체의 언어적 관습을 강조하는 것은 사회 구성주의 쓰기 이론(사회 문화적 맥락중심 쓰기 이론)에 대한 것이다.
① 쓰기의 엄격한 순서를 고집하지 않고 회귀성을 강조한다.
③ 인지주의적 쓰기 이론은 개별적인 쓰기 행위를 분석의 대상으로 삼는다.
④ 쓰기란 필자의 사고 과정으로 정의되고 사고 과정 중에서도 상위의 능력에 속하는 문제 해결 과정과 밀접한 관련이 있다고 본다.

개념 정리

과정 중심 쓰기 교육
- 결과 중심 접근법 : 모범적 글을 제시하고 다 쓴 글인 결과물에 대해 논평해 주는 방식
- 과정 중심 접근법 : 내용을 생성하고 조직, 표현, 교정하는 일련의 쓰기 과정에서 교사가 적절히 개입하여 학생들이 필요로 하는 전략이나 기능을 가르쳐서 쓰기 능력을 신장시키는 방식
- 교육의 특징
  ① 학습자가 글 쓰는 목적과 과정을 이해하도록 하여, 글 쓰는 과정을 이해하고 좋은 학습자 습관을 갖도록 한다.
  ② 쓰기를 일종의 탐구 과정으로 파악하여 글쓰기 능력뿐만 아니라 문제 해결 능력을 기를 것을 강조한다.
  ③ 쓰기 과정의 회귀성, 상호작용성, 병렬성을 강조한다.
  ④ 쓰기 수업을 교사와 학습자, 학습자 간의 상호적인 수업으로 구성한다.
  ⑤ 교사는 학습자의 생각을 최대로 글로 표현할 수 있도록 안내하는 역할을 한다.
  ⑥ 학생들 각자가 지니고 있는 개인차를 존중한다.
  ⑦ 다수를 대상으로 하는 데에 어려움이 있다.
- 교육의 의의
  ① 글을 잘 쓰는 구체적인 방법을 가르쳐 줄 수 있다.
  ② 학생의 글쓰기 능력 증진에 효과적이다.
  ③ 학생 개인의 정보를 풍부하게 얻을 수 있다.
  ④ 협동 학습의 즐거움을 느낄 수 있다.
  ⑤ 학생들은 쓰기에 대한 부담을 줄일 수 있다.

---

078 과정 중심 쓰기 교육에 관한 설명으로 옳은 것은?   영역(과목) 외국어로서의 한국어 쓰기교육론

① 학습자의 사고력 증진에는 적절하지 않다.
② 교수 학습의 주안점은 쓰기의 정확성과 형식성에 있다.
③ 과정마다 채점 방식을 달리하므로 신뢰도 확보가 용이하다.
④ 대규모 수업에서 실시하기에는 많은 노력과 시간이 소요된다.

정답 ④

정·오답풀이 ① 형식주의적 접근법, 결과 중심 접근법
② 형식주의적 접근법
③ 과정마다 채점 방식을 달리하기 때문에 신뢰도를 확보하는 일에 어려움이 종종 있다.

개념 정리

교실 내의 쓰기 활동 유형
- 통제된 쓰기(controlled writing) : 일반적인 형태는 학생들에게 단락을 제시하고 학생들로 하여금 주어진 구조를 전체적으로 바꾸게 하는 것이다. 엄격하게 지시된 방법을 쓰도록 하며 자모 익히기, 문법 익히기, 맞춤법 등에 중점을 둔다. 베껴 쓰기, 받아쓰기-맞춤법, 음성과 표기 차이 인식, 바꿔 쓰기-글 내용이나 형식 고정 등이 있으며, 학습목표로 설정된 문법 부분에 대해서만 학습자 선택권을 부여한다.

- 유도된 쓰기(guided writing) : 작문의 전 단계 연습 활동으로 내용의 일정부분을 고정하여 이를 표현하는 어휘나 표현 등을 학습자가 선택할 수 있게 한다. 이야기 재구성하기-핵심어휘나 표현을 들려주며 제시, 그림, 도표, 통계보고 서술하기, 담화 완성하기, 이야기 구성하기 등이 있다.
- 자유로운 쓰기 : 강의 메모, 일기, 에세이, 읽기와 연계한 다양한 활동-읽고 요약하기, 읽고 모방해서 쓰기, 읽고 자신의 생각을 정리하여 견해쓰기, 자유 작문 등이 있다.
- 모방하기 : 받아적기식 작문(dico-comp)을 포함한 여러 형태의 받아쓰기(dictation)가 있다.
- 실제적 글쓰기 : 수업 중 글쓰기는 전시적 글쓰기의 요소를 담고 있기 마련이지만 수업 중 글쓰기 일부는 메시지를 필요로 하는 독자에게 그 메시지를 전달하는 진정한 의사소통에 목적을 둔다 하여 이를 실제적 글쓰기라 하고 있다. 세부사항으로 '학문적 글쓰기(내용 중심 지도, 동료 편집 작업)'와 '직업적/기술적 글쓰기(편지쓰기, 기계작동 및 지시법이나 조립법, 직장에서의 쓰기)' 그리고 '개인적 글쓰기(일기, 편지, 엽서, 메모, 사적인 메시지 및 기타 비형식적인 글쓰기 상황)'의 세 가지를 제시하고 있다.

079 쓰기 활동 유형과 그 예가 적절하게 짝지어진 것은?

영역(과목) 외국어로서의 한국어 쓰기교육론

① 유도된 쓰기(guided writing) - 교사가 읽어 주는 문장을 그대로 받아쓰기
② 모방하여 쓰기(imitative writing) - 교사가 판서한 내용을 보고 똑같이 쓰기
③ 자유로운 쓰기(free writing) - 제시된 문법 항목을 활용하여 문장 쓰기
④ 통제된 쓰기(controlled writing) - 하루 동안 있었던 일에 대해서 일기 형식으로 쓰기

정답 ②

정·오답풀이
① 받아쓰기는 통제된 쓰기 또는 모방하기 활동이다.
③ 제시된 문법 항목을 활용하여 문장을 쓰는 것은 통제된 쓰기에 해당된다.
④ 일기 쓰기는 실제적 글쓰기 중 개인적 글쓰기의 쓰기 활동이다.

개념 정리

교사의 역할
- 독자로서의 역할
  교사가 독자의 입장이 되어 그에 상응한 책임감과 관심을 가져야 한다. 학생의 글에 대한 교사의 책임 중 하나는 그들의 아이디어나 느낌, 기분 등에 적절히 반응을 해주어야 한다는 것이다.
- 조력자로서의 역할
  교사는 학생들이 글을 쓰는 동안 그 글을 목적과 연계하여 가능한 한 효과적인 것이 될 수 있도록 도와주어야 한다. 교사는 학생들이 글을 쓰면서 글에 필요한 지식, 적절한 언어, 장르, 주제 등을 넓히고 또 잘 사용할 수 있도록 도와주어야 한다. - 평가자로서의 역할
  교사는 학생의 글을 향상시키도록 노력하는 역할 뿐 아니라 앞으로 학생들이 더욱 효과적으로 좋은 글을 쓸 수 있도록 그들의 강점과 약점을 알려주고 전체적인 수행 능력에 관해 알려주어야 한다. 평가는 학생이 가진 글쓰기 능력 전반에 걸친 평가로 그들이 좋은 글쓰기를 할 수 있도록 인도해 주는 역할을 해야 한다.
- 검사관으로서의 역할
  교사는 학생들이 얼마나 잘 쓸 수 있는지를 공식적인 시험이나 학생들의 작품을 일정 기간 동안 수집해서 평가하는 포트폴리오 등을 통하여 정확하게 평가해야 한다. 평가를 할 때는 평가의 기준을 명확하게 제시한다.

080 쓰기 수업에서의 교사의 역할에 관한 설명으로 옳지 않은 것은?

영역(과목) 외국어로서의 한국어 쓰기교육론

① 독자로서의 역할 - 학습자의 글에 대한 느낌을 적절히 말해 준다.
② 평가자로서의 역할 - 효과적인 수행을 할 수 있도록 글의 강점과 약점을 알려준다.
③ 관찰자로서의 역할 - 교사가 쓴 초안에 대해 학습자가 평가해 보게 하고 취사선택하게 한다.
④ 조력자로서의 역할 - 학습자가 주제에 맞는 적절한 어휘와 표현을 구사할 수 있도록 도와준다.

정답 ③
정·오답풀이 ③ 관찰자로서의 교사의 역할은 학습자가 자유롭게 자신의 생각을 쓸 수 있도록 간섭을 최소화로 해야 한다.

081 글을 쓸 때 고려해야 할 요소를 모두 고른 것은?

영역(과목) 외국어로서의 한국어 쓰기교육론

| ㄱ. 글의 주제 | ㄴ. 글의 장르 |
| ㄷ. 글을 쓰는 목적 | ㄹ. 글의 예상 독자 |

① ㄱ
② ㄱ, ㄷ
③ ㄱ, ㄴ, ㄷ
④ ㄱ, ㄴ, ㄷ, ㄹ

정답 ④
정·오답풀이 ④ 쓰기는 구체적인 쓰기 상황과 맥락 안에서 주제, 목적, 독자 등을 고려하면서 이루어지는 일련의 목표 지향적인 문제 해결 과정이다.

개념 정리

직접적 피드백(Direct corrective feedback)

직접적 피드백은 학생의 오류에 대해 교사가 직접 올바른 형식을 제공하는 피드백 방법이다. 쓰기 피드백에 있어 단어나 형태소를 첨가시켜 주거나, 오류가 발생한 부분의 위쪽 또는 근처에 정확한 형태를 써주거나, 불필요한 단어, 구, 형태소에 가운데 줄을 긋는 것 등이 있다. 직접적 피드백은 오류에 대한 올바른 형태를 명시적으로 제공한다는 장점을 가지고 있어서 초급 학습자들에게 효과적이라고 인식이 되었다. 반면, 학습자가 자신의 실수를 스스로 확인하고 깊이 되새겨볼 기회를 가질 수 없기 때문에 장기 학습에는 그다지 도움이 되지 못하는 단점을 가지고 있다.

간접적 피드백(Indirect CF)

간접적 피드백은 학습자에게 직접적으로 수정해 주지 않고 오류를 알려 주기만 하는 피드백 방법이다. 이를 좀 더 세부적으로 살펴보면 오류 여부 및 오류 발생 위치를 표시하는 방법(Indicating + Locating the error)과 오류의 여부만을 표시하는 방법(Indicating only) 두 가지 방법이 있다. 학습자의 오류를 암시하고 위치를 알려주는 피드백은 오류가 발생한 부분에 밑줄을 긋는 등 별도로 학습자가 오류를 인지할 수 있도록 직접 표시를 해 준다. 오류가 있다는 것만 알려주는 피드백은 해당 쓰기에서 발생한 오류를 별도의 위치에 따로 쓰거나 글의 몇 번째 줄에 오류가 발생했는지 등을 적어 준다. 간접적 피드백은 학습자에게 문제를 해결하기 위한 동기를 제공한다는 점과 학습자가 언어 형태를 스스로 다시 돌아보고 오류에 대해 자신이 체크할 수 있도록 한다는 점에서 직접적 피드백보다 선호되기도 하며 특히, 장기 학습에 더 적합하다.

082 쓰기 피드백에 관한 설명으로 옳은 것은?

영역(과목) 외국어로서의 한국어 쓰기교육론

① 면담 피드백에서는 글을 쓴 의도를 파악하기가 좋다.
② 서면 피드백은 대면 피드백이며, 시간에 구애를 받는다.
③ 간접 피드백에서는 올바른 형태를 글로 써서 알려준다.
④ 직접 피드백에서는 틀린 부분에 밑줄을 그어 학습자가 고치게 한다.

정답 ①

정·오답풀이
② 서면 피드백은 글로 하는 피드백이다. 시간을 효율적으로 사용할 수 있으므로 시간에 구애를 받지 않는다.
③ 간접 피드백은 틀린 부분에 밑줄을 그어 학습자 스스로가 고치게 한다.
④ 간접 피드백에 대한 내용이다. 직접 피드백에서는 틀린 부분을 알려주고 올바른 형태도 알려준다.

083 쓰기 오류를 수정할 때 고려해야 할 것으로 옳지 않은 것은?

영역(과목) 외국어로서의 한국어 쓰기교육론

① 실수(mistake)는 스스로 수정할 수 있으니 심각하게 보지 않는다.
② 글의 오류(error) 수정만 하지 않고 칭찬도 함께 해 주는 것이 좋다.
③ 형식 중심 쓰기에서는 목표 형태를 정확히 수정하는 데 중점을 둔다.
④ 장르 중심 쓰기에서는 상투적인 표현을 새로운 표현으로 고치는 데 중점을 둔다.

정답 ④

정·오답풀이
④ 장르 중심 쓰기에서는 상황을 먼저 고려하고 이 상황에서 어떤 전략이 필요한지를 중요하게 생각한다. 상황의 맥락 안에서 텍스트의 언어적 형식과 특징을 자유자재로 다룰 수 있는 능력을 기를 목적을 지니고 있으므로, 상투적인 표현을 새로운 표현으로 고치는 데에 중점을 두지 않는다.

084 다음 연습의 유형으로 옳은 것은?

영역(과목) 외국어로서의 한국어 문법교육론

교사 : 어떤 과일을 좋아해요? "( )을/를 좋아해요."에서 괄호 안에 알맞은 말을 넣어 말해 보세요.
학습자1 : 사과를 좋아해요.
학습자2 : 감을 좋아해요.
학습자3 : 포도를 좋아해요.
학습자4 : 복숭아를 좋아해요.

① 반복 연습
② 대체 연습
③ 확대 연습
④ 연결 연습

정답 ②

정·오답풀이
② 문법 교육의 경우 정해진 문형에 어휘를 대치하는 연습을 주로 하게 되면서, 문법 학습을 하는 데에 그치지 않고 어휘 교육의 영역으로 확대할 수 있다.

개념 정리

- 결과 중심 문법 교육
    ① 수업 목표 : 학습자로 하여금 언어의 형식과 의미에 초점을 두고 문법을 인식하고 구조화하게 하는 방법으로 학습자가 문법적으로 정리된 사항을 정확히 익히고 이를 활용하여 문법적으로 정확한 문장을 생성하도록 유도한다.
    ② 장점 : 신속하고 명백하게 문법 형식들의 학습을 촉진하고 높은 수준의 성취에 이르게 한다. 특정한 형식과 의미에 초점을 모음으로써 학습자가 눈여겨보고 학습자 스스로 구조화하도록 도움을 준다.
    ③ 단점 : 실생활 의사소통에서 문법을 처리하고 사용하는 능력이 발휘될지에 대해서는 예측이 어렵다.
- 과정 중심 문법 교육
    ① 수업 목표 : 학습자를 실제적인 언어 사용 활동에 참여시켜 문법을 자원으로 이용할 수 있도록 하는 방법으로, 학습자가 실제 담화 상황 속에서 문법을 실제로 사용하는 과정을 통해 효율적으로 의사를 전달할 수 있도록 유도한다. 문법 항목을 가르치는 것이 아니라 충고하기, 조언하기, 설득하기 등의 언어 기능을 수행하는 것이 목표가 된다.
    ② 장점 : 학습자들에게 자신의 생활 경험으로부터 이미 친숙한 주제나 소재를 제공하여 주제에 대한 부담을 줄이고 언어의 구조적 부분을 향상시킬 기회를 준다. 학습자가 능동적으로 자신의 문법을 정교화할 수 있는 기회를 제공할 수 있다.
    ③ 단점 : 학습자에게 언어 핵심에 대한 개관을 제공하거나 구조적인 접근을 제시하기 어려우며, 학습자 성향에 따라서는 과제 처리에 대한 부담감이나 중압감을 크게 느껴 비효율적인 경우도 있다.

085 과정 중심 문법 교육에 관한 설명으로 옳지 않은 것은?

영역(과목) 외국어로서의 한국어 문법교육론

① 문법 항목이 실제 담화 상황 속에서 사용되는 과정을 중시하는 교육이다.
② 학습자가 능동적으로 문법 지식을 체계화할 수 있는 기회를 제공한다.
③ 특정한 문법 형태에 초점을 두어 의미를 밝혀 주고 문법 규칙을 이해하도록 지도한다.
④ 흥미를 유발하는 놀이를 통하여 문법 규칙을 자연스럽게 익히도록 지도한다.

정답 ③
정·오답풀이 ③ 결과 중심 문법 교육에서 지도하는 방법이다.

086 교사가 조사 '은/는'에 대해 교수하려고 한다. 다음 대화들로부터 설명할 수 없는 것은?

영역(과목) 외국어로서의 한국어 문법교육론

A : 누가 옵니까?
B : 유미 씨가 옵니다. 유미 씨는 제 친구입니다.

A : 할머니, 재미있는 이야기를 해 주세요.
B : 옛날에 한 호랑이가 살고 있었습니다. 그 호랑이는…

A : 어느 나라 사람입니까?
B : 저는 중국에서 왔습니다.

① 의문문에 대한 대답에서 초점이 되는 말에는 보통 '이/가'를 붙이고 그 말이 다음에 다시 나올 때는 '은/는'을 붙인다.
② 대화 장면에서 '이/가'는 새로운 정보를 전달해 주는 기능을 하고, '은/는'은 이미 알려진 정보를 전달해 주는 기능을 한다.
③ 자기를 소개하는 상황에서는 '제가'보다는 '저는'으로 시작하는 것이 좋다. 관심의 초점이 서술어 쪽에 놓이기 때문이다.
④ 내포절의 주어 자리에는 '은/는'을 쓰는 것이 부자연스럽다.

정답 ④

정·오답풀이 ④ 초급 단계의 대화로서 내포절을 가진 문장이 제시되지 않았으므로, 내포절의 주어 자리에 위치한 조사 '은/는'이 없다.

087 다음은 연결어미를 잘못 사용한 예들이다. 오류 수정을 위한 설명으로 옳지 않은 것은?

영역(과목) 외국어로서의 한국어 문법교육론

	오류문	설명
①	나는 커피를 마시면서 친구는 이야기를 했어요.	'-(으)면서'('동시'의 용법)는 사람이 주어일 때 앞뒤 문장의 주어가 일치해야 하며 이 경우 뒤 문장의 주어는 생략된다.
②	기분이 좋으려고 노력했다.	'-(으)려고'('목적'의 용법)는 앞에 형용사가 결합될 수 없다.
③	더워서 창문을 열자.	'-아서/어서'('이유·원인'의 용법)는 뒤에 청유문이나 명령문이 올 수 없다.
④	그는 숙제를 하지 않느라고 잠을 잘 못 잤다.	'-느라고'('이유·원인'의 용법)는 뒤에 부정문이 올 수 없다.

정답 ④

정·오답풀이 ④ '-느라고'는 앞 절의 사태가 뒤 절의 사태에 목적이나 원인이 됨을 나타내는 연결 어미이다. '-느라고'의 뒤 절에는 보통 부정적인 상황이 오며, 글을 인과 관계에 맞게 수정하면 "그는 숙제를 하느라고 잠을 잘 못 잤다."가 되어야 한다.

088 형태 초점 교수(focus on form)에 관한 설명으로 옳지 않은 것은?

영역(과목) 외국어로서의 한국어 문법교육론

① 형태 초점 교수는 분석적 교수 요목을 사용한다.
② 형태 초점 교수는 의사소통 과제 수행 중에 학습자가 언어 형태에 주목할 수 있도록 한다.
③ 형태 초점 교수 기법에는 '입력 강화, 입력 홍수, 의미 협상' 등이 있다.
④ 형태 초점 교수는 문법적 정확성보다는 유창성을 추구한다.

정답 ④

정·오답풀이 ④ 형태 초점 접근법은 의미와 기능을 바탕으로 하는 의사소통에 중심을 두면서 학습자들이 문법 규칙과 어휘, 음운, 형태 등의 언어적 요소들에도 주의를 집중하게 하여 입력 자료의 이해를 돕고 발화의 정확성을 기하도록 하는 것을 강조한다.

① 형태 초점 교수(FFI)는 분석교육이나 형태 초점, 형태 중심, 오류 수정, 수정적 피드백 등 전통적인 접근법이나 의미에 주목을 하면서 형태에 초점을 끌어들이는 의사소통 중심의 형태 초점 접근법을 모두 포괄한 개념이라고 정의할 수 있다.

② 전통적인 구조 중심의 접근법이 교사 중심의 연역적 학습을 지향한다면, 형태 초점 접근법은 전통적인 구조 중심의 접근법을 보완해서 교사 중심에서 학습자에게 관심을 가지게 하고, 연역적 학습법이나 귀납적 학습법을 강요하지 않고 학습자가 학습할 내용 형태에 주의를 집중시키면서 의사소통 능력까지 신장할 수 있는 접근법이다.

③ 형태 초점 의사소통 접근 기법 중 입력 중심으로 한 기법들은 입력 홍수, 과업 필수언어, 입력강화, 입력처리, 명시적 규칙 설명, 규칙설명 등이 있다.

개념 정리

	상대 높임법 체계			
	높임 표현		낮춤 표현	
격식체	합쇼체 (아주높임)	하오체 (예사높임)	하게체 (예사낮춤)	해라체 (아주낮춤)
비격식체	해요체 (두루높임)		해체 (두루낮춤)	

089 초급 단계에서 상대높임법에 관해 교수할 내용으로 옳지 않은 것은?

영역(과목) 외국어로서의 한국어 문법교육론

① 두루낮춤의 '해체'는 일상생활이나 비격식적 이야기 상황에서 주로 사용된다.
② '하게체'는 선생이 나이 많은 제자에게, 혹은 장인이나 장모가 사위에게 사용하는 표현으로 자신보다 나이가 어리지만 상대방을 예우하는 의미를 가진다.
③ '-(으)ㅂ시다'는 격식적인 자리에서 여러 사람에게 요청하거나 권유할 때 사용하고, 윗사람 개개인에게 말할 때는 사용할 수 없다.
④ 듣는 사람을 높이는 표현으로서 '-습니다'는 격식적인 상황에서 주로 쓰고 '-어요'는 비격식적 상황에서 주로 쓴다.

정답 ②

정·오답풀이
② '예사낮춤체'는 주로 나이든 남자가 아랫사람을 약간 낮춰 말할 때 쓴다. 그러나 자주 쓰는 표현은 아니며, 선생이 나이든 제자에게 혹은 장인이 사위에게 말할 때에만 제한적으로 쓰이는 경우가 보통이다.
① '두루높임체'와 '두루낮춤체'는 일상 표현에서 가장 많이 사용되는 표현이다. 일상생활에서는 주로 비격식체가 많이 쓰이며, 격식체는 문장이나 공식적인 회의나 모임 등에서 사용된다.
③ '예사높임체'는 청유형을 제외하고는 일상표현에서 잘 쓰이지 않으며, 청유형은 말하는 이와 비슷하거나 약간 나이가 많은 사람들과 얘기할 때 사용된다.
④ '-습니다'는 격식적인 상황에서 쓰는 격식체 '합쇼체', '-어요'는 비격식적 상황에서 쓰는 비격식체 '해요체' 이다. 비격식적 상황에서 주로 쓴다.

090

다음 밑줄 친 조사에 관한 교사의 설명으로 옳지 않은 것은?

영역(과목) 외국어로서의 한국어 어휘교육론

	예문	의미와 특징
①	눈이 많이도 왔다.	어떤 대상이나 사태에 포함되거나 더함을 나타낸다.
②	민수마저 나를 떠났다.	그 상황 이상의 것이 더해짐 또는 어떤 것이 하나 남은 마지막 것임을 나타낸다.
③	숙제를 한 사람은 영미밖에 없다.	부정어와 함께 쓰여 다른 가능성이나 선택의 여지가 없다거나 그것이 유일하게 선택할 수 있는 경우임을 나타낸다.
④	물이나 한 잔 마시자.	만족스럽지는 않지만 괜찮은 정도의 차선임을 나타낸다.

정답 ①

정·오답풀이 ① 조사 '도'는 (일부 부사어나 연결어미에 붙어)강조의 뜻을 나타낸다. 예를 들어 '빨리도 달린다, 일을 많이도 했구나, 유난히도 더운 여름이다, 참 잘도 먹는다.' 등이 있다.

091

학습자에게 교육할 어휘 목록의 선정 및 지도 원칙으로 옳지 않은 것은?

영역(과목) 외국어로서의 한국어 어휘교육론

① 해당 급수에서 학습하는 총 시간을 고려하여 목록을 선정해야 한다.
② 학습자의 학습 목적과 수준에 따라 어휘 목록을 등급화해야 한다.
③ 대규모 말뭉치를 활용할 때 사용 빈도가 높은 어휘일수록 고급 단계의 어휘로 선정 되어야 한다.
④ 초급 단계에서 다의어는 기본 의미를 확장 의미에 우선해서 지도해야 한다.

정답 ③

정·오답풀이 ③ 대규모 말뭉치를 활용할 때 사용빈도가 높은 어휘일수록 고급이 아닌 초급 단계의 어휘로 선정되어야 한다. 사용 빈도가 높은 어휘일수록 실생활에서 접하는 경우가 많으므로 초급 학습자가 쉽게 활용할 수 있다.

092

어휘 교육 시 교사가 우선적으로 교수해야 할 어휘로서 적절하지 않은 것은?

영역(과목) 외국어로서의 한국어 어휘교육론

① 적용성이 큰 어휘
② 사용 범위가 넓은 어휘
③ 학습자의 모어에 없는 어휘
④ 단어 형성에 많이 이용되는 어휘

정답 ③

정·오답풀이 ③ 어휘의 양적인 측면에서 사용빈도가 높은 어휘, 합성어에 자주 등장하는 어휘, 교수·학습에 자주 사용하는 어휘는 낮은 단계에서 교수·학습될 필요가 있다.

093 어휘를 효과적으로 교수하기 위한 일반적 방법으로 옳지 않은 것은?

영역(과목) 외국어로서의 한국어 어휘교육론

① 학습 목표어를 학습자의 모어로 풀이한 사전을 적극 활용한다.
② 상위 인지 전략을 활용하여 자기 주도적으로 어휘를 학습할 수 있도록 한다.
③ 학습자가 문맥을 통해 어휘의 의미를 학습할 수 있도록 한다.
④ 학습자가 담화 상황 속에서 어휘를 사용할 수 있도록 유도한다.

정답 ①

정·오답풀이 ① 어휘를 효과적으로 교수하기 위한 일반적 방법 중 추상화에 의한 분석적 정의를 활용하는 방법은 사전의 뜻풀이에 제시된 내용을 설명하거나 해당 어휘의 기능을 통해 설명하는 방식이며, 학습자의 모어로 풀이한 사전을 활용하는 방식은 아니다. 학습자의 모국어로의 번역을 활용하는 방법도 있으나 이는 학습자가 목표어에 노출될 기회를 줄이며 교사는 부호화에 유용한 여러 가지 기술을 사용할 기회를 잃게 되므로 적극 활용하는 방법은 바람직하지 않다.

094 다음 어휘를 별도로 지도할 때, 수업 기법으로 가장 적절한 것은?

영역(과목) 외국어로서의 한국어 어휘교육론

> 달리기, 더하기 / 맨땅, 맨손

① 메시지를 빨리 이해하거나 표현하도록 강하게 유도하는 유창성 활동(fluency activities)
② 언어의 형태적 특성에 주의를 기울이는 신중 학습 활동(deliberate learning activities)
③ 메시지 이해에 중점을 두는 의미 초점 입력 활동(meaning-focused input activities)
④ 메시지 산출에 중점을 두는 의미 초점 출력 활동(meaning-focused output activities)

정답 ②

정·오답풀이 ② '달리기, 더하기'는 '달리다, 더하다'에 접미사 '-기'가 붙어 이루어진 파생어이며, '맨땅, 맨손'은 '맨-'이라는 접두사에 '땅, 손'이라는 명사가 붙어 이루어진 파생어이다. 이 어휘를 지도하기 위해서는 어휘의 구조 즉, 언어의 형태적인 특성에 주의를 기울여서 해야 한다.

095 어휘 학습 활동에 관한 설명으로 옳지 않은 것은?

영역(과목) 외국어로서의 한국어 어휘교육론

① 받아쓰기를 통해 단어의 표기 형태를 중점적으로 점검한다.
② 단어와 단어 풀이의 짝짓기를 통해 연어의 목록을 확인한다.
③ 소리 내어 읽기를 통해 단어의 음성 형태를 중점적으로 연습한다.
④ 복합어 분석을 통해 단어의 구성 형식을 파악한다.

정답 ②

정·오답풀이 ② 연어는 유의미한 맥락 속에서 문맥과 예문을 통해 의미를 파악하게 하여 상황에 맞게 사용할 수 있도록 해야 한다. 짝을 찾는 활동은 목표 연어의 학습 후에 확인하는 단계에서 필요하다. 연어 사용에서 많이 발생하는 오류는 '명사+용언'형 연어에서 조사를 사용하는 경우이며, 연어는 보통 하나의 덩어리처럼 통사적으로 고정된 경우가 많다. 그러므로 연어는 하나의 단어처럼 덩어리의 형태로 학습하는 것이 좋은 방법이다. 또한 연어를 제시할 때는 유의관계와 반의관계의 연어도 함께 제시하는 것이 좋다.

096 어휘 교수 시 유의해야 할 일반적 원칙으로 옳지 않은 것은?
영역(과목) 외국어로서의 한국어 어휘교육론

① 초급 과정에서는 이해 어휘를 표현 어휘보다 중점적으로 가르친다.
② 구체어는 사진이나 그림을 활용하여 가르친다.
③ 새 어휘는 그것과 상호 관련 있는 어휘를 묶어서 가르친다.
④ 학습자의 학습 목적과 기간에 따라 어휘를 선별하여 가르친다.

정답 ①

정·오답풀이 ① 이해 어휘는 한 언어를 사용하는 사람들이 듣고 이해할 수 있는 단어로, 학습자가 사용하지는 못해도 그 의미와 용법을 알고 있는 어휘를 말한다. 표현 어휘는 학습자가 머릿속에 존재하는 어휘를 사용하여 표현하는 어휘를 말한다. 그러므로 초급과정에서는 이해 어휘보다 표현 어휘를 중점적으로 가르쳐야 한다.

097 교재 개발 절차를 올바른 순서로 나열한 것은?
영역(과목) 외국어로서의 한국어 교재론

ㄱ. 교육 내용의 범주 결정	ㄴ. 교육 내용 선정 및 방법 결정
ㄷ. 교육 목적, 목표 설정	ㄹ. 교육 내용의 배열 및 조직
ㅁ. 교재 집필	

① ㄱ - ㄷ - ㄴ - ㄹ - ㅁ
② ㄱ - ㄹ - ㄴ - ㄷ - ㅁ
③ ㄷ - ㄱ - ㄴ - ㄹ - ㅁ
④ ㄷ - ㄱ - ㄹ - ㄴ - ㅁ

정답 ③

정·오답풀이 ③ 한국어 교재 개발의 과정은 '학습자의 요구 조사 – 교육목적·목표 설정 – 교육 내용의 범주 결정 – 교육 내용 선정 및 방법 결정 – 교육 내용의 배열 및 조직 – 교재 집필 – 교육과정 및 교재 평가'로 세분화된다. 이 과정은 단선적인 과정이 아니라 이전 단계와 이후 단계가 상호 영향을 주는 순환적인 과정으로 이루어진다.

098 의사소통 능력 향상을 목적으로 하는 교재에 관한 설명으로 옳지 않은 것은?
영역(과목) 외국어로서의 한국어 교재론

① 문화적 내용이 중요한 교육 항목으로 포함되어 있다.
② 한국어 말하기, 듣기, 읽기, 쓰기를 중심으로 구성되어 있다.
③ 언어 형태나 문법 구조에 대한 명시적 설명을 많이 제공한다.
④ 자연스러운 예문을 제시하여 학습자가 한국어를 문맥 속에서 학습하도록 유도한다.

정답 ③

정·오답풀이 ③ '의사소통 능력'이란 언어가 가지고 있는 구조, 형태 등에 관한 언어적 지식은 물론 사회 문화 맥락이나 상황에서 요구되는 가치 체계와 관련한 규칙들, 그리고 문장 이상의 단계에서 요구하는 담화 규칙들과 비언어적 의사소통까지 포함하는 종합적인 능력이라 할 수 있다. 그러므로 의사소통 능력 향상을 목적으로 하는 교재는 언어 형태나 문법 구조에 대한 명시적 설명을 거의 제공하지 않는다.

099 읽기 교재의 개발 방안으로 옳지 않은 것은?

영역(과목) 외국어로서의 한국어 교재론

① 실제성 있는 자료를 중심으로 내용을 구성하여 현실 생활에서의 읽기 적응력을 높인다.
② 읽기 활동의 기본적인 목적은 내용을 파악하는 데 있으므로 읽기 후 활동은 지양해야 한다.
③ 학습자가 읽는 도중에 문제가 발생하였을 때 문제를 극복할 수 있는 전략적 능력을 개발하도록 설계되어야 한다.
④ 읽는 목적에 적합한 읽기 전략을 구사할 수 있도록 하는 기회를 제공해야 한다.

정답 ②

정·오답풀이 ② 읽기 활동의 기본적인 목적은 정보 습득과 학습에 그치지 않고 즐거움을 얻는 것도 포함된다. '읽기 전 단계 – 읽기 단계 – 읽은 후 단계'는 유기적으로 연계되어 학습자가 읽기 과제를 성공적으로 수행할 수 있도록 조직되어야 한다.

개념 정리

순수 어학 교육 목적의 교육과정
- 교육 목표 : 학습자의 한국어 의사소통 능력 배양
- 교재 : 주제, 과제와 기능, 기본 대화, 어휘, 문법 학습용 주교재, 말하기, 듣기, 읽기, 쓰기 교육용 교재, 발음, 문법, 한자, 작문 학습용 교재, 한국 문화 학습용 교재

100 일반 목적 한국어 교재에 관한 설명으로 옳지 않은 것은?

영역(과목) 외국어로서의 한국어 교재론

① 교재는 교육과정을 반영한 교육 내용을 교사와 학습자에게 제공하는 도구이다.
② 교재를 통해 학습자는 학습 동기가 유발된다.
③ 교재의 기능에는 교육 목표 제시, 학습 내용 제공, 교사와 학습자의 매개 등이 있다.
④ 교재는 학습자의 사고력 향상을 위하여 학술 용어를 중점적으로 설명한다.

정답 ④

정·오답풀이 ④ 학술 용어에 대한 설명은 학문 목적 한국어 교재에 해당된다.

101. 직업 목적 한국어 교재 개발 시 유의해야 할 일반적 원칙으로 옳지 않은 것은?

영역(과목) 외국어로서의 한국어 교재론

① 학습 내용이 다양해지도록 앞에서 나온 내용이 반복되지 않도록 구성한다.
② 직무 연관성을 고려하여 어휘와 문법의 교수 요목을 결정한다.
③ 업무 수행에 필요한 언어 기능 중심으로 교재를 설계한다.
④ '일반 업무 한국어 교재'와 '특정 업무 한국어 교재'를 분리하여 개발한다.

정답 ①

정·오답풀이 ① 전 단계에서 학습한 기능을 적절한 상황이나 문맥을 통하여 여러 차례 다시 제시하고 활용함으로써 내용의 반복을 통해 학습자의 단기 기억에 들어 온 정보가 장기 기억으로 저장되는 과정을 돕고, 학습한 내용과 새로운 내용을 결합하여 이해의 폭을 넓힘으로써 학습자들의 인지적인 부담을 줄일 수 있다.

102. 재외동포를 대상으로 한 한국어 교재를 제작하려고 한다. 이때 고려할 사항으로 옳지 않은 것은?

영역(과목) 외국어로서의 한국어 교재론

① 재외동포의 한국어 습득과 사용 환경은 가정에 국한되어 있는 경우가 많다.
② 현지 정규 교육과정을 이수하는 학령기 재외동포는 한국어를 배우는 시간이 부족한 경우가 많다.
③ 재외동포는 문어 능력에 비해 구어 능력이 부족한 경우가 많다.
④ 재외동포는 (조)부모의 영향으로 요즘은 잘 쓰이지 않는 어휘나 방언을 사용하기도 한다.

정답 ③

정·오답풀이 ③ 재외동포는 (조)부모의 영향으로 습득되어 가정에서는 모국어의 역할을 한다. 그러므로 성인이 될수록 구어의 정확성이 떨어지더라도 구어 능력이 문어 능력보다는 높다.

103. 번역의 일반적 원칙에 관한 설명으로 옳은 것만을 모두 고른 것은?

영역(과목) 외국어로서의 한국어 교재론

> ㄱ. 번역에서 바라보는 문화는 연극, 미술, 무용 등의 예술에 국한되는 엄밀한 개념이다.
> ㄴ. 번역은 번역할 문법 범주와 번역될 문법 범주가 동일하여야 한다.
> ㄷ. 번역의 문체는 번역물의 텍스트 유형에 따라 다르게 표현되어야 한다.

① ㄱ ② ㄷ
③ ㄱ, ㄴ ④ ㄴ, ㄷ

정답 ②

정·오답풀이 ㄷ. 번역은 문학 텍스트인지 비문학 텍스트인지에 따라 양상이 달라지며, 문학의 경우 그 대상에 따라 달라질 수 있다. 예를 들어 아동 문학과 시사교양 서적을 번역한다면 그 문체는 다르게 표현되어야 한다. 아동 문학을 번역할 경우에는 격식체보다는 비격식체를 사용해야 하며 시사교양 서적은 격식체가 더 어울린다.

ㄱ. 원작에 문화가 담겨있다면 번역을 통해 그 문화를 잘 드러내는 것이 중요하다. 텍스트가 담고 있는 문화는 어느 한 영역에 국한되지 않으며 모든 문화가 폭넓게 담겨있으므로 번역에서 다루어지는 문화 역시 예술에 국한되어서는 안 된다.

ㄴ. 번역은 필요 없는 어휘와 표현을 생략하고 의미가 잘 전달될 수 있게 간결하게 하는 것이 좋으며, 원작의 품사에 얽매여서는 안 된다. 의역도 필요하며 한국어의 어순을 따라야 하므로 문법 범주가 달라질 수 있다.

104 생소한 개념어를 번역하는 다음의 방법들 중 적절한 것만을 모두 고른 것은?

영역(과목) 외국어로서의 한국어 교재론

> ㄱ. 한국인에게 잘 알려지지 않은 국경일이나 축제일은 유래나 의의 등에 대해 간략한 설명 어구를 덧붙인다.
> ㄴ. 한국인에게 익숙하지 않은 Fahrenheit(화씨)와 같은 온도 단위는 섭씨로 환산하여 번역한다.
> ㄷ. France, Germany를 각각 '불란서, 독일'로 번역하는 것처럼 고유명사는 반드시 한자어로 바꾸어 번역한다.
> ㄹ. mother-in-law와 같은 단어는 '장모'나 '시어머니'와 같은 하위어 중 하나를 골라 대체해 준다.

① ㄱ, ㄴ
② ㄱ, ㄴ, ㄹ
③ ㄱ, ㄷ, ㄹ
④ ㄴ, ㄷ, ㄹ

정답 ②

정·오답풀이 ② France, Germany를 각각 '불란서, 독일'로 번역하는 것은 외국어의 음을 한자로 나타내는 방식으로, 일본식 음역이다. 고유명사를 번역하는 경우에 음역이 자주 사용되지만 원문을 한자로만 바꿀 필요는 없다. 한자가 아닌 한국어 문자 체계로 번역하는 방법도 있다.

105 한국 문화 수업의 일반적 원리에 관한 설명으로 옳지 않은 것은?

영역(과목) 외국어로서의 한국문화교육론

① 영화, 비디오와 같은 시청각 자료를 활용하여 문화에 대한 학습 동기를 유발한다.
② 학습 수준이 높아질수록 한국어의 비중은 많아지고 한국 문화의 비중은 적어지도록 설계한다.
③ 전 시간에 배운 문화 내용을 다시 환기함으로써 수업의 연계성을 높인다.
④ 문화 교육의 목표와 내용에 적합하게 다양한 수업 모형을 적용한다.

정답 ②

정·오답풀이 ② 학습자의 학습 수준이 높아질수록 한국 문화의 비중도 함께 늘어나도록 설계해야 하며, 의사소통 상황과 연계하여 수업해야 한다.

106. 한국어 교사의 상호 문화 이해 능력에 관한 설명으로 옳지 않은 것은?

영역(과목) **외국어로서의 한국문화교육론**

① 다양한 문화가 공존하는 한국어 교육 현장에서 문화 중재자 역할을 할 수 있다.
② 학습자 문화권에 대한 이해 없이는 효과적인 한국 문화 교육을 기대하기 어렵다.
③ 자신이 속한 문화의 특성을 이해하고 자신의 문화를 상대적으로 볼 수 있어야 한다.
④ 학습자가 목표 문화에 동화되도록 학습자를 이끌 필요가 있다.

정답 ④

정·오답풀이 ④ 학습자가 목표 문화에 동화되는 것이 아닌 목표어 문화에 대한 정보를 바르게 얻고 정리하여 평가하는 능력을 기르도록 한다.

개념 정리

문화지도 방법

문화지도 방법	문화 지도 내용
Culture Aside (문화 방백)	교재와 학습목표에 부합되는 언급이 필요할 때, 교사에 의해 직접 제시되고 설명되는 상황으로 사변스럽게 수업의 이해를 증진시키는 방법으로 학생들의 활동이 없는 교사 중심의 일방적인 교수법이다.
Culture Assimilator (문화 동화 장치)	목표 문화와의 문화충돌을 다룬 글이 주어지고 학습자는 그것을 읽고 왜 문제가 되는가를 생각해 본 후 옳다고 판단되는 답을 고르거나 간결하게 기술하도록 하는 교수법이다.
intercultural sensitizer (문화감지도구)	문화적 오해가 일어날 가능성이 있는 상황을 주고, 퀴즈와 선택 문항 3-4개를 제시하여 학습자가 선택 문항에 대해 효과적인 피드백을 받고 다양한 각도에서 문화 차이를 인식하도록 하는 방법이다.
Culture Capsule (문화 캡슐)	문화의 대조적인 차이점을 간단히 설명하고 그 차이를 확인할 수 있도록 사진이나 그림 등의 시각 자료를 이용하여 이해를 돕는 방법이다.
Culture Clusters (문화 군)	서로 관련된 일련의 문화 캡슐들을 몇 개 종합하여 다루는 자료를 일컫는다.
Culture island (문화섬)	교실 환경을 포스터, 그림과 같은 시각 자료들로 꾸며서 목표 문화의 전형적인 측면을 보여준 후에 질문을 유도하는 방법이다.
Audio - Motor Unit (청각 운동 직감적 반응소)	목표문화의 행동방식을 체험하기 위해 고안된 일종의 문화학습을 위한 TPR로서, 교사의 지시에 따라 즉각 반응하지 않고 교사의 행동을 관찰한 후 실제 행동을 한다.
Cultural Mini-Dramas (문화 드라마)	문화충돌이 일어나는 상황 몇 개를 학습자의 수준에 맞는 드라마나 교육용 비디오를 선택하여 그 장면을 보여주고, 이를 일화의 드라마로 구성하여 학습자들이 실연을 해 봄으로써 체험하도록 하는 방법이다.
Dramatization (극화)	이미 경험하거나 앞으로 학습하게 될 경험 등의 문화충돌이 일어나는 상황을 학습자가 직접 극화하여 제시하는 방법이다.

문화지도 방법	문화 지도 내용
Role-Play Simulation (역할극)	어떤 행위가 문화적으로 적합한지 여부를 지적하기 위해 사용되며, 학습자는 가상의 인물들 사이에서 임기응변적으로 행동해야 한다. 고도의 언어구사력이 요구되므로 상위권 학습자에게 적합한 방법이다.
Songs & Dances (노래와 춤)	문화 내용을 풍부하게 함축하고 있는 노래나 춤을 통해서 문화를 체험하고 학습하는 방법이다.
Literature (문학)	목표문화의 사상, 정서, 가치관 등을 효과적으로 요약하고 있는 문학작품을 접하는 방법이다.
Films & Documents (영화와 다큐)	영화와 다큐 감상은 매우 훌륭한 문화학습 방법으로 볼 수 있다.
Magazine & News paper (잡지와 신문)	잡지나 신문에서 오려낸 그림을 보고 기사를 추측하게 하는 방법이다.

107 다음에서 설명하는 문화 교수 기법은?

영역(과목) 외국어로서의 한국문화교육론

> 한국의 온돌과 서양의 침실에 관련된 자료를 읽기 자료로 제시한다. 학생들로 하여금 자국 문화와 한국 문화를 아는 대로 말하게 한다. 그다음 그룹별로 차이점을 한 가지씩 골라 관련된 사진이나 그림을 가지고 와서 문화적인 차이점을 쓰고 발표하게 한다.

① 문화 캡슐(culture capsule)
② 문화 섬(culture island)
③ 내러티브 탐구(narrative inquiry)
④ 문화 감지 도구(intercultural sensitizer)

정답 ①

정·오답풀이 ① 문화의 대조적인 차이점을 간단히 설명하고 그 차이를 확인할 수 있도록 사진이나 그림 등의 시각 자료를 이용하여 이해를 돕는 방법을 문화 캡슐이라고 한다.

108 문화 교육의 일반적 원칙에 관한 설명으로 옳지 않은 것은?

영역(과목) 외국어로서의 한국문화교육론

① 언어 수준이 유창한데도 의사소통에서 실패를 했다면 목표 문화를 이해하지 못한 화용적 실패일 가능성이 크다.
② 고급 수준의 목표 문화 이해 능력을 신장시키려면 초급부터 체계적인 교육이 필요하다.
③ 교수자 중심의 일방적 강의보다는 학습자들이 참여하는 워크숍이나 프로젝트 수업이 효과적이다.
④ 목표 문화의 보편성보다는 특수성을 강조하여 목표 문화의 우수성을 부각한다.

정답 ④

정·오답풀이 ④ 문화 교육은 문학, 생활 문화, 관념 문화, 성취 문화, 언어 문화 등 문화의 총체적인 모습을 다뤄야 하며, 목표 문화의 보편적인 부분과 특수적인 부분을 폭넓게 이해시켜야 한다.

109

한국에 들어온 중도입국청소년을 위한 지원 정책에 관한 설명으로 옳지 않은 것은?

영역(과목) 외국어로서의 한국어 교육학개론

① 여성가족부에서는 이들의 입국 초기 적응 지원을 위해 정규 학교 안에서 Rainbow School을 운영하고 있다.
② 교육부에서는 이들이 입학 전에 제2언어로서의 한국어(KSL)를 교육받을 수 있도록 예비학교를 지원하고 있다.
③ 단기간에 학교 적응이 어려운 이들을 위해 특별학급이 운영되고 있는 초등학교들이 있다.
④ 이들을 위한 직업 교육 및 한국어 교육 등을 실시하는 서울 소재 공립 대안학교가 있다.

정 답 ①

정·오답풀이 ① 레인보우스쿨(Rainbow School)은 입국초기 중도입국청소년들에게 한국사회에 대한 적응을 돕기 위해 여성가족부가 지원하는 교육프로그램으로, 대학교, 도서관, 다문화가족지원센터, 종합사회복지관, 이주여성 인권센터 등의 기관들에서 위탁 운영을 하고 있다. 한국사회에 대한 기본 정보와 한국어 교육을 비롯해 사회적 관계 향상 및 심리정서지원 프로그램 등을 제공하고 정규교육과정으로의 편입학 지원, 진로지도 등을 통해 한국사회에서의 조기 적응을 지원한다.

110

한국어 교육 관련 기관에 관한 설명으로 옳은 것은?

영역(과목) 외국어로서의 한국어 교육학개론

① 세종학당은 국외 한글학교를 지원하고 있다.
② 재외동포재단은 국외에서 실시되는 '한국어능력시험(S-TOPIK)'의 출제와 관리를 담당하고 있다.
③ 국립국제교육원은 2005년에 공포된 국어기본법을 근거로 설립되었다.
④ 한국학중앙연구원은 한국학 교수 국외 파견 사업을 하고 있다.

정 답 ④

정·오답풀이 ① 문화체육관광부의 지원으로 세종학당이 운영된다.
② 한국어능력시험은 국립국제교육원이 시행한다.
③ 국어기본법을 근거로 설립된 기관은 국제국어진흥원이다.

111

외국인을 위한 한자 및 한자어 교육에 관한 설명으로 옳지 않은 것은?

영역(과목) 외국어로서의 한국어 어휘교육론

① 한자 교육은 한자권 학습자와 비한자권 학습자를 분리하여 교육하는 것이 효율적이다.
② 학문 목적 학습자의 경우 한자어 학술어 교육이 필요하다.
③ 한자 교육은 학습자의 언어 숙달도에 따라서 차별성 있게 이루어져야 한다.
④ 한국어 교육 초급 단계에서는 상용한자 1,800자를 가르쳐야 한다.

정 답 ④

정·오답풀이 ④ 초급 단계에서는 상용한자 300자(쓰기 150자)를 가르쳐야 한다.
① 한자권 학습자는 초급단계, 비한자권 학습자는 중급단계에서 한자를 교육하는 것이 효과적이다.

112 다음은 〈보기〉의 한자를 교수ㆍ학습한 후 한자어 만들기 활동을 하는 교사와 학생 간의 대화이다. ⓐ에 들어갈 말로 옳은 것은?

영역(과목) 외국어로서의 한국어 어휘교육론

〈보 기〉
고(高), 국(國), 독(讀), 매(買), 매(賣), 산(山), 서(書), 심(深), 야(夜), 애(愛)

교사 : 지난 시간에 배운 한자를 활용하여 선생님은 '애국(愛國)'을 만들었어요. '애국'은 '나라를 사랑하다'라는 뜻이에요. 이렇게 '서술어 + 목적어'로 구성된 한자어를 여러분들도 만들어 볼래요?
학생 : 예, 저는 ⓐ _____ 을/를 만들었어요.

① 고산(高山)   ② 독서(讀書)   ③ 매매(賣買)   ④ 야심(夜深)

정답 ②

정·오답풀이
① '고산(高山)'은 '관형사형 + 명사'로 구성되었다.
③ '매매(賣買)'는 '병렬관계' 구성이다.
④ '야심(夜深)'은 '주어+서술어'로 구성된 한자어이다.

다섯째마당

특별 부록

한국어교육능력 검정시험
기출문제 및 해설

하나 | 12회 ~ 10회 113번 교수안 기출문제 예시답안

둘 | 4영역 "한국문화" 이것만은 꼭!

한국어교원3급 자격증은 **TOPIK KOREA**

한국어 일번지	국비지원교육
TOPIK KOREA	**TOPIK KOREA**
원격평생교육원	인재개발교육원
www.topikkorea.co.kr	www.edukhrd.co.kr
일반(자비부담) 한국어 교원 양성과정, 한국어교육실습	국비지원 한국어교원양성과정, 한국어교육검정시험 해설 강의

제 10~12 회 113번 교수안 기출문제 예시답안

하나

113번 교수안 작성 주관식 문제는 국립국어원에서 제시하는 명확한 채점기준이 없어 모범답안의 제공은 어렵습니다. 하지만 표준 교수안 작성 이론을 토대로 문제가 요구하는 제시와 연습단계에서 반드시 들어가야 할 요소들을 시험장에서 제한된 시간 내에 어떻게 하면 효과적으로 작성할 수 있을지에 대한 예시 답안을 제공하였습니다.

1. 제시-연습단계의 교수안 작성 방법

- 제시 단계

  제시 단계에서는 교사가 목표한 문법과 어휘, 표현을 학습자가 실제로 이해할 수 있도록 설명하는 단계이다. 주로 상황을 통해 자연스럽게 문법을 제시하는 귀납적인 방법을 사용하여 학습자가 해당 문법을 이해하도록 도와준다. 제시는 의미제시와 형태제시로 나눌 수 있다.

  ① 의미 제시 : 제시된 문법의 의미를 설명하고 상황과 예문을 통해 귀납적으로 제시한다.
  ② 형태 제시 : 품사의 형태가 바뀌는지 안 바뀌는지 설명하고 활용을 통해 적용시킨다.

- 연습 단계

  연습 단계에서는 제시된 어휘와 표현, 문법 등을 반복적, 단계적 연습을 거쳐 내재화 시킨다. 새 언어 항목에 점진적으로 익숙해지도록 통제된 기계적(구조적) 연습에서 유의미한 연습으로 진행한다. 곧 쉬운 연습에서 어려운 연습으로 진행한다고 생각하고 작성해야 한다.

  ① 기계적 연습 : 따라 하기, 교체연습, 변형연습, 문장구성연습 등
  ② 유의적 연습 : 문답연습, 의미연습 등

2. 제시-연습단계의 교수안 구성 필수 요소

- 학습 자료/교재

  학습할 교육 내용이 들어 있는 주 교재와 수업 중에 사용할 주 교재 외의 보조 자료가 있어야 한다.

- 교구

  학습할 내용을 전달하거나 수업 중 상호작용에 필요한 다양한 교육용 도구들이 있어야 한다.
  예 PPT, 단어 카드, 문장 카드, 문형 카드, 그림 카드, 음성 파일 등

- 교수 방법

  학습 목표를 이루기 위해서 무엇을 어떻게 가르칠 것인지, 어떻게 접근해서 어떻게 진행해 갈 것인지 교사의 방법과 학습자들의 반응을 예상하여 구체적으로 작성해야 한다.

3. 제시-연습 단계 교수안 작성(예)

단계	교수-학습 활동	학습자료	시간	지도상의 유의점
제시 및 설명	1. 목표 문법의 제시 오늘의 목표문법을 판서한다. 　　　　　V-(으)ㄹ게요 2. 목표 문법의 의미 설명 'V-(으)ㄹ게요'가 화자의 의지를 나타내어 상대방에게 약속함을 나타내는 의미임을 알려주며 이런 뜻으로 사용된 전형적인 예문을 제시하여 목표 문법을 설명한다. A : 지금 통화할 수 있어요? B : 미안해요. 지금 지하철이에요. 나중에 전화할게요. 3. 목표 문법의 형태 제시 학습자들이 자발적으로 형태 변화 규칙을 추측해보도록 유도하면서 설명해 나간다. 	받침 O + 을게요	받침 X, ㄹ받침 + ㄹ게요
앉+을게요 → 앉을게요	가 + ㄹ게요 → 갈게요
먹+을게요 → 먹을게요	만들 + 게요 → 만들게요 | 4. 목표 문법의 형태 활용 연습 대화 상황에서 형태조작을 하여 발화할 수 있도록 몇 개의 예문을 제시한다. | V	V-을게요	V	V-ㄹ게요
읽다	읽을게요	가다	갈게요
먹다	먹을게요	주다	줄게요
듣다	들을게요	하다	할게요 | 지금 배가 고파서 비빔밥 좀 먹을게요. 미안해요. 지금 바빠서 나중에 전화할게요.		5~8분	
연습	1. 기계적 연습 학습자들이 공감할 수 있는 일상생활의 모습을 나타내는 그림 자료를 이용하여 형태만 바꿔서 말해 보는 연습을 한다. 아래 〈보기〉와 같이 '-(으)ㄹ게요'를 사용하여 문장을 완성하세요. 　　　　　〈보기〉 　　늦어서 미안해요. 다음부터 일찍 올게요. ① 지금 통화할 수 없어요. 제가 다시 _____. ② 손님이 오니까 제냐가 청소하세요. _____.			

연 습	2. 유의적 연습 　　대화를 만들어 '-(으)ㄹ게요'로 대답할 수 있도록 유도한다. 　　아래 〈보기〉와 같이 대화를 완성하세요. 　　　　　　　　　〈보기〉 　　　가 : 오늘 연필을 안 가져왔어요. 　　　나 : 그래요? 제가 빌려줄게요. 　　① 가 : 지금 아기가 자고 있어요. 　　　나 : 알겠어요. _____. 　　② 가 : 다음 주에 시험이 있는데 걱정이에요. 　　　나 : 걱정하지 마세요. 제가 _____.	12~15분	

12회 113

'일상생활'을 주제로 한 단원에서 '-고 싶다'를 지도하려고 한다. 다음내용을 참조하여 '-고 싶다'의 제시와 연습 단계의 교수안을 작성하시오.

○ 숙달도 : 초급
○ 단원 주제 : 일상생활
○ 목표 문법 : -고 싶다
○ 수입 시간 : 20분

문항분석

1. 목표 문법의 의미, 주제와 목표 문법과의 관계 파악
　'-고 싶다'는 화자가 무엇을 하고자 하는 마음이 있을 때 사용하는 표현이다. 이것을 일상생활에서 사용하는 어휘, 표현과 결합한다.
2. 목표 문법의 형태 활용 파악 (동사의 받침 유, 무에 따른 이형태, 쓰임의 제한점 등)
　'-고 싶다'는 V(동사)와 결합하며 동사 어간 끝음절의 받침 유무와 관계없이 '-고 싶다'와 결합한다. 부정문은 '안V-고 싶다', 'V-지 않고 싶다', 'V-고 싶지 않다'로 쓴다. 과거 시제를 나타내려면 '싶다'에 '-었-'을 붙여 쓴다. '-고' 앞에 '-었-'을 붙이지 않는다.

예시교수안

단계	교수-학습 활동	학습자료	시간	지도상의 유의점
제시 및 설명	1. 목표 문법의 제시 　오늘의 목표문법을 판서한다. 　　　　　　V -고 싶다 2. 목표 문법의 의미 설명 　학습자들이 공감할 수 있는 상황을 이용해서 묻고 대답을 유도한 후에 상황에 적절한 예문을 만들어 보여 주면서 목표 문법에 대한 의미를 이해시킨다.	PPT, 그림 카드	5~8분	'-고 싶다'는 'V'와 결합한다는 것을 설명해 준다.

제시 및 설명	교 : 여러분, 한국에 언제 왔어요? 학 : 1월에 한국에 왔어요. 교 : 한국에 온 지 4개월이 되었군요! 　　한국에서 자주 먹는 음식이 뭐예요? 학 : 김밥(갈비탕, 국수…등)이요. 교 : 그래요? 　　고향 음식을 언제 먹었어요? 학 : 1월에 먹었어요. 교 : 4개월 동안 고향 음식을 못 먹었군요. 　　그러면 가족은 언제 만났어요? 학 : 1월에 만났어요. 교 : 가족도 4개월 동안 못 만났군요. 　　여러분은 지금 한국에 있어요. 4개월 동안 고향에 못 갔어요. 　　그래서 가족을 생각해요. 고향 음식을 생각해요. 　　가족이 보고 싶어요. 그리고 고향 음식이 먹고 싶어요. '-고 싶다'를 강조 하면서 앞에 있는 'V'를 하고자 하는 마음이 있음을 말하고 싶을 때 사용하는 표현이라는 것을 제시한다. 3. 목표 문법의 형태 제시 '-고 싶다'는 V(동사)와 결합하며 동사 어간 끝음절의 받침 유무와 관계없이 '-고 싶다'와 결합함을 설명한다. 	V	V-고 싶다
---	---
배우다	배우고 싶다
먹다	먹고 싶다	 4. 목표 문법의 형태 활용 연습 　형태조작을 하여 발화할 수 있도록 몇 개의 대화문을 제시한다. 	V	V-고 싶다
---	---
보다	보고 싶다
가다	가고 싶다
만나다	만나고 싶다
먹다	먹고 싶다
만들다	만들고 싶다 | K-POP이 너무 좋아서 한국어를 배우고 **싶어요**. 날씨가 너무 더워서 아이스크림을 **먹고 싶어요**.		PPT, 그림 카드	5~8분	'-고 싶다'는 1인칭과 2인칭 주어만 올수 있다고 설명해 준다. 듣는 사람의 희망을 나타낼 때는 의문문으로만 사용된다는 것을 설명한다. 예를 들어 '타오 씨도 고향 음식을 먹고 싶어요?'와 같이 제시한다. 주어가 3인칭일 때는 '-고 싶어 하다'를 사용한다고 설명해 준다. '타오 씨가 고향 음식을 먹고 싶어 해요.'를 예로 제시해 준다.

연습	1. 기계적 연습 　학습자들이 공감할 수 있는 일상생활의 모습을 나타내는 그림 자료를 이용하여 형태만 바꿔서 말해 보는 연습을 한다. 　아래 〈보기〉와 같이 '-고 싶다'를 사용하여 문장을 완성하세요. 　　〈보기〉 　　저는 지금 피곤해서 쉬고 싶어요. 　① 저는 지금 졸려서 _____. 　② 수업 시간인데 배가 고파서 _____. 2. 유의적 연습 　질문을 만들어 '-고 싶다'로 대답할 수 있도록 유도한다. 　아래 〈보기〉와 같이 대화를 완성하세요. 　　〈보기〉 　　가 : 주말에 무엇을 하고 싶어요? 　　나 : 한강 공원에 가고 싶어요. 　① 가 : 생일에 무슨 선물을 받고 싶어요? 　　 나 : _____. 　② 가 : 방학에 어디에 가고 싶어요? 　　 나 : _____.	PPT, 그림 카드, 연습지	12~15분	기계적 연습에서는 학습자들이 오류 없이 적절한 문장을 만들 수 있게 지도한다. 유의적 연습에서는 일상생활과 관련된 대화와 연관된 상황도 말해 볼 수 있도록 확장된 대화를 만들어 볼 수 있게 지도한다

11회 113 '일상생활을 주제로 한 단원에서 '-(으)면서'를 지도하려고 한다. 다음 내용을 참조하여 '-(으)면서'의 제시와 연습 단계의 교수안을 작성하시오.

○ 숙달도 : 초급
○ 단원 주제 : 일상생활
○ 목표 문법 : '-(으)면서'(예: 일기를 쓰면서 음악을 들어요.)
○ 수업 시간 : 20분

문항분석

1. 목표 문법의 의미, 주제와 목표 문법과의 관계 파악
　'-(으)면서'는 두 가지 이상의 행동을 동시에 할 때 사용하는 표현이다. 일상생활에서 두 가지 이상의 행동을 하는 상황을 주제로 설정하여 관련된 어휘, 표현과 결합한다.

2. 목표 문법의 형태 활용 파악 (동사의 받침 유, 무에 따른 이형태, 쓰임의 제한점 등)
　V(동사)와 결합하며 V(동사)의 어간 끝음절에 받침이 있으면 'V - 으면서'와 결합하고 'ㄹ' 받침으로 끝나거나 받침이 없으면 'V-면서'와 결합한다. 문제의 예시에서 '일기를 쓰면서 음악을 들어요.'로 동사와 결합이 된 부분을 유의하여 동사와의 결합만을 제시한다.

▶ 예시교수안

단계	교수-학습 활동	학습자료	시간	지도상의 유의점
제시 및 설명	1. 목표 문법의 제시 오늘의 목표문법을 판서한다. 　　　　'V -(으)면서' 2. 목표 문법의 의미 설명 학습자들이 일상생활을 할 때 동시에 할 수 있는 상황을 이용해서 학습자들에게 묻고 대답을 유도 한 후에 상황에 적절한 예문을 만들어 보여 주면서 목표 문법에 대한 의미를 이해시킨다. 교 : (차를 마시면서 책을 읽는 그림을 보여 주며) 　　 여러분, 이 사람은 지금 뭐 하고 있어요? 학생1 : 차를 마시고 있어요. 학생2 : 책을 읽고 있어요. 교 : 네, 이 사람은 두 가지를 하고 있어요. 　　 차를 마시고 있어요. 또, 책을 읽고 있어요. 　　 차를 마시면서 책을 읽고 있어요. 'V-(으)면서'를 강조하면서 앞에 있는 'V-(으)면서'가 둘 이상의 행동을 동시에 할 때 사용하는 표현이라는 것을 이해시킨다. 3. 목표 문법의 형태 제시 V(동사)와 결합하며 V(동사)의 어간 끝음절에 받침이 있으면 'V -으면서' 와 결합하고 'ㄹ' 받침으로 끝나거나 받침이 없으면 'V-면서'와 결합한다는 것을 설명한다. • 받침 O + 으면서 • 받침 X + 면서 	받침 O + 으면서	받침 X + 면서
---	---
읽+으면서 → 읽으면서 먹+으면서 → 먹으면서	보 + 면서 → 보면서 마시 + 면서 → 마시면서 | 4. 목표 문법의 형태 활용 연습 형태조작을 하여 발화할 수 있도록 몇 개의 예문을 제시한다. | V	V-으면서	V	V-면서
---	---	---	---
먹다	먹으면서	가다	가면서
듣다	들으면서	주다	주면서
걷다	걸으면서	하다	하면서 | 음악을 들으면서 공부하지 마세요. 친구와 같이 걸으면서 이야기했어요. 밥을 먹으면서 텔레비전을 봤어요. 학교에 가면서 음악을 듣겠어요. 숙제를 하면서 커피를 마셨어요.	PPT, 그림 카드	5~8분	본 차시의 'V -(으)면서'는 'V'와 결합한다는 것을 설명해 준다. 앞 절과 뒤 절의 주어는 반드시 같아야 하고, 주로 뒤 절의 주어는 생략한다고 알려 준다. 'V -(으)면서'는 과거 '-었-', 미래 · 추측의 '-겠-'과 결합하지 않는다고 알려 준다.

연습	1. 기계적 연습 　학습자들이 공감할 수 있는 일상생활의 모습을 나타내는 그림 자료를 이용하여 형태만 바꿔서 말해 보는 연습을 한다. 　　아래 〈보기〉와 같이 '-고 싶다'를 사용하여 문장을 완성하세요. 　　〈보기〉 　　노래 부르다/ 춤을 추다 　　→ 노래를 부르면서 춤을 춰요. 　　① 그림 그리다/ 차 마시다 　　　→ _____. 　　② 음악을 듣다/ 공부하다 　　　→ _____. 2. 유의적 연습 　그림 카드를 제시해 주고 'V-(으)면서'를 활용해 묻고 대답할 수 있도록 유도한다. 　　아래 〈보기〉와 같이 그림을 보고 대화를 완성하세요. 　　〈보기〉 (공원 상황 그림) 　　가 : 공원에서 무엇을 하고 있어요? 　　나 : 공원에서 음악을 들으면서 자전거를 타고 있어요. 　　① 가 : 커피숍에서 무엇을 하고 있어요? 　　　나 : _____. 　　② 가 : 집에서 무엇을 하고 있어요? 　　　나 : _____.	PPT, 그림 카드, 연습지	12~15분	기계적 연습에서는 학습자들이 오류 없이 적절한 문장을 만들 수 있게 지도한다. 유의적 연습에서는 일상생활과 관련된 대화와 연관된 상황도 말해 볼 수 있도록 확장된 대화를 만들어 볼 수 있게 지도한다.

10회 113 '일상생활'을 주제로 한 단원에서 '-고 나서'를 지도하려고 한다. 다음 내용을 참조하여 '-고 나서'의 제시와 연습 단계의 교수안을 작성하시오.

○ 숙달도 : 초급
○ 단원 주제 : 일상생활
○ 목표 문법 : '-고 나서'
○ 수업 시간 : 20분

문항분석

1. 목표 문법의 의미, 주제와 목표 문법과의 관계 파악
　'V-고 나서'는 어떤 동작이 끝나고 다른 동작이 이어짐을 나타낼 때 사용하는 문법으로 일상생활에서 순차적으로 동작하는 상황을 주제로 설정하여 관련된 어휘, 표현과 결합한다.

2. 목표 문법의 형태 활용 파악 (동사의 받침 유, 무에 따른 이형태, 쓰임의 제한점 등)
　'V-고 나서'는 과거형 '-았/었'과 결합하지 않는다.
　'가다, 오다, 앉다, 일어나다' 등의 동사는 '-고 나서'와 결합하지 않고 '-아/어서'와 결합한다.

예시교수안

단계	교수-학습 활동	학습자료	시간	지도상의 유의점
제시 및 설명	1. 목표 문법의 제시 　오늘의 목표문법을 판서한다. 　　　　'V - 고 나서' 2. 목표 문법의 의미 설명 　학습자들이 일상생활을 할 때 순차적으로 할 수 있는 상황을 이용해서 학습자들에게 묻고 대답을 유도 한 후에 상황에 적절한 예문을 만들어 보여 주면서 목표 문법에 대한 의미를 이해시킨다. 　교 : 여러분은 점심에 뭘 먹었어요? 저는 비빔밥을 먹었어요. 　학1 : 피자를 먹었어요. 　학2 : 김밥을 먹었어요. 　교 : 맛있게 먹었어요? 올가 씨는 점심을 먹고 무엇을 했어요? 　학1 : 도서관에 갔어요. 　교 : 학1 씨는 점심을 먹고 도서관에 갔어요. 　　　저는 점심을 먹고 커피숍에 갔어요. 　교 : (12시에) 점심을 먹다. (2시에) 도서관에 가다. 　　　먼저 점심을 먹었어요. 다음에 도서관에 갔어요. 　　　→ 점심을 먹고 나서 도서관에 갔어요. 위에서 예시로 든 대화를 통해서 'V-고 나서'가 어떤 동작이 끝나고 다른 동작이 이어짐을 나타낼 때 사용하는 표현이라는 것을 이해시킨다. 　교 : 여러분, 아침에 일어나고 나서 운동을 해요.(X) 　　　이렇게 말하지 않아요. 　　　아침에 일어나서 운동을 해요.(O) 이렇게 말해요. 　　　점심을 먹었고 나서 도서관에 갔어요.(X) 　　　이렇게 말하지 않아요. 　　　점심을 먹고 나서 도서관에 갔어요.(O) 이렇게 말해요. 3. 목표 문법의 형태 제시 　'V-고 나서'는 동사어간 끝음절의 받침 유무와 관계없이 한 가지의 형태로 쓰인다는 것을 판서하여 보여 준다. 	V	V-고 나서
---	---
보다	보고 나서
숙제를 하다	끝나고 나서
출발하다	출발하고 나서		PPT, 그림 카드	5~8분	'-고 나서'가 'V'와 결합한다는 것을 알려준다. '가다, 오다, 앉다, 일어나다' 등의 동사는 '-고 나서'와 결합하지 않고 '-아/어서'와 결합한다는 것을 알려 준다. 'V-고 나서'는 앞에 올 수 있는 동사에 제약이 있음을 알려 준다. 'V-고 나서'는 과거형 '-았/었'과 결합하지 않는다는 것을 알려 준다.

	4. 목표 문법의 형태 활용 연습 　　형태조작을 하여 발화할 수 있도록 몇 개의 대화문을 제시한다. 	V	V-고 나서
---	---
씻다	씻고 나서
끝나다	끝나고 나서
만나다	만나고 나서
먹다	먹고 나서
빨래를 하다	빨래를 하고 나서 | 버스가 출발하고 나서 손님들이 왔어요. 숙제를 하고 나서 컴퓨터로 영화를 봤어요. 내일 공연을 보고 나서 친구와 저녁을 먹을 거예요.			
연습	1. 기계적 연습 　　학습자들이 공감할 수 있는 일상생활의 모습을 나타내는 그림 자료를 이용하여 형태만 바꿔서 말해 보는 연습을 한다. 아래 〈보기〉와 같이 '-고 나서'를 사용하여 문장을 완성하세요. 〈보기〉 밥 먹다 / 친구 만나다 → 밥을 먹고 나서 친구를 만나요. ① 숙제하다 / 청소하다 　→ _____. ② 영화를 보다/ 서점에 가다 　→ _____. 2. 유의적 연습 　　질문을 만들어 '-고 나서'로 대답할 수 있도록 유도한다. 아래 〈보기〉와 같이 대화를 완성하세요. 〈보기〉 가: 보통 숙제는 언제 해요? 나: 보통 수업이 끝나고 나서 숙제를 해요. ① 가 : 언제 여행 갈 거예요? 　나 : _____. ② 가 : 친구는 언제 만날 거예요? 　나 : _____.	PPT, 그림 카드, 연습지	12~15분	기계적 연습에서는 학습자들이 오류 없이 적절한 문장을 만들 수 있게 지도한다. 유의적 연습에서는 일상생활과 관련된 대화와 연관된 상황도 말해 볼 수 있도록 확장된 대화를 만들어 볼 수 있게 지도한다.

"한국문화" 이것만은 꼭!

4영역 한국문화는 한국 문학, 한국사 뿐만 아니라 현대 정치, 사회, 경제계의 신 이슈들이 바로 출제가 되고 있어 학습 스펙트럼이 매우 넓습니다. 그래서 효과적인 학습방법에 대한 학습자들의 문의가 의외로 많습니다. 여기서는 20문제가 출제되는 한국문화에서 빈출 되어 놓쳐서는 안 되는 주제들을 엄선하여 목록화하였습니다. 이 교재에 정리된 키워드는 특성과 의의들을 정리하여 두시기 바랍니다.

1. 문학

시기	시가문학	산문문학
고대 ~ 삼국 초기	고대가요 - 구지가, 황조가, 공무도하가	설화 - 신화 : 신이나 영웅에 관한 이야기로 민족 단위로 전승된다. 창세신화, 건국신화, 시조신화로 구분할 수 있다. - 전설 : 지역 단위로 전승되는 이야기로 증거물을 가지고 있으며 대부분 비극적 결말을 갖는다. - 민담 : 흥미위주의 교훈적인 이여기로 세계적인 분포를 가지고 있다. 평범한 인물의 행복한 결말 구조를 갖는다. 화왕계 : 설총(가전체의 효시)
삼국시대	향가 - 4구체 : 서동요, 풍요, 헌화가, 도솔가 - 8구체 : 처용가, 모죽지랑가 - 10구체 : 혜성가, 원왕생가, 원가, 제망매가, 찬기파랑가, 안민가, 도천수대비가, 우적가 - 균여전 11수 백제 가요 : 정읍사	
고려시대	고려가요 - 속요체 : 민요형식의 가요로 가시리, 서경별곡, 청산별곡, 정석가, 정과정곡(정서), 쌍화점, 만전춘 등이 있다. - 별곡체 : 경기체가 작품을 말하며, 조선 선조까지 그 형식이 유지된다. 한림별곡, 관동별곡(안축), 죽계별곡(안축) 등	가전체 : 어떤 사물이나 동물의 일대기를 의인화한 작품으로 조선시대까지 계속된다. 국순전(술), 공방전(돈), 국선생전(술), 전시자전(지팡이), 저생전(종이), 죽부인전(대나무), 청강사자현부전(거북이) 등 설 : 해석과 서술을 주로 하는 한문문체로 교훈적인 내용을 담고 있는 수필과 비슷하다고 볼 수 있다. 이규보의 문집에 경설, 주뢰설, 슬견설, 뇌설 등이 있다.
조선시대	시조 : 고려 말부터 현대에 이르기까지 창작되는 문학 장르로 개화기 이전의 작품은 고시조, 이후의 작품은 현대시조로 구분한다. 가사 : 조선 초기 양반들에 의해 확고한 문학의 장르로 내려온 작품으로 길이에 제한이 없으며 후대로 내려 올수록 중인, 평민, 승려, 여성까지 창작에 참여하게 된다.	고소설 : 김시습의 금오신화(최초)-만복사저포기, 이생규장전, 남염부주지, 용궁부연록, 취유부벽정기 한글소설 : 허균의 홍길동전(최초)
개화기	개화가사 : 갑오개혁(1894)부터 1910년까지 개화에 대한 내용을 주제로 한 가사 신체시 : 한국 근현대에 이르는 과도적 시가문학으로 형식적인 면에서 이전의 작품들과 큰 차이가 있다. 최남선의 '해에게서 소년에게'	신소설 : 개화기 소설 중 새로운 시대의 이념이나 사상을 다룬 작품으로, 이인직의 '혈의 누', '은세계, 이해조의 '자유종', 구연학의 '설중매' 등이 있다. 현대소설 : 이광수 '무정'(최초)

1920년대	주요한 '불놀이' 동인지 '백조', '폐허', '창조' 등 시조부흥운동 – 최남선, 정인보 김소월 '진달래꽃', 한용운 '님의 침묵' 이상화 '빼앗긴 들에도 봄은 오는가' 카프(KAPF)	리얼리즘 소설 현진건 '빈처', '술 권하는 사회', '운수좋은 날' 김동인 '배따라기', '감자', '광염소나타' 나도향 '벙어리 삼룡이', '물레방아', '뽕'
1930년대	시문학파 : 김영랑, 박용철 등 모더니즘 시 : 이상, 김광균, 정지용 등 생명시 : 유치환, 서정주, 오장환 등	9인회 : 박태원 '소설가 구보씨의 일일', '천변풍경', 김유정 '봄봄', '동백꽃', 김동리 '무녀도', '황토기', 이효석 '메밀꽃 필 무렵' 등 역사소설 : 이광수 '단종애사(1929)', '이순신', 김동인 '대수양', '운현궁의 봄' 홍명희 '임거정' 가족사소설 : 염상섭 '삼대', 채만식 '태평천하' 계몽소설 : 심훈 '상록수', 이광수 '흙'
1940년대	이육사 '광야', '절정' 윤동주 '하늘과 바람과 별과 시'	
1950년대	청록파 : 조지훈, 박목월, 박두진	전후소설 : 이범선 '오발탄', 장용학 '요한시집', 황순원 '학', 하근찬 '수난이대'
1960년대	현실참여시 김수영 '말', '풀' 신동엽 '껍데기는 가라'	최인훈 '광장', 김승옥 '무진기행', '서울, 1964년 겨울'
1970년대	김지하 '오적', 신경림 '농무' 등	황석영 '객지', 조세희 '난장이가 쏘아올린 작은 공', 이청준 '조율사', '당신들의 천국'

2. 전통문화

세시풍속	
설	음력 1월 1일로 구정, 원단, 연시라고도 한다. 중국의 역사서 『수서(隋書)』와 『구당서(舊唐書)』에 신라인들이 원일의 아침에 서로 하례하며 왕이 잔치를 베풀어 군신을 모아 회연하고, 이날 일월신(日月神)을 배례한다는 기록이 있다. 떡국, 시루떡, 식혜, 조랭이떡국, 도소주(屠蘇酒) 등을 먹었다.
대보름	음력 1월 15일로 원소절, 원석, 상원이라고도 한다. 보름의 유래는 『삼국유사』 권1 「기이」 사금갑조에 나타나 있다. 까마귀가 소지왕을 인도하여 위급을 면하게 했고, 그 후로 매년 첫 번째 돼지·쥐·말날에는 백사를 삼가고 감히 동작을 아니하며, 15일을 오기일이라 하여 찰밥으로 제사지내니 지금에도 행하고 있다. 귀밝이술, 약밥(藥飯), 오곡밥(五穀飯) 등을 먹었다.
영등날	음력 2월 1일로 농군의 날, 중화절, 영동할머니날 등으로 부르기도 한다. 영등날은 농한기의 마지막 명절로서 농경신인 영등할머니를 잘 대접하여 농사의 풍년과 가정의 안녕을 기원한다.
삼짇날	음력 3월 3일로 삼진일, 상사일, 답청절이라고도 한다. 강남 갔던 제비가 옛집을 찾아와서 집을 짓고 새끼를 치며, 나비도 날아든다. 마른 나뭇가지에 새싹이 돋고 산과 들에 푸르고 붉은 꽃들이 피기 시작한다. 마을 사람들이 산으로 놀러 가는데, 이를 화진놀이라고 한다. 화전, 화면, 진달래화채 등을 먹는다.

단오	음력 5월 5일로 수릿날, 술의날이라고도 한다. 단오는 일년 중 양기가 가장 왕성한 날이라 하여 큰 명절로 여겨왔다. 중국 『열양세시기』에는 수뢰에 밥을 던져 굴원을 제사 지내는 풍속이 있으므로 수릿날이라고 부르게 되었다고 한다. 수리취떡, 앵두화채, 쑥떡 등을 먹는다.
유두	음력 6월 15일 일가 친지들이 맑은 시내나 산간폭포에 가서 머리를 감고 몸을 씻은 뒤, 가지고 간 음식을 먹으면서 서늘하게 하루를 지낸다. 이렇게 하면 여름에 질병을 물리치고 더위를 먹지 않는다고 한다.
삼복	음력 6월에서 7월 사이로 초복, 중복, 말복이 있다. 여름철의 더운 기운이 강렬하기 때문에 일어서지 못하고 엎드려 복종한다는 의미로, 여름의 더운 기운이 가을의 서늘한 기운을 제압하여 굴복시켰다는 뜻이다. 개장국, 삼계탕 등을 먹는다.
칠석	음력 7월 7일로 칠성날이라고도 한다. 칠석의 유래는 중국의 『제해기』에 처음 나타난다. 주나라에서 한대에 걸쳐 우리나라에 유입되기까지 윤색을 거듭하여 온 것으로 보이며, 헤어져 있던 견우와 직녀가 만나는 날이라고도 한다. 밀전병, 호박전, 밀국수 등을 먹는다.
백중	음력 7월 15일로 백종, 망혼일, 중원이라고도 한다. 여름철 휴한기에 휴식을 취하는 날로 농민들의 여름철 축제이다. 음식과 술을 나누어 먹으며 백중놀이를 즐기면서 하루를 보내던 농민명절이다.
추석	음력 8월 15일로 한가위, 가배, 중추절이라고도 한다. 『삼국사기』에 왕이 왕녀 두 사람에게 여자들을 거느리고 7월 16일부터 길쌈을 했는데 8월 보름에 공의 다소를 살펴 지는 편이 음식을 장만하여 이긴 편에 대접하고 노래와 춤과 온갖 놀이를 하였고 이를 가배라 한다고 기록되어 있다. 송편, 토란국, 닭찜, 화양적 등을 먹는다.
중양절	음력 9월 9일로 중구, 국화절이라고도 한다. 중양절은 중국에서 유래한 명절로, 매년 음력 9월 9일에 행하는 한족의 전통 절일이다. 오랜 역사를 가지고 있으며, 당송 대에는 추석보다 더 큰 명절로 지켜졌다. 국화주, 국화전, 밤떡 등을 먹는다.
동지	양력 12월 22일 전후에 든다. 양력으로 동지가 음력 동짓달 초순에 들면 애동지, 중순에 들면 중동지, 그믐 무렵에 들면 노동지라고 한다. 동지를 흔히 아세 또는 작은설이라 하였고 동지팥죽을 먹어야 진짜 나이를 한살 더 먹는다고 하였다.
섣달그믐	음력으로 한 해의 마지막 날로 제석, 제야, 제일이라고도 한다. 섣달그믐은 음력으로 한 해의 마지막이므로 새벽녘에 닭이 울 때까지 잠을 자지 않고 새해를 맞이한다. 이것은 송구영신의 의미로서 우리나라에 역법이 들어온 이래 지속된 것으로 볼 수 있다. 만둣국, 동치미, 골동반 등을 먹는다.

3. 민속학

	민간신앙
성주신	성주는 집을 지키는 신으로 성주의 신체를 모신 성주단지는 대주의 대가 바뀌면 새로 장만한다. 제사나 명절에는 먼저 성주상을 차리는데, 혼사 등의 비일상적인 일을 벌일 때에도 성주에 알린다. 상량 올린 날을 성주생일로 삼아, 해마다 상을 차리고 농사의 풍년과 집안의 평안을 기원하는 곳도 있다.
조상신	조상신은 죽은 선조가 신격화된 존재로 공덕에 따라 되는 것이 아니라 혈연의 연속성에 따른 것이다. 가신으로서 조상신은 직계 존속이라는 측면에서 유교의 종법에 따른 조상신이지만 혈연보다 초월적인 존재라는 점에서 차이를 보이며 지역에 따라서는 제석, 세존단지 등 불교적인 명칭으로 일컫기도 한다.
조왕신	불의 신으로, 부엌에서 모셔지는 신이다. 부엌은 주부가 관할하는 곳이므로 조왕은 시어머니 또는 며느리가 모시는 신이며, 불씨는 집안 계승의 상징이어서 주로 시어머니에게서 며느리에게 전승된다. 또한 불씨를 잘 관리하면 상을 받지만 잘 관리하지 못하면 시댁에서 쫓겨나거나 죽음을 각오해야 할 만큼 엄청난 체벌을 감당해야 했다.
삼신	아이를 점지해 주는 역할을 하면서 산모 및 태어난 아이의 출산과 건강을 관장하는 신. 삼신의 고유한 기능은 아이를 점지해 주는 일이지만 아이의 건강과 수명을 관장하며, 출산 후 산모의 건강도 지켜준다. 그리고 각 가정의 제액초복도 관장한다.
칠성신	북두칠성을 신격화한 신으로 칠성여래, 칠아성군이라고도 한다. 주로 수명장수, 소원성취, 자녀성장, 평안무사 등을 비는 신이며 아이의 수명장수를 기원하기 위해 이름을 '칠성'이라고 짓는 경우도 있다. 불가에서는 사찰 칠성각의 칠성신에게 공을 드리기도 한다.
업신	집안의 재물을 지켜주는 수호신으로 흔히 뱀·족제비·두꺼비 등의 동물에 의하여 상징되며 업두꺼비, 업구렁이로 불리고, 드물게는 인간의 모습으로 나타나며 업동이라고 한다.
터주신	집터와 집안 대지를 지키고 관장하는 신으로 터주대감이라고도 한다.
철융신	민간신앙에서 장독대에 모시는 신을 철융신이라고 한다.
문신	대문을 지키는 신으로 잡귀나 부정 등 액살을 막아주거나 복을 들여오는 구실을 한다.
측신	뒷간에 있는 신으로 흔히 사납고 무서운 속성을 지닌 신으로 알려져 있다.

4. 정치문화

시기	정치 제도
광복 이전	- 우리나라 최초의 근대적 헌법 : 1885년 1월에 공포된 홍범 14조 　갑오개혁(1894) 이후의 자주독립과 민주정신을 반영한 기본법 - 한국 최초의 성문헌법 : 1899년에 공포된 대한제국국제 9개조 　국호를 조선에서 대한제국으로 바꾸고 국가형태를 전제군주국으로 함 - 대한민국 임시헌장 제정 : 1919년 4월 11일 중국 상해에서 대한민국 임시정부 발족 　대한민국을 국호로 사용, 주권이 국민에게 있는 민주공화국, 의원내각제, 기본권 보장

제1공화국	- 헌법 제정(1948. 7. 17) : 1948년 5월 10일에 한국 헌정사상 최초의 국회의원총선거가 실시. 민주공화국을 국가형태로, 대통령제(임기 4년, 1회 중임 가능)를 정부형태로, 단원제 국회 구성, 국무총리제 등을 골자로 한 대한민국건국헌법이 7월 17일 공포 - 제1차 '발췌' 개헌(1952. 7. 4) : 대통령과 부통령의 직선제, 양원제국회, 국회의 국무원 불신임제 등 - 제2차 '4사5입' 개헌(1954. 11. 27) : 자유당 정부가 초대 대통령에 한하여 무제한 입후보를 허용한다는 조항을 담은 헌법을 제출. 국회 재적의원 203명 중 135명이 찬성하여 부결되었으나, 집권여당은 4사5입 (203의 3분의 2는 135라 주장, 당시 의결정족수는 136명) 논리를 들어 부결을 취소하고 야당의원이 퇴장한 가운데 의사록을 수정하여 가결 통과시킴
4.19와 제2공화국	- 제3차 '의원내각제' 개헌(1960. 6. 15) : 1960년 3월 15일 4기 집권을 의도하여 부정선거를 한 이승만 독재정권에 항의하여 4월 혁명이 이어짐. 독재정권이 무너지고 허정을 내각수반으로 하는 과도정부가 구성. 대통령제에서 의원내각제로 변경, 복수정당제의 보장, 헌법재판소 설치, 중앙선거관리위원회의 헌법기관화, 경찰의 중립성 유지, 지방자치단체 장의 직선제 등을 골자로 한 개헌안이 통과됨 - 제4차 '부정선거관련자처벌' 개헌(1960. 11. 29) : 3.15 부정선거의 주모자들과 부정선거에 항의하는 군중을 살상한 자들을 처벌할 헌법적 근거를 마련. 부정선거관련자처벌법, 반민주행위자공민권제한법, 부정축재특별처리법 등 소급특별법이 제정
5.16쿠데타 & 제3공화국	- 제5차 '군정하의 대통령제' 개헌(1962. 12. 26) : 1961년 5월 16일 일부 군인들이 쿠데타를 일으켜 군사혁명위원회를 조직하고 3권을 장악. 국가재건최고회의로 명칭을 변경하고 헌법 개정작업에 착수. 대통령제로 환원, 국회의 구성을 단원제로 환원, 헌법재판소 폐지 등을 골자로 하는 개헌안을 국민투표를 거쳐 공포 - 제6차 '공화당 3선' 개헌(1969. 10. 21) : 여당인 민주공화당은 대통령의 연임회수연장을 골자로 한 개헌안을 제출. 여당의원만으로 단독처리. 대통령의 3선 금지규정 폐지, 12년 연속 연임 가능, 국회의원 정수 증원
10월 유신과 제4공화국	- 제7차 '유신' 개헌(1972. 12. 27) : 박정희 대통령은 비상계엄을 선포하고 10.17 비상조치를 단행. 국회를 해산하고 정당의 정치활동을 금지, 헌법의 일부 조항의 효력을 정지시키고 헌법개정안을 공포(1인 장기 집권 체제 확립) 통일주체국민회의를 설치하여 대통령을 선출, 국회의원 3분의 1의 선출, 6년 인기만을 명시하여 중임이나 연임 가능, 국회해산권, 국회의원정수의 3분의 1추천권, 모든 법관을 대통령이 임명, 파면, 국민의 기본권 제한, 국회의 권리와 기능 축소
10.26과 제5공화국	- 제8차 '국보위' 개헌(1980. 10. 27) : 1979년 10월 26일 18년간 장기 집권한 박정희 대통령 서거 후 최규하를 제10대 대통령으로 선출, 신군부세력(전두환, 노태우)은 12월 12일 쿠데타를 일으켜 비상계엄령을 선포하고 정치권을 장악, 민주 정치 지도자들을 감금, 투옥. '5.18 민주화 운동'. 1980년 8월 16일 최규하 대통령 사임 후 27일 전두환 대통령 선출. 대통령의 7년 단임제, 통일주체국민회의 폐지, 대통령 간선제, 국정조사권 신설, 대법원장에게 일반법관 임명권 부여 등의 헌법 개정안 공포
6월 항쟁과 제6공화국	- 제9차 '대통령직선제' 개헌(1987. 10. 27) : 1987년 '박종철 고문치사사건'이 발발, 전두환 대통령은 '4.13 호헌조치'를 함으로 국민들의 거센 저항, '6월 10일의 시민평화대행진'으로 분출. 다시 민정당 노태우 최고위원이 대통령 직선제와 민주화 개혁을 주요내용으로 하는 '6.29 민주화 선언'을 하고, 여야 대표들이 모여 대통령 직선제 5년 단임제를 골자로 하는 단일 개헌안을 마련하여 '1987년 헌법'이 탄생
노태우 정부 ~ 문재인 정부	이후 새 헌법에 따라, 노태우 정부(노태우 대통령, 1988~1993), '문민정부'(김영삼 대통령, 1993~1998), '국민의 정부'(김대중 대통령, 1998~2003), '참여정부'(노무현 대통령, 2003~2008), 이명박 정부(이명박 대통령, 2008~2013), 박근혜 정부(박근혜 대통령, 2013~2017, '탄핵'), 문재인 정부(문재인 대통령, 2017~)가 이어지고 있다.

5. 교육문화

시기	교육 제도
삼국시대	- 고구려 : 최초의 관학이자 고등교육 기관인 태학(太學)이 소수림왕 2년에 설립 　귀족 자제를 대상으로 중국의 고전과 유학 경전을 교육 　최초의 사학인 경당이 설립, 서민들을 대상으로 초등에서 고등교육까지 담당 - 백제 : 박사 제도, 유학생 파견제도 등 교육이 발달 - 신라 : 신문왕 2년(682년) 국립 고등교육 기관인 국학을 설립 　15-30세의 귀족 자제들을 대상으로 유학경전과 중국의 고전, 논어 등을 필수과목으로 하여 유학과는 9년, 기술과는 6년을 교육 　화랑도는 6세기 진흥왕 때 공인, 귀족 자제인 화랑과 평민 자녀인 낭도, 우두머리인 원화로 구성된 사립 고등교육기관으로 전인교육을 실시
고려시대	- 관학(官學)과 사학(私學) - 관학 : 국자감, 학당, 향교 등 　국자감은 성종 11년(992년)에 설립되어 예종 때는 국학으로 충렬왕 때는 성균관으로 개칭. 고려 최초 국립 고등 교육기관으로 귀족 자제들을 대상으로 고급 관리를 양성. 논어와 효경을 필수로 유학정전을 교육 　학당은 고려 중기에 개경(중앙)에 설립된 공립 중등 교육 기관으로 서당 이수자들이 입학. 주로 경전을 교육 　향교는 고려 인종 때 설립된 공립 중등 교육 기관으로 지방에 설립. 서당 이수자를 대상으로 경전, 기술, 종교 등을 교육하여 지역사회의 계몽과 문화 창달을 도모 - 사학 : 서당(書堂), 12공도 　서당은 경당의 후신으로 고려 중기 인종 때 등장하여 조선시대에 크게 발전 　평민들의 다녀들을 대상으로 훈몽자회, 천자문, 동몽선습, 사자소학 등을 가르치는 초등 교육 기관. 설립에 자격제한이 없었으므로 교육 대중화에 기여 　12공도는 고려 최고의 사립 고등 교육기관으로서 과거를 통한 인재 양성을 목적으로 4서 5경을 교육
조선시대	- 관학, 사학, 특수교육기관 - 관학 : 성균관, 향교 등 　성균관은 조선 최고의 국립 고등 교육기관으로써 고급관리 양성을 목적으로 설립. 생원과 진사들에게 입학 자격이 주어지고, 200명 정원으로 생활이 엄격. 4서 5경, 이해·토론식 수업을 전개. 학생자치활동 실시 - 사학 : 서원, 서당 　서원은 사립 중등 교육기관으로 과거를 통한 인재 양성을 목적으로 양반 자녀들을 대상으로 경전 교육을 실시 　서당은 초등 교육기관으로 입·퇴학이 자유롭고, 신분에 따른 차별이 없었으며, 개별학습, 능력별 학습, 전인교육 등을 실시. 국민의 교화 기능을 담당 - 특수교육기관 : 종학(宗學), 경연(經筵) 　종학은 세종 때 종친의 자제를 교육하기 위해 설립된 관학. 왕족의 자녀를 대상으로 경전, 무술, 도덕 등 왕족으로서 지켜야 할 법도를 교육 　경연은 신하가 임금을 가르치는 제도. 강의는 주로 홍문관원이 맡고, 교재는 4서5경, 역사, 성리학 서적이었고, 매일 아침 조강을 실시하는 것이 원칙으로 조강과 석강도 실시. 강의가 끝나면 국왕과 신하들이 정치 현안들을 협의
개화기	- 식민통치 이전 교육기관 : 관학, 사학 - 관학 : 육영공원, 한성사범학교 등 　육영공원은 정부 설립 최초의 근대식 공교육 기관으로 1886년에 설립. 귀족자제를 대상으로 한 교육기관으로 구교육과 신교육의 가교역할 　한성사범학교는 1895년에 설립. 시민들의 자제도 입학이 가능한 조능교사 양성기관

개화기	- 사학 : 민족 선각자와 주민들이 중심이 되어 만든 학교(원산학사, 홍화학교, 정진학교, 보성학교, 양정학교, 대성학교, 보산학교 등), 선교사들이 중심이 되어 만든 학교(배제학당, 이화학당, 경신학교, 정신여고 등) 원산학사는 정부의 도움 없이 주민들에 의해 자발적으로 설립된 최초의 근대 학교. 서양을 모방하지 않은 주체적인 학교로써 개량서당이 발달한 형태. 민족 주체의식을 심어주고, 민족 지도자를 양성하고, 전통문화를 수호하고 발전시키는 데에 기여 선교사들이 만든 학교는 서양식 교육제도를 도입하여 전인교육, 예체능교육, 인간평등, 남녀평등, 사회봉사 등을 강조
일제시대	- 사립학교령(1908년) : 사립학교의 인사, 설립, 폐교, 교과서 지도에 관한 모든 것을 학부에서 관장(근대 사학을 탄압할 수 있도록 한 교육령) 1~4차 조선교육령을 통해 황국신민 양성을 목적으로 민족정신과 문화를 제거하고, 식민통치에 적합한 인물을 양성하기 위한 교육을 실시 3차 조선교육령에서는 조선어 과목을 폐지, 학교명 일본식으로 교체 4차 조선교육령은 전시 임시 교육 조치법으로서 학도병을 모집하고 민족문화를 말살하는 정책을 시도
미군정기	6-3-3-4제의 단선형 학제를 골격으로 하면서 과도기적으로 6-6-4제를 병행
제1공화국	교육법 제정을 통해 한국 교육제도의 기틀을 마련하기 시작 6-3-3-4제의 단선형 학제를 실시, 홍익인간을 교육 이념으로 제시, 초등학교 의무교육 실시, 중등 및 고등교육의 확충계획 수립, 사범학교와 사범대학 설립 등을 실시
제2공화국	1961년 1학기와 2학기를 각각 3월과 9월에 시작하도록 하고, 교원들이 노동조합을 결성
제3~4공화국	실업계 고등전문학교 창설, 중학교 무시험 입학제, 국립대학교에 방송통신대학 설립, 고등학교 평준화, 방송통신중고등학교 개설, 산업체부설 중고등학교 운영, 전문대학의 설치 등 교육의 규모가 급속도로 팽창 과밀학급, 교원부족, 입시과열, 교육의 질 관리 미흡 등 교육여건이 악화
제5공화국	'7·30 교육개혁조치' 단행 과외금지, 대학입학 본고사 폐지, 대입정원 확대, 졸업정원제 실시, 두발 및 교육자율화 등을 실시, 유아교육법 및 사회교육법 등을 제정 말기에는 '교육개혁심의회'를 설치하여 교육자치제, 대학입시제도, 교원임용제도 개선, 실업교육 과학기술교육의 진흥 등 종합적 정책안을 구상발표
제6공화국 (1988년 이후)	- 노태우 정부 : 개방대학에 대학원을 설치, 한국방송통신대학을 2년제와 4년제로 개편, 한국예술종합학교를 설치 - 문민 정부 : 대통령 직속 자문기구인 '교육개혁위원회'를 두어 '5·31 교육개혁안'을 발표하는 등 세계화·정보화 시대를 맞아 교육개혁 방안을 마련하여 추진 교육대학을 교육대학교로 개칭, 공립 유치원을 서울에 처음 설치, 국민학교를 초등학교로 개칭, 대학의 다양화와 특성화, 신 직업교육체제의 구축, 초·중등 교육과정 개혁, 대학입시제도의 개선, 교원정책의 개혁, 유아교육의 공교육 체제 확립 등을 추진 - 국민의 정부 : 교원 정년 단축, 교원노조 합법화, 학교 유형 다양화, 공교육 내실화, 교육여건 개선 사업, 교육부 조직 개편, 두뇌한국(BK) 21 등 획기적인 정책 추진 - 참여 정부 : 교육개혁과 지식문화강국 실현, 전 국민의 인적자원 역량 강화, 초·중등교육의 공공성 제고, 고등교육의 경쟁력 강화, 능력중심사회로의 전환, 지방대학 혁신역량 강화 프로젝트 등을 주요 정책 과제로 제시하고 추진 - 이명박 정부 : 기숙형 공립고교, 마이스터고교, 자립형 사립고교 설립 등 고교 다양화, 영어 공교육 강화, 대학입시 자율화 등을 추진 - 박근혜 정부 : 공교육정상화 촉진 특별법 제정, 전국 중학교에 전면 도입된 자유학기제 정책 초등입시경쟁유발로 사회적 지탄을 받은 국제중 사태, 특권학교(국제중, 특목고, 자사고) 강화 정책, 한국사수능필수화, 교학사 한국사교과서 부실·특혜 검정 등의 문제 야기

제6공화국 (1988년 이후)	- 문재인 정부 : 누리과정 지원, 고등학교 의무교육, 대학기회균등전형 의무화, 특목고 일반고 전환, 자유학기제 확대, 일제고사 폐지, 무학년 수강신청제, 대학입시 제도 개선, 로스쿨 블라인드 입학테스트 도입, 대통령 직속 국가교육회의 설치를 공약으로 삼고, 현재 고교 학점제 도입, 외고·자사고의 일반고 전환, 면접에 '고교명 블라인드' 제도 도입, 지역인재선발 의무화, 대입 전형 단순화, 고교무상교육, 대학 공공성 강화(공영형 사립대 지정·육성 등), 대학생 등록금 부담 완화(입학금 단계적 폐지 계획) 등을 추진

6. 시사용어

용어	의미
스모킹 건	어떤 범죄나 사건을 해결할 때 나오는 결정적 단서
배리어프리	장애인의 시설 이용에 장해가 되는 장벽을 없애고 편리한 생활이 가능한 환경을 만들자는 운동 ≒ 유니버설 디자인
비콘	차세대 스마트폰 근거리통신 기술 반경 70m 안에 있는 사용자의 위치를 찾아 메시지를 전송하고 무선 결제 등을 가능하게 하는 기술
스윙보터	선거 등의 투표 행위에서 누구에게 투표할 지 결정하지 못한 사람들 지지하는 정당이나 정치인이 없으며, 지역성이나 이념보다 그때의 정치상황이나 관심 분야 정책에 따라 선택을 달리하는 사람들을 말한다.
블록체인	온라인 금융이나 가상화폐 거래에서 해킹을 막는 기술. 비트코인 거래를 위한 보안기술로 활용
미투 운동/ 캠페인	사회관계망서비스(SNS)에 '나도 그렇다'라는 뜻의 'Me Too'에 해시태그를 달아(#MeToo) 자신이 겪었던 성범죄를 얘기함으로써 그 심각성을 알리는 캠페인
펜스룰	성희롱이나 성추행에 엮일 만한 상황 자체를 아예 피하려는 행태를 통칭
디지털 디톡스	디지털 홍수에서 벗어나 심신을 치유하는 일
유니콘 기업	1조 이상(10억 달러)의 기업 가치를 가진설립한 지 10년 이하의 비상장 신생기업(스타트업). 샤오미, 우버, 팰런티어, 플립카트, 스냅챗 등이 있으며, 한국의 쿠팡도 이에 해당된다.
데카콘	머리에 뿔이 10개 달린 유니콘. 기업 가치가 100억 달러 이상인 스타트업
모디슈머	Modify(수정하다)와 Consumer(소비자)의 합성어로 제조업체가 제공한 조리법을 따르지 않고 자신이 재창조한 방법으로 제품을 즐기는 소비자
팻 핑거	'굵은 손가락'이란 뜻으로 증권 매매 담당 직원이 매매 가격이나 주문량을 실수로 잘못 입력하는 것
코디션	Company(회사)와 Auditon(오디션)의 합성어로, 소비자 참여를 유도해 브랜드의 이미지를 높이는 마케팅을 이르는 말
퍼플 칼라	일과 가정의 조화를 위해 여건에 따라 근로시간과 장소를 탄력적으로 조정해 일하는 노동자. 시간제근무제, 시차출퇴근제, 근무시간 선택제, 집약근무제, 재택근무제, 집중근무제 등의 형태가 포함
포템킨 경제	겉은 멀쩡하지만 실속은 없는 경제상황
레터피싱	가짜 출석 요구서 등 우편물을 이용한 새로운 피싱 수법 수사기관이나 공공기관을 사칭한 위조 공문서를 우편으로 보낸 후 출석이 어려울 경우 전화로 조사를 받을 수 있다며 보이스피싱을 유도

웰다잉법	호스피스 완화의료 및 임종과정에 있는 환자의 연명의료 결정에 관한 법. 회생 불가능한 환자는 자기결정에 따라 연명치료를 받지 않고 수면유도제를 투여받아 수면 상태에서 삶을 마칠 수 있다.
글램핑	필요한 도구들이 모두 갖춰진 곳에서 보다 안락하게 즐기는 캠핑 화려한(Glamorous)과 캠핑(Camping)이 결합한 신조어
바이럴 마케팅	sns의 확산으로 등장 바이러스(virus)와 입소문(oral)의 합성어. 소비자들의 정보공유로 제품이나 서비스의 정보가 자연스럽게 퍼져나가는 마케팅 방식
N스크린	하나의 콘텐츠를 TV, PC, 스마트폰, 패블릿, 태블릿PC 등 다양한 기기를 통해 이용할 수 있는 서비스
셰어런츠	공유(Share)와 부모(Parents)의 합성어. 자녀의 일상을 SNS에 올리는 부모
안티폴루션	황사나 미세먼지, 꽃가루, 중금속 등 온갖 유해 물질이 우리의 몸에 들어가지 않게 해주거나 피부에 흡착하는 것을 막아주는 기능 최근 황사와 미세먼지, 초미세먼지까지 건강을 위협하면서 황사용 마스크, 공기청정기, 화장품 등에서 안티폴루션 제품이 인기를 끌고 있다.
한계부락	65세 이상 실버세대의 비중이 50% 이상인 마을
호모 모빌리스	모바일 정보를 생활화하고 있는 현대인
티핑 포인트	어떠한 현상이 서서히 진행되다가 작은 요인으로 한순간 폭발하는 것

7. 제3차 남북정상회담(2018년 4월 27일) '판문점 선언'

한반도의 평화와 번영, 통일을 위한 판문점 선언

1. 남과 북은 남북관계의 전면적·획기적인 개선과 발전을 이룩할 것임
   ① 민족자주의 원칙 확인, 기존 남·북간 선언·합의 철저 이행
   ② 고위급회담 등 분야별 대화를 빠른 시일 안에 개최, 실천대책 수립
   ③ 남북 당국자가 상주하는 남북공동연락사무소 개성지역 설치
   ④ 각계각층의 다방면적 교류·협력 및 왕래·접촉 활성화
   ⑤ 8.15 계기 이산가족 상봉행사 진행, 남북적십자회담 개최
   ⑥ 10.4선언 합의사업 적극 추진, 동해선, 경의선 철도와 도로의 연결 및 현대화
   ⑦ 정상회담 정례화 및 직통전화 실시, 올해 가을 평양에서 추가 정상회담 개최

2. 남과 북은 군사적 긴장완화와 전쟁위험 해소를 위해 공동 노력
   ① 상대방에 대한 모든 적대행위 전면 중지, 비무장지대의 평화지대화
   ② 서해 평화수역 조성으로 우발적 충돌 방지 대책 마련, 안전어로 보장
   ③ 국방부장관회담 등 군사당국자회담 수시 개최, 5월 장성급 군사회담 개최

3. 남과 북은 항구적이고 공고한 평화체제 구축을 위해 적극 협력
   ① 무력 불사용과 불가침 합의 재확인 및 엄격 준수
   ② 상호 군사적 신뢰의 실질적 구축에 따라 단계적으로 군축 실현
   ③ 올해 종전선언, 항구적 평화체제 구축을 위한 3자 또는 4자 회담(다자회담) 개최
   ④ 한반도의 완전한 비핵화 목표 확인

여섯째마당

참고문헌

한국어교육능력 검정시험 기출문제 및 해설

한국어교원3급 자격증은 **TOPIK** KOREA

한국어 일번지	국비지원교육
TOPIK KOREA	**TOPIK** KOREA
원격평생교육원	인재개발교육원
www.topikkorea.co.kr	www.edukhrd.co.kr
일반(자비부담) 한국어 교원 양성과정, 한국어교육실습	국비지원 한국어교원양성과정, 한국어교육검정시험 해설 강의

1교시 : 제1영역 한국어학

1	국립국어원, 한글맞춤법, http://www.korean.go.kr/front/page/pageView.do?page_id=P000060&mn_id=30
2	국립국어원, 표준발음법, http://www.korean.go.kr/front/page/pageView.do?page_id=P000097&mn_id=95
3	국립국어원, 외래어표기법, http://www.korean.go.kr/front/page/pageView.do?page_id=P000104&mn_id=97
4	국립국어원, 로마자표기법, http://www.korean.go.kr/front/page/pageView.do?page_id=P000148&mn_id=99
5	국립국어원, 2005, 외국인을 위한 한국어문법1,2, 커뮤니케이션북스
6	국립국어원 보도자료, http://www.korean.go.kr/front/board/boardStandardView.do?board_id=6&mn_id=19&b_seq=516&pageIndex=14
7	노명희, 2009, 국어 동의중복 현상, 국어학회
8	민현식, 1999, 국어 문법 연구, 역락
9	백봉자, 2003, 외국어로서의 한국어문법사전, 연세대학교 출판부
10	서민정, 2010, 한국어 문법 형성기에 반영된 서구 중심적 관점, 한글학회
11	서울대학교 한국어문학연구소, 국어교육연구소, 언어교육원, 2017, 한국어 교육의 이론과 실제1, 아카넷
12	연규동, 1998, 통일시대의 한글맞춤법, 박이정
13	유영영, 2016, 한국어 명사와 부사의 중복 범주 연구, 서울대 대학원 박사학위논문
14	윤평현, 2013, 국어의미론 강의, 역락
15	이기문, 2001, 국어사개설, 태학사
16	이운영, 2002, 표준국어대사전 연구 분석, 국립국어원
17	이응백 외, 1998, 국어국문학자료사전, 한국사전연구사
18	이익섭, 2011, 국어학개설, 학연사
19	조영희, 2002, 영어의 동의어 분석, 금오공대 교육대학원 석사학위논문
20	한국정신문화연구원, 한국민족문화대백과사전, http://encykorea.aks.ac.kr/
21	허용 외, 2005, 외국어로서의 한국어교육학 개론, 박이정
22	J.L. 오스틴, 김영진 역, 1992, 말과 행위, 서광사

1교시 : 제2영역 일반언어학 및 응용언어학

1	강소영 외, 2012, 이중언어 사용자의 코드 스위칭의 유형과 원인 분석, 한어문교육 26, 한국언어문학교육학회
2	국립국어원 http://www.korean.go.kr/
3	국립국제교육원 http://www.niied.go.kr/index.do
4	박성현 외, 2011, 습득론과 한국어 교수, 박이정
5	세종학당재단 http://www.ksif.or.kr/main.do
6	스터디코리안 http://study.korean.net/servlet/action.home.MainAction
7	이영식, 한국영어평가의 역사 고팔 및 향후 연구과제, 응용언어학 24, 한국응용언어학회
8	재외동포재단 http://www.okf.or.kr/homepage/index.do
9	한국교육심리학회, 2000, 교육심리학용어사전, 학지사
10	한국산업인력공단 http://www.hrdkorea.or.kr/

2교시 : 제3영역 일반언어학 및 응용언어학

1	강명희, 2011, 한국어 교사용 지침서의 과제(task) 지도 방법 분석, 연세대학교 교육대학원.
2	강민혜, 2008, 확장형 읽기를 통한 영어 읽기능력 신장 및 활용방안 연구, 충남대학교 교육대학원.
3	강성만, 2007, 미 명문대 온라인 공짜강좌 '펑펑', 경향신문.
4	강준만, 2008, 선샤인 지식노트, 인물과 사상사.
5	강현화 외, 2009『한국어 이해교육론』, 형설출판사.
6	강현화, 2010, 한국어 어휘교육론, 2010학년도 한국어 교원 양성과정, 이화여자대학교 언어교육원.
7	교육과정평가원 한국어능력시험사이트 http://www.topik.or.kr
8	교육부, 2017, 다문화학생 맞춤형 한국어 교육으로 의사소통 능력 키워요!(조간보도자료), 교육부
9	교육부, 2018, 2018다문화교육 지원계획, 교육부
10	교육평가용어사전, 2004 학지사.
11	구본관, 2012, 한국어 어휘교육론, 한국어 교육의 이론과 실제 2, 아카넷.
12	국립국어원 http://www.korean.go.kr/
13	국립국어원, 2005, 외국인을 위한 한국어 문법 2, 커뮤니케이션북스.
14	국립국어원 한국어교원 http://kteacher.korean.go.kr/home.do
15	국립국제교육원 www.niied.go.kr

16	국립특수교육원, 2009, 특수교육학 용어사전, 도서출판 하우.
17	곽효정, 2011, 여성결혼이민자의 경험학습에 관한 연구: 함열지역 '농촌이민여성센터'의 다문화교육 사례를 중심으로, 공주대학교 대학원.
18	김규선·이재승, 1998, 작문에 대한 관점의 변화와 작문 교육의 지향점, 논문집33, 대구교육대학교.
19	김남국 외, 1999, 외국어교수방법론, 하우출판사.
20	김유정, 1997, 외국어로서의 한국어 문법 교육, 한국어학, Vol.6 No.-, 한국어학회.
21	김은애, 2012, 한국어 교재론, 한국어 교육의 이론과 실제 2, 아카넷.
22	김정수, 1997, 읽기과정 모형과 읽기지도모형, 어문학교육 제19집.
23	김정숙, 1999, 담화 능력 배양을 위한 외국어로서의 한국어 쓰기 교육 방안 연구, 한국어교육 10-2, 국제한국어교육학회.
24	김정숙, 2002, 한국어 교수요목 설계와 교재 구성, 21세기 한국어교육학의 현황과 과제, 한국문화사.
25	김정숙, 2003, 통합 교육을 위한 한국어 교수요목 설계 방안 연구, 한국어 교육 14.
26	김정숙 외, 2005, 한국어능력시험의 개선 방안 연구-등급 부여 방식을 중심으로, 한국어교육 16, 국제한국어교육학회
27	김정숙 외, 2006, 한국어 교육 총서 5, 한국어 교재론 개발 최종 보고서, 문화관광부 한국어세계화재단.
28	김정숙, 2011, 한국어 교육과정 연구 성과와 향후 과제 연구, 이중언어학 47, 이중언어학회
29	김종호, 2007, 주머니 속의 방송 '팟캐스팅'을 아는가, 조선일보.
30	김주환, 2009, 교실토론의 방법, 우리 학교.
31	김중섭 외, 2010, 국제 통용 한국어교육 표준 모형 개발, 국립국어원.
32	남은주, 2007, 지상파 3사, '팟캐스팅' 시장 쟁탈전 시작, 한겨레.
33	남효정, 2012, 딕토글로스(dictogloss) 활동이 문법적 정확성에 미치는 영향: 중·고급 수준의 여성결혼이민자를 대상으로, 고려대학교 교육대학원.
34	네이버 국어사전 http://krdic.naver.com/
35	류성기, 2009, 듣기 지도에서 상호작용식 모형 적용 방법 탐색, 화법연구 14권, 한국화법학회
36	마숙홍, 2017,, 한국 영상작품 번역에 대한 여러 문제점, 과학기술자문보 제27기.
37	민정원, 2014, 한국어 듣기 교육론, 한국어 교육의 이론과 실제 2, 아카넷.
38	박근양, 2014, 모바일기기를 활용한 한국어 교육용 애플리케이션 분석, 연세대학교 교육대학원.
39	박성호, 2012, 인본주의에 기초한 한국형 다문화정책 모형의 탐색, 성균관대학교.
40	박은주, 2008, 사고 구술(Think-Aloud) 활동이 이야기 텍스트의 추론적 이해 능력에 미치는 영향, 이화여자대학교 교육대학원.

41	박태호, 2000, 장르 중심 작문 교육의 내용 체계와 교수 학습 원리 연구, 한국교원대학교.
42	박태호, 2000, 장르 중심 작문 교수·학습론, 박이정.
43	박혜경, 2014, 주제 중심 접근법 기반의 재외동포 아동용 한국어 교재 개작 방안 연구, 이중언어학 제55호, 이중언어학회.
44	변희지, 2012, 문화적 문식성을 활용한 서사교육 방법 연구, 한국외국어대학교 교육대학원.
45	서울대학교 한국어문학연구소, 2012, 한국어 교육의 이론과 실제 1, 아카넷
46	세종학당재단 http://www.ksif.or.kr
47	손은경, 2003, 문화감지도구(Intercultural Sensitizer) 개발연구: 일본인 한국어 학습자를 대상으로, 연세대학교 교육대학원.
48	선호, 2006, 라디오 2.0으로 거듭난다: 인터넷 모바일과 결합, 미디어오늘.
49	손해숙, 2011, 딕토글로스를 활용한 한국어 듣기 학습 방안 연구, 대구카톨릭대학교 대학원 석사학위 논문
50	송진우, 2007, Basic 중학생을 위한 국어 용어사전, 신원.
51	송행진, 2015, 한국어 교육용 읽기 텍스트의 난이도 요인에 대한 계량적 연구, 전남대학교.
52	스터디코리안 http://study.korean.net/servlet/action.home.MainAction
53	신명선, 2004, 국어 사고도구어 교육 연구, 서울대학교.
54	신희숙, 1999, Skimming과 Scanning을 중심으로 한 읽기 능력 신장 방안, 영어언어과학 Vol.- No.2
55	안경화, 2012, 언어 교수 이론, 한국어 교육의 이론과 실제 2, 아카넷.
56	양명혜, 2018, 형태 초점 접근법을 적용한 한국어 문법 교수·학습 방법 연구: 중국인 학습자를 대상으로, 인하대학교 대학원.
57	원미진 외, 2003, 한국어 고급 교재의 듣기 활동 타당성 연구, 국제어문 59, 국제어문학회
58	윤은경, 2008, 말하기 숙달도 평가에 관한 논평 : ACTFL OPI를 대상으로, 한국어교육 19, 국제한국어교육학회
59	윤정기, 2013, 언어 지식과 듣기 전략이 한국어 듣기 능력에 미치는 영향, 어문연구, 어문연구학회
60	이미혜, 2000, 과정 중심의 한국어 쓰기 교육-작문 수업을 중심으로, 한국어교육 제11-2호, 국제한국어교육학회.
61	이영희, 2008, 외국인을 위한 한자어 교육 연구, 숙명여자대학교 대학원.
62	이재승, 1999, 상위인지적 쓰기 전략의 강조 방안, 한국어문교육 8, 한국교원대학교 어문교육연구소.
63	이재승, 2002, 글쓰기 교육의 원리와 방법: 과정 중심 접근, 교육과학사.
64	이정화, 2014, 한국어 문법 교육론, 한국어 교육의 이론과 실제 2, 아카넷.
65	이해영, 2001, 학습자 중심 수업을 위한 교재 분석, 한국어 교육 12-1, 국제한국어 교육학회.
66	임경순, 2009, 한국어문화교육을 위한 한국문화의 이해, HUINE.

67	장용원, 2012, 한국어 말하기 교육론, 한국어 교육의 이론과 실제 2, 아카넷.
68	장한업, 2014, 이제는 상호문화교육이다, 교육과학사.
69	재외동포재단 http://www.okf.or.kr/homepage/index.do
70	정성봉, 1994, 현장에 적합한 교사용 지도서의 편찬방향, 교과서연구 18, 한국 2종 교과서협회.
71	정인아, 2012, 한국어 쓰기 교육론, 한국어 교육의 이론과 실제 2, 아카넷.
72	조영, 2014, 드라마를 활용한 한국어 듣기 말하기 통합 교육 방안 연구: 중급 학습자를 대상으로, 동국대학교.
73	조해숙, 2017, 한국어 문화 교육론, 한국어 교육의 이론과 실제 2, 아카넷.
74	조현상, 2009, 한국 다문화주의의 특징과 정책방향에 관한 연구, 원광대학교.
75	조현용, 2000, 한국어 어휘교육 연구, 박이정.
76	지종화 외, 2009, 한국의 다문화 국가 현상과 새로운 정책모형, 지방정부연구 제13권 제2호.
77	진문이, 2017, 한국어 읽기 교육론, 한국어 교육의 이론과 실제 2, 아카넷.
78	진제희, 2000, 외국어로서 한국어 학습자들의 의사소통전략 연구, 연세대학교.
79	진제희, 2003, 사회언어학적 및 전략적 말하기 능력 배양을 위한 담화분석 방법의 적용, 한국어 교육, Vol.14 No.1, 국제한국어교육학회.
80	총신대학교한국어학당, 외국어로서의 한국어교육의 이론과 실제 1, 도서출판 참
81	총신대학교한국어학당, 외국어로서의 한국어교육의 이론과 실제 2, 도서출판 참
82	최안나, 2012, 한국어 학습자를 위한 한국어 합성어 교육 방안 연구, 한양대학교 교육대학원.
83	최유진, 2011, 중등학교 국어 교과서 수록 작품의 개작 양상 연구, 광주여자대학교.
84	최은규, 2012, 한국어 교육과정론, 한국어 교육의 이론과 실제 2, 아카넷.
85	특수교육학 용어사전, 2009, 국립특수교육원, 도서출판 하우.
86	한국산업인력공단 http://www.hrdkorea.or.kr/
87	허용 외, 2005, 외국어로서의 한국어교육학 개론, 박이정.
88	허용 외, 2006, 외국어로서의 한국어 발음교론, 박이정.
89	황인교, 1997, 외국어로서의 한국어교육 연구(읽기, 쓰기 지도법을 중심으로), 이화어문논집 15, 이화여자대학교 이화어문학회.
90	Bakhtin. M. & 정승희 역, 1988, 소설 속의 담론, 장편 소설과 민중 언어, 창작과 비평사.
91	Davies, F. 1995, Introducing Reading, Penguin English.
92	Ferris, D. R., & Roberts, B. (2001). Error feedback in L2 writing classes: How explicit does it need to be? Journal of Second Language Writing, 10.

93	Flower, L. & Hayes, J.R. 1981, "The Pregnant Pause: An inquiry into the nature of planning", Research in the teaching of English 15.
94	Hanvey, R. 1979, Cross-Cultural Awareness. In L. F. Luce and E. C. Smith (Eds.), Toward internationalism: Readings in cross-cultural communication. Rowley, MA: Newbury House.
95	Hall, E. T. 1976, Beyond Culture, Anchor. (최효선 역 (2001년), 문화를 넘어서, 한길사).
96	H. Douglas Brown. 2008, Teaching by Principles: An interactive approach to language pedagogy, second edition. Longman. (권오량 외 역, 2001, 원리에 의한 교수 : 언어 교육에의 상호작용 접근법, 피어슨 에듀케이션코리아.)
97	Jarvis, P. 2006, Towards a comprehensive theory of human learning, New York: Routledge.
98	Johns, A. 1995, An excellent match: Literacy Portfolios and ESP, English Teaching Forum, 33, 4.
99	Littlewood, W. 1983, Communicative language teaching: introduction, Cambridge: Cambridge University Press.
100	Long, M, A role for instruction in second language acquisition: task-based language teaching, in Hyltenstam, K. & Pinemann,(eds.), Modeling and Assessing Second Language Acquisition. Clevedon: Multilingual Matters, 1985.
101	M. Abdallah-Pretceille, 1999, L'education interculturelle, (장한업 역, 2010), 유럽의 상호문화교육, 한울.
102	P. R. Moran, 정동빈 외 옮김, 2004, 문화교육, 경문사.
103	Schmitt, N. 1997, Vocabulary learning strategies. In Vocabulary: Description, acquisition and pedagogy edited by N. Schmitt & M. McCarthy. Cambridge: Cambridge University Press.
104	Sharwood Smith, M. (1993). Input enhancement in instructed SLA: Theoretical bases. Studies in Second Language Acquisition, 15(2).
105	Sim, S. 2007, A study on reading strategies in KSL class, Doctoral dissertation, University of New South Wales.
106	Stern, H. H. 1992, Issues and Options in Language Teaching, London: Oxford University Press.
107	TOPIK 한국어능력시험 www.topik.go.kr
108	Tribble, C. 1997, Writing, Oxford University Press. (김지홍 번역, 범문사)
109	Vandergrift, L. 1997, The comprehension strategies of second language (French) listeners: A descriptive study, Foreign Language Annals, 30(3).
110	Vygotsky, L. S. 1978, Mind in society: the development of higher psychological processes, M. Cole,
111	V. John-Steiner, S, Scribner, & E. Souberman(Eds.). Cambridger. MA: Harvard University Press.

2교시 : 제4영역 한국문화

1	2014 해외한류실태조사 결과보고서, 한국국제문화교류진흥원(KOFICE).
2	2015 해외한류실태조사 결과보고서, 한국국제문화교류진흥원(KOFICE).
3	2016-2017 해외한류실태조사 결과보고서, 한국국제문화교류진흥원(KOFICE).
4	2018 해외한류실태조사 결과보고서, 한국국제문화교류진흥원(KOFICE).
5	국립민속박물관, 2016, 한국민속예술사전 민속놀이, http://folkency.nfm.go.kr/kr/dic/21/summary
6	국립민속박물관, 2015, 한국민속예술사전 민속극, http://folkency.nfm.go.kr/kr/topic/%EB%AF%BC%EC%86%8D%EA%B7%B9/1301
7	국립민속박물관, 2014, 한국일생의례사전, http://folkency.nfm.go.kr/kr/topic/%EC%9D%8C%EC%96%91%EC%98%A4%ED%96%89/346
8	권영민, 2004, 한국현대문학대사전, 서울대학교 출판부
9	두산백과 http://www.doopedia.co.kr
10	문화콘텐츠닷컴, 2002, 한국콘텐츠진흥원, http://www.culturecontent.com/main.do
11	멜론 http://www.melon.com/
12	배민환, 2007, 우리나라 저출산의 원인 및 출산 장려 방안에 관한 연구, 단국대학교 정책경영대학원. 시사상식편집부, 2017, 시사상식사전, 박문각.
13	유네스코한국위원회 www.unesco.or.kr
14	이영기 외, 2013, 낯선 문학 가깝게 보기: 한국고전, 인문과 교양
15	이응백 외, 1998, 국어국문학자료사전, 한국사전연구사
16	장규수, 2011, 한류의 어원과 사용에 관한 연구, 한국콘텐츠학회.
17	전경욱, 2014, 한국전통연희사전, 민속원
18	통계청 kostat.go.kr
19	한국정신문화연구원, 한국민족문화대백과사전, http://encykorea.aks.ac.kr/
20	http://www.nfm.go.kr/user/publbook/home/116/selectPublBookView.do?publBookIdx=7827&publBookCateS=&page=1&row=12&pageType=LIST&multiYn=&search=민속극
21	https://namu.wiki/w/자유무역협정
22	https://namu.wiki/w/환구단
23	http://www.doopedia.co.kr

집필진 소개

- **윤 주 한**
  한국외대 외국어로서의 한국어교육 박사과정 수료
  전) 서울여자대학교 한국어강사
     부천대학교 한국어교원양성과정 강사
  현) TOPIK KOREA 외래교수
     은평여성인력개발센터 한국어교원양성과정 강사
     신한대학교 한국어 강사

- **박 인 선**
  한국외대 외국어로서의 한국어교육 박사과정 수료
  전) 홍익대학교 국제언어교육원 한국어 강사
     한성대학교 언어교육원 한국어 강사
     상명대학교 외래교수
  현) TOPIK KOREA 외래교수
     뉴엠 한국어교원양성과정 운영교수

- **김 지 학**
  카톨릭대 외국어로서의 한국어교육 박사과정 수료
  전) 상명대학교, 카톨릭대 한국어문학부 외래교수
     경인여자대학 국제교육원 한국어 강사
  현) TOPIK KOREA 외래교수
     숭실대학교 외래교수
     고시스쿨 한국어교원2급 전임교수
  저서) 「KBS 한국어능력시험」
     「ToKL 국어능력인증시험」
     「TOPIK 한국어능력시험 Perfect TOPIK 2」

- **공 유 정**
  이화여대 외국어로서의 한국어교육 석사
  현) TOPIK KOREA 한국어교원양성과정 책임교수
     총신대학교 한국어학당 주임교수
  저서) 「PASS NEW TOPIK Writing」
     「외국어로서의 한국어교육의 이론과 실제 1, 2」

야! 이거만 공부하면 합격할 수 있어
한국어 교육능력 검정시험

초판 발행 | 2018년 7월 5일
2쇄 발행 | 2019년 6월 14일

편저 | TOPIK KOREA 한국어평가연구소
집필진 | 윤주한, 김지학, 박인선, 공유정

발행인 | 오세형
발행처 | (주)도서출판 참
책임편집 | 이태용
디자인 | 한선애
주소 | 서울시 동작구 사당로 188 | **전화** (02) 6294-5742 | **팩스** (02) 6294-5747
등록 | 제319-2014-52호
이메일 | cham_books@naver.com
블로그 | blog.naver.com/cham_books

공급·지원 | 토픽코리아(TOPIK KOREA)

ISBN | 979-11-88572-07-6 13710

Copyright© 도서출판 참. All rights reserved.

※ 도서출판 참은 참 좋은 책을 만듭니다.
※ 이 출판물은 저작권법에 의해 보호를 받는 저작물이므로 무단 전제와 복제를 금합니다.